Escritos Laborais

Escritos Laborais

2023

João Leal Amado
Professor da Faculdade de Direito da Universidade de Coimbra

ALMEDINA

ESCRITOS LABORAIS
COORDENAÇÃO
João Leal Amado
EDITOR
EDIÇÕES ALMEDINA, S.A.
Avenida Emídio Navarro, 81, 3D
3000-151 Coimbra
Tel.: 239 851 904 • Fax: 239 851 901
www.almedina.net • editora@almedina.net
DESIGN DE CAPA
FBA.
PRÉ-IMPRESSÃO
EDIÇÕES ALMEDINA, S.A.
IMPRESSÃO E ACABAMENTO

Janeiro, 2023
DEPÓSITO LEGAL

ALMEDINA | GRUPOALMEDINA

BIBLIOTECA NACIONAL DE PORTUGAL – CATALOGAÇÃO NA PUBLICAÇÃO
AMADO, João Leal
ESCRITOS LABORAIS. – 1ª ed. – (Estudos)
ISBN 978-989-40-0981-8
CDU 349

TEXTOS PUBLICADOS

Estudos

- «Amor, sexo e tentações: que papel para o Direito do Trabalho?», *Revista do Centro de Estudos Judiciários,* 2020-II, pp. 289-315.
- «Contrato de trabalho e direito à mentira: uma solução justa?», *Revista de Legislação e de Jurisprudência,* n.º 4028, maio-junho 2021, pp. 257-264.
- «A lei sobre o TVDE e o contrato de trabalho: sujeitos, relações e presunções», *Prontuário de Direito do Trabalho,* 2019-I, pp. 81-111, em coautoria com Teresa Coelho Moreira.
- «Inteligência artificial, plataformas digitais e robotização: que futuro para o (direito do) trabalho humano?», *Julgar,* ASJP, n.º 43, 2021, pp. 87-106.
- «O papel da jurisprudência no preenchimento de conceitos laborais indeterminados: *in dubio pro operario?*», *Estudos do Instituto de Direito do Trabalho,* vol. VI, Almedina, Coimbra, 2012, pp. 219-229.
- «A Lei n.º 93/2019 e o trabalho intermitente: uma reforma gorada?», *Questões Laborais,* n.º 55, 2019, pp. 125-139.
- «Comissão de serviço e segurança no emprego: uma dupla inconciliável?», *Revista de Legislação e de Jurisprudência,* n.º 3966, janeiro-fevereiro 2011, pp. 170-180.
- «Teletrabalho: os deveres especiais das partes», *Questões Laborais,* n.º 60, 2022, pp. 117-136.
- «Desconexão profissional: direito ou dever?», *Trabalho na Era Digital: Que Direito?,* Estudos Apodit, n.º 9, AAFDL, 2022, pp. 469-484.
- «Trabalho por turnos e horários desfasados: nótula sobre o n.º 1 do art. 221.º do Código do Trabalho», *Revista de Legislação e de Jurisprudência,* n.º 4033, mar-abr 2022, pp. 230-238, em coautoria com Joana Nunes Vicente.
- «O pagamento do trabalho (suplementar) prestado em dia feriado», *Questões Laborais,* n.º 58, 2021, pp. 73-83, em coautoria com Milena Silva Rouxinol.

- «Direito a férias: direito-dever ou direito subjectivo? (baseado em factos inverídicos mas verosímeis)», *Questões Laborais*, n.º 45, 2014, pp. 381-396.
- «Luto parental, faltas e férias», *Prontuário de Direito do Trabalho*, 2021-II, pp. 135-150, em coautoria com Milena Silva Rouxinol.
- «Falta de pagamento da retribuição, suspensão e resolução do contrato pelo trabalhador», *Jornadas Regionais de Direito do Trabalho - Memórias*, Direção Regional do Emprego e Qualificação Profissional, Ponta Delgada, Açores, 2016, pp. 51-59.
- «Transmissão de unidade económica e dos contratos de trabalho: oposição *ma non troppo*?», *Questões Laborais*, n.º 53, 2018, pp. 43-64.
- «Receber e aceitar: em torno de presunções legais, orientações jurisprudenciais e convicções doutrinais», *Prontuário de Direito do Trabalho*, 2016-II, pp. 85-102.
- «Liberdade sindical e direitos das associações sindicais: breve esboço do sistema português», in *Liberdade Sindical: uma proposta para o Brasil*, Academia Brasileira de Direito do Trabalho, Lacier Editora, Campinas, São Paulo, 2021, pp. 595-615.
- «Representantes dos trabalhadores e despedimento: uma proteção adequada e eficaz?», *Direito Constitucional: Diálogos em Homenagem ao 80.º Aniversário de J.J. Gomes Canotilho*, AA. VV., Editora Forum, Belo Horizonte, 2021, pp. 245-258.
- «Sobre os piquetes de greve: entre Mike Thyson e Mahatma Gandhi», *Revista do Tribunal do Trabalho da 15.ª Região*, Campinas/SP, n.º 56, 2020, pp. 237-250.

Anotações

- «Enfermagem, trabalho dependente e trabalho autónomo: comentário ao Acórdão do Tribunal da Relação de Lisboa, de 11 de janeiro de 2017», *Questões Laborais*, n.º 49, 2016, pp. 163-182.
- «O calv(ári)o do assédio», *Observatório Almedina*, 2022.
- «Pessoal e profissional: entre o romance e o assédio (comentário ao Acórdão da Relação de Évora, de 14/09/2017), *Questões Laborais*, n.º 52, 2018, pp. 157-183.
- «Sobre a (des)conformidade constitucional do alargamento do período experimental pela Lei n.º 93/2019 – um olhar sobre o Acórdão do Tribunal Constitucional n.º 318/2021», *Revista de Legislação e de Jurisprudência*, n.º 4030, set.-out. 2021, pp. 29-53, em coautoria com Milena Silva Rouxinol.
- «Ainda sobre os fundamentos do direito de oposição: crónica sobre dois acórdãos recentes», *Questões Laborais*, n.º 59, 2021, pp. 177-195.

- «*How terribly strange to be seventy* (anotação ao Acórdão do STJ, de 21/09/2017)», *Revista de Legislação e de Jurisprudência*, n.º 4011, julho-agosto 2018, pp. 405-41, em coautoria com Joana Nunes Vicente.
- «Enredado: o *Facebook* e a justa causa de despedimento», *Revista de Legislação e de Jurisprudência*, n.º 3994, setembro-outubro 2015, pp. 45-64.
- «O casal voador», *Revista de Legislação e de Jurisprudência*, n.º 4002, janeiro-fevereiro 2017, pp. 207-218.
- «A empregada, a patroa, o seu marido e o despedimento - anotação ao Acórdão do STJ, de 7 de março de 2012», *Revista de Legislação e de Jurisprudência*, n.º 4005, julho-agosto 2017, pp. 408-415.
- «A compensação pelo despedimento e a sua abstrusa devolução ao empregador: quando?», *Questões Laborais*, n.º 59, 2021, pp. 197-223.
- «Despedimento ilícito e reintegração: *Do I have to spell it out for you?*», *Revista Internacional de Direito do Trabalho*, n.º 2, 2021, pp. 341-375.
- «Da remissão abdicativa em Direito do Trabalho: nótula a propósito de um Acórdão recente do STJ», *Observatório Almedina*, 2022.
- «Os limites do direito à greve e os serviços mínimos no sector dos transportes: a propósito de um silogismo», *Revista de Legislação e de Jurisprudência*, n.º 3990, janeiro-fevereiro 2015, pp. 190-198.

«Considero a vida uma estalagem onde tenho que me demorar até que chegue a diligência do abismo. (...) Para todos nós descerá a noite e chegará a diligência. Gozo a brisa que me dão e a alma que me deram para gozá-la, e não interrogo mais nem procuro. Se o que deixar escrito no livro dos viajantes puder, relido um dia por outros, entretê-los também na passagem, será bem. Se não o lerem, nem se entretiverem, será bem também».

FERNANDO PESSOA, *Livro do Desassossego*, Assírio & Alvim, Lisboa, 2006, pp. 40-41.

NOTA PRÉVIA

Serve este volume, intitulado *Escritos Laborais*, para reunir um conjunto de textos publicados, grosso modo, ao longo da última década, todos com incidência jurídico-laboral, todos já redigidos após e à luz do atual Código de Trabalho, que remonta, na sua versão primeva, a 2009. O autor, quiçá com alguma ingenuidade, acredita que poderá haver vantagem em agrupar nesta obra uma seleção dos textos que tem elaborado, ao longo destes últimos anos. Razões de espaço e de respeito para com o leitor, tentando não tornar este livro demasiado pesado e até repetitivo, levaram a que fosse feita uma seleção, tão criteriosa quanto possível, dos textos que poderiam merecer republicação.

Em tempos pós-pandémicos, em que se acelerou a tendência para que o leitor apenas consulte aquilo que está *online*, crê-se ser ainda mais justificada esta reunião de textos e a sua republicação, em bloco. Como o leitor verá, a maioria dos textos em causa foi publicada em três prestigiadas revistas jurídicas nacionais – a *Revista de Legislação e de Jurisprudência*, a *Questões Laborais* e o *Prontuário de Direito do Trabalho*. Mas não apenas nessas revistas, também em outros locais, inclusive, em alguns casos, por editoras brasileiras. Mas tendo, sempre, o nosso atual direito positivo como ponto de referência reflexiva.

Procedeu-se à arrumação dos textos em dois grupos, um primeiro, de textos de índole mais doutrinal, um segundo em que se procura, sobretudo, dialogar com a jurisprudência, anotando e comentando diversas decisões judiciais.

À Almedina é devida uma palavra de público agradecimento, por ter, desde a primeira hora, entendido que esta obra devia ser publicada, decerto sem se deixar influenciar em demasia por ponderações de mercado.

Uma palavra final para as minhas colegas Teresa Coelho Moreira, Milena Silva Rouxinol e Joana Nunes Vicente. Em alguns casos, devidamente assinalados, os textos ora republicados foram escritos a dois. Outros tantos, que acabaram por não encontrar espaço neste livro, também o foram (aqui incluída a minha colega Catarina Gomes Santos). A escrita é, bem se sabe, uma atividade essencialmente solitária, mas isso não exclui a cooperação e a elaboração de textos a quatro mãos, ou mais. Esta obra é, também, uma forma de dar testemunho desse trajeto, em parte comum, de todos nós.

ESTUDOS

Amor, sexo e tentações: que papel para o Direito do Trabalho?

JOÃO LEAL AMADO

"Posso resistir a tudo, menos às tentações"

(OSCAR WILDE)

1. Os direitos laborais inespecíficos (direitos de personalidade)

O trabalhador, antes e mais do que trabalhador, é um ser humano, é uma pessoa. E a pessoa, toda e qualquer pessoa, é um misto de razão e de emoção, de cérebro e de coração, de pensamento e de sentimento. As pessoas, homens ou mulheres, desenvolvem relacionamentos, têm sentimentos, experimentam emoções, apaixonam-se por vezes, odeiam-se outras tantas, sentem inveja ou admiração, simpatizam ou antipatizam umas com as outras, criam e desfazem laços de afeto entre si ou com a entidade empregadora, por ocasião do trabalho.

Ora, a importância de todos esses sentimentos, relacionamentos, emoções ou paixões não pode ser escamoteada pelo Direito do Trabalho. Porque esses sentimentos determinam muitos dos nossos comportamentos, também na vida profissional. É sabido: a relação jurídica laboral é uma relação duradoura, cuja execução envolve e compromete intensamente a pessoa do trabalhador e que, em regra, se desenvolve num quadro empresarial, onde múltiplas pessoas se encontram e interagem quotidianamente, onde se formam, amiúde, os círculos de convivialidade social de muitos trabalhadores.

Podemos e devemos não viver *para o trabalho*, mas é indesmentível que, em boa medida, vivemos *do trabalho* e vivemos *no trabalho*. Em suma, a centralidade do trabalho – e das relações interpessoais que se desenvolvem por ocasião do trabalho – na vida da maioria das pessoas constitui, ainda hoje, um dado incontornável. O que é exemplarmente ilustrado, creio, numa cena de um filme norte-americano relativamente recente – *Up in the air (Nas Nuvens)*, que tem George Clooney como ator principal, no papel de um executivo portador de más notícias para os trabalhadores, de um implacável comunicador de *downsizings* e despedimentos. Nesse filme, um trabalhador que acaba de receber a notícia de que tinha sido despedido, confessa, quase em lágrimas: «Em termos de *stress*, ouvi dizer que perder o emprego é como ter uma morte na família. Mas, pessoalmente, sinto mais que as pessoas com quem eu trabalhava aqui eram a minha família e que eu é que morri».

A robotização ainda não tornou dispensável o trabalho humano. Atrás de cada trabalhador há, sempre, uma pessoa. Um ser racional, decerto, mas também uma pessoa com sentimentos, emoções, afeições, paixões, desejos, ciúmes, invejas, ódios... É da natureza humana. Uma natureza rica, densa, complexa, contraditória. E isso é tudo menos irrelevante para o Direito do Trabalho, como alguns dos litígios judiciais a que *infra* fazemos referência comprovam.

Eis, pois, o nosso ponto de partida. Com efeito, o trabalhador não é, apenas, um ser laborioso e produtivo, alguém que se dedica a cumprir escrupulosamente as múltiplas obrigações emergentes do contrato de trabalho, vendendo as suas energias laborais com o fito de obter um determinado rendimento patrimonial; antes e mais do que trabalhador, ele é uma pessoa e um cidadão – como observa JÚLIO GOMES, «não existe, por um lado, o trabalhador e, por outro, o cidadão, mas antes a pessoa que é simultaneamente cidadão e trabalhador subordinado (ou empregador); como, por vezes, se diz, a cidadania não fica à porta da empresa»[1] –, ainda que, ao celebrar e executar o contrato de trabalho, ele fique colocado sob a autoridade e direção de outrem, inserindo-se no respetivo âmbito de organização.

Ora, assim sendo, pergunta-se: até onde vão os poderes empresariais neste domínio? A relação laboral é, como se sabe, uma relação de poder. Quando labora, o trabalhador subordinado conserva intactos e incólumes os seus atributos de personalidade e os seus direitos de cidadania?

---

[1] *Direito do Trabalho*, Coimbra Editora, Coimbra, 2007, pp. 265-266.

Ou, pelo contrário, no espaço-tempo laboral o trabalhador é como que uma pessoa-cidadão em suspenso, visto ter de se incorporar numa estrutura produtiva alheia e numa organização hierárquica dominada, controlada e gerida por outrem? E fora do espaço-tempo laboral? As condutas extralaborais do cidadão-trabalhador podem ser controladas e, eventualmente, punidas pela entidade empregadora?

As questões, a este nível, são inúmeras e são cada vez mais complexas, até por força da emergência e difusão das NTIC. E são, quase sempre, questões de extrema delicadeza. *Estamos, afinal, no coração do conflito entre as exigências gestionárias, organizativas e disciplinares do empregador, por um lado, e os direitos do trabalhador, por outro.* Não propriamente os seus direitos enquanto trabalhador (direito à greve, liberdade sindical, direito a descanso semanal e a férias, direito ao salário, segurança no emprego, etc.), mas os seus «direitos inespecíficos», isto é, os seus direitos não especificamente laborais, os seus direitos enquanto pessoa e enquanto cidadão ("direitos de 2.ª geração", *hoc sensu*). O que temos aqui, quase sempre, é um problema de conflito de direitos (dir-se-ia: o conflito entre a liberdade *de* empresa e a liberdade *na* empresa), a reclamar uma cuidada e laboriosa tarefa de concordância prática entre eles, de acordo com o princípio da proporcionalidade, na sua tríplice dimensão (conformidade ou adequação, exigibilidade ou necessidade, proporcionalidade *stricto sensu*).

Isto dito, resta, claro, saber como se alcança o desejado ponto de equilíbrio, tarefa que o atual Código do Trabalho (CT) procura sobretudo enfrentar nos seus arts. 14.º a 22.º, relativos, justamente, aos chamados «direitos de personalidade» – direitos que incidem sobre os vários modos de ser físicos ou morais da personalidade de cada pessoa, direitos da pessoa enquanto pessoa, direitos da pessoa sobre si mesma (*jura in se ipsum*), direitos que representam o conteúdo mínimo e imprescindível da esfera jurídica de cada pessoa –, onde se estabelecem alguns critérios que permitem dar resposta a algumas das questões mais relevantes neste âmbito[2].

---

[2] Para análises aprofundadas desta temática, *vd.*, em especial, José João Abrantes, *Contrato de Trabalho e Direitos Fundamentais*, Coimbra Editora, 2005, e Teresa Coelho Moreira, *Da Esfera Privada do Trabalhador e o Controlo do Empregador, Studia Iuridica*, n.º 78, Boletim da Faculdade de Direito, Coimbra Editora, 2004, e *A Privacidade dos Trabalhadores e as Novas Tecnologias*

Trata-se, em todo o caso, de uma matéria complexa, de um terreno escorregadio em que abundam os conceitos indeterminados e em que surgem, não raro, questões melindrosas, cuja resposta poderá oscilar em função das circunstâncias concretas que rodeiam cada situação (a natureza da atividade prestada, o tipo de empresa em que se realiza, os usos do setor, etc.). Ao Direito do Trabalho compete, no essencial, estabelecer aqui um marco fundamental: a garantia, nas certeiras palavras de Maria Regina Redinha, «de que homens e mulheres, no tempo e local de trabalho, não abandonam a sua qualidade de cidadãos nem se despem dos atributos jurídicos da sua humanidade»[3].

2. Estudo de caso: o *Walmart*, Leandro e Priscila

A relação de trabalho é, como se disse, uma relação de poder que se desenvolve, tipicamente, no seio de uma estrutura hierarquizada – a empresa. E a empresa perfila-se, em simultâneo, como um *território de autoridade* e um *espaço de convivialidade* – um território, por isso mesmo, propenso a fenómenos de assédio (moral ou sexual) e um espaço em que, inevitavelmente, germinam e se desenvolvem afetos entre pessoas. E isto pode gerar litígios de diversa natureza, cuja resolução acaba por caber aos tribunais do trabalho. O caso que em seguida se apresenta constitui um curioso e ilustrativo exemplo de tudo quanto vem de ser dito a propósito dos direitos de personalidade dos trabalhadores e dos poderes da entidade empregadora. Vejamos.

Em 11 de junho de 2014, a 2.ª Turma do Tribunal Superior do Trabalho do Brasil (TST) decidiu, por maioria, condenar a conhecida cadeia de supermercados *Walmart* (nascida nos EUA, mas que hoje opera a uma escala quase global)[4] a pagar uma indemnização, aliás de valor reduzido

---

de Informação e Comunicação: contributo para um estudo dos limites do poder de controlo electrónico do empregador, Almedina, Coimbra, 2010.

[3] «Os direitos de personalidade no Código do Trabalho: actualidade e oportunidade da sua inclusão», *A Reforma do Código do Trabalho*, CEJ-IGT, Coimbra Editora, 2004, p. 161. Para uma perspetiva geral e atual sobre o tema, da mesma Autora, «Da proteção da personalidade no Código do Trabalho», *Para Jorge Leite – Escritos Jurídico-Laborais*, Coimbra Editora, 2014, pp. 819-853, com indicações bibliográficas.

[4] A *Walmart* foi fundada em 1962, no Arkansas, por Sam Walton, surgindo hoje, ao que parece, como a maior empresa norte-americana, em termos de faturação, bem como o maior

(30.000 reais), ao seu ex-trabalhador Leandro da Rosa, o qual havia sido despedido da empresa, juntamente com a sua namorada Priscila, em virtude de ambos terem desrespeitado as regras internas unilateralmente estabelecidas por aquele, segundo as quais era proibido o relacionamento amoroso entre trabalhadores do *Walmart*, caso um desses trabalhadores estivesse em situação de influenciar (*rectius*: favorecer) as condições de trabalho do outro, desde logo por entre eles haver, no seio da empresa, uma relação hierárquica.

O despedimento de Leandro e Priscila ocorreu em simultâneo, depois de ter sido instaurado um processo interno de averiguações, mas a entidade empregadora não invocou justa causa para o despedimento. O *Walmart* despediu aqueles trabalhadores sem alegar motivos disciplinares para tanto, antes tendo pago o montante previsto pela ordem jurídica brasileira para a hipótese de despedimento arbitrário ou sem justa causa – a chamada multa de 40% sobre o montante do Fundo de Garantia do Tempo de Serviço (FGTS), por força das disposições conjugadas do art. 7.°, inciso I, da Constituição da República Federativa do Brasil, e do art. 10, inciso I, do Ato das Disposições Constitucionais Transitórias.

Tanto Leandro como Priscila reagiram judicialmente, invocando o caráter abusivo do respetivo despedimento, e, a final, vieram a obter ganho de causa. No Acórdão do TST relativo ao despedimento de Leandro – aresto que, note-se, não só foi tirado por maioria (2-1)[5], como rever-

---

empregador dos EUA. Trata-se, ao que se diz, de uma das maiores redes de empresas retalhistas do mundo. E a circunstância de ser o maior empregador dos EUA e de estar hoje a operar em todos os continentes (na Europa, sobretudo no Reino Unido, através da *Asda*) talvez explique que, no imaginário de muitos, a *Walmart* tenha sucedido à *General Motors* como símbolo da economia capitalista contemporânea. A este propósito, *vd.* as reflexões de Robert B. Reich, *Supercapitalism: the transformation of business, democracy, and everyday life*, Vintage Books, Nova Iorque, 2008. Também por isso, pelo facto de o caso em apreço envolver uma empresa que irradiou dos EUA para (quase todo) o mundo, *maxime* para o Brasil, que emprega, segundo os dados disponíveis, mais de 2 milhões de trabalhadores e que simboliza muito do que, para o bem e para o mal, caracteriza a sociedade em que vivemos – preços baixos, bons para os consumidores, lucros altos, bons para os investidores, condições de trabalho precárias e salários baixos, maus para os trabalhadores –, entendemos que este caso assume carácter emblemático.

[5] Com os votos dos Ministros José Roberto Freire Pimenta e Delaíde Alves Miranda Arantes. Votou vencido o Ministro Renato de Lacerda Paiva.

teu o sentido da decisão do Acórdão recorrido, lavrado pelo Tribunal Regional do Trabalho, que tinha sido favorável ao *Walmart*, considerou-se, em síntese, o seguinte[6]:

i) Discute-se, no caso, a configuração do dano moral decorrente de despedimento sem justa causa do autor e da sua colega de trabalho com a qual passou a conviver em união estável, em decorrência do incumprimento, por ambos, de uma norma regulamentar interna da empresa, por ela unilateralmente editada, que proíbe qualquer forma de relacionamento amoroso entre os seus empregados (especialmente os que atuam em alguns dos seus setores), não só dentro mas também fora da empresa.

ii) A situação fáctica apresentada na decisão do TRT é de que o autor trabalhava no supermercado do Walmart e exercia o cargo de operador de supermercado, e que passou a ter um relacionamento amoroso com uma colega do mesmo estabelecimento, mas que trabalhava no respetivo setor de segurança ou de controle patrimonial.

iii) Somente por isso e sem que nada mais houvesse sido alegado a respeito da conduta pessoal e profissional daqueles dois empregados, foi então aberto pela entidade empregadora um procedimento administrativo contra ambos, com base em norma interna da empresa, do seguinte teor: «Devido às atividades e atribuições pertinentes ao Departamento de *Asset Protection* e suas divisões, incluindo a Divisão de *Loss Prevention*, nenhum colaborador desse departamento poderá ter relacionamento amoroso com qualquer colaborador da empresa ou unidade sob a qual tenha responsabilidade".

iv) Na hipótese dos autos, é preciso enfatizar que não houve nenhuma alegação ou registo de que o autor e a sua colega de trabalho e com-

---

[6] O texto integral do Acórdão pode ser compulsado em www.tst.jus.br, notícias do TST, "Walmart é condenado por proibir relacionamento amoroso entre empregados", Processo RR-122600-60.2009.5.04.0005. Um comentário ao Acórdão encontra-se em José Roberto Freire Pimenta e Raquel Betty de Castro Pimenta, «Proibição, pelo empregador, de relacionamentos amorosos entre empregados e limites ao exercício do poder empregatício: a eficácia horizontal dos direitos fundamentais à intimidade, vida privada, liberdade e dignidade da pessoa humana», in Márcio Túlio Viana e Cláudio Jannotti da Rocha, *Como aplicar a CLT à luz da Constituição: alternativas para os que militam no foro trabalhista*, LTr, São Paulo, 2016, pp. 233-239.

panheira agiram mal, de que entraram em choque ou de que houve algum incidente envolvendo-os, no âmbito interno da própria empresa. O despedimento formalmente imotivado dos dois empregados decorreu exclusivamente do facto de estarem a viver juntos e manterem um relacionamento afetivo, e de a companheira do autor exercer as suas atividades exatamente no supracitado setor de Divisão de *Loss Prevention* ou de prevenção de perdas, certamente com base na arbitrária e irrazoável presunção, apenas sugerida e jamais verbalizada, de que ela, em relação ao autor, poderia não agir corretamente no exercício das suas funções na área de segurança do supermercado.

v) Esses factos configuram, sim, invasão injustificável da intimidade e do património moral de cada um dos empregados envolvidos nesse lamentável episódio e intolerável ofensa à sua dignidade e à sua liberdade individual, os quais, ao se tornarem empregados, não deixaram de ser pessoas e não poderiam ter sido proibidos, do modo absoluto estabelecido pela norma regulamentar em referência, de se relacionar amorosamente, mesmo que fora do seu ambiente de trabalho, com os seus colegas. Ao contrário: isso é inerente à natureza humana.

vi) Diante deste contexto fáctico, é indiscutível que preceitos constitucionais fundamentais foram e ainda estão a ser gravemente atingidos por essa conduta empresarial, como a dignidade da pessoa humana e a liberdade, tendo em vista que a vida pessoal de todos os seus empregados, inclusive a do ora reclamante, está a ser ilícita e abusivamente limitada pela entidade empregadora, ora reclamada, fora do ambiente de trabalho.

vii) Este caso em análise é expressivo exemplo de que os direitos fundamentais de quaisquer pessoas empregadas também estão sujeitos a graves violações no âmbito das relações de trabalho subordinado por parte dos particulares que, na condição de seus empregadores, exercem o poder de direção empresarial, justificando, em caso de comprovado abuso no seu exercício, a intervenção corretiva do Poder Judiciário, de modo a assegurar a prevalência da Constituição e das leis.

viii) É bem verdade que, em razão da condição hierárquica da relação existente entre empregado – subordinado – e empregador, tem-se que este último detém o poder diretivo. No entanto, é preciso reiterar, com toda a ênfase possível, que o poder diretivo da empresa deve observar os limites estabelecidos na Constituição Federal e nas leis, devendo os atos empresariais, sejam eles tácitos, sejam escritos (regulamentos internos e demais normas internas), ser sempre razoáveis, sendo vedado o seu uso abusivo e contrário à função social que deve presidir e, ao mesmo tempo, servir de limite daqueles próprios atos empresariais.

ix) Nesse contexto, ganham particular relevo os direitos fundamentais que visam resguardar diretamente a potencialidade do homem de viver com dignidade e de se autodeterminar, como o direito à proteção da personalidade e da vida privada do trabalhador, que se destina a salvaguardar a liberdade do trabalhador de tomar decisões sem coerções externas, mormente quando envolver questões inerentes à própria natureza humana, como estabelecer relacionamentos amorosos no ambiente de trabalho, situação ora em análise.

x) Como, por último, não se identifica nenhuma necessidade na proibição objeto da norma empresarial ora em análise, nem qualquer razoabilidade na presunção, gratuita e preconceituosa, de que a simples existência de relacionamento amoroso entre um empregado daquele citado setor de "prevenção de perdas" e os demais empregados da referida empresa automaticamente causaria prejuízos à atividade económica deste empregador, é preciso proclamar expressamente que a limitação aos direitos fundamentais do reclamante e dos demais empregados afetados por essa proibição não passa pelo crivo do princípio da proporcionalidade, por mostrar-se desnecessária e excessiva, além de irrazoável.

xi) Isto posto, acordam os Ministros da Segunda Turma do Tribunal Superior do Trabalho, por maioria, conhecer o recurso de revista quanto ao tema do dano moral, por violação aos artigos 5.º, X, da Constituição Federal e 927 do Código Civil e, no mérito, dar-lhe provimento para julgar procedente o pedido de indenização por danos morais, restabelecendo-se a sentença de primeiro grau, no montante de R$ 30.000,00 (trinta mil reais).

3. Notas reflexivas sobre o caso

3.1. O *Walmart* e a *ratio* da regra do "no dating"

Como resulta do acima exposto, a regra proibitiva imposta pelo *Walmart*, no tocante a relacionamentos amorosos entre alguns dos seus trabalhadores, funda-se na conveniência de evitar reais ou potenciais conflitos de interesse suscetíveis de perturbar a produtividade, a reputação e o regular funcionamento da empresa. Não se trata, pois, de uma regra de conteúdo moralista, que pretenda impor determinados padrões de comportamento aos trabalhadores no âmbito da sua vida privada[7]. Lendo a *Walmart Statement of Ethics* (versão de julho de 2011), um código de conduta que surge, em parte, como uma espécie de regulamento interno da empresa[8], encontramos um ponto intitulado *Personal relationships with other colleagues*, que apresenta o seguinte teor:

> «No Walmart, queremos proporcionar um ambiente de trabalho em que os colegas possam laborar com eficiência e realizar todo o seu potencial. Somos todos responsáveis por criar um clima de confiança e respeito, e por promover um ambiente de trabalho produtivo.
>
> Existe um conflito de interesses básico quando alguém gere ou supervisiona o trabalho de outra pessoa com a qual tenha uma relação familiar, romântica ou de natureza afim. Mesmo que a pessoa aja corretamente, essa relação irá provavelmente ser vista como influenciando o seu julgamento. Isto pode prejudicar o ânimo e perturbar a produtividade laboral. Por conseguinte, você não poderá supervisionar, direta ou indiretamente, quaisquer membros da sua família ou qualquer colega com quem você ande a sair ("dating") ou esteja romanticamente envolvido. Esta proibição é válida para situações em que você esteja em posição de exercer influência sobre os ter-

---

[7] Como seria o caso, por exemplo, de a empresa exigir ao trabalhador que se case com a pessoa com quem vive, ou de vir a despedi-lo por ter um comportamento adúltero ou por se divorciar – sobre este tipo de casos, Teresa Coelho Moreira, *Da Esfera Privada do Trabalhador e o Controlo do Empregador*, cit., p. 459-461. Como refere a Autora, há também casos, de sinal distinto mas igualmente ilícito, de empresas que proíbem o casamento entre trabalhadores de empresas concorrentes.

[8] Não se mostra isenta de escolhos a tarefa de enquadrar e classificar estes códigos de conduta, éticos ou de boas práticas. Em boa parte, eles reportam-se a condutas que a própria empresa assume como sua obrigação (máxime perante os clientes e a comunidade em geral), assumindo-se assim como veículos de autovinculação do empregador. Contudo, algumas das disposições constantes desses códigos de conduta contêm verdadeiras instruções e genuínos comandos para os respetivos trabalhadores, assumindo-se, enquanto tal, como expressão dos poderes próprios do empregador no seio da relação laboral.

mos e condições de trabalho desse colega, bem como, inversamente, se esse colega estiver em posição de exercer influência sobre os termos e condições do seu emprego.

O Walmart luta por eliminar relações pessoais que interfiram na *performance* laboral ou que possam constituir assédio.

Você deverá pedir auxílio e conselho ao seu *manager* ou ao Comité de Ética local, sempre que um assunto deste jaez surja, envolvendo relações pessoais com colegas. O seu *manager* ou o comité poderão discutir consigo opções válidas, tal como a de uma possível transferência, para evitar o referido conflito de interesses»[9].

Importa vincar que, embora o documento se apresente como uma declaração de princípios éticos, ele consiste, como se disse, numa espécie de regulamento interno da empresa[10], ao qual, portanto, os trabalhadores deverão obedecer (não se trata de meros conselhos ou recomendações constantes de um qualquer "código de conduta" sem carácter vinculante), sob pena de responderem pelo incumprimento. Aliás, isso mesmo consta do *Final Disclaimer* contido naquele documento, no qual se pode ler:

«Employment with Asda/Walmart is on an at-will basis, where permitted by law, meaning colleagues are free to resign at any time for any or for no reason and Asda/Walmart may terminate a colleague at any time for any or for no reason.

---

[9] Pág. 17 (tradução nossa). Uma versão próxima desta, com algumas diferenças de pormenor, pode também encontrar-se na *Walmart Global Statement of Ethics* (s/d), sob o título «Personal Relationships with Other Associates» (p. 15).

[10] Dir-se-ia: uma espécie de regulamento interno próprio das empresas multinacionais dos nossos tempos, com todo o *marketing* associado à chamada "responsabilidade social da empresa" que, em regra, é assumida pelos respetivos "códigos de conduta". Confessamos o nosso ceticismo em relação à euforia que rodeia esta noção algo milagrosa de "responsabilidade social da empresa", para mais na fase histórica de agressiva globalização capitalista que vivemos. Pelo contrário, e como alguém disse, parece-nos que, por vezes, a solidariedade pode ser mesmo a forma mais inteligente de egoísmo...

Breaches of this Statement of Ethics may result in disciplinary action up to and including dismissal»[11].

A proibição contida na *Walmart Statement of Ethics* não surge, como se vê, destituída de fundamento. E o seu fundamento racional reside na prevenção de reais ou potenciais conflitos de interesse motivados pela existência de relações amorosas entre trabalhadores, caso um deles, pelas funções exercidas, esteja em situação de influenciar as condições de trabalho do outro (por ser, por exemplo, seu superior hierárquico). Receia-se que essa circunstância redunde em favorecimento do parceiro, com o inerente prejuízo para a reputação, credibilidade e produtividade da empresa. E, assim sendo, tenta-se, em nome da eficiência empresarial, extirpar o fator sentimental da respetiva cadeia hierárquica, factor que pode revelar-se prejudicial para o bom funcionamento da empresa e, nessa medida, revelar-se contrário ao (superior?) interesse do *Walmart* e ao seu principal desígnio: a satisfação do cliente[12].

---

[11] Também na *Walmart Global Statement of Ethics* se afirma expressamente que «appropriate disciplinary action, up to and including termination, may be taken against any associate who violates our Statement of Ethics, or applicable laws, regulations or policies» (p. 6).

[12] Registe-se, em todo o caso, que o despedimento de Leandro e Priscila não foi o primeiro do género a ser efetuado pelo *Walmart*. Segundo noticia o New York Times, na sua edição de 14 de julho de 1993 (disponível em www.migre.me/3ShYK), algo semelhante ocorreu numa loja do *Walmart* que funcionava em Johnstown, perto de Albany, EUA. Também nesse caso, dois trabalhadores, Laurel Allen e Samuel Johnson, conheceram-se e apaixonaram-se no trabalho, tendo sido despedidos pelo *Walmart* quando a empresa teve conhecimento do relacionamento amoroso que mantinham. A diferença em relação ao caso de Leandro e Priscila tinha a ver com a circunstância de a Sr.ª Allen ser casada (ainda que separada do marido), o que, ao tempo, contrariava as regras em vigor no *Walmart* em matéria de *Fraternization*. A regra então vigente, constante da edição de 1989 do manual da empresa (*Company Handbook*), estabelecia o seguinte: «Walmart strongly believes and supports the 'family unit'. A dating relationship between a married associate and another associate, other than his or her own spouse, is not consistent with this belief and is prohibited».
Segundo a mesma notícia, cada um dos trabalhadores despedidos reagiu judicialmente, impugnando o despedimento e reclamando a quantia de 2 milhões de dólares (um pouco mais do que os 30.000 reais brasileiros...) a título de ressarcimento dos danos causados. E o próprio *attorney general* do Estado de Nova Iorque intentou uma ação em defesa do casal, alegando que o seu despedimento era discriminatório e violava a lei estadual do trabalho (*New York Labor Law*, § 201-d), que protegia o direito dos trabalhadores «to engage in off-

O certo, porém, é que os mesmos eventuais conflitos de interesse podem resultar de relações de amizade estreita ou de inimizade profunda entre trabalhadores, de paixões secretas e inconfessadas, de ódios de estimação, de invejas mesquinhas... A verdade é que a empresa funciona com recurso a pessoas. E estas, feliz e inevitavelmente, têm sentimentos e são suscetíveis de (e aos) afetos.

Note-se que a *Statement of Ethics* não condena sentimentos ou afetos, não proíbe a paixão, o amor ou a atração sexual sentidos por um trabalhador em relação a outro. Aliás, o Direito, sabe-se, regula condutas, não sentimentos[13]. Por outro lado, porém, a mesma *Statement of Ethics* não se limita a proibir as manifestações externas dessa paixão, amor ou atração sexual no âmbito da empresa – como sucederia, por exemplo, se os trabalhadores andassem abraçados e aos beijos na empresa, quiçá durante o

duty, off-premises legal recreational activities». O *State Supreme Court* dedicou-se, então, a discutir se *dating* cabia ou não no conceito de *recreational activities*... Segundo o § 201-d(1)(b) da lei, entendia-se por *recreational activities* «...any lawful, leisure-time activity, for which the employee receives no compensation and which is generally engaged in for recreational purposes, including but not limited to sports, games, hobbies, exercise, reading, and the viewing of television, movies, and similar material». Tendo presente esta definição, o *State Supreme Court* decidiu, por maioria, que *dating* (e a sua razão de ser, o romance) não correspondia a uma *recreational activity*, pelo que acabou por dar razão ao *Walmart* – *State of New York v. Walmart Stores, Inc.*, N.Y. App. Div., 1995. O juiz Mercure lavrou o Acórdão, exprimindo a posição maioritária, o juiz Yesawich dissentiu e votou vencido. Nas palavras deste último, a expressão *legal recreational activities* deveria ser entendida em moldes amplos e não restritivos, dado que o intento da lei «was to curtail employers' ability to discriminate on the basis of activities that are pursued outside of work hours, and that have no bearing on one's ability to perform one's job, and concomitantly to guarantee employees a certain degree of freedom to conduct their lives as they please during nonworking hours».
Pela nossa parte, não podemos deixar de simpatizar com a argumentação do juiz Yesawich. As passagens centrais desta decisão do *State Supreme Court* podem colher-se em Terry Halbert e Elaine Ingulli, *Law and Ethics in the Business Environment*, 8.ª ed., Cengage Learning, Stamford, 2015, pp. 98-100.

[13] Vale dizer, ninguém pode ser punido por pensar ou por sentir, mesmo que os pensamentos sejam pecaminosos, mesmo que os sentimentos sejam inconfessáveis. Porém, se esses pensamentos ou sentimentos saírem do foro íntimo para o foro externo, se forem exteriorizados, projetando-se na vida de relação, no mundo exterior, então o direito poderá intervir. Por aqui passa, como se sabe, alguma da distinção entre o direito e a moral – sobre o ponto, por todos, A. Santos Justo, *Introdução ao Estudo do Direito*, 4.ª ed., Coimbra Editora, 2009, pp. 21 e ss.

respetivo horário de trabalho, ou, pior, mantivessem relações sexuais nas respetivas instalações[14].

A regra constante da *Statement of Ethics* vai muito para além disto: proíbem-se os encontros românticos, proíbe-se o relacionamento amoroso entre trabalhadores, mesmo que tudo ocorra fora do local e do tempo de trabalho e independentemente de qualquer reflexo real de tal relacionamento nas relações de trabalho. Ora, sucede que as pessoas têm mesmo sentimentos e adotam comportamentos extralaborais (entre eles os de índole romântica, afetiva, amorosa e sexual) que o empregador nem tem de conhecer, nem, conhecendo, pode vedar.

O trabalhador não é uma máquina sem coração e sem desejo, não é um ser reduzido à sua condição laboriosa e apenas devotado a satisfazer os clientes e o sacrossanto interesse da empresa. O trabalhador é, antes e acima disso, uma pessoa. E, enquanto pessoa, mesmo que pessoa trabalhando em moldes heterodeterminados, sujeito aos poderes patronais e inserido numa estrutura empresarial alheia, o trabalhador é titular de um conjunto de direitos fundamentais e de personalidade que não podem

---

[14] Entre nós, já chegou a ser apreciado pelos tribunais um caso de despedimento de uma trabalhadora, acusada de manter relações sexuais com um trabalhador no local de trabalho, tendo o ato sido presenciado por alguém que espreitou pela frincha da porta do gabinete onde ocorreu (Acórdão da Relação de Évora, de 7 de abril de 1992, Loureiro Pipa). Na opinião de Menezes Cordeiro, tal despedimento foi injustificado, pois as práticas sexuais encontram-se sob tutela da vida privada, sendo que os trabalhadores visados foram, eles sim, vítimas de violação da privacidade («O respeito pela esfera privada do trabalhador», in António Moreira (coord.), *I Congresso Nacional de Direito do Trabalho – Memórias*, pp. 19-37). Em sentido próximo, Teresa Coelho Moreira, *Da Esfera Privada do Trabalhador, cit.*, p. 106, n. 313. Posição diferente, considerando justificado o despedimento, sustenta Rosário Palma Ramalho, argumentando com a inadequação do comportamento em questão ao local onde se desenrolou («Contrato de trabalho e direitos fundamentais da pessoa», *Estudos de Direito do Trabalho*, vol. I, Almedina, Coimbra, 2003, p. 175).
Pela nossa parte, cremos que as circunstâncias do caso – prática de relações sexuais no âmbito da empresa, mas em local vedado ao público (no interior de um gabinete e com a porta fechada), que apenas foi presenciada por quem, qual *voyeur*, espreitou pela frincha da porta – não legitimavam o despedimento. Evidentemente, num outro quadro circunstancial (imagine-se que os dois amantes, cedendo a um desejo incontrolável, se envolviam em relações sexuais em pleno supermercado do *Walmart*, à vista dos alvoroçados clientes), a ponderação sobre a inadequação do comportamento já deveria conduzir-nos a resultados distintos.

deixar de constituir um limite intransponível para os poderes privados (diretivo, regulamentar e disciplinar) resultantes do contrato de trabalho. Vejamos quais, no caso em apreço.

3.2. Os direitos de personalidade/direitos fundamentais de Leandro e Priscila sacrificados pelas regras proibitivas do *Walmart*

A nosso ver, as regras instituídas pelo *Walmart*, em matéria de namoro, encontros românticos e relacionamentos amorosos entre trabalhadores, colocam em xeque, simultaneamente, a *privacy* (o patrão não tem que saber com quem eu namoro) e a liberdade (eu tenho o direito de tentar estabelecer relações amorosas com quem eu quiser). São regras que colidem frontalmente com dois direitos fundamentais e de personalidade dos trabalhadores[15], ambos previstos no art. 26.º da CRP, a saber: *i)* o *direito à reserva sobre a intimidade da vida privada* (que postula a tutela da *privacy*); *ii)* o *direito ao desenvolvimento da personalidade* (que tutela a liberdade comportamental do indivíduo)[16].

---

[15] Não vamos aqui aprofundar as relações entre os direitos fundamentais da pessoa e o seu correspetivo privatístico, os direitos de personalidade. Trata-se de matéria abundantemente discutida por constitucionalistas e civilistas, para a qual pouco contributo útil poderíamos fornecer. Apenas sublinhar que, claro, há direitos fundamentais específicos dos trabalhadores (segurança no emprego, liberdade sindical, contratação coletiva, greve, retribuição, férias, etc.), mas aqueles aqui em jogo são direitos pessoais, consagrados no art. 26.º da CRP como "direitos, liberdades e garantias"(preceito que, segundo o respetivo art. 18.º, n.º 1, vincula as entidades públicas e privadas) e no Código Civil (arts. 70.º e 80.º). E, qualquer que seja a via de abordagem eleita, afigura-se indiscutível que tais direitos se impõem em sede laboral, no seio de uma relação estruturalmente assimétrica, a uma entidade privada dotada de considerável poder como é, tipicamente, a entidade empregadora. Tanto basta, para os nossos propósitos. Para desenvolvimentos a este respeito, por todos, Paulo Mota Pinto, *Direitos de Personalidade e Direitos Fundamentais – Estudos*, Gestlegal, Coimbra, 2018. De resto, o direito à reserva da intimidade da vida privada encontra acolhimento, *qua tale*, no art. 16.º do CT.

[16] Sobre estes direitos, *vd.*, em especial, Paulo Mota Pinto, «O direito à reserva sobre a intimidade da vida privada», *Boletim da Faculdade de Direito*, vol. LXIX, Coimbra, 1993, pp. 479-586, e «O direito ao livre desenvolvimento da personalidade», *Boletim da Faculdade de Direito*, Portugal-Brasil Ano 2000, *Studia Iuridica*, n.º 40, Coimbra, 1999, pp. 149-246. Estes textos vieram a ser republicados pelo Autor em *Direitos de Personalidade e Direitos Fundamentais – Estudos*, cit., pp. 7-122 e 475-592.

Com efeito, e por um lado, o trabalhador não tem de ser transparente, de vidro, para o seu empregador; pelo contrário, o trabalhador tem direito a uma certa dose de opacidade perante o empregador, assim resguardando a sua privacidade em face deste. A tutela da *privacy* implica que o empregador não tem o direito de saber tudo sobre o trabalhador, designadamente aquilo que diz respeito à vida amorosa ou afetiva do indíviduo que para si (apenas) trabalha; tudo isso integra o conteúdo da vida privada do trabalhador, assumindo-se como informação reservada, que não tem de ser prestada à entidade empregadora, a qual, pura e simplesmente, não tem o direito de "meter o nariz" nessas matérias.

O direito à reserva sobre a intimidade da vida privada consiste, sobretudo, num problema de informação; e a tutela da *privacy* significa, justamente, que essa informação sobre a vida afetiva, amorosa ou sexual do trabalhador não tem de ser facultada ao empregador (colocando-se aqui, inclusive, o problema do chamado "direito à mentira" em relação a um empregador demasiado curioso, direito que não hesitamos em defender); nem, se o for, deverá essa informação ser divulgada e valorada por este, para efeitos extintivos da relação de trabalho (neste sentido, veja-se o disposto no art. 16.º, n.º 2, do CT)[17].

Por outro lado, o direito ao livre desenvolvimento da personalidade significa, cremos, que o trabalhador deve gozar de uma liberdade geral de ação, no plano dos afetos e das relações amorosas, que, em princípio,

[17] Entre nós, considerando que a proibição de manutenção de relações entre trabalhadores da mesma empresa constitui uma intromissão injustificada na vida privada destes, *vd.* Teresa Coelho Moreira, *Da Esfera Privada do Trabalhador e o Controlo do Empregador*, cit., pp. 456-457. Isso mesmo resulta das palavras da Sr.ª Allen, no caso a que fazemos referência *supra*: «I don't think it was right, what they did. I felt it was my personal life. It wasn't interfering with my job».

Em França, a *Chambre Sociale* da *Cour de Cassation* tem apreciado várias situações deste género, em que o trabalhador é despedido em virtude de manter uma relação amorosa com outro trabalhador da empresa, sendo orientação constante do tribunal que os factos relativos à vida privada do trabalhador só podem justificar o despedimento caso provoquem um «trouble caracterisé dans l'entreprise» (o que pode suceder, por exemplo, se os trabalhadores em causa se envolverem em discussões, conflitos ou mesmo agressões no seio da empresa) – nesta linha, *vd.* acórdãos de 30 de março de 1982 (proc. 79-42107), 10 de junho de 1982 (proc. 80-40929), 19 de novembro de 1992 (proc. 91-45579), 9 de julho de 2002 (proc. 00-45068) e 21 de dezembro de 2006 (proc. 05-41140), disponíveis em http://rfsocial.grouperf.com.

detém primazia sobre o interesse da eficiência empresarial ou organizacional (traduzido, aqui, na prevenção de quaisquer conflitos de interesse no âmbito da empresa). Este direito fundamental da pessoa analisa-se, como escreve PAULO MOTA PINTO, num direito geral de liberdade, tutela a individualidade de cada qual, implica a liberdade de coerção (estatal ou dos outros) relativamente ao desenvolvimento da própria personalidade – desenvolvimento este que é por natureza comunicativo, ocorrendo em interação, em relação com as outras pessoas, no "mundo-da-vida"[18].

A liberdade de desenvolvimento da personalidade supõe a tutela da liberdade geral de ação da pessoa humana, a proteção da liberdade comportamental de cada um de nós requer a livre decisão sobre a ação ou omissão própria. E, se há domínio onde essa liberdade comportamental deve afirmar-se, esse domínio é, justamente, o dos afetos, o das relações amorosas e sexuais. Esse é, esse será para muitos, o caminho para a felicidade – e essa caminhada não poderá ser travada por um qualquer ente privado, a pretexto das conveniências da organização produtiva que dirige e à qual a pessoa em causa presta trabalho.

O direito fundamental ao livre desenvolvimento da personalidade impõe, pois, que a intervenção na liberdade geral de ação do indivíduo, mediante imposições ou proibições, seja cuidadosamente ponderada e limitada; no que à vida afetiva, amorosa e sexual diz respeito, o trabalhador tem direito a que as condutas que a exprimem não sejam vedadas pelo empregador, para mais quando essas condutas ocorram fora do local e do tempo de trabalho; assim como terá direito a recusar-se a acatar a proibição de uma conduta atinente a essa esfera livre e privada sua (como é o caso, precisamente, da "proibição de namoro" estabelecida na *Walmart Statement of Ethics*).

Entendamo-nos: se o trabalhador A quer ter um romance e encetar uma relação amorosa com a trabalhadora B (ou vice-versa), a única pessoa que pode frustrar esse desejo é, justamente, a trabalhadora B, se não corresponder aos avanços de A. Aliás, se A persistir nesses avanços, depois de B ter deixado claro que não sentia por A o que A sentia por ela e que o comportamento de A era, por isso, indesejado, a situação pode

[18] «O direito ao livre desenvolvimento da personalidade», cit., p. 159 (ou p. 18, na edição mais recente).

evoluir para o plano do assédio sexual – assédio que é também combatido pela *Walmart Statement of Ethics*, em moldes perfeitamente consonantes com a ordem jurídica de qualquer país civilizado[19]. O que já é totalmente inadmissível é que os encontros entre A e B, o romance entre A e B, o relacionamento amoroso entre eles, encontre obstáculos resultantes de regras editadas pela entidade empregadora de ambos, supostamente no exercício dos seus poderes diretivo e regulamentar[20].

Alega-se, por vezes, que as regras limitativas/proibitivas constantes da *Walmart Statement of Ethics*, em matéria de *personal relationships with other colleagues*, teriam o condão de prevenir o assédio sexual de trabalhadores por parte dos seus superiores hierárquicos – o chamado *assédio vertical descendente*, praticado entre trabalhadores colocados em plano distinto na hierarquia da empresa, no qual o superior hierárquico utiliza essa situação de poder para assediar a vítima. Relembre-se o disposto na *Statement of Ethics:* «Asda/Walmart strives to eliminate personal relationships that interfere with work performance or which may constitute harassment». Como quem diz: para prevenir o assédio, elimina-se ou tenta-se eliminar o fator sentimental, o romance, o amor entre duas pessoas que trabalhem naquela empresa[21].

Trata-se, cremos, de uma argumentação indefensável, quase *ad terrorem*. Por esta ordem de ideias, dir-se-ia, justificar-se-ia que, para prevenir a prática do crime de violação, se decretasse a proibição de manutenção de relações sexuais entre as pessoas!!! O assédio é uma prática que viola a dignidade do trabalhador que dele é vítima, uma prática indesejada, vexatória, humilhante, constrangedora. O romance e o amor, pelo con-

---

[19] Entre nós, veja-se o disposto no art. 29.º do CT, que define e proíbe o assédio, moral e sexual, no trabalho. Aliás, nos termos da nova al. *k)* do n.º 1 do art. 127.º do CT, o empregador deverá mesmo adotar códigos de boa conduta para a prevenção e combate ao assédio no trabalho, sempre que a empresa tenha sete ou mais trabalhadores.

[20] Também aqui o depoimento da Sr.ª Allen é eloquente: «I didn't think it was right that they could dictate to me that way». É isso mesmo: a empresa não pode ditar; e, se ditar, os trabalhadores podem recusar o ditado!

[21] O argumento foi aceite, no âmbito do processo relativo ao despedimento de Laurel Allen e Samuel Johnson, pelo juiz Robert P. Best, do *State Supreme Court*: «Best also agreed that the policy [of no dating] helps to prevent unlawful sexual harassment of employees by their superiors» (www.tulsaworld.com/news/judge-upholds-walmart-rules-involving-dating).

trário, são expressão do mais fundamental e íntimo que existe nas pessoas, são veículos de busca da felicidade, que não podem ser cerceados ou proibidos pela entidade empregadora, a pretexto das conveniências da organização produtiva que gere. Convém, pois, não confundir estes dois fenómenos: aquele tem de ser combatido, este não pode ser proibido[22].

3.2.3. Balanceamento de direitos e interesses: a prevalência de princípio (*prima facie*) dos direitos fundamentais da pessoa no trabalho

Estamos, pois, perante regras proibitivas que vulneram, em simultâneo, o bem da *privacidade* (resguardado pelo direito à reserva da intimidade da vida privada) e o bem da *liberdade* (tutelado pelo direito ao livre desenvolvimento da personalidade). É certo que não há, também aqui, direitos absolutos e ilimitados, pelo que os mesmos devem ser objeto de ponderação e balanceamento, em cada caso concreto, com outros direitos e interesses patronais em colisão, *maxime* os decorrentes da liberdade de iniciativa económica e da propriedade privada sobre a empresa. O princípio da proporcionalidade será necessariamente chamado a intervir, em busca de uma solução de concordância prática e de otimização dos direitos em conflito.

Cremos, porém, que, em tese, o expresso reconhecimento e a inequívoca valorização, por parte do legislador ordinário (entre nós, sobretudo através dos arts. 14.º a 22.º do CT), dos direitos de personalidade/direitos fundamentais da pessoa do trabalhador significam que, em princípio, em caso de conflito os interesses pessoais (de tutela da pessoa, da sua privacidade e da sua liberdade) prevalecerão sobre interesses puramente patrimoniais ou organizacionais da empresa. Singelamente, *dir-se-ia que a*

[22] Isto sem prejuízo de a riqueza da vida e a complexidade das relações entre as pessoas revelarem situações em que o termo de uma relação amorosa mantida, ao longo de quase uma década, entre um empregador, dono de uma farmácia, e uma trabalhadora que nela exercia as funções de ajudante técnica, redundou, a médio prazo, em práticas de assédio sexual promovido por aquele em relação a esta (dizendo-lhe ele que, se não fosse reatada a relação amorosa, a manutenção da relação laboral entre ambos tornar-se-ia inviável), práticas que, não tendo sucesso, depois se metamorfosearam em diversas condutas constitutivas de assédio moral – a este propósito, seja-nos permitido remeter para o nosso «Pessoal e profissional: entre o romance e o assédio (comentário ao Acórdão da Relação de Évora, de 14/09/2017)», *Questões Laborais*, n.º 52, 2018, pp. 157-183.

privacidade e a liberdade da pessoa (sobretudo no que aos afetos, ao amor e ao sexo diz respeito) são bens mais valiosos do que a eficiência empresarial ou a reputação da correspondente estrutura hierárquica.

Não significa isto, bem entendido, que, no caso, se negue que a existência de uma relação amorosa entre dois trabalhadores, se entre eles existirem laços funcionais e hierárquicos na empresa, possa gerar problemas, desconforto e contrangimento[23]. Mas o que decerto não poderá suceder é, precisamente, aquilo que sucedeu no caso de Leandro e Priscila: porque estabeleceram uma relação amorosa e, com isso, violaram regras abusivas editadas pelo *Walmart*, foram ambos despedidos, sem que tivesse sido comprovado, ou sequer alegado, que essa relação amorosa de alguma forma se refletiu negativamente no cumprimento dos deveres funcionais de qualquer um daqueles trabalhadores.

[23] Em certos casos-limite, isso poderá até legitimar que a empresa impeça dois trabalhadores de laborarem em conjunto. Veja-se, a este propósito, o caso recentemente apreciado pelos nossos tribunais envolvendo uma companhia de aviação que, invocando questões operacionais e de segurança, resolveu proibir a coabitação no *cockpit*, em funções técnicas, de membros da mesma família (cônjuges, pais, filhos e irmãos), exceto se autorizados pelo *accountable manager*. Dois pilotos, marido e mulher, sentiram-se discriminados por esta política da empresa, que os impedia de "voar em chave", com considerável prejuízo para a sua vida familiar, pelo que contestaram esta prática em sede judicial, mas sem êxito – *vd.* Acórdão da Relação de Lisboa, de 14/09/2016 (Maria João Romba), o qual, embora reconhecendo que os constrangimentos decorrentes da aludida política da empresa envolvem necessariamente prejuízo para a vida familiar dos trabalhadores, entendeu daí não decorrer que a mesma devesse ser considerada ilícita ou discriminatória, sendo aceitável que, na procura da compatibilização desse interesse dos trabalhadores com o interesse da comunidade na segurança de voo, fosse dada prevalência a este último, por superior, tanto mais quanto se verificou que a empresa tinha procurado cumprir o dever que lhe é imposto pelo art. 127.°, n.° 3, do CT (proporcionar aos trabalhadores condições de trabalho que favoreçam a conciliação da atividade profissional com a vida familiar e pessoal), dando instruções ao Departamento de Escalas para que os trabalhadores, sempre que possível, gozassem dias de folga e férias coincidentes. O aresto, concorde-se ou não com o sentido da decisão, alicerça-se numa fundamentação muito discutível, em vários planos. Para desenvolvimentos a este respeito, permitimo-nos remeter para a nossa anotação ao referido Acórdão da Relação de Lisboa, «O casal voador», *Revista de Legislação e de Jurisprudência*, n.° 4002, jan.-fev. 2017, pp. 207-218, bem como para Guilherme de Oliveira, «Ainda o caso SATA», disponível em *www.guilhermedeoliveira.pt/resources/Ainda-o-caso-SATA.pdf*.

Sem prejuízo da sempre necessária tarefa de ponderação ou balanceamento em cada caso concreto, cremos, pois, que, *prima facie*, os direitos de personalidade, os direitos fundamentais da pessoa, como o direito à reserva da intimidade da vida privada do trabalhador ou o seu direito ao livre desenvolvimento da personalidade, tenderão a prevalecer sobre direitos e interesses de ordem comercial ou patrimonial, ligados à produtividade, à eficiência ou à credibilidade da organização empresarial. O que, parece-nos, talvez encontre expressão nas palavras de Júlio Gomes, segundo o qual «é sintomática de uma gradual e significativa mudança de perspetiva a circunstância de que uma boa parte da doutrina já não discute tanto hoje se e como é que os poderes patronais são limitados pelos direitos fundamentais dos trabalhadores, mas, antes, se e em que medida é que se justifica a compressão de direitos fundamentais dos trabalhadores»[24]. Ou, nas não menos certeiras palavras de José João Abrantes, «entendemos que, *em princípio, o trabalhador é livre para tudo aquilo que não diga respeito à execução do seu contrato*. Há aqui uma *presunção de liberdade*, a qual significa que qualquer limitação imposta à liberdade civil do trabalhador deverá revestir natureza absolutamente excecional, não podendo justificar-se senão em obediência aos *critérios de proporcionalidade* e de respeito pelo conteúdo essencial mínimo do direito atingido»[25].

No caso concreto, diremos que nem a liberdade de empresa nem a propriedade privada exigem ou justificam, de modo algum, a limitação da privacidade e da liberdade do trabalhador, no que aos afetos, ao romance e às relações amorosas ou sexuais diz respeito. A limitação constante da *Walmart Statement of Ethics* não é absurda nem é irracional; mas é uma limitação desmedida, desproporcionada, que absolutiza o interesse da empresa e que colide com valores basilares de um ordenamento jurídico que veja no trabalhador, mais do que mera mão-de-obra, uma pessoa. Os trabalhadores terão, pois, o direito de desobedecer ou ignorar estas regras limitativas (dir-se-ia: eles terão o direito de lhes resistir, amando); e, se forem punidos pela circunstância de as não terem observado, essa punição patronal será ilícita.

---

[24] *Direito do Trabalho*, cit., p. 266.

[25] *Direitos Fundamentais da Pessoa Humana no Trabalho*, Almedina, Coimbra, 2014, p. 20.

Dir-se-ia estar aqui em causa o *direito à busca da felicidade*. E é curioso sublinhar, a este respeito, para mais sendo a *Walmart* uma empresa fundada nos EUA, que a Declaração da Independência dos Estados Unidos, de 4 de Julho de 1776, regista no seu preâmbulo que todos os homens são criados iguais, são dotados pelo Criador de certos direitos inalienáveis e que, entre estes, estão a vida, a liberdade e a busca da felicidade. A *liberdade individual* e a *busca da felicidade* (que se dá, amiúde, através dos afetos e da relação amorosa) são, cremos, valores bem mais importantes, para o ordenamento jurídico, do que a máxima eficiência empresarial ou a impecabilidade e reputação do funcionamento da estrutura hierárquica da empresa.

3.3. A questão *específica* dos direitos laborais *inespecíficos*: o engodo da simetria regimental

Os "direitos de personalidade" mereceram a atenção da nossa lei do trabalho em 2003, com o primeiro CT. Aliás, bem antes da aprovação desse Código já Jorge Leite defendia que a nossa lei do trabalho «deveria abrir com um capítulo com os princípios e regras fundamentais que tivessem como seu centro de preocupações a pessoa humana que, antes de mais e acima de tudo, *o trabalhador* é»[26]. Contudo, a nossa lei adota uma perspetiva "paritária" ou "simétrica" nesta matéria, consagrando os direitos de personalidade do trabalhador e do empregador (assim, por exemplo, em matéria de liberdade de expressão e de opinião, de integridade física e moral, ou da reserva da intimidade da vida privada). A norma de âmbito mais vasto é, precisamente, o n.º 1 do art. 16.º, no qual se pode ler que «o empregador e o trabalhador devem respeitar os direitos de personalidade da contraparte, cabendo-lhes, designadamente, guardar reserva quanto à intimidade da vida privada».

[26] Texto inédito, apresentado pelo Autor no âmbito dos trabalhos da *CLL – Comissão de Análise e Sistematização da Legislação Laboral*, criada em 2000 por decisão do então Ministro do Trabalho e da Solidariedade, Eduardo Ferro Rodrigues, com a dupla responsabilidade de proceder ao levantamento, análise e sistematização das leis laborais e de propor as reformulações que considerasse necessárias. A Comissão veio a ser presidida pelo Prof. António Monteiro Fernandes, podendo o essencial dos seus trabalhos ser compulsado em *Revisão da Legislação Laboral*, Ministério do Trabalho e da Solidariedade, Celta Editora, Lisboa, 2002.

Ora, sem prejuízo do óbvio e necessário respeito pelos direitos de personalidade do empregador, esta *perspetiva paritária* não nos parece feliz, por tender a obnubilar o problema específico colocado pela relação de trabalho nesta sede: o problema da extensão, da intensidade e dos limites dos poderes patronais. Por esta ser uma relação estruturalmente assimétrica, marcada, ademais, pelo profundo envolvimento da pessoa do trabalhador na execução da prestação, são os direitos deste, e não já do empregador, que ao Direito do Trabalho compete salvaguardar. Para tutelar os direitos do empregador, o Código Civil já bastaria...

Na verdade, os direitos laborais inespecíficos suscitam, dir-se-ia, uma questão específica. Aqui, o elemento de *poder* (diretivo, regulamentar e disciplinar)[27] presente nesta relação combina-se com o caráter *pessoal* da obrigação assumida pelo trabalhador (a mão-de-obra é inseparável da pessoa do seu titular, o trabalho não é uma mercadoria[28], o trabalhador envolve-se a si mesmo, necessária e profundamente, quando executa a prestação...) e com a componente *organizacional* do contrato de trabalho

---

[27] Recordemos a lei: compete ao empregador estabelecer os termos em que o trabalho deve ser prestado, dentro dos limites decorrentes do contrato e das normas que o regem (art. 97.º do CT); o empregador pode elaborar regulamento interno de empresa sobre organização e disciplina no trabalho (art. 99.º do CT); o empregador tem poder disciplinar sobre o trabalhador ao seu serviço, enquanto vigorar o contrato de trabalho (art. 98.º do CT). E relembrem-se, a este propósito, as certeiras considerações de Alain Supiot a respeito do tema. Como o Autor ensina, «em todos os países industriais onde prosperou, a relação de trabalho assalariado foi, e continua a ser, definida como uma relação em que um pode mandar e o outro deve obedecer. É o mesmo que dizer que a questão do *poder* está no coração do direito do trabalho», um direito que, justamente, «tem por objeto essencial enquadrar o exercício do poder que confere a uma pessoa sobre outra». É assim que, «onde o direito dos contratos postula a *autonomia da vontade* individual, o direito do trabalho organiza a *submissão da vontade*». «No contrato civil, a vontade *compromete-se*; no contrato de trabalho, *submete-se*» – *Crítica do Direito do Trabalho*, Fundação Calouste Gulbenkian, Lisboa, 2016, pp. 145-146 e 163.

[28] Esta proposição, consagrada na célebre Declaração de Filadélfia, da OIT, no ano de 1944, representa, de certo modo, o principal fundamento normativo do Direito do Trabalho. O que não significa, é claro, que o trabalho não possa ser tratado como se fosse uma mercadoria, como uma "mercadoria fictícia", na clássica fórmula de Karl Polanyi. Mas, ainda que assim seja, o "mercado de trabalho" jamais poderá ser assimilado aos outros mercados, dada a natureza da "mercadoria" transacionada, isto é, dado o estreito vínculo entre essa mercadoria e a vida humana de que é atributo. Aliás, como alguém certa vez observou, o trabalho não existe, o que existe, sim, são pessoas que trabalham...

(que se cumpre, tipicamente, num quadro empresarial)[29]. E a junção destes três elementos na relação de trabalho produz um *cocktail* verdadeiramente explosivo, suscetível de ameaçar os direitos de personalidade do trabalhador – deste, e só deste, não já da contraparte, da entidade empregadora. A simetria regimental estabelecida pelo nosso CT afigura-se, por isso, criticável, na medida em que contribui para desfocar o verdadeiro problema que a relação laboral suscita em matéria de direitos de personalidade: o problema da tutela dos direitos de personalidade do trabalhador.

Não se veja nesta crítica qualquer manifestação de maniqueísmo. Trata-se apenas, cremos, de perspetivar a situação em moldes lúcidos, centrados, focados. O presente caso bem o demonstra: não foram os trabalhadores, não foram Leandro e Priscila que estabeleceram diretrizes sobre as possíveis relações afetivas e amorosas mantidas pela "contraparte"; foi essa contraparte, foi o *Walmart* enquanto entidade empregadora, no uso ou abuso das suas prerrogativas patronais, que veio ditar regras a esse respeito – seja porque, no caso dos EUA, o *Walmart* entendeu que lhe competia zelar pela instituição familiar, pelo que proibiu encontros românticos entre trabalhadores, caso um deles fosse casado; seja porque, no caso apreciado pelo TST, o *Walmart*, já numa ótica menos moralista e mais gestionária, entendeu que a existência de laços afetivos entre trabalhadores era suscetível de perturbar e descredibilizar a estrutura hierárquica da empresa, pelo que proibiu relações amorosas entre certos trabalhadores – regras essas que se mostraram em rota de colisão com os direitos fundamentais da pessoa dos trabalhadores, por invadirem a sua privacidade e por cercearem a sua liberdade. É (quase) sempre assim! E é lógico que assim seja, pelas razões acima assinaladas. Com efeito, e como observa José João Abrantes, «a eficácia dos direitos fundamentais tem hoje um caráter *natural* no contrato de trabalho, na

[29] Em sentido próximo, Rosário Palma Ramalho, «Contrato de trabalho e direitos fundamentais da pessoa», cit., pp. 157-178. A Autora alude ao «envolvimento integral da personalidade do trabalhador no vínculo laboral», sublinhando que as regras de disciplina organizacional ou empresarial, «podendo condicionar o trabalhador quanto ao modo de se vestir ou de se apresentar, ou quanto aos procedimentos a adotar no relacionamento com os clientes da empresa ou entre colegas, (...) poderão facilmente atingir a sua esfera pessoal» (p. 163, n. 14).

medida em que é o seu próprio *objeto* que contém implicitamente uma ameaça para a liberdade do trabalhador»[30].

A preocupação do nosso legislador do trabalho com o respeito pelos direitos de personalidade do empregador parece-nos, por isso, algo deslocada e sem real fundamento, traduzindo, isso sim, uma obsessão (ou, se se preferir, uma opção ideológica) de tratamento isométrico ou paritário das partes que não corresponde à materialidade da situação e não se inscreve na matriz identitária do Direito do Trabalho. E que, reitera-se, obnubila ou desfoca o verdadeiro e *específico* problema suscitado pela relação de trabalho em matéria de direitos *inespecíficos*.

3.4. As vantagens do sistema do despedimento causal ou justificado em face do despedimento *ad nutum*

A nosso ver, o caso em apreço demonstra também, uma vez mais e se necessário fosse, como o sistema de despedimento causal ou justificado é preferível ao chamado sistema de despedimento *ad nutum*, ou de *employment-at-will*, segundo o qual, *free to hire, free to fire*, permitindo-se que o empregador despeça o trabalhador por qualquer razão, ou mesmo sem razão[31].

O sistema do despedimento causal ou justificado encontra-se consagrado no ordenamento jurídico português (desde logo, por força do disposto no art. 53.º da CRP, que garante a segurança no emprego e proíbe os despedimentos sem justa causa), encontrando também guarida, em especial, na Convenção n.º 158 da OIT e na Carta dos Direitos Fundamentais da União Europeia, cujo art. 30.º estabelece que todos os trabalhadores têm direito a proteção contra os despedimentos sem justa causa.

Deve dizer-se que o ordenamento jurídico brasileiro se revela algo ambíguo a este propósito. Assim, e por um lado, a Constituição do Brasil afirma, em moldes enfáticos, o direito dos trabalhadores a «relação de emprego protegida contra despedida arbitrária ou sem justa causa»

---

[30] *Direitos Fundamentais da Pessoa Humana no Trabalho*, cit., p. 15.

[31] Relembre-se que, segundo a *Walmart Statement of Ethics*, «employment with Asda/Walmart is on an at-will basis, where permitted by law, meaning colleagues are free to resign at any time for any or for no reason and Asda/Walmart may terminate a colleague at any time for any or for no reason».

(art. 7.º, inciso I). Por outro lado, porém, a mesma Constituição remete a disciplina da matéria para lei complementar, que até hoje não foi publicada (sendo certo que a Constiuição remonta já a 1988...). E, nos termos do art. 10, inciso I, do Ato das Disposições Constitucionais Transitórias, enquanto a referida lei complementar não surgir, os efeitos de um despedimento arbitrário ou sem justa causa resumem-se, em princípio, ao pagamento de uma pouco expressiva multa – correspondente a 40% do FGTS –, sem afetar a validade ou eficácia do despedimento proferido pela entidade empregadora.

Perante este quadro normativo, é usual dizer-se que, no Brasil, na prática, apesar da regra proclamada pelo art. 7.º, inciso I, da Constituição, existe ainda hoje um sistema de (quase ou aparente) "denúncia vazia" do contrato de trabalho pelo empregador. E note-se que, formalmente, foi isso que se verificou nos casos de Leandro e de Priscila: ainda que tenha ficado demonstrado que a razão para o seu despedimento consistiu no facto de ambos terem desrespeitado a "política de namoro" estabelecida pelo *Walmart*, ainda que esse despedimento tenha sido precedido de um processo interno de averiguações na empresa, tendente a apurar o que se havia passado, ainda que ambos tenham sido despedidos no mesmo dia, o certo é que o *Walmart* não ousou invocar justa causa[32] para fundamentar o despedimento de Leandro e de Priscila. Formalmente, o *Walmart* despediu Leandro e Priscila "for no cause", pagando-lhes a indemnização tarifada prevista na lei.

Ora, sendo certo que o caso em apreço demonstrou que, pontualmente, é possível vencer as dificuldades colocadas por um tal sistema de (quase ou aparente) "denúncia vazia" do contrato de trabalho pelo empregador, através do recurso jurisprudencial às figuras do "despedimento abusivo"[33] e do "despedimento discriminatório", não nos parece

[32] As condutas que poderão constituir justa causa para despedimento encontram-se descritas no art. 482 da Consolidação das Leis do Trabalho, reconduzindo-se, todas elas, à prática de infrações disciplinares graves pelos trabalhadores, em moldes não muito distantes do que sucede no caso português.

[33] *In casu*, o despedimento foi considerado abusivo pelo TST, o que permitiu a condenação do *Walmart* a ressarcir os danos não patrimoniais que o mesmo causou a Leandro, ainda que o montante fixado (30.000 reais, isto é, menos de 10.000 euros) não deixe de impressionar, pela sua quase insignificância. Talvez, para Leandro, 30.000 reais seja *muito* dinheiro... Recorde-se

oferecer dúvidas ser preferível obrigar o empregador a invocar um motivo juridicamente bastante para legitimar o despedimento (como sucede entre nós) do que, ao invés, o trabalhador ser obrigado a demonstrar que o seu despedimento, mais do que um ato imotivado e arbitrário, sem causa ("for no cause"), se baseou num motivo torpe ou vil ("for bad cause") – como sucede no Brasil e, em geral, nos ordenamentos que se filiam no sistema do despedimento *ad nutum*.

3.4.1. A existência de casos-limite, problemáticos: o caso da cafetaria

É claro que este sistema de despedimento causal ou justificado – e, em especial, a exigência de justa causa, entendida como comportamento grave e culposo do trabalhador, violador de deveres inscritos na ordem jurídico-laboral e constitutivo de uma infração disciplinar – não deixa, por vezes, de colocar dificuldades e desafios ao intérprete e aplicador do direito. Atente-se, a este propósito, no curioso caso apreciado pelo nosso STJ, por Acórdão de 7 de março de 2012 (Fernandes da Silva), caso em que se provou que a autora, única trabalhadora do estabelecimento da ré empregadora (uma cafetaria), se envolveu sexualmente com o marido desta, no local de trabalho mas fora do horário de trabalho, tendo vindo a ser alvo de despedimento com alegação de justa causa por parte da empregadora traída – mas traída, note-se, mais pelo seu marido do que pela trabalhadora.

Tendo em conta o sucedido, a dificuldade, quando não inviabilidade, de prossecução do relacionamento pessoal entre as partes do contrato de trabalho era evidente. Mas acontece que para haver despedimento com justa causa é necessário que haja... justa causa. E esta, no nosso sistema, depende da prática de uma infração disciplinar, isto é, de uma conduta que surja como violadora do círculo de deveres impostos ao trabalhador pela ordem jurídico-laboral. É certo que esses deveres laborais incluem o dever de respeito e probidade do trabalhador para com o empregador, bem como o dever de lealdade daquele para com este. Ainda assim, sempre se poderá perguntar: *será que não fazer amor com o marido da patroa constitui um mandamento laboral?* Representará isso (essa abstenção ou essa

---

que no caso ocorrido nos EUA, a Sr.ª Allen e o Sr. Johnson pediram, cada um, a astronómica quantia de 2 milhões de dólares...

abstinência) um dever resultante do contrato de trabalho e das normas jurídicas pertinentes? Ou haverá, também aqui, que separar o pessoal do profissional, mantendo a subordinação jurídica do trabalhador dentro dos seus justos limites funcionais? Afinal, o trabalhador do séc. XXI permanece cidadão, não se confunde com o antigo servo; e ser trabalhador assalariado não equivale a ser uma espécie de súbdito do empregador, ligado por laços de quase vassalagem pessoal em relação a este...

No caso, o STJ decidiu pela existência de justa causa de despedimento. E cremos que decidiu bem. Mas a resposta a este tipo de situações, a nosso ver, não é nem simples nem linear, podendo depender das circunstâncias concretas do caso em apreciação (a dimensão da empresa, o caráter das relações entre as partes, etc.)[34]. Ora, precisamente, essa cuidada ponderação das circunstâncias concretas de cada caso permitirá, cremos, atingir a solução justa para cada um desses casos, respeitando, sempre, a exigência de justa causa para legitimar o despedimento.

3.4.2. Um caso exemplar: Melissa Nelson e o Dr. James Knight (ou a mulher dele)

Um caso que, a nosso ver, comprova à saciedade as vantagens do sistema de despedimento causal, motivado ou justificado sobre o modelo alternativo do "at-will employment", é-nos fornecido pelo litígio entre Melissa Nelson e o seu empregador, o Dr. James Knight, um médico odontologista a exercer no Iowa, nos EUA.

Eis os factos: Melissa Nelson foi contratada pelo Dr. Knight, para trabalhador no seu consultório, como assistente dentária, em 1999; a relação laboral perdurou por mais de uma década, sendo que, a dada altura, as partes começaram a trocar mensagens de texto uma com a outra, algumas inócuas, outras já extravasando do âmbito profissional para o familiar (ambos eram casados e com filhos) e outras até tocando em assuntos algo íntimos; o Dr. Knight reconheceu, sempre, que Melissa era uma assistente dentária de competência e diligência indiscutíveis; contudo, algumas vezes o Dr. Knight transmitiu a Melissa que achava a sua roupa

[34] Para desenvolvimentos a este propósito, remetemos para a nossa anotação ao supracitado Acórdão do STJ, «A empregada, a patroa, o seu marido e o despedimento», *Revista de Legislação e de Jurisprudência*, n.º 4005, jul.-ago 2017, pp. 408-415.

demasiado justa e perturbadora, tendo Melissa, segundo alegou, procurado corrigir essa situação, vestindo a bata laboratorial; nas mensagens trocadas, dadas como provadas pelo Tribunal do Iowa, algumas ultrapassaram claramente a linha do profissional, maxime quando, a dado passo, Melissa Nelson se lamentou da sua pobre e escassa vida sexual, ao que o Dr. Knight, com sabedoria e alguma malandrice, retorquiu: «That's like having a Lamborghini in the garage and never driving it"[35].

Entretanto, nada mais aconteceu entre as partes, até que, certo dia, a mulher do Dr. Knight, Jeanne Knight (que também trabalhava no consultório do marido), descobriu as mensagens trocadas entre ele e Melissa Nelson. Movida pelo ciúme, a esposa pressionou o marido a despedir Melissa ("because she was a big threat to our marriage"). No dia 4 de janeiro de 2010, o Dr. Knight chamou Melissa ao seu consultório e, na presença de um pastor da sua igreja, leu-lhe uma declaração que havia redigido, dizendo-lhe que ela nada tinha feito de errado ou de inapropriado e que ela era, seguramente, a melhor assistente dentária que ele alguma vez tinha tido ao seu serviço, mas invocando que ele estava preocupado com a crescente ligação pessoal entre ambos e que, para o bem dos dois e respetivas famílias, o melhor seria despedi-la. Nas palavras do Dr. Knight, nada se passara entre ambos, mas «he feared he would try to have an affair with her down the road if he did not fire her». Melissa Nelson reagiu chorando e dizendo que ela adorava... o seu emprego ("she loved her job").

Melissa Nelson impugnou o despedimento, invocando que havia sido objeto de um despedimento discriminatório em razão do sexo. Ela argumentou que o Dr. Knight a havia despedido por razões de género e que ele jamais a teria despedido se ela fosse homem. O tribunal, porém, entendeu que o despedimento não se ficou a dever a razões discriminatórias, em função do género da trabalhadora, mas sim ao facto de ela, ainda que involuntariamente, se ter convertido numa ameaça para o casamento do Dr. James Knight. Ou seja, segundo o tribunal, o Dr. Knight ficou numa

---

[35] Na sequência, o Dr. Knight chegou mesmo a formular uma pergunta particularmente intrusiva a Melissa Nelson, sobre a intimidade sexual desta, que aqui nos abstemos de reproduzir. Mas, segundo se provou em tribunal, Melissa não terá dado resposta à curiosidade do Dr. Knight.

situação em que teria de escolher entre a sua família (com a sua mulher, ciumenta, a pressioná-lo) ou a sua melhor assistente dentária, de comportamento profissional irrepreensível e de competência indiscutível[36].

Como seria de esperar, a corda partiu pelo lado de Melissa e esta foi despedida, perdendo o emprego a que se havia dedicado durante mais de uma década. O tribunal norte-americano formulou então a questão-chave a que teria de dar resposta, qual seja, a de *saber se uma trabalhadora pode ser legitimamente despedida pelo simples facto de a esposa do empregador a considerar como uma ameaça para o seu casamento e de o próprio empregador recear vir a ceder à tentação da carne...* Mas o Supremo Tribunal do Iowa logo sublinhou o ponto que, para nós, sobretudo interessa: o de que, segundo a doutrina do "at-will employment", um empregador não viola a lei quando trata um trabalhador injustamente ("unfairly"), contanto que esse empregador não cometa atos discriminatórios, maxime em função do sexo. Como se lê na sentença do *Supreme Court of Iowa*, a legislação norte-americana não autoriza o tribunal «to declare unlawful every arbitrary and unfair employment decision»[37]. Em suma, o tribunal reconheceu que o Dr. Knight tratou mal Melissa Nelson. O tribunal reconheceu, se nos for permitido parafrasear Baylos Grau, que este despedimento consistiu num *ato de violência do poder patronal*[38], que privou e expulsou do seu emprego uma trabalhadora dedicada e competente. Mas o tribunal entendeu, mal ou bem, que o empregador não incorreu num ato discriminatório em razão do género de Melissa Nelson[39].

A decisão judical em apreço causou grande impacto mediático e suscitou forte celeuma nos EUA. Uma decisão em que, para o comum dos

[36] Para desenvolvimentos, Kristy Dahl Rogers, «An Irresistible Attraction: Rethinking Romantic Jealousy as a Basis for Sex-Discrimination Claims», *Duke Law Journal*, n.º 64, 2015, pp. 1453 e ss.

[37] Em termos mais assertivos, escreve o Juiz Cady, no seu voto: «This law is our Iowa law. Thus, while the loss of a job is often devastating to an employee, and at times unfair, these considerations do not play a role under our employment-at-will doctrine, and our exceptions to this law, such as sex discrimination, are only based on the underlying discriminatory motivation of the decision maker».

[38] *El Despido o la Violencia del Poder Privado*, Editorial Trotta, Madrid, 2009, p. 44.

[39] Sentença do Tribunal Supremo do Iowa (Juiz Mansfield), de 12 de julho de 2013 (disponível em https://law.justia.com/cases/iowa/supreme-court/2013/111857.html).

mortais, a mensagem que passou foi a de que um empregador poderia despedir uma trabalhadora qualificada, competente, diligente e produtiva, devido à sua aparência atraente, quiçá demasiado atraente. E não faltaram vozes a discordar da decisão, considerando que o despedimento havia sim sido discriminatório, desde logo pelo argumento do "but-for" (Melissa jamais teria sido despedida se fosse do sexo masculino, só o foi por ser mulher), bem como pelo argumento da discriminação "sex-plus" – este seria um "mixed-motives case" de discriminação, pois Melissa teria sido despedida por ser mulher e por, além disso, ser fisicamente atraente (e este segundo atributo só seria possível, para o Dr. Knight, estando o primeiro, relativo ao género, preenchido)[40]. Aludiu-se, até, ao chamado "Goldilocks dilemma", isto é, à circunstância de, aparentemente, o trabalhador não dever ser demasiado feio ou "frio", mas também não poder ser demasiado "quente" ou atraente (qual Lamborghini...), pois em ambos os casos estará sujeito a ser discriminado no emprego. Neste quadro, a extrema fealdade e a beleza excessiva seriam, ambas, pouco recomendáveis no campo das relações profissionais[41].

Para nós, porém, o que sobretudo interessa sublinhar é que, neste caso, não existia nem sombra de justa causa para legitimar o despedimento de Melissa Nelson. Ela nada fez de errado, foi sempre uma profissional competente e diligente ao longo dos mais de 10 anos em que trabalhou no consultório do Dr. Knight. Este veio a sentir-se sexualmente atraído por ela e enviou-lhe uma ou outra mensagem menos própria. A mulher dele descobriu e não gostou? Problema, decerto. Mas problema dele! E problema que, à luz do nosso ordenamento jurídico, ele não poderia resolver despedindo cautelarmente Melissa, sob o argumento de que, embora ainda nada tendo acontecido entre ambos, "the devil is going to make me do it"[42].

---

[40] Nesta linha, com uma vigorosa crítica à decisão do tribunal, Catherine Mendola, «Root Canal of the Problem: The Iowa Supreme Court's Protection of Male Impulses over Female Traits», *Boston College Journal of Law & Social Justice*, vol. 34-3, 2014, pp. 14 e ss.

[41] Sobre o ponto, Bethany Corbin, «The Goldilocks Dilemma – Why Being "Too Hot" Isn't "Just Right": An Analysis of Sex Discrimination in Light of Nelson v. Knight and the "Irresistible" Employee», *Texas Journal of Women and the Law*, n.º 23, 2014, pp. 95 e ss.

[42] Aliás, mesmo que algum relacionamento sexual entre ambos viesse a ocorrer, sendo esse relacionamento fruto da vontade consensual de dois adultos, um dos quais trabalha no consultório do outro, isso também não poderia ser invocado como justa causa de despedimento

Este foi um despedimento injusto, ao qual os tribunais norte-americanos e a doutrina do "at-will employment" não souberam opor-se[43]. A verdade é que, nesta matéria, a legislação antidiscriminatória não basta. É insuficiente. No nosso sistema jurídico, tal despedimento jamais resistiria ao escrutínio do tribunal. Ainda bem que assim é!

(salvo, é claro, se mais tarde esse relacionamento viesse a refletir-se no campo profissional, afetando o cumprimento dos deveres laborais a que Melissa Nelson se encontrava adstrita).

[43] Acompanhando Sarah Friedricks, dir-se-ia, em jeito de conclusão: «Women, such as Nelson, who do nothing but exist as beautiful women around male employers who are unable to control themselves should not need to worry about their job security merely because they are attractive women» - *University of Iowa Journal of Corporation Law*, n.º 40, 2015, pp. 503 e ss. Isto, note-se, ainda que, *in casu*, tenha havido algo mais, tenha havido algum tipo de relacionamento pessoal, expresso nas mensagens trocadas, que levou ao tribunal a decidir como decidiu.

Contrato de trabalho e "direito à mentira": uma solução justa?

JOÃO LEAL AMADO

Numa entrevista de emprego:

– Que experiência tem?
– Fui lenhador no Sahara.
– Mas o Sahara é um deserto...
– É um deserto agora!

1. A boa fé e o "direito à mentira"

«Quem negoceia com outrem para a conclusão de um contrato de trabalho deve, tanto nos preliminares como na formação dele, proceder segundo as regras da boa fé, sob pena de responder pelos danos culposamente causados», lê-se no art. 102.º do Código do Trabalho (CT). Ainda que esta disposição legal se limite a mimetizar (desnecessariamente?) o art. 227.º do Código Civil (CC), o certo é que, em sede laboral, a *fase pré-contratual* assume uma delicadeza muito particular, em virtude da disparidade de poder entre os sujeitos e da posição de extrema vulnerabilidade em que, normalmente, o candidato a trabalhador se encontra (disposto a quase tudo na mira de obter o emprego, bem escasso). A prática mostra que as discriminações ocorrem, amiúde, na fase pré-contratual, tornando-se necessário proteger a pessoa do candidato ao emprego e, concomitantemente, salvaguardar a sua posição negocial. Certo, o (candidato a) trabalhador «deve informar o empregador sobre aspetos relevantes para a prestação da atividade laboral», segundo dispõe o n.º 2 do art. 106.º do CT. Mas, do mesmo passo, e em princípio, o empregador não poderá exigir a candidato a emprego que preste informações relativas à sua vida privada, à sua saúde ou ao seu eventual estado de gravidez, como decorre do art. 17.º, n.º 1, do CT[1]. Daí que o empregador não possa, no decurso de uma entrevista de seleção ou em questionários escritos, colocar questões ao candidato que incidam, por exemplo, na sua vida afetiva ou na sua orientação sexual, nas suas convicções políticas ou ideológicas, nas suas crenças religiosas, nas suas preferências sindicais, na sua paixão clubista, na sua (atual ou desejada) gravidez, etc.

O CT é cristalino quanto a este princípio, sublinhando que o empregador deve respeitar os direitos de personalidade da contraparte, cabendo-lhe, designadamente, guardar reserva quanto à intimidade da vida privada do candidato a emprego ou do trabalhador (art. 16.º, n.º 1). E o n.º 2 do mesmo preceito acrescenta que o direito à reserva da intimidade da vida privada abrange quer o acesso, quer a divulgação de aspetos atinentes à esfera íntima e pessoal da contraparte, nomeadamente relacionados com a vida familiar, afetiva e sexual, com o estado de saúde e com as convicções políticas e religiosas.

O empregador não pode – isto é, não deve –, pois, colocar este tipo de questões. Mas a pergunta é: e se o fizer? E se o empregador violar estas proibições, inquirindo o candidato sobre aspetos que pertencem à esfera de privacidade deste? Interrogando-o, por exemplo, sobre a sua orientação sexual ou sobre as suas convicções políticas ou religiosas. *Quid juris*? Dir-se-ia: o trabalhador pode contestar a questão e/ou recusar-se, legitimamente, a responder. Nestes casos, o trabalhador pode calar, ele tem *direito ao silêncio*. Seguramente assim é. Mas será que não deveremos ir mais longe? Em nome da preservação da reserva da vida privada e da prevenção de práticas discriminatórias, não deveremos reconhecer ao candidato a emprego um "direito à mentira", se e quando for confrontado com semelhantes questões ilegítimas?

A nosso ver, a resposta não pode deixar de ser afirmativa. Com efeito, só por uma indesculpável ingenuidade se ignorará que o silêncio, nestes casos, comprometerá irremediavelmente as hipóteses de emprego

---

[1] Quanto às informações relativas à vida privada do candidato a emprego ou trabalhador, elas só podem ser exigidas pelo empregador quando forem "estritamente necessárias e relevantes para avaliar da respetiva aptidão no que respeita à execução do contrato de trabalho e seja fornecida por escrito a respetiva fundamentação", como se lê na al. *a)* do n.º 1 daquele art. 17.º Voltaremos a este ponto *infra*.

do candidato. *O empregador pergunta, o candidato cala, o emprego esfuma-se...* Julga-se, pois, que, neste tipo de casos, o único meio suscetível de preservar a possibilidade de acesso ao emprego e de prevenir práticas discriminatórias consiste em o trabalhador não se calar, antes dando ao empregador a resposta que ache que este pretende ouvir (e assim, eventualmente, mentindo). Prática contrária à boa fé? Comportamento doloso do candidato? Pensamos que não. A boa fé não manda responder com verdade a quem coloca questões ilegítimas e impertinentes. E o dolo na negociação não relevará em sede anulatória, pois incide sobre aspetos que o próprio ordenamento jurídico considera não poderem relevar na decisão de contratar ou não.

Neste sentido se pronuncia, entre nós, JÚLIO GOMES. Como o Autor bem observa, «o direito de mentir não é um direito geral de mentira, mas um "direito" particular em razão da matéria proibida sobre a qual incide a questão». E o Autor acrescenta, a nosso ver com inteira razão: «Com efeito, se a lei proíbe que o empregador discrimine, por exemplo, em função do sexo, da orientação sexual, das convicções sindicais ou políticas, tal acarreta que, em princípio, o empregador não pode colocar questões que versem, direta ou indiretamente, sobre estas matérias. Se o fizer, fora dos casos excecionais em que tal lhe é permitido relativamente a alguns dos fatores de discriminação, o trabalhador poderá mentir porque o seu dolo incidirá sobre aspetos que o próprio legislador considera que não podem ser relevantes na decisão de contratar ou não contratar – tal dolo, pois, já segundo os princípios gerais nunca poderia determinar a invalidade do contrato. Em suma, só há que responder de boa fé e com verdade a quem tem o direito de perguntar ou a quem pergunta de boa fé...»[2].

Como é óbvio, este "direito à mentira" só existirá em face de questões ilícitas. Se o candidato a trabalhador não responder com verdade a per-

---

[2] *Direito do Trabalho*, Coimbra Editora, Coimbra, 2007, pp. 343-344. Em sentido contrário, PEDRO ROMANO MARTINEZ, *Direito do Trabalho*, 9.ª ed., Almedina, Coimbra, 2019, sustentando o Autor que «importa distinguir a reação a questões impertinentes, abusivamente colocadas pelo empregador, a que o trabalhador não está obrigado a responder, da falsidade das informações, que viola o citado princípio da boa fé contratual» (p. 476). Como quem diz: silêncio sim, mentira não, ainda que a pergunta seja indecente! Não podemos acompanhar esta posição, pois ela, a nosso ver, sugere que a boa fé contratual é uma via de sentido único...

guntas legítimas e pertinentes, sujeitar-se-á às devidas consequências, desde a eventual responsabilidade civil pré-contratual à possível anulação do contrato celebrado, nos termos gerais. A pergunta feita ao nosso "lenhador do Sahara", por exemplo, nada tinha de ilícito, destinava-se a apurar da experiência profissional daquele candidato a emprego. A resposta traduziu-se, provavelmente, numa descarada mentira, ainda que o lenhador se tenha limitado a sugerir (não a afirmar) que a responsabilidade pelo facto de o Sahara ser um deserto era, bem vistas as coisas, dele e da sua tremenda produtividade...

Apesar de a nossa doutrina tender a convergir na defesa do "direito à mentira", no sentido acima assinalado[3], a verdade é que algumas vozes se têm erguido contra este reconhecimento. Assim se pronunciou, em especial, António Menezes Cordeiro, concluindo o Autor, a este propósito: «O Direito não pode, nunca, aceitar tal construção. Com mentiras não há soluções justas. No Direito privado, ninguém tem um direito prévio à celebração de um contrato. A decisão de contratar é inteiramente livre: de lado a lado. Logo, a presença de questionários insuficientemente justificados não confere, aos interessados, nenhum especial direito»[4].

---

[3] Assim, para além de Júlio Gomes e do autor do presente artigo (*Contrato de Trabalho – Noções Básicas*, 3.ª ed., Almedina, Coimbra, 2020, reimp., pp. 155-157), *vd.* Teresa Coelho Moreira, *Da Esfera Privada do Trabalhador e o Controlo do Empregador, Studia Iuridica*, n.º 78, Boletim da Faculdade de Direito, Coimbra Editora, 2004, p. 157, Sara Costa Apostolides, *Do dever pré-contratual de informação e da sua aplicabilidade na formação do contrato de trabalho*, Almedina, Coimbra, 2008, pp. 255-261, Luís Menezes Leitão, *Direito do Trabalho*, 5.ª ed., Almedina, Coimbra, 2016, p. 246, Rosário Palma Ramalho, *Tratado de Direito do Trabalho*, II, 7.ª ed., Almedina, Coimbra, 2019, pp. 173-174, e Joana Nunes Vicente, *in* Leal Amado, Milena Rouxinol, Joana Vicente, Catarina Santos e Teresa Moreira, *Direito do Trabalho – Relação Individual*, Almedina, Coimbra, 2019, pp. 283-284.

[4] *Direito do Trabalho*, vol. I, Almedina, Coimbra, 2019, p. 567. Contra, considerando que esta perspetiva corresponde a uma visão formal do problema, que contraria princípios gerais de justiça substancial, Rosário Palma Ramalho, *Tratado de Direito do Trabalho*, II, cit., p. 174, n. 325.

A posição de Menezes Cordeiro merece a concordância de princípio de Mafalda Miranda Barbosa, Autora que, em texto dedicado ao tema, afirma não existir um direito à mentira, mas tão-só um direito a reagir contra um ataque ilícito à personalidade do sujeito, considerando "abusivo" falar-se de um direito à mentira. Todavia, se bem lemos, a posição da Autora é mais matizada, visto sustentar que «a mentira é, portanto, entendida como legítima nos casos

2. O mandato antidiscriminatório e o seu significado

Não podemos acompanhar esta posição de Menezes Cordeiro. Com mentiras não há soluções justas? Pelo contrário: porventura, só com mentiras, neste tipo de casos, se logram soluções justas, isto é, soluções não assentes em práticas discriminatórias. Sim, ninguém tem um direito prévio à celebração de um contrato e a decisão de contratar é inteiramente livre. Mas o ponto é, justamente, o de que, não havendo um direito prévio à celebração do contrato, o candidato a emprego tem, todavia, o direito a que, na decisão sobre a celebração do contrato, não pesem quaisquer fatores discriminatórios. A decisão de contratar é livre, mas tal decisão não pode nem deve basear-se em fatores que, para o Direito, não relevam, pelo seu potencial discriminatório[5].

Ou seja, eu, candidato a emprego, não tenho direito a ser contratado, por muito que o deseje, mas eu tenho, decerto, o direito a não ser afastado da contratação devido a fatores tais como a minha orientação sexual, as minhas convicções políticas ou ideológicas, a minha (des)crença religiosa, etc. É que, recorde-se, o Direito do Trabalho enuncia um inequívoco *mandato antidiscriminatório*, vedando qualquer discriminação em função dos fatores referidos nos arts. 24.º e 25.º do CT, no que toca a critérios de seleção e a condições de contratação.

Importa vincar o real significado do princípio da igualdade e da proibição de discriminação. Ora, nas certeiras palavras de Jorge Leite, «com o *princípio da igualdade* pretende-se que seja tratado de modo igual o que

---

de defesa dos nossos próprios direitos ou mais amplamente quando alguém nos dirija uma pergunta indiscreta que ponha em causa a intimidade e o silêncio pudesse levantar suspeita», concluindo: «Ora, é exatamente esta ideia que subjaz ao art. 17.º/1 CT. Em causa não está a atribuição de um direito a mentir, mas a atribuição de um expediente de defesa contra um ataque ao direito à privacidade» – «Direito à mentira do trabalhador na fase pré-contratual?», *Revista do Tribunal Regional do Trabalho da 15.ª Região*, Campinas/SP, n.º 56, 2020, pp. 219-236. Ainda que, acrescentamos nós, esse expediente de defesa se traduza em mentir...

Pela nossa parte, como se escreve *infra*, entendemos que mentir, neste círculo de casos, constitui uma faculdade jurídica secundária, uma irradiação do direito subjetivo à reserva da intimidade da vida privada.

[5] De resto, a recusa a celebrar um contrato de trabalho por motivos discriminatórios (por exemplo, em razão do sexo ou da orientação sexual do candidato a emprego) é que, enquanto facto ilícito, pode acarretar responsabilidade civil – neste sentido, Júlio Gomes, *Direito do Trabalho*, cit., p. 344.

é igual e de modo diferente o que é desigual na proporção da respetiva diferença. Já, porém, com o *princípio da não discriminação* o que se pretende é que se trate de modo igual o que é diferente, por se entender que a diferença é totalmente irrelevante para os efeitos tidos em conta»[6]. Assim, o princípio da não discriminação tutela a própria diferença, ditando a sua neutralização, isto é, evidencia o que distingue os seres humanos uns dos outros, afirmando que, não obstante essas diferenças, todos têm igual dignidade. Em suma, no plano laboral, aquelas diferenças – as diferenças na cor da pele dos trabalhadores, as suas diferenças de género ou de orientação sexual, as suas diferentes convicções políticas ou ideológicas, etc. – não podem assumir relevo distintivo, não podem pesar na hora de contratar ou não contratar[7].

3. O "direito à opacidade" do trabalhador

Em todo o caso, a melhor forma de combater as práticas discriminatórias neste domínio, quer no acesso ao emprego, quer na execução do contrato de trabalho, reside na *tutela da privacidade/intimidade do (candidato a) trabalhador*. O trabalhador não tem de ser transparente perante o empregador, tem de ser leal e atuar de boa fé, decerto, mas tem o direito de permanecer opaco em relação ao empregador, naquilo que se prende com aspetos atinentes à sua intimidade e privacidade, aspetos a que o empregador se deve considerar alheio. Salvo, é claro, nos casos, excecionais, em que as informações relativas à sua vida privada «sejam estritamente

---

[6] «O princípio da igualdade salarial entre homens e mulheres no direito português», *Compilação de elementos para uma consulta especializada sobre igualdade de remuneração entre mulheres e homens*, CITE, Estudos, n.º 3, 2004, p. 71.

[7] Como certeiramente observa Milena da Silva Rouxinol, é frequente afirmar que o imperativo antidiscriminatório cobra a sua utilidade na medida em que enaltece o *direito à diferença*, isto é, o direito a não ser alvo de um tratamento diferenciado em razão de características pessoais, ou correspondentes a aspetos que escapam ao desígnio da pessoa em causa, como o sexo, ou a raça/etnia, ou decorrentes de escolhas fundamentais, expressão da liberdade de desenvolvimento da personalidade, como a crença religiosa ou a opção ideológica. Não se pense, todavia, que substituir o ser humano pelo algoritmo previne, por si só, a discriminação. Veja-se, da Autora, «O agente algorítmico – licença para discriminar? (Um olhar sobre a seleção de candidatos a trabalhadores através de técnicas de inteligência artificial)», in AA.VV., *Direito Digital e Inteligência Artificial – Diálogos entre Brasil e Europa*, Editora Foco, São Paulo, 2021, pp. 1013-1032.

necessárias e relevantes para avaliar da respetiva aptidão no que respeita à execução do contrato de trabalho», como se lê na al. *a*) do n.º 1 do art. 17.º do CT.

Também aqui, de resto, nos afastamos do entendimento de Menezes Cordeiro. A este propósito, escreve o Autor: «O que seja "estritamente necessário e relevante" para a atividade profissional é matéria que ao empregador cabe decidir. A vida íntima de uma pessoa pode, em qualquer momento, ser conhecida; e, sendo-o, pode prejudicar a imagem de uma empresa»[8]. Pela nossa parte, reconhecendo que, inevitavelmente, haverá margem para dúvidas e para alguma subjetividade na densificação e no preenchimento dos conceitos indeterminados utilizados pela lei[9], temos por seguro que aquilo que o intérprete não poderá fazer será, justamente, lançar-se nos braços do empregador e dizer que, a final, a ele cabe decidir sobre o que seja ou não "estritamente necessário e relevante" para a atividade profissional em causa...[10] E o facto de a vida íntima de uma pessoa poder, em qualquer momento, ser conhecida, e, sendo-o, poder prejudicar a imagem de uma empresa, não implica – decerto todos estaremos de acordo – que o trabalhador se converta num sujeito transparente, abdicando de ter uma vida íntima perante o empregador, nem que este possa, a fim de prevenir eventuais prejuízos para a imagem da empresa, tudo saber e tudo conhecer sobre a vida privada do candidato a emprego ou do trabalhador.

---

[8] *Direito do Trabalho*, cit., p. 566. Em sentido convergente, Mafalda Miranda Barbosa, loc. cit., p. 225.

[9] Que são, nesta matéria, abundantes. Veja-se, apenas a título de exemplo suplementar, o disposto na al. *b)* do mesmo art. 17.º do CT, quanto a informações relativas à saúde ou gravidez. O empregador não pode exigir tais informações, «salvo quando particulares exigências inerentes à natureza da atividade profissional o justifiquem», ressalva esta que, naturalmente, suscita dúvidas na sua aplicação aos concretos casos da vida. Sublinhe-se, de todo o modo, que as informações em causa serão prestadas a médico, não ao empregador, sendo que o médico só pode comunicar ao empregador se o trabalhador está ou não apto a desempenhar a atividade, conforme resulta do n.º 2 do mesmo preceito legal.

[10] Para uma perspetiva geral sobre os critérios de delimitação do âmbito do dever de informação a cargo do candidato a emprego ou trabalhador, sobretudo em relação a aspetos relacionados com a sua vida privada e familiar, *vd.* Joana Nunes Vicente, *in* Leal Amado, Milena Rouxinol, Joana Vicente, Catarina Santos e Teresa Moreira, *Direito do Trabalho – Relação Individual*, cit., pp. 275-283.

4. O "direito à mentira": uma faculdade jurídica secundária

Cremos, pois, ser de reconhecer este "direito à mentira" ao candidato a emprego. Ou, talvez de forma tecnicamente mais rigorosa: o direito subjetivo aqui em questão – direito fundamental, consagrado no art. 26.º da CRP, direito de personalidade, consagrado no art. 80.º do CC, direito inespecífico dos candidatos a emprego ou trabalhadores, consagrado no art. 16.º do CT[11] – é o direito à reserva da intimidade da vida privada. Mas, assim sendo, diríamos que o recurso à mentira, por parte do seu titular, quando confrontado com questões invasivas por parte do potencial empregador, surge como uma faculdade jurídica secundária que faz parte do conteúdo daquele direito subjetivo, surgindo como uma manifestação ou irradiação deste. Na lição de ORLANDO DE CARVALHO, o direito subjetivo «engloba, em regra, um conjunto de poderes ou faculdades em que juridicamente se desdobra o seu conteúdo ou o seu *licere* (o que é lícito ao titular desse direito, através e por força de tal mecanismo de autonomia)»[12].

Deste ponto de vista, mentir, quando confrontado com questões ilícitas, surge como um sub-poder englobado no direito subjetivo à reserva da intimidade da vida privada. Nem poderia, aliás, ser outra a postura de um Direito do Trabalho atento à tutela da privacidade do candidato a emprego ou trabalhador e assente num pilar antidiscriminatório: com efeito, *se, com o princípio da não discriminação, o que se pretende é que se trate de modo igual aquilo que é diferente, então o melhor será, na medida do possível, fazer com que a eventual diferença seja desconhecida – pois, sendo desconhecida, não há como discriminar em função dela*. É certo que sempre se poderia dizer que a tutela da reserva da vida privada se bastaria com o mero silêncio, com a recusa em responder, sendo que a mentira é, sobretudo, justificada pela tutela antidiscriminatória, isto é, pela preservação da posição negocial do

---

[11] Sobre a dicotomia entre direitos específicos e inespecíficos dos trabalhadores, JOÃO LEAL AMADO, *Contrato de Trabalho – Noções Básicas*, cit., pp. 209-214.

[12] *Teoria Geral do Direito Civil*, 3.ª ed., Coimbra Editora, Coimbra, 2012, p. 142. Como refere o Autor, a distinção entre direito e faculdade jurídica nem sempre é fácil, até porque a terminologia corrente (e a da própria lei) usa com frequência do termo "direito" para qualquer dos poderes que constituem o conteúdo de um direito subjetivo (ob. cit., p. 144).

candidato, prevenindo o seu afastamento do processo de seleção[13]. Mas cremos tratar-se, também aqui, de uma distinção difícil de fazer. Nesta matéria, o direito à reserva da intimidade da vida privada e o princípio da proibição de discriminação constituem, de algum modo, cara e coroa da mesma moeda. Assim, o candidato a emprego que, sendo confrontado com uma questão ilícita sobre o partido onde teria votado nas últimas eleições e sabendo que o empregador é um acérrimo militante do partido X, se recuse a responder, silenciando, abre uma brecha na sua privacidade, pois sugere ao potencial empregador que, com toda a probabilidade, não votou no partido X... A faculdade de mentir, neste tipo de casos, serve, afinal, ambos os propósitos: preservar a esfera privada do candidato e prevenir práticas discriminatórias.

Não devemos ser cínicos em relação à natureza humana. Mas também não podemos ser ingénuos: é bem sabido que uma das melhores formas de neutralizar a diferença, se não mesmo a única forma realmente eficaz de a neutralizar, consiste, justamente, em evitar que essa diferença seja conhecida dos outros, seja quanto às convicções políticas ou quanto à fé religiosa, seja quanto à orientação sexual ou às preferências sindicais, seja quanto ao património genético ou ao estatuto serológico de cada um.

É claro que a mentira do candidato a emprego pode induzir o empregador a errar, a contratar quando, se soubesse a verdade, não contrataria aquele candidato. E é certo que, como escreve MAFALDA MIRANDA BARBOSA, «entre as condições de relevância do erro-vício e do dolo encontra-se a essencialidade. O erro (e o dolo) tem (têm) de ser essencial(is), isto é, tem (têm) de ser determinante(s) da vontade de celebrar o negócio, ao ponto de se poder afirmar que, sem o erro (ou sem o dolo), o sujeito não teria emitido a declaração negocial, o que mostra que o parâmetro de determinação da essencialidade é subjetivo: é o sujeito que determina o que é que, efetivamente, o levou a contratar ou não»[14]. Certo. Mas acontece que, justamente, a nossa ordem jurídica

---

[13] Neste sentido, SARA COSTA APOSTOLIDES, *Do dever pré-contratual de informação...*, cit., p. 258, n. 690.

[14] MAFALDA MIRANDA BARBOSA, loc. cit., p. 232. Sobre a essencialidade do erro, como condição geral de relevância do erro-vício como motivo de anulabilidade, *vd.*, por todos, CARLOS

não autoriza que o sujeito contrate ou não com base em fatores discriminatórios. Esses fatores, repete-se, podem ser essenciais e relevantíssimos para um determinado empregador, mas são tidos como neutros, como necessariamente irrelevantes, quiçá até como repugnantes, pela lei. Sim, decerto o empregador alegará e demonstrará que contratou aquele trabalhador supondo que ele era católico, ou de esquerda, ou heterossexual, ou adepto do clube *x*, ou não fumador, ou seronegativo, ou casado, ou avesso a sindicatos, etc. E decerto o empregador demonstrará, amiúde, a essencialidade do erro, isto é, demonstrará, sem margem para dúvidas, que só contratou aquele trabalhador em virtude dessa suposição, induzida pela resposta (mentirosa) do candidato a emprego. Mas, reiteramos, o ponto é esse: estes fatores devem ser desconsiderados pelo empregador, ao tomar a decisão de celebrar ou não o contrato, por força do respeito devido aos direitos fundamentais da pessoa humana que há no candidato a emprego, assim como por força do necessário respeito pelo mandato antidiscriminatório constante da nossa lei fundamental e do nosso CT.

5. "Direito à mentira": também na pendência do contrato?

O tema do "direito à mentira" – ou, pelas razões aduzidas acima, o tema do direito à reserva da vida privada do candidato a emprego, com a inerente faculdade jurídica de mentir ao putativo empregador, quando confrontado com questões ilícitas – tem sido, quase sempre, tratado a propósito da fase pré-contratual, na fase da formação do contrato de trabalho. O que, de resto, se compreende, tendo em conta a situação de especial vulnerabilidade em que, em regra, o (candidato a) trabalhador se encontra, nessa fase.

A questão, todavia, subsiste. Já depois de ser celebrado o contrato, já durante a sua execução, o trabalhador continua a gozar de tal direito? Ou esse direito existe, mas, apenas, na fase pré-contratual? Na nossa doutrina, não falta quem cinja esse direito à fase pré-contratual. Assim, desde logo, Sara Costa Apostolides. A este propósito, escreve a Autora, em estudo que dedicou ao tema: «É importante sublinhar este

---

Mota Pinto, *Teoria Geral do Direito Civil*, 4.ª ed., por António Pinto Monteiro e Paulo Mota Pinto, Coimbra Editora, Coimbra, 2005, pp. 507-518.

aspeto: *a admissibilidade de respostas falsas só é defensável no âmbito do processo de formação do contrato de trabalho e não no decurso da relação laboral.* Isto por uma razão muito simples: é que o risco de ser afastado, de uma forma ilegítima e discriminatória, do processo de seleção já não se coloca no momento posterior ao da celebração do contrato. Se durante a execução do contrato de trabalho o empregador colocar ao trabalhador perguntas ilícitas este pode, como forma de garantir a reserva da sua vida privada, recusar-se a responder, o que constituirá uma desobediência legítima (...) que, portanto, não gerará qualquer espécie de sanção disciplinar. Neste caso, o trabalhador pode recusar-se a responder mas não pode mentir»[15].

Pela nossa parte, julgamos, bem ao contrário da Autora, que também durante a execução do contrato o trabalhador terá o direito de mentir, se for confrontado com questões ilícitas e intrusivas[16]. É que, recusando-se a responder, o trabalhador desobedece. Legitimamente? Sim. Mas, ainda assim, desobedece à sua entidade empregadora, titular de diversos e amplos poderes no âmbito desta relação (poder diretivo, poder disciplinar, etc.). O trabalhador não pode ser disciplinarmente punido com base nessa desobediência, por se recusar a responder? Não deve sê-lo, mas entre o dever-ser e o ser... E, ao longo da relação laboral, decerto não faltarão ocasiões nem escassearão formas de prejudicar aquele trabalhador silente, que o empregador tenderá a considerar insolente (promoções, transferências, gratificações, tolerâncias, etc.). Neste quadro, a possibilidade de se registarem fenómenos de assédio patronal em relação ao trabalhador silente (assédio vertical descendente) é tudo menos inverosímil.

---

[15] *Do dever pré-contratual de informação...*, cit., p. 257, n. 687.

[16] A questão é de resposta ainda mais simples se estivermos a pensar num contrato já em curso de execução, mas ainda durante o período experimental. Nesse período, de acentuada precariedade laboral, em virtude da faculdade de denúncia por banda do empregador (que não tem de motivar a denúncia, gozando, neste período, de um autêntico "direito ao silêncio" quanto às razões que presidem a tal denúncia), é claro que o referido "direito à mentira" sempre terá de subsistir. Sobre as dificuldades de compatibilização do instituto do período experimental com a garantia da segurança no emprego, inscrita no art. 53.º da CRP, *vd.* JOÃO LEAL AMADO, *Contrato de Trabalho*, cit., pp. 167-175.

Parece-nos, por isso, que a tutela da posição negocial do trabalhador face ao empregador reclama que aquele possa mentir, licitamente, quando confrontado com questões ilegítimas daquele jaez, mesmo numa fase da vida da relação em que já se aplica o princípio da proibição do despedimento sem justa causa. Este princípio é importante, atenua a posição de debilidade em que se encontra o trabalhador, mas não subverte a natureza assimétrica, de poder, em que, por definição, se analisa a relação de trabalho. Nem acaba com a dependência económica que, em regra, acompanha a relação de trabalho juridicamente subordinado. Nem expropria o empregador da panóplia de poderes que a lei lhe confere, a exercer, diuturnamente, ao longo da vida da relação laboral. Daí que seja para nós evidente que o trabalhador, se confrontado com questões invasivas durante a relação (em que partido votou? é crente ou ateu? é hétero ou homo? fuma e bebe álcool ou é abstémio? está grávida ou tenciona engravidar?), tenha também o "direito de mentir", para preservar a sua relativa opacidade perante o empregador e em ordem a prevenir práticas discriminatórias por parte deste.

6. Conclusão

Não sabemos se o nosso "lenhador do Sahara" teve sucesso ao empolar ligeiramente o seu currículo profissional, na entrevista de emprego. O facto é que, segundo notícias recentes, os cientistas afirmam existir centenas de milhões de árvores no deserto do Sahara[17]. E, se hoje o deserto do Sahara é quente, árido e inóspito, parece que, em tempos longínquos, o Sahara era verdejante, cheio de prados e florestas[18]. Portanto, em rigor, talvez o lenhador não tenha mentido, até porque ele não afirmou, propriamente, ter sido ele a converter o Sahara num deserto, apenas disse que *agora* o Sahara é um deserto – o que, convenhamos, é verdade... E talvez o empregador tenha ficado impressionado, não propriamente pelo currículo mas pela ousadia da réplica – literalmente, *arrasadora*.

[17] Ver, por exemplo, https://g1.globo.com/natureza/noticia/2020/10/21/a-incrivel-descoberta-de-centenas-de-milhoes-de-arvores-no-deserto-do-saara.ghtml.

[18] Ver, por exemplo, htpps://observador.pt/2017/03/27/como-era-o-sahara-antes-de-se-tornar-num-deserto/.

Casos há, todavia (muitos casos, demasiados casos), em que não é de elementos curriculares, de experiência, de qualificações, de competência, que se trata. Casos há que se prendem com questões de índole extracontratual, que dizem respeito à esfera privada do trabalhador. Ora, nesses casos, a mentira pode ser a melhor, ou até a única, forma de o candidato a emprego ou trabalhador preservar a sua privacidade e evitar ser alvo de discriminação.

Pense-se, por exemplo, na hipótese de o empregador se assumir como autêntico cruzado da luta antitabágica, hoje tão intensa à escala global. Imagine-se que, nos processos de admissão de pessoal, o empregador anuncia, publicamente, que não quer fumadores a trabalhar na sua empresa. Ou que, discretamente, o empregador tenta averiguar, aquando do processo de contratação, se o candidato é ou não fumador. Que faz o candidato, se for fumador? Responde com verdade, invocando a lei, que veda a discriminação por ser fumador[19]? Recusa-se a responder a qualquer questão sobre o assunto, invocando a sua privacidade e rotulando a questão de impertinente? Não! O candidato mente, ele tem o direito de mentir, tem a faculdade jurídica de mentir sobre o assunto, um assunto em que o empregador não tem, afinal, direito à verdade. E, mentindo, o

[19] A diferença entre candidatos a emprego fumadores e candidatos não fumadores deve ser tida como irrelevante para efeitos de contratação laboral – neste sentido, lê-se na nova lei do tabaco (Lei n.º 63/2017, de 3/8, que alterou a Lei n.º 37/2007, de 14/8) que «é proibida qualquer discriminação dos fumadores no âmbito das relações laborais, designadamente no que se refere à seleção e admissão, à cessação da relação laboral, ao salário ou a outros direitos e regalias» (art. 5.º, n.º 12).
Crê-se que esta regra geral poderá sofrer exceções, justificadas pela particularidade de certo tipo de atividades profissionais. Será o caso, por exemplo, dos praticantes desportivos, cuja prestação implica uma forma física de excelência, porventura incompatível com o hábito de fumar. De resto, não por acaso a lei que regula o contrato de trabalho desportivo (Lei n.º 54/2017, de 14 de julho) preceitua que «a entidade empregadora deve respeitar os direitos de personalidade do praticante desportivo, *sem prejuízo das limitações justificadas pela especificidade da atividade desportiva*» (a este propósito, seja-nos permitido remeter para o nosso *Contrato de Trabalho Desportivo Anotado*, Almedina, Coimbra, 2020, reimp., pp. 78-80). Contudo, fora do apertado círculo de exceções admissíveis, a circunstância de ser ou não fumador deve ser totalmente irrelevante para efeitos laborais, não podendo, decerto, o empregador hipersensível ou fundamentalista em matéria tabágica invocar o seu subjetivíssimo critério para discriminar entre candidatos a emprego ou trabalhadores.

candidato evita que essa circunstância, que aos olhos da lei não pode fundar a decisão patronal de contratar ou não, acabe mesmo por inviabilizar o seu acesso ao emprego. Ele será ou não contratado, mas não por causa de ser fumador. Porque, repete-se, a nossa ordem jurídica – cremos que bem – não permite que essa circunstância seja levada em conta pelo putativo empregador. A mentira pode mesmo, afinal, ser a forma, a melhor forma, a única forma, de encontrar uma solução justa para este tipo de questões.

A lei portuguesa sobre o transporte de passageiros a partir de plataforma eletrónica: sujeitos, relações e presunções

JOÃO LEAL AMADO
TERESA COELHO MOREIRA

I. Direito do trabalho e trabalho dependente

1. O direito do contrato de trabalho

É bem sabido que a expressão *Direito do Trabalho* se mostra, porventura, demasiado ampla e, nessa medida, algo enganadora. Com efeito, nem todo o trabalho prestado nas sociedades hodiernas é regulado por este ramo do direito, antes este limita-se, em princípio, a disciplinar as relações laborais marcadas pela nota da subordinação jurídica, pelo dever de o prestador de trabalho obedecer às injunções patronais, pelo poder do credor de trabalho de comandar a atividade daquele. É, pois, o trabalho assalariado, dependente, de execução heteroconformada, aquele que constitui o principal alvo da atenção do direito laboral. E é também sabido que, na génese deste ramo do direito, foi sobretudo a figura do operário que esteve presente (fábrica, indústria, proletariado).

De todo o modo, importa sublinhar que o contrato de trabalho não se define por *aquilo que se promete fazer*, isto é, pelo tipo de atividade em questão, mas sim pelo *modo como se promete fazer*, isto é, pela circunstância de essa atividade ser prestada sob a autoridade e direção do empregador. Produto tardio da Revolução Industrial, nascido a pensar na fábrica e no operário[1], o Direito do Trabalho cresceu muito ao longo do séc. XX,

[1] «Trabalho massificado, sujeito ao ritmo da máquina, realizado na fábrica – lugar de propriedade privada do empregador e com os instrumentos deste – trabalho cujo resultado é propriedade do empregador e trabalho vendido por unidade de tempo. E de um tempo ele próprio cada vez mais uniforme e estandardizado – a fábrica exprime também o triunfo do relógio –

abriu-se a novas realidades, terciarizou-se, sofreu o choque da revolução tecnológica. Neste processo, o âmbito subjetivo do Direito do Trabalho ampliou-se consideravelmente – a fábrica é substituída pela empresa, o operário pelo trabalhador, a dependência económica pela subordinação jurídica –, indo muito para além do seu protótipo tradicional, da matriz fabril que esteve na sua génese. Ora, esta mesma ampliação subjetiva veio a colocar em crise a unicidade, se não mesmo a unidade, do ordenamento jurídico-laboral. A expansão importou, inevitavelmente, uma certa diversificação regimental. Daí que a *diversidade normativa* constitua hoje, seguramente, uma das principais características do ordenamento jurídico-laboral. Com efeito, surgindo o mundo do trabalho assalariado, cada vez mais, como uma realidade multiforme e heterogénea, compreende-se que o correspondente direito não possa apresentar-se como um bloco monolítico.

De forma sintética: *o Direito do Trabalho visa regular uma relação que, conquanto surja em função do livre consentimento prestado por ambos os contraentes, traduzido na voluntária celebração do contrato de trabalho* (neste sentido, o contrato representa sempre um ineliminável sinal de liberdade pessoal), *surge também como uma relação fortemente assimétrica, em cuja execução a pessoa do trabalhador se encontra profundamente envolvida*. Daí que no código genético deste ramo do direito se encontre a sua feição protecionista do contraente débil, a sua função tuitiva do prestador de trabalho, daquele que, ao prestá-lo, se submete à autoridade, direção e fiscalização de outrem, inserindo-se no respetivo âmbito de organização.

Para o Direito do Trabalho releva então, sobretudo, o fenómeno do trabalho assalariado, subordinado, prestado por conta alheia. E o mecanismo jurídico através do qual se realiza o acesso a esse trabalho subordinado é o do contrato individual de trabalho. Recordemos a respetiva noção, tal como se encontra hoje consagrada no art. 11.º do CT: «Contrato de trabalho é aquele pelo qual uma pessoa singular se obriga, mediante retribuição, a prestar a sua atividade a outra ou outras pessoas, no âmbito de organização e sob a autoridade destas».

---

que permite conceber este intercâmbio como a 'venda' de energias laborais por unidade de tempo» (Júlio Gomes, *Direito do Trabalho*, Coimbra Editora, Coimbra, 2007, p. 104).

Se cotejarmos a noção vertida no atual CT, de 2009, com a noção constante do velho CCivil, de 1966, verificamos que se registam algumas diferenças, julga-se que não muito significativas[2]. Quatro notas merecem, ainda assim, um breve apontamento:

i) O CT afirma, *expressis verbis*, que o trabalhador é, necessariamente, uma *pessoa singular*, "de carne e osso", nunca uma pessoa coletiva (já o empregador, como se sabe, tanto poderá ser uma pessoa singular como coletiva);

ii) Ao passo que o CCivil alude à prestação de uma atividade *intelectual ou manual*, o CT abstém-se de proceder a tal qualificação da atividade prometida pelo devedor (o que talvez se justifique, tanto em razão do respeito devido ao princípio da igualdade, como pela tendencial homogeneização do trabalho inerente à revolução tecnológica dos nossos dias, que torna algo evanescente a tradicional distinção entre trabalho manual e intelectual);

iii) O CCivil apenas utilizava o singular quando se referia ao empregador (não, claro, no sentido de que este teria de ser uma pessoa singular, mas no sentido de que este seria apenas um), ao passo que o CT admite, ainda que em casos contados, que um contrato de trabalho vincule um trabalhador a vários empregadores (hipótese de *pluralidade de empregadores*, prevista no art. 101.º do CT).

iv) O CCivil diz que o trabalhador prestará a sua atividade «sob a autoridade e direção» do empregador, ao passo que o CT afirma que a mesma será prestada «no âmbito de organização e sob a autoridade» do empregador. Trata-se de uma *nuance* legislativa que acentua o *elemento organizativo*, em regra empresarial, típico do contrato de trabalho. A tónica é colocada no elemento da hetero-organização, na inserção funcional do trabalhador numa

---

[2] Aliás, se recuarmos até 1937, ano em que surgiu em Portugal o primeiro regime específico do contrato de trabalho, constante da Lei n.º 1952, de 10-3, confirmaremos a existência de uma grande estabilidade nesta matéria. Com efeito, o art. 1.º desta lei definia o contrato de trabalho como «a convenção por força da qual uma pessoa se obriga, mediante remuneração, a prestar a outra a sua atividade profissional, ficando, no exercício desta, sob as ordens, direção ou fiscalização da pessoa servida».

estrutura organizativa predisposta e dirigida por outrem. Dir-se-ia que a componente organizacional do contrato de trabalho, antes implícita, foi agora explicitada pelo legislador[3].

Assim sendo, ontem como hoje, analisando a noção legal de contrato de trabalho concluímos que o mesmo é constituído, essencialmente, por três elementos: a prestação de trabalho, a retribuição e, *last but not least*, a subordinação jurídica. Vejamos:

i) Quanto à *prestação de trabalho*, esta traduz-se numa prestação de facto positivo, sendo que qualquer atividade humana, desde que lícita e apta a corresponder a um interesse do credor digno de proteção legal, pode constituir objeto deste contrato. A obrigação do trabalhador traduz-se no exercício de uma (mais ou menos) determinada atividade, isto é, no dispêndio de um certo conjunto de energias físicas e psíquicas ao serviço e em benefício do empregador.

ii) Quanto à *retribuição*, ela constitui a contrapartida patrimonial da atividade prestada (ou disponibilizada) pelo trabalhador. Na essência, o trabalhador coloca a sua força de trabalho à disposição do empregador mediante um preço (sinalagma trabalho-salário). E deve notar-se que o Direito do Trabalho se formou, em boa medida, a partir da tomada de consciência de que este preço não

[3] Talvez se possa ir mais longe, com Liberal Fernandes, para quem o novo segmento «no âmbito de organização», em lugar da anterior «direção», consiste numa alteração suscetível de agilizar a qualificação do elemento subordinação, adotando um conceito mais flexível de subordinação laboral, de forma a abranger as novas formas de organização do trabalho e passando esta nova matriz de laboralidade a abranger os trabalhadores economicamente dependentes – «A noção de contrato de trabalho no Código de 2009: evolução ou continuidade?», *Questões Laborais*, n.º 51, 2017, pp. 113-122. Também Monteiro Fernandes considera existir uma tendência para passar do critério formal da subordinação jurídica (assente na existência de uma posição de *autoridade juridificada* de um sujeito sobre o outro) para o critério material da dependência económica (assente numa situação de *supremacia de facto* derivada da posição de um dos sujeitos perante o mercado e o processo produtivo) - «Deverá a subordinação jurídica manter-se como elemento qualificador?», José João Abrantes (coord.), *II Congresso Europeu de Direito do Trabalho*, Almedina, FDUNL, 2018, pp. 97-107.

pode ser fixado em função das leis do mercado, de acordo com as leis da oferta e da procura (a célebre «mão invisível» de Adam Smith), antes devendo ser estabelecido em sede de contratação coletiva e com respeito pelas diretrizes fixadas pelos poderes públicos (pense-se, desde logo, na fixação, por via de lei, do salário mínimo nacional, prevista e imposta pelo art. 59.º, n.º 2, al. *a)*, da Constituição da República Portuguesa).

iii) Quanto à *subordinação jurídica*, ela decorre do facto de o trabalhador se comprometer a prestar a sua atividade «sob a autoridade e direção» da entidade empregadora (ou, de acordo com a nova fórmula legal, «no âmbito de organização e sob a autoridade» desta), sendo usual dizer-se que é neste elemento que reside o principal critério de qualificação do contrato de trabalho – e de distinção deste face a contratos vizinhos. A subordinação jurídica consiste no reverso do poder diretivo do empregador, ou seja, no poder de o credor da prestação conformar, através de comandos e instruções, a prestação a que o trabalhador se obrigou, definindo como, quando, onde e com que meios deve esta ser executada. Por isso o CT afirma que «compete ao empregador estabelecer os termos em que o trabalho deve ser prestado, dentro dos limites decorrentes do contrato e das normas que o regem» (art. 97.º). E também por isso o mesmo diploma acrescenta que o trabalhador deve «cumprir as ordens e instruções do empregador respeitantes a execução e disciplina do trabalho, bem como a segurança e saúde no trabalho, que não sejam contrárias aos seus direitos ou garantias» (art. 128.º, n.º 1, al. *e)*). Como se depreende da simples leitura destas normas, a subordinação jurídica conhece *limites* (sob pena, aliás, de a condição do trabalhador se degradar a uma condição servil), devendo acrescentar-se que também comporta *graus* distintos, tanto podendo ser muito intensa como exprimir-se em moldes bastante ténues e até potenciais (desde logo, a subordinação jurídica não é incompatível com a autonomia técnico-executiva, típica, p. ex., das chamadas «profissões liberais»). E sublinhe-se, por último, que se trata de uma subordinação de natureza *jurídica*, a qual não se identifica com a dependência económica do prestador de atividade (isto é, com a circunstância de o trabalhador carecer dos rendimentos do trabalho para satisfazer as suas necessidades quotidianas). É certo que esta é uma dupla que, em regra, anda a par, cumulando o trabalhador a condição de sujeito juridicamente subordinado e economicamente dependente – e a lei, como é óbvio, não pode nem deve ignorar esta tendencial coincidência. Porém, há casos de divórcio entre ambas, visto que a dependência económica pode viver desacompanhada da subordinação jurídica (pense-se, p. ex., em certas hipóteses do chamado «trabalho parasubordinado»)[4], sendo a inversa também verdadeira.

2. A questão da qualificação do contrato

A prestação de trabalho pode, decerto, ocorrer ao abrigo de um contrato de trabalho. Mas sabe-se que nem todo o trabalho humano é enquadrado por este tipo contratual. E a verdade é que, existindo muitos contratos afins ou vizinhos ao de trabalho, aquele que mais frequentemente surge na prática e que maiores dificuldades distintivas suscita é, justamente, o chamado «contrato de prestação de serviço». Já conhecemos a noção de contrato de trabalho. Mas o CCivil também define os contornos do contrato de prestação de serviço, nos seguintes moldes: «Contrato de prestação de serviço é aquele em que uma das partes se obriga a proporcionar à outra certo resultado do seu trabalho intelectual ou manual, com ou sem retribuição» (art. 1154.º). Este último é, aliás, um tipo contratual muito vasto, abrangendo o mandato, o depósito e a empreitada (art. 1155.º), mas admitindo-se ainda a existência de modalidades atípicas de prestação de serviço (art. 1156.º)[5].

Se confrontarmos a noção legal de contrato de trabalho, vertida no art. 1152.º do CCivil (e reproduzida, com as alterações já assinaladas, no

[4] O art. 10.º do CT estende a tutela concedida por algumas normas laborais (as respeitantes a direitos de personalidade, igualdade e não discriminação e segurança e saúde no trabalho) a situações em que ocorra prestação de trabalho por uma pessoa a outra, sem subordinação jurídica, sempre que o prestador de trabalho deva considerar-se na dependência económica do beneficiário da atividade.

[5] As maiores dificuldades de distinção colocam-se, porventura, entre o contrato de trabalho e os contratos de empreitada ou de mandato. Mas os problemas surgem, por vezes, em relação a outros contratos (contratos de avença, de agência, de sociedade, etc.).

art. 11.º do CT), com a noção de contrato de prestação de serviço, vazada no art. 1154.º do mesmo diploma, logo topamos com alguns traços distintivos essenciais. Assim: *i)* quanto ao *conteúdo da obrigação*, no contrato de prestação de serviço trata-se de proporcionar ao credor certo resultado do trabalho, ao passo que no contrato de trabalho está em jogo a prestação de uma atividade (o trabalhador promete uma atividade laboral, o prestador de serviço compromete-se a proporcionar um resultado do trabalho); *ii)* quanto à *retribuição*, esta é um elemento essencial e indefetível no contrato de trabalho («mediante retribuição»), sendo um elemento meramente eventual no seio do contrato de prestação de serviço («com ou sem retribuição»); *iii)* quanto às *instruções do credor da prestação*, no contrato de prestação de serviço não se faz qualquer menção às mesmas, ao passo que no contrato de trabalho o devedor presta a sua atividade «sob a autoridade e direção», ou «no âmbito de organização e sob a autoridade», da contraparte.

Em teoria parece fácil delimitar as figuras, mas a verdade é que, na prática, a distinção entre ambos os contratos revela-se, amiúde, bastante espinhosa. Se bem repararmos, em ambos os contratos pode haver lugar à remuneração do prestador de serviço. E o certo é que a dicotomia atividade/resultado também não é muito esclarecedora: toda a atividade tende à obtenção de um qualquer resultado, sendo que este sempre decorrerá da prestação de uma qualquer atividade... Pelo que, diz-se, o verdadeiro critério distintivo reside, no fundo, na (in)existência de subordinação jurídica entre as partes da relação: se esta existir, aí teremos um contrato de trabalho; se esta não existir, aí teremos uma qualquer modalidade do contrato de prestação de serviço.

Só que nem assim os problemas qualificativos desaparecem. A riqueza e a variedade das situações da vida revelam-nos não poucas zonas cinzentas, de demarcação difícil, problema que se agrava se nos não esquecermos de que, como acima foi referido, a *subordinação jurídica* é uma noção de geometria variável, comportando uma extensa escala gradativa (dir-se-ia mesmo que, ao longo do passado século, este elemento foi-se flexibilizando, tendendo a jurisprudência a detetá-lo perante formas cada vez menos vincadas de exercício dos poderes empresariais), ao passo que no contrato de prestação de serviço não deixa de haver espaço para a emissão de algumas instruções genéricas por parte do credor da prestação.

Tudo, portanto, a dificultar a tarefa ao intérprete-aplicador do Direito, o qual, infelizmente, não dispõe de um «subordinómetro»[6]. Se a isto juntarmos que não existe uma relação necessária entre a natureza da atividade exercida e a respetiva qualificação contratual, pois, como nota Sousa Ribeiro, «praticamente todo o labor humano por conta de outrem pode ser prestado de forma autónoma ou subordinada»[7], bem como que, por vezes, existe um desiderato de mascarar a natureza subordinada da relação por parte dos respetivos sujeitos (*maxime* por parte do credor dos serviços), então facilmente se compreenderá que este constitui um dos grandes desafios que atualmente se colocam ao Direito do Trabalho.

Repete-se: é sabido que, desde as suas origens, o Direito do Trabalho não visa regular todo o trabalho humano, mas apenas aquele trabalho prestado em moldes juridicamente subordinados e hierarquicamente dependentes – isto é, o trabalho de execução heteroconformada. E é outrossim bem conhecida a função tuitiva desempenhada por este ramo do direito, isto é, a feição protecionista assumida por este ramo do ordenamento jurídico. Não sendo a única, é inegável que a função de tutela do trabalhador assalariado (da sua pessoa e do seu emprego) e de compressão/limitação dos poderes patronais se encontra inscrita no código genético do Direito do Trabalho. Ora, aqui chegados, dir-se-ia: se o Direito do Trabalho existe e se este ramo do direito protege os trabalhadores dependentes, com os inerentes custos para a contraparte, então, numa perspetiva patronal algo simplista mas nem por isso pouco frequente, o melhor será que, ao menos na aparência, deixe de haver trabalhadores dependentes... Daí a larga difusão do fenómeno da chamada «fuga ao Direito do Trabalho» ou «fuga ilícita para o trabalho autónomo»[8], através da dissimulação fraudulenta de uma relação de trabalho subordinado

---

[6] A propósito, sublinhando que a subordinação jurídica, sendo um elemento decisivo para a caracterização e qualificação do contrato de trabalho, «é também, simultaneamente, um conceito de enorme problematicidade aplicativa», Sousa Ribeiro, «As fronteiras juslaborais e a (falsa) presunção de laboralidade do artigo 12.º do Código do Trabalho», *Direito dos Contratos – Estudos*, Coimbra Editora, 2007, pp. 345-408 (355).

[7] *Ob.* e *loc. cit.*, na nota anterior.

[8] Palavras de Furtado Martins, «A crise do contrato de trabalho», *RDES*, 1997, n.º 4, pp. 335 e ss. Trata-se, conforme indica o Autor, de «situações em que intencionalmente se faz uma

sob a capa de um falso trabalho independente, prestado ao abrigo de um suposto «contrato de prestação de serviço».

Este fenómeno da manipulação abusiva da qualificação do contrato é, aliás, bem conhecido dos juslaboralistas, traduzindo-se numa *simulação relativa sobre a natureza do negócio*, com o objetivo de evitar a aplicação da legislação laboral. Trata-se de uma simulação relativa sobre a natureza do negócio, visto que o negócio ostensivo ou simulado (em regra, um qualquer contrato de prestação de serviço) resulta de uma alteração do tipo negocial correspondente ao negócio dissimulado ou oculto (contrato de trabalho). E tratar-se-á de uma simulação fraudulenta, dado que o intuito é o de contornar a legislação laboral[9]. *In casu*, este é um acordo simulatório no qual, naturalmente, o trabalhador também participa, mas o qual, normalmente, lhe é imposto pelo empregador como condição *sine qua non* para proceder à respetiva admissão na empresa. Estamos, pois, perante uma simulação negocial um tanto *sui generis*, quer pela circunstância de a cooperação do trabalhador no acordo simulatório lhe ser de algum modo imposta pela contraparte, quer pelo facto de o principal (ainda que não único) prejudicado com a simulação acabar por ser, precisamente, o trabalhador[10].

3. O *nomen iuris* e o "princípio da primazia da realidade"

«Os contratos são o que são, não o que as partes dizem que são», eis um princípio geral do Direito que encontra intensa aplicação em sede juslaboral. Na verdade, as partes são livres para concluir o contrato *x* ou o contrato *y*, mas já não o são para celebrar o contrato *x* dizendo que celebraram o contrato *y* – naquilo, e não nisto, consiste a sua liberdade contratual, con-

errada qualificação das relações de trabalho com o intuito de evitar a aplicação da legislação laboral» (p. 341).

[9] Sobre estas noções, *vd.*, por todos, Carlos Mota Pinto, *Teoria Geral do Direito Civil*, 4.ª ed., por António Pinto Monteiro e Paulo Mota Pinto, Coimbra Editora, Coimbra, 2005, pp. 466 e ss.

[10] Sobre as virtualidades e as dificuldades do recurso ao enquadramento simulatório no âmbito do contrato de trabalho, realçando a importância preponderante da fase executiva na tarefa de interpretação-qualificação deste contrato, *vd.* Joana Nunes Vicente, A *Fuga à Relação de Trabalho (Típica): em torno da simulação e da fraude à lei*, Coimbra Editora, 2008, pp. 57-122.

sagrada no art. 405.º do CCivil (nos termos do n.º 1 deste artigo, «dentro dos limites da lei, as partes têm a faculdade de fixar livremente o conteúdo dos contratos, celebrar contratos diferentes dos previstos neste código ou incluir nestes as cláusulas que lhes aprouver»).

A liberdade contratual não se confunde, pois, com a manipulação ilícita da qualificação da relação: como dizia ORLANDO DE CARVALHO, «a liberdade contratual é a liberdade de modelar e de concluir os negócios, não a de decidir arbitrariamente da lei a que eles devem submeter-se (sobretudo se o *nomen* escolhido não corresponde às estipulações)»[11]. Destarte, apurando-se a existência de uma prestação de atividade em regime de heterodeterminação e a troco de uma retribuição, toparemos com um contrato de trabalho e não com um qualquer contrato de prestação de serviço, ainda que esta seja a designação contratual adotada pelas partes. Trata-se, afinal, de dar prevalência à vontade real das partes, desvelada pela execução contratual, sobre a vontade declarada. A doutrina brasileira alude, a este propósito, ao chamado «princípio da primazia da realidade», precisamente para vincar que as relações jurídico-laborais se definem pela situação de facto, isto é, pela forma como se realiza a prestação de serviços, pouco importando o nome que lhe foi atribuído pelas partes. Com efeito, para o Direito do Trabalho, interessa menos o que as partes *dizem* do que aquilo que elas *fazem*, porque o que fazem ao longo da relação ilumina a real vontade das partes, isto é, espelha com fidelidade aquilo que elas *querem*. Ademais, reitera-se, aquilo que elas dizem ou escrevem é, quase sempre, aquilo que uma delas diz ou escreve e a outra se limita a aceitar e subscrever.

4. A qualificação contratual e a presunção de laboralidade

Como resulta do acima exposto, as questões ligadas à qualificação do contrato em causa, designadamente no tocante à *prova da existência de uma relação de trabalho subordinado*, assumem uma importância decisiva em matéria de efetividade do Direito do Trabalho. Em princípio, querendo o trabalhador fazer valer direitos decorrentes da legislação laboral, e suscitando-se a questão prévia da qualificação da relação,

[11] *Escritos, Páginas de Direito*, vol. I, Almedina, Coimbra, 1998, pp. 22-23.

recairia sobre o trabalhador, nos termos gerais, o ónus de provar a existência, *in casu*, de um contrato de trabalho (recorde-se que, segundo o art. 342.º, n.º 1, do CCivil, «àquele que invocar um direito cabe fazer a prova dos factos constitutivos do direito alegado»). Ou seja, estando o *ónus da prova* a cargo do trabalhador, caber-lhe-ia demonstrar a existência dos elementos constitutivos do contrato de trabalho: retribuição, prestação de trabalho e factos que habilitassem o tribunal a concluir pela presença de subordinação jurídica. E, nos casos de dúvida, era muito frequente o recurso jurisprudencial ao chamado «método indiciário», de controlo múltiplo, em ordem a formular um juízo global sobre a qualificação contratual. Assim sendo, o tribunal recorria a uma bateria de elementos indiciários como forma de testar a existência de uma situação de autonomia ou de subordinação na prestação de trabalho, tais como os referentes ao local de trabalho (quem determina e controla o local de execução da prestação?), ao horário de trabalho (existe um horário definido para o desempenho da atividade laboral?), à modalidade da remuneração (certa ou variável?), à titularidade dos instrumentos de trabalho (propriedade do credor ou do devedor dos serviços?), à eventual situação de exclusividade do prestador de serviços (existe dependência económica deste face ao beneficiário dos serviços?), ao enquadramento fiscal e de segurança social, ao próprio *nomen iuris* escolhido, etc.

Tratava-se, repete-se, de meros tópicos indiciadores da existência de subordinação jurídica, cuja verificação tinha de ser demonstrada por quem estava onerado com o ónus da prova do contrato – o trabalhador. Ora, como então escrevia Pedro Romano Martinez, «a prova dos elementos constitutivos do contrato de trabalho é, muitas das vezes, difícil e, para obviar a tal dificuldade, poder-se-ia recorrer à presunção de existência de contrato de trabalho»[12]. Isso mesmo consta, aliás, da Recomendação n.º 198 da OIT (sobre a relação de trabalho), adotada em 15 de junho de 2006, a qual preconiza que a legislação dos Estados-membros estabeleça uma presunção legal de contrato de trabalho, baseada em indícios relevantes (art. 11.º, al. *b)*). Foi o que veio a ser feito pelo legis-

[12] «Trabalho subordinado e trabalho autónomo», *Estudos do Instituto de Direito do Trabalho,* vol. I, Almedina, Coimbra, 2001, pp. 271-294 (293).

lador português, a partir do CT de 2003, procurando, ao menos *prima facie*, contrariar a "fuga ao Direito do Trabalho" a que acima se aludiu. O legislador estabeleceu, pois, uma «presunção de laboralidade» – a qual, por definição, deveria facilitar a prova da existência de um contrato de trabalho, perfilando-se como uma técnica de combate à dissimulação ilícita de relações laborais.

Após dois ensaios claramente falhados, feitos em 2003 e em 2006[13], o atual CT português consagra a referida «presunção de laboralidade» no seu art. 12.º, n.º 1, agora nos seguintes termos:

> «Presume-se a existência de contrato de trabalho quando, na relação entre a pessoa que presta uma atividade e outra ou outras que dela beneficiam, se verifiquem algumas das seguintes características:
>
> *a)* A atividade seja realizada em local pertencente ao seu beneficiário ou por ele determinado;
> *b)* Os equipamentos e instrumentos de trabalho utilizados pertençam ao beneficiário da atividade;
> *c)* O prestador de atividade observe horas de início e de termo da prestação, determinadas pelo beneficiário da mesma;
> *d)* Seja paga, com determinada periodicidade, uma quantia certa ao prestador de atividade, como contrapartida da mesma;
> *e)* O prestador de atividade desempenhe funções de direção ou chefia na estrutura orgânica da empresa».

O novo art. 12.º do CT não é, naturalmente, uma norma perfeita e isenta de críticas. Longe disso, como procuraremos demonstrar na parte final deste texto. Mas pensamos que, à terceira tentativa, o legislador finalmente acabou por estabelecer uma «presunção de laboralidade» com algum sentido útil. A lei seleciona um determinado conjunto de elementos indiciários, considerando que a verificação de alguns deles (dois?) bastará para a inferência da subordinação jurídica. Assim sendo,

---

[13] Para indicações sobre as duas primeiras versões da presunção de laboralidade, em termos críticos, *vd.* João Leal Amado, *Contrato de Trabalho – Noções Básicas*, Almedina, Coimbra, 2.ª ed., 2018, pp. 64-66.

a tarefa probatória do prestador de atividade resulta consideravelmente facilitada. Doravante, *provando o prestador que,* in casu, *se verificam algumas daquelas características, a lei presume que haverá um contrato de trabalho, cabendo à contraparte fazer prova em contrário.* Assim, provando-se, p. ex., que a atividade é realizada em local pertencente ao respetivo beneficiário e nos termos de um horário determinado por este, ou provando-se que os instrumentos de trabalho pertencem ao beneficiário da atividade, o qual paga uma retribuição certa ao prestador da mesma, logo a lei presume a existência de um contrato de trabalho. Tratando-se de uma presunção *juris tantum* (art. 350.º do CCivil), nada impede o beneficiário da atividade de ilidir essa presunção, demonstrando que, a despeito de se verificarem aquelas circunstâncias, as partes não celebraram qualquer contrato de trabalho. Mas, claro, o *onus probandi* passa a ser seu (dir-se-ia que a bola passa a estar do seu lado), pelo que, não sendo a presunção ilidida, o tribunal qualificará aquele contrato como um contrato de trabalho, gerador de uma relação de trabalho subordinado.

Pelo exposto, também para o julgador esta presunção reduz a complexidade da valoração a empreender, dado que, pelo menos num primeiro momento, ele poderá concentrar-se nos dados que integram a presunção, circunscrevendo a base factual da sua apreciação. De certa forma, esta presunção representa uma *simplificação do método indiciário tradicional,* visto que, como ponto de partida, ela dispensa o intérprete de proceder a uma valoração global de todas as características pertinentes para a formulação de um juízo conclusivo sobre a subordinação. Mas trata-se, como vamos ver, de uma presunção construída tendo em conta as formas de prestar trabalho típicas do séc. XX. O surgimento do chamado "trabalho 4.0" veio criar novos desafios, aos quais, porventura, a atual presunção de laboralidade constante do CT português não consegue dar resposta satisfatória.

II. A sociedade digital e os novos desafios ao Direito do Trabalho

1. O "trabalho 4.0"

O progresso da humanidade está, muitas vezes, associado ao fascínio perante a ciência e a tecnologia, por originarem inovações que fazem avançar a humanidade: da roda ao microprocessador, do ábaco ao computador, da imprensa escrita à *Internet* e à *web*, *inter alia*[14]. E, atualmente, a Inteligência Artificial[15] veio para ficar e incide sobre inúmeros aspetos da vida das pessoas em geral e dos trabalhadores em especial, desde o momento de formação do contrato de trabalho[16], passando pela execução do mesmo[17] e terminando na sua cessação[18]. A própria União Europeia, num Documento de 8 de abril deste ano sobre *Ethic Guidelines for Trustworthy AI*, estabeleceu que deveria defender-se sempre o respeito pela autonomia humana, pela transparência, pela privacidade e pela proteção de dados pessoais das pessoas, assegurando a defesa da igualdade e a proibição da discriminação, defendendo sempre a pessoa humana nas suas várias vertentes.

---

[14] Ver o esquema com diferentes fases de evolução apresentado em Jean-Michel Rodes, Geneviève Piejut e Emmanuelle Plas, *Memory of the Information Society*, UNESCO, Paris, 2003, p. 11.

[15] Há que referir que não existe um conceito unívoco de Inteligência Artificial, principalmente porque tem de relacionar-se com outro conceito que também é difícil de definir e que é o de inteligência humana e que a mesma coloca várias questões que ultrapassam, largamente, o âmbito deste nosso artigo; mas, apenas para referir algumas, desde logo a questão da proteção e propriedade dos dados que constituem a base de trabalho para a Inteligência Artificial; ou questões relativas à responsabilidade, por exemplo no caso dos carros autónomos; ou o direito à privacidade, porque todos vamos deixando uma série de *pistas digitais* que permitem a comparação à entrada de determinados locais de uma cópia digitalizada e a imagem da pessoa em causa e, em especial no caso das relações de trabalho, o trabalhador encontra-se, por esta via, amplamente *radiografado* e informações colocadas *online* podem perdurar no ciberespaço por muito tempo, correndo o risco de ficarem completamente desatualizadas e com a inerente descontextualização dos dados.

[16] Através de novas formas de contratação *online*, *inter alia*, com o recurso a um novo tipo de entrevistas, ou de recurso a plataformas digitais de emprego.

[17] Através de, *inter alia*, um novo tipo de formação ao longo da vida, de um novo controlo, o controlo eletrónico/digital, um novo tempo de trabalho, ou de um novo tipo de Direito Coletivo.

[18] Cf., para maiores desenvolvimentos, *inter alia*, OIT, *Trabalhar para um Futuro Melhor*, Lisboa, 2019, Instituto de Estrategia Legal en RRHH, *Inteligencia artificial y sus impactos en los Recursos Humanos y en el Marco Regulatorio de las Relaciones Laborales*, WoltersKluwer, Espanha, 2018, *4.ª Revolución Industrial: Impacto de la Automatización y la Inteligencia Artificial en la Sociedad y la Economía Digital*, Thomson Reuters, Aranzadi, Espanha, 2018, e WEF, *The Future of Jobs Report*, 2018.

Muito recentemente também, o Projeto de Lei N.º 1217/XIII, que aprova a Carta dos Direitos Fundamentais na Era Digital[19], apresentado no dia 15 de maio deste ano, aborda a questão da inteligência artificial, desde logo no art. 7.º, assim como o direito à privacidade digital e alguns direitos específicos relativamente aos trabalhadores nos artigos 15.º a 18.º, alguns que podem considerar-se novos, e outros que são uma especificação do Código do Trabalho Português, ainda que não nos pareça que nalgumas partes tenha tido a melhor redação.

É neste contexto que a OIT, no centenário da sua criação, defendeu que em 2019 estamos num momento disruptivo de certa forma equivalente ao de 1919, aquando da criação desta organização, abordando a necessidade de revitalização do "contrato social", centrada no ser humano. Na verdade, "não é a primeira vez que uma alteração profunda no mundo do trabalho exige uma resposta global coletiva e mundial. Em 1919, na sequência de uma devastadora guerra mundial, os governos, os patrões e os trabalhadores uniram-se, com base num compromisso comum com a justiça social, e fundaram a Organização Internacional do Trabalho (OIT) porque existem condições de trabalho que implicam para grande parte das pessoas, a injustiça, a miséria e as privações, o que gera um descontentamento tal que a paz e a harmonia universais são postas em risco; e (...) é urgente melhorar essas condições"[20]. Hoje como então, a paz e a estabilidade duradouras dependem da justiça social[21].

O Direito do trabalho é um dos setores do ordenamento jurídico que, pela sua própria natureza, é mais exposto à influência das mudanças tecnológicas. Os sistemas produtivos têm-se caracterizado pela sua contínua modernização e melhoria das técnicas utilizadas de tal forma que o emprego do termo "novas tecnologias" poderia entender-se como uma

---

[19] Projeto que ainda vai ser discutido e que pode ser visto em https://www.parlamento.pt/ActividadeParlamentar/Paginas/DetalheIniciativa.aspx?BID=43768 (acedido pela última vez em maio de 2019).

[20] *Op*. cit., p. 23.

[21] Neste Documento pode ler-se, ainda, que "é necessário um controlo humano da inteligência artificial, de forma a garantir que as decisões finais que afetam o trabalho sejam tomadas por seres humanos e não por algoritmos. A gestão de algoritmos, a vigilância e o controlo através de sensores e de outras formas de monitorização, precisam de ser regulados para proteger a dignidade dos trabalhadores. O trabalho não é uma mercadoria; nem é um robô".

característica permanente deste ramo do Direito, perfeitamente aplicável a cada uma das suas fases ou etapas cronológicas ou, até mesmo, uma redundância. Desde que ADAM SMITH consolidou a ideia da organização do trabalho, socorrendo-se do exemplo da fábrica de alfinetes[22], a história da industrialização está estreitamente ligada às transformações e mudanças nos métodos de organização do trabalho[23].

O setor das TIC tem revolucionado imenso o Direito do trabalho mas não só. A expansão das plataformas digitais é enorme e em menos de uma década foram criadas cerca de 10000 companhias ou plataformas e muitos empregos foram também criados[24]. Atualmente há uma *app* para tudo ou quase tudo, desde atividades mais simples como entrega de comida, até atividades mais complexas como prestação de serviços jurídicos, surgindo todos os dias novas plataformas. Por outro lado, mesmo aquelas que estão bem sedimentadas no mercado quase que se reinventam todos os dias ou variam a sua aplicação de país para país[25].

Nesta nova sociedade digital existe uma transformação radical da economia, na medida em que há uma redução enorme dos custos de informação e de coordenação, e surgem as plataformas digitais e uma nova economia, a economia partilhada ou colaborativa, que, na noção apresentada pela Comissão Europeia em 2 de junho de 2016, no Documento *Uma Agenda Europeia para a Economia Colaborativa*, refere-se a "modelos empresariais no âmbito dos quais as atividades são facilitadas por plataformas colaborativas que criam um mercado aberto para a utilização

[22] Neste exemplo, ADAM SMITH escolhe o famoso caso da fabricação de alfinetes para descrever a passagem do artesão até à fábrica, constatando que se um trabalhador isolado conseguia, anteriormente, produzir cerca de 20 alfinetes por dia, a separação de tarefas e a colaboração entre os trabalhadores permite produzir 48 mil alfinetes, isto é, 2400 vezes mais.

[23] Iniciava-se, desta forma, a "grande aventura", desde a visão da industrialização como uma promessa da divisão do trabalho até uma progressiva incorporação da força de trabalho numa máquina, primeiro como energia motora, para depois ser energia operadora e, por fim, com uma função de controlo. *Vide* CARINCI, "Rivoluzione tecnologica e Diritto del Lavoro: il rapporto individuale", *in GDLRI*, n.º 25, 1986, p. 203.

[24] MARK GRAHAM, *The Risks and Rewards of Online Gig Economy*, Oxford Internet Institute, 2017.

[25] *Vide* JEREMIAS PRASSL, *Humans as a Service – the Promise and Perils of Work in the Gig Economy*, OUP, Oxford, 2018, pp. 12-13.

temporária de bens ou serviços, muitas vezes prestados por particulares. São três as categorias de intervenientes na economia colaborativa: *(i)* os prestadores de serviços que partilham os ativos, os recursos, a disponibilidade e/ou as competências - podem ser particulares que oferecem serviços numa base esporádica («pares») ou prestadores de serviços que atuam no exercício da sua atividade profissional («prestadores de serviços profissionais»); *(ii)* os utilizadores desses serviços; e *(iii)* os intermediários que – através de uma plataforma em linha – ligam prestadores de serviços e utilizadores, facilitando as transações recíprocas ("plataformas colaborativas"). Por via da regra, as transações de economia colaborativa não implicam uma transferência de propriedade, podendo ser realizadas com fins lucrativos ou sem fins lucrativos".

Esta economia colaborativa gera novas oportunidades, para todos, podendo dar um importante contributo para a criação de empregos, de regimes de trabalho flexíveis e de novas fontes de rendimento, desde que seja devidamente incentivada e desenvolvida de forma responsável.

Contudo, como também salienta a Comissão Europeia, há vários problemas. Desde logo, a economia colaborativa levanta frequentemente questões no que diz respeito à aplicação dos quadros jurídicos em vigor, diluindo a tradicional distinção entre consumidor e fornecedor, trabalhador por conta de outrem e trabalhador por conta própria, prestação de serviços profissionais e não profissionais.

Também o próprio Parlamento Europeu[26] realça a importância fundamental de proteger os direitos dos trabalhadores nos serviços colaborativos, chamando a atenção para a necessidade de se assegurar o direito de os trabalhadores se organizarem e o direito à negociação e ação coletivas, em conformidade com o direito e a prática de cada Estado-membro, salientando que todos os trabalhadores da economia colaborativa são quer trabalhadores por conta de outrem, quer trabalhadores por conta própria, consoante a primazia dos factos, devendo ser classificados como tal, devendo todos os Estados-Membros garantir condições de trabalho equitativas e uma proteção jurídica e social adequada para todos

[26] *Relatório sobre uma Agenda Europeia para a Economia Colaborativa*, pontos 38 e 39.

os trabalhadores na economia colaborativa, independentemente do seu estatuto[27].

O trabalho está a revelar-se um fator-chave nesta transformação e revolução. Fala-se, assim, de trabalho 4.0, do trabalho na *gig economy*, que inclui quer o *Crowdwork*, quer o trabalho em plataformas – *work-on-demand via apps*, e que, por isso, não se resume apenas à Industria 4.0[28], já que se está a falar do trabalho do futuro. Claro que não há um conceito homogéneo ou monolítico deste tipo de trabalho, já que são utilizados diferentes métodos e formas de trabalhar, que podem ir desde tarefas rotineiras, extremamente parceladas, monótonas, até tarefas mais complexas e novas, onde o valor acrescido está na qualificação e na inovação de quem presta[29].

O *Crowdwork*, na verdade, pode ser quer o *crowdwork online*, quer o *crowdwork offline*, na medida em que há atividades que podem ser realizadas completamente *online* e oferecidas globalmente. Nestes casos, a concorrência também é verdadeiramente global, e pode originar uma *race to the bottom*. Estas atividades, normalmente oferecidas através da *cloud*, podem incluir tarefas mal pagas, também chamadas de *microtarefas*, assim

[27] Considera ainda, no Ponto 44, que "muitas plataformas de intermediação em linha são estruturalmente semelhantes a agências de trabalho temporário (relação contratual triangular entre: trabalhador temporário de uma agência/trabalhador de plataformas; agência de trabalho temporário/plataforma em linha; utilizador/cliente)".

[28] Este termo provém de um programa comum lançado pelo Governo alemão e pela indústria alemã em 2011. Mais tarde, foi utilizado no léxico da Comissão Europeia, bem como noutras regiões. O termo preferido no ordenamento jurídico norte-americano é o de *smart manufacturing*. Através de *Cyber-physical systems*, e um número elevado de *robots* que substituem o trabalho humano manual, e com a utilização da *big data*, monitoriza-se toda a produção, existindo uma flexibilização na produção e na personalização do produto final. Este termo refere-se a uma verdadeira revolução no setor industrial, sendo que no centro desta nova indústria está uma elevada automatização e interconexão de produção industrial, sendo que processos virtuais e reais emergem com base em sistemas *cyber-physical*, o que permite uma produção mais eficiente, flexível, com uma grande personalização do produto final e com os desejos dos consumidores a serem atendidos.

[29] Dados recentes estimam que nos EUA e na UE cerca de 1/3 da população adulta já participou na economia *colaborativa*, sendo que cerca de 1% a 5% já foi pago através de trabalho realizado nas plataformas. *Vide The Social Protection of Workers in the Platform Economy*, União Europeia, 2017, p. 12.

como grandes tarefas a serem divididas em pequenas tarefas para tornar mais simples e mais barata a mesma. Como exemplos destas plataformas temos a *Amazon Mechanical Turk* e a *Clickworker*. Contudo, também podem ser tarefas que exigem uma elevada qualificação, mas isto não significa que sejam bem pagas porque como a concorrência é verdadeiramente global pode não se receber muito na mesma ou, até, não receber nada, devido à cláusula de satisfação do cliente.

Por outro lado, estas tarefas também são muito mal pagas porque não se tem em atenção o tempo que os trabalhadores têm de estar disponíveis *online*, nem o tempo que têm de estar à procura de uma tarefa.

Acresce ainda um outro problema nesta forma de prestar trabalho e que é o da permanente disponibilidade dos mesmos em termos temporais, porque como trabalham *online* com fusos horários diferentes dos utilizadores e têm prazos muito curtos para cumprir, têm de responder imediatamente. Assim, a aparente flexibilidade destas formas de prestar trabalho também necessita de ser repensada e há sim um enorme controlo[30].

Existem, ainda, outras atividades que exigem uma presença física e, por isso, a concorrência não é global, mas levantam-se também várias questões e eventual violação de regras de Direito do trabalho, de que o exemplo mais conhecido é o da *Uber* enquanto plataforma digital relacionada com os transportes, mas também plataformas digitais associadas a serviços domésticos, desde limpeza, mudanças, *bricolage*. Nestes últimos, o trabalhador da plataforma normalmente entra em contacto direto com o utilizador.

Claro que esta divisão é importante do ponto de vista do Direito a aplicar, porque estas segundas são mais fáceis de enquadrar nos meios

[30] *Vide* ALOISI, "Commoditized Workers: Case Study Research on Labor Law Issues Arising from a Set of On-Demand/Gig Economy Platforms", *in Comparative Labor Law & Policy Journal*, vol. 37, n.º 3, 2016, p. 662, assim como JANINE BERG, "Income Security in the On-Demand Economy: Findings and Policy Lessons from a Survey of Crowdworkers", *in Comparative Labor Law & Policy Journal*, vol. 37, n.º 3, 2016, pp. 557 e ss., e VALERIO DE STEFANO, "The Rise of the "Just-In-Time Workforce": On-Demand Work, Crowdwork, and Labor Protection in the "Gig-Economy", *in Comparative Labor Law & Policy Journal*, vol. 37, n.º 3, 2016, p. 480.

tradicionais de resolução da lei aplicável do que as primeiras[31], tendo a OIT recomendado "o desenvolvimento de um sistema de governação internacional para plataformas de trabalho digitais que estabeleça e exija que as plataformas (e clientes) respeitem certos direitos e proteções mínimas"[32].

As mudanças tecnológicas criam novos produtos, processos e serviços, assim como novas necessidades e, nalguns casos até, setores totalmente novos. A globalização e as novas tecnologias impõem, de certa forma, novas relações de trabalho ou, pelo menos, o repensar de algumas relações. E o trabalhador atualmente, neste *Mundo Novo do Trabalho*, para não ser excluído, tem de ter obrigatoriamente um QI digital mínimo que lhe permita conhecer, sobreviver e trabalhar na era digital[33].

Na verdade, as TIC modificaram e continuam a modificar as bases do Direito do trabalho: um trabalho muito subordinado, com um perímetro de tempos de trabalho bem definido, que agora sofre uma autêntica *metamorfose*, destruidora de emprego e criadora de um novo conceito de subordinação. Contudo, também parece ser importante assumir o desconhecimento e não realizar *futurologia*, até porque cremos que tem de atender-se a que, numa primeira análise, estas mudanças ocorridas parecem não ser novas, já que o mundo assistiu a anteriores revoluções industriais. Porém, numa análise mais aprofundada, ver-se-á que esta revolução é diferente, já que se atravessa um período de uma evolução sistémica excecional e raramente comparada a qualquer outra prévia[34]. Não se trata de crise, mas de uma verdadeira metamorfose; não de passagem entre dois estados, mas sim de um salto para o desconhecido.

---

[31] Veja-se neste sentido Adrián Todoli Signes, "Nuevos indícios de Laboralidad como Resultado de las Nuevas Empresas Digitales", *in Economía Colaborativa y trabajo en plataforma: realidades y desafíos*, Editorial Bomarzo, 2017, pp. 224 e ss, assim como Martin Risak, *Fair Working Conditions for Platform Workers - Possible Regulatory Approaches at the EU Level*, Friedrich-Ebert-Stiftung, 2017, pp. 5-6 .

[32] *Op.* cit., p. 45.

[33] Jean-Emmanuel Ray, *Les relations individuelles de travail 2016*, Wolters Kluwer, França, 2015, pp. 114 e ss..

[34] Conseil National Du Numerique, *Travail emploi numerique – Les nouvelles trajectoires*, França, p. 8.

Relacionada com estas novas formas de prestar trabalho está a questão, óbvia, da qualificação das relações estabelecidas, sobretudo se tivermos em atenção que toda esta questão surgiu para uma relação bilateral, o que origina problemas aquando da análise do trabalho nas plataformas digitais dado que aqui temos uma relação onde intervêm três partes. Parece-nos que devemos atender à razão de ser do Direito do trabalho e por que surgiu a necessidade de proteção do trabalhador – e esta está relacionada com a situação de especial vulnerabilidade de uma das partes relativamente à outra, que resulta quer da diferença contratual que existe porque uma tem o poder de dar ordens, instruções e a outra tem de obedecer, quer ainda porque as partes não têm o mesmo poder negocial.

Ora, face ao que referimos anteriormente, será que estas razões não se mantêm hoje em dia para o caso das pessoas que trabalham nas plataformas eletrónicas? Se no século XIX os trabalhadores faziam fila à porta das fábricas à espera de obter trabalho que era diário e sem qualquer respeito pelos tempos de trabalho e existia, nas palavras de MARX, o "exército industrial de reserva", hoje em dia, nas plataformas eletrónicas, as pessoas não são contratadas ao dia mas por tarefa, tarefa esta que pode levar segundos ou minutos a ser realizada, mas em que as pessoas têm de estar sempre *online* para conseguirem obtê-la e não sabem se no minuto seguinte a terem terminado ainda terão direito a alguma coisa ou não.

2. O trabalho "via *apps*", mediante plataformas eletrónicas: uma jurisprudência flutuante

A nível de Direito Comparado, em ordenamentos jurídicos que, contrariamente ao português, não conhecem uma presunção jurídica de laboralidade, várias são as decisões sobre esta matéria. E, como vamos ver em breve relance, de conteúdo bastante distinto.

No ordenamento jurídico francês existem inúmeras decisões sobre a qualificação do contrato. Em dezembro de 2016, o *Conseil de Prud'hommes* de Paris decidiu que o motorista do *Le Cab* era um trabalhador, decisão que foi confirmada pela *Cour d'appel de Paris*, por sentença de 13 de dezembro de 2017.

Contudo, num outro caso a *Cour d'appel de Paris*, numa sentença de 20 de abril de 2017, decidiu que os *riders* da plataforma *Take Eat Easy* não eram trabalhadores porque eles têm uma ampla liberdade na escolha das entregas e de quando querem trabalhar[35]. Porém, relativamente a esta decisão, e em sede de recurso, a *Cour de Cassation* teve um entendimento diferente e, a 28 de novembro de 2018, decidiu que os *riders* deveriam ser considerados como trabalhadores, fundamentalmente baseando-se na ideia da enorme possibilidade de controlo que estas plataformas permitem através do seguimento em tempo real através de aparelhos de geolocalização, a que acresce a possibilidade de sancionar quem não cumprir as regras.

No mesmo sentido, a *Cour d'appel* de Paris, por uma decisão de 10 de janeiro de 2019, decidiu que um motorista da Uber deveria ser considerado como trabalhador com um contrato de trabalho e não com um contrato de prestação de serviços, porque a partir do momento em que o trabalhador se conecta à plataforma Uber ele integra um serviço organizado pela mesma, que emana diretrizes e ordens, devendo o trabalhador obediência e podendo ser sancionado se não as cumprir. Esta decisão, tal como a anterior, também sublinhou a enorme possibilidade de controlo que há quando se utiliza um sistema de geolocalização, como acontecia no caso concreto[36].

No ordenamento jurídico espanhol também existem inúmeras decisões e em sentidos diferentes.

Assim, em 3 decisões deste ano do *Juzgado de lo Social* de Madrid, relativas à plataforma *Glovo*, decisões n.ºs 53/2019, 128/2019 e 130/2019, de 11 de fevereiro e de 3 e 4 de abril, respetivamente, o Tribunal considerou que os *riders* da Glovo deveriam ser considerados como trabalhadores, porque a plataforma tem um "completo controlo" sobre a atividade desempenhada, incluindo o local onde a todo o tempo se encontra o trabalhador, impondo regras de atuação e que é sujeita a avaliação e criação de perfis, com a eventual aplicação de sanções disciplinares que podem originar a cessação do contrato, se tais regras não forem seguidas. A existência deste poder evidencia, claramente, um vínculo laboral.

É interessante notar também o facto de chamarem a atenção para a importância da marca, considerando que se os trabalhadores pretendes-

---

[35] E o mesmo decidiu também a 9 de novembro de 2017 no caso da plataforma *Deliveroo*, com base em argumentos semelhantes.

[36] Há que referir, contudo, que o *Conseil de Prud'hommes* de Paris, a 29 de janeiro de 2018, tinha decidido diferentemente num caso sobre a Uber, caso *Florian Ménard vs. SAS Uber France, Uber B V.*

sem ser verdadeiros autónomos e não utilizassem a marca, "estariam condenados ao fracasso", já que o "êxito deste tipo de plataformas" deve-se à publicidade que elas fazem nas redes sociais e em motores de busca, sendo estes os *sites* que os clientes procuram quando querem o tipo de produtos que a plataforma anuncia.

Ora, de tudo isto, como bem se decidiu, infere-se o "escasso valor" para o desenvolvimento da atividade dos meios que o trabalhador utiliza, como seja o caso do veículo ou do telemóvel, quando comparados com a plataforma e o valor da marca no mercado, que são propriedade da Glovoapp23SL. O trabalhador está integrado na plataforma e não tem qualquer tipo de responsabilidade perante os clientes, sendo que todo o processo de faturação fica a cargo da plataforma.

Contudo, anteriormente, numa decisão do mesmo Tribunal de 3 de setembro de 2018, tinha-se considerado como um trabalhador autónomo, em termos quanto a nós muito discutíveis, porque o tribunal considerou que o trabalhador tinha liberdade quanto à fixação do tempo de trabalho, dado que decidia as horas em que iniciava a sua jornada de trabalho e as horas em que a finalizava, selecionando os pedidos que pretendia e recusando os que não queria, tendo o tribunal considerado a reputação *online* como irrelevante, já que considerou que a avaliação só serviria para que o *rider* que tivesse uma melhor pontuação pudesse escolher os pedidos com os quais pretendia ficar, não significando, contudo, uma sanção para os que tivessem uma pontuação mais baixa – o que, cremos, não corresponde bem à realidade.

Também a 11 de janeiro de 2019, o mesmo tribunal decidiu que o *rider* da Glovo não era um trabalhador subordinado, mas sim um trabalhador economicamente dependente (TRADE: *trabajadores autónomos económicamente dependientes*).

Numa outra decisão do *Juzgado de lo Social* de Gijón, de 20 de fevereiro de 2019, foi considerado que os *riders* da Glovo deveriam ser considerados como trabalhadores, porque existiriam inúmeros indícios que demonstravam uma subordinação real no contrato celebrado, como a existência de ordens quanto ao trabalho que todos deveriam acatar, a fixação de tempos de trabalho e de dias de descanso, e mesmo a previsão de situações de suspensão da prestação de trabalho. Também é interessante nesta decisão ter-se apontado o facto de as horas em que poderá existir uma melhor pontuação serem fixadas pela plataforma e não pelo *rider*, pelo que a tão apregoada flexibilidade temporal é uma via de sentido único e sempre determinada pela plataforma.

E, tal como na jurisprudência francesa citada, o Tribunal abordou a questão da enorme possibilidade de controlo indireto através dos sistemas de geolocalização, assim como a existência de sanções para quem não cumprisse as regras estabelecidas.

No mesmo sentido existe uma decisão do *Juzgado de lo Social* de Valência, de 1 de junho de 2018, sobre a plataforma *Deliveroo*. Este caso foi muito importante porque foi a primeira vez que se abordou esta questão jurisprudencialmente e o Tribunal entendeu que se tratava de verdadeiros trabalhadores e, por isso, a cessação do contrato correspondeu a um despedimento ilícito. Este Tribunal deu por comprovado que existia uma subordinação jurídica pois o trabalhador obedecia a ordens da plataforma e laborava segundo as condições fixadas pela mesma, pois era esta que fixava a zona onde o trabalho deveria ser prestado e mesmo o horário de trabalho –apesar de existir alguma flexibilidade, o trabalho tinha de ser prestado dentro de um horário previamente fixado pela empresa e era esta que decidia qual o horário final de cada trabalhador.

Nesta decisão, mais uma vez, considerou-se bastante importante a questão da possibilidade de geolocalização do trabalhador, que permitia um seguimento constante do mesmo e um enorme controlo, assim como a existência de um verdadeiro poder disciplinar porque poderia o trabalhador ser sancionado se não cumprisse as regras.

Numa decisão do *Juzgado de lo Social* de Barcelona, de 29 de maio de 2018, decidiu-se que os *riders* da plataforma *Take Eat Easy* eram trabalhadores, considerando-se que havia subordinação jurídica entre as partes porque existia o poder diretivo, disciplinar e organizacional. Os trabalhadores estavam sujeitos a um horário de trabalho, usavam mochilas e terminais móveis da plataforma, recebendo uma contrapartida pelo trabalho que se tratava de uma verdadeira retribuição.

No ordenamento jurídico do Reino Unido foram também proferidas várias decisões sobre a questão da qualificação do contrato, mas neste ordenamento jurídico existe uma diferença legal entre o estatuto de *workers* e de *employees*. Enquanto estes últimos são verdadeiros trabalhadores com todos os direitos correspondentes, os *workers* são uma categoria intermédia, ainda que tendo direito a um salário mínimo, ao respeito pelos tempos de trabalho e de igualdade e não discriminação.

Numa decisão do *Supreme Court of United Kingdom*, de 13 de junho de 2018, *Pimlico Plumbers Ltd & Anor v Smith,* o Tribunal considerou que se estava perante um *worker,* na medida em que existiam indícios claros no contrato celebrado entre as partes que apontavam nessa direção, nomeadamente o facto de se fazer referência a retribuição, infração disciplinar grave e despedimento.

Numa outra decisão do *Court of Appeal de* Londres, de 19 de dezembro de 2018, e que já vem no seguimento da decisão do *Employment Appeal Tribunal,* de 10 de novembro de 2017, e do *Employment Tribunal* de Londres, de 28 de outubro de 2016, o caso *Uber v Aslam & Others,* o Tribunal manteve a mesma decisão e considerou como *workers* os condutores da Uber, considerando que a Uber tem um elevado controlo sobre toda a atividade realizada pelos motoristas, desde o processo de seleção ate à altura da cessação do contrato, impondo-lhes inúmeras regras de conduta e sancionando quem as violar, assim como o facto de a Uber manter toda a informação sobre os clientes e ser ela que realiza toda a transação, sem qualquer possibilidade de intervenção por parte dos motoristas. Como o Tribunal decidiu, o trabalho dos motoristas "é para a Uber" ("We are clear that they provide their work 'for' Uber") e que seria um "absurdo" considerar que a Uber é um cliente ou um consumidor nesta relação ou que se trata de um negócio criado pelo motorista.

Numa outra decisão, o *Employment Tribunal* de Londres, a 5 de janeiro de 2017, no caso *Ms. M Dewhurst v. Citysprint UK ltd,* entendeu que se tratava mais uma vez de uma *worker* e o interesse deste caso é que grande parte da argumentação contra a natureza laboral da relação era a existência de uma cláusula de substituição da trabalhadora. Mas a existência da mesma foi "desconstruída" juridicamente pelo Tribunal, que deu como assente que não existia verdadeira liberdade para a substituição, salientando ainda que a leitura do documento não era particularmente fácil para um não jurista, e que a cláusula de substituição era quase "indecifrável"[37].

---

[37] "The tender in general is not a document which is easy for a nonlawyer to understand and this clause is almost indecipherable. With respect, we strongly doubt that it was known and understood by Ms. Dewhursi".

No ordenamento jurídico norte-americano também existem inúmeras decisões, e em sentidos diversos, sobre a qualificação do contrato. Numa decisão de 12 de julho de 2018, o *State of New York Unemployment Insurance Appeal Board* decidiu que a Uber era responsável pelo pagamento do subsídio de desemprego de três condutores, assim como de outros que estivessem "similarly situated", considerando que "era evidente" que a Uber exercia um controlo sobre os trabalhadores, nomeadamente através do seguimento que faz dos mesmos, do "livro de bolso" que é entregue aos mesmos com as regras sobre como devem atuar, do controlo prévio que fazem dos mesmos, da determinação por parte da plataforma do preço de cada percurso, assim como a determinação de uma série de aspetos do percurso.

A 11 de março de 2015, o United States District Court Northern District of California, decidiu no caso *O'Connor v. Uber Technologies, Inc*, que a Uber não era uma mera empresa de tecnologia, mas sim também uma empresa de transporte. No mesmo sentido tem-se a decisão da mesma data, Cotter v. Lyft.

Também o California Labor Comissioner, a 16 de junho de 2015, no caso *Berwick v. Uber Technologies Inc. And Raiser, decidiu que* uma condutora da *Uber* mantinha um vínculo subordinado, condenando a empresa no pagamento de uma indemnização pela cessação do contrato.

Contudo, em sentido diferente, e no que concerne a condutores, não reconhecendo a existência de um vínculo de emprego, existem também várias decisões. Assim, e por exemplo, o *United States District Court for the Eastern District of Pennsylvania*, a 11 de abril de 2018, no caso *Razak v. Uber-Black*, considerou que os motoristas do Uberblack eram trabalhadores autónomos, entendendo que, apesar de existir algum controlo, tal não era suficiente para a classificação dos motoristas como trabalhadores.

Em suma, um pouco por toda a parte[38] os tribunais têm experimentado consideráveis dificuldades para procederem ao enquadramento jurídico

---

[38] Também a Sul do Equador temos várias decisões sobre esta matéria e em sentidos diversos. No ordenamento jurídico brasileiro há várias. Para maiores desenvolvimentos sobre estes casos podem ver-se, *inter alia*, Ana Carolina Paes Leme, *Da máquina à nuvem – Caminhos para o acesso à justiça pela via de direitos dos motoristas da Uber*, LTR, São Paulo, 2019, *Tecnologias disruptivas e a exploração do trabalho humano – a intermediação de mão de obra a partir das platafor-*

do trabalho prestado através de plataformas tecnológicas, registando-se flutuações significativas quanto à qualificação do mesmo como trabalho subordinado, trabalho autónomo ou trabalho "parasubordinado". Em todo o caso, as decisões judiciais de que *supra* damos nota assumem a existência, neste âmbito, de três sujeitos: a plataforma tecnológica, o trabalhador ou prestador de serviços e o cliente. E a discussão centra-se na qualificação da relação jurídica que se estabelece entre a empresa que opera através da plataforma tecnológica e os que lhe prestam serviços remunerados, de forma autónoma ou subordinada (por exemplo, entre a Uber e os respetivos motoristas). Ora, quanto a isto, a lei portuguesa parece conter uma curiosa originalidade, como em seguida se assinalará.

III. A Lei n.º 45/2018, de 10 de agosto, e a presunção de laboralidade

Sucede que, em Portugal, o legislador veio recentemente regular esta matéria, de forma, como se disse, um tanto peculiar. Com efeito, segundo se lia na Exposição de Motivos da Proposta de Lei n.º 50/XIII – que pretendia estabelecer o regime jurídico da atividade de transporte individual e remunerado de passageiros em veículos descaracterizados (TVDE, «transporte em veículo descaracterizado a partir de plataforma eletrónica»), bem como o regime jurídico das plataformas eletrónicas que organizam e disponibilizam aos interessados aquela modalidade de transporte –, «as empresas tecnológicas que instituem e organizam, a partir de plataformas digitais, mercados de serviços de transportes atuam como intermediários de negócios desse tipo e não como prestadores dos serviços contratualizados a partir dessas plataformas». Daí resulta, acrescenta-se na Exposição de Motivos, que, «além de não outorgarem elas próprias os contratos de transporte, estas plataformas não têm a obrigação de prestar o serviço, ou tão-pouco se caracterizam por disponibilizar os meios humanos e materiais afetos à prestação de serviço».

---

mas eletrônicas e seus efeitos jurídicos e sociais, (coord. Ana Carolina Paes Leme, Bruno Alves Rodrigues, e José Eduardo De Resende Chaves Júnior), LTR, São Paulo, 2017, e Juliana Carreiro Corbal Oitaven, Rodrigo de Lacerda Carelli, e Cássio Luís Casagrande, *Empresas de transporte, plataformas digitais e a relação de emprego: um estudo do trabalho subordinado sob aplicativos*, MPT, Brasília, 2018.

Obedecendo a esta premissa, a lei entretanto publicada – Lei n.º 45/2018, de 10 de agosto – distingue a figura do *operador de TVDE*, pessoa coletiva que efetua transporte individual remunerado de passageiros, da figura do *operador de plataformas eletrónicas*, definidas estas como «infraestruturas eletrónicas da titularidade ou sob exploração de pessoas coletivas que prestam, segundo um modelo de negócio próprio, o serviço de intermediação entre utilizadores e operadores de TVDE aderentes à plataforma, na sequência [de reserva] efetuada pelo utilizador por meio de aplicação informática dedicada» (art. 16.º). Nestes termos, os operadores de plataformas eletrónicas dedicar-se-iam, sobretudo, a prestar serviços de intermediação da conexão entre o utilizador (leia-se: o passageiro)[39] e o operador do serviço de TVDE, bem como ao processamento do pagamento do serviço de TVDE por conta do respetivo operador (cobrando uma taxa de intermediação, a qual não pode ser superior a 25% do valor da viagem, nos termos do art. 15.º, n.º 3)[40].

O contrato com o motorista, esse, será celebrado pelo operador de TVDE e não pelo operador de plataforma eletrónica. Como se lê no art. 2.º, n.º 3, da lei, «a prestação de um serviço de TVDE inicia -se com a aceitação, *por um motorista ao serviço de um operador*, de um pedido de transporte entre dois pontos submetido por um ou mais utilizadores numa plataforma eletrónica e termina com o abandono pelo utilizador desse veículo, depois de realizado o transporte para o destino selecionado, ou por qualquer outra causa que implique a cessação de fruição do veículo

---

[39] Nos termos do art. 5.º, n.º 1, da lei, «o serviço de TVDE só pode ser contratado pelo utilizador mediante subscrição e reserva prévias efetuadas através de plataforma eletrónica».

[40] Sobre os serviços disponibilizados pelos operadores de plataformas eletrónicas, *vd.* o disposto no art. 19.º da lei. Entre esses serviços contam-se o de disponibilizar mecanismos transparentes, credíveis e fiáveis de avaliação da qualidade do serviço pelo utilizador, nomeadamente por botão eletrónico de avaliação relativo a cada operação, bem como o botão eletrónico para apresentação de queixas (n.º 1, al. *d)*), assim como a identificação do motorista, incluindo o seu número único de registo de motorista de TVDE e fotografia (n.º 1, al. *e)*). Ao invés, é expressamente proibida a criação e a utilização de mecanismos de avaliação de utilizadores por parte dos motoristas de TVDE ou dos operadores de plataformas eletrónicas (n.º 5 do mesmo artigo). A atividade de operador de plataformas eletrónicas está sujeita a licenciamento, nos termos do art. 17.º, procurando a lei estabelecer garantias quanto à idoneidade de tais operadores (art. 18.º). Em Portugal existem quatro plataformas licenciadas até ao momento: Uber, Cabify, Taxify e Kapten (antiga Chauffeur Privé).

pelo utilizador» (itálico nosso). E como decorre do disposto no art. 10.°, «apenas podem conduzir veículos de TVDE os motoristas inscritos junto de plataforma eletrónica» (n.º 1), sendo que o motorista de TVDE, que presta serviço ao operador de TVDE, deve preencher, cumulativamente, diversos requisitos, entre eles o de «dispor de um contrato escrito que titule a relação entre as partes» (n.º 2, al. *e*). E na mesma lei acrescenta-se que o operador de TVDE observará todas as vinculações legais e regulamentares relevantes para o exercício da sua atividade, incluindo as decorrentes da legislação laboral, de segurança e saúde no trabalho e de segurança social (art. 9.°, n.º 2)[41].

Decorre da lei que o contrato escrito, celebrado entre o motorista e o operador de TVDE, pode ser, mas não tem de ser, um contrato de trabalho A lei prevê ambas as hipóteses, a do motorista vinculado por contrato de trabalho e a do motorista independente (assim resulta com clareza, desde logo, do n.º 12 do art. 10.°, relativo ao regime de organização do tempo de trabalho). Porém, o art. 10.°, n.º 10, da Lei n.º 45/2018 determina que «ao vínculo jurídico estabelecido entre o operador de TVDE e o motorista afeto à atividade, titulado por contrato escrito assinado pelas partes, e independentemente da denominação que as partes tenham adotado no contrato, é aplicável o disposto no artigo 12.° do Código do Trabalho». Ou seja, a lei faz expressa remissão para a presunção de laboralidade estabelecida no CT, afirmando e confirmando a sua aplicação nesta sede. Mas note-se (e este é um ponto absolutamente decisivo para se compreender o alcance desta norma): a lei refere-se apenas ao vínculo contratual existente entre o operador de TVDE e o motorista; a lei não se refere ao vínculo contratual entre o operador de plataforma eletrónica e o motorista, porque parte do princípio de que este vínculo contratual não existirá.

Ou seja, segundo a lei portuguesa, empresas como a Uber, p. ex., serão típicas operadoras de plataforma eletrónica, prestando serviços de intermediação entre os utilizadores/passageiros e os operadores de TVDE.

---

[41] Norma esta replicada pela lei, exatamente nos mesmos termos, para o operador de plataformas eletrónicas, no art. 17.°, n.º 11. E também a atividade de operador de TVDE está sujeita a licenciamento, com a lei a estabelecer regras tendentes a garantir a respetiva idoneidade (arts. 3.° e 4.°).

E estes operadores de TVDE, enquanto pessoas coletivas dedicadas a efetuar transporte individual remunerado de passageiros, é que prestarão esse serviço e contratarão os motoristas necessários para esse efeito, em regime de contrato de trabalho ou não. Aparentemente, o motorista não celebrará qualquer contrato com o operador de plataforma eletrónica, ainda que, para exercer a atividade, o motorista tenha de estar inscrito junto da plataforma eletrónica. E a verdade é que a lei não deixa de colocar na esfera do operador de plataforma eletrónica deveres típicos da entidade empregadora, designadamente em matéria de controlo do tempo de trabalho prestado pelo motorista e de respeito pelos limites máximos previstos. A este propósito, veja-se, sobretudo, o disposto no art. 13.º, com a epígrafe, «Duração da atividade», no qual se pode ler: «Os motoristas de TVDE não podem operar veículos de TVDE por mais de dez horas dentro de um período de 24 horas, independentemente do número de plataformas nas quais o motorista de TVDE preste serviços, sem prejuízo da aplicação das normas imperativas, nomeadamente do Código do Trabalho, se estabelecerem período inferior» (n.º 1); «Os operadores de plataformas eletrónicas devem implementar mecanismos que garantam o cumprimento dos limites referidos no número anterior» (n.º 2); «As plataformas eletrónicas devem conservar durante dois anos os registos de atividade dos operadores TVDE, motoristas e veículos, de acordo com o seu número único de registo de motorista de TVDE» (n.º 3). Acresce que, nos termos do art. 20.º, n.º 3, relativo aos deveres gerais dos operadores de plataformas eletrónicas, «o sistema informático deve registar os tempos de trabalho do motorista, e o cumprimento dos limites de tempo de condução e repouso»[42].

[42] Também o art. 14.º evidencia o papel central dos operadores de plataforma eletrónica nesta matéria, ainda que, cremos, dele resulte alguma repartição de tarefas entre operadores de plataforma eletrónica e operadores de TVDE. Assim, segundo este preceito, relativo ao controlo e limitação da atividade, cabe ao operador da plataforma eletrónica assegurar o pleno e permanente cumprimento dos requisitos de exercício da atividade previstos na lei (n.º 1), devendo bloquear o acesso aos serviços prestados pela mesma por parte dos operadores de TVDE, motoristas ou veículos que incumpram qualquer dos requisitos referidos na lei, sempre que disso tenha ou devesse ter conhecimento (n.º 2). Todavia, segundo o n.º 3 do mesmo artigo, o acesso a plataforma eletrónica de motoristas de TVDE que não cumpram os requisitos referidos no número anterior ou que tenham deixado de reunir os mesmos após o acesso

Ou seja, e de forma altamente inovadora e até surpreendente[43], se pensarmos na jurisprudência que se tem produzido, a este respeito, um pouco por todo o resto do mundo, a lei portuguesa coloca uma terceira entidade de permeio, entre o operador de plataforma eletrónica (suponhamos: a Uber ou outra empresa do género) e o motorista. Dir-se-ia que, em regra, há três intervenientes neste processo: a Uber, o motorista e o passageiro. Pois em Portugal não. Há quatro[44]. Porque quem presta o serviço de transporte remunerado de passageiros não é propriamente o motorista, antes é, necessariamente, uma outra empresa, distinta da empresa operadora de plataforma eletrónica – o chamado "operador de TVDE". E este operador, pessoa coletiva, é que celebrará contrato com os motoristas...

O juízo sobre a bondade da lei portuguesa nesta matéria, com o seu expresso apelo à presunção de laboralidade, não pode, pois, deixar de ser muito cauteloso. Sim, a lei portuguesa, em matéria de transporte individual e remunerado de passageiros através de plataforma eletrónica, não enjeita que os motoristas envolvidos tenham um contrato de trabalho.

à atividade é da responsabilidade do respetivo operador (fica-nos a dúvida sobre se a lei, aqui, se refere ao operador de plataforma eletrónica ou ao operador de TVDE, mas cremos que se tratará deste último), sem prejuízo dos poderes cometidos ao Instituto da Mobilidade e dos Transportes, I. P., e demais entidades fiscalizadoras.

[43] Esta configuração relacional já se encontrava presente na Proposta de Lei n.º 50/XIII, suscitando alguma preocupação nos autores que tiveram ensejo de comentar essa proposta de diploma, em perspetiva jurídico-laboral, por tender a obnubilar a possível relação de trabalho subordinado estabelecida entre o motorista/operador de TVDE e o operador de plataforma eletrónica. Neste sentido, *vd.* JOÃO LEAL AMADO e CATARINA GOMES SANTOS, «A Uber e os seus motoristas em Londres: *mind the gap*!», *Revista de Legislação e de Jurisprudência*, n.º 4001, nov.-dez. 2016, pp. 111-127 [n. 18], e JOANA NUNES VICENTE, «Implicações sociais e jurídico-laborais da prestação de serviços através de plataformas virtuais – breves notas», in PAULO RENATO FERNANDES DA SILVA (org.), *A Reforma Trabalhista*, LTr, São Paulo, 2018, pp. 86-92 [n. 30].

[44] Note-se, contudo, que esta existência de quatro entidades só ocorre no caso do setor de transporte, porque a lei em apreço trata do regime jurídico da atividade de transporte individual e remunerado de passageiros em veículos descaracterizados. Apenas, pois, relativamente a estas plataformas. No que concerne a outras plataformas que não executem este tipo de atividades, como acontece, por exemplo, com a Glovo, que também opera em Portugal, o regime a aplicar será o geral e não o desta lei.

A lei até afirma que, independentemente da denominação que as partes tenham dado ao contrato celebrado, a esse contrato será aplicável a presunção de laboralidade constante do art. 12.º do CT. Mas atenção! O contrato aqui em causa, ao qual se aplica a dita presunção, não envolve a Uber ou qualquer outro operador de plataforma eletrónica. O contrato aqui em causa será o celebrado entre o motorista e o operador de TVDE. E isto, como é óbvio, faz toda a diferença, porque implica que empresas como a Uber não terão, parece, qualquer contrato com os motoristas nelas inscritos (!), pois verifica-se aqui a interposição, *ex vi legis*, de uma outra e nova entidade – o operador de TVDE, que, esse sim, poderá assumir o estatuto de entidade empregadora do motorista.

Veremos como todo este processo se vai desenrolar. Veremos se a realidade dos factos vai corresponder ao desenho traçado na Lei n.º 45/2018. Por nós, diríamos apenas que parece haver aqui operadores em excesso, quiçá demasiadas pessoas coletivas, para efetuar este tipo de transporte de passageiros... Veremos se o operador de TVDE e o motorista são, realmente, pessoas distintas, entre as quais se celebra um contrato, eventualmente um contrato de trabalho. Ou se, pelo contrário, haverá casos (porventura muitos, porventura a maioria...) em que o motorista constitui, para o efeito, uma pessoa coletiva com familiares seus ou até, quiçá, uma sociedade unipessoal, de que ele será o sócio único, para se dedicar a este tipo de atividade e celebrar consigo mesmo, enquanto motorista, um contrato de trabalho – assim deixando livre de vinculações contratuais laborais, ao menos *prima facie*, o operador de plataforma eletrónica...[45]

Veremos, pois, se a interposição de pessoas prevista na lei portuguesa não se traduzirá, em alguns casos, numa interposição fictícia de pessoas, de certa forma organizada ou estimulada pelo legislador. Sendo que, se de interposição fictícia se tratar, isto é, se, ao contrário do que o legislador supõe, vier realmente a existir uma relação contratual entre o operador de

[45] A isto chama-se, no Brasil, "pejotização", um expediente fraudulento, um «meio legal de praticar uma ilegalidade», que se caracteriza «pela exigência dos tomadores de serviços para que os trabalhadores constituam pessoas jurídicas como condição indispensável para a prestação dos serviços» (assim, Georgenor de Sousa Franco Filho, *Dicionário Brasileiro de Direito do Trabalho*, LTr, São Paulo, 2013, p. 317). Resta aguardar e ver o que realmente irá suceder entre nós, ver como e quem irá atuar, em Portugal, no domínio do TVDE.

plataforma eletrónica e o motorista (designadamente pelo facto de este e o operador de TVDE serem, afinal, um só, o motorista "pejotizado"...), também nesse caso será aplicável a presunção vertida no art. 12.º do CT.

Dito isto, importa reconhecer a inadequação da presunção de laboralidade, nos moldes atualmente estabelecidos pelo CT português, para enfrentar os problemas emergentes das novas formas de trabalhar através de plataformas eletrónicas e de *apps*. Fatores como a propriedade dos equipamentos e instrumentos de trabalho[46], a existência de um horário de trabalho determinado pelo beneficiário da atividade, o pagamento de uma retribuição certa, etc., são indícios clássicos de subordinação jurídica, mas são indícios escassamente operacionais para enfrentar os novos tipos de dependência resultantes da prestação de serviços para uma determinada empresa, via *apps*...

Em síntese, a nova lei portuguesa, que estabelece o regime jurídico da atividade de transporte individual e remunerado de passageiros em veículos descaracterizados a partir de plataforma eletrónica, fazendo expressa remissão para a presunção de laboralidade constante do art. 12.º do CT, suscita, na sua vertente jurídico-laboral, duas questões fundamentais: a primeira, a de apurar até que ponto o modelo desenhado pela lei tem tradução na realidade da vida, porque esse modelo pressupõe a inexistência de qualquer contrato de trabalho entre a empresa operadora de plataforma tecnológica e o motorista, em virtude do aparecimento em cena de um outro ator, o operador de TVDE; a segunda, a da provável necessidade de atualizar os índices de subordinação jurídica vertidos no art. 12.º do CT, índices estes, porventura, adequados para o trabalho do séc. XX, mas já não para o trabalho do séc. XXI e da era digital em que agora quase todos vivemos e muitos trabalham.

[46] O CT exige que os equipamentos e instrumentos de trabalho utilizados pertençam ao beneficiário da atividade (art. 12.º, al. b)). A este propósito, a Lei n.º 45/2018 esclarece que, para os referidos efeitos, se considera que os equipamentos e instrumentos de trabalho são todos os que sejam pertencentes ao beneficiário *ou por ele explorados por aluguer ou qualquer outra modalidade de locação* (n.º 11 do art. 10.º). De resto, pode discutir-se se o instrumento de trabalho, no caso das plataformas digitais de condução, será o automóvel ou a própria plataforma, visto que só com esta é que se verifica a ligação entre o condutor e o cliente.

Com efeito, a presunção do art. 12.º talvez devesse ser atualizada e enriquecida perante esta nova realidade, incluindo outros índices que facilitassem a inversão do ónus da prova, *inter alia*, dando relevo ao facto de a plataforma usar uma imagem de marca no mercado que a identifica, de a plataforma fixar os preços para o trabalho efetuado na mesma ou estabelecer limites máximos e mínimos ao mesmo, de a plataforma processar o pagamento entre os utilizadores e os trabalhadores das plataformas, de a plataforma utilizar sistemas de geolocalização para seguir quem presta a atividade, e de a plataforma fornecer aos seus utilizadores a avaliação ou o *rating* dos seus trabalhadores[47].

Portugal, maio 2019

[47] Indicando novos índices veja-se, entre outros, Todolí Signes, *El trabajo en la era de la Economía Colaborativa*, Tirant lo Blanch, Valencia, 2017, "Nuevos indicios de laboralidad ...", cit., pp. 223 e ss., Mercader Uguina, "La prestación de servicios en plataformas profesionales: nuevos indicios para una nueva realidad", *in Trabajo en Plataformas Digitales: innovación, Derecho y mercado*, Aranzadi, 2018, pp. 155 e ss., e Ignasi De Heredia Ruiz, *Work in the Platform Economy: Arguments for an Employment Relationship*, Huygens Editorial, Barcelona, 2019.

Inteligência artificial, plataformas digitais e robotização: que futuro para o (direito do) trabalho humano?

JOÃO LEAL AMADO

1. Nota introdutória

Um dos efeitos mais marcantes da pandemia que tem assolado o mundo nestes tempos terríveis que atravessamos consiste, sem dúvida, no aumento da presença e na maior visibilidade do tecnológico, do digital, do remoto, do virtual, nas nossas vidas. A todos os níveis, em todos os planos das nossas vidas. E também, claro, no plano da nossa vida profissional. O exemplo mais óbvio constitui, sem dúvida, a centralidade que o teletrabalho, o trabalho prestado à distância, fora da empresa (amiúde, prestado a partir do domicílio do trabalhador), através do recurso a tecnologias de informação e de comunicação, passou a deter. De modalidade contratual prevista nas nossas leis do trabalho desde 2003[1], mas com expressão

[1] O atual Código do Trabalho, de 2009, prevê e regula o contrato de teletrabalho subordinado nos seus arts. 165.º a 171.º. No momento em que redigimos este texto, encontram-se pendentes de aprovação no parlamento diversas iniciativas legislativas, todas elas com o objetivo de clarificar e densificar o regime jurídico do teletrabalho, tendo em conta a experiência vivida durante a pandemia, que desvelou a insuficiência do atual regime para dar resposta a várias questões que a *praxis* veio a colocar: o problema dos custos (quem suporta os custos inerentes ao trabalho à distância?), o problema do tempo (como conciliar vida profissional e vida pessoal e familiar, quando a nossa casa se converte no local de trabalho? como assegurar a separação entre tempo de trabalho e tempo de vida, com a inerente desconexão do trabalhador?), o problema do controlo e vigilância patronal (até onde pode ir o legítimo desejo patronal de vigiar, dirigir e monitorizar a atividade do teletrabalhador? onde começa a inviolável reserva da vida privada deste, para mais quando se encontra na sua casa?), o problema do isolamento (como evitar que o teletrabalho acentue o isolamento, quiçá a solidão, do teletrabalhador, que deixa de ter no trabalho presencial, prestado na empresa tradicional, um espaço de convivência e de sociabilidade? como permanecer solidário, apesar de solitário?), o problema

marginal ou residual no plano estatístico, o teletrabalho revelou-se uma peça essencial no combate à propagação do novo coronavírus. A pandemia obrigou ao confinamento, ao distanciamento, ao isolamento, sendo que, em muitas empresas e em muitos setores, a prossecução da atividade laboral foi mantida em novos moldes, à distância, com o precioso e indispensável auxílio das tecnologias hoje disponíveis.

A pandemia veio, pois, acelerar um processo que já se encontrava em curso, de transição digital, em que o virtual toma o lugar do presencial, em que a comunicação e a interação humana se processam com largo recurso aos dispositivos tecnológicos hoje disponíveis para a generalidade da população (o computador, a internet, o *smartphone*, etc.). A inteligência artificial, as *apps* que para tudo servem, a robotização que vai alastrando, tudo sinais de um mundo novo (quiçá não tão admirável assim...) que já chegou e que vai continuar a surpreender a espécie humana nas próximas décadas.

Os reflexos de tudo isto no plano das relações laborais são óbvios, são incontestáveis, são imparáveis e são irreversíveis. Nas páginas que seguem vamos deixar alguns breves apontamentos sobre esses reflexos. Com a noção de que a nossa ignorância não nos permite ver muito longe neste campo. E com a perfeita consciência de que os problemas suscitados pela inteligência artificial, pelo algoritmo, pelas *apps*, pela robotização, por tudo isto, no terreno laboral, são inúmeros e, quiçá, muitos deles ainda nem sequer os estamos a entrever.

Pelo exposto, as páginas que seguem dedicam-se, sobretudo, a deixar algumas breves notas reflexivas sobre dois temas, ambos desafiantes para o Direito do Trabalho, suscitados pelo prodigioso avanço da tecnologia: o primeiro, o desafio representado pela prestação de serviços via *apps*, através de plataformas digitais que permitiram pôr em contacto a oferta e a procura de um determinado serviço (o transporte de um passageiro, a entrega de uma refeição em casa, etc.) em moldes inovadores, interpelando o Direito do Trabalho, sobretudo quanto à magna questão de saber se a atividade desses prestadores de serviços poderá ou não ser regulada por este ramo do direito; o segundo, o que poderíamos designar por

---

da segurança e saúde no teletrabalho (como adaptar as normas sobre acidentes de trabalho à circunstância de o trabalhador passar a trabalhar a partir da sua própria casa?), etc., etc....

desafio final, a questão de saber se, a prazo, o trabalho humano não vai perder a sua atual centralidade, se a inteligência artificial e os robôs não irão tornar dispensável que as pessoas humanas trabalhem e se, portanto, o Direito do Trabalho está condenado a desaparecer, acompanhando o inexorável decesso do trabalho humano.

Antes disso, porém, ainda à guisa de introdução, cremos que merece ser transcrita uma parte do recentemente publicado Livro Verde sobre o Futuro do Trabalho, no qual, naturalmente, todos estes temas foram alvo de atenção e reflexão, justamente em ordem a habilitar o decisor político a tomar as medidas apropriadas para enfrentar, enquadrar e regular o trabalho do futuro.

2. O Livro Verde sobre o Futuro do Trabalho e a inteligência artificial

O Livro Verde sobre o Futuro do Trabalho, em discussão pública até 22 de junho de 2021[2], assume que o mundo do trabalho está a mudar a um ritmo cada vez mais intenso, por força de transformações tecnológicas sem precedentes. As mudanças a que assistimos são de tal ordem que muitos defendem estarmos perante uma "Quarta Revolução Industrial", em que estão em causa processos de mudança em diversas dimensões, com impactos profundos no mundo do trabalho. A globalização, as relações e os laços sociais, as formas de comunicação e o uso crescente das tecnologias nas diferentes esferas da vida no quotidiano são disso exemplo.

As mudanças relacionadas com a tecnologia e a forma como o mercado está organizado vêm, em alguns casos, criar desafios novos, mas também acentuar ou acelerar tendências estruturais – caso da expansão das plataformas digitais, dos desenvolvimentos da inteligência artificial, da robótica e automação, não esquecendo as exigências adicionais que se colocam ao nível da educação, da formação e da qualificação. Também as reflexões que remetem para as desigualdades, o diálogo social, a proteção social e a segurança e saúde no trabalho são inescapáveis, desde logo em sociedades e economias com cada vez maior peso da tecnologia e onde,

[2] Livro elaborado por iniciativa do Governo, no âmbito do Ministério do Trabalho e Solidariedade Social, que teve como coordenadores científicos a Prof.ª Doutora Teresa Coelho Moreira e o Prof. Doutor Guilherme Machado Dray.

muitas vezes associado aos processos de mudança em curso, assistimos à emergência de novas formas de trabalho, cada vez mais plurais e cada vez menos típicas, nomeadamente no modo como se processam ao longo do tempo e no espaço, assim como no tipo de relação estabelecida entre empregadores e trabalhadores.

As transformações no mundo do trabalho geram novas preocupações e desafios, mas também novas oportunidades, que devem ser capitalizadas. Vivemos numa era de transição digital, que remete para uma dimensão tecnológica da digitalização, da automação e de outras transformações que estão associadas com o futuro do trabalho. Sobre as questões da diversidade tecnológica, da inteligência artificial e dos algoritmos, eis o que se pode ler no Livro Verde:

«Está em curso um conjunto muito amplo de mudanças tecnológicas e de processos de incorporação destas nos processos produtivos e de mercado. Estas transformações são de tipo distinto e correspondem a inovações tecnológicas diversas, mas têm em comum impactos crescentes que não deixam de se refletir no mundo do trabalho.

Nesta vaga de mudança tecnológica, ligada tanto à digitalização estritamente considerada como à automação, encontram-se inovações associadas aos processos produtivos, como a manufatura aditiva ou a produção assistida por computador, bem como as mudanças mais amplas ligadas ao aprofundamento dos sistemas de robótica. Mas assiste-se também ao desenvolvimento incessante das tecnologias de informação e digitais e o modo como, por si ou em interação com espaços físicos, elas interagem com as diferentes dimensões da economia e da sociedade: as plataformas da *cloud*, o armazenamento e uso de dados em larga escala, os sistemas de gestão aos mais diversos níveis, sistemas de sensores, a chamada "internet das coisas" (IoT), tecnologias como *machine learning* ou as chamadas tecnologias imersivas (*mixed reality*), para citar apenas alguns exemplos.

Este conjunto amplo, e ele próprio mutável, de focos de inovação tecnológica tem na inteligência artificial e nos algoritmos duas das frentes mais estruturantes e ativas da mudança, e em particular da mudança com um potencial de impactos poderosos no mercado de trabalho, de modo transversal a diferentes realidades setoriais. Ainda que com ritmos distintos, quer a inteligência artificial, quer os algoritmos e o uso de dados em larga escala por eles implicado, estão hoje cada vez mais impregnados nos processos produtivos e de mercado, nas tomadas de decisão dos agentes económicos e, por consequência, nas próprias relações de trabalho, sobre as quais têm impactos – e riscos – profundos.

De facto, a Inteligência Artificial (IA), apoiada no forte crescimento da capacidade de computação e da utilização de dados, tem vindo a evoluir a um ritmo cada vez mais intenso. Este desenvolvimento no campo da IA pode trazer inúmeros benefícios em várias dimensões, nomeadamente na produção de conhecimento, melhoria das tomadas de decisão e no tratamento de dados em larga escala, e contribuir para o crescimento económico e bem-estar individual e social, mas comporta igualmente um conjunto de sérios riscos em áreas como a privacidade e segurança, opacidade e distanciamento nas relações de trabalho, bem como em processos de decisão pouco transparentes, e na potencial discriminação e exclusão com base no funcionamento dos algoritmos. Deste modo, importa perceber a sua evolução e quais os impactos deste tipo de tecnologia e, sendo incerto o balanço líquido de criação e destruição de emprego, é certo que, além da automação, a inteligência artificial será um dos *drivers* das mudanças nos fluxos de emprego e das formas e relações laborais.

O conceito de IA ou, pelo menos, o termo surgiu numa série de conferências que tiveram lugar no *Dartmouth College* em 1956, nas quais vários cientistas reuniram-se para tentar ensinar as máquinas a resolverem problemas que, à época, apenas os humanos conseguiam resolver.

Apesar de não existir uma definição comum de Inteligência Artificial, a definição da Comissão Europeia é a seguinte: "a IA é um conjunto de tecnologias que combinam dados, algoritmos e capacidade computacional". Também a definição de sistema de IA do grupo de peritos em IA da OCDE (AIGO) é tida como uma referência: "sistema baseado em máquina que pode, para um determinado conjunto de objetivos, fazer previsões, recomendações ou decisões que influenciam ambientes reais ou virtuais. Usa entradas de máquina e / ou humanos para perceber ambientes reais ou virtuais; para extrair tais perceções em modelos (de forma automatizada, por exemplo com aprendizado de máquina ou manualmente); e para usar o modelo de inferência para formular opções de informação ou ação. Os sistemas de IA são projetados operar com vários níveis de autonomia".

Deste modo, a IA é um sistema composto por dados e algoritmos, existindo IA que é considerada *fraca* e outra considerada *forte*: a IA *forte* significa que estes sistemas têm a mesma capacidade intelectual que os humanos, podendo mesmo excedê-la. A IA *fraca* está vocacionada para a solução de problemas específicos, utilizando a matemática e as ciências de computação para avaliar e conseguir que os sistemas tenham capacidade de se otimizarem. Existem três grandes grupos de tarefas onde a IA tem vindo a ser aplicada: encontro da oferta e procura (com destaque para o exemplo do trabalho prestado através de plataformas digitais); tarefas de classificação e tarefas de gestão de processos. Estes três campos de aplicação da IA podem ser ainda categorizados em "substituição de tarefas, complementaridade de tarefas e expansão de tarefas" .

A Comissão Europeia, no *Livro Branco sobre Inteligência Artificial*, salienta o potencial da IA para novos benefícios, desenvolvimento de novos produtos e serviços bem como redução de custos em áreas como a saúde, transportes, serviços públicos, educação, energia, gestão de resíduos, agricultura, economia verde e circular. No entanto, evidencia igualmente os riscos para a segurança, o bom funcionamento do regime de responsabilidade, a proteção da privacidade e dos dados pessoais e a não-discriminação.

Na dimensão do trabalho, a IA apresenta um elevado potencial de transformação disruptiva nos ambientes de trabalho, mudando conteúdos de desempenho de tarefas, formas de interação entre empregadores e trabalhadores, entre os próprios trabalhadores e entre estes e as máquinas, e também nas metodologias de medição e monitorização do esforço, eficiência e produtividade dos trabalhadores e do próprio trabalho no quotidiano.

Por outro lado, pode ter um papel importante, e igualmente arriscado, nos processos de seleção dos candidatos a emprego e no âmbito dos habitualmente denominados *background employment checks*, através do qual empresas especializadas se dedicam a selecionar e excluir candidatos a emprego com base em diferentes fatores distintivos, que não estão diretamente relacionados com o tipo de atividade a prestar e que se prendem com aspetos da vida privada do candidato ou com as suas características pessoais, sociais e culturais, como sejam o domicílio, a etnia, os gostos, o perfil financeiro, a religião, o cadastro criminal, ou a orientação sexual.

Do ponto de vista dos impactos no mercado de trabalho, estes têm-se feito sentir sobretudo ao nível da reorganização das tarefas em que a IA complementa o trabalho humano pois, como referido pela OCDE, apesar da evolução significativa da utilização de IA, ainda permanecem alguns bloqueios que têm impedido a sua adoção em grande escala. O avanço da IA significará que, provavelmente, muitos trabalhadores terão de atualizar e adquirir novas competências não só em áreas que permitam a interação com a IA, mas também em áreas que exigem competências inerentemente humanas em que a IA não tem, ainda, um grande desempenho, como a criatividade, a inteligência emocional e social, a inteligência cognitiva e aperceção e desempenho de tarefas num contexto imprevisível e desestruturado. No entanto, importa também ter em consideração que avanços tecnológicos recentes sugerem que tarefas onde este tipo de competências desempenham um papel central podem correr igualmente riscos de automação.

Relevante também é o potencial da IA no aumento das desigualdades ao contribuir para o aumento da polarização e segmentação do mercado de trabalho através do aumento da divisão entre os trabalhadores altamente qualificados e os poucos qualificados, estando os primeiros melhor posicionados para tirar proveito das vantagens da IA, na medida em que esta poderá complementar o seu trabalho. Também algumas empresas estão mais bem posicionadas para desenvolver ou usar IA e, face às dificuldades que grande parte das PME tem na adoção de IA, poderemos vir a estar perante uma situação que reforça o número reduzido de empresas com poder de mercado excessivo.

Por outro lado, prevê-se que os impactos da IA se irão fazer sentir mais fortemente em grupos sociais como os jovens e as mulheres, uma vez que o risco de automação é superior entre os trabalhos desempenhados por estes. Adicionalmente, as mulheres estão sub-representadas em áreas profissionais STEM e a IA pode reforçar o preconceito e discriminação algorítmica de género, sobretudo se as equipas de aprendizagem automática (*machine learning*) que definem o funcionamento do algoritmo não forem mais diversificadas, quer em termos socioeconómicos, quer em termos de género e de etnia.

Com efeito, tal como apontado por De Stefano, a IA pode ser utilizada para monitorizar a produtividade dos trabalhadores, identificar inovação e comportamentos desviantes, e a gestão baseada em algoritmos pode conduzir a formas de discriminação incluindo também a discriminação no acesso ao emprego. Assim, a falta de transparência e explicação sobre o funcionamento da decisão e predição dos algoritmos pode conduzir à exclusão de candidatos a emprego por força de fatores alheios ao perfil do posto de trabalho a preencher, bem como à insegurança dos trabalhadores. Neste último caso, ao permitir uma monitorização da performance dos trabalhadores, a IA pode aumentar a pressão sobre estes e aumentar o *stress* em torno da produtividade e da forma como as chefias interpretam a informação.

O uso de gestão algorítmica tem vindo a aumentar e foi fortemente impulsionado com a pandemia da COVID-19 através da utilização de *software* de trabalho remoto que permite recolher e monitorizar dados de *performance* laboral. Como Adams-Prassl refere, apesar deste tipo de gestão algorítmica ter surgido essencialmente na economia colaborativa no trabalho em plataformas digitais, é atualmente comum em vários setores de atividade, apoiando a gestão em recolha de informação, no processamento de informação e no controlo do trabalhador com base nessa informação recolhida, muitas vezes de forma pouco transparente.

Face a estes riscos, têm sido desenvolvidas várias iniciativas e produção de orientações com vista a uma IA ética, justa e transparente.

A União Europeia, num Documento de 8 de abril de 2019 intitulado *Orientações Éticas para uma Inteligência Artificial de Confiança*, estabeleceu que deveria defender-se sempre o respeito pela autonomia humana, pela transparência, pela privacidade e pela proteção de dados pessoais das pessoas, assegurando a defesa da igualdade e a proibição da discriminação, defendendo sempre a pessoa humana nas suas várias vertentes.

A própria OIT defendeu a mesma ideia ao propor que deve fazer-se "uma abordagem da inteligência artificial baseada no "ser humano no comando", que garanta que decisões finais que afetem o trabalho sejam tomadas por seres humanos" e que "a gestão de algoritmos, a vigilância e o controlo através de sensores e de outras formas de monitorização, precisa de ser regulado para proteger a dignidade dos trabalhadores", acrescentando que "o trabalho não é uma mercadoria; nem é um robô".

Também a OCDE, em maio de 2019, estabeleceu cinco princípios para uma Inteligência Artificial "inovadora, de confiança e que respeita os direitos humanos e os valores democráticos".

No campo específico dos algoritmos, têm sido desenvolvidos esforços para a sensibilização da necessidade de negociar os algoritmos, envolvendo os parceiros sociais, e de regular as práticas de gestão algorítmica».

Como se vê, as questões que se colocam são múltiplas e de grande complexidade. O algoritmo, por exemplo, começa a ocupar um lugar crescente nos vários domínios da relação de trabalho (na fase da seleção dos trabalhadores a contratar, na distribuição de tarefas e na monitorização e avaliação da prestação realizada pelos trabalhadores, na seleção dos trabalhadores a despedir, etc.), sendo cada vez mais evidentes os riscos de, sob a capa da pretensa cientificidade, neutralidade e objetividade do algoritmo, velhas discriminações serem reproduzidas e relegitimadas. O algoritmo, enquanto sistema computacional de matemática aplicada, não tem coração nem sensibilidade, mas a inteligência artificial pode reproduzir os preconceitos, conscientes ou não, de quem programa o algoritmo, isto é, de quem fornece ao algoritmo os dados (*input*) que irão permitir ao algoritmo tomar as suas decisões (*output*)[3].

Vamos, nas páginas subsequentes, limitar o escopo da nossa análise e dedicar algumas linhas aos dois temas já mencionados acima: o tema do trabalho através de plataformas digitais[4] e o tema do eventual declínio e decesso do próprio trabalho humano.

---

[3] Para desenvolvimentos a este propósito, ver, na nossa doutrina, os textos de Milena Silva Rouxinol, «O agente algorítmico – licença para discriminar? (Um olhar sobre a seleção de candidatos a trabalhadores através de técnicas de inteligência artificial)», in AA.VV., *Direito Digital e Inteligência Artificial – Diálogos entre Brasil e Europa*, Editora Foco, São Paulo, 2021, pp. 1013-1032, e de Teresa Coelho Moreira, «Discriminação algorítmica», *Questões Laborais*, n.º 58, 2021 (no prelo).

[4] Trabalho *humano* prestado através de plataformas digitais. Importa, com efeito, não cair no erro de acreditar que existem "trabalhadores digitais". Como lucidamente observam Rodrigo Carelli, Murilo Oliveira e Sayonara Grillo, «the workers are always flesh and blood humans, with needs, desires and wills, and perform their functions in the real world, being simply camouflaged by the notion of "digital work", that gives the impression that it

3. O caso do trabalho nas plataformas digitais

3.1. A prestação de serviços via *apps*

As profundas mudanças registadas, nos últimos anos, na forma de trabalhar e nos modos de prestar serviços, pondo em contacto a oferta e a procura, interpelam, crescentemente, o Direito. E também, claro, o Direito do Trabalho. Em particular, o trabalho prestado com recurso a plataformas digitais, seja a que nos proporciona uma alternativa de transporte ao clássico táxi, seja a que nos permite encomendar o almoço ou o jantar através de uma cómoda *app*, tem colocado questões delicadas, dir-se-ia que à escala universal, a primeira das quais consiste, claro, na qualificação da relação que se estabelece entre a empresa que opera na plataforma digital (a *Glovo*, a *Uber*, etc.) e os respetivos prestadores de serviços, aqueles que transportam os clientes ao seu destino (os motoristas) ou que lhes levam a casa a refeição (os chamados "entregadores" ou "estafetas").

O Direito do Trabalho foi um produto tardio da Revolução Industrial, nasceu num ambiente fabril e a pensar na situação dos operários, assumiu-se como "direito do contrato de trabalho", um contrato marcado pela nota da dependência, da subordinação. A relação de troca entre trabalho e salário, estabelecida no cenário da velha fábrica – uma relação fortemente hierarquizada, em que o trabalhador está sujeito a um apertado controlo e vigilância por parte do empregador ou do "chefe", em que o trabalhador não tem qualquer margem de autonomia operatória e se sujeita às ordens e aos comandos estritos da contraparte, devendo, acima de tudo, obedecer –, esta relação encontra-se na génese do Direito do Trabalho, correspondendo ao paradigma da sociedade industrial – uma sociedade em que, dir-se-ia, se registou a "sinédoque da subordinação", uma espécie extremada de subordinação jurídica (mas uma espécie apenas, não o *genus*), registada entre o operário e a sua entidade empregadora, titular da empresa, a subordinação clássica, marcada por uma forte

is performed by a virtual being in the cyberspace» («Concept and criticism of digital labour platforms», *Labour & Law Issues*, vol. 7, n.º 1, 2021, pp. 39-40).

e constante heterodireção patronal dos diversos aspetos da prestação laboral (conteúdo, modalidades, tempo, lugar, etc.)[5].

É sabido, contudo, que a subordinação jurídica constitui uma noção de geometria variável, que comporta uma extensa escala gradativa. E, ao longo do séc. XX, no trânsito da sociedade industrial para uma sociedade pós-industrial, em que o setor dos serviços foi destronando a fábrica, foi-se outrossim verificando uma flexibilização da subordinação. Esta não desapareceu, mas as formas de exercício dos poderes da entidade empregadora foram-se tornando mais dúcteis e menos ostensivas. Vale dizer, a subordinação jurídica, a mais de conhecer *limites* (sob pena, aliás, de a condição do trabalhador se degradar a uma condição servil), também comporta *graus* distintos, tanto podendo ser muito intensa e constante como exprimir-se em moldes bastante ténues e até potenciais (desde logo, a subordinação jurídica não é incompatível com a autonomia técnico-executiva, típica, por exemplo, das chamadas "profissões liberais", como a advocacia ou a medicina, como aliás logo se retira do disposto no art. 116.º do Código do Trabalho).

Ora, como acima se referiu, as *apps*, ao permitirem novas formas de prestar serviços, colocando em contacto a oferta e a procura, representam, sem dúvida, um dos desafios emergentes para o Direito do Trabalho. Afinal, os serviços fornecidos *via apps*, sejam serviços de transporte efetuados por um motorista, sejam serviços de entrega ao domicílio efetuados por um estafeta (só para darmos estes dois exemplos, frequentes nos nossos dias), relevam para o Direito do Trabalho, situando-se dentro das fronteiras deste ramo do ordenamento? Ou, pelo contrário, quem presta tais serviços são trabalhadores independentes, são, quiçá, microempresários, cuja atividade já está para além das fronteiras do direito laboral?

É claro que qualificar o trabalho em plataformas, o trabalho realizado com recurso a *apps*, como autónomo ou dependente sempre dependerá

---

[5] Neste sentido, assinalando que aquilo que ocorreu historicamente, com a subordinação, foi uma espécie de sinédoque – a identificação do todo por uma das partes que o compõem, pela subordinação clássica própria da grande fábrica –, identificação esta que deve ser superada, tendo em conta as transformações entretanto registadas no mundo do trabalho, *vd.* Lorena Vasconcelos Porto, *A subordinação no contrato de trabalho – uma releitura necessária*, LTR, São Paulo, 2009, pp. 43 e ss.

de uma apreciação casuística, que leve em conta os dados resultantes de cada tipo de relação, de cada concreto contrato. E também é claro que estas novas formas de prestar serviços levantam consideráveis dificuldades de enquadramento, até porque, infelizmente, não dispomos de um qualquer "subordinómetro" que nos forneça uma resposta infalível e irrefutável. Não espanta, por isso, que os tribunais, um pouco por toda a parte, se tenham confrontado com esta questão, chegando a resultados nem sempre coincidentes. Vejamos dois exemplos, relevantes em si, pelo seu conteúdo e pela entidade que decide, mas também por serem bastante recentes.

3.2. A Glovo e o Supremo Tribunal espanhol

Recentemente, na vizinha Espanha, o Tribunal Supremo proferiu uma decisão especialmente importante a este respeito, versando sobre o estatuto de um *rider*/estafeta da *Glovo*. Uma sentença paradigmática, proferida em 25 de setembro de 2020, do *Tribunal Supremo, Sala Cuarta, de lo Social, Sentencia 805/2020*, no Rec. 4746/2019. Esta decisão configura, ademais, um acórdão de unificação da doutrina e, por isso, cremos que se justifica divulgá-la. Ora, o Supremo Tribunal espanhol reconheceu a existência, *in casu*, de uma relação de emprego, de uma relação de trabalho dependente e subordinado, entre o *rider* e a *Glovo*. Em síntese, o tribunal afirmou que:

i) A *Glovo* não é uma mera intermediária na contratação de serviços entre estabelecimentos comerciais e estafetas; não se limita a prestar um serviço eletrónico de intermediação, consistente em pôr em contacto consumidores (os clientes) e autênticos trabalhadores autónomos, antes realiza também uma atividade de coordenação e organização do serviço produtivo;

ii) Trata-se de uma empresa que presta serviços de recovagem (de transporte e entrega de mercadorias), fixando o preço e as condições de pagamento do serviço, bem como as condições essenciais para a prestação de tais serviços; e é titular dos ativos essenciais para a realização da atividade;

iii) Para isso utiliza *riders*/estafetas que não dispõem de uma organização empresarial própria e autónoma, os quais prestam o seu serviço inseridos na organização de trabalho do empregador, submetidos à direção e organização da plataforma, como o demonstra o facto de a *Glovo* estabelecer todos os aspetos relativos à forma e preço do serviço de recolha e entrega de tais produtos;

iv) Ou seja, tanto a forma de prestação do serviço como o seu preço e forma de pagamento são estabelecidos pela *Glovo*; a empresa emite instruções que lhe permitem controlar o processo produtivo e instituiu meios de controlo que incidem sobre a atividade e não apenas sobre o resultado, mediante a gestão algorítmica do serviço, as avaliações dos *riders* e a geolocalização constante;

v) O *rider*/estafeta nem organiza por si só a atividade produtiva, nem negoceia preços ou condições com os titulares dos estabelecimentos que serve, nem recebe dos clientes finais a sua retribuição; *in casu*, o autor não tinha uma verdadeira capacidade para organizar a sua prestação de trabalho, carecendo de autonomia para isso e estando sujeito às diretrizes organizativas fixadas pela empresa; isso revela um exercício do poder empresarial quanto ao modo de prestação do serviço e um controlo da sua execução em tempo real que evidencia a presença do requisito de dependência próprio da relação laboral;

vi) Para prestar esses serviços, a *Glovo* serve-se de um programa informático que atribui os pedidos em função da avaliação de cada *rider*/estafeta, o que condiciona decisivamente a teórica liberdade de escolha de horários e de recusa de tais pedidos; ademais, a *Glovo* desfruta de um poder para sancionar os seus *riders* por uma pluralidade de condutas diferentes, o que é uma típica manifestação do poder diretivo e disciplinar do empregador;

vii) Através da plataforma digital, a *Glovo* leva a cabo um controlo em tempo real da prestação do serviço em causa, sem que o *rider* possa realizar a sua tarefa desvinculado da referida plataforma; devido a isso, o *rider* goza de uma autonomia muito limitada, que apenas abrange questões secundárias (que meio de transporte utiliza e que rota segue para realizar a entrega), pelo que o tribunal concluiu que concorrem, no caso, as notas definidoras de um contrato de trabalho entre o autor e a empresa demandada.

É certo que a margem de liberdade operacional do *rider*/estafeta é maior, bem maior, do que aquela de que dispunha o operário da velha fábrica fordista: o *rider* não parece estar sujeito a um dever de assiduidade e pontualidade (ele não tem de estar sempre disponível, pode escolher as faixas horárias em que estará pronto a prestar serviço, pode até recusar certos serviços em concreto), nem está sujeito a um dever de exclusividade ou, sequer, a um dever de não concorrência (pode trabalhar para vários operadores de plataforma, prestando o mesmo tipo de serviços a empresas concorrentes), ele utiliza instrumentos de trabalho próprios (o carro, a motorizada, a bicicleta, o *smartphone*)...

Ainda assim, os traços indiciadores de dependência são muito fortes e vincados: o estafeta (tal como, de resto, o motorista) não tem clientes, quem os tem é a *Glovo*, é esta que contacta com o mercado; os estafetas trabalham sob a marca *Glovo*, estão sujeitos a diversas formas de controlo e avaliação algorítmica por parte da *Glovo*, sendo esta que fixa os preços do serviço, etc.

A narrativa segregada pelas empresas que operam nas plataformas digitais, segundo a qual os prestadores de serviços *via apps* (os estafetas, os motoristas, etc.) desejam flexibilidade e autonomia, o que seria contrário à sua qualificação como trabalhadores dependentes, revela-se, a nosso ver, falaciosa. Isto porque o Direito do Trabalho nunca se opôs, nem se opõe, à liberdade do trabalhador. O Direito do Trabalho opôs-se e opõe-se, sim, a certas "liberdades" do empregador, que resultam da posição dominante que este ocupa na relação que estabelece com as pessoas que lhe prestam serviços (a liberdade de pagar salários baixíssimos, a liberdade de fazer com que os trabalhadores laborem durante períodos excessivos e sem observar o necessário repouso, a liberdade de despedir esses trabalhadores quando entender e pelas razões que entender, etc.).

Reiteramos: *em matéria de qualificação, tudo dependerá, como é óbvio, das circunstâncias concretas de cada relação, de cada contrato, dos direitos e obrigações das partes, da dinâmica relacional que entre elas se estabeleça*. Mas, aqui chegados, afirmamos: *a circunstância de o prestador de serviço utilizar instrumentos de trabalho próprios, bem como de estar dispensado de cumprir deveres de assiduidade, pontualidade e não concorrência, não é incompatível com a existência de uma relação de trabalho dependente entre o prestador e a plataforma eletrónica.*

Em suma, cremos que tudo estará, pois, em o Direito do Trabalho acolher estes novos prestadores de serviços *via apps* no seu seio, procedendo à devida adaptação regimental, isto é, construindo um regime laboral calibrado e ajustado às características destas novas formas de prestar serviços. Porque, convenhamos, ao olhar para um qualquer estafeta, daqueles que percorrem velozmente as ruas nas suas motos (ou, mais lentamente, pedalando nas suas bicicletas), creio que nenhum de nós se convence, seriamente, de que ali vai um empresário – seja um microempresário, um motoempresário ou um cicloempresário...

Não. O *rider* presta a sua atividade para uma organização produtiva alheia; os frutos da sua atividade não lhe pertencem, originariamente, mas sim a outrem, a essa organização produtiva; ele não possui uma organização empresarial própria; ele não assume riscos de ganhos ou de perdas, estes são assumidos pela empresa sob cuja marca ele presta serviços. Ali vai, portanto, motorizado ou pedalando, um trabalhador dependente, um trabalhador do séc. XXI, diferente, decerto, dos seus pais, avós ou bisavós, mas, afinal, ainda um trabalhador dependente – um subordinado de novo tipo, com contornos distintos dos tradicionais, mas, em última instância, ainda dependente e subordinado na forma como desenvolve a sua atividade.

Se estas novas formas de prestar trabalho, criadas pela fantástica evolução da tecnologia, podem constituir, como por vezes se diz, uma *terra de grandes oportunidades*, não cremos que tal terra deva ser uma terra sem lei, máxime sem lei laboral. Seria até uma traição à missão histórica do Direito do Trabalho que este construísse – ou que este deixasse que se construísse – um muro conceptual e mantivesse aqueles (motoristas, estafetas, etc.) lá fora, do outro lado do muro. Esta importantíssima decisão do Supremo Tribunal espanhol representa, cremos, um passo na direção certa, desconstruindo o muro que alguns querem que exista entre estes trabalhadores de novo tipo e o Direito do Trabalho[6].

---

[6] Para desenvolvimentos a este respeito, João Leal Amado e Teresa Coelho Moreira, «A Glovo, os riders/estafetas e o Supremo Tribunal de Espanha: *another brick in the wall?*», *Prontuário de Direito do Trabalho*, 2020-II, pp. 121-151.

3.3. A Uber e o *Supreme Court* britânico

Mais recentemente ainda, a 19 de fevereiro de 2021, o *Supreme Court* do Reino Unido proferiu uma importante decisão, no processo *Uber BV and others (Appellants) v Aslam and others (Respondents)*, na qual, uma vez mais, os tribunais britânicos rejeitaram a tese de que os motoristas da Uber devam ser tidos como microempresários ou como *self-employed independent contractors*, classificando-os, antes, como autênticos *workers* da Uber. Segundo o Supremo Tribunal, não é a Uber que trabalha para os seus motoristas, a inversa é que é verdadeira: a Uber é uma empresa que explora um serviço/negócio de transportes (a Uber não é uma mera *technology company*, não é uma mera plataforma digital que preste serviços de intermediação, antes está no mercado para fornecer serviços de transporte) e os motoristas disponibilizam a mão-de-obra especializada através da qual a empresa fornece os seus serviços ao público e aufere os seus lucros; o contrato central entre o motorista e a Uber consiste em aquele, mediante remuneração, se disponibilizar para transportar – e transportar efetivamente – os passageiros Uber para os seus destinos; o acordo entre as partes localiza-se no campo das relações de trabalho dependente, não sendo um contrato entre iguais celebrado por duas organizações empresariais independentes, sendo que os motoristas não contactam diretamente com o mercado, antes são recrutados pela Uber para trabalharem e nesta se integrarem como componentes da respetiva organização. Em suma, os motoristas desenvolvem a sua atividade para a marca Uber, vale dizer, eles não são trabalhadores por conta própria ou pequenos empresários que contactem com o mercado, que laborem para uma clientela indeterminada, pelo contrário, os seus clientes são pessoas indicadas pela Uber – os motoristas fornecem, afinal, a mão-de-obra de que a Uber necessita para explorar o seu próprio negócio[7].

Vale a pena recapitular o essencial da argumentação expendida, *in casu*, pelo *Supreme Court*: a remuneração paga aos motoristas pelo traba-

[7] Este caso agora decidido, em definitivo, pelo *Supreme Court*, foi objeto de uma primeira sentença do *Employment Tribunal* de Londres, proferida em 28 de outubro de 2016. Sobre esta decisão, *vd.* o comentário de João Leal Amado e Catarina Gomes Santos, «A Uber e os seus motoristas em Londres: *mind the gap*!», *Revista de Legislação e de Jurisprudência*, n.º 4001, Nov.-Dez. de 2016, pp. 111-127.

lho é fixada pela Uber e os motoristas não têm qualquer palavra a dizer quanto a isto (salvo, claro, ao decidirem quando trabalhar e quanto trabalham prestam); as condições contratuais ao abrigo das quais os motoristas prestam os seus serviços são ditadas pela Uber; muito embora os motoristas tenham, em abstrato, liberdade para escolher quando trabalham, a verdade é que, a partir do momento em que um motorista se conecte, através da *app* da Uber, a sua margem de liberdade efetiva quanto à aceitação dos pedidos de transporte encontra-se, de facto, muito condicionada pela Uber; a Uber exerce um controlo muito significativo sobre a forma como os motoristas executam os seus serviços (através da tecnologia utilizada e, bem assim, através dos sistemas de avaliação da performance do motorista, que podem, no limite, levar à sua "desativação"); a Uber restringe a comunicação entre o passageiro e o motorista ao mínimo indispensável para realizar o serviço de transporte em causa e toma medidas ativas em ordem a impedir os motoristas de estabelecerem qualquer relação com o passageiro que possa estender-se para além daquela concreta corrida. Assim sendo, o *Supreme Court* conclui: «Ponderando estes fatores conjuntamente, pode ver-se que o serviço de transporte realizado pelos motoristas e oferecido aos passageiros através da *app* da Uber é definido e controlado, em moldes muito estritos, pela Uber. Além disso, o mesmo é concebido e organizado de forma a providenciar um serviço estandardizado aos passageiros, no qual os motoristas são tidos como substancialmente fungíveis ("interchangeable") e do qual a Uber, e não os concretos motoristas, desfruta dos benefícios da lealdade e "goodwill" dos clientes. Vistas as coisas da perspetiva dos motoristas, esses mesmos fatores – em particular, a impossibilidade de oferecer um serviço distinto ou de estabelecer o preço dos serviços e o controlo da Uber sobre todos os aspetos da sua interação com os passageiros – significam que eles têm pouca ou nenhuma capacidade para melhorar a sua posição económica através de qualquer "skill" profissional ou empresarial. Na prática, a única forma através da qual eles podem aumentar os seus rendimentos consiste em trabalhar mais horas, sempre correspondendo aos padrões de performance fixados e exigidos pela Uber» (§101, tradução nossa).

Em suma, no caso em apreço o tribunal não teve dúvidas de que os motoristas da Uber eram *workers* e não genuínos *independent contractors*. Aqueles estão, em relação à Uber, numa situação de subordinação ou, ao menos, de "parasubordinação", prestando trabalho para esta empresa numa posição de acentuada dependência económica. *Employee* ou *worker*, o certo é que, para o Supremo Tribunal, os motoristas da Uber não são *self-employed independent contractors*. Tanto basta para que as leis do trabalho, em matéria de jornada e de salário, lhes sejam aplicáveis. E, acrescenta o tribunal, não há manobras de engenharia jurídica, efetuadas por argutos advogados, que possam obstar a tal aplicação.

Eis, a nosso ver, a grande lição a retirar desta importante sentença. É que, por vezes, vai uma grande distância entre a engenharia contratual (e o imaginativo emaranhado terminológico adrede utilizado) e a realidade relacional. Nem *partner* nem *customer*, o *driver* é, afinal, vistas as coisas como elas são, um *worker* da Uber[8].

3.4. O Livro Verde sobre o Futuro do Trabalho e o trabalho nas plataformas digitais

A este propósito, importa concluir com uma nota otimista. O *Livro Verde sobre o Futuro do Trabalho*, a que já acima se fez referência, traça, nesta matéria, uma linha de rumo promissora, na qual nos revemos. Com efeito, nele pode ler-se, como uma das linhas de reflexão para as políticas públicas em matéria de plataformas digitais: «Criar uma presunção de laboralidade adaptada ao trabalho nas plataformas digitais, para tornar mais clara e efetiva a distinção entre trabalhador por conta de outrem e trabalhador por conta própria, sublinhando que a circunstância de o prestador de serviço utilizar instrumentos de trabalho próprios, bem como o facto de estar dispensado de cumprir deveres de assiduidade, pontualidade e

[8] Para maiores desenvolvimentos, João Leal Amado e Teresa Coelho Moreira, «A Uber, o motorista e o cliente: três ou quatro? A propósito de uma decisão do *Supreme Court* do Reino Unido», *Revista Internacional de Direito do Trabalho*, n.º 2, 2021 (no prelo). Entre nós, não havendo jurisprudência, o certo é que já dispomos de uma "lei Uber", a Lei n.º 45/2018, de 10 de agosto, a lei do TVDE (transporte individual remunerado de passageiros em veículo descaracterizado), diploma que, todavia, obriga a constituir um novo ente neste domínio, a mais do operador de plataforma eletrónica, do motorista e do cliente – o chamado "operador de TVDE", cujo préstimo e função são muitíssimo duvidosos.

não concorrência, não é incompatível com a existência de uma relação de trabalho dependente entre o prestador e a plataforma digital»[9].

Cremos que estes pontos devem ser registados, sublinhados e aplaudidos: criar uma presunção de laboralidade, adaptada às novas formas de prestar trabalho via *apps*; sublinhar que o facto de o prestador de serviço utilizar instrumentos de trabalho próprios ou não estar sujeito a certos deveres inerentes à relação laboral tradicional não obsta, por si só, à existência de trabalho subordinado; e, *last but not least*, afirmar que poderá existir uma relação de trabalho dependente entre o prestador e a plataforma digital – tudo isto nos parece corresponder a premissas muito acertadas e promissoras na abordagem destas questões.

Quanto à presunção de laboralidade a criar, talvez a mesma se venha a traduzir numa espécie de réplica do art. 12.º do Código do Trabalho[10], isto é, talvez se possa presumir a existência de contrato de trabalho quando, na relação entre o prestador de serviço e o operador de plataforma digital, se verifiquem algumas das seguintes características: *i*) o prestador não disponha, perante o cliente, de uma organização empresarial própria e autónoma, antes preste o seu serviço inserido na organização de trabalho do operador de plataforma; *ii*) o operador de plataforma digital fixe os preços para o serviço realizado na mesma e a remuneração devida ao prestador, processando aquele os pagamentos a efetuar; *iii*) o operador de plataforma digital leve a cabo um controlo em tempo real da prestação do serviço em causa, sem que o prestador possa realizar a sua tarefa desvinculado da plataforma, designadamente mediante a gestão algorítmica

---

[9] A consagração de uma presunção de laboralidade neste domínio foi também acolhida por uma recentíssima lei espanhola, o Real Decreto-lei 9/2021, de 11 de maio, nos termos do qual, por aplicação do estabelecido no art. 8.1 do *Estatuto de los Trabajadores*, presume-se incluída no âmbito desta lei a atividade das pessoas que prestem serviços retribuídos consistentes na entrega ou distribuição de qualquer produto de consumo ou mercadoria, por parte de empregadores que exerçam as faculdades empresariais de organização, direção e controlo de forma direta, indireta ou implícita, mediante a gestão algorítmica do serviço ou das condições de trabalho, através de uma plataforma digital.

[10] Sobre a presunção constante do art. 12.º do Código do Trabalho, uma presunção muito útil, em geral, mas que se revela impotente perante as novas formas de prestar trabalho através de plataformas digitais, permitimo-nos remeter para João Leal Amado, *Contrato de Trabalho – Noções Básicas*, 3.ª ed., Almedina, Coimbra, 2020 (reimp.), pp. 65-71.

do serviço e através de sistemas de geolocalização constante do prestador; *iv*) o operador de plataforma digital submeta o prestador a sistemas de avaliação por parte dos beneficiários do serviço e forneça aos mesmos a avaliação ou o *rating* dos seus trabalhadores; *v*) o operador de plataforma digital goze de poderes de sancionar, por várias formas, o prestador que seja alvo de uma avaliação tida como insatisfatória por aquele, inclusive impedindo-o de aceder à aplicação que lhe permite contactar com a clientela, "desativando-o".

Cremos que uma presunção legal deste tipo (uma presunção, naturalmente, *juris tantum*, que admita prova em contrário) seria muito útil, em ordem a destrinçar as situações de trabalho dependente que aqui proliferam daquelas em que existe real autonomia por parte do prestador de serviço, sobretudo se tal presunção for associada ao reforço do papel inspetivo da Autoridade para as Condições de Trabalho nesta matéria e ao eventual recurso à ação de reconhecimento da existência de contrato de trabalho, já hoje prevista no Código de Processo do Trabalho.

Veremos o que o futuro nos reserva.

4. Os robôs e o Direito do Trabalho: o desafio final?

4.1. A caminho de um futuro sem emprego?

«Começou uma nova era produtiva. Os seus princípios organizativos são tão diferentes dos da era industrial como os da era industrial foram diferentes dos da era agrícola. A revolução cibernética foi causada pela combinação do computador com a máquina automatizada auto-regulável (robô). Isto resulta num sistema de capacidade produtiva quase ilimitada, o qual requer cada vez menos trabalho humano. A cibernética já está a reorganizar o sistema económico e social de acordo com as suas próprias necessidades». Consequências inevitáveis deste diagnóstico: desemprego tecnológico estrutural (e não apenas friccional)[11] em massa a curto/médio prazo, profunda desigualdade social e quebra na procura

[11] Fala-se em desemprego tecnológico "friccional" para aludir a situações em que o desemprego resulta, não de falta de trabalho para fazer, mas do facto de as pessoas não serem capazes de o fazer (desde logo, por falta de habilitações ou qualificações). Pelo contrário, no desemprego tecnológico "estrutural", este resulta do facto de deixar de haver trabalho

de bens e serviços, à medida em que os consumidores, privados de trabalho e de rendimento, forem perdendo o poder de compra necessário para alimentar o crescimento económico.

Eis o teor de parte de um relatório entregue ao Presidente dos Estados Unidos da América, da autoria de um grupo de proeminentes académicos, jornalistas e tecnólogos, a chamada "Comissão Ad Hoc sobre a Tripla Revolução". A pergunta a fazer é: a que presidente dos EUA foi este relatório entregue? A Donald Trump? A Barack Obama? A George Bush, pai ou filho? A Bill Clinton? Nada disso. O relatório foi apresentado ao Presidente Lyndon B. Johnson, em 22 de março de... 1964, vale dizer, há mais de meio século![12]

Este simples episódio demonstra que as recorrentes e persistentes notícias sobre a morte iminente do trabalho humano foram muito exageradas. Chegados a 2020, em pleno séc. XXI, a centralidade do trabalho humano – e, dentro deste, do trabalho assalariado, prestado para outrem em condições de dependência económica e em regime de subordinação jurídica – permanece evidente e indiscutível.

Pergunta-se: será diferente desta vez? Com a quarta revolução industrial, a indústria 4.0, a digitalização, a robótica, o algoritmo, a inteligência artificial... Vamos, agora sim, caminhar decisivamente para uma sociedade marcada pelo declínio do trabalho humano, pelo gradual desaparecimento do emprego, tal como o conhecemos? As previsões que vão surgindo, além de serem falíveis, revelam-se muito oscilantes quanto ao "desemprego tecnológico" nos próximos 10-20 anos: de 47% a 9% dos empregos a serem eliminados, há previsões para quase todos os gostos...

---

suficiente para todos os seres humanos. Para a distinção, Daniel Susskind, *Um Mundo sem Trabalho – como responder ao avanço da tecnologia*, Ideias de Ler, Porto, 2020, pp. 106-138.
Do ponto de vista técnico-jurídico, dir-se-ia que o desemprego tecnológico friccional resultará, tipicamente, do mecanismo do *despedimento por inadaptação*, previsto e regulado nos arts. 373.º a 380.º do Código do Trabalho, ao passo que o desemprego tecnológico estrutural poderá resultar de outras modalidades extintivas do contrato de trabalho, em especial do *despedimento coletivo* e do *despedimento por extinção do posto de trabalho*, também previstos no mesmo Código, nos arts. 359.º a 372.º

[12] O texto integral deste relatório sobre a "tripla revolução" (cibernética, do armamento e dos direitos humanos) encontra-se disponível na internet, desde logo na wikipedia.

Em todo o caso, a tendência, cremos, é mesmo esta, de forma gradual mas em ritmo cada vez mais acelerado: o fantástico e imparável progresso da robótica traz consigo o inevitável declínio do trabalho humano; a automação e os robôs (máxime os chamados "robôs colaborativos") irão tornando dispensável e irão substituindo, em medida crescente, o trabalho humano. Os exemplos vão surgindo e vão-se multiplicando: da condução automatizada, da hotelaria (o caso do Henn-na Hotel, em Sasebo, no Japão), de quase todas as tarefas rotineiras e repetitivas (a indústria da "fast-food"), mas também de tarefas intelectualmente complexas e criativas (professores, advogados, etc.).

Aparentemente, num futuro mais ou menos próximo, poucas atividades humanas e poucas profissões irão escapar à presença (colaborativa e/ou substitutiva) dos robôs. Como alguém escreveu, e adaptando o velho ditado, nada na vida é certo, exceto a morte, os impostos... e o processo inexorável de usurpação de funções humanas pelos robôs. Sim, o efeito da tecnologia, a curto prazo, tem muitas vezes sido sobrestimado, mas o seu efeito, a médio/longo prazo, não pode nem deve ser subestimado. Parece-nos inteiramente lúcida a previsão de Daniel Susskind, a este respeito: «As máquinas não farão tudo no futuro, mas farão *mais*. E à medida que, lenta, mas implacavelmente, irão acumulando tarefas, os seres humanos irão sendo obrigados a restringir-se a um número cade vez mais reduzido de atividades. Não é provável que todas as pessoas consigam fazer o que falta ser feito, e não há razão para pensar que iá haver procura suficiente para empregar todas as pessoas efetivamente capazes»[13].

4.2. Um futuro sem emprego: ameaça ou esperança?

O trabalho humano surgiu, desde sempre, como uma necessidade, como uma exigência natural, como atividade indispensável à produção da vida social, em ordem a satisfazer as necessidades básicas da humanidade e a produzir tudo aquilo de que o homem precisa para viver e para melhorar as suas condições de existência. O trabalho assalariado, fruto da 1.ª Revolução Industrial, assumiu-se, precisamente, como força propulsora e delimitadora do Direito do Trabalho, desde então até aos nossos dias.

---

[13] *Um Mundo sem Trabalho,* cit., p. 13.

Ora, se o progresso científico e tecnológico conseguir substituir o trabalho humano por trabalho efetuado por robôs, isso pode constituir uma excelente notícia para a humanidade, um fenómeno libertador. Importa frisar: *nós, pessoas, seres humanos, trabalhamos para viver, não vivemos para trabalhar*![14] Neste sentido, toda a tecnologia libertadora do sacrifício do trabalho (sobretudo em atividades penosas, perigosas, rotineiras ou repetitivas) é, decerto, bem-vinda.

Sim, o trabalho desempenha uma função estruturadora, confere sentido à vida de muitos de nós. O trabalho – escreve, com razão, DOMINIQUE SCHNAPPER – «é a maneira de assegurar a vida material, de estruturar o tempo e o espaço, é o lugar da expressão da dignidade de si próprio e das permutas sociais. O tempo do trabalho profissional dá o seu sentido aos outros momentos da vida»[15]. Isto hoje é, ainda é, assim; mas não tem de ser assim para todo o sempre. Tudo indica que caminhamos para uma sociedade em que o trabalho humano perderá a sua atual centralidade: no futuro haverá, provavelmente, muito menos pessoas a trabalhar e, mesmo essas, dedicarão uma parte menor da sua vida, do seu tempo, ao trabalho. E esta será, decerto, uma transição complexa e recheada de dificuldades. Mas vamos combatê-la, destruindo os robôs ou desinvestindo neles (ao jeito de um qualquer "neoludismo")? Não!

O Estado-legislador não poderá deixar de assumir aqui um papel ativo e deve procurar regular essa transição, apoiando os trabalhadores e assegurando que a viagem seja o mais suave possível (reservando certas atividades a seres humanos, fixando "quotas humanas", certificando os produtos "made by humans", tributando a robotização, etc.). Mas

[14] É certo que, como há muito HANNAH ARENDT observou, o discurso sobre o trabalho abunda em idealizações do mesmo (o trabalho é um meio de atingir um fim superior, o trabalho é um ato de moldar dada substância, transformando-a em algo qualitativamente melhor, o trabalho é um meio de realização pessoal, proporcionando satisfação a quem o presta, o trabalho é o meio de o homem se impor à natureza, dominando-a...), mas, a esse propósito, HANNAH ARENDT não deixava de concluir: «Depois de todas estas teorias e discussões académicas, é reconfortante saber que a grande maioria dos trabalhadores, quando se lhe pergunta "por que é que o homem trabalha?", responde simplesmente: "para poder viver" ou "para ganhar dinheiro"» (*A Condição Humana*, Relógio D'Água, Antropos, Lisboa, 2001, pp. 171-172, n. 75).

[15] *Contra o Fim do Trabalho*, Terramar, Lisboa, 1998, pp. 18-19.

estamos convictos de que os seres humanos são bem capazes de levar vidas satisfatórias que não sejam definidas pelo trabalho, tal como hoje o conhecemos, vidas em que o lazer, o ócio, as artes ou o trabalho não remunerado substituam o emprego profissional que hoje estrutura a vida de boa parte da humanidade[16]. Vidas em que, como sonhava Oscar Wilde, seremos livres de passar o tempo num lazer culto, "fazendo coisas bonitas, ou lendo coisas bonitas, ou simplesmente contemplando o mundo com admiração e deleite"[17].

4.3. Os problemas: político e jurídico

No seu livro *Robôs – A Ameaça de um Futuro sem Emprego*, Martin Ford relata um delicioso e ilustrativo episódio sobre uma conversa entre Henry Ford e Walter Reuther, o dirigente do sindicato *United Auto Workers*, quando juntos visitavam uma fábrica de automóveis que recentemente havia sido automatizada. A dado passo, o presidente da *Ford Motor Company* terá interpelado Reuther, perguntando-lhe, provocatoriamente: «Walter, como vai conseguir que estes robôs paguem as quotas do sindicato?». Ao que Reuther respondeu, com esta incisiva pergunta para Ford: «Henry, como vai conseguir que eles lhe comprem os carros?»[18].

Eis o ponto: os robôs não se cansam nem adoecem, não se aborrecem, não têm filhos, não entram em greve e não tiram férias... mas também não consomem. Os trabalhadores são consumidores e dependem dos seus salários para comprar os produtos e serviços produzidos pela economia. Ora, sem emprego, como é que as pessoas vão consumir e sobreviver? E como é que a economia vai funcionar e prosperar?

Este é um problema político de grande magnitude, o da forma como a sociedade se vai organizar, num mundo sem emprego, num mundo pós-trabalho. Um problema que exigirá um Estado forte, esquemas de tribu-

[16] Acompanhamos, também neste ponto, Daniel Susskind: «O trabalho é hoje uma fonte de sentido para algumas pessoas, não porque seja especial, mas antes porque é nos empregos que passamos a maior parte das nossas vidas. E só conseguimos encontrar significado naquilo que realmente fazemos – mas com liberdade para desfrutar das nossas vidas de maneira diferente, encontraremos sentido noutro lugar qualquer» (*Um Mundo sem Trabalho*, cit., p. 243).

[17] *Apud* James Suzman, *Trabalho: Uma História de Como Utilizamos o Nosso Tempo*, Edições Saída de Emergência, Desassossego, 2021, p. 310.

[18] Bertrand Editora, Lisboa, 2016, p. 245, bem como pp. 248-251.

tação repensados e orientados para captar os rendimentos lá onde eles se encontrem e esquemas de distribuição que permitam a todos levar uma vida digna (através de criação de um "rendimento básico universal", um "rendimento mínimo garantido", ou algo do género)[19].

Já no plano jurídico, é sabido que, até agora, temos concebido as máquinas (mesmo as altamente evoluídas e complexas, como os robôs) como ferramentas que aumentam a produtividade do trabalho, auxiliando ou substituindo os trabalhadores[20]. Mas parece que as máquinas estão a transformar-se em trabalhadores e quase-pessoas... O robô/androide/humanoide como "pessoa eletrónica"? Existe uma intensa discussão em torno do estatuto jurídico do robô[21], inclusive sobre o eventual reconhecimento de personalidade jurídica ao robô[22]. Qual será o estatuto

[19] Certo parece que o "mercado livre", por si só, não será capaz de resolver os problemas e de desempenhar esse papel distributivo, num mundo com trabalho insuficiente. De resto, como bem observa Martin Ford, num sistema capitalista, «apesar de toda a retórica sobre "criadores de emprego", os racionais empresários *não querem* contratar mais trabalhadores: contratam pessoas apenas porque têm de fazê-lo» (*Robôs – A Ameaça de um Futuro sem Emprego*, cit., pp. 318-319).

[20] O que seja um robô constitui, desde logo, um problema. Um robô, dir-se-ia, é uma ferramenta, não tem de ser um objeto físico. Nas palavras de John Pugliano, «robô é simplesmente um termo para a automatização de uma tarefa» (*Os Robôs Querem o seu Emprego*, Desassossego, Porto Salvo, 2018, p. 89). Mas o robô também pode assumir um aspeto físico semelhante ao de um ser humano (o tal robô/humanoide, que nos tenta replicar), o que contribui para o processo de subjetivação do mesmo.

[21] A este propósito, cfr. a Resolução do Parlamento Europeu, de 16/02/2017, que contém recomendações à Comissão sobre disposições de Direito Civil sobre a Robótica. No ponto 59 da Resolução, o Parlamento Europeu insta a Comissão a explorar, analisar e ponderar as implicações de todas as soluções jurídicas possíveis, designadamente a de criar um estatuto jurídico específico para os robôs a longo prazo, de modo a que os robôs autónomos mais sofisticados possam ser determinados como detentores do estatuto de pessoas eletrónicas responsáveis por sanar quaisquer danos que possam causar e, eventualmente, aplicar a personalidade eletrónica a casos em que os robôs tomem decisões autónomas ou em que interagem por qualquer outro modo com terceiros de forma independente.

[22] A ideia pode parecer absurda, mas convém relembrar que a personalidade jurídica não é um atributo, apenas, das pessoas humanas, físicas, "de carne e osso", sendo há muito reconhecida personalidade jurídica às pessoas coletivas, tais como sociedades, associações ou fundações. Têm a palavra os civilistas.

jurídico dos robôs? Relembre-se o caso, mediático, do robô Sofia, a quem terá sido atribuída a cidadania da Arábia Saudita...

4.4. O problema jurídico-laboral

Nascido para regular o trabalho humano (e, em especial, o trabalho dependente ou subordinado), dir-se-ia que o destino do Direito do Trabalho estará inevitavelmente ligado à evolução desse mesmo trabalho humano. Caso este perca a sua atual centralidade social, tornando-se inexistente ou marginal na vida da maioria das pessoas, então é natural que o próprio Direito do Trabalho acabe por definhar, como símbolo de uma era ultrapassada, a "era do emprego".

Nada de dramático nisto. Ao "desemprego tecnológico estrutural" somar-se-á, então, o desemprego dos juristas do trabalho, que terão de se reconverter e, se quiserem e puderem continuar a ser juristas, se terão de dedicar a outros, e quiçá emergentes, ramos do direito. Isto, claro, sabendo que, também aí, nas profissões jurídicas (advogados, magistrados, professores universitários), a presença da Inteligência Artificial será cada vez maior, com o inerente processo de usurpação de funções dos humanos, em larga escala substituídos pelos robôs, como todas ou quase todas as outras pessoas.

Dizem-nos, contudo, que os robôs têm inteligência, revelam criatividade e curiosidade. Poderão os robôs sentir emoções? Poderão ter sentimentos? Dizem-nos que não. Que ainda não. Mas será que é mesmo assim? Será assim, no futuro? O Direito (e o próprio Direito do Trabalho) terá de estar muito atento aos próximos desenvolvimentos dos robôs, em trânsito, quiçá, de objetos para sujeitos.

Uma coisa é certa: se um dia surgir uma qualquer Rachael, a robô/humanoide do célebre filme *Blade Runner*[23], que sentia emoções, chorava e se apaixonou por um ser humano, do qual teve até um filho, será inevitável que o Direito do Trabalho ressurja, ainda que em vestes cibernéticas – pois então o direito terá de se preocupar com o trabalho dela...

---

[23] Filme icónico, realizado por Ridley Scott, em 1982, cuja ação se desenrola numa decadente e futurista cidade de Los Angeles, em novembro de 2019 (!!!), no qual Rachael, uma *replicant* ("ser humano artificial") se apaixona por um ser humano real, Rick Deckard, personagem representada por Harrison Ford.

O papel da jurisprudência no preenchimento de conceitos laborais indeterminados: *in dubio pro operario?*[*]

JOÃO LEAL AMADO

1. Os conceitos indeterminados e a função do juiz: existem especificidades no domínio juslaboral?

Comecemos por formular duas asserções tão óbvias quanto pacíficas: *i)* os conceitos jurídicos indeterminados ocupam uma posição de grande destaque, quer pelo seu elevado número quer pela sua importância intrínseca, no conjunto do tecido normativo juslaboral; *ii)* na diuturna tarefa de preenchimento desses conceitos indeterminados, o papel do juiz é, dir-se-ia, absolutamente incontornável. Posto isto, e para melhor situar o nosso problema, justifica-se a transcrição, ainda que longa, das sempre sábias palavras de BAPTISTA MACHADO:

> «Por virtude da sua capacidade de "osmose", e ainda da sua função de "válvula de escape", o conceito indeterminado, assim como a cláusula geral, permitem ao legislador abordar aquelas realidades sociais que, por isso mesmo que se acham informadas por um dinamismo crescente, escapam a uma disciplina regulamentadora minuciosa estabelecida pela via da tipificação de hipóteses previamente definidas; ao mesmo tempo que (como "válvulas de escape") permitem obviar à rigidificação e esclerosamento de comple-

[*] Texto que serviu de base à comunicação apresentada no *Ciclo de Conferências sobre Processo do Trabalho*, que decorreu na Faculdade de Direito de Lisboa, nos dias 12 e 13 de Maio de 2011. Ao Instituto de Direito do Trabalho, na pessoa do Professor Doutor Pedro Romano Martinez, agradecemos, penhorados, o honroso convite formulado.
Este texto, um tanto "luso-brasileiro", é dedicado à Juliana Colombo, Mestre em Ciências Jurídico-Laborais pela Faculdade de Direito da Universidade de Coimbra. Um dia, algures, ainda iremos beber a caipirinha prometida...

xos normativos, dos códigos ou das codificações. Os complexos ou sistemas normativos construídos sobre conceitos indeterminados ou cláusulas gerais, tais como o direito do trabalho, o direito da concorrência, o direito do divórcio, podem por isso ser designados como "sistemas abertos".

Nestes sistemas, a função do juiz e o papel do jurista apresentam características especiais. Ao passo que nos domínios jurídicos "fechados" o jurista procura fundamentalmente "enquadrar" ou integrar no sistema o caso a decidir, nestes outros domínios o julgador utiliza aquelas aberturas ou "lacunas" do sistema para configurar juridicamente o caso como que *fora do sistema*, atendendo às particularidades daquele, fazendo assim evoluir o Direito. A sua decisão é sempre fundada nos critérios indicados pela lei, mas a concreta definição da fisionomia relevante do caso exige uma reconstrução que tenha em conta os dados da realidade de facto.

São estes os domínios em que especialmente se exerce o chamado "prudente arbítrio" do julgador – os domínios predilectos do chamado "direito judiciário"»[1].

O que acima se escreve constitui, digamos, um dado adquirido para o hodierno pensamento jurídico. Assim sendo, sublinhar a importância dos conceitos indeterminados no seio do direito laboral, bem como a centralidade da função desempenhada pela jurisprudência no preenchimento daqueles conceitos, mostra-se um autêntico truísmo, isto é, uma afirmação tão verdadeira quanto banal. Mais estimulante se mostra já, contudo, procurar indagar da possível existência de especificidades, nesta matéria, no campo juslaboral. A questão pode ser formulada como segue: *existirá aqui uma directriz hermenêutica particular, que, de algum modo, sirva para iluminar o caminho da jurisprudência aquando do preenchimento de conceitos laborais indeterminados?*

Eis a questão a que tentaremos dar resposta nas páginas seguintes.

2. Os conceitos indeterminados e a dinâmica da relação laboral: alguns exemplos

A relação de trabalho apresenta duas características que, actuando de forma conjugada, lhe imprimem um carácter muito particular. Assim, e

[1] *Introdução ao Direito e ao Discurso Legitimador*, Almedina, Coimbra, 1989, pp. 119-120.

por um lado, a relação laboral é uma *relação duradoura*, assente num contrato cuja execução se protrai no tempo, traduzindo-se o seu cumprimento numa sucessão de actos escalonados ao longo de um período mais ou menos longo (ao contrário do que sucede, por exemplo, na compra e venda, cujas prestações são instantâneas, esgotando-se num momento determinado). O contrato de trabalho tem, pois, uma vocação de perdurabilidade, sendo um negócio jurídico de execução sucessiva. Por outro lado, a relação laboral é também, consabidamente, uma relação de poder, uma *relação de supra-infra ordenação*, uma relação assimétrica – isto porque o trabalhador, a mais de, em regra, carecer dos rendimentos do trabalho para satisfazer as suas necessidades essenciais (dependência económica), encontra-se sujeito à autoridade e direcção do empregador em tudo o que diz respeito à execução do trabalho (subordinação jurídica)[2]. Para o trabalhador, cumprir é, antes de mais, obedecer – nos termos da própria definição legal, «contrato de trabalho é aquele pelo qual uma pessoa singular se obriga, mediante retribuição, a prestar a sua actividade a outra ou outras pessoas, no âmbito de organização e sob a autoridade destas» (art. 11.º do CT) –, ou seja, a sua vontade compromete-se no contrato, mas também se submete nesse contrato.

Ora, pode dizer-se que a relação dialéctica que se estabelece entre estes dois traços marcantes da relação laboral – o seu carácter tendencialmente duradouro e o seu carácter estruturalmente assimétrico – não deixa de se repercutir fortemente na dinâmica dessa mesma relação, a qual é amiúde governada, no plano jurídico, através de conceitos indeterminados. Alguns exemplos servem para ilustrar a nossa ideia.

- A transferência de local de trabalho e o conceito de «prejuízo sério»: segundo a nossa lei, o empregador pode transferir o trabalhador para outro local de trabalho, temporária ou definitivamente, quando um motivo do interesse da empresa o exija e a transferência não implique «prejuízo sério» para o trabalhador (art. 194.º do CT);

---

[2] Dir-se-ia, pois, na feliz síntese do escritor, que o trabalhador é alguém que se encontra sujeito a «viver entre ordem e ordenado» – Mia Couto, *Jesusalém*, Editorial Caminho, Lisboa, 2009, p. 94.

- A transferência a pedido do trabalhador vítima de violência doméstica e o conceito de «exigências imperiosas ligadas ao funcionamento da empresa ou serviço»: nos termos do art. 195.º do CT, o trabalhador vítima de violência doméstica tem direito a ser transferido, temporária ou definitivamente, a seu pedido, para outro estabelecimento da empresa, mas o empregador poderá adiar a transferência com fundamento em «exigências imperiosas ligadas ao funcionamento da empresa ou serviço»;
- A prestação de trabalho suplementar e o conceito de «motivos atendíveis»: reunidas que estejam as condições previstas na lei para o efeito, a prestação de trabalho suplementar é obrigatória para o trabalhador, salvo quando este, «havendo motivos atendíveis, expressamente solicite a sua dispensa» (art. 227.º do CT);
- A polivalência e o conceito de «funções afins ou funcionalmente ligadas»: em princípio, o trabalhador deve exercer funções correspondentes à actividade para que se encontra contratado, mas a lei acrescenta que a actividade contratada, ainda que determinada por remissão para categoria profissional constante de instrumento de regulamentação colectiva ou regulamento interno, «compreende as funções que lhe sejam afins ou funcionalmente ligadas» (art. 118.º do CT);
- O *jus variandi* e o conceito de «modificação substancial da posição do trabalhador»: ao abrigo da chamada «mobilidade funcional», o empregador pode, quando o interesse da empresa o exija, encarregar o trabalhador de exercer temporariamente funções não compreendidas na actividade contratada, mas só «desde que tal não implique modificação substancial da posição do trabalhador» (art. 120.º do CT);
- Os testes ou exames médicos e o conceito de «particulares exigências inerentes à actividade»: em princípio, o empregador não pode, para efeitos de permanência no emprego, exigir ao trabalhador a realização ou apresentação de testes ou exames médicos, de qualquer natureza, mas tal proibição cede em certos casos, *maxime* «quando particulares exigências inerentes à actividade o justifiquem» (art. 19.º do CT).

– A liberdade de expressão e de divulgação do pensamento e opinião e o conceito de «normal funcionamento da empresa»: nos termos do art. 14.º do CT, é reconhecida, no âmbito da empresa, a liberdade de expressão e de divulgação do pensamento e opinião pelo trabalhador, mas isto sem prejuízo do «normal funcionamento da empresa».

Repare-se como, em todos estes casos (e muitos outros exemplos poderiam ser fornecidos), deparamos com conceitos jurídicos indeterminados, conceitos «cujo conteúdo e extensão são em larga medida incertos» (Karl Engish)[3], conceitos que, «por natureza, dada a sua vacuidade, deixam um largo espaço para a busca da solução do caso» (Oliveira Ascensão)[4], conceitos carecidos de preenchimento valorativo, conceitos que apresentam um conteúdo flexível.

Ora, a este propósito importa sublinhar que *na particular relação de poder que é a relação de trabalho subordinado, quem, em primeira instância, vai preencher e delimitar o conteúdo e extensão daqueles conceitos indeterminados é a entidade empregadora.* Esta é, com efeito, titular do poder de direcção, competindo-lhe estabelecer os termos em que o trabalho deve ser prestado (art. 97.º do CT), bem como desse singular mecanismo de autotutela em que consiste o poder disciplinar, através do qual o empregador pode punir/castigar o trabalhador, caso entenda que este cometeu uma qualquer infracção disciplinar (art. 98.º do CT). Vale dizer, retomando os exemplos acima formulados, quem avalia a seriedade do prejuízo causado, a imperiosidade das exigências de funcionamento da empresa, a atendibilidade do motivo invocado, a afinidade das funções exercidas, a substancialidade da modificação da posição do trabalhador, a particularidade das exigências inerentes à actividade desempenhada, a normalidade do funcionamento da empresa, etc., é o empregador... E é óbvio que, se a ordem ou a proibição patronal for reiterada (a ordem de transferência, a ordem de prestação de trabalho suplementar, a ordem de mobilidade funcional, a proibição de certa manifestação da liberdade de expressão, a ordem de realização de testes médicos, etc.), o trabalhador corre um

---

[3] *Introdução ao Pensamento Jurídico*, 6.ª ed., Fundação Calouste Gulbenkian, Lisboa, 1988, p. 208.

[4] *O Direito – Introdução e Teoria Geral*, Almedina, Coimbra, 2001, p. 392.

sério risco se desobedecer à mesma – o risco de essa desobediência ser tida como ilegítima, dando azo à aplicação dos mecanismos de autotutela disciplinar por banda do empregador, *maxime* através da figura do despedimento com (alegação de) justa causa.

Em suma, o empregador não tem de recorrer ao tribunal, queixando--se do trabalhador recalcitrante; este é que terá de recorrer às vias judiciais, de forma a tentar fazer valer os seus direitos. Ou seja, *é certo que, em última análise (isto é, em caso de litígio judicial), o «prudente arbítrio do julgador» acabará por ser convocado, em ordem a preencher o conceito indeterminado em questão; mas a verdade é que nesta matéria, e em primeiro lugar, exerce-se o, quiçá imprudente, «arbítrio do empregador»...*

3. *In dubio pro operario?*

Do que acima se escreve resulta, a nosso ver, uma possível sugestão para a magistratura, ditada pela especificidade da relação de trabalho: *a mobilização do clássico princípio* in dubio pro operario *como regra de hermenêutica laboral, ou seja, como princípio utilizável pelo aplicador do direito aquando do preenchimento valorativo e da delimitação do conteúdo/extensão dos conceitos laborais indeterminados.*

Vamos, uma vez mais, recorrer ao ensinamento dos Mestres. Neste caso, vamos transcrever uma passagem, que temos por particularmente expressiva, de Karl Engish:

> «Com Philipp Heck, podemos distinguir nos conceitos jurídicos indeterminados um *núcleo* conceitual e um *halo* conceitual. Sempre que temos uma noção clara do conteúdo e da extensão dum conceito, estamos no domínio do núcleo conceitual. Onde as dúvidas começam, começa o halo do conceito. Que numa noite sem luar, pelas vinte e quatro horas, nos espaços não iluminados, domina a escuridão na nossa latitude, é uma coisa clara; dúvidas fazem já surgir as horas do crepúsculo. É fora de toda a dúvida que os imóveis, os móveis, os produtos alimentares, são coisas; mas outro tanto se não poderá dizer, por exemplo, relativamente à energia eléctrica ou a um penacho de fumo (formando as letras de um reclame) no céu»[5].

---

[5] *Introdução ao Pensamento Jurídico*, cit., p. 209.

A nosso ver, o princípio in dubio pro operario *poderá e deverá funcionar como princípio operatório em caso de dúvida sobre o conteúdo e a extensão do conceito jurídico indeterminado, na sua aplicação àquela concreta situação da vida da relação laboral, dado que o volume normativo destes conceitos tem de ser preenchido caso a caso, através de actos de valoração.* Vale dizer, se, após a realização de tais actos de valoração pelo tribunal, persistir uma dúvida séria, consistente, então *in dubio pro operario*. Tratar-se-á, pois, de um princípio actuante ao nível do "halo conceitual", isto é, nas zonas crepusculares, cinzentas (dir-se-ia: nas zonas de lusco-fusco).

4. O princípio *in dubio pro operario* e as doutrinas portuguesa e brasileira

Não se ignora que o princípio *in dubio pro operario*, enquanto princípio interpretativo, não tem merecido os favores da nossa doutrina. Escreve, a seu respeito, Bernardo Lobo Xavier: «Quanto ao problema da *interpretação*, o princípio do tratamento mais favorável implica que se deva preferir, entre os diversos sentidos de um dado preceito normativo, o que conduza a um resultado mais favorável para o trabalhador». Considera o Autor: «Não é critério. É exacto que, na realidade, o sentido geral das normas de trabalho tem sido o de proteger o trabalhador. Simplesmente, do facto de as normas de trabalho funcionarem, em regra, para proteger o trabalhador não se extrai qualquer princípio de interpretação com aplicação prática. Basta pensar que nas leis de trabalho se encontram também as fontes de legitimação dos poderes patronais (*v.g.*, poder regulamentar, directivo e disciplinar). Por outro lado, será sempre necessário determinar os termos e assim a dimensão e os *limites* em que a lei pretende tutelar a posição dos trabalhadores»[6].

Em moldes, quiçá, ainda mais críticos, escreve Pedro Romano Martinez: «O princípio do tratamento mais favorável tem de ser entendido num contexto actual. Hoje, o direito do trabalho, autonomizado do direito civil, continua a privilegiar a protecção do trabalhador subordinado, mas com normas próprias. As normas de direito do trabalho foram elaboradas tendo em vista a protecção do trabalhador, e como elas constituem, em

[6] *Manual de Direito do Trabalho*, Verbo, Lisboa, 2011, p. 284.

si, um sistema coerente, retomar a ideia tradicional do *favor laboratoris* é um contra-senso». Acrescenta o Autor: «É absurdo que, existindo um corpo de normas destinadas a proteger o trabalhador, se vá interpretá-las no sentido do tratamento mais favorável ao próprio trabalhador. Isso só tinha sentido quando o direito do trabalho era um ordenamento incipiente e se interpretavam as normas de direito civil no sentido mais favorável ao trabalhador», concluindo que, quanto à interpretação, «não há que recorrer, nem sequer em situações de dúvida, a uma interpretação mais favorável ao trabalhador, pois nada na lei permite tal conclusão»[7].

A despeito do tom categórico destas afirmações, confessamos as nossas dúvidas sobre se, bem vistas as coisas, este princípio *in dubio pro operario* não estará a ser injustamente descartado pela nossa doutrina. Aliás, não deixa de ser curioso verificar que, no Brasil, a doutrina maioritária parece acolher sem grandes reservas o referido princípio. Assim é que, nas palavras de Arnaldo Süssekind, «o princípio protetor, ou da proteção do trabalhador, erige-se como o mais importante e fundamental para a construção, interpretação e aplicação do Direito do Trabalho». Segundo o Autor, esse princípio-*mater* gera outros, que dele são filhos legítimos, desde logo o «princípio *in dubio pro operario*, que aconselha o intérprete a escolher, entre duas ou mais interpretações viáveis, a mais favorável ao trabalhador, desde que não afronte a nítida manifestação do legislador, nem se trate de matéria probatória»[8].

Também Maurício Godinho Delgado, para dar outro exemplo, acolhe entendimento semelhante, ainda que prefira falar, a este propósito, na dimensão interpretativa do princípio da norma mais favorável,

---

[7] *Direito do Trabalho*, 5.ª ed., Almedina, Coimbra, 2010, pp. 237-242. Também em sentido crítico, ainda que sem reconduzir este princípio, na sua valência interpretativa, a um mero resquício histórico de uma fase de desenvolvimento incipiente do Direito do Trabalho, *vd.* Rosário Palma Ramalho, *Direito do Trabalho*, Parte I, Almedina, Coimbra, 2005, pp. 267-268. Ainda em sentido negativo, Luís Menezes Leitão, *Direito do Trabalho*, 2.ª ed., Almedina, Coimbra, 2010, p. 101.

[8] *Curso de Direito do Trabalho*, 2.ª ed., Renovar, Rio de Janeiro-São Paulo-Recife, 2004, pp. 111-113. O princípio da protecção é tradicionalmente concebido como o princípio «reitor», ou princípio «cardeal», do Direito do Trabalho. Mas tem, outrossim, os seus críticos no Brasil – a este respeito, *vd.*, em especial, Arion Sayão Romita, *O Princípio da Proteção em Xeque e outros ensaios*, LTr, São Paulo, 2003, pp. 21-38.

enquanto princípio orientador do processo de revelação do sentido da regra juslaboral, concluindo: «No tocante ao processo de *interpretação de normas*, não poderá o operador jurídico suplantar os critérios científicos impostos pela Hermenêutica Jurídica à dinâmica de revelação do sentido das normas examinadas, em favor de uma simplista opção mais benéfica para o obreiro (escolher, por exemplo, uma alternativa *inconsistente* de interpretação, porém mais favorável). Também no Direito do Trabalho o processo interpretativo deve concretizar-se de modo objetivo, criterioso, guiado por parâmetros técnico-científicos rigorosos. Assim, apenas se, após respeitados os rigores da Hermenêutica Jurídica, chegar-se ao contraponto de dois ou mais resultados interpretativos consistentes, é que procederá o intérprete à escolha final orientada pelo princípio da norma mais favorável»[9].

No mesmo sentido, escreve ALICE MONTEIRO DE BARROS: «Os juslaboralistas clássicos, de cujo ponto de vista compartilhamos, asseveram que as leis trabalhistas devem ser interpretadas em favor do empregado, mas apenas quando houver dúvida a respeito de seu alcance»[10]. Ou ainda, na fórmula de VÓLIA BOMFIM CASSAR: «O princípio recomenda que o intérprete opte pela interpretação mais favorável ao trabalhador, quando estiver diante de uma norma que comporte mais de uma interpretação razoável e distinta. Ou seja, quando emergir da norma dúvida acerca de sua aplicação, comportando mais de uma interpretação razoável, o exegeta deverá optar por aquela que beneficiar o empregado»[11].

---

[9] *Curso de Direito do Trabalho*, 9.ª ed., LTR, São Paulo, 2010, pp. 184-186 e 196-198 (= *Princípios de Direito Individual e Coletivo do Trabalho*, 3.ª ed., LTR, São Paulo, 2010, p. 77).

[10] *Curso de Direito do Trabalho*, 2.ª ed., LTR, São Paulo, 2006, pp. 135-136.

[11] *Princípios Trabalhistas, Novas Profissões, Globalização da Economia e Flexibilização das Normas Trabalhistas*, Impetus, Niterói, RJ, 2010, pp. 115-116 (em termos próximos, *Direito do Trabalho*, 4.ª ed., Impetus, Niterói, RJ, 2010, p. 186). Ainda a propósito deste princípio, *vd.*, por exemplo, SÉRGIO PINTO MARTINS: «Na dúvida, deve-se aplicar a regra mais favorável ao trabalhador ao se analisar um preceito que encerra regra trabalhista» (*Direito do Trabalho*, 23.ª ed., Atlas, São Paulo, 2007, p. 63), e FRANCISCO JORGE NETO/JOUBERTO PESSOA CAVALCANTE, *Direito do Trabalho*, I, 3.ª ed., Lumen Juris, Rio de Janeiro, 2005, pp. 89-90. Para uma análise mais aprofundada do alcance da regra *in dubio pro operario*, *vd.* FERNANDO HOFFMANN, *O Princípio da Proteção ao Trabalhador e a Atualidade Brasileira*, LTR, São Paulo, 2003, pp. 81-94, SAYONARA LEONARDO DA SILVA/CARLOS HENRIQUE HORN, «O princípio da proteção e a regulação não-mercantil do mercado e das relações de trabalho», *Revista de Direito do Trabalho*, n.º 132, 2008,

Aqui temos, pois, um tema em que os juslaboralistas portugueses e brasileiros operam em registos bem distintos: entre nós, recusa clara do princípio *in dubio pro operario*, mesmo que entendido este nos moldes circunscritos acima referidos; no Brasil, pelo contrário, aceitação generalizada deste princípio, nos termos prudentes e moderados a que se aludiu. Que dizer? Pela nossa parte, pensamos que, nesta matéria do preenchimento de conceitos jurídicos indeterminados, o recurso ao princípio *in dubio pro operario* (repete-se: nos limitados moldes acima sugeridos) teria uma inegável vantagem: sempre funcionaria como atenuante, ainda que ligeira, à situação de grande vulnerabilidade em que se encontra o trabalhador ao longo de um contrato duradouro cuja execução/modificação é constantemente pautada pelas ordens e instruções do empregador, titular este, ademais, de um tão singular poder punitivo privado como é o poder disciplinar. Neste domínio, recorde-se, o conceito indeterminado («prejuízo sério», «motivos atendíveis», «modificação substancial», etc.) é tipicamente preenchido, em primeira instância, pela entidade empregadora, sendo que a discordância ou resistência do trabalhador redundará, amiúde, na sua punição disciplinar (quiçá no seu despedimento), só mais tarde, por vezes muito mais tarde, vindo o tribunal a intervir[12].

5. Conclusão

Tendo em conta o que acima se escreve, afigura-se-nos que *resolver em favor do trabalhador, em caso de dúvida persistente sobre o preenchimento ou não*

---

pp. 184-205, e Murilo Oliveira, *(Re)pensando o Princípio da Proteção na Contemporaneidade*, LTr, São Paulo, 2009, pp. 112-116. Por último, em termos menos assertivos, Amauri Mascaro Nascimento, *Curso de Direito do Trabalho*, 25.ª ed., Saraiva, São Paulo, 2010, pp. 442 e ss.

[12] Em sentido convergente, Márcio Túlio Viana, *Direito de Resistência*, LTr, São Paulo, 1996. O Autor, reflectindo sobre o poder de direcção patronal e sobre o *ius resistentiae* do trabalhador, sublinha que este último, se resistir, arrisca-se a ser tido como insubordinado, ou seja, ele sempre corre um sério risco ao tomar uma decisão de não submissão em face do empregador. E Márcio Túlio Viana sustenta: «Para nós, em caso de dúvida, deve-se concluir que o empregado agiu licitamente» (p. 74, n. 189). De resto, segundo o Autor, o *ius resistentiae* atende a um princípio basilar do Direito do Trabalho e pode até restaurar a saúde do contrato, dado que «é bem nítida a diferença entre quem *resiste*, defendendo o seu espaço de contratante, e quem *desiste*, deixando-se engolir pelo outro. O empregado que diz "não" afirma a sua liberdade» (p. 108).

de um dado conceito indeterminado em certa hipótese, parece corresponder à função tuitiva ou tutelar, de protecção da parte mais débil da relação, que faz parte do ADN deste ramo do ordenamento jurídico[13].

É certo que este princípio *in dubio pro operario* não encontra consagração expressa no nosso ordenamento jurídico positivo[14]. Mas, ainda assim, pergunta-se: correspondendo aquele princípio à teleologia deste ramo do ordenamento, isto é, à «típica intencionalidade normativa das normas laborais» (José Andrade Mesquita), será necessária uma tal consagração positiva para que o mesmo possa ser utilizado como directriz hermenêutica pelo julgador, quando este viver aquilo que Mozart Victor Russomano tão bem designa por «impasse da dúvida essencial»[15] e quando este exercer o seu «prudente arbítrio»?

Atrevemo-nos a pensar que não. Afinal, como escrevem Sayonara Leonardo da Silva e Carlos Henrique Horn, «ao se erigir um princípio de favor para uma das partes mais fracas de qualquer relação jurídica o sistema jurídico objetiva orientar a condução dos seus aplicadores para a realização de seus fins, assegurando uma adesão ao conjunto axiológico de cada ramo»[16]. Julgamos, por isso, que as notícias da morte do vetusto princípio *in dubio pro operario* padecem de algum exagero. E, na nossa opinião, os conceitos laborais indeterminados, carecidos de preenchimento valorativo pelo intérprete/aplicador do Direito, constituem um terreno fértil para conferir renovada vitalidade ao referido princípio. Assim, não podendo o juiz abster-se de decidir o caso *sub judice* (proibição do *non*

---

[13] Como bem observa Jorge Leite, o Direito do Trabalho surgiu, precisamente, «para *civilizar* as relações de trabalho, isto é, para as subtrair à lógica das relações de força, um objectivo em que o direito civil claudicou» (*Direito do Trabalho*, vol. I, Serviço de Textos da Universidade de Coimbra, 2004, p. 24).

[14] Ponto sublinhado por José Andrade Mesquita, *Direito do Trabalho*, 2.ª ed., AAFDL, 2004, não deixando o Autor de se interrogar sobre se não se poderá considerar o princípio da interpretação mais favorável como implicitamente consagrado (pp. 226-228).

[15] Para Mozart Victor Russomano, «o princípio *in dubio pro operario* é o expediente exegético a que se recorre para superar a hesitação subjetiva do intérprete, especialmente do juiz. Mas não basta que haja, apenas, hesitação: o espírito do julgador deve estar vivendo o que chamo o *impasse da dúvida essencial*». Dúvida esta que, segundo o Autor, pode chegar aos limites extremos da angústia intelectual – «Aspetos da Hermenêutica do Direito do Trabalho», *Temas de Direito do Trabalho*, Coimbra Editora, Coimbra, 1990, p. 592.

[16] «O princípio da proteção e a regulação não-mercantil...», cit.

liquet), quando o decisor se vir confrontado com o angustiante «impasse da dúvida essencial», essa dúvida deverá ser desfeita em favor do trabalhador – justamente, *in dubio pro operario*. Eis, a nosso ver, a particular directriz hermenêutica a observar em sede de preenchimento jurisprudencial dos conceitos laborais indeterminados.

A Lei n.º 93/2019 e o trabalho intermitente: uma reforma gorada?

JOÃO LEAL AMADO

1. Introdução: as modalidades atípicas de contrato de trabalho

Relação com vocação para perdurar no tempo, relação que preenche, por inteiro, a "vida laboral" do cidadão-trabalhador, relação bilateral em que o trabalhador presta a respetiva atividade em prol de um único sujeito bem definido, que o remunera e que conforma a sua conduta emitindo as correspondentes ordens e instruções, relação que se desenvolve num quadro empresarial (a fábrica, o escritório, o estabelecimento comercial, etc.) – eis alguns dos traços caracterizadores da chamada "relação laboral típica" (tipicidade entendida aqui em sentido social e não em sentido técnico-jurídico) ou relação laboral *standard*. Com efeito, o emprego normal ou típico, que ainda funciona como paradigma, é um emprego permanente, de duração indefinida ou indeterminada, é um emprego em que o trabalhador labora para quem o retribui, é um emprego a tempo inteiro ou completo, é um emprego que tem a empresa por palco de execução.

Vivemos, no entanto, "tempos líquidos", na sugestiva expressão de Zygmunt Bauman[1]. Vivemos numa época de grande dinamismo e numa sociedade altamente volátil, marcada pelo risco, pela incerteza e pela instabilidade. E também aqui a tradição vai deixando de ser o que era, sendo cada vez mais numerosos e significativos os desvios em relação àquele modelo laboral *standard*. Ao lado dos contratos de duração indeterminada (não raro, *em lugar* dos contratos de duração indeterminada) vão crescendo os contratos de trabalho a prazo (contratos sujeitos a um termo resolutivo), expressão maior da precariedade laboral. O "empregador único" parece, amiúde, cindir-se em dois, em virtude da progressiva

[1] *Tempos Líquidos*, Zahar, Rio de Janeiro, 2007.

expansão da atividade das empresas de trabalho temporário. As figuras do emprego em *part-time* e do trabalho intermitente vão-se também disseminando, nem sempre em função dos desejos dos trabalhadores. Fenómenos como o velho trabalho no domicílio ganham nova vitalidade e o jovem teletrabalho subordinado vai fazendo o seu curso, quiçá lenta mas, decerto, inexoravelmente.

Todos estes fenómenos põem em xeque o paradigma clássico de contrato de trabalho. Novas modalidades contratuais surgem e velhas modalidades ressurgem, tudo contribuindo para formar um "mosaico juslaboral" rico e diversificado. Ora, a este propósito, é sabido que o Código do Trabalho (CT) de 2009 não deixou de inovar e de enriquecer aquele mosaico, ao criar a figura do *contrato de trabalho intermitente*, prevista e regulada nos seus arts. 157.° a 160.°

2. Breves notas sobre o regime jurídico do trabalho intermitente, na redação original do CT de 2009

2.1. Em que consiste esta nova figura, sem precedente no CT de 2003? Trata-se de uma modalidade contratual que poderá ser utilizada em empresas que exerçam «atividade com descontinuidade ou intensidade variável» e que se caracteriza pela circunstância de a prestação de trabalho ser «intercalada por um ou mais períodos de inatividade» (art. 157.°, n.° 1). Trata-se, pois, de uma nova modalidade contratual particularmente afeiçoada à satisfação de certo tipo de necessidades empresariais, traduzindo-se numa das mais flexíveis formas de emprego conhecidas pelo ordenamento jurídico-laboral. Trata-se, afinal, de adaptar a prestação de trabalho, de forma elástica, às variadas e mutáveis exigências produtivas da empresa moderna, as quais, por vezes, implicam que a períodos de prestação de trabalho se sucedam períodos de inatividade laboral[2].

[2] Para maiores desenvolvimentos sobre esta nova modalidade contratual, *vd.* JOÃO LEAL AMADO e JOANA NUNES VICENTE, «Contrato de trabalho intermitente», *XI-XII Congresso Nacional de Direito do Trabalho – Memórias*, Almedina, Coimbra, 2009, pp. 119-137, TATIANA GUERRA DE ALMEIDA, «O novo regime jurídico do trabalho intermitente», *Direito do Trabalho + Crise = Crise do Direito do Trabalho?*, Atas do Congresso de Direito do Trabalho, Escola de Direito do Porto da Universidade Católica Portuguesa, Coimbra Editora, 2011, pp. 345-358, e ANTÓNIO NUNES DE CARVALHO, «Considerações sobre o trabalho intermitente», *Estudos Dedicados ao Professor Doutor Bernardo da Gama Lobo Xavier*, vol. I, *Direito e Justiça*, UCP, Lisboa,

Tendo em conta o disposto nos arts. 158.º e 159.º do CT, afigura-se que o contrato de trabalho intermitente é um *genus* composto por duas espécies. Com efeito, em qualquer espécie de contrato de trabalho intermitente este deverá conter a indicação do número anual de horas de trabalho ou do número anual de dias de trabalho (art. 158.º, n.º 1, al. *b*)), o que significa que o volume anual de trabalho, o *quantum* da prestação laboral, terá de ser programado pelos sujeitos. Casos haverá, no entanto, em que também o *quando* da prestação será previamente definido, isto é, em que as partes estabelecem no contrato o início e o termo de cada período de trabalho (art. 159.º, n.º 1, 1.ª parte), ao passo que noutros já o *quando* da prestação não é antecipadamente determinado, obrigando-se o trabalhador a responder às solicitações da entidade empregadora (art. 159.º, n.º 1, *in fine*). Naqueles casos, o ritmo da intermitência (a cadência ocupação/inatividade) é previsível e está programado no contrato; nestes casos, pelo contrário, o ritmo da intermitência será imprevisível/irregular, pelo que o *quando* da prestação dependerá da pertinente convocatória ou «chamamento» a efetuar pelo empregador. Assim sendo, poder-se-á concluir que o trabalho intermitente previsto na nossa lei se desdobra em duas submodalidades: o *trabalho alternado* e o *trabalho à chamada*[3].

2.2. Em que circunstâncias poderá ser celebrado um contrato de trabalho intermitente? Em princípio, só numa *empresa que exerça atividade com descontinuidade ou intensidade variável* (n.º 1 do art. 157.º). Há, pois, que densificar este conceito, sendo certo que, ao utilizar a disjuntiva descontinuidade (interrupções) *ou* intensidade variável (flutuações), a lei oferece um terreno bastante vasto para o recurso ao trabalho intermitente (pense-se, p. ex., em certas atividades sazonais no âmbito da agricultura

---

2015, pp. 327-376. Por último, Joana Nunes Vicente, «Trabalho intermitente: uma aposta ganha?», in Benizete Ramos de Medeiros (coord.), *O Mundo do Trabalho em Movimento e as Recentes Alterações Legislativas: um olhar luso-brasileiro*, JUTRA, LTr, São Paulo, 2018, pp. 233-239, e Luís Miguel Monteiro, «Trabalho intermitente – que aplicabilidade prática?», in José João Abrantes (coord.), *II Congresso Europeu de Direito do Trabalho*, Almedina, Coimbra, 2018, pp. 359-378.

[3] Sobre a distinção entre o trabalho alternado e o trabalho à chamada, *vd.* Jorge Leite, «Direito do Trabalho na Crise», *Temas de Direito do Trabalho*, Coimbra Editora, Coimbra, 1990, pp. 35-36.

ou do turismo)[4]. Aliás, e em bom rigor, se a descontinuidade poderá não ser frequente, já a «intensidade variável» será, quiçá, um traço característico da atividade da grande maioria das empresas...[5]

2.3. O contrato de trabalho intermitente está sujeito a forma escrita e deve conter a indicação do número anual de horas de trabalho, ou do número anual de dias de trabalho a tempo completo (n.º 1 do art. 158.º); a falta de redução a escrito do contrato ou a falta de indicação no mesmo do volume anual de trabalho implica que o contrato se tenha como celebrado sem intermitência, sem período de inatividade (n.º 2 do mesmo artigo); caso aqueles requisitos sejam satisfeitos, mas o volume anual de trabalho seja inferior ao mínimo legal, é este limite mínimo (na redação inicial do CT, seis meses por ano) que será aplicável (n.º 3).

Segundo o art. 159.º, as partes devem estabelecer a duração da prestação de trabalho, de modo consecutivo ou interpolado, bem como o início e termo de cada período de trabalho (no caso de trabalho alternado) ou a antecedência com que o empregador deve informar o trabalhador do início daquele (na hipótese de trabalho à chamada). Em todo o caso, a liberdade de modelação contratual dos sujeitos deve observar os seguintes limites:

---

[4] Recorde-se, de resto, que a exposição de motivos da Proposta de Lei n.º 216/X, relativa ao CT de 2009, incluiu a previsão do contrato de trabalho intermitente entre os «regimes inovadores» inseridos nas «medidas especificamente vocacionadas para alguns setores de atividade com acentuada incidência de sazonalidade».

[5] Talvez se possa ser um pouco mais exigente, requerendo, para efeitos de válida celebração de um contrato intermitente, não apenas que a empresa desenvolva uma atividade descontinuada ou de intensidade variável, mas ainda que o concreto contrato do trabalhador em causa tenha como objeto uma atividade desse tipo. Assim, por exemplo, numa empresa que explore e comercialize um determinado produto agrícola, a intermitência poderá justificar-se em relação aos trabalhadores que se dedicam à atividade agrícola propriamente dita, em razão da sazonalidade da mesma, mas o mesmo já não valeria em relação ao respetivo pessoal administrativo – neste sentido, por todos e por último, Joana Nunes Vicente, *Direito do Trabalho – Relação Individual*, Almedina, Coimbra, 2019, p. 458. O ponto é duvidoso, até porque, na prática, a sazonalidade da atividade agrícola pode implicar uma descontinuidade na atividade dos trabalhadores que se dedicam a essa atividade e, a par disso, uma intensidade variável na atividade dos trabalhadores do respetivo setor administrativo, legitimando, em ambos os casos, o recurso ao trabalho intermitente.

i) A prestação de trabalho acordada não pode ser inferior a seis meses por ano, dos quais pelo menos quatro meses devem ser consecutivos (n.º 2, redação primitiva). Ao estabelecer estes limites temporais, o legislador procurava, decerto, evitar que o período de inatividade do trabalhador fosse demasiado longo, mas, do mesmo passo, sujeitava-se à crítica daqueles que entendiam que, deste modo, se introduzia uma excessiva rigidez normativa numa modalidade contratual que deveria ser o santuário da flexibilidade;

ii) A antecedência da chamada patronal não deve ser fixada em menos de 20 dias (n.º 3, na redação primitiva). Este é um ponto particularmente sensível, em que confluem interesses contrapostos de ambos os sujeitos. Para o empregador, até em função do carácter imprevisível e irregular das necessidades de mão-de-obra, o prazo de antecedência da chamada deve ser o mais curto possível, ao passo que, para o trabalhador, em ordem a que possa planificar minimamente a sua vida (pessoal, familiar e profissional), o aviso prévio deve ser o mais dilatado possível.

2.4. O trabalhador intermitente tem direito a auferir uma *compensação retributiva* nos períodos de inatividade (nos períodos em que está em *stand-by*), cujo montante deverá ser estabelecido por IRCT, mas, na sua falta, será o resultante do disposto no n.º 1 do art. 160.º (20% da retribuição base), a pagar pelo empregador com periodicidade igual à da retribuição. De qualquer modo, e ainda que a lei o não diga, é óbvio que as partes podem, no legítimo exercício da sua liberdade contratual, fixar uma compensação retributiva de montante superior àqueles 20% da retribuição base. Aliás, importa não esquecer que, nos termos acima expostos, o género contrato de trabalho intermitente compreende as espécies do *trabalho alternado* e do *trabalho à chamada*, sendo certo que, nos respetivos períodos de inatividade, a situação do trabalhador intermitente é marcadamente distinta: com efeito, este, e não aquele, obriga-se a responder à convocatória do empregador; para aquele, inatividade significará autodisponibilidade, para este, inatividade rima com heterodisponibilidade (o que justifica, de modo muito especial, o pagamento de uma adequada compensação retributiva).

A lei reconhece ainda ao trabalhador intermitente a possibilidade (o direito) de *exercício de outra atividade laboral*, durante o período de *stand-by*.

Note-se, contudo, que esta faculdade de exercer outra atividade laboral se depara com dois obstáculos consideráveis. Um, de ordem fáctica, reside na dificuldade prática de o trabalhador *intermitente/à chamada* assumir compromissos laborais minimamente consistentes com outrem, quando se sabe que ele terá de estar disponível para responder às solicitações, mais ou menos imprevisíveis, que lhe faça o empregador; enquanto trabalhador intermitente, retribuído durante os períodos de inatividade, ele é um trabalhador «à chamada», o que dificultará sobremaneira o exercício de qualquer outra atividade laboral durante tais períodos. Tendo em conta a relativa indeterminação das coordenadas temporais da sua prestação laboral intermitente, este trabalhador à chamada goza de uma escassa margem de manobra no tocante à gestão do «período de inatividade» – por isso mesmo que este período é, também, um período de heterodisponibilidade (não é tempo de trabalho, mas também não é tempo de autodisponibilidade), «à espera que o telefone toque». Por outro lado, e agora no plano jurídico, acontece ainda que o exercício dessa outra atividade laboral não poderá representar uma violação do dever de lealdade (*maxime* na sua dimensão de *dever de não concorrência*) a que o trabalhador intermitente se encontra vinculado face ao respetivo empregador – relembre-se que, nos termos da lei, «durante o período de inatividade, mantêm-se os direitos, deveres e garantias das partes que não pressuponham a efetiva prestação de trabalho».

3. Tempo de balanço

Mais de uma década volvida sobre a publicação do atual CT, podemos dizer, sem receio de errar, que a doutrina e os académicos dedicaram bastante atenção a esta nova modalidade contratual, nas obras gerais de Direito do Trabalho, em artigos dedicados ao tema, em estudos monográficos (incluindo dissertações de mestrado), etc. Porém, na vida empresarial, no mundo do trabalho, ousamos perguntar: o contrato de trabalho intermitente existe mesmo? Alguém conhece algum caso real de trabalho intermitente? Cremos que, se os houver, serão casos muito raros...[6]

---

[6] Mas parece que existem! Segundo o *Livro Verde sobre as Relações Laborais* (editado, em dezembro de 2016, pelo Gabinete de Estratégia e Planeamento do Ministério do Trabalho, Solida-

O insucesso estatístico do contrato de trabalho intermitente é um facto. Não era difícil prognosticar tal insucesso. Ele deve-se, cremos, a vários fatores, alguns ligados à excessiva permissividade do legislador, ao regular outras modalidades contratuais atípicas, máxime o contrato de trabalho a tempo parcial e o contrato a termo, as quais acabaram por canibalizar o contrato de trabalho intermitente, outros ligados à excessiva rigidez de alguns aspetos do regime do próprio trabalho intermitente. Tudo somado, o trabalho intermitente revelou-se, até agora, uma aposta falhada do legislador. Há que mudar alguma coisa nesta matéria, se realmente se quiser conceder espaço vital e importância real a esta figura.

3.1. A canibalização do trabalho intermitente pelo trabalho a tempo parcial

Se pensarmos no protótipo tradicional de trabalho a tempo parcial – aquele em que a respetiva unidade de medida ou módulo de referência é a semana –, a distinção entre estas figuras surge nítida, até em atenção aos específicos interesses que, em regra, subjazem ao recurso ao trabalho a tempo parcial (instrumento de combate ao desemprego, de redução do tempo de trabalho, dando resposta a aspirações de diversas camadas de trabalhadores, como os jovens, os idosos e, quiçá, as mulheres, que não pretendem laborar a tempo completo). A verdade, porém, é que a referida distinção nem sempre é fácil, sobretudo se atendermos ao chamado «tempo parcial vertical anual», que não se encontrava previsto no CT de 2003 (cujo art. 180.º, n.º 3, utilizava um módulo de referência semanal), mas que encontra expresso acolhimento no art. 150.º, n.º 3, do atual CT (módulo de referência anual, como fórmula adicional de flexibilizar o tempo de trabalho). Como se lê neste preceito, «o trabalho a tempo parcial pode ser prestado apenas em alguns dias por semana, por mês ou por ano, devendo o número de dias de trabalho ser estabelecido por acordo».

riedade e Segurança Social), o contrato de trabalho intermitente tem uma expressão residual no universo do trabalho por conta de outrem no nosso país, correspondente a 0,08% no ano de 2014 (p. 167).

Postas as coisas nestes termos, a distinção entre o *trabalho a tempo parcial anualizado* e o *trabalho intermitente/alternado* parece mostrar-se evanescente, registando-se uma certa sobreposição funcional entre ambas as figuras. Pelo contrário, atendendo à predeterminação das coordenadas temporais da prestação no tempo parcial e à relativa indeterminação de tais coordenadas no *trabalho intermitente/à chamada*, aqui a distinção já não suscita dúvidas: neste último, o trabalhador compromete-se a atender às solicitações do empregador, tendo de estar disponível para o efeito e sendo também especialmente retribuído por essa situação de heterodisponibilidade. Nisto reside o *plus* de flexibilidade apresentado por este contrato, face ao tempo parcial. E por isso se compreende que a lei admita, sem especiais limitações, o recurso ao trabalho a tempo parcial (basta a vontade concordante dos sujeitos para esse efeito), mas já faça algumas exigências quanto à admissibilidade do trabalho intermitente – este é um contrato causal, nisto se aproximando do contrato a termo, visto que só em certas hipóteses será admitido, não vigorando aqui, sem mais, o princípio da liberdade contratual.

Em suma, dir-se-ia: o contrato é intermitente, não apenas porque a atividade laboral apresenta interrupções, alternando fases de trabalho com períodos de inatividade (pois essa estrutura bifásica também pode verificar-se no trabalho a tempo parcial vertical, *maxime* no de módulo anual), mas, acima de tudo, porque quem gere aquela intermitência, quem marca o ritmo, é o empregador, a quem caberá definir quando se trabalha e quando se paralisa a atividade, quando o trabalhador está *on* e quando estará em *stand-by* (trabalho à chamada).

Em todo o caso, repete-se, a possibilidade de anualização do trabalho a tempo parcial vertical torna difícil a distinção entre este e o trabalho intermitente/alternado. E note-se que, em sede de trabalho a tempo parcial, a lei não prevê qualquer "compensação retributiva" para o trabalhador, nos períodos de ausência de trabalho... E, como se disse, o recurso ao contrato a tempo parcial é livre, bastando, para o efeito, a vontade das partes (o empregador não tem de ser titular de uma empresa que exerça atividade com descontinuidade ou intensidade variável, o empregador poderá celebrar um contrato a tempo parcial cujos períodos de inatividade ultrapassem os limites temporais impostos pelo n.º 2 do art. 159.º, etc.)... Tudo a explicar que esta primeira submodalidade de trabalho intermitente – o trabalho alternado – não tinha nem tem espaço para se afirmar, no confronto com o trabalho a tempo parcial anualizado[7].

3.2. A canibalização do trabalho intermitente pelo contrato a termo

3.2.1. O contrato de trabalho intermitente como contrato sem termo

Pergunta-se: este novo contrato é sempre um contrato de duração indeterminada, sendo o trabalho intermitente mas o emprego permanente? Ou o contrato de trabalho em apreço poderá ser, simultaneamente, intermitente e a termo? É certo que, em princípio, o contrato de trabalho intermitente surge como um contrato de duração indeterminada (é como tal que a lei o configura). Porém, verificados que fossem determinados pressupostos, julga-se que nada impediria que ele fosse, também, um contrato a termo, como que cumulando as duas precariedades. Pense-se nas hipóteses dos desempregados de muito longa duração, das empresas ou estabelecimentos em início de laboração, dos contratos de interinidade, etc. É, de resto, o que sucede em matéria de trabalho a tempo parcial, caso em que não se duvida da possibilidade de o trabalhador em regime de *part-time* ser, também, um trabalhador a prazo.

O n.º 2 do art. 157.º do CT estabelece, contudo, que este contrato «não pode ser celebrado a termo resolutivo ou em regime de trabalho temporário». O contrato de trabalho intermitente é, pois, incompatível com o contrato a termo e com o trabalho temporário. São modalidades contratuais que se excluem reciprocamente: se é intermitente, não é a termo; se é a termo, não pode ser intermitente. Assim, por exemplo, se um trabalhador intermitente adoecer ou se sofrer um acidente incapacitante, ele poderá, decerto, ser substituído por um outro trabalhador contratado a termo – mas não em regime de intermitência.

Já vimos que a lei não permite aquela coabitação contratual, mas fica a dúvida: qual é a solução do caso, se as partes celebrarem um contrato

[7] Em sentido próximo, Catarina de Oliveira Carvalho, «A desarticulação do regime legal do tempo de trabalho», *Direito do Trabalho + Crise = Crise do Direito do Trabalho?*, cit., pp. 371-374, e Luís Miguel Monteiro, «Trabalho intermitente – que aplicabilidade prática?», cit., pp. 369-372.

intermitente *e* a termo? O contrato é inválido? O contrato valerá como intermitente/permanente (sem termo)? Ou valerá como contrato a termo sem intermitência? Parece que a resposta variará em função das circunstâncias concretas de cada caso (dir-se-ia: em função da localização do vício)[8].

3.2.2. Intermitente: o contrato e o trabalho

Se, como acabamos de ver, o contrato de trabalho intermitente não pode ser um contrato a termo, cabe perguntar, todavia, *se o trabalho intermitente não poderá resultar da celebração de sucessivos contratos a termo.* Basta pensar nas atividades sazonais ou outras cujo ciclo anual de produção apresente irregularidades, as quais tanto legitimarão a celebração de um contrato a termo (art. 140.º, n.º 2, al. *e*)) como de um contrato intermitente (art. 157.º, n.º 1)[9]. Com efeito, há atividades sazonais que se reiteram periodicamente, com uma cadência regular, traduzindo-se em necessidades empresariais permanentes, conquanto cíclicas. Em princípio, as atividades sazonais têm uma natureza cíclica, previsível e regular. O trabalho sazonal já chegou a ser definido como «trabalho que é normalmente chamado a repetir-se em cada ano, em data mais ou menos fixa, em função do ritmo das estações ou dos modos de vida coletivos e que é efetuado por conta de uma empresa cuja atividade obedece às mesmas variações». De resto, e nas certeiras palavras de Júlio Gomes, «o emprego sazonal é um emprego com carácter necessariamente intermitente»[10].

Ora, assim sendo, parece pertinente perguntar: *a partir do momento em que a lei oferece às partes a figura do contrato de trabalho intermitente, será legítimo, ainda assim, recorrer ao contrato a termo neste tipo de hipóteses?* Será que

---

[8] A este propósito, permitimo-nos remeter para João Leal Amado, *Contrato de Trabalho – Noções Básicas*, 3.ª ed., Almedina, Coimbra, 2019, pp. 123-124, e Joana Nunes Vicente, *Direito do Trabalho – Relação Individual*, cit., pp. 465-467.

[9] Assinalando a existência de uma certa sobreposição entre estas duas hipóteses e prognosticando que, assim sendo, a opção tenderá para o regime da contratação a termo, Tatiana Guerra de Almeida, «O novo regime jurídico do trabalho intermitente», cit., pp. 351-352, e Luís Miguel Monteiro, «Trabalho intermitente – que aplicabilidade prática?», cit., pp. 372-373.

[10] «O contrato de trabalho a termo ou a tapeçaria de Penélope?», *Estudos do Instituto de Direito do Trabalho*, vol. IV, Almedina, Coimbra, 2003, p. 57.

o nascimento do contrato de trabalho intermitente não implica, necessariamente, um qualquer reajustamento normativo, em sede de contrato a prazo? Será que a emergência desta nova modalidade contratual não veio retirar algum do espaço de legitimação antes reconhecido ao contrato a termo? Numa atividade deste tipo, de cariz sazonal e cíclico, é certo que o empregador deixa, periodicamente, de ter trabalho para oferecer ao longo do ano, mas agora, desde 2009, ele passou a dispor de um contrato descontínuo ao qual pode recorrer... Ou trata-se aqui, apenas, de criar mais um «produto jurídico-laboral», a somar a outros, pelo qual o empregador poderá optar, até como forma de «fidelizar» os respetivos trabalhadores?

Julga-se que, *de jure condito*, esta última é a resposta acertada, sob pena, aliás, de privar de conteúdo útil o disposto no art. 140.º, n.º 2, al. *e)*, do CT. Porém, *de jure condendo*, e tendo em atenção a garantia constitucional da segurança no emprego, inscrita no art. 53.º da CRP, talvez esta norma codicística deva ser retocada ou redimensionada, em função da criação da figura do trabalho intermitente – isto porque, repete-se, *uma atividade sazonal pode não corresponder a uma necessidade temporária da empresa, mas sim a uma necessidade permanente desta, ainda que intermitente (cíclica, reiterada).*

Com efeito, e tendo a atividade da empresa, em regra destinada a perdurar no tempo por vários anos, como quadro de referência, dir-se-ia que uma atividade sazonal corresponde a uma necessidade permanente/intermitente de trabalho, não a uma necessidade meramente temporária ou transitória. Se, porém, tivermos como quadro de referência o "ciclo anual de produção", como parece resultar do n.º 2-*e)* do art. 140.º do CT, então já se dirá que uma atividade sazonal corresponde, obviamente, a uma necessidade temporária da empresa. Pelo que, não vindo esta norma a ser retocada, então não será difícil prognosticar uma escassa utilização, na prática, desta nova modalidade contratual, visto que a atração do contrato a termo será, decerto, demasiado forte para as entidades empregadoras...

Em jeito de síntese conclusiva, reitera-se que, se o contrato de trabalho intermitente não pode ser um contrato a termo, a verdade é que o fenómeno do trabalho intermitente resulta, as mais das vezes, da sucessão de múltiplos contratos a termo celebrados com o mesmo trabalhador[11]. Ora, o contrato de trabalho intermitente visa dar resposta a necessidades de trabalho permanentes, conquanto intermitentes (cíclicas, reiteradas) da empresa. Já o contrato de trabalho a termo visa dar resposta a necessidades temporárias ou transitórias da empresa. Como argutamente observa António Nunes de Carvalho, a questão de saber se uma atividade sazonal corresponde a uma necessidade temporária ou a uma necessidade permanente/intermitente depende do quadro de referência adotado[12], pois a distinção entre "temporário" e "permanente" é, em si mesma, relativa. De todo o modo, dir-se-á que, no quadro da atividade da empresa (um quadro, em princípio, duradouro, plurianual), uma atividade sazonal corresponde a uma necessidade permanente/intermitente de trabalho, não a uma necessidade temporária[13]. Já se o quadro de referência for o do "ciclo anual de produção", a atividade sazonal corresponderá a uma necessidade temporária. *Levar a sério o disposto no art. 53.º da CRP implicará, cremos, reservar o contrato a termo para a satisfação de necessidades realmente transitórias da empresa, aferidas em função de um quadro plurianual; para satisfazer necessidades permanentes, ainda que cíclicas, da empresa, existe uma outra modalidade contratual, justamente vocacionada para esse tipo de situações – o contrato de trabalho intermitente.*

4. Conclusão: demarcar território e flexibilizar o regime.

A título de conclusão, dir-se-ia que, para revitalizar o contrato de trabalho intermitente haveria que realizar, basicamente, duas operações: *demarcar território* e *flexibilizar o regime*.

Assim, e por um lado, talvez se justificasse rever a noção de trabalho a tempo parcial (voltando a adotar a semana ou a quinzena como módulo de referência) e também rever a noção de atividade sazonal como "necessidade temporária da empresa" para efeitos de contratação a termo (ado-

---

[11] De resto, tratando-se de atividades sazonais, o próprio legislador abdica de combater tal sucessão de contratos, conforme parece decorrer do disposto no art. 143.º, n.º 2, al. *c)*, do CT.

[12] «Considerações sobre o trabalho intermitente», cit., p. 358.

[13] Como bem assinala Joana Nunes Vicente, «o trabalho sazonal implica não só descontinuidade mas também reprodução cíclica» («Trabalho intermitente: uma aposta ganha?», cit., p. 238, n. 17). E é justamente esta reprodução cíclica que faz com que o trabalho sazonal seja, a um tempo, intermitente e permanente, ainda que não contínuo.

tando uma perspetiva plurianual, vincando que aqui se poderá tratar de necessidades permanentes da empresa, ainda que intermitentes ou cíclicas)[14].

Por outro lado, talvez se justificasse, em paralelo, flexibilizar alguns dos traços do regime jurídico do trabalho intermitente constante da redação originária do CT, seja reduzindo o volume mínimo anual de trabalho imposto por lei (seis meses por ano, dos quais pelo menos quatro deviam ser consecutivos), seja reduzindo a antecedência mínima da chamada patronal (fixada em período não inferior a 20 dias)[15], seja reduzindo ou diversificando o montante mínimo da compensação retributiva a auferir durante os períodos de inatividade (fixado em 20% da retribuição base, em qualquer modalidade de trabalho intermitente, alternado ou à chamada), seja até, quiçá, permitindo a variação do *quantum* anual da prestação laboral, no "trabalho à chamada"[16]...

Como é sabido, o contrato de trabalho *standard* assenta no pressuposto da continuidade, regularidade e linearidade da execução do trabalho (trabalho constante, sempre igual, dia após dia, ano após ano). Isso tem implicado que, nas atividades, hoje dominantes, em que se verificam oscilações sensíveis de mercado, se tenha generalizado a utilização de vínculos precários. Ora, como bem escreve Monteiro Fernandes, «o

---

[14] Essa alteração legislativa repercutir-se-á, naturalmente, no regime do trabalho temporário, tendo em conta as situações em que a lei admite a celebração de contrato de utilização de trabalho temporário, situações que, em larga medida, se recortam por remissão para o disposto no art. 140.º do CT (*vd.*, a este propósito, o disposto no art. 175.º do CT).

[15] Isto, claro, sem prejuízo de sempre dever haver um período mínimo razoável de pré-aviso, tal como, de resto, resulta da Diretiva (UE) 2019/1152 do Parlamento Europeu e do Conselho, de 20 de junho de 2019, relativa a condições de trabalho transparentes e previsíveis na União Europeia. A regra sobre a previsibilidade mínima do trabalho, com a consequência lógica de que o trabalhador deverá ser informado com antecedência razoável pelo seu empregador da atribuição de um trabalho específico, consta do art. 10.º da Diretiva. Ainda assim, cremos que 20 dias de antecedência talvez seja um período excessivo, tendo em conta o mundo líquido em que vivemos e a imprevisibilidade das necessidades de mão-de-obra em alguns setores de atividade, que, cremos, justificariam um período de antecedência mínimo da convocatória mais reduzido.

[16] Afinal, como sublinha António Nunes de Carvalho, o verdadeiro trabalho à chamada tem tipicamente associada a possibilidade de variação do *quantum* da prestação – «Considerações sobre o trabalho intermitente», cit., p. 352.

regime do trabalho intermitente permite que os contratos de trabalho se mantenham, ajustando-se o ciclo da sua execução ao das necessidades efetivas de trabalho que a empresa experimenta, sem que esta se desligue do seu "capital humano" nem o trabalhador viva uma situação de precariedade e incerteza»[17]. Assim é, sem dúvida. Mas, cremos, para que assim seja na prática, urge acabar com as atuais zonas de sobreposição entre o trabalho intermitente e outras modalidades contratuais mais atraentes e vantajosas para os empregadores, bem como introduzir maior *souplesse* no regime do próprio trabalho intermitente, assim aumentando a sua atratividade para as empresas. Caso contrário, o contrato de trabalho intermitente continuará no limbo, destinado a desempenhar um papel decorativo e residual, quase virtual, no nosso tecido empresarial.

5. As alterações introduzidas pela Lei n.º 93/2019: entre a deceção e a infelicidade

A recente Lei n.º 93/2019 não se esqueceu do contrato de trabalho intermitente, tendo introduzido algumas (poucas) modificações no respetivo regime jurídico, que podem sintetizar-se assim: *i)* diminuiu o limiar anual mínimo de prestação de trabalho, de seis para cinco meses a tempo completo, dos quais pelo menos três (e já não quatro) devem sem consecutivos; *ii)* diferenciou o período de antecedência da chamada patronal, consoante o trabalhador intermitente exerça ou não outra atividade, fixando o mesmo em 30 ou 20 dias, respetivamente; *iii)* estabeleceu a obrigação, a cargo do trabalhador intermitente, de o mesmo informar o empregador caso exerça outra atividade, sendo que, neste caso, o montante da retribuição correspondente a esta última atividade será deduzido na compensação retributiva a pagar pelo primeiro empregador.

Temos as maiores dúvidas sobre o acerto das alterações propostas. Por um lado, e sem prejuízo da necessidade de garantir um período mínimo de atividade anual[18], cremos que a diminuição do limiar mínimo de tra-

---

[17] *Direito do Trabalho*, 18.ª ed., Almedina, Coimbra, 2017, p. 196.

[18] A preocupação com a especial vulnerabilidade dos trabalhadores sem tempo de trabalho garantido perpassa pela supramencionada Diretiva (UE) 2019/1152, de 20 de junho de 2019, relativa a condições de trabalho transparentes e previsíveis na União Europeia, ainda que sem

balho deveria ter sido mais ousada (talvez para três meses, deixando cair a exigência de qualquer período consecutivo de prestação de trabalho). Por outro lado, os prazos de antecedência da chamada patronal continuam demasiado exigentes (até aumentaram, para o trabalhador pluriativo, de 20 para 30 dias) e, sobretudo, a regra da dedução da retribuição auferida pelo trabalhador em função do exercício de outra atividade parece-nos de bondade muitíssimo discutível, pois acabará por reduzir a zero o montante da compensação retributiva a suportar pelo empregador intermitente (ou, em alternativa, dissuadirá o trabalhador intermitente de se dedicar a outra atividade, ou, pior, de comunicar ao empregador que exerce outra atividade...). É certo que, neste período, o trabalhador não lhe presta serviço efetivo, mas é outrossim certo que, em tal período, o vínculo contratual está em vigor e, no trabalho à chamada, o trabalhador permanece adstrito a responder à convocatória patronal, pelo que se afigura justo que alguma compensação retributiva ele deva receber – coisa que, obviamente, tenderá a evaporar-se se vier a ser abatida a retribuição que seja contrapartida de outra atividade entretanto prestada pelo trabalhador ao serviço de outrem. Ademais, não se percebe por que razão o empregador intermitente haverá de ser financeiramente beneficiado pelo esforço produtivo desenvolvido alhures pelo trabalhador, durante esse período[19].

De qualquer forma, crê-se que a dedução em apreço apenas terá lugar se houver uma relação de causa-efeito entre a inatividade própria do trabalhador intermitente e a sua dedicação a uma outra atividade. Se, porventura, o trabalhador intermitente consegue compatibilizar essa outra atividade com o cumprimento das obrigações laborais inerentes ao trabalho intermitente, isto é, se mesmo durante os períodos de prestação de trabalho ele se dedica a outra atividade, então nada justifica que os rendimentos obtidos nesta atividade sejam abatidos na compensação retributiva em questão, durante os períodos de *stand-by*.

---

chegar ao ponto de a mesma vedar, liminarmente, essa situação (os chamados "contratos zero horas"), como sucede entre nós.

[19] Também criticando fortemente esta nova regra legal, introduzida pela Lei n.º 93/2019, Rosário Palma Ramalho, *Tratado de Direito do Trabalho*, IV, Almedina, Coimbra, 2019, p. 261.

A reforma de 2019 mexeu, pois, no regime do trabalho intermitente, mas parece que apenas para que tudo ficasse na mesma, quiçá até pior. Não é por isso expectável, com estas escassas e discutíveis alterações regimentais, que o contrato de trabalho intermitente logre sair do limbo em que viveu na primeira década de vigência do CT.

Comissão de serviço e segurança no emprego: uma dupla inconciliável?

JOÃO LEAL AMADO

1. A Constituição da República Portuguesa e a segurança no emprego

É sabido que o nosso Direito do Trabalho se encontra fortemente constitucionalizado, na justa medida em que existe um conjunto de normas e princípios constitucionais estruturantes do trabalho assalariado, o chamado *bloco constitucional do trabalho*, que funciona como quadro ordenador de um determinado modelo de relações laborais. Com efeito, os princípios básicos que dominam os vários institutos do direito laboral estão consignados na Constituição da República Portuguesa (CRP), quer no capítulo dos direitos, liberdades e garantias dos trabalhadores (garantia da segurança no emprego e proibição do despedimento sem justa causa, criação e actuação de comissões de trabalhadores, liberdade sindical, direito de contratação colectiva, direito à greve), quer no capítulo dos direitos e deveres económicos (direito ao trabalho e à retribuição do trabalho, direito à organização do trabalho em condições socialmente dignificantes, direito à prestação de trabalho em condições de higiene, segurança e saúde, direito ao repouso e aos lazeres, a um limite máximo da jornada de trabalho, ao descanso semanal e a férias periódicas pagas, direito à assistência material no desemprego, direito à assistência e a justa reparação em caso de acidente de trabalho ou de doença profissional, etc.).

Neste quadro, em que o trabalho é objecto de singular atenção e de especial tutela, é indubitável que a CRP se assume como fonte particularmente qualificada do nosso direito laboral. Sem prejuízo da margem de liberdade que sempre cabe ao legislador ordinário, a verdade é que as opções fundamentais que enformam o nosso sistema jurídico-laboral foram guindadas ao plano constitucional. Vale dizer: sendo certo que o nosso direito laboral não se reduz a uma espécie de «direito constitucional do trabalho aplicado», não menos certo é que o «bloco constitucional do trabalho» não poderá nem deverá ser desatendido pelo legislador ordinário, sob pena de a respectiva normação vir a ser declarada inconstitucional[1].

Não por acaso, o *direito à segurança no emprego* traduz-se no primeiro dos direitos, liberdades e garantias dos trabalhadores consagrados na CRP. Trata-se, na óptica constitucional, de reconhecer a especial importância do bem protegido por esse direito, bem como de sublinhar que, sem segurança no emprego, todos os restantes direitos dos trabalhadores quase se convertem numa miragem (por exemplo: quantos trabalhadores precários exercem, efectivamente, o seu direito à greve, não obstante tal direito lhes seja formalmente reconhecido?).

É certo que, nos últimos anos, a tutela tende a deslocar-se da estabilidade no emprego para a empregabilidade do trabalhador, procurando-se proteger o trabalhador, não tanto no emprego mas sobretudo no mercado. Atente-se, a este propósito, em toda a discussão travada em torno da chamada «flexigurança», a qual, segundo se diz, assenta numa espécie de «triângulo mágico» de políticas de articulação e compatibilização entre (*i*) flexibilidade acrescida em matéria de contratações e despedimentos (flexibilidade contratual, «de entrada e de saída»), (*ii*) protecção social elevada (leia-se: adequada) no desemprego, (*iii*) políticas activas de formação, qualificação e emprego, propiciando uma transição rápida e não dolorosa entre diversos empregos. A flexigurança surge, pois, como um *concentrado de flexibilidade (na relação laboral, no emprego) e de segurança (no mercado de trabalho, no desemprego)*, em que a tradicional «protecção do emprego/estabilidade do posto de trabalho» é sacrificada em prol da ideia de uma «mobilidade protegida/segurança na vida activa». Diz-se,

[1] Sobre a «Constituição do Trabalho», *vd.*, em especial, Gomes Canotilho e Vital Moreira, *Constituição da República Portuguesa Anotada*, vol. I, 4.ª ed., Coimbra Editora, Coimbra, 2007, pp. 702-777, Jorge Miranda e Rui Medeiros, *Constituição Portuguesa Anotada*, Tomo I, 2.ª ed., Coimbra Editora, Coimbra, 2010, pp. 1045-1168, e Jorge Leite, *Direito do Trabalho*, Serviço de Textos da Universidade de Coimbra, vol. I, pp. 74-94, bem como Bernardo Xavier, «A Constituição portuguesa como fonte do Direito do Trabalho e os direitos fundamentais dos trabalhadores», *Estudos de Direito do Trabalho em Homenagem ao Professor Manuel Alonso Olea*, Almedina, Coimbra, 2004, pp. 163-203.

inclusive, que, no séc. XXI, lutar pela estabilidade do posto de trabalho vale tanto como lutar por um lugar sentado a bordo do *Titanic*...[2]

De todo o modo, se a estabilidade no emprego não é, decerto, um valor *absoluto*, também não parece que deva ser considerada um valor *obsoleto*, até pelas implicações que tem na qualidade de vida geral do trabalhador e respectiva família[3].

2. A cessação do contrato e o despedimento

O contrato de trabalho, diz-se, é como o amor: eterno enquanto dura! A verdade é que, como tantas outras, cedo ou tarde a relação jurídico-laboral acaba por se extinguir, produzindo-se então a ruptura definitiva do vínculo contratual. E o tema é, como se sabe, de enorme importância, tanto do ponto de vista teórico como prático, até porque muitas das questões relacionadas com a situação jurídico-laboral apenas são discutidas no momento da sua extinção (ou após a sua extinção), pois, não raro, só

---

[2] O cerne do problema consiste, porém, em determinar a dosagem certa de cada um dos elementos que compõem o conceito, em efectuar um adequado *trade-off* entre flexibilidade e segurança – sem que, entretanto, se deva olvidar a sábia advertência de Mario Giovanni Garofalo: «Os direitos no mercado [de trabalho], se não forem sustentados por direitos na relação [laboral], são escritos na água» («Post-moderno e diritto del lavoro – Osservazioni sul Libro verde 'Moddernizare il diritto del lavoro'», *Rivista Giuridica del Lavoro e della Previdenza Sociale*, n.º 1, 2007, p. 141). Para uma perspectiva geral sobre a flexigurança, cfr. Rodríguez-Piñero y Bravo-Ferrer, «Flexiseguridad: el debate europeo en curso», *Relaciones Laborales*, II, 2007, pp. 113-137, Per Kongshøj Madsen, «Flexicurity – Towards a Set of Common Principles?», *International Journal of Comparative Labour Law and Industrial Relations*, vol. 23, n.º 4, 2007, pp. 525-541, e Dominique Méda, «Flexicurité: quel équilibre entre flexibilité et sécurité?», *Droit Social*, n.º 7/8, 2009, pp. 763-775. Entre nós, Alfredo Bruto da Costa, «O debate sobre a flexigurança», *Questões Laborais*, n.º 30, 2007, pp. 125-137, Fernando Marques, «O debate sobre a flexigurança e a situação portuguesa», *Boletim de Ciências Económicas*, FDUC, vol. L, 2007, pp. 317-352, e Rosário Palma Ramalho, «Modernizar o direito do trabalho para o século XXI. Notas breves sobre o Livro Verde da Comissão Europeia, de 22 de Novembro de 2006, e sobre os desafios da flexisegurança», *Princípios de Direito e Processo do Trabalho: questões atuais*, Thereza Christina Nahas (org.), Elsevier, Rio de Janeiro, 2009, pp. 31-46. Na certeira síntese desta Autora, «a flexisegurança não é a segurança no emprego, mas, essencialmente, a segurança no desemprego dos trabalhadores» (p. 40).

[3] Sobre o ponto, *vd.*, por todos, Pietro Ichino, *Il Lavoro e il Mercato*, Mondadori, Milão, 1996, pp. 107-110.

então o trabalhador se sente em condições de questionar judicialmente o comportamento do empregador.

Acontece que o tema da cessação do contrato de trabalho é também um tema particularmente sensível, nele se entrecruzando aspectos sociais, humanos e económicos da maior relevância. A extinção do contrato significa, para o trabalhador, perder o emprego. E é sabido que, quando a perda do emprego ocorre sem ou contra a vontade do trabalhador, as consequências dessa perda, a nível social e humano, podem ser devastadoras, sobretudo quando se trate de trabalhadores pouco qualificados e já não muito jovens[4]. É certo que, no actual contexto de *flexigurança*, se procura desdramatizar essa perda do emprego. A tónica é colocada na ideia de transição, o trabalhador que é despedido não fica propriamente desempregado, fica como que num «intervalo entre empregos»... Vistas as coisas sob este prisma, tanto o emprego como o desemprego são, por definição, situações transitórias, devendo a aposta residir no «empoderamento» (*empowerment*) das pessoas, no reforço da sua posição no mercado de trabalho, na promoção da sua empregabilidade, em ordem a que elas possam dar resposta aos desafios emergentes, sem ansiedades existenciais. Nesta linha, escreve, exemplarmente, Robert Reich: «Na geração anterior, ser despedido correspondia a um insucesso moral, uma falha pessoal, uma ferida profunda. O despedimento significava que a pessoa não conseguira fazer o que se esperava dela, ou que já não era capaz de o fazer. Assim, um despedimento arrastava uma perda profunda de auto-estima»[5].

Resta saber se correspondia ou se corresponde. Se arrastava ou se ainda arrasta[6]. Certo é que a era da nova economia globalizada, dinâmica, ino-

---

[4] Ganha algum sentido, neste quadro, a afirmação forte de Gérard Couturier, segundo a qual o despedimento seria «a mais execrável das coisas permitidas» – «Quel avenir pour le droit de licenciement? Perspectives d'une régulation européenne», *Droit Social*, 1997, pp. 75 e ss. (78).

[5] *O Futuro do Sucesso*, Terramar, Lisboa, 2000, p. 133.

[6] «A perda do emprego implica para o trabalhador a perda da sua principal ou exclusiva fonte de rendimentos e transporta consigo consequências de natureza psíquica, familiar e social que a política de assistência material no desemprego dificilmente compensa e seguramente não apaga por mais generosa que seja. Estudos de vária ordem, designadamente sociológica, permitem estabelecer, com um mínimo de rigor, uma tipologia das consequências do desem-

vadora e ferozmente competitiva, obedece à lógica do efémero, do volátil e do imprevisível, sendo incompatível com o ideal do «emprego para toda a vida» que, de algum modo, imperou no século passado. O *job for life*, diz-se, desapareceu. Daí, porém, não se segue inexoravelmente que o ordenamento jurídico tenha de contemporizar com despedimentos arbitrários, dispensando o empregador de justificar a sua decisão extintiva e isentando esta última do escrutínio judicial. Não parece, pois, que se deva remeter a estabilidade no emprego para a arca das velharias inúteis, optando por consagrar o princípio do despedimento livre ou *ad nutum*, segundo o qual, *free to hire, free to fire*, permitindo-se que o empregador despeça o trabalhador por qualquer razão, ou mesmo sem razão[7].

A doutrina do *employment-at-will* representa, sem dúvida, o grau máximo de flexibilidade laboral (flexibilidade contratual «de saída»). Tem, porém, o sério inconveniente de abrir as portas ao arbítrio patronal, instituindo a precariedade como traço indelével de toda e qualquer relação de trabalho – e assim legitimando o chamado «precariado»[8]. Com

---

prego, consequências naturalmente variáveis, quantitativa e qualitativamente, em função de factores vários, nomeadamente de natureza psicológica, familiar e social e da própria causa da perda do emprego. O trauma provocado pela perda do emprego afecta profundamente a própria personalidade do trabalhador, implicando, com frequência, perturbações fisiológicas e psíquicas: sente-se humilhado, inútil, atingido no seu brio profissional, vítima de uma medida injusta, objecto da piedade pública ou particular. Altera-se o seu quotidiano, o tempo e o ritmo da sua vida, restringe-se, ou modifica-se, o círculo da sua convivialidade. Ele sente-se, frequentemente, culpado perante os membros do seu agregado familiar, deteriorando-se, nalguns casos, as respectivas relações. Em situações de desemprego, sobretudo quando prolongado, acentua-se a tendência para a marginalidade e mesmo para o suicídio». Estas palavras são de Jorge Leite e datam de há um quarto de século (*Colectânea de Leis do Trabalho*, Coimbra Editora, Coimbra, 1985, p. 239). Mas alguém ousará dizer que elas perderam actualidade?

[7] Exemplar, na defesa deste princípio, Richard A. Epstein, «In Defense of the Contract at Will», *University of Chicago Law Review*, vol. 51, 1984, pp. 947 e ss. Citando uma famosa decisão judicial de fins do séc. XIX (*Payne v. Western & Atlantic Railroad*, de 1884), o Autor afirma: «Men must be left, without interference to buy and sell where they please, and to discharge or retain employees at will for good cause or for no cause, or even for bad cause without thereby being guilty of an unlawful act *per se*» (p. 947).

[8] Convém recordar, acompanhando Maria Vittoria Ballestrero, que a precariedade, por muitas e evidentes razões, é um desvalor, ao passo que a estabilidade, pelo contrário, é um valor – «Il valore e il costo della stabilità», *Lavoro e Diritto*, n.º 3, 2007, p. 394. A nosso ver,

efeito, admitir o despedimento por livre decisão do empregador, sem um qualquer motivo ponderoso e comprovável a justificá-lo, seria, em rectas contas, sujeitar os trabalhadores à arbitrariedade ou à perseguição individual. Acresce que aquela doutrina do *employment-at-will* é claramente violadora da Convenção n.º 158 da Organização Internacional do Trabalho (OIT), ratificada pelo nosso país nos anos noventa do século passado[9], bem como da Carta dos Direitos Fundamentais da União Europeia, cujo art. 30.º estabelece que todos os trabalhadores têm direito a protecção contra os despedimentos sem justa causa[10].

Em suma, pode dizer-se que no regime jurídico da cessação do negócio duradouro que é o contrato de trabalho se verifica uma tensão permanente entre dois princípios antinómicos: o *princípio da liberdade de desvinculação contratual* e o *princípio da estabilidade do vínculo laboral*. Ora, a este propósito, o nosso marco constitucional fornece indicações incontornáveis, pois os arts. 47.º e 53.º da CRP consagram, respectivamente, os princípios estruturantes da *liberdade de trabalho e profissão* e da *segurança no emprego*. Os princípios constitucionais em apreço apontam, assim, para uma nítida diferenciação de regimes, consoante a iniciativa da ruptura contratual provenha do empregador (despedimento) ou do trabalhador (demissão). Ainda que, insiste-se, não haja aqui valores absolutos, pois a estabilidade não significa inamovibilidade (o trabalhador pode perder o emprego contra a sua vontade), assim como a liberdade não implica luz verde para uma ruptura contratual inopinada por banda do trabalhador (este pode ter de aguardar para se desvincular licitamente). Seguro parece, em qualquer caso, que o clássico dito de Dupeyroux não perdeu validade: «Toda a legislação do trabalho – como um grande pião

---

como tivemos oportunidade de referir no texto, a estabilidade no emprego é um valor importante, não absoluto mas também não obsoleto.

[9] A exigência de motivação do despedimento patronal encontra guarida no art. 4.º da Convenção n.º 158 da OIT, de 1982 (cessação da relação de trabalho por iniciativa do empregador), aprovada para ratificação pela Resolução da Assembleia da República n.º 55/94, de 27 de Agosto.

[10] A Carta dos Direitos Fundamentais da União Europeia foi proclamada em 7 de Dezembro de 2000, tendo sido adaptada em 12 de Dezembro de 2007, sendo que, nos termos do art. 6.º do Tratado da União Europeia, ela possui «o mesmo valor jurídico que os Tratados».

bojudo – gira à volta do bico fino e aguçado que são as normas sobre os despedimentos»[11].

3. A comissão de serviço como modalidade de contrato de trabalho

A comissão de serviço consiste numa cláusula acessória que poderá ser aposta ao contrato de trabalho quando em causa esteja um certo tipo de funções a desempenhar pelo trabalhador, caracterizadas, todas elas, por uma especial relação de confiança interpessoal. Oriunda, como se sabe, do Direito Administrativo, a figura da comissão de serviço laboral sugere, desde logo, a ideia de *preenchimento transitório de um lugar* (note-se: de preenchimento transitório de um lugar permanente), bem como a de uma *deslocação funcional do trabalhador*. O traço mais marcante do respectivo regime jurídico consiste, entretanto, na circunstância de a comissão de serviço poder cessar, a todo o tempo, por simples manifestação de vontade de qualquer um dos sujeitos, inclusive do empregador – traço que, como é evidente, permite rodear o exercício dos correspondentes cargos de um acentuado grau de flexibilidade[12].

Que cargos poderão ser exercidos em regime de comissão de serviço? Para que *tipo de funções* admite a lei a utilização desta modalidade contratual? Responde o art. 161.º do Código do Trabalho (CT), prevendo três grupos de hipóteses: os cargos de direcção («cargo de administração ou equivalente, de direcção ou chefia directamente dependente da administração ou de director-geral ou equivalente»), funções de secretariado («secretariado pessoal de titular de qualquer desses cargos»), bem como, se tal for previsto por instrumento de regulamentação colectiva de trabalho (IRCT), outras «funções cuja natureza também suponha especial relação de confiança em relação a titular daqueles cargos». Trata-se, pois, necessariamente, de relações de trabalho marcadas por um particular laço fiduciário. Mas, como se vê, não se trata de um estatuto reservado, em exclusivo, aos chamados «trabalhadores dirigentes». Destarte,

[11] *Apud* Bernardo Xavier, *Curso de Direito do Trabalho*, vol. I, 3.ª ed., 2004, Verbo, Lisboa/São Paulo, p. 491.

[12] Para maiores desenvolvimentos sobre esta figura, ainda que à luz do CT de 2003, *vd.*, em especial, Maria Irene Gomes, «A comissão de serviço», *A Reforma do Código do Trabalho*, CEJ-IGT, Coimbra Editora, Coimbra, 2004, pp. 365-380.

pode haver trabalhadores que não desempenhem funções dirigentes em regime de comissão de serviço, assim como poderá haver trabalhadores dirigentes aos quais este regime não seja aplicado[13]. Neste quadro, não será legítimo recorrer à contratação em regime de comissão de serviço para o provimento de funções que exorbitem do círculo de situações demarcado pela lei (ou, sendo caso disso, pelo IRCT). Caso tal suceda, a cláusula da comissão de serviço será nula, valendo o contrato como contrato de trabalho típico, *standard*[14].

Quem poderá exercer os mencionados cargos em regime de comissão de serviço? Aqui, importa destrinçar as duas grandes *modalidades* da comissão de serviço laboral, na linha do disposto no n.º 1 do art. 162.º do CT: «Pode exercer cargo ou funções em comissão de serviço um trabalhador da empresa ou outro admitido para o efeito». A distinção radica, portanto, na existência ou não de prévio vínculo jurídico-laboral entre as partes: naquele caso, estaremos perante a chamada comissão de serviço «em sentido técnico», de trabalhador «interno», com a inerente deslocação funcional do trabalhador que, a título transitório, passará a desempenhar as novas funções correspondentes à comissão de serviço; neste caso, pelo contrário, teremos a comissão de serviço «em sentido amplo», de trabalhador «externo», contratado *ex novo* para o efeito, já em regime de comissão de serviço. Como veremos *infra*, é justamente esta modalidade «externa» de comissão de serviço que, em algumas das suas dimensões, vem a suscitar delicados problemas de (in)compatibilidade constitucional.

O contrato de trabalho em comissão de serviço está sujeito a *forma escrita*, devendo conter a indicação do cargo ou funções a desempenhar, com menção expressa do regime da comissão de serviço (art. 162.º, n.º 3). A inobservância da forma escrita ou a falta desta menção implicarão que o contrato não se considere em regime de comissão de serviço

---

[13] De todo o modo, ainda que não se utilize a figura da comissão de serviço, a lei não deixa de estabelecer algumas regras particulares em relação aos trabalhadores dirigentes (período experimental alargado, possibilidade de isenção de horário de trabalho, faculdade de oposição do empregador à reintegração, em caso de despedimento ilícito, etc.).

[14] No mesmo sentido, Luís Menezes Leitão, *Direito do Trabalho*, 2.ª ed., Almedina, Coimbra, 2010, p. 533.

(art. 162.º, n.º 4). Para além disto, há que distinguir: no caso de comissão «interna», de trabalhador da empresa, o documento escrito deverá indicar a actividade que o trabalhador exerce, bem como, sendo diversa, a que o mesmo irá exercer após cessar a comissão (art. 162.º, n.º 3, al. c)); no caso de comissão «externa», de trabalhador admitido para o efeito, a lei estabelece que poderá (ou não) «ser acordada a sua permanência após o termo da comissão» (n.º 2 do art. 162.º). Caso essa permanência seja acordada, a actividade sucedânea deverá ser indicada no documento que titula o contrato (al. *d)* do n.º 3 do mesmo artigo). Porém, caso tal permanência não seja estipulada contratualmente, isto é, caso nada seja dito pelas partes, então a cessação da comissão de serviço implicará, do mesmo passo, a extinção do contrato de trabalho. Ora, como a lei reconhece a ambas as partes a faculdade de denunciar livremente a comissão de serviço – segundo o n.º 1 do art. 163.º, «qualquer das partes pode pôr termo à comissão de serviço, mediante aviso prévio por escrito, com a antecedência mínima de 30 ou 60 dias, consoante aquela tenha durado, respectivamente, até dois anos ou período superior» –, logo se vislumbra o *problema jurídico-constitucional* a que acima se fez alusão: a livre extinção da comissão de serviço por decisão unilateral do empregador, ao implicar a cessação da relação laboral e na medida em que necessariamente a implique, parece violar o princípio da causalidade do despedimento, vale dizer, parece violar a garantia constitucional da segurança no emprego e a proibição dos despedimentos sem justa causa, assim colocando em crise o art. 53.º da CRP.

Aqui chegados, importa sublinhar: não se contesta a faculdade de qualquer das partes pôr termo à comissão de serviço; tal corresponde, aliás, à lógica do instituto, mecanismo flexível de prover cargos de especial confiança, marcado pela ideia de transitoriedade; o que se contesta, numa óptica jurídico-constitucional, é que tal extinção livre e imotivada acarrete a morte da relação laboral, isto é, a perda do emprego para o trabalhador. *A comissão de serviço pode e deve ser transitória, mas o emprego não tem de ser (nem deveria poder ser) precário.* Aqui, e não ali, é que reside o problema. Daí que, em bom rigor, haja que distinguir, não só entre a comissão de serviço «interna» e «externa», mas ainda, dentro desta, entre a *comissão de serviço com e sem garantia de emprego.* Neste último caso, tudo visto, ponderado e depurado, aquilo que temos é um trabalhador que pode ser livremente despedido pelo empregador, através da simples via da denúncia imotivada da comissão de serviço. E, se esta solução já pode gerar dúvidas quando se trate de pessoal dirigente, convém relembrar que o universo subjectivo desta figura da comissão de serviço não se circunscreve a tal pessoal dirigente, abrangendo ainda as supramencionadas funções de secretariado pessoal, bem como outras a prever por IRCT. Tudo, pois, a depor no sentido da inconstitucionalidade destas normas, por violação do art. 53.º da CRP. É certo que, nesta hipótese, o trabalhador terá direito a receber uma indemnização, conforme decorre do n.º 1-*c)* do art. 164.º do CT. Mas, obviamente, isso não basta para isentar as normas em questão de um juízo de censura constitucional[15].

Alguns autores, conquanto assinalem este desvio ao princípio constitucional da segurança no emprego, entendem que o mesmo se justificaria pela inexigibilidade da continuação do vínculo, uma vez esgotada a relação de confiança pessoal entre as partes. Nesta linha, escreve, por exemplo, PEDRO ROMANO MARTINEZ: «Degradando-se a relação pessoal é insustentável a manutenção da actividade, da categoria *e até da própria relação laboral.* No fundo, a confiança que o exercício de certos cargos exige traduz-se na salvaguarda da elevada e constante lealdade, dedicação e competência»[16]. Mas este argumento não nos convence, porque, como se escreve *supra*, o que o esgotamento da particular relação de confiança pessoal torna inexigível é a continuação da comissão de serviço, não a continuação do vínculo laboral, isto é, o que a degradação da relação pessoal implica é que tais cargos de confiança deixem de ser ocupados por esse trabalhador, mas não que o respectivo contrato se extinga e o seu emprego se esfume.

Tratando-se, pelo contrário, de uma comissão de serviço «com garantia de emprego» (comissão interna, ou comissão externa em que as partes acordam na sobrevivência da relação após o termo da comissão, ao

---

[15] Sobre a inconstitucionalidade em apreço, *vd.* JORGE LEITE, «Comissão de serviço», *Questões Laborais*, n.º 16, 2000, pp. 152-161 (157-159), e JÚLIO GOMES, *Direito do Trabalho*, vol. I, Coimbra Editora, Coimbra, 2007, pp. 752-754.

[16] «Trabalho e Direitos Fundamentais – compatibilização entre a segurança no emprego e a liberdade empresarial», sep. de *Estudos em Homenagem ao Prof. Doutor Sérvulo Correia*, FDUL, Coimbra Editora, Coimbra, 2010, p. 253, itálico nosso.

abrigo do art. 162.º, n.º 2), então a cessação da comissão implicará que o trabalhador se mantenha ao serviço da empresa, exercendo a actividade desempenhada antes da comissão ou a correspondente à categoria a que tenha sido promovido[17] ou, ainda, a actividade prevista no acordo referido nas als. *c*) e *d*) do art. 162.º. De qualquer modo, se a comissão de serviço terminar por decisão do empregador, o trabalhador poderá optar por resolver o contrato nos 30 dias subsequentes àquela decisão, com direito a receber uma indemnização calculada nos termos do art. 366.º – solução que bem se compreende, pois, na ordem prática das coisas, muitas vezes a cessação da comissão de serviço corresponderá a uma «despromoção» do trabalhador, nem sempre facilmente digerida por este.

4. A comissão de serviço e o Acórdão do Tribunal Constitucional n.º 338/2010

É sabido que um Grupo de Deputados à Assembleia da República solicitou a apreciação e declaração, com força obrigatória geral, da inconstitucionalidade de várias normas constantes do actual Código do Trabalho, aprovado pela Lei n.º 7/2009, de 12 de Fevereiro. E um dos temas sobre os quais o Tribunal Constitucional (TC) foi chamado a pronunciar-se foi, precisamente, o da comissão de serviço laboral. Vamos começar por transcrever o segmento do Acórdão dedicado a esta matéria[18], procurando, depois, reflectir um pouco sobre a retórica argumentativa no mesmo desenvolvida e sobre os resultados alcançados.

«*7. Cessação de comissão de serviço* – O Requerente entende que é inconstitucional o artigo 163.º, n.º 1, do Código do Trabalho. Ele não questiona a admissibilidade da comissão de serviço e da sua cessação mediante simples aviso prévio. Contesta, apenas, a possibilidade de haver comissões de

---

[17] Registe-se, a este propósito, que o tempo de serviço prestado em regime de comissão de serviço conta para efeitos de antiguidade do trabalhador, como se lê no n.º 5 do art. 162.º.

[18] Acórdão n.º 338/2010, cujo relator foi o Conselheiro José Borges Soeiro, *Diário da República*, 1.ª série, de 8 de Novembro de 2010. Muitas foram as normas submetidas ao escrutínio do TC, apenas uma veio a ser declarada inconstitucional (a relativa à fase instrutória do procedimento disciplinar), mas a diversidade de opiniões registada entre os Conselheiros e o número muito significativo de votos de vencido atestam, de forma cabal, as dificuldades de relacionamento entre o nosso actual ordenamento jurídico-laboral e o parâmetro normativo representado pela CRP.

serviço com trabalhadores externos à empresa e sem acordo de permanência, em que é possível o empregador pôr termo a tais comissões e aos correspondentes contratos de trabalho mediante simples aviso prévio.

Estas reservas em face do regime legal são compartilhadas por Jorge Leite ("A comissão de serviço", in *Questões Laborais*, n.º 16, Coimbra Editora, Ano VII, 2000, p. 158): "O problema não é, com efeito, saber se o empregador pode, mesmo sem justa causa, pôr termo à comissão de serviço (...); o problema é o de saber se à decisão do empregador de pôr termo, sem justa causa, à comissão de serviço pode corresponder a perda (automática) do emprego do trabalhador. É que ou o despedimento em que, afinal, se traduz aquela decisão é lícito e, nessa hipótese, nada lhe acrescenta o exigido consentimento prévio do trabalhador, ou é ilícito e, neste caso, a ilicitude não seria excluída pelo prévio consentimento do titular do respectivo direito indisponível".

No mesmo sentido depõe Júlio Gomes (*Direito do Trabalho*, cit., p. 753): "Nesta última hipótese de o contrato ser celebrado com trabalhador não vinculado anteriormente, é necessário que o acordo para o exercício de cargo em regime de comissão de serviço indique qual a actividade que o trabalhador irá exercer quando a comissão de serviço cessar, se for esse o caso. Tal significa que no silêncio do acordo celebrado com um trabalhador "externo" a cessação da comissão de serviço acarreta agora a cessação do próprio contrato de trabalho. Uma vez que, para a doutrina existente na matéria, o trabalho prestado em regime de comissão de serviço é trabalho subordinado, não compreendemos como é que esta situação é considerada compatível com a exigência constitucionalmente consagrada de justa causa para o despedimento. Tal exigência deveria, desde logo, traduzir-se na inadmissibilidade de uma denúncia por parte do empregador, de um contrato de trabalho subordinado, permitindo-se apenas a resolução de tal contrato pelo empregador, ou melhor, o seu despedimento".

Não está então em causa a possibilidade, proibida pelo artigo 53.º, da Constituição, do despedimento sem justa causa?

Na comissão de serviço, a lei autoriza o fim da mesma, a todo o tempo, mediante pré-aviso, por mera vontade do empregador, sem nenhum tipo de justificação (diversamente do que sucede no contrato a termo em que este termina pela cessação da razão específica legalmente prevista da contratação e do contrato por tempo indeterminado em que o empregador só pode pôr unilateralmente termo ao contrato por despedimento com justa causa, seja ela subjectiva ou objectiva).

A figura da comissão de serviço é originária do Direito Administrativo e foi introduzida no âmbito do Direito do Trabalho pelo Decreto-Lei n.º 404/91, de 16 de Outubro. Já nesse diploma se previa a figura da comissão de serviço de trabalhador externo sem garantia de emprego, por acordo das partes (artigo 4.º, n.º 3, alínea *a), in fine*). A diferença, embora relevante, é o facto de, no actual regime do Código do Trabalho, a cessação da comissão de serviço implicar automaticamente a extinção do próprio contrato de trabalho, ao invés do regime anterior em que, na falta de convenção das partes em sentido contrário, esse contrato de trabalho se mantinha (v. Irene Gomes, "A Comissão de Serviço", in *A Reforma do Código do Trabalho*, ob. col., Coimbra, Coimbra Editora, 2004, pp. 367 e 368).

Seja como for, a questão posta pelo Requerente está globalmente dirigida à própria admissibilidade da figura da comissão de serviço de trabalhador externo sem garantia de emprego (independentemente de se presumir ou não o acordo das partes sobre esse regime).

Esta questão que agora se coloca – comissão de serviço de trabalhador externo sem garantia de emprego – já foi analisada no Acórdão n.º 64/91, publicado no *Diário da República*, I Série A, de 11 de Abril de 1991, por motivo de fiscalização preventiva do Decreto n.º 302/V da Assembleia da República, que veio a dar origem ao Decreto-Lei n.º 404/91. No respectivo processo, o Presidente da República questionou a constitucionalidade da norma que permitia que trabalhadores especialmente contratados para exercer funções dirigentes ou de secretariado pessoal em regime de comissão de serviço celebrassem acordo com a entidade patronal, estabelecendo que, uma vez cessada a mesma, se extinguiria o próprio contrato.

Na apreciação da constitucionalidade começou o Tribunal por tecer as considerações gerais a respeito da comissão de serviço de pessoal dirigente que se seguem:

"A prestação de trabalho em regime de comissão de serviço não se afigura globalmente susceptível de censura jurídico-constitucional, correspondendo à já apontada autonomização do estatuto do pessoal dirigente, ampliado de forma a abranger os trabalhadores de secretariado pessoal dos cargos dirigentes. A inovação visada corresponde a uma evolução ocorrida em outras ordens jurídicas da Europa Ocidental no sentido de serem contrariadas tendências niveladoras anteriores, de tal forma que seja acentuado o elemento fiduciário de tais categorias, verificando-se ainda que a subordinação do pessoal dirigente aparece 'articulada com uma posição de poder na organização do trabalho', características estas susceptíveis de justificar, por exemplo, regimes privativos no tocante ao despedimento, à duração do trabalho, à admissibilidade do contrato a termo (A. L. Monteiro Fernandes, *ob. cit.*, p. 152)."

Depois, o Tribunal respondeu à questão da admissibilidade constitucional do acordo de cessação do contrato de trabalho por mero efeito da cessação da comissão de serviço, nos termos seguintes:

Foi entendido que os cargos dirigentes ou a eles equiparados se revestem de um evidente carácter fiduciário, de tal forma que, pela sua própria natureza, são exercidos pelos titulares de forma precária, estando subjacente sempre uma ideia de que a todo o tempo pode cessar a comissão, por decisão de qualquer das partes no contrato. Não está legalmente excluído que as partes possam apor um termo a este contrato. Em algumas dessas funções, nomeadamente nas funções de administração, tem-se predominantemente entendido que se não está perante um contrato de trabalho, mas antes perante um contrato de mandato ou de prestação de serviço em regime liberal, como, aliás, foi aventado durante o debate parlamentar desta proposta de lei.

Em outros, porém, especialmente nos de secretariado pessoal, existe prestação de serviços ou de trabalho, embora com regime próprio. Mas também então se verifica aquela modificação no conteúdo ou na essencialidade do dever de lealdade, que Monteiro Fernandes (*ob. cit.*, p. 190) considera típica dos 'cargos de direcção ou de confiança': 'a obrigação de lealdade constitui uma parcela essencial, e não apenas acessória, da posição jurídica do trabalhador'. Não necessita este Tribunal de dirimir a questão de saber se o carácter fiduciário (e, portanto, a diferente ponderação em que a fidelidade pessoal e adequação funcional objectiva determinam o conteúdo dos deveres do prestador de serviços) implica a constituição de um tipo contratual distinto do contrato de trabalho. Bastará ao Tribunal reconhecer que, nestes casos, há fundamento material para um regime de cessação do contrato, restrito ao contrato ou acordo de comissão de serviço, que o fará terminar com a cessação da relação de confiança considerada essencial. Nestes casos, a quebra de relação fiduciária torna absolutamente impossível o serviço comissionado, como se de impossibilidade objectiva se tratasse, não tendo sentido falar-se de derrogação de normas inderrogáveis a este propósito.

Assim se conclui que, para todas estas hipóteses, não vale o princípio de segurança do emprego consagrado no artigo 53.º da Constituição. Daí o juízo de que a norma questionada não está afectada de inconstitucionalidade material".

O Tribunal concluiu, pois, que nestes casos "não vale o princípio de segurança do emprego consagrado no artigo 53.º da Constituição", por a situação não caber no âmbito de aplicação da norma.

Não se vêem razões para alterar o então decidido.

Assim, havendo comissão de serviço, a tutela do trabalhador é apenas de carácter indemnizatório. Nos termos do actual Código, o mesmo trabalhador terá direito a uma indemnização [(artigo 164.º, n.º 1, alínea *c*)] cujo regime se equipara ao da indemnização por despedimento colectivo com justa causa objectiva (por motivos de mercado, estruturais ou tecnológicos), que está previsto no artigo 366.º do Código do Trabalho.

O artigo 163.º, n.º 1, do Código do Trabalho não viola, portanto, o direito à segurança no emprego consagrado no artigo 53.º da Constituição».

5. Em jeito de comentário: uma reincidência intrigante

Quase duas décadas separam os dois arestos – Acórdão n.º 64/91 e Acórdão n.º 338/2010 – nos quais o TC teve de se pronunciar sobre a (in) compatibilidade do regime jurídico da comissão de serviço laboral com o parâmetro normativo constitucional. E, ontem como hoje, o TC assevera que, na hipótese em apreço, «não vale o princípio de segurança do emprego consagrado no artigo 53.º da Constituição, por a situação não caber no âmbito de aplicação da norma».

Admitimos que o problema seja nosso. Talvez nós experimentemos, nesta matéria, aquilo que FERNANDO PESSOA certeiramente designou por «dificuldades de ordem raciocinativa»[19], mas a verdade é que, ontem como

[19] Obra Essencial de Fernando Pessoa, *Cartas*, Richard Zennith (ed.), Assírio & Alvim, Lisboa, 2007, p. 48.

hoje, não conseguimos acompanhar a lógica discursiva do TC. Vejamos. É líquido, à luz do actual CT, que a comissão de serviço se traduz numa modalidade de contrato de trabalho[20]. É indiscutível que aquele que labora em regime de comissão de serviço é um trabalhador subordinado, titular de um contrato de trabalho em que estão presentes todas as notas definidoras do mesmo – prestação de uma actividade a outrem, mediante retribuição, no âmbito de organização e sob a autoridade da pessoa para quem o trabalho é prestado (art. 11.º do CT). Aqui temos, pois, inequivocamente, um contrato de trabalho e um trabalhador. Ora, pergunta-se: *não será justamente para estes casos, em que topamos com um contrato de trabalho e com um trabalhador dependente, que a CRP consagra a garantia da segurança no emprego e proíbe os despedimentos sem justa causa?*

Permitimo-nos insistir e questionar: como é que uma situação em que (*i*) temos um contrato de trabalho e um trabalhador subordinado, e (*ii*) temos um contrato de trabalho (em comissão de serviço) que pode extinguir-se por via de denúncia por parte da entidade empregadora, será possível (*iii*) sustentar a constitucionalidade de um esquema legal que permite, precisamente, aquilo que a CRP proíbe – o despedimento livre ou *ad nutum* do trabalhador em regime de comissão de serviço?[21]

Diz-se que esta situação não cabe no âmbito de protecção da norma constitucional em apreço. Mas, a este propósito, relembremos o ensina-

---

[20] O ponto poderia suscitar dúvidas em 1991, dúvidas, aliás, espelhadas no teor do próprio Acórdão n.º 64/91, que coloca a hipótese de a comissão de serviço se reconduzir a um tipo contratual distinto do contrato de trabalho. Mas hoje o CT é inequívoco a este respeito, incluindo a comissão de serviço laboral no leque de «modalidades de contrato de trabalho», a par do contrato a termo, do trabalho a tempo parcial, do trabalho intermitente, do teletrabalho subordinado e do trabalho temporário. A este propósito, permitimo-nos remeter para o nosso *Contrato de Trabalho*, 2.ª ed., Coimbra Editora, Coimbra, 2010, pp. 91 e ss.

[21] Chamando a atenção para a circunstância de o regime da comissão de serviço ter reintroduzido no nosso ordenamento jurídico-laboral a figura do despedimento *ad nutum*, garantindo, nesses casos, a liberdade de desvinculação do empregador, *vd.* Pedro Furtado Martins, *Cessação do Contrato de Trabalho*, 2.ª ed., Principia, Cascais, 2002, pp. 209-210. Por último, também sem recorrer a qualquer espécie de biombo terminológico, Bernardo Lobo Xavier: «Verifica-se assim, nestas situações, a possibilidade de a entidade empregadora pôr termo ao contrato de trabalho mediante simples declaração dirigida ao trabalhador, sem ter de apresentar qualquer justificação. Trata-se, no fundo, de um regime de despedimento livre (...)» – *Manual de Direito do Trabalho*, Verbo, Lisboa, 2011, p. 786.

mento de Gomes Canotilho e Vital Moreira: «O direito à segurança no emprego não consiste apenas no direito a não ser despedido sem justa causa ou por motivos políticos ou ideológicos (embora esta seja a sua componente mais importante, que a Constituição expressamente destaca). O seu âmbito de protecção abrange todas as situações que se traduzam em injustificada precariedade da relação de trabalho»[22]. Sendo certo que, *in casu*, é mesmo a componente mais importante da segurança no emprego, a proibição do despedimento sem justa causa, que está posta em xeque...[23]

Alega-se ainda no presente aresto do TC: «Havendo comissão de serviço, a tutela do trabalhador é apenas de carácter indemnizatório. Nos termos do actual Código, o mesmo trabalhador terá direito a uma indemnização [(artigo 164.º, n.º 1, alínea *c)*], cujo regime se equipara ao da indemnização por despedimento colectivo com justa causa objectiva (por motivos de mercado, estruturais ou tecnológicos), que está prevista no artigo 366.º do Código do Trabalho». Mas também este argumento

---

[22] *Constituição da República Portuguesa Anotada*, vol. I, cit., p. 711.

[23] Em sentido diferente, *vd.*, no entanto, António Menezes Cordeiro, «Da constitucionalidade das comissões de serviço laborais», *Revista de Direito e de Estudos Sociais*, 1991, n.º 1/2, pp. 129 e ss. Tendo em conta o projecto de diploma então em apreciação, o Autor concluía: «O projecto de diploma não vem atingir a segurança no emprego: ele não torna precário qualquer emprego pré-existente e que o não fosse; pelo contrário: as pessoas que já tivessem um lugar, conservam-no; as que o não tivessem, podem adquiri-lo; e as que não o tivessem e acordem na cessação do contrato no termo da comissão ficam colocadas numa situação em tudo semelhante à dos contratados a termo incerto». E acrescentava: «A cessação da comissão de serviço, mesmo nos casos limitados em que envolva a extinção da situação laboral, não é equiparável a um despedimento sem justa causa, uma vez que, *ab initio* e estruturalmente corresponde ao desenlace normal duma situação transitória» (pp. 147-148).

Pela nossa parte, e salvo o devido respeito, pensamos que a cessação da comissão de serviço pelo empregador, nos casos em que envolva a extinção automática da relação laboral, é mesmo equiparável a um despedimento sem justa causa. E também não nos parece que a analogia com a situação dos contratados a termo incerto proceda: neste caso, o contrato a termo caducará em virtude da verificação de um determinado acontecimento ao qual as partes subordinaram a extinção do vínculo (regresso do trabalhador substituído, conclusão da obra, etc.); no caso da comissão de serviço, o contrato de trabalho terminará em virtude de uma declaração de vontade extintiva não fundamentada emitida pelo empregador, vale dizer, terminará em função do livre alvedrio da entidade empregadora. Por isso, ali não haverá um despedimento, mas aqui sim – um despedimento, dir-se-ia, travestido de denúncia, mas ainda assim um despedimento.

não nos convence, pois, como é sabido, no despedimento colectivo sempre terá de existir um fundamento objectivo, um motivo externamente controlável que o empregador terá de invocar e, se necessário, provar, para que tal despedimento seja lícito: assim é que, nos termos do n.º 1 do art. 359.º do CT, terá de se verificar o «encerramento de uma ou várias secções ou estrutura equivalente ou redução do número de trabalhadores determinada por motivos de mercado, estruturais ou tecnológicos»; e a decisão extintiva do empregador será ilícita, nos termos da al. *b)* do seu art. 381.º, «se o motivo justificativo do despedimento for declarado improcedente». Ou seja, a licitude do despedimento colectivo supõe que se cumulem ambos os requisitos, o pagamento da compensação aos trabalhadores e a invocação/comprovação de uma causa objectiva, de um motivo justificativo que o fundamente.

Ora, como é bom de ver, nada de semelhante a isto acontece em sede de comissão de serviço laboral, caso em que o contrato de trabalho pode cessar em virtude de uma decisão livre do empregador, isto é, de uma decisão que não tem de ser motivada, bastando ao empregador emiti-la com observância do aviso prévio legal (30 ou 60 dias) e pagar a indemnização correspondente para que o contrato de trabalho se extinga licitamente. Respeitará isto o princípio do despedimento causal ou motivado, inscrito na Lei Fundamental? Não redundará isto, em rectas contas, numa solução de tipo *free to fire*, ao arrepio da garantia solenemente proclamada pela CRP? Afinal, de que serve proibir o despedimento sem justa causa, se a entidade empregadora pode denunciar livremente (isto é, sem ter de apresentar uma mínima razão, um qualquer motivo externamente controlável) um contrato de trabalho em comissão de serviço?

A verdade é que, *nos termos do actual CT, um trabalhador em comissão de serviço pode ser licitamente despedido sem sombra de justa causa, mediante pré-aviso e a troco de uma indemnização.* Por isso mesmo, e ao invés do sustentado pelo TC nos dois Acórdãos em apreço, a nosso ver é indubitável que esta situação não pode deixar de caber no âmbito de aplicação do art. 53.º da CRP. E a disposição legal em causa deveria ter sido julgada inconstitucional[24], tanto mais que é perfeitamente possível conciliar a indis-

---

[24] Neste sentido, *vd.* a solitária declaração de voto subscrita pela Conselheira Maria João Antunes.

pensável flexibilidade inerente ao desempenho de certos cargos de confiança em regime de comissão de serviço (permitindo a livre denúncia da comissão de serviço) com o respeito devido pela segurança no emprego e pelo princípio do despedimento causal (garantindo a manutenção do respectivo contrato de trabalho, passando o trabalhador em causa a desempenhar outras funções no seio da empresa, que não pressuponham a nota fiduciária daquelas que eram exercidas em regime de comissão de serviço).

Vale dizer, estamos perante uma restrição de um direito fundamental dos trabalhadores que não obedece aos ditames do *princípio da proibição do excesso ou da proporcionalidade em sentido amplo*, visto que a medida em causa não se revela necessária/exigível para se alcançar o fim visado pelo legislador, qual seja o de permitir o desempenho, em moldes flexíveis, de certas funções que requerem uma acentuada confiança entre ambos os sujeitos do contrato de trabalho[25]. Apetece acrescentar, parafraseando Gomes Canotilho: tomemos a sério os direitos, liberdades e garantias!

[25] Sobre o princípio da proibição do excesso e os seus subprincípios constitutivos (adequação, necessidade e proporcionalidade em sentido restrito), sublinhando que o seu campo de aplicação mais importante é o da restrição dos direitos, liberdades e garantias, *vd.* Gomes Canotilho, *Direito Constitucional e Teoria da Constituição*, 7.ª ed., Almedina, Coimbra, 2003, pp. 266-272.

Teletrabalho: os deveres especiais das partes

JOÃO LEAL AMADO

1. Nota introdutória

Ir para o trabalho significa, por norma, que o trabalhador se vai deslocar fisicamente para uma unidade produtiva (a fábrica, o estabelecimento comercial, o escritório, o banco) titulada e gerida por outrem, local onde o trabalhador permanecerá algumas horas por dia, cumprindo as obrigações decorrentes do respetivo contrato. Com efeito, a prestação laboral desenvolve-se, tipicamente, no quadro de uma empresa, local onde a atividade do trabalhador é coordenada com a dos seus congéneres e onde se exercem os poderes patronais de direção, fiscalização e disciplina. Ao inserir-se numa empresa alheia, o trabalhador tem plena consciência de que, aí, se encontra no espaço-tempo profissional, num espaço-tempo de heterodisponibilidade, que acaba quando, no termo da jornada laboral, o trabalhador abandona a empresa e regressa a casa, ao seu espaço-tempo de autodisponibilidade, de privacidade e de intimidade.

Sucede, porém, que nem sempre assim é. Com efeito, cada vez mais trabalhadores vão prestando a sua atividade, ainda que em moldes heteroconformados, fora da empresa, inclusive no seu próprio domicílio. E este fenómeno tem-se acentuado nas sociedades pós-industriais em que vivemos (a dita «sociedade da informação»), marcadas por um forte progresso científico e tecnológico, através do chamado *teletrabalho.* Fala-se, a este propósito, na «empresa virtual», como centro de convergência de uma rede telemática (termo que exprime a fusão entre a informática e as telecomunicações) que a ligará a fornecedores, clientes e trabalhadores localizados em qualquer parte da nossa «aldeia global».

As *vantagens* do teletrabalho são evidentes e têm sido evidenciadas: ele elimina ou reduz os incómodos e as despesas derivados das deslocações constantes do trabalhador para a (e da) empresa; ele diminui o *stress*, libertando tempo para o trabalhador[1] e permitindo, em tese, uma melhor conciliação e articulação entre a vida profissional e a vida familiar ou privada; ele facilita (quando não possibilita) o acesso ao emprego por parte de pessoas com deficiências de ordem motora; ele proporciona uma elevação da qualidade de vida para a sociedade em geral (diminuição dos congestionamentos de trânsito, redução da poluição atmosférica, menor consumo de energia, requalificação das zonas suburbanas e, quiçá, das zonas rurais, travagem da especulação imobiliária no centro das cidades, etc.). É claro que a estas vantagens (reais ou virtuais) há que contrapor os inegáveis *inconvenientes* do teletrabalho, sobretudo do teletrabalho domiciliário: maior isolamento do trabalhador, com o inerente risco de desenraizamento social, desgaste psicológico, falta de solidariedade e empobrecimento da dimensão coletiva do trabalho; alguma diluição das fronteiras entre a vida profissional e extraprofissional, o que pode ameaçar a reserva da vida privada do trabalhador ou aumentar a conflitualidade familiar, bem como provocar a ultrapassagem dos limites legais em matéria de tempo de trabalho, etc.

Dir-se-ia, em suma, que com o teletrabalho a situação típica inverte-se, sendo o trabalho que, de algum modo, se desloca até ao trabalhador. E as novas tecnologias permitem, justamente, vencer a distância, sendo hoje concebível a existência de uma relação marcada por uma acentuada subordinação jurídica e por um apertado controlo da prestação por banda do empregador entre dois sujeitos separados no espaço por muitos quilómetros – a chamada *telesubordinação*.

---

[1] Já o famoso arquiteto e urbanista Le Corbusier afirmava, há muito, que o tempo de transporte casa-emprego representa um "sobre-trabalho", visto que reduz, na mesma proporção, a jornada de vida pretensamente livre de quem trabalha. Para Le Corbusier, os subúrbios e as cidades-satélite representam, a cada dia para os trabalhadores que aí habitam, horas perdidas no transporte, horas estéreis, o que seria uma autêntica heresia. Propunha, ao invés, que entre a moradia e o trabalho, entre a casa e a fábrica, se estabelecesse uma relação de proximidade tal que tornasse geralmente supérfluo utilizar os meios mecânicos de transporte de pessoas, mas antes desenhar caminhos bem planeados para acolher as massas de empregados e operários, que iriam a pé das suas casas para o trabalho – *Os Três Estabelecimentos Humanos*, Editora Perspectiva, São Paulo, 2.ª ed., 1979 (a edição original, francesa, remonta a 1959, *L'urbanisme des trois établissements humains*). Ora, o teletrabalho dispensa, inclusive, aquela marcha pedonal para o emprego, o que, decerto, não desagradaria a Le Corbusier.

Em tempos de pandemia, como é sabido, tudo ou quase tudo mudou, surgindo o teletrabalho domiciliário como forma privilegiada de manutenção da atividade laboral e empresarial em tempos de distanciamento físico, de confinamento e de reclusão. O teletrabalho, regulado no Código do Trabalho como uma modalidade contratual atípica, marginal, desviante, passou a ser imposto por lei, em todas as atividades e funções compatíveis com o mesmo, como estratégia de combate à difusão do vírus da COVID-19, como forma de evitar o contágio. Neste mundo viral, desenhou-se um novo paradigma, com o teletrabalho a volver-se em forma típica, central, "normal", de prestação de trabalho. E estamos convictos de que a experiência destes meses (já cerca de dois anos) de pandemia vai deixar marcas, nada voltará a ser como era, o teletrabalho chegou em força e vai ficar e perdurar.

A experiência destes meses de prática difundida de teletrabalho demonstrou que a lei portuguesa, contendo já princípios muito relevantes nesta matéria, carecia de ser revista e densificada, extraindo as lições da pandemia. Ao invés do que alguns sustentam – a saber, que não convinha legislar "em cima" da pandemia, que conviria estudar, medir, refletir, ponderar, analisar, etc., remetendo tudo para daqui a uns bons anos –, cremos que esta experiência pandémica permitiu evidenciar os principais défices da regulação anterior, elaborada num tempo em que o teletrabalho era quase um cenário de ficção científica.

Parece indiscutível que a pandemia acelerou drasticamente uma tendência que já se vinha a manifestar antes, nos últimos anos, no âmbito da era digital em que vivemos. A emergência de novas formas de produzir e de trabalhar, a empresa desmaterializada, virtual, o trabalho à distância cada vez mais frequente, um espaço de convivialidade humana, presencial – a empresa – que se vai empobrecendo e perdendo... O receio é que nos conformemos e nos acomodemos a uma vida desvalorizada, a uma vida ensimesmada, tricotada com o fio da ausência, obcecada com a higiene, com medo de si e dos outros. Estará, cada um de nós, a caminho do enclausuramento em si próprio, como questiona Bernard-Henri Lévy, em obra recente[2]?

---

[2] *Este vírus que nos enlouquece*, Guerra e Paz Editores, Lisboa, 2020. Questão semelhante é colocada por Slavoj Zizek: «Várias distopias já se puseram a imaginar um futuro desse género:

Não somos assim tão pessimistas. O futuro do trabalho humano passará, decerto, em tempos pós-pandémicos, pela utilização mais intensa das tecnologias da informação e da comunicação e pelo recurso mais frequente ao trabalho à distância e ao teletrabalho. O virtual e o digital ganharão cada vez mais terreno ao real e ao presencial. Nada voltará a ser como antes, o relógio não para nem recua. Mas talvez venham a predominar regimes mistos ou híbridos, com alternância entre o trabalho à distância e o trabalho presencial – hipótese, de resto, expressamente prevista na nova redação do art. 166.º, n.º 3, do CT. E, em qualquer caso, o Direito do Trabalho tem de ser capaz de se adaptar, de forjar respostas adequadas a estas novas realidades que vão surgindo, fruto da (r)evolução tecnológica. Afinal, sempre assim foi, desde a origem deste ramo do direito.

Ora, não temos dúvidas de que foi isto mesmo que o legislador tentou fazer, através da Lei n.º 83/2021, de 6-12[3]. E uma das inovações introduzidas por este diploma consistiu em aditar ao CT o art. 169.º-B, elencando um conjunto de deveres especiais a cargo de cada um dos sujeitos desta relação laboral e estabelecendo algumas consequências para a respetiva violação.

Vamos sobrevoar esta nova norma, procurando refletir sobre o seu significado e sobre as suas implicações.

2. Deveres especiais

O novo regime jurídico do teletrabalho passou a conter uma norma legal, o art. 169.º-B do Código do Trabalho, relativa aos "deveres especiais" dos dois sujeitos contratuais, em caso de teletrabalho. Deveres estes que, ao menos em princípio, acrescem aos deveres gerais que recaem sobre

---

ficamos em casa, trabalhamos nos nossos computadores, comunicamos através de videoconferência, fazemos exercício numa máquina a um canto do nosso escritório doméstico, masturbamo-nos ocasionalmente em frente a um ecrã a ver vídeos de sexo *hardcore* e recebemos comida ao domicílio, sem nunca vermos outros seres humanos em pessoa» (*A Pandemia que Abalou o Mundo*, Relógio D'Água, Lisboa, 2020, p. 54).

[3] Lei que entrou em vigor no dia 1 de janeiro de 2022, numa nova fase da pandemia, mas que está claramente pensada para um contexto pós-pandémico, em que o trabalho à distância e o teletrabalho irão permanecer a níveis assinaláveis, sem qualquer comparação com o que acontecia antes de março de 2020.

qualquer empregador e sobre qualquer trabalhador, isto é, deveres que se somam a estes, enquanto deveres específicos de uma relação de teletrabalho subordinado.

Do ponto de vista sistemático, o n.º 1 do art. 169.º-B do CT refere-se aos deveres especiais do empregador, ao passo que o n.º 2 enuncia os deveres específicos a cargo do teletrabalhador. Ademais, o n.º 3 estabelece que, além de responsabilidade disciplinar, a violação dos deveres do teletrabalhador, enunciados no n.º 2, poderá originar responsabilidade civil, nos termos gerais. E o n.º 4 esclarece que a violação dos deveres patronais referidos no n.º 1 constituirá um ilícito contraordenacional grave, com as inerentes consequências.

2.1. Deveres do empregador

Quanto aos deveres especiais a cargo do empregador, são os seguintes:

a) *Informar o trabalhador, quando necessário, acerca das características e do modo de utilização de todos os dispositivos, programas e sistemas adotados para acompanhar à distância a sua atividade.*

É indiscutível que a lei se preocupa sobremaneira com a tutela da privacidade do teletrabalhador. Isso mesmo resulta, desde logo, do disposto no n.º 5 do art. 170.º do CT, nos termos do qual «é vedada a captura e utilização de imagem, de som, de escrita, de histórico, ou o recurso a outros meios de controlo que possam afetar o direito à privacidade do trabalhador», bem como do n.º 5 do art. 169.º-A, segundo o qual «o controlo da prestação de trabalho, por parte do empregador, deve respeitar os princípios da proporcionalidade e da transparência, sendo proibido impor a conexão permanente, durante a jornada de trabalho, por meio de imagem ou som». Ainda assim, a nova lei não deixa de proclamar o óbvio, isto é, que, dentro desses limites, «os poderes de direção e controlo da prestação de trabalho no teletrabalho são exercidos preferencialmente por meio dos equipamentos e sistemas de comunicação e informação afetos à atividade do trabalhador, segundo procedimentos previamente conhecidos por ele e compatíveis com o respeito pela sua privacidade» (n.º 4 do art. 169.º-A).

Ora, é esta necessidade de absoluta e total transparência por parte do empregador que a lei enfatiza nesta alínea *a*), enquanto dever especial a cargo do mesmo. O teletrabalhador lida com tecnologia complexa, porventura sofisticada, sendo necessário que ele seja informado, de forma cabal e completa, sobre os dispositivos, programas e sistemas adotados pelo empregador para acompanhar e controlar à distância a sua atividade. As tecnologias de informação e comunicação utilizadas são aqui, a um tempo, ferramentas de trabalho e equipamentos de controle, afigurando-se indispensável, até em nome da boa fé contratual, que o teletrabalhador saiba de que forma está ou pode estar a ser monitorizado e vigiado pela entidade empregadora. Já o sabemos: nem tudo o que é tecnologicamente possível é juridicamente admissível. Haverá dispositivos, programas e sistemas que, em si mesmos, sacrificam excessivamente a privacidade do teletrabalhador, sendo, por isso, inadmissíveis[4]. Mas, num outro plano, haverá dispositivos, programas e sistemas que, em si mesmos, podem ser admitidos, sendo que, em relação a estes, a lei obriga o empregador a jogar de forma limpa, informando o teletrabalhador da respetiva existência e do seu alcance prático. Estamos aqui, portanto, perante uma espécie de *dever de transparência telemática*, corolário do princípio da boa fé, tanto mais importante quanto mais complexos, invasivos e imperscrutáveis se vão tornando os dispositivos, sistemas e programas

[4] Sobre a questão, veja-se o teor da orientação elaborada pela Comissão Nacional de Proteção de Dados sobre o controlo à distância em regime de teletrabalho, logo no início da pandemia (em 17 de abril de 2020, disponível em cnpd.pt/organizacoes/orientacoes). A CNPD exemplifica com «os softwares que, para além do rastreamento do tempo de trabalho e de inatividade, registam as páginas de Internet visitadas, a localização do terminal em tempo real, as utilizações dos dispositivos periféricos (ratos e teclados), fazem captura de imagem do ambiente de trabalho, observam e registam quando se inicia o acesso a uma aplicação, controlam o documento em que se está a trabalhar e registam o respetivo tempo gasto em cada tarefa (v.g., *TimeDoctor, Hubstaff, Timing, ManicTime, TimeCamp, Toggl, Harvest*)». Segundo a CNPD, «ferramentas deste tipo recolhem manifestamente em excesso dados pessoais dos trabalhadores, promovendo o controlo do trabalho num grau muito mais detalhado do que aquele que pode ser legitimamente realizado no contexto da sua prestação nas instalações da entidade empregadora. E a circunstância de o trabalho estar a ser prestado a partir do domicílio não justifica uma maior restrição da esfera jurídica dos trabalhadores. Nessa medida, a recolha e o subsequente tratamento daqueles dados violam o princípio da minimização dos dados pessoais».

informáticos que habilitam o empregador a vigiar, à distância, tudo o que faz e tudo o que deixa de fazer o teletrabalhador[5].

b) *Abster-se de contactar o trabalhador no período de descanso, nos termos a que se refere o artigo 199.º-A.*

Algo estranhamente, o legislador enuncia este dever de abstenção de contacto, por parte do empregador e em relação ao teletrabalhador, remetendo para o disposto no novo art. 199.º-A do CT, que estabelece o regime de tal dever de abstenção de contacto, em termos gerais. Ou seja, este não é um dever especial, que se limite às situações de teletrabalho, este é um dever geral, sem especificidades de regime em sede de teletrabalho. A falta de rigor da norma é, porém, compreensível, tendo em conta que o problema da "desconexão profissional", não se limitando ao teletrabalho, assume proporções particularmente relevantes em sede de teletrabalho no domicílio. A gestão flexível do tempo por banda do trabalhador, normalmente apresentada como uma das grandes vantagens desta nova forma de trabalhar e viver, que assim permitiria uma excelente conciliação entre vida profissional e vida pessoal e familiar, nem sempre se confirma, na prática. Por vezes, parece que teletrabalhar não se traduz em conciliar, mas sim em confundir essas duas esferas, que deveriam permanecer relativamente separadas, da vida de cada pessoa-trabalhador. As fronteiras temporais e espaciais do trabalho diluem-se no teletrabalho domiciliário, o que, sobretudo em tempos de pandemia, veio agudizar a importância do tema da desconexão, do "direito a desligar", do "dever de não contactar". Isto explica que tenha sido por ocasião da revisão do regime jurídico do teletrabalho, operada pela presente lei, que a questão tenha sido enfrentada pelo legislador – não apenas no âmbito do teletrabalho, através desta norma legal, mas em geral, para a relação laboral comum, presencial, através do disposto no novo art. 199.º-A do CT.

[5] Para desenvolvimentos a este respeito, remete-se para o texto de Teresa Coelho Moreira, neste número 60 da *Questões Laborais*.

Não nos competindo abordar desenvolvidamente esta nova disposição legal, de largo espectro[6], cumpre-nos apenas, em jeito algo telegráfico, pôr em destaque os seguintes pontos:

i) As normas em apreço adotam a perspetiva correta, não se limitando a enunciar um truísmo, isto é, a reconhecer ou conferir um "direito à desconexão" ao trabalhador, mas corrigindo a mira, vale dizer, afirmando, de forma expressa, o dever patronal de se abster de contactar o trabalhador, no período de descanso deste;

ii) O dever de abstenção de contacto recairá sobre o empregador, mas também, claro, sobre os superiores hierárquicos do trabalhador, até porque a lei é cristalina quanto à circunstância de o dever de obediência do trabalhador respeitar tanto às ordens ou instruções daquele como destes (art. 128.º, n.º 2, do CT);

iii) A lei já não estabelece qualquer dever de abstenção de contacto por parte dos demais companheiros de trabalho do trabalhador, nem por parte de outras pessoas que se relacionem com a empresa (clientes, por exemplo). E não se ignora que, também por atuação desses colegas ou clientes, o direito ao descanso do trabalhador poderá ser afetado, através de contactos "fora de horas". De todas as formas, o problema, aqui, reveste-se de contornos distintos e assume, em regra, menor gravidade, pois não existe, nestes casos, a relação de poder, de supra-infra ordenação, que deixa o trabalhador indefeso, na prática, defronte da atuação intrusiva do empregador ou perante um chefe que se faz virtualmente omnipresente[7];

---

[6] Remete-se, a este propósito, para o texto de FRANCISCO LIBERAL FERNANDES, publicado neste mesmo número 60 da *Questões Laborais*. Para uma perspetiva geral sobre a questão, antes da aprovação do novo diploma, seja-nos permitido remeter para o nosso *Contrato de Trabalho – Noções Básicas*, 3.ª ed., Almedina, Coimbra, 2018, pp. 260-267, bem como para TERESA COELHO MOREIRA, *Direito do Trabalho na Era Digital*, Almedina, Coimbra, 2021, pp. 101-130.

[7] TERESA COELHO MOREIRA tem razão, ao sublinhar que o direito à desconexão «não pode ser apenas vertical, mas também horizontal, isto é, o trabalhador não tem de estar disponível para o empregador fora dos tempos de trabalho, como também não tem de o estar para os colegas de trabalho» - *Direito do Trabalho na Era Digital*, cit., p. 128. Mas talvez se possa dizer

iv) A violação do dever de abstenção de contacto por parte do empregador implicará responsabilidade no plano contraordenacional, o que – e bem – convoca a Autoridade para as Condições de Trabalho a atuar nesta matéria;

v) As normas em apreço não qualificam a violação deste dever de abstenção como prática constitutiva de assédio, o que, todavia, a nosso ver, não exclui que, em certos casos, particularmente graves e reiterados, tal violação seja tida como assédio, nos termos do art. 29.º do CT, com as inerentes consequências jurídicas;

vi) A norma prevê, contudo, uma outra hipótese, mais complexa e sinuosa, quiçá até mais tortuosa: a hipótese de o empregador violar o dever de abstenção de contacto, de o trabalhador ignorar (legitimamente) o contacto efetuado pelo empregador "fora de horas" e de, em consequência, o trabalhador vir a ser alvo de um tratamento menos favorável por parte do empregador, designadamente em matéria de condições de trabalho e de progressão na carreira – hipótese em que, segundo o n.º 2 do art. 199.º-A, estaremos perante uma prática discriminatória;

vii) Vale dizer, o legislador preferiu não qualificar como assédio a conduta violadora do dever de abstenção de contacto por parte do empregador, mas já qualifica como discriminatória a conduta do empregador que desfavoreça um trabalhador que tenha resistido à violação de tal dever de abstenção de contacto (o tal trabalhador que tenha ousado desconectar-se). São hipóteses distintas, que se situam em planos diferentes, lógica e cronologicamente, e que, portanto, não se confundem;

viii) A norma ressalva, compreensivelmente, as situações de força maior, clássico conceito indeterminado que, a nosso ver, deve aqui ser interpretado com alguma maleabilidade, de forma a abranger, porventura, situações do tipo das previstas pelo CT, no n.º 2 do art. 227.º, em matéria de trabalho suplementar – não apenas situações tradicionais de força maior ou de caso fortuito (incêndio, terramoto, inundação, etc.), mas todas aquelas, inadiáveis, em que

---

que, quando o problema é horizontal e não vertical, é mais fácil para o trabalhador ignorar quem o incomoda ou reagir endereçando-lhe um sonoro *buzz off!*...

o contacto imediato se mostre «indispensável para prevenir ou reparar prejuízo grave para a empresa ou para a sua viabilidade»;

ix) Como se disse, o dever de abstenção de contacto é reafirmado pelo legislador em sede de teletrabalho, como suposto "dever especial" do empregador nesta particular modalidade contratual, coisa que, ainda que inócua e até discutível no plano da técnica legislativa, demonstra a especial preocupação da lei com a desconexão nesta especial forma de trabalhar, máxime quando a atividade é prestada a partir do domicílio do teletrabalhador, caso em que a fronteira entre período de trabalho e tempo de descanso se pode revelar particularmente porosa e difícil de traçar;

x) Porém, a nova lei não repensou as relações entre o teletrabalho e a figura da isenção do horário de trabalho, mantendo intocado o art. 218.º, n.º 1, al, *c)*, do CT, que permite o recurso à isenção de horário em relação a toda e qualquer espécie de teletrabalhador[8]; ora, a modalidade supletiva de isenção de horário é a que dispensa o respeito dos limites máximos do período normal de trabalho, conforme decorre do art. 219.º do CT, o que, na prática, vai enfraquecer muito a posição do teletrabalhador isento de horário em matéria de desconexão, nos seus dias normais de trabalho[9] - isto

[8] Se bem que o acordo escrito para prestação de teletrabalho deva conter e definir o horário de trabalho, como refere o art. 166.º, n.º 4, al. d), do CT, a verdade é que o art. 218.º, n.º 1, al. c), do mesmo diploma continua a permitir que, por acordo escrito, o teletrabalhador seja isento de horário. Ora, como é sabido, o trabalhador isento de horário não ganha, antes perde, autodisponibilidade: é que o horário baliza a situação de heterodisponibilidade do trabalhador, o qual sabe que, fora desse horário, não terá de se sujeitar ao poder diretivo do empregador e prestar-lhe a correspondente atividade laboral (salvo, é claro, na hipótese de trabalho suplementar); e são essas balizas protetoras que vêm a ser removidas aquando da isenção de horário de trabalho – daí que a lei só admita a isenção num círculo relativamente limitado de situações, prevendo, ademais, o direito a uma retribuição específica para o trabalhador isento de horário, contrapartida da disponibilidade acrescida que lhe é exigida (art. 265.º do CT). Trata-se, afinal, na isenção de horário, de mais uma ferramenta de flexibilidade temporal oferecida ao empregador. Pelo exposto, cremos que a al. c) do n.º 1 do art. 218.º do CT deveria ter sido revisitada pelo legislador, nesta Lei n.º 83/2021. Tal, contudo, não aconteceu, a despeito de terem sido apresentadas no parlamento algumas propostas nesse sentido.

[9] Como é sabido, a lei distingue três modalidades de isenção de horário de trabalho: *isenção total*, sem sujeição aos limites máximos do período normal de trabalho (modalidade supletiva,

sem prejuízo do necessário respeito, também neste caso, do(s) dia(s) de descanso semanal, dos feriados e, claro, das férias;

xi) Registe-se ainda que, apesar da ausência de disposições legais adequadas a regular estas situações, a contratação coletiva não tem deixado, em certos setores de atividade (saúde, transportes, eletricidade, comunicações, indústrias de laboração contínua, etc.), de estabelecer *regimes de prevenção ou disponibilidade*, isto é, situações em que os trabalhadores devem permanecer contactáveis e disponíveis para, em caso de necessidade, comparecerem rapidamente nas instalações da empresa ou em outro local, para prestar trabalho[10]. Encontrando-se o trabalhador em regime de prevenção ou disponibilidade, afigura-se claro que ele não está no seu período de descanso e, portanto, nada impede o contacto por parte do empregador, sem que haja violação da norma legal relativa à desconexão;

xii) Temos também por seguro que, logicamente, nada impede o empregador de contactar o trabalhador no seu período de descanso, se tal se traduzir numa qualquer ordem de prestação de trabalho suplementar, nos termos e com os efeitos, máxime remune-

---

aplicável na falta de estipulação das partes em contrário); *isenção parcial ou limitada*, com possibilidade de determinado aumento do período normal de trabalho, por dia ou por semana; *isenção modelada ou relativa*, com observância do período normal de trabalho acordado. O grau de tutela do teletrabalhador isento de horário, em matéria de desconexão, oscilará em função da modalidade de isenção acordada, rarefazendo-se consideravelmente nos casos, que serão a maioria, de isenção total.

[10] Nesse caso, porém, via de regra os trabalhadores sujeitos ao regime de disponibilidade auferem subsídios próprios (por vezes calculados em função do número de dias ou horas de afetação ao regime), sendo que, sempre que sejam chamados a comparecer na empresa ou em outro local, as correspondentes despesas de viagem serão pagas pela empresa, devendo ainda o trabalho assim prestado ser remunerado, eventualmente como trabalho suplementar. Para indicações a este respeito, cfr. o *Livro Verde sobre as Relações Laborais*, Ministério do Trabalho, Solidariedade e Segurança Social, dezembro de 2016, Lisboa, pp. 343-344, bem como as reflexões de João Zenha Martins, «Tempo de trabalho e tempo de repouso: qualificação e delimitação de conceitos», in *Tempo de Trabalho e Tempos de Não Trabalho*, Estudos APODIT, n.º 4, AAFDL, 2018, pp. 25-67, e de Pedro Ferreira de Sousa e Fábio Nave Moreira, «O tempo de disponibilidade do trabalhador – perspetiva laboral, fiscal e contributiva», *Prontuário de Direito do Trabalho*, CEJ, 2018-II, pp. 195-215.

ratórios, previstos nas pertinentes disposições do CT (arts. 226.º a 231.º e 268.º do CT);

xiii) Em qualquer caso, a norma proíbe, em termos amplos, o contacto patronal, a norma estabelece um dever de abstenção de contacto por parte da entidade empregadora durante o período de descanso do trabalhador, não carecendo aquele dever, para ser desrespeitado, de que o contacto efetuado exija ou solicite uma qualquer reação ou resposta imediata por parte do trabalhador[11];

xiv) Pelo exposto, estas inovadoras normas legais (os arts. 169.º-B, n.º 1, al. *b*), e 199.º-A do CT) merecem a nossa franca adesão, em via de princípio, justamente por se proporem combater a cultura empresarial hoje dominante, do trabalhador/colaborador "sempre ligado" (*always connected, always available*)[12] – um combate

---

[11] Segundo se refere numa nota da DGAEP – Direção-Geral da Administração e do Emprego Público, «não estaremos perante uma situação de incumprimento do dever de abstenção, no caso de um empregador que envie um email ao trabalhador durante o período de descanso deste, em que não seja solicitada resposta ou se determine qualquer outra ação imediata por parte do trabalhador» (www.dgaep.gov.pt, FAQ – Teletrabalho, n.º 30, atualizado em 11/02/2022).

Não podemos subscrever esta afirmação, que nos parece contrariar tanto a letra como a teleologia da lei. O dever de abstenção de contacto implica um autêntico *do not disturb!* endereçado ao empregador, pelo que, cremos, o facto de a mensagem enviada não solicitar resposta nem determinar uma ação imediata por parte do trabalhador não descaracteriza a atuação patronal como violação desse dever de abstenção. A norma legal em apreço proíbe contactar, não proíbe perguntar, impõe uma abstenção de contacto, não uma abstenção de emitir ordens ou de formular questões. Se o trabalhador continuar a receber mensagens no seu período de descanso, ele irá sentir-se obrigado a lê-las, irá pensar no seu conteúdo, pensar no que fará quando regressar ao emprego, como responderá ou agirá então, etc., isto é, ele irá ser perturbado por elas, ele irá continuar a estar "com a cabeça no trabalho" durante o seu período de descanso e não, como a lei pretende, desconectado.

Para mais desenvolvimentos sobre o ponto, seja-nos permitido remeter para o nosso «A desconexão profissional e a DGAEP: tomemos a sério o dever de abstenção de contacto», disponível em observatorio.almedina.net.

[12] Trata-se de uma cultura empresarial que tem de ser combatida. Isso mesmo se reconhece no Acordo-Quadro sobre a Digitalização, celebrado pelos parceiros sociais europeus em junho de 2020, no qual se assume, no âmbito das medidas a adotar em matéria de desconexão, o «commitment from management to create a culture that avoids out of hours contact», se afirma que «achievement of organisational objectives should not require out

muito árduo e difícil, por certo, mas que nem por isso deve deixar de ser travado pelo Direito do Trabalho da era digital[13]. O Direito, enquanto ciência prescritiva, ordena, permite e proíbe condutas, o Direito pode e deve contrariar práticas que ameaçam os valores fundamentais da sociedade, o direito pode, afinal, estimular uma contracultura em matéria de desconexão.

---

of hours connection», e se recomenda a adoção de «alert and support procedures in a no--blame culture to find solutions and to guard against detriment for workers for not being contactable» (*European Social Partners Framework Agreement on Digitalisation*, de 22 de junho de 2020, p. 10). Ou seja, a cultura empresarial que se gerou, de disponibilidade permanente dos trabalhadores, tem de ser contrariada por uma contracultura que ao Direito do Trabalho cabe construir.

[13] Particular atenção merece, em toda esta matéria, a recente Resolução do Parlamento Europeu, de 21 de janeiro de 2021, contendo recomendações à Comissão sobre o direito a desligar (2019/2181(INL)), na qual o Parlamento Europeu, entre muitas outras relevantes considerações: *i)* salienta que uma conectividade constante – combinada com exigências elevadas no emprego e a expectativa crescente de que os trabalhadores estejam contactáveis a qualquer momento – pode afetar negativamente os direitos fundamentais dos trabalhadores, o equilíbrio entre a sua vida privada e a sua vida profissional, bem como a sua saúde e bem-estar físicos e mentais; *ii)* recorda que, de acordo com a legislação em vigor e a jurisprudência do Tribunal de Justiça da União Europeia, os trabalhadores não são obrigados a estar à disposição do empregador de forma permanente e ininterrupta, que existe uma diferença entre tempo de trabalho – em que um trabalhador tem de estar à disposição do empregador – e tempo de descanso – em que um trabalhador não tem qualquer obrigação de permanecer à disposição do empregador; *iii)* salienta que o direito a desligar permite que os trabalhadores se abstenham de desempenhar tarefas, atividades e comunicações eletrónicas relacionadas com o trabalho como telefonemas, mensagens de correio eletrónico e outras, fora do seu tempo de trabalho – incluindo durante períodos de descanso, férias oficiais e anuais, licença de maternidade, de paternidade, parental e outros tipos de licença – sem enfrentarem quaisquer consequências adversas; *iv)* sublinha que os empregadores não devem exigir que os trabalhadores estejam direta ou indiretamente disponíveis ou acessíveis fora do seu horário de trabalho e que os colegas devem abster-se de contactar os seus colegas fora do horário de trabalho acordado para fins profissionais; *v)* insta a Comissão a apresentar, com base numa avaliação exaustiva e adequada e numa consulta aos Estados-Membros e aos parceiros sociais, uma proposta de diretiva da União sobre normas e condições mínimas, a fim de assegurar que os trabalhadores possam exercer efetivamente o seu direito a desligar; *vi)* afirma, sem tibieza, que o direito a desligar é um direito fundamental da nova organização do trabalho na nova era digital.

c) *Diligenciar no sentido da redução do isolamento do trabalhador, promovendo, com a periodicidade estabelecida no acordo de teletrabalho, ou, em caso de omissão, com intervalos não superiores a dois meses, contactos presenciais dele com as chefias e demais trabalhadores.*

Está aqui em causa o chamado *direito à sociabilidade informática*, através do qual se procura minorar aquele que, desde sempre, foi apresentado como um dos grandes males do teletrabalho: o isolamento do teletrabalhador, o enclausuramento do mesmo no seu domicílio, a perda do espaço de convivialidade representado pela empresa física, pelo contacto presencial com os companheiros de trabalho, com os clientes, com as chefias, etc. O problema da solidão, a minar a solidariedade entre um coletivo de trabalhadores que, atomizado e reduzido a uma condição virtual, tende a perder a noção da sua própria existência.

Como alguns autores têm observado, o ser humano, mais ou menos extrovertido, apresenta uma tendência marcadamente social: com o afastamento do elemento geográfico da prestação de trabalho para um polo afastado da empresa e dos outros trabalhadores, a socialização, anteriormente realizada em pessoa, no mesmo espaço físico e que se prolongava no tempo, desvia-se para as plataformas eletrónicas. O convívio presencial que ocorreria durante uma pausa ou uma hora de almoço, por exemplo, pode chegar mesmo a desaparecer com a passagem para um trabalho fisicamente mais solitário, afastando uma certa solidariedade inerente à condição de colega de trabalho e alterando os padrões de confraternização que, nas últimas décadas, com o surgimento da Internet, começaram a adquirir contornos distintos dos que a humanidade conhecera desde o seu início. Reportam-se condições propícias para maiores sentimentos de solidão, isolamento e exclusão social, que podem culminar mesmo em quadros clínicos de depressão. A interação cara a cara é, realmente, diferente e muito importante, o estar-com é fundamental para os seres humanos.

O problema não era ignorado pela redação primitiva do CT, em cujo art. 169.º, n.º 3, já se podia ler que «o empregador deve evitar o isolamento do trabalhador, nomeadamente através de contactos regulares com a empresa e os demais trabalhadores». Agora, a lei estabelece que, no próprio acordo de teletrabalho, deve ser estabelecida «a periodicidade e o modo de concretização dos contactos presenciais a que se refere a alínea c) do n.º 1 do artigo 169.º-B», sendo que, em caso de omissão de tal estipulação no acordo, esses contactos presenciais devem ocorrer com intervalos não superiores a dois meses.

É discutível se esta regra legal, de intervalos não superiores a dois meses para os contactos presenciais, será supletiva, podendo ser afastada, em qualquer sentido, para mais ou para menos, através de estipulação contratual, ou se a regra legal deve ser tida como relativamente imperativa, isto é, se o acordo de teletrabalho poderá estabelecer intervalos mais curtos – mas não mais longos – para tais contactos presenciais. O ponto é duvidoso, mas cremos que a intenção da lei é a de estabelecer a duração máxima de tais intervalos, permitindo que as partes prevejam contactos presenciais mais frequentes, mas não o oposto. Só assim, na verdade, se garante que o empregador diligencie no sentido da redução do isolamento do teletrabalhador, como se estabelece na primeira parte desta alínea c)[14].

Isto vale, claro, para o teletrabalhador que desempenha a sua atividade sempre à distância. Se, pelo contrário, for adotado um modelo híbrido de teletrabalho e trabalho presencial, como previsto no art. 166.º, n.º 3, a própria alternância de períodos de trabalho à distância e de trabalho presencial resolverá (ou atenuará) o problema do isolamento e da possível solidão do teletrabalhador. E também importa não olvidar que o teletrabalhador é obrigado a comparecer nas instalações da empresa ou noutro local designado pelo empregador, para reuniões, ações de formação e outras situações que exijam presença física, para as quais tenha sido convocado com, pelo menos, 24 horas de antecedência (art. 169.º-A, n.º 3), sendo que, se tais convocatórias ocorrerem regularmente, também por esta via se reduzirá o isolamento do teletrabalhador.

Acresce, num outro plano, que o teletrabalhador tem direito a participar presencialmente em reuniões que se efetuem nas instalações da empresa, mediante convocação das respetivas estruturas de representação coletiva, podendo também participar em tais reuniões à distância,

[14] Outro entendimento permitiria, na verdade, esvaziar quase por completo este direito à sociabilidade, estipulando, por exemplo, uma periodicidade anual para tal contacto presencial – o que, reitera-se, não corresponde à preocupação manifestada, nesta matéria, pela al. *c*) do n.º 1 deste art. 169.º-B do CT.

utilizando as tecnologias de informação e de comunicação afetas à prestação de trabalho para esse efeito (art. 169.º, n.º 1, al. b), e n.º 2)[15].

d) *Garantir ou custear as ações de manutenção e de correção de avarias do equipamento e dos sistemas utilizados no teletrabalho, nos termos do n.º 2 do artigo 168.º, independentemente da sua propriedade.*

Os equipamentos e sistemas telemáticos necessários à realização do trabalho poderão ser propriedade do trabalhador, do empregador ou até de terceiros, como decorre do disposto na al. *g*) do n.º 4 do art. 166.º do CT, mas, em qualquer caso, recairá sobre o empregador o dever de custear as ações de manutenção e de reparação de avarias de tais equipamentos e sistemas, na linha, aliás, do disposto no novo n.º 2 do art. 168.º do CT. Estamos, reitera-se, perante teletrabalho assalariado, por conta alheia, de cujos frutos irá beneficiar a entidade empregadora, pelo que, em coerência, os custos operacionais, máxime os relativos à manutenção dos equipamentos e sistemas utilizados e à reparação de eventuais avarias, devem correr por conta desta última.

e) *Consultar o trabalhador, por escrito, antes de introduzir mudanças nos equipamentos e sistemas utilizados na prestação de trabalho, nas funções atribuídas ou em qualquer característica da atividade contratada.*

---

[15] Por seu turno, as estruturas de representação coletiva dos trabalhadores podem utilizar essas tecnologias para, no exercício da sua atividade, comunicar com o trabalhador em regime de teletrabalho, tendo aquelas estruturas o direito de proceder à distribuição de convocatórias, comunicações, informações ou outros textos relativos à vida sindical e aos interesses dos trabalhadores por via de lista de distribuição de correio eletrónico para todos os teletrabalhadores, lista que deverá ser disponibilizada pelo empregador (arts. 169.º, n.º 3, e 465.º, n.º 2). O empregador deve, portanto, disponibilizar os contactos dos teletrabalhadores (de todos e cada um deles) às respetivas estruturas de representação coletiva, para que estas possam desempenhar a sua função, em moldes análogos ao que acontece em caso de trabalho presencial. E não procede, neste âmbito, invocar a legislação relativa à proteção de dados pessoais, para que os empregadores se esquivem a cumprir esta obrigação legal. Aliás, convenhamos, as leis de proteção de dados foram criadas tendo em vista proteger as pessoas do poder das empresas, sendo que agora parece que as empresas estão a tentar utilizar essas leis para se protegerem das pessoas, desde logo dificultando a atividade das estruturas de representação coletiva daqueles que aí trabalham à distância (e, portanto, em condições de maior isolamento e de menor visibilidade).

Este dever de consulta prévia, por escrito, antes de a entidade empregadora introduzir mudanças nos equipamentos e sistemas utilizados, nas funções atribuídas ao teletrabalhador ou em qualquer característica da atividade contratada justifica-se, porventura, em função da singularidade da prestação de trabalho à distância e da complexidade dos equipamentos e sistemas utilizados. Não parece, em qualquer caso, que este dever de consulta se traduza em qualquer possibilidade de veto do trabalhador em relação às mudanças a introduzir. Mas este dever de ouvir previamente o trabalhador, de o auscultar, de indagar da sua opinião, não deixa de ser relevante, para que a entidade empregadora tome a decisão com pleno conhecimento de causa, em relação ao impacto da mesma.

Naturalmente, o poder de a entidade empregadora introduzir mudanças em certas características da atividade contratada, previsto nesta alínea, não se confunde com o poder de definir a atividade, em si, para a qual o trabalhador é contratado, visto que, quanto a isto, trata-se de matéria que deve ser objeto de acordo contratual, nos moldes previstos no art. 166.°, n.° 4, do CT[16] – e matéria insuscetível, *qua tale*, de modificação por decisão unilateral.

f) *Facultar ao trabalhador a formação de que este careça para o uso adequado e produtivo dos equipamentos e sistemas que serão utilizados por este no teletrabalho.*

Trata-se aqui de um dever especial do empregador em relação ao teletrabalhador, que se soma aos deveres que, em geral, recaem sobre a entidade empregadora, em matéria de formação profissional contínua dos trabalhadores, regulada nos arts. 130.° e ss. do CT. No caso do dever previsto nesta alínea, trata-se de uma formação eventual, a dar ao teletrabalhador caso este de tal careça, com um objetivo específico: o uso adequado e produtivo dos equipamentos e sistemas por ele utilizados.

2.2. Deveres do trabalhador

Quanto aos deveres especiais a cargo do teletrabalhador, a lei enuncia os seguintes:

[16] O acordo para prestação de teletrabalho deve definir, desde logo, a atividade contratada, com indicação da categoria correspondente, conforme resulta da al. e) deste preceito.

a) *Informar atempadamente a empresa de quaisquer avarias ou defeitos de funcionamento dos equipamentos e sistemas utilizados na prestação de trabalho.*

Este dever de informação por parte do teletrabalhador constitui, de algum modo, o reverso da solução constante da al. *d*) do n.º 1 do artigo em apreço. Com efeito, se as ações de reparação dos equipamentos e sistemas devem ser suportadas pela empresa, compreende-se que sobre o teletrabalhador recaia o dever de informar a entidade empregadora sobre quaisquer avarias ou defeitos de funcionamento de tais equipamentos e sistemas. Recorde-se, ademais, que, por força do chamado dever de custódia, consagrado na al. g) do art. 128.º do CT, recai sobre o trabalhador (e também sobre o teletrabalhador) a obrigação de velar pela guarda, conservação e boa utilização dos instrumentos de trabalho (ou outros bens relacionados com o trabalho) que lhe foram fornecidos ou confiados pelo empregador.

Note-se que, cessando o contrato de trabalho, o trabalhador deverá devolver imediatamente ao empregador os instrumentos de trabalho e quaisquer outros objetos pertencentes a este (o computador, o *smartphone*...), sob pena de incorrer em responsabilidade civil pelos danos causados, como decorre do disposto no art. 342.º do CT.

b) *Cumprir as instruções do empregador no respeitante à segurança da informação utilizada ou produzida no desenvolvimento da atividade contratada.*

Através desta alínea, a lei enfatiza a necessidade de o trabalhador atuar com prudência e diligência, até em razão dos equipamentos e sistemas que utiliza ao desenvolver a sua atividade, em ordem a garantir a segurança da informação produzida ou utilizada em tal contexto. A preservação do sigilo e da confidencialidade da informação, em ambiente virtual e na era dos ciberataques, é um tema cada vez mais sensível e melindroso, pelo que o trabalhador deverá observar escrupulosamente as instruções do empregador nessa matéria.

c) *Respeitar e observar as restrições e os condicionamentos que o empregador defina previamente, no tocante ao uso para fins pessoais dos equipamentos e sistemas de trabalho fornecidos por aquele.*

Como se menciona *supra*, os equipamentos e sistemas de trabalho utilizados pelo teletrabalhador podem ser propriedade do próprio trabalhador, mas, amiúde, serão fornecidos pela entidade empregadora – o teletrabalhador utiliza esse equipamentos quando labora, mas a titularidade dos mesmo pertence à entidade empregadora, que apenas os fornece ao trabalhador, como ferramentas de trabalho. Neste caso, e conforme resulta do disposto nos n.º 6 e 7 do art. 168.º do CT, o uso de tais equipamentos e sistemas para além das necessidades do serviço pode ser condicionado, quer através de regulamento interno, quer através de estipulação contratual, em sede de acordo para prestação de teletrabalho. Se tal acontecer, o teletrabalhador deverá acatar as restrições e condicionamentos definidos no tocante ao uso, para fins pessoais, desses equipamentos e sistemas de trabalho, fornecidos pelo empregador ao trabalhador.

Curiosamente, a lei parece dar preferência, nesta matéria, ao regulamento interno[17], pois apenas no caso de este não existir ou de, existindo, omitir qualquer tratamento da matéria, o legislador faz apelo ao acordo entre as partes. Talvez a preferência do legislador pelo regulamento interno, em lugar do acordo individual, se credencie na dimensão coletiva do fenómeno, com regras gerais e iguais para todos estabelecidas no regulamento, mas, por outro lado, não deixa de impressionar negativamente que, nesta sede, se prefira o regulamento interno, expressão do poder unilateral do empregador, à estipulação contratual entre os próprios sujeitos do acordo de prestação de teletrabalho.

Note-se, de qualquer modo, que a lei presume que, no silêncio do regulamento e do acordo de teletrabalho, o teletrabalhador poderá usar esses sistemas e equipamentos para fins pessoais, considerando mesmo constituir contraordenação grave «a aplicação de qualquer sanção ao trabalhador pelo uso dos equipamentos e sistemas para além das necessidades de serviço, quando esse uso não esteja expressamente condicionado

[17] Sobre o regulamento interno, veja-se disposto no art. 99.º, n.º 1, do CT, o qual determina que «o empregador pode elaborar regulamento interno de empresa sobre organização e disciplina do trabalho». Trata-se, afinal, de mais uma manifestação da posição de domínio ocupada pelo empregador, a faculdade de fixar, por escrito, regras sobre a organização e a disciplina do trabalho, no âmbito da empresa. Ainda que se esteja perante um poder do empregador (o poder regulamentar, corolário, de alguma forma, do poder de direção patronal), a lei procura "democratizar" o exercício desse poder, reconhecendo aos representantes dos trabalhadores um direito de audição aquando da elaboração do *regulamento interno* (n.º 2 do art. 99.º).

nos termos dos números anteriores», isto é, quando esse uso não esteja expressamente condicionado pelo regulamento interno ou pelo acordo de teletrabalho. Vale dizer, na ausência de condicionamento expresso, a regra é a da livre utilização dos sistemas e equipamentos, pelo teletrabalhador, para fins pessoais.

Isto, reitera-se, na hipótese de tais sistemas e equipamentos serem fornecidos ao trabalhador pelo empregador, conservando este a respetiva titularidade. Na hipótese contrária, de os sistemas e equipamentos serem propriedade do trabalhador, a questão nem sequer se coloca. Isto sem prejuízo de o trabalhador dever obter a concordância do empregador acerca das características e preços dos equipamentos por ele adquiridos, conforme resulta do n.º 1 do art. 168.º do CT. Afinal, nesta hipótese o trabalhador não está a adquirir um equipamento telemático para seu mero uso pessoal, está também a adquirir um equipamento para teletrabalhar, pelo que é natural que o empregador tenha uma palavra a dizer sobre as características e o preço de tal equipamento – ao empregador caberá assegurar-se de que o equipamento adquirido pelo trabalhador permite a boa execução da prestação de teletrabalho, além de que os custos com a respetiva manutenção e com a reparação de avarias correrão, como se diz *supra*, por conta do empregador.

d) *Observar as diretrizes do empregador em matéria de saúde e segurança no trabalho.*

As questões de segurança e saúde no trabalho ganham um relevo especial, em sede de teletrabalho, sobretudo quando este é prestado a partir do domicílio do trabalhador. O domicílio converte-se, assim, no local de trabalho do teletrabalhador (ou, como alguns preferem dizer, o trabalhador passa a morar no seu local de trabalho, no seu emprego). Em qualquer caso, os desafios são consideráveis, tendo merecido a atenção do legislador através de uma norma própria, o art. 170.º-A do CT. Na presente alínea, o legislador explicita o óbvio, isto é, que o teletrabalhador deve observar as diretrizes do empregador, em matéria de segurança e saúde no trabalho. De resto, isso mesmo já resultaria, em geral, do disposto no art. 128.º do CT, preceito no qual a lei considera que um dos deveres do trabalhador (de qualquer trabalhador) consiste em cumprir as ordens e instruções do empregador respeitantes a segurança e saúde no trabalho, desde que tais ordens ou instruções não sejam contrárias aos seus direitos ou garantias (n.º 1, al. *e*), bem como cumprir as prescrições sobre segurança e saúde no trabalho que decorram de lei ou instrumento de regulamentação coletiva de trabalho (n.º 1, al. *j*)[18].

3. Incumprimento dos deveres

A violação de algum destes deveres especiais por parte do trabalhador dará azo, segundo se lê no n.º 3, a responsabilidade disciplinar e, se for caso disso, a responsabilidade civil, nos termos gerais (e quiçá, também, a responsabilidade criminal, nos termos gerais). Por seu turno, a violação de alguns daqueles deveres especiais, por banda do empregador, constituirá uma contraordenação grave. E, nos termos gerais, o incumprimento de tais deveres por parte da entidade empregadora, isto é, a violação dos direitos do teletrabalhador poderá, inclusive, constituir justa causa para que este resolva o contrato, designadamente ao abrigo da al. *b*) do n.º 2 do art. 394.º do CT, que considera como justa causa de demissão, em princípio, a violação culposa de garantias legais do trabalhador – caso em que ao trabalhador será devida, nos termos gerais, uma indemnização pela rutura contratual motivada pelo incumprimento culposo do empregador ("despedimento indireto"), calculada com base no disposto no art. 396.º do CT[19].

---

[18] Para desenvolvimentos a este respeito, remete-se para o texto de Ana Ribeiro Costa, neste número 60 da *Questões Laborais*.

[19] A existência de justa causa de resolução do contrato pelo trabalhador será apreciada nos termos do n.º 3 do art. 351.º do CT, com as necessárias adaptações (grau de lesão dos interesses do trabalhador, caráter das relações entre as partes, etc.), sendo aferida em termos de inexigibilidade de manutenção do vínculo laboral. Para desenvolvimentos a este respeito, por todos, João Leal Amado, in AAVV, *Direito do Trabalho – Relação Individual*, Almedina, Coimbra, 2021 (reimp.), pp. 1116 e ss.

Desconexão profissional: direito ou dever?

JOÃO LEAL AMADO

> «Dans la vision classique du travail, la frontière entre vie personnelle et vie professionnelle est assurée par la référence au temps et au lieu de travail. Pendant son temps de travail, le salarié est subordonné; une fois ce temps écoulé, il peut vaquer librement à ses occupations personnelles».
>
> PASCAL LOKIEC, *Il Faut Sauver le Droit du Travail!*, Odile Jacob, Paris, 2015, p. 47.

1. Tempo de trabalho e tempo de vida

Quando celebra um contrato de trabalho, o trabalhador não vende o seu corpo ao empregador. Nem, decerto, a sua alma. Mas talvez se possa dizer que aquele vende o seu tempo, *rectius*, vende parte do seu tempo. Na escravidão, o que se compra é o próprio sujeito, é o homem, ao passo que no trabalho assalariado é a sua energia (a sua energia muscular e a sua energia mental, as suas energias físicas e psíquicas), o que representa tempo de vida, tempo do homem. Recordem-se, a este propósito, as belas palavras de Fernando Pessoa sobre o seu patrão Vasques: «Tenho, muitas vezes, inexplicavelmente, a hipnose do patrão Vasques. *Que me é esse homem, salvo o obstáculo ocasional de ser dono das minhas horas, num tempo diurno da minha vida?*»[1]. E também Pepetela escreveu, num dos seus romances: «Era dono do seu tempo, a única liberdade válida»[2].

Única ou não, a verdade é que esta liberdade é preciosa e é iniludivelmente sacrificada quando alguém celebra um contrato de trabalho

---

[1] *Livro do Desassossego*, Obra Essencial de Fernando Pessoa, I, Assírio & Alvim, Lisboa, 2006, p. 46 (itálico nosso).

[2] *A Geração da Utopia*, 7.ª ed., Publicações Dom Quixote, Lisboa, 2004, p. 191.

e assume a qualidade de trabalhador dependente. Compreende-se, por isso, que a ordem jurídica se preocupe com esse *tempo alienado*, isto é, com determinar *que tempo será esse* e *quanto tempo será esse*. E, a este propósito, devemos começar pela Constituição da República Portuguesa (CRP): todos os trabalhadores têm direito «ao repouso e aos lazeres, a um limite máximo da jornada de trabalho, ao descanso semanal e a férias periódicas pagas», lê-se no seu art. 59.º, n.º 1, al. *d)*; e o n.º 2, al. *b)*, do mesmo preceito acrescenta incumbir ao Estado «a fixação, a nível nacional, dos limites da duração do trabalho». Trata-se, aliás, de preocupações que acompanham o Direito do Trabalho desde o seu nascimento: limitar o tempo de trabalho, proteger o equilíbrio físico e psíquico do trabalhador, tutelar a sua saúde, garantir períodos de repouso para este, salvaguardar a sua autodisponibilidade, assegurar a conciliação entre o trabalho e a vida pessoal e familiar – conciliação esta que surge também como um desiderato constitucional, nos termos do art. 59.º, n.º 1, al. *b)*, da CRP, analisando-se num dos deveres a cargo do empregador na relação laboral (art. 127.º, n.º 3, do Código do Trabalho, segundo o qual, «o empregador deve proporcionar ao trabalhador condições de trabalho que favoreçam a conciliação da atividade profissional com a vida familiar e pessoal») –, enfim, criar e preservar a própria noção de *tempo livre*, de tempos de não trabalho durante a vigência do contrato que não se reduzam aos períodos indispensáveis ao sono reparador.

Nesta matéria, a lei portuguesa assenta no binómio *tempo de trabalho/período de descanso*, sendo certo que o tempo de trabalho compreende dois módulos diferentes: o tempo de trabalho efetivo (art. 197.º, n.º 1, do CT) e os períodos de inatividade equiparados a tempo de trabalho (as interrupções e os intervalos previstos no n.º 2 do art. 197.º)[3]; por sua vez, aquele tempo de trabalho efetivo corresponde, não apenas ao desempenho da prestação («período durante o qual o trabalhador exerce a atividade»), mas também ao tempo de disponibilidade para o trabalho («ou perma-

[3] Trata-se, p. ex., de interrupções de trabalho por motivos técnicos, climatéricos ou económicos, pausas impostas por normas de segurança e saúde no trabalho, para satisfação de necessidades pessoais inadiáveis do trabalhador, etc.

nece adstrito à realização da prestação»)[4]. Por seu turno, o chamado «período de descanso» é recortado negativamente pela lei, consistindo, nos termos do art. 199.º do CT, em todo aquele que não seja tempo de trabalho.

Depois de esclarecer o que se entende por tempo de trabalho e por período de descanso, a lei procede à organização da dimensão temporal da prestação recorrendo a um conjunto de conceitos operatórios básicos, dos quais cumpre destacar os dois que seguem:

i) *Período normal de trabalho* (art. 198.º) – tempo de trabalho que o trabalhador se obriga a prestar, medido em número de horas por dia e por semana (o *quantum* da prestação, a determinação do volume de trabalho)[5];

ii) *Horário de trabalho* (art. 200.º) – determinação das horas de início e termo do período normal de trabalho diário e do intervalo de descanso, bem como do descanso semanal (o *quando* da prestação, a distribuição das horas que compõem o período normal de trabalho ao longo do dia e da semana). O horário de trabalho delimita, assim, o período normal de trabalho diário e semanal[6].

É sabido que a força de trabalho é uma qualidade inseparável da *pessoa do trabalhador*, o que supõe um profundo envolvimento da pessoa deste na execução, em moldes heterodeterminados, daquele contrato. Como há muito escreveu Ripert, "o trabalho é o próprio homem no seu corpo e no seu espírito". Destarte, ao alienar a disponibilidade da sua força de trabalho, o trabalhador aliena-se, de algum modo, a si próprio. O trabalhador tem como que "duas vidas", a vida no trabalho e a vida fora do

---

[4] Como se vê, o conceito técnico-jurídico de tempo de trabalho não coincide com o conceito naturalístico de tempo de trabalho.

[5] Conceito que não deve ser confundido com o de *período de funcionamento*, consagrado no art. 201.º: período de tempo diário durante o qual o estabelecimento pode exercer a sua atividade (período de abertura ou de laboração, consoante se trate de um estabelecimento de venda ao público ou de um estabelecimento industrial).

[6] Sendo certo que o início e o termo do período normal de trabalho diário podem ocorrer em dias de calendário distintos, desde que consecutivos, como esclarece o n.º 3 do art. 200.º (pense-se, p. ex., em certas hipóteses de trabalho noturno).

trabalho, vale dizer, uma vida profissional em que se encontra numa situação de heterodisponibilidade e uma vida extraprofissional em que recupera a sua autodisponibilidade. Assim, pois, e como observa ALAIN SUPIOT, «pelo contrato de trabalho, o trabalhador abdica de uma parte da sua liberdade para se colocar em subordinação a outrem. Uma parte somente, dado que, de qualquer modo, a subordinação está acantonada nos tempos e no local da execução da prestação de trabalho. Sujeito submetido na empresa, o trabalhador recupera toda a sua liberdade fora dela»[7]. E por isso mesmo, aliás, para muitas pessoas, a "verdadeira vida", aquela que merece ser vivida, só começa quando a jornada de trabalho acaba e quando, finalmente, elas recuperam a sua liberdade.

A subordinação jurídica tem limites, por isso mesmo que o trabalhador não é um servo, mas um cidadão. A prestação laboral encontra-se, por isso, balizada: balizada *funcionalmente*, visto que, em princípio, o trabalhador deve exercer funções correspondentes à atividade para que se encontra contratado (art. 118.º do CT); balizada *espacialmente*, visto que, em princípio, o trabalhador deve exercer a atividade no local contratualmente definido (art. 193.º do CT); e balizada *temporalmente*, visto que, em princípio, o trabalhador apenas deverá exercer a correspondente atividade dentro dos limites traçados pelo seu horário de trabalho (art. 200.º do CT).

A determinação do tempo de trabalho surge, portanto, como uma questão de suma relevância para o trabalhador, em que se joga a saúde e a própria liberdade deste[8]. Assim, e nas palavras de BERNARDO LOBO XAVIER, «a realização quotidiana e continuada da atividade laboral não só envolve uma dada intensidade de esforço e de fadiga do trabalhador, como ocupa uma parte considerável da sua existência. É, por isso, necessário que o Direito estabeleça limites ao nível de fadiga suscetível de ser

---

[7] *Crítica do Direito do Trabalho*, Fundação Calouste Gulbenkian, Lisboa, 2016, p. 211.

[8] Como observa ROSÁRIO PALMA RAMALHO, «a determinação do tempo de trabalho limita a subordinação do trabalhador perante o empregador e assegura a sua liberdade pessoal, que constitui um pressuposto axiológico fundamental do vínculo laboral». Neste sentido, segundo a Autora, a delimitação temporal da disponibilidade do trabalhador perante o credor surge como uma das condições que asseguram a compatibilidade da subordinação do trabalhador com a sua liberdade – *Tratado de Direito do Trabalho, II, Situações Laborais Individuais*, 7.ª ed., Almedina, Coimbra, 2019, p. 382.

imposto ao trabalhador (não relevando que tenha ou não o seu consentimento) e lhe garanta espaço para a família, o descanso e o lazer, salvaguardando, em suma, a *porção livre da sua existência* (tempo de repouso e de autodisponibilidade)»[9].

2. O desafio das Novas Tecnologias de Informação e Comunicação

É certo que aquela repartição dicotómica, aquela lógica binária tempo de trabalho/período de descanso, nunca foi linear. Trabalhadores há, por exemplo, que estão isentos de horário de trabalho, o que significa que não dispõem das tradicionais balizas limitadoras da situação de heterodisponibilidade representadas pela figura do horário de trabalho (a este propósito, veja-se o disposto nos arts. 218.º e 219.º do CT). Por outro lado, a lei sempre permitiu que, verificando-se determinadas circunstâncias (casos de força maior, acréscimos eventuais e transitórios de trabalho, etc.), a entidade empregadora pudesse ir além do horário de trabalho, pudesse afastar-se do programa contratual, ordenando ao trabalhador a prestação de trabalho extraordinário ou suplementar (a este propósito, veja-se o disposto no art. 227.º do CT).

Ainda assim, era de exceções que aqui se cuidava: nem todos os trabalhadores, mas apenas aqueles que exercem certo tipo de funções (de administração ou direção, de confiança, exercidas fora do estabelecimento, etc.), podem ser isentos de horário de trabalho, se nisso acordarem; e o recurso ao trabalho suplementar apenas é lícito quando se verificarem certos requisitos de necessidade ou indispensabilidade na esfera da empresa, sendo que o trabalhador poderá desobrigar-se da respetiva prestação se invocar e provar motivos atendíveis para a sua dispensa.

No essencial, aquele modelo binário, a que se refere Pascal Lokiec na citação com que abrimos este texto, era válido: por via do contrato de trabalho, o trabalhador abdicava de uma parte da sua liberdade, perdia a sua autodisponibilidade, ao subordinar-se a outrem; mas isso, em regra, apenas no tempo e no local de trabalho, pois, fora do espaço-tempo empresarial, o trabalhador passava para segundo plano, quase desaparecia, volvendo-se em pessoa e cidadão, assim recuperando a liberdade

[9] *Manual de Direito do Trabalho*, 4.ª ed., Rei dos Livros, 2020, p. 517 (itálico nosso).

alienada – isto, claro, até ao início de nova jornada de trabalho[10]. Lá, na empresa, no seu horário, cumprindo a jornada, o trabalhador reencontrava o trabalho dependente, colocando a sua autodisponibilidade entre parêntesis, a troco de um salário.

Em suma, o homem é um ser pluridimensional e multifacetado, que, por isso mesmo, não deve reduzir-se, nem pode ser reduzido, à sua condição de trabalhador, ao mero plano profissional. Nós, realmente, somos, temos de ser, muito mais do que o emprego que temos e do que o trabalho que realizamos. E ao Direito do Trabalho compete, afinal, não só "salvar a pele" que o trabalhador arrisca quando executa o contrato[11], mas também garantir que a execução do contrato não exaure o tempo de vida do trabalhador, garantir que este não se reduz à sua condição laboriosa e que tem condições (desde logo de saúde e de tempo disponível) para se dedicar, livremente, a outras dimensões da sua vida.

Sucede, porém, que, nos últimos anos, com o advento e com o incremento das NTIC (Novas Tecnologias de Informação e Comunicação), surgiu um novo e complexo desafio para o Direito do Trabalho, dado que

---

[10] Registe-se ainda que, apesar da ausência de disposições legais adequadas a regular estas situações em Portugal, a contratação coletiva não tem deixado, em certos setores de atividade (saúde, transportes, eletricidade, comunicações, indústrias de laboração contínua, etc.), de estabelecer *regimes de prevenção ou disponibilidade*, isto é, situações em que os trabalhadores devem permanecer contactáveis e disponíveis para, em caso de necessidade, comparecerem rapidamente nas instalações da empresa ou em outro local, para prestar trabalho. Nesse caso, porém, via de regra os trabalhadores sujeitos ao regime de disponibilidade auferem subsídios próprios (por vezes calculados em função do número de dias ou horas de afetação ao regime), sendo que, sempre que sejam chamados a comparecer na empresa ou em outro local, as correspondentes despesas de viagem serão pagas pela empresa, devendo ainda o trabalho assim prestado ser remunerado, eventualmente como trabalho suplementar. Para indicações a este respeito, cfr. o *Livro Verde sobre as Relações Laborais*, Ministério do Trabalho, Solidariedade e Segurança Social, Dezembro de 2016, Lisboa, pp. 343-344, bem como as reflexões de João Zenha Martins, «Tempo de trabalho e tempo de repouso: qualificação e delimitação de conceitos», in *Tempo de Trabalho e Tempos de Não Trabalho*, Estudos APODIT, n.º 4, AAFDL, 2018, pp. 25-67..

[11] A fórmula é de Alain Supiot, autor que sublinha que «na relação de trabalho, o trabalhador, ao contrário do empregador, não arrisca o património, arrisca a pele». E, acrescenta, «foi, desde logo, para salvar esta última que o direito do trabalho se constituiu» – *Crítica do Direito do Trabalho*, cit., pp. 92-93.

as NTIC possibilitam que o trabalho acompanhe o trabalhador fora do espaço/tempo profissional, invadindo o seu tempo de (suposta) autodisponibilidade. São de todos conhecidas as impressionantes mudanças registadas na nossa forma de viver, de comunicar e de trabalhar, resultantes da informatização, da internet, do *e-mail*, das redes sociais, dos telemóveis, dos computadores... E um dos principais efeitos destes fenómenos consiste, sem dúvida, na diluição das tradicionais fronteiras entre vida profissional e vida pessoal, sobretudo no âmbito das atividades de cariz intelectual. Agora, em muitos casos, o trabalho (e, por via disso, o empregador) pode facilmente acompanhar o trabalhador, seja quando for e onde quer que este se encontre. Agora, o modelo é o de um trabalhador conectado e disponível 24 sobre 24 horas, pois a tecnologia permite a conexão por tempo integral (hiperconexão), potenciando situações de quase escravização do trabalhador – a escravatura, diz-se, do *homo connectus*, visto, amiúde, como "colaborador" de quem não se espera outra coisa senão dedicação permanente e ilimitada.

Trata-se de uma cultura empresarial que tem de ser combatida. Isso mesmo se reconhece no Acordo-Quadro sobre a Digitalização, celebrado pelos parceiros sociais europeus em junho de 2020, no qual se assume, no âmbito das medidas a adotar em matéria de desconexão, o «commitment from management to create a culture that avoids out of hours contact», se afirma que «achievement of organisational objectives should not require out of hours connection», e se recomenda a adoção de «alert and support procedures in a no-blame culture to find solutions and to guard against detriment for workers for not being contactable»[12]. Ou seja, a cultura empresarial que se gerou, de disponibilidade permanente dos trabalhadores, tem de ser contrariada por uma contracultura que ao Direito do Trabalho cabe construir.

Enfim, vivemos numa era virtual, digital, marcada por múltiplas contradições: preocupamo-nos com o não-trabalho, com o descanso, com o lazer, com o ócio, num mundo marcado pelo desemprego; preocupamo-nos com o desemprego causado pelo avanço tecnológico, num mundo em que a tecnologia não tem deixado de escravizar o homem ao trabalho;

[12] *European Social Partners Framework Agreement on Digitalisation*, de 22 de junho de 2020, p. 10.

preocupamo-nos com a dignificação do homem através do trabalho, num mundo em que a tecnologia pode roubar dignidade ao homem que trabalha, devassando a sua intimidade e perturbando a sua vida privada...

Num interessante artigo dedicado, justamente, a este tema, intitulado «Do direito à desconexão do trabalho», datado de 23 de junho de 2003, o professor e magistrado Jorge Luiz Souto Maior concluía, lançando o seguinte desafio ao leitor: «Façamos uma reflexão sobre nossa postura diante do trabalho. Temos sido escravos do trabalho? Quase não respiramos sem nosso computador? Ele – o computador – está para nós como aquela bombinha está para o asmático? Trabalhamos dia e noite, inclusive finais de semana, e não são poucas as vezes que tiramos férias para colocar o trabalho em dia? Estamos pressionados pelos "impessoais" relatórios de atividade, que, mensalmente, mostram publicamente o que somos no trabalho, sob o prisma estatístico? E, finalmente, estamos viciados em debater questões nas famosas listas de discussão via internet?». O Autor rematava: «Se a sua resposta foi positiva a três destas perguntas, é sinal de que o sinal de alerta deve ser ligado. Se a resposta positiva atingiu o nível de cinco perguntas, então é hora de exercer, concretamente, o direito a se desconectar do trabalho»[13].

3. Direito à desconexão profissional?

As palavras de Jorge Luiz Souto Maior são muito sugestivas. E, quase vinte anos volvidos, dir-se-ia mesmo que tudo se agravou neste domínio, sendo o computador substituído pelo telemóvel, isto é, pelo telemóvel--computador – o *smartphone*, que, muito marginalmente, ainda serve para as pessoas comunicarem telefonicamente umas com as outras... Mas o

[13] «Do direito à desconexão do trabalho», *Revista do Tribunal Regional do Trabalho da 15.ª Região*, n.º 23, 2003. O direito à desconexão pode, assim, ser definido como «aquele que assiste ao trabalhador de não permanecer sujeito à ingerência, solicitações ou contatos emanados do respetivo empregador pessoa física ou do empreendimento empresarial para o qual o obreiro trabalha, em seu período destinado ao descanso diário (intervalos intra e interjornada), semanal (descanso semanal remunerado) ou anual (férias), e ainda em situações similares (licenças), em especial diante da existência das novas tecnologias (*blackberry*, *palm*, *pager*, *fax*, celular, e ainda computador ou *notebook* munidos de internet ou de rede» – nestes exatos termos, Christiana D'Arc Damasceno Oliveira, *O Direito do Trabalho Contemporâneo*, LTR, São Paulo, 2010, p. 118.

grande problema, para a maioria dos trabalhadores, é este: como exercer, realmente, esse "direito à desconexão", num tempo de concorrência global e desenfreada? Como ousar desligar e desconectar-se, como premir o botão *off*, numa época marcada pelo excesso de trabalho de alguns, mas também pelo desemprego de muitos?

Neste contexto, ousar desconectar-se pode implicar, a curto ou médio prazo, ser desligado da empresa... E o receio da perda do emprego, a luta infrene para escapar às agruras do desemprego, ou, mesmo que em moldes menos drásticos, a simples preocupação em assegurar que os canais permanecem abertos para uma eventual progressão na carreira (promoções, p. ex.), tudo isto redunda em que o trabalhador, mesmo se fatigado, desgastado, perturbado, contrariado, devassado, no limiar do esgotamento, sem tempo para si e para os seus, não ousará desconectar-se. Esse é, simplesmente, um luxo a que ele não poderá dar-se. Ele poderá sonhar com isso, poderá fantasiar com isso, mas, em regra, tudo não passará do plano dos devaneios, pois ele não ousará *fazer* isso...

Temos, pelo exposto, algumas dúvidas em relação à conveniência de reconhecer ao trabalhador, por via legal, um "novo" direito, uma "nova" faculdade, o chamado "direito à desconexão profissional"[14]. A desconexão, cremos, não é propriamente um direito. O direito aqui em causa é, sim, tal como se consagra na CRP, o direito ao repouso e aos lazeres, ao descanso semanal, a férias periódicas, à limitação da jornada de trabalho... Mais do que como *direito*, a desconexão surge, assim, como o *efeito* natural da limitação da jornada de trabalho, isto é, do balizamento do tempo de trabalho através da definição do horário de trabalho de cada trabalhador. O horário de trabalho, repete-se, delimita o período normal de trabalho diário e semanal. Já se disse, jornada de trabalho é tempo de vida, pelo que, «ao trabalhar, o sujeito entrega tempo de vida ao empregador, que lhe toma esse tempo em troca de dinheiro»[15]. Mas esse tempo

[14] Sobre o ponto, ROSÁRIO PALMA RAMALHO, *Tratado de Direito do Trabalho, II*, cit., pp. 402-404.

[15] Nestes termos, ALMIRO EDUARDO DE ALMEIDA e VALDETE SOUTO SEVERO, *Direito à Desconexão nas Relações Sociais de Trabalho*, LTr, São Paulo, 2014, p. 36. Os Autores acrescentam: «É importante sublinhar que o tempo colocado à disposição do empregador é *tempo de vida* do trabalhador *na Terra*. Já passamos grande parte do nosso dia em nosso local de trabalho, mas temos também a necessidade de interagir, construir *pontes* em nosso convívio social. Temos

é limitado (período normal de trabalho) e delimitado (horário de trabalho) pelas normas jurídico-laborais. Fora do tempo de trabalho estaremos, então, em período de descanso, como decorre do disposto no art. 199.º do CT. Período de descanso, isto é, período de lazer, período de autodisponibilidade, tempo de vida do trabalhador, tempo que este não alienou nem entregou à empresa para a qual trabalha, «porção livre da sua existência»[16].

Diríamos, pelo exposto, que o período de descanso equivale, deve equivaler, a um período de *do not disturb* patronal! Um período, pois, em que o trabalhador deve ser deixado em paz pelo empregador, para descansar ou para se dedicar, livremente, a outras dimensões da sua vida. Não é sobre o trabalhador que recai o ónus de colocar o dístico *do not disturb!* na porta do seu quarto, assim exercendo um qualquer "direito à desconexão profissional". Pelo contrário, a obrigação de não perturbar, de não incomodar, recai sobre a empresa. O trabalhador goza, assim, de um "direito à não conexão" (dir-se-ia: de um *right to be let alone*)[17] por parte da empresa, de um *do not disturb!* resultante do contrato de trabalho e da norma laboral aplicável.

Sobre a empresa é que recairá, portanto, um "dever de não conexão profissional" fora da jornada de trabalho, fora das balizas representadas pelo horário de trabalho – por isso mesmo que, em princípio, o período de descanso, para o ser verdadeiramente, deve corresponder a um tempo de desconexão profissional[18]. Em certo sentido, o tempo de desconexão profissional surge, pois, como uma versão virtual do período de descanso,

---

necessidade de participar da sociedade, de "desconectarmos" do trabalho para *sermos-com-o-outro*» (p. 95).

[16] Como escreve Francisco Liberal Fernandes, em anotação ao art. 199.º do CT, a noção de período de descanso «significa que o trabalhador não se encontra numa situação de permanente disponibilidade para o trabalho e que o empregador só pode interferir com o gozo do tempo de descanso do trabalhador nos casos previstos na lei» – *O Tempo de Trabalho*, Coimbra Editora, Coimbra, 2012, p. 42.

[17] Na conhecida fórmula, que remonta a 1880, do juiz Thomas Cooley.

[18] Pode haver, claro, situações pontuais, de emergência, casos de força maior, etc., em que esse tempo de desconexão profissional poderá ser sacrificado. Mas estas terão de ser sempre situações excecionais e devidamente justificadas, nunca a rotineira prática da empresa.

típica do mundo digital em que vivemos, como o direito à vida privada do século XXI[19].

Tudo isto, como é óbvio, sem prejuízo de se poder – e, quiçá, dever – consagrar expressamente na lei que as formas de garantir o tempo de desconexão profissional, designadamente através da não utilização das NTIC durante o período de descanso do trabalhador, poderão ser estabelecidas mediante convenção coletiva de trabalho. É que o desafio da conexão permanente é novo, não se colocava – ou, em todo o caso, não se colocava nos mesmos moldes e com a mesma premência – anos atrás. Justifica-se, por isso, que o Direito do Trabalho tente responder a esse desafio, tente enquadrar o fenómeno, tanto por via legal, (rea)firmando princípios, como por via convencional, adaptando e desenvolvendo esses princípios em função da realidade específica de cada setor de atividade[20].

A ideia-chave, porém, deverá aqui consistir, a nosso ver, não tanto em conceder ao trabalhador um suposto novo direito – o direito à desconexão profissional, que, se e quando exercido pelo seu titular, fará dele, aos olhos do empregador, um mau profissional... –, mas antes em disciplinar o comportamento invasivo da entidade empregadora, em sublinhar que esta, em princípio, deverá abster-se de estabelecer conexão com o trabalhador quando este se encontra a gozar o seu período de descanso.

Neste sentido, cremos que é mais de um "dever de não conexão patronal" do que de um "direito à desconexão do trabalhador" que, *in casu*, se trata. É que, de certa forma, falar num "direito à desconexão" parece pressupor que a entidade empregadora teria, *prima facie*, um direito à conexão. Ora, cremos, resulta da própria ideia de contrato de trabalho (e

---

[19] Neste sentido, o chamado direito à desconexão corresponde a um «direito a não ser incomodado permanentemente na sua vida privada e no seu tempo privado, criando-se um direito ao "isolamento", à *desconexão*, a um repouso efetivo» – assim, Teresa Coelho Moreira, «O direito à desconexão dos trabalhadores», *Questões Laborais*, n.º 49, 2016, p. 12.

[20] Prevendo, p. ex., um período obrigatório de tréguas nas comunicações da empresa para os *smartphones* dos trabalhadores (como sucedeu na Alemanha, no seio de um estabelecimento do grupo *Volkswagen*, onde se alcançou um acordo que suspende a conectividade entre as 18h15m de um dia e as 7h do dia seguinte). Também em França foram celebrados diversos acordos sublinhando que a utilização profissional das NTIC deve circunscrever-se aos tempos de trabalho, cabendo à empresa abster-se de enviar mensagens aos trabalhadores no período de descanso destes.

da liberdade que este pressupõe), bem como das normas laborais sobre limitação e organização do tempo de trabalho, justamente, a ideia oposta: fora do tempo de trabalho, no período de descanso, impõe-se ao empregador a não-conexão, um *do not disturb!*, uma trégua na conectividade que permita ao trabalhador repousar e... viver a vida, viver a sua vida[21].

4. Assédio moral?

Convém sublinhar, de resto, que uma situação de conexão por tempo integral – hoje permitida, desde logo, pelo computador e, sobretudo, pelo telemóvel/*smartphone*, esse objeto precioso que nunca largamos e que tão bem simboliza os tempos que vivemos[22] –, isto é, uma situação de "bombardeamento" permanente do trabalhador, com *e-mails*, perguntas constantes, mensagens diversas sempre urgentes, pedidos de elaboração de relatórios sempre inadiáveis, etc., não deixa de poder redundar numa prática de assédio, prevista e proibida pelo art. 29.º do CT português. Lê-se, com efeito, no n.º 2 deste artigo: «Entende-se por assédio o comportamento indesejado, nomeadamente o baseado em fator de discriminação, praticado aquando do acesso ao emprego ou no próprio emprego, trabalho ou formação profissional, com o objetivo ou o efeito de perturbar ou constranger a pessoa, afetar a sua dignidade, ou de lhe criar um ambiente intimidativo, hostil, degradante, humilhante ou desestabilizador».

Perante a amplitude desta previsão legal de assédio, que abrange práticas discriminatórias ou não e que abrange práticas intencionais ou não, não cremos que restem grandes dúvidas sobre a possibilidade de a violação do tempo de desconexão correspondente ao período de descanso

[21] Com perspetiva semelhante, na doutrina espanhola, Eduardo Enrique Taléns Visconti, «La desconexión digital en las relaciones laborales: un deber empresarial todavía por construir en España», *Revista Direito das Relações Sociais e Trabalhistas*, Centro Universitário do Distrito Federal – UDF, Brasília, 2018, n.º 1, pp. 43-51.

[22] Como, a outro propósito, observa Teresa Coelho Moreira, hoje em dia «a maioria das pessoas mantém os seus dispositivos móveis junto a si, no bolso, na carteira, na roupa que veste e, à noite, próximo da cama» (*Estudos de Direito do Trabalho*, vol. II, Almedina, Coimbra, 2016, p. 95). Para os jovens, sobretudo, não falta quem considere que o *smartphone* já se tornou na sua terceira mão...

do trabalhador vir, em tese, a constituir assédio moral[23]. Trata-se, tipicamente, de condutas empresariais que têm como efeito (ainda que, quiçá, não como objetivo) perturbar a pessoa do trabalhador, práticas suscetíveis, como se sabe, de lhe causar danos da mais variada espécie, desde logo afetando gravemente a sua saúde (*stress*, *burnout*, etc.) – as quais podem, portanto, constituir assédio, nos termos e para os efeitos previstos no art. 29.º do CT. Mas, neste quadro, admite-se que talvez não fosse pior que o legislador fosse mais explícito e previsse expressamente, na letra da lei, a possibilidade de a violação do tempo de desconexão profissional por parte da empresa integrar a prática de assédio moral.

Os problemas derivados da hiper-conectividade que caracteriza os nossos tempos são numerosos, complexos e, claro, nada fáceis de resolver. Nem o Direito poderá, aliás, aspirar a resolver todos esses problemas. Como falar em desconexão a alguém que já não se conecta nem se desconecta, mas vive permanentemente conectado?[24] Ainda assim, o Direito pode ajudar. Pode, desde logo, sinalizar. E aqui, parece-nos, o atual papel do Direito do Trabalho, neste novo contexto digital, deve continuar a ser aquele que, desde a sua origem, o anima: limitar o tempo de trabalho, preservar períodos de repouso, salvaguardar a saúde do trabalhador e garantir a autodisponibilidade (*rectius:* a liberdade) deste, para que ele

---

[23] Neste sentido, observando que se os empregadores solicitarem com caráter regular trabalho aos trabalhadores nos seus tempos de descanso poderão ser condenados por assédio moral, Teresa Coelho Moreira, «O direito à desconexão dos trabalhadores», cit., p. 25. A Autora questiona, com inteira razão: «A dignidade da pessoa humana, conceito polissémico, permite no Direito do trabalho proteger os trabalhadores contra atividades ou condições de trabalho particularmente excessivas. E não será o que acontece com estes novos tempos de trabalho? Não será a política de ter de estar constantemente *online*, de não poder usufruir do necessário descanso e repouso, um atentado à dignidade humana dos trabalhadores?» (p. 19).

[24] Pense-se, desde logo, nos mais jovens, na chamada «geração Millénium», a qual, como bem nota Jean-Emmanuel Ray, «ne se connecte plus mais vit connectée, dans un joyeux mélange professionnel/personnel». Trata-se de jovens que dão larga expressão à sua vida privada no local/tempo de trabalho (através, p. ex., da utilização frequente das redes sociais durante o período de trabalho) e que, em contrapartida, tendem a exportar uma parte da sua vida profissional para fora do seu tempo de trabalho, levando-a para casa. O problema é que muitas vezes, como a prática vem demonstrando, este *trade-off* não funciona, pois a balança fica demasiado desequilibrada – «Grande accélération et droit à la déconnexion», *Droit Social*, n.º 11, 2016, pp. 912-920.

não se veja reduzido à unidimensional condição de força produtiva e assim despido dos múltiplos atributos da sua humanidade.

Sempre na linha, para o dizermos com Júlio Gomes, de que «o ser humano não existe apenas para o trabalho, mas sim o trabalho para o ser humano»[25]. E, bem assim, com a consciência de que o ser humano, na sua irredutível complexidade e riqueza, é sempre muito mais do que o seu trabalho. Se assim não for, então, cremos, mais vale desistir e talvez queimar a secção do CT relativa à duração e organização do tempo de trabalho...[26]

Particular atenção merece, em toda esta matéria, a recente Resolução do Parlamento Europeu, de 21 de janeiro de 2021, contendo recomendações à Comissão sobre o direito a desligar (2019/2181(INL)), na qual o Parlamento Europeu, entre muitas outras relevantes considerações: *i)* salienta que uma conectividade constante – combinada com exigências elevadas no emprego e a expectativa crescente de que os trabalhadores estejam contactáveis a qualquer momento – pode afetar negativamente os direitos fundamentais dos trabalhadores, o equilíbrio entre a sua vida privada e a sua vida profissional, bem como a sua saúde e bem-estar físicos e mentais; *ii)* recorda que, de acordo com a legislação em vigor e a jurisprudência do Tribunal de Justiça da União Europeia, os trabalhadores não são obrigados a estar à disposição do empregador de forma permanente e ininterrupta, que existe uma diferença entre tempo de trabalho – em que um trabalhador tem de estar à disposição do empregador – e tempo de descanso – em que um trabalhador não tem qualquer obrigação de permanecer à disposição do empregador; *iii)* salienta que o direito a desligar permite que os trabalhadores se abstenham de desempenhar tarefas, atividades e comunicações eletrónicas relacionadas com o trabalho como telefonemas, mensagens de correio eletrónico e outras, fora do seu tempo de trabalho – incluindo durante períodos de descanso,

---

[25] *Direito do Trabalho*, Coimbra Editora, Coimbra, 2007, p. 653.

[26] Sobre esta problemática, ver ainda, na doutrina portuguesa, Francisco Liberal Fernandes, «Organização do trabalho e tecnologias de informação e comunicação», *Questões Laborais*, n.º 50, 2017, pp. 7-17, e Duarte Amorim Pereira, «Há vida para além do trabalho: notas sobre o direito ao repouso e a desconexão profissional», *Questões Laborais*, n.º 53, 2018, pp. 129-148.

férias oficiais e anuais, licença de maternidade, de paternidade, parental e outros tipos de licença – sem enfrentarem quaisquer consequências adversas; *iv)* sublinha que os empregadores não devem exigir que os trabalhadores estejam direta ou indiretamente disponíveis ou acessíveis fora do seu horário de trabalho e que os colegas devem abster-se de contactar os seus colegas fora do horário de trabalho acordado para fins profissionais; *v)* insta a Comissão a apresentar, com base numa avaliação exaustiva e adequada e numa consulta aos Estados-Membros e aos parceiros sociais, uma proposta de diretiva da União sobre normas e condições mínimas, a fim de assegurar que os trabalhadores possam exercer efetivamente o seu direito a desligar; *vi)* afirma, sem tibieza, que o direito a desligar é um direito fundamental da nova organização do trabalho na nova era digital.

5. A Lei n.º 83/2021, de 6-12, e o dever de abstenção de contacto. A matéria veio a merecer a atenção do legislador português recentemente, através da Lei n.º 83/2021, de 6 de dezembro, diploma que se propôs, sobretudo, modificar o regime jurídico do teletrabalho. O legislador aproveitou o ensejo para aditar um novo artigo ao CT, uma norma de alcance geral, que não se cinge ao fenómeno do teletrabalho, com o seguinte teor:

> «Artigo 199.º-A (Dever de abstenção de contacto)
>
> 1 – O empregador tem o dever de se abster de contactar o trabalhador no período de descanso, ressalvadas as situações de força maior.
>
> 2 – Constitui ação discriminatória, para os efeitos do artigo 25.º, qualquer tratamento menos favorável dado a trabalhador, designadamente em matéria de condições de trabalho e de progressão na carreira, pelo facto de exercer o direito ao período de descanso, nos termos do número anterior.
>
> 3 – Constitui contraordenação grave a violação do disposto no n.º 1».

A norma ora publicada merece, sem dúvida, bastante atenção. Em jeito de primeira abordagem, algo telegráfica, sobre a mesma, diremos o seguinte:

i) A norma adota a perspetiva correta, não se limitando a enunciar um truísmo, isto é, a reconhecer ou conferir um "direito à desconexão" ao trabalhador, mas corrigindo a mira, vale dizer, afirmando, de forma expressa, o dever patronal de se abster de contactar o trabalhador, no período de descanso deste;

ii) O dever de abstenção de contacto recairá sobre o empregador, mas também, claro, sobre os superiores hierárquicos do trabalhador, até porque a lei é clara quanto à circunstância de o dever de obediência do trabalhador respeitar tanto às ordens ou instruções daquele como destes (art. 128.º, n.º 2, do CT);

iii) A violação do dever de abstenção de contacto por parte do empregador implicará responsabilidade no plano contraordenacional, o que – e bem – convoca a Autoridade para as Condições de Trabalho a atuar nesta matéria;

iv) A norma não qualifica a violação deste dever de abstenção como prática constitutiva de assédio, o que, todavia, a nosso ver, não exclui que, em certos casos, particularmente graves e reiterados, tal violação seja tida como assédio, nos termos do art. 29.º do CT, com as inerentes consequências jurídicas;

v) A norma prevê, contudo, uma outra hipótese, mais complexa e sinuosa, quiçá até mais tortuosa: a hipótese de o empregador violar o dever de abstenção de contacto, de o trabalhador ignorar (legitimamente) o contacto efetuado pelo empregador "fora de horas" e de, em consequência, o trabalhador vir a ser alvo de um tratamento menos favorável por parte do empregador, designadamente em matéria de condições de trabalho e de progressão na carreira – hipótese em que, segundo o n.º 2 do novo preceito, estaremos perante uma prática discriminatória[27].

---

[27] Vale dizer, o legislador preferiu não qualificar como assédio a conduta violadora do dever de abstenção de contacto por parte do empregador, mas já qualifica como discriminatória a conduta do empregador que desfavoreça um trabalhador que tenha resistido à violação de tal dever de abstenção de contacto (o tal trabalhador que tenha ousado desconectar-se). São hipóteses distintas, que se situam em planos diferentes, lógica e cronologicamente, e que, portanto, não se confundem.

vi) A norma ressalva, compreensivelmente, as situações de força maior, clássico conceito indeterminado que, a nosso ver, deve aqui ser interpretado com alguma maleabilidade, de forma a abranger, porventura, situações do tipo das previstas pelo CT, no n.º 2 do art. 227.º, em matéria de trabalho suplementar – não apenas situações tradicionais de força maior ou de caso fortuito (incêndio, terramoto, inundação, etc.), mas todas aquelas, inadiáveis, em que o contacto imediato se mostre «indispensável para prevenir ou reparar prejuízo grave para a empresa ou para a sua viabilidade»;

vii) O dever de abstenção de contacto é reafirmado pelo legislador em sede de teletrabalho, como suposto "dever especial" do empregador nesta particular modalidade contratual (art. 169.º-B, n.º 1, al. b), coisa que, ainda que inócua e até discutível no plano da técnica legislativa, demonstra a especial preocupação da lei com a desconexão nesta especial forma de trabalhar, máxime quando a atividade é prestada a partir do domicílio do teletrabalhador, caso em que a fronteira entre período de trabalho e tempo de descanso se pode revelar particularmente porosa e difícil de traçar;

viii) Registe-se, porém, que a nova lei não repensou as relações entre o teletrabalho e a figura da isenção do horário de trabalho, mantendo intocado o art. 218.º, n.º 1, al, *c)*, do CT, que permite o recurso à isenção de horário em relação a toda e qualquer espécie de teletrabalhador. Ora, a modalidade supletiva de teletrabalho é a que dispensa o respeito dos limites máximos do período normal de trabalho, conforme decorre do art. 219.º do CT, o que, na prática, vai enfraquecer muito a posição do teletrabalhador isento de horário em matéria de desconexão, nos seus dias normais de trabalho. Isto sem prejuízo do necessário respeito, também neste caso, do(s) dia(s) de descanso semanal, dos feriados e, claro, das férias.

Pelo exposto, este inovador art. 199.º-A do CT merece a nossa franca adesão, em via de princípio, justamente por se propor combater a cultura empresarial hoje dominante, do trabalhador/colaborador "sempre ligado" ("always connected, always available") – um combate muito árduo e difícil, por certo, mas que nem por isso deve deixar de ser travado pelo Direito do Trabalho da era digital[28].

[28] Para desenvolvimentos a este propósito, por todos, Teresa Coelho Moreira, *Direito do Trabalho na Era Digital*, Almedina, Coimbra, 2021, pp. 101-130.

Trabalho por turnos e horários desfasados: nótula sobre o n.º 1 do art. 221.º do Código do Trabalho

JOÃO LEAL AMADO
JOANA NUNES VICENTE

1. Trabalho por turnos: noção legal e modalidades

Em que consiste o trabalho por turnos? Quais os elementos definidores ou essenciais da figura, bem como as modalidades que ela pode assumir?

Tomando como ponto de partida a lei, lê-se, no artigo 220.º do Código do Trabalho (CT): «Considera-se trabalho por turnos qualquer organização do trabalho em equipa em que os trabalhadores ocupam sucessivamente os mesmos postos de trabalho, a um determinado ritmo, incluindo o rotativo, contínuo ou descontínuo, podendo executar o trabalho a horas diferentes num dado período de dias ou semanas» – noção esta, aliás, que é reproduzida, no domínio do emprego público, no artigo 115.º da Lei Geral do Trabalho em Funções Públicas (LGTFP).

De acordo com o supracitado preceito codicístico, os turnos podem ser organizados de modo a que os trabalhadores fiquem adstritos em termos constantes a determinado horário de trabalho (turnos fixos) ou trabalhem alternadamente em períodos diferentes (turnos rotativos), sendo que o ritmo da ocupação dos postos de trabalho pode ser contínuo, (aquele em que os turnos são seguidos, por exemplo, das 8h às 16h e das 16h às 24 horas) ou descontínuo (isto é, quando há uma interrupção entre o fim de um e o início do outro, por exemplo, das 8h às 16h e das 18h às 2 horas).

Em qualquer caso, isto é, seja qual for a modalidade adotada, resulta da lei que estaremos perante uma situação de trabalho por turnos quando: *i)* houver uma organização do trabalho em equipa, isto é, uma organização conjunta do trabalho de pelo menos dois trabalhadores; *ii)* em que os trabalhadores ocupem sucessivamente os mesmos postos de trabalho, de modo a que o termo do período de trabalho de um coincida, tendencialmente, com o início do de outro[1]. Ou seja, *a ocupação sucessiva do mesmo posto de trabalho por dois ou mais trabalhadores, leia-se, a substituição, o revezamento entre eles, é, pois, nos termos da lei, o elemento definidor básico, incontornável e indefetível da figura do trabalho por turnos.* Neste sentido, há muito, Jorge Leite escrevia, justamente a propósito do trabalho por turnos: «Nas empresas cujo período de funcionamento ultrapasse os limites máximos do período normal de trabalho, sejam ou não de laboração contínua, o mesmo posto de trabalho é, ao longo do dia, sucessivamente ocupado por trabalhadores diferentes (dois ou mais consoante o período de funcionamento e o período normal de trabalho)»[2].

A exigência da ocupação sucessiva do mesmo posto de trabalho por dois ou mais trabalhadores é, aliás, também aquela que ressalta, de forma inequívoca, da noção de trabalho por turnos prevista na Diretiva 2003/88/CE do Parlamento Europeu e do Conselho, de 4 de novembro de 2003, relativa a determinados aspetos da organização do tempo de tra-

---

[1] Nestes termos, Francisco Liberal Fernandes, "Anotação ao artigo 220.º", *O Tempo de Trabalho - Comentário aos artigos 197.º a 236.º do Código do Trabalho*, Coimbra Editora, Coimbra, 2012, pág. 195; Luís Miguel Monteiro, "Anotação ao art. 220.º", *in* AAVV, *Código do Trabalho Anotado*, 12.ª ed., Almedina, Coimbra, 2020, p. 9; Paulo Veiga e Moura/Cátia Arrimar, "Anotação ao artigo 115.º", *Comentários à Lei Geral do Trabalho em Funções Públicas*, vol. I, Coimbra Editora, Coimbra, 2014, pág. 396. Na jurisprudência, sublinhando esta nota identificadora do conceito legal, veja-se, por exemplo, o Acórdão do Tribunal da Relação de Coimbra, de 15-02-2021 (proc. n.º 836/18.6T8GRD.C1), disponível em www.dgsi.pt.
Esta é também uma ideia enraizada na negociação coletiva, que ora reproduz a noção legal de horário por turnos – veja-se, por exemplo, a cláusula 22.ª do Acordo de Empresa entre a Scotturb - Transportes Urbanos, Lda, e o Sindicato dos Trabalhadores dos Transportes – SITRA (*Boletim do Trabalho e Emprego*, n.º 35 de 22-9-2019, pág. 3771): "Considera-se horário por turnos qualquer organização do trabalho em equipa em que os trabalhadores ocupam sucessivamente os mesmos postos de trabalho, a um determinado ritmo, incluindo o rotativo, contínuo ou descontínuo, podendo executar o trabalho a horas diferentes num dado período de dias ou semanas" – ora, remetendo para a noção legal, apenas atribui relevância ao trabalho por turnos rotativos – veja-se, neste sentido, a cláusula 23.ª do Acordo Coletivo entre a Associação de Regantes e Beneficiários do Vale do Sorraia e outras e o Sindicato Nacional dos Trabalhadores da Agricultura, Floresta, Pesca, Turismo, Indústria Alimentar, Bebidas e Afins - SETAAB (*Boletim do Trabalho e Emprego*, n.º 28 de 29-7-2019, p. 2547): "Apenas é considerado trabalho em regime de turnos o prestado em turnos de rotação contínua, ou descontínua, em que o trabalhador está sujeito às correspondentes variações de horário de trabalho".

[2] *Colectânea de Leis do Trabalho*, Coimbra Editora, Coimbra, 1985, p. 137.

balho. De acordo com o estabelecido no art. 2.º, n.º 5, do referido instrumento comunitário, entende-se por trabalho por turnos «qualquer modo de organização do trabalho em equipa em que os trabalhadores ocupem sucessivamente os mesmos postos de trabalho, a um determinado ritmo, incluindo o ritmo rotativo, e que pode ser de tipo contínuo ou descontínuo, o que implica que os trabalhadores executem o trabalho a horas diferentes no decurso de um dado período de dias ou semanas».

É certo que, logo no número seguinte, a Diretiva define «Trabalhador por turnos», o que, *prima facie*, poderia sugerir que o conceito de trabalhador por turnos não obedeceria aos mesmos critérios adotados para definir trabalho por turnos, num paralelismo com aquilo que ocorre com os conceitos de «período de trabalho noturno» e «trabalhador noturno». Na verdade, no tocante ao trabalho noturno, a Diretiva em questão estabelece uma distinção entre os dois termos: enquanto «período de trabalho noturno» será «qualquer período de pelo menos sete horas, tal como definido na legislação nacional e que inclua sempre o intervalo entre as 24 horas e as 5 horas», «trabalhador noturno» será «qualquer trabalhador que execute durante o período noturno pelo menos três horas do seu tempo de trabalho diário executadas normalmente», ou «qualquer trabalhador suscetível de realizar durante o período noturno uma certa parte do seu tempo de trabalho anual», definida segundo o critério do Estado-Membro em causa, pela legislação nacional ou por convenções coletivas[3]. Quer isto dizer que para adquirir o estatuto de trabalhador noturno não é necessária a realização de trabalho em todo o período noturno, mas apenas em parte, diferença que, nas palavras de Liberal Fernandes, se explica pelo facto de «o trabalho nocturno ser mais penoso do que o trabalho realizado em regime diurno, pelo que aquela qualificação funciona como um expediente para proteger a saúde e segurança de quem exerce

[3] Esta distinção entre trabalho noturno e trabalhador noturno foi, de resto, acompanhada pelo legislador nacional, nos artigos 223.º, 224.º e 225.º do CT. Para uma perspetiva geral, Rosário Palma Ramalho, *Tratado de Direito do Trabalho*, vol. II, 7.ª ed., Almedina, Coimbra, 2019, p. 446

com carácter de regularidade actividade laboral no período nocturno, ainda que em termos parciais»[4].

Pois bem. Caso no trabalho por turnos também se procedesse a uma distinção normativa entre trabalho por turnos e trabalhador por turnos, uma tal distinção permitiria a inclusão no regime tutelar do trabalho por turnos os trabalhadores que cumprissem parte do seu período normal de trabalho em regime rotativo. Sucede, contudo, que não foi esse o caminho seguido pelo legislador, seja o legislador comunitário, seja o legislador português. Com efeito, e nos termos do art. 2.º, n.º 6, da Diretiva, considera-se trabalhador por turnos «qualquer trabalhador cujo horário de trabalho se enquadre no âmbito do trabalho por turnos». No entender, uma vez mais, de Liberal Fernandes, «o carácter algo indeterminado da noção constante no art. 2.º, n.º 6, da directiva – isto quando comparada com o que se dispõe para o trabalho nocturno –, é um indicador de que o legislador comunitário deixou para os Estados-membros a concretização do que deve entender-se por «enquadramento no trabalho por turnos», obrigação sobre a qual o nosso legislador não se pronunciou"[5].

Em suma, e para concluir este ponto, *resulta dos dados legais – quer do Código do Trabalho quer do Direito da União Europeia – que a ocupação sucessiva por dois ou mais trabalhadores do mesmo posto de trabalho surge como elemento central e definidor do conceito de trabalho (e trabalhador) por turnos.*

2. Trabalho por turnos: condições para a sua implementação

Questão diversa, que não se confunde com o aspeto conceitual vindo de abordar, diz respeito às condições que têm de estar reunidas para que o empregador possa recorrer à figura do trabalho por turnos.

Ora, desse ponto de vista, de acordo com a lei, o trabalho por turnos apenas se justifica quando o período de funcionamento da empresa ultrapassa os limites máximos dos períodos normais de trabalho (art. 221.º, n.º 1, do CT). O empregador apenas fica legitimado a recorrer ao trabalho por turnos quando o período de funcionamento da empresa (período

---

[4] *O Trabalho e o Tempo – Comentário ao Código do Trabalho*, Biblioteca RED, Centro de Investigação Jurídico-Económica, 2018, pág. 285 – disponível em https://repositorio-aberto.up.pt/bitstream/10216/111840/2/264530.pdf

[5] *O Trabalho e o Tempo, cit.*, págs. 270 e 271.

de tempo diário durante o qual o estabelecimento pode exercer a sua atividade, período de abertura ou de laboração, nos termos do art. 201.º do CT)[6] ultrapasse os limites máximos do período normal de trabalho (tempo de trabalho que o trabalhador se obriga a prestar, medido em número de horas, conforme preceitua o art. 198.º do CT), não podendo a duração de trabalho de cada turno ultrapassar os limites máximos dos períodos normais de trabalho, como refere o n.º 3 do art. 221.º do CT[7].

Trata-se, portanto, de articular ou de conjugar duas figuras, a do período de funcionamento e a do período normal de trabalho, garantindo a inserção deste naquele, isto é, garantindo que, mesmo no seio de empresas com um período de funcionamento alargado (por exemplo, de 12h, 14h, 16h diárias) ou com laboração contínua (24h sobre 24h), os limites máximos do período normal de trabalho (em regra, 8h por dia) são observados, em relação a cada trabalhador. O que significa, na pers-

[6] A lei utiliza a expressão "período de abertura" para aludir ao período de funcionamento de estabelecimento de venda ao público, reservando a expressão "período de laboração" para o período de funcionamento de estabelecimento industrial (n.º 2 e n.º 3 do art. 201.º do CT).

[7] Isto sem prejuízo de os instrumentos de regulamentação coletiva poderem estabelecer requisitos adicionais – procedimentais ou outros - para a implementação desta modalidade de horário por parte do empregador. E há, entre nós, alguns exemplos. Haja em vista, por exemplo, o Acordo Coletivo entre a Cooperativa Agrícola da Tocha, CRL e outras e o Sindicato Nacional dos Trabalhadores da Agricultura, Floresta, Pesca, Turismo, Indústria Alimentar, Bebidas e Afins - SETAAB e outro (*Boletim do Trabalho e Emprego*, n.º 18 de 15-5-2019, pág. 1694) que, na cláusula 27.ª, determina que "O trabalho por turnos só será autorizado quando as cooperativas fundamentarem devidamente a sua necessidade e as entidades oficiais derem o seu acordo". Com especial interesse, destaca-se também o Contrato Coletivo entre a ANEFA - Associação Nacional de Empresas Florestais, Agrícolas e do Ambiente e o Sindicato Nacional dos Trabalhadores da Agricultura, Floresta, Pesca, Turismo, Indústria Alimentar, Bebidas e Afins – SETAAB (*Boletim do Trabalho e Emprego*, n.º 28 de 29-7-2019, pág. 2513), onde se pode ler, na cláusula 43.ª: "1 - O estabelecimento e a organização de trabalho por turnos devem ser precedidos de parecer prévio a solicitar ao sindicato outorgante da presente convenção, o Sindicato Nacional dos Trabalhadores da Agricultura, Floresta, Pesca, Turismo, Indústria Alimentar, Bebidas e Afins - SETAAB, com a antecedência mínima de 30 dias, devendo este elaborar o respetivo parecer no prazo máximo de 10 dias; 2 - A solicitação referida no número anterior deve ser acompanhada de fundamentação sobre a necessidade do estabelecimento e a organização dos turnos, bem como do acordo expresso dos trabalhadores abrangidos, relativamente aos quais a mudança de horário de trabalho para o regime de turnos implique alteração do contrato individual de trabalho".

petiva inversa, que se o período de funcionamento for igual ao período normal de trabalho já não poderá o empregador impor a prestação de trabalho por turnos.

Mas a segunda questão que, logo de seguida, se pode colocar é esta: sempre que o período de funcionamento ultrapasse os limites máximos do período normal de trabalho *devem* ser organizados turnos de pessoal diferente, como se lê no n.º 1 do art. 221.º do CT? Será que, perante esse circunstancialismo, o empregador está obrigado, por lei, a recorrer a esta modalidade de organização do tempo de trabalho?

Cremos que a resposta só pode ser negativa, pese embora a redação acanhada e aparentemente peremptória do art. 221.º, n.º 1, do CT. Onde a lei diz *devem* o intérprete terá de ler *podem*. Isto porque, como é evidente, pode haver outras formas de gerir o tempo de trabalho dos trabalhadores, em ordem a garantir que a empresa com período de funcionamento alargado labore sem problemas, respeitando os limites máximos do período normal de trabalho, sem necessário recurso ao trabalho por turnos. De facto, nas certeiras palavras de Paulo Veiga e Moura e Cátia Arrimar, tecidas a propósito do art. 115.º, n.º 2, da LGTFP[8], mas que se afiguram inteiramente transponíveis para o contexto do CT, «a circunstância de só poder haver trabalho por turnos se o período de funcionamento ultrapassar o período normal de trabalho não significa que, quando tal suceda, o empregador público tenha necessariamente de adotar essa modalidade de horário de trabalho, significando apenas que está habilitado a fazê-lo, caso assim entenda justificar-se». E acrescentam os Autores: «Na verdade, se através de horários rígidos (e nem todo o pessoal tem de ter o mesmo horário rígido) ou de horários desfasados se conseguir assegurar o funcionamento do serviço durante todo o período aprovado para esse mesmo funcionamento, naturalmente que poderá o empregador público não recorrer a um horário por turnos. Porém, se esse período de funcionamento já exigir ao longo do mesmo a execução sucessiva de funções correspondentes a um dado posto de trabalho, terão obrigatoriamente de ser aprovados turnos, não podendo diferenciar-se os horários rígidos

[8] Na verdade, o art. 115.º, n.º 2, da LGTFP reproduz o teor redacional do art. 221.º, n.º 1, do CT: «Devem ser organizados turnos de pessoal diferente sempre que o período de funcionamento do órgão ou serviço ultrapasse os limites máximos do período normal de trabalho».

se em cada um deles estiver em causa a execução das funções correspondentes ao mesmo posto de trabalho»[9].

Dir-se-ia que esta transcrição vale na íntegra, *mutatis mutandis*, no campo das relações laborais de direito privado, regidas pelo CT. Aliás, se analisarmos a nossa contratação coletiva, podemos observar que é recorrente a preocupação de desfazer este equívoco, sublinhando-se amiúde que, em caso de período de funcionamento que ultrapasse os limites máximos do período normal de trabalho, a adoção do trabalho por turnos é apenas uma forma, a par de outras, de dar resposta a esse problema[10].

Ou seja, a organização de turnos de pessoal diferente é, pois, uma faculdade de que se poderá lançar mão, sempre que o período de funcionamento ultrapasse os limites máximos do período normal de trabalho. *Uma faculdade, não uma obrigação, uma possibilidade, não um dever*. O dever, aqui, consiste em assegurar que, nessas empresas com período de funcionamento alargado ou de laboração contínua[11], tal não se traduza em

---

[9] "Anotação ao art. 115.º", *op. cit.*, pág. 397.

[10] Para ilustrar o que vem de ser dito, convoquem-se alguns exemplos. Com particular interesse, veja-se o Acordo de Empresa celebrado entre a Petrogal, SA, e a Federação Intersindical das Indústrias Metalúrgicas, Químicas, Elétricas, Farmacêutica, Celulose, Papel, Gráfica, Imprensa, Energia e Minas - FIEQUIMETAL e outros), que na cláusula 9.ª preceitua: "Sempre que, numa unidade, instalação ou serviço, o período normal de laboração ou funcionamento ultrapasse os limites máximos do período normal de trabalho, deverão ser organizados horários de trabalho por turnos rotativos, *salvo quando se mostre possível e necessário o estabelecimento de horários desfasados*" (itálico nosso). Merece também destaque o Contrato Coletivo entre a Associação dos Comerciantes de Carnes do Concelho de Lisboa e Outros e outras associações de empregadores e o Sindicato dos Trabalhadores da Indústria e Comércio de Carnes do Sul, onde se prevê: "*Sempre que o período de funcionamento ultrapasse os limites do período normal de trabalho diário e os trabalhadores não cumpram tal período de funcionamento em regime de horários desfasados*, deverão ser organizados horários de trabalho por turnos fixos ou rotativos" (cláusula 23.ª, n.º 1, itálico nosso). Por fim, veja-se ainda o Contrato Coletivo entre a APEQ - Associação Portuguesa das Empresas Químicas e outras e a Federação de Sindicatos da Indústria, Energia e Transportes - COFESINT e outros, cuja cláusula 28.ª estabelece: "*Poderão ser organizados turnos de pessoal diferente*, sempre que o período de funcionamento ultrapasse os limites máximos dos períodos normais diários de trabalho" (itálico nosso).

[11] Conforme se lê no sumário do já mencionado e recente Acórdão da Relação de Coimbra, de 15/02/2021 (Desembargador Jorge Loureiro), no trabalho por turnos «Trata-se de uma prática de emprego destinada a fazer uso das 24 horas diárias com vista à disponibilização de serviços durante todo aquele período, procedendo-se, por regra, à divisão do dia em diferen-

desconsiderar os limites do período normal de trabalho de cada trabalhador. E isso, amiúde, até por tradição oriunda do mundo fabril, passa pela organização de turnos de pessoal diferente, em que os trabalhadores ocupam, sucessivamente, os mesmos postos de trabalho. Pode ser assim. É, muitas vezes, assim. Mas não tem de ser assim. Nem é sempre assim.

O termo "devem", constante do n.º 1 do art. 221.º do CT, parece, acima de tudo, traduzir a preocupação do legislador em evitar que a existência de um período de abertura ou de laboração alargado sirva de pretexto para aumentar o período normal de trabalho dos trabalhadores dessas empresas. Por isso, as respetivas entidades empregadoras deverão organizar o tempo de trabalho de forma a evitar esse efeito, máxime através da organização de turnos de pessoal diferente. Esta é, de facto, uma possibilidade, a mais difundida, a mais tradicional, a mais comum. Mas há outras. E esta possibilidade de haver outras, a suscetibilidade de o mesmo desiderato ser alcançado por outras vias, não escapou ao olhar atento da nossa melhor doutrina. A este propósito, atente-se no que, há muito (há mais de 40 anos!), ensinava JOSÉ BARROS MOURA: «O trabalho por turnos é o prestado por *equipas* de pessoal diferente, cada uma delas dentro dos limites do período normal de trabalho que lhe seja aplicável, por forma a assegurar o funcionamento contínuo da empresa durante um período de tempo maior do que o correspondente ao período normal de trabalho». O Autor acrescentava: «As mesmas máquinas da fábrica funcionam ininterruptamente, manobradas por operários diferentes que são substituídos por outros quando termina o respetivo tempo de trabalho». E, com particular interesse para o nosso tema, rematava: «Ou seja, o recurso a *equipas* de pessoal diferente deve ter lugar sempre que o período de funcionamento seja maior do que o período normal de trabalho aplicável aos trabalhadores da empresa por força de IRC ou contratos individuais de trabalho. *Só assim não será se o período de funcionamento puder ser coberto com o chamado horário diferenciado (quanto às horas de entrada e saída e intervalos de descanso) – figura, aliás, sem contornos ainda bem definidos na nossa lei*»[12].

---

tes intervalos de tempo correspondentes a outros tantos turnos diferentes durante os quais diferentes grupos de trabalhadores realizam o seu trabalho».

[12] *Compilação de Direito do Trabalho – Sistematizada e Anotada*, Almedina, Coimbra, 1980, p. 279 (itálico nosso).

Ora aí está. *Horários diferenciados*, ou quiçá, em terminologia mais atual, *horários desfasados*. A regra de que deverão ser organizados turnos de pessoal diferente sempre que o período de funcionamento ultrapasse os limites máximos do período normal de trabalho provém da velha Lei da Duração do Trabalho (DL n.º 409/71, de 27-9), tendo sido mantida na legislação subsequente. O sentido da norma legal consiste, a nosso ver, em deixar claro que o facto de a empresa estar sujeita a um período de funcionamento superior ao período normal de trabalho não autoriza que este último seja, por arrastamento, aumentado. E, para o evitar, o expediente mais utilizado consiste, sem dúvida, sobretudo em empresas de laboração contínua, no recurso ao trabalho por turnos. Mas, repete-se, o que importa, o que se impõe, *ex vi legis*, é evitar que seja dilatado o período normal de trabalho dos respetivos trabalhadores. Assim, por exemplo, numa empresa com um período de funcionamento diário de 10 horas (das 9h às 19h), já não parece fazer sentido organizar turnos: bastará, para prover às necessidades do serviço com respeito pelos limites do período normal de trabalho diário, organizar horários desfasados, em que alguns trabalhadores entrem às 9h e saiam às 17h e outros entrem às 11h e saiam às 19h.

Os horários desfasados ou diferenciados são, portanto, uma outra forma (a par do trabalho por turnos e tão legítima como este) de conjugar harmoniosamente o período de funcionamento da empresa com o respeito pelo período normal de trabalho de cada trabalhador. Vejamos.

3. Trabalho por turnos *versus* horários desfasados

Importa, portanto, distinguir o trabalho por turnos dessa outra modalidade de horário, a dos horários desfasados, figura bem conhecida no nosso tecido empresarial e com reconhecimento também na negociação coletiva. Diga-se, antes do mais, que estamos perante uma modalidade perfeitamente admissível no nosso ordenamento jurídico, ainda que o CT não lhe faça uma alusão expressa, ao invés do que sucede no domínio do emprego público. Com efeito, dentro dos condicionalismos que a lei impõe na fixação do horário de trabalho (caso do período normal de trabalho, do período de funcionamento da empresa e dos períodos de descanso do trabalhador), as partes podem adotar as mais diversas modalidades de horários, não estando, portanto, sequer limitadas aos modelos previstos pelo legislador, como sucede com o horário contínuo (art. 213.º, n.º 1) ou o trabalho por turnos (art. 220.º)[13].

Ora, socorrendo-nos da concretização prevista no artigo 113.º da LGTFP[14], diremos que *horário desfasado é aquele que, mantendo inalterado o período normal de trabalho diário, permite estabelecer horas de entrada e de saída não idênticas para os diversos grupos ou categorias de pessoal.* Estamos, fundamentalmente, perante uma soma de horários rígidos, com diferentes horas de entrada e de saída, que são aplicáveis a determinados grupos de trabalhadores[15].

Por aqui se vê que, à semelhança do que ocorre no trabalho por turnos, também os horários desfasados são de atribuição coletiva, no sentido em que é necessário que haja uma organização conjunta de trabalho de pelo menos dois trabalhadores para se poder estar em presença desta modalidade de horário de trabalho. Por outro lado, à semelhança do que vimos a respeito do trabalho por turnos, uma das motivações para a adoção desta modalidade de horário poderá estar em assegurar o funcionamento da empresa quando o período de abertura ou de laboração exceda os limi-

---

[13] Neste sentido, Francisco Liberal Fernandes, *O Tempo de Trabalho, cit.*, pág. 134. Referindo-se à distinção entre o horário desfasado e o horário por turnos, como duas modalidades possíveis de horário de trabalho, cfr. Joana Nunes Vicente e Milena Silva Rouxinol, in AAVV, *Direito do Trabalho – Relação Individual*, Almedina, Coimbra, 2019, p. 599.

[14] No art. 110.º da LGTFP encontram-se previstas várias modalidades de horário de trabalho: horário flexível, horário rígido, horário desfasado, jornada contínua, meia jornada e trabalho por turnos. E, nos termos do seu art. 113.º, horário desfasado é aquele que, embora mantendo inalterado o período normal de trabalho diário, permite estabelecer, serviço a serviço ou para determinado(s) grupo(s) de pessoal, horas fixas diferentes de entrada e de saída.

[15] Assim, Paulo Veiga e Moura/Cátia Arrimar, "Anotação ao art. 115.º", *cit.*, pág. 392. No mesmo sentido, a título de exemplo, retirado da nossa negociação coletiva, veja-se o Acordo de Empresa celebrado entre a Parques de Sintra - Monte da Lua, SA e o Sindicato dos Trabalhadores da Administração Pública e de Entidades com Fins Públicos - SINTAP (*Boletim do Trabalho e Emprego*, n.º 35, de 22-9-2019, p. 3755), que estabelece, na cláusula 33.ª: "1 - Pode ser estabelecido para os trabalhadores das áreas de informática, segurança, direção de divulgação e apoio ao visitante (DDAV) e Escola Portuguesa de Arte Equestre (EPAE) horários desfasados; 2 - O horário desfasado é aquele que, embora mantendo inalterado em cada dia e semana, respetivamente, o período normal de trabalho diário e semanal, permite estabelecer para as categorias acima, sem a possibilidade de opção, horas fixas diferentes de entrada e saída".

tes máximos do período normal de trabalho. Contudo, *diversamente do que sucede no trabalho por turnos, não há aqui, note-se, qualquer sucessão, substituição ou revezamento na ocupação dos mesmos postos de trabalho. Não há aqui a execução sucessiva das funções correspondentes a um dado posto de trabalho por dois ou mais trabalhadores de modo que o termo do período de trabalho de um trabalhador coincida, tendencialmente, com o início do de outro.* Em rigor, não há aqui um só posto de trabalho, sucessivamente ocupado por diferentes trabalhadores, mas dois ou mais postos de trabalho, aos quais correspondem dois ou mais horários de trabalho com início e termo diferentes e com sobreposição parcial entre todos.

Em suma, o trabalho por turnos e o sistema de horários desfasados são, dir-se-ia, duas formas distintas de dar resposta aos casos em que o período de funcionamento da empresa exceda os limites máximos do período normal de trabalho. O trabalho por turnos é a forma mais clássica ou tradicional de enfrentar essa questão e de resolver esse problema. Mas, como há muito observava José Barros Moura, uma outra resposta poderia ser dada através da adoção de horários diferenciados ou desfasados. Figura esta que continua, até hoje, a não encontrar expressa guarida no CT, mas já se encontra prevista *qua tale*, a par do horário por turnos, na lei do emprego público e em várias convenções coletivas no setor privado.

4. Uma análise de caso: trabalho por turnos ou horário desfasado?

Munidos que estamos destes ensinamentos gerais sobre o tema, cabe agora refletir sobre o problema qualificativo em apreço, para o que, por razões de clareza e simplificação, recorreremos a uma hipótese-tipo. Vamos supor que a empresa X, num dos seus departamentos cujo período de funcionamento é de 12h por dia (das 9h às 21h), tem ao seu serviço quatro trabalhadoras para exercer certo tipo de atividade: Anabela, com horário de trabalho das 9h às 17h; Beatriz, com horário de trabalho das 10h30m às 18h30m; Carla, com horário de trabalho das 12h às 20h; e Daniela, com horário das 13h às 21h. Por decisão empresarial e sem oposição de qualquer das trabalhadoras, foi criada uma escala de rotação semanal nesses horários, nos termos da qual a trabalhadora Anabela, por exemplo, numa semana cumpriria o horário de trabalho entre as 9h e as 17h, na semana seguinte entre as 10h30m e as 18h30m, na outra entre as 12h e as 20h, etc. E isto, claro, a valer para todas as trabalhadoras.

Pergunta-se: estaremos nós, nesta hipótese, perante a figura do trabalho por turnos? A resposta é, não pode deixar de ser, negativa, desde logo por faltar o elemento básico definidor da noção legal de trabalho por turnos que destacámos *supra*: a ocupação sucessiva do mesmo posto de trabalho por dois ou mais trabalhadores. Ora, é esta ideia de sucessão, de substituição, de revezamento, de saída de uns e de entrada de outros, para ocuparem o mesmo posto de trabalho, que faz parte da noção de trabalho por turnos há muito sedimentada na ordem jurídica, que, manifestamente, não está presente na hipótese acima formulada[16].

O que há aqui, sem dúvida, são quatro postos de trabalho ocupados, a tempo inteiro, por quatro trabalhadoras, que não se revezam, não se substituem umas às outras. O que se verifica é que, até em função da necessidade de responder de forma adequada à oscilação da procura por parte dos clientes ou utentes ao longo do dia, a entidade empregadora, desfasando os horários de trabalho das quatro trabalhadoras, consegue ter todas elas a trabalhar, em simultâneo, das 13h às 17h (metade do período normal de trabalho diário), sendo que em outras faixas horárias estarão três em simultâneo (das 10h30 às 13h e das 17h às 18h30), ou duas em simultâneo (das 18h30m às 20h). Nos períodos de menor afluência de clientes ou utentes, isto é, das 9h às 10h30m e das 20h às 21h, apenas estará uma trabalhadora ao serviço. Por outras palavras, o trabalho não está, pois, neste exemplo, organizado em turnos de pessoal diferente. O tempo de trabalho está aqui organizado de forma a, através do desfasamento de horários, prover às necessidades do serviço, concentrando todas as trabalhadoras num período temporal em que o volume de clientes ou utentes o justifique (nas 4 horas centrais do dia) e depois mantendo ao serviço as trabalhadoras necessárias para responder às solicitações nos períodos mais periféricos, em que a procura diminui.

Não se verifica aqui, repete-se, o pressuposto básico de que depende a figura do trabalho por turnos: a ocupação sucessiva do mesmo posto de trabalho por dois ou mais trabalhadores, a substituição, o revezamento entre eles. Decerto, a lei não

---

[16] Na lição de ANTÓNIO MENEZES CORDEIRO, «o esquema dos turnos postula horários de trabalho não uniformes ou de tal modo articulados que o termo do período dum trabalhador coincida com o início do de outro» – *Isenção de Horário – Subsídios para a dogmática atual do Direito da duração de trabalho*, Almedina, Coimbra, 2000, p. 76.

define, com precisão, o que se deva entender por "posto de trabalho", tarefa que a doutrina tem tentado levar a cabo. Merece particular destaque, neste domínio, o esforço empreendido por António Nunes de Carvalho, Autor para o qual o núcleo fundamental do conceito normativo de posto de trabalho «corresponde, genericamente, a uma posição numa concreta organização produtiva, que é desenhada pelo titular desta e está sujeita às suas opções de gestão, posição que implica um certo conteúdo funcional, requer determinada qualificação profissional e/ou aptidão, envolve certos meios, equipamentos e riscos, pode ter associado um conjunto de condições de trabalho (designadamente, em termos de esquema temporal de realização da prestação) e à qual o trabalhador é afeto pelo empregador no quadro da execução do contrato de trabalho»[17]. No fundo, acrescenta o mesmo Autor, a referência ao posto de trabalho, neste campo, tem subjacente a ideia de uma certa posição na organização, nela aflorando «a noção de "lugar", de "vaga", de posição concreta no âmbito de uma determinada (e pré-existente) estrutura produtiva»[18].

Ora, no exemplo apresentado, parece evidente a existência de quatro postos de trabalho, ocupados por outras tantas trabalhadoras, ainda que os horários de trabalho destas sejam desfasados, em ordem a garantir a mão de obra necessária para prover às necessidade de serviço de uma empresa com um período de funcionamento diário de 12h (superior, portanto, ao limite máximo do período normal de trabalho diário, 8h), adequando o volume de mão de obra disponível às oscilações da procura de serviços ao longo do dia. Ainda assim, repete-se, num período correspondente a metade do período normal de trabalho diário (4 horas), as quatro trabalhadoras em causa estão, todas elas, a prestar o seu trabalho, em simultâneo, pelo que, patentemente, não se verifica neste caso qualquer esquema de organização de trabalho em turnos de pessoal diferente, em que, em princípio, os trabalhadores de um determinado turno iniciam a sua prestação quando os do turno anterior a terminam, substituindo-os,

[17] "Reflexões sobre o conceito legal de posto de trabalho", *Para Jorge Leite – Escritos Jurídico-Laborais*, coord. de João Reis/Leal Amado/Liberal Fernandes/Regina Redinha, vol. I, Coimbra Editora, Coimbra, 2014, pág. 132.

[18] "Reflexões sobre o conceito legal de posto de trabalho", *cit.*, pág. 128.

sucedendo-lhes na ocupação dos postos de trabalho, registando-se um revezamento entre todos eles.

É certo que a clareza da distinção entre o típico trabalho por turnos e o típico sistema de horários desfasados, exposta acima, fica mais atenuada numa hipótese como aquela em apreço, em que os horários desfasados das quatro trabalhadoras se revelam, não horários totalmente fixos ou rígidos, com horas de entrada e saída idênticas em todas as semanas, mas sim horários variáveis, sendo criada, por decisão empresarial ou por acordo entre as partes, uma escala de rotação semanal nesses horários. É verdade que esta rotação semanal de horário de trabalho aproxima um pouco a situação daquela que se regista no trabalho por turnos, *maxime* se pensarmos nos turnos rotativos.

Ainda assim, a diferença fundamental, do ponto de vista jurídico, subsiste: no trabalho por turnos há uma sucessão no posto de trabalho, uma substituição do trabalhador Y, quando termina a prestação, pelo trabalhador Z, quando a inicia, estes trabalhadores revezam-se no mesmo posto de trabalho[19]. *Nada disso sucede na nossa hipótese, de horários desfasados e rotativos, em que as quatro trabalhadoras alternam, rodam entre si, cumprem horários de trabalho distintos de semana para semana, mas sem se registar qualquer sucessão ou substituição ou revezamento no posto de trabalho que ocupam. Aliás, reitere-se, na hipótese em causa verifica-se, sempre, que entre as 13h e as 17h elas estarão sempre, as quatro, em simultâneo, a prestar serviço, cada qual no seu posto de trabalho, de acordo com o tradicional princípio – "um posto, um homem"* (rectius, *um posto, uma mulher*).

Vale dizer, aquela rotação semanal nos horários de trabalho, que pode até ser estabelecida em atenção aos interesses das trabalhadoras em causa, para não sobrecarregar com uma entrada ao serviço demasiado cedo (às 9h da manhã) ou com uma saída demasiado tarde (às 9h da noite) sempre a mesma trabalhadora, distribuindo, equitativamente, os horários

[19] Para o dizermos com Jorge Leite, no trabalho por turnos «cada posto de trabalho será, então, ocupado ao longo do dia por diferentes trabalhadores» – «Descanso semanal e trabalho em regime de turnos rotativos», *Revista de Direito e Economia*, n.º 10/11 (1984/1985), p. 107, n. 35. Isto sem prejuízo de, conforme se assinala *supra*, os turnos poderem ser descontínuos, caso em que se registará um hiato entre a saída de um trabalhador e a entrada ao serviço daquele que o irá substituir.

disponíveis, não prejudica a validade da distinção fundamental a operar nesta matéria – *a distinção entre o trabalho por turnos, com a inerente sucessão dos trabalhadores no posto de trabalho, e o sistema de horários desfasados, em que não se regista qualquer sucessão na ocupação de postos de trabalho entre os trabalhadores, apenas acontecendo que os horários destes não coincidem por inteiro, só parcialmente se sobrepondo, até em função da intensidade variável da atividade da empresa ao longo do dia.*

Em jeito de conclusão, cremos que, no tocante aos horários de trabalho praticados na empresa X, impõe-se distinguir, caso a caso, mas com rigor e clareza, as situações de verdadeiro trabalho por turnos (em que poderá ser devido o pagamento de subsídio de turno, por força da convenção coletiva aplicável) daqueloutras situações que, embora registando alguma afinidade com o trabalho por turnos, deste se afastam conceptualmente, como sucede com os horários diferenciados ou desfasados (mesmo se rotativos).

Como é sabido, a nossa lei não confere a quem trabalha por turnos qualquer adicional retributivo, sendo que a fonte deste adicional reside, frequentemente, nos instrumentos de regulamentação coletiva de trabalho. E nada impede que na contratação coletiva se preveja, em moldes expressos, esta figura dos horários desfasados e que, porventura, em caso de horários desfasados com escala de rotação semanal, também se preveja um qualquer acréscimo retributivo, a esse título. Situação que, diga-se, não é inédita na negociação coletiva, mas que, justamente, apenas atesta o carácter autónomo das duas figuras – trabalho por turnos e horários desfasados –, a justificar também um tratamento retributivo diferenciado[20].

[20] Veja-se, a título ilustrativo, o Contrato Coletivo de Trabalho celebrado entre a ASCOOP – Associação das Adegas Cooperativas do Centro e Sul de Portugal e o SETAA – Sindicato da Agricultura, Alimentação e Florestas e outro (*Boletim do Trabalho e Emprego*, n.º 42, de 15-11-2008, pág. 4562), que na sua cláusula 54.ª consagra o subsídio de turnos, no valor de 51,60€ (al. b), e o subsídio de horário desfasado, no valor de 28,60€ (al. d), sendo este último apenas devido quando tal tipo de horário for de iniciativa e interesse da empresa.

O pagamento do trabalho (suplementar) prestado em dia feriado

JOÃO LEAL AMADO
MILENA SILVA ROUXINOL

1. Ponto preliminar: a *dupla natureza do* trabalho prestado em dia feriado

Os feriados correspondem a dias festivos, associados à celebração coletiva de efemérides, de conhecimento e com impacto generalizado, mormente por razões político-sociais ou religiosas.

Embora a noção de feriado e os seus efeitos extravasem o plano jurídico-laboral, eles produzem, em regra – mas com importantes e numerosos desvios, como veremos já de seguida – uma consequência imediata sobre a execução do contrato de trabalho: implicando a suspensão da laboração das empresas, determinam que não haja, nos dias em causa, obrigação de prestar trabalho. Não estamos, propriamente, perante dias de descanso dos trabalhadores, como o dia de descanso semanal obrigatório ou complementar, ou o período de férias. Está em causa, isso sim, a ocorrência de datas em que, por, em princípio, as empresas deverem encerrar, os trabalhadores se verem dispensados do trabalho. Neste sentido, tais trabalhadores vêm, claro, a gozar de um período de autodisponibilidade. Nas palavras de MONTEIRO FERNANDES[1], "não se trata, em primeira linha, de um verdadeiro *direito* do trabalhador face ao empregador, que se insira no conteúdo da relação individual de trabalho, mas de uma obrigação do empresário relativamente ao Estado, que se articula com um direito subjectivo público dos trabalhadores".

A lista de dias feriados obrigatórios – obrigatoriedade que se estende quer ao *an*, quer ao *quando*, com exceção, relativamente ao momento de

---

[1] *Direito do Trabalho*, Almedina, Coimbra, 2017, 18.ª edição, p. 458.

gozo, da Sexta-Feira Santa (art. 234.º, n.º 2) – encontra-se no art. 234.º do CT, complementada pelo disposto no artigo seguinte. Assim, são, atualmente[2], feriados obrigatórios os seguintes dias: 1 de janeiro, Sexta-Feira Santa, Domingo de Páscoa, 25 de abril, 1 de maio, Corpo de Deus, 10 de junho, 15 de agosto, 5 de outubro, 1 de novembro, 1 de dezembro, 8 de dezembro e 25 de dezembro. Acrescem, segundo o art. 235.º, os feriados facultativos, aqueles que podem, ou não, ser estabelecidos por IRCT, acordo individual (ou uso). Se assim suceder, produzirão efeitos similares aos feriados obrigatórios. Referimo-nos à terça-feira de Carnaval e ainda ao feriado municipal da localidade (art. 235.º, n.º 1), que, de resto, ainda que sejam estabelecidos, podem ser gozados em dia distinto do associado a essas comemorações (n.º 2).

O regime jurídico-laboral padrão, ou regime-regra, dos feriados, resulta, primacialmente, da conjugação dos arts. 236.º, n.º 1, e 269.º.

Segundo aquele, todas as empresas que não estejam dispensadas de encerrar aos domingos[3] devem suspender a laboração nos dias feriados. Assim, reflexamente, os trabalhadores não prestarão atividade, beneficiando do período correspondente como tempo de repouso. E a lei clarifica que não poderão, por esse motivo, perder qualquer parcela retributiva (art. 269.º, n.º 1), isto é, num mês em que haja um feriado, ou mais, a retribuição do trabalhador não sofrerá, em regra, decréscimo. O trabalhador deverá auferir retribuição apesar de não prestar trabalho, não sendo permitido ao empregador procurar compensar essa omissão com trabalho suplementar. Noutros termos ainda: a retribuição normalmente paga ao trabalhador – podemos supor uma retribuição fixada por referência ao mês, por exemplo – *compreende* tais dias de omissão da prestação a cargo do trabalhador, paga-os, não obstante, justamente, serem dias em que o trabalhador nada produz para a empresa, que encerra.

Mesmo nos casos em que se aplica este regime-regra, pode, por certo, ter lugar a prestação de atividade laboral. Tratar-se-á, então, de *trabalho suplementar*, prestado "fora do horário de trabalho" (art. 226.º, n.º 1, do

---

[2] Após a Lei n.º 8/2016, de 1/04. Este diploma devolveu à ordem jurídica os feriados que haviam sido suprimidos pela Lei n.º 23/2012, de 25/06: o dia de Corpo de Deus, o dia 1 de novembro, o dia 5 de outubro e o dia 1 de dezembro.

[3] Cfr. art. 16.º da Lei n.º 105/2009, de 14 de setembro.

CT). É que, por força do referido efeito reflexo, na esfera dos trabalhadores, de estes dias deverem ser momentos de encerramento das empresas, o seu plano temporal normal de trabalho não pode compreender tais datas. Então, uma ordem da entidade empregadora no sentido de o trabalhador prestar atividade deverá, certamente, obedecer aos requisitos previstos no art. 227.º – em síntese, a prestação deve mostrar-se necessária, num quadro de mais ou menos acentuada excecionalidade (n.º 1), ou mesmo indispensável para evitar prejuízos irreparáveis ou dificilmente reparáveis (n.º 2) –, cumprir os limites quantitativos fixados no art. 228.º e, bem assim, implicará a assunção do custo associado a este tipo de trabalho – o acréscimo remuneratório previsto no art. 268.º, n.º 1-*b)*, isto é, um acréscimo de 50%. Só excecionalmente, verificando-se a hipótese considerada no n.º 3 do art. 229.º, terá o trabalhador direito a descanso compensatório; em circunstâncias normais, tal direito não existe em caso de prestação de trabalho suplementar em dia feriado[4].

O regime jurídico-laboral dos feriados é, porém, distinto se em causa estiverem unidades produtivas dispensadas de encerrar nesses dias – uma hipótese, porventura, excecional, de uma perspetiva valorativa-normativa, mas, por certo, de aplicação muito abundante, dado o elevado número de empresas cujo modelo de funcionamento concita a aplicação desta regulação alternativa. São os casos a que se refere o art. 269.º, n.º 2, também mencionados, a título de recorte negativo do âmbito do regime-regra, no art. 236.º, n.º 1, parte final. Em tais hipóteses, a respeito das quais, de resto e, quanto a nós, sintomaticamente, o legislador alude à prestação de trabalho *normal*, os trabalhadores não beneficiariam, em caso algum – a não ser que, por coincidência, o feriado ocorresse num dia de descanso semanal ou por qualquer outro motivo excecional –, de um período de autodisponibilidade, aquela que, lateralmente, lhes advém, nas situações típicas, da ocorrência de feriados.

Para os trabalhadores destas empresas, tais datas correspondem, *naturalmente*, a dias de trabalho – sublinhe-se, trabalho *normal*, não aquele que é prestado em circunstâncias de excecionalidade, verificados determinados requisitos substantivos e dentro de limites quantitativos específicos,

[4] Como se sabe, este direito foi suprimido pela Lei n.º 23/2012, de 18 de junho.

não o trabalho realizado "fora do horário" a que se refere o art. 226.º, n.º 1[5]. Por os dias feriados serem, para estas empresas, dias de laboração, eles são tidos em conta quando é fixado o horário de trabalho. Desta forma, a retribuição normalmente paga ao trabalhador – suponhamos, uma vez mais, a sua retribuição mensal – já contempla o trabalho realizado nesses dias. Eles pertencem ao conjunto de dias de trabalho remunerado nesse período[6].

A lei prevê, é certo, um regime especial para a prestação laboral ocorrida, em casos como estes, em dias feriados. Prevê-o no art. 269.º, n.º 2, que onera o empregador com a obrigação *ou* de pagar um *plus* de 50% do valor retributivo horário por cada hora prestada, *ou* de conceder ao

---

[5] Exatamente neste sentido, João Leal Amado, *Contrato de trabalho – noções básicas*, Almedina, Coimbra, 2019, 3.ª edição, p. 260, nota 257. Veja-se, ainda, no mesmo sentido, Milena Silva Rouxinol, *in* Leal Amado/Milena Rouxinol/Joana Vicente/Catarina Santos/Teresa Moreira, *Direito do Trabalho – relação individual*, Almedina, Coimbra, 2019, p. 659.

[6] É evidente que, mesmo nestes casos, pode haver lugar à prestação de trabalho suplementar *tout court*, desde que fora do horário de trabalho a observar nesse dia. De resto, quanto a nós, a circunstância de o trabalho a que se refere o art. 269.º, n.º 2, ser legalmente reputado de *normal* tem a vantagem de, assim, se tornar inequívoca a distinção entre aquele que é prestado dentro do horário – normal – e o que extravasa desses limites – suplementar. Ora, o trabalho suplementar a que haja lugar nesses dias deve ser retribuído com o acréscimo legalmente previsto para este tipo de trabalho. Resta saber se se aplica a alínea *a)* ou a alínea *b)* do n.º 1 do art. 268.º. Tendemos a considerar aplicável a alínea *a)*, porquanto, para os trabalhadores destas empresas, os dias feriados nunca seriam, como já se assinalou, dias de autodisponibilidade, sendo que a alínea *b)* do n.º 2 do art. 268.º se concebe sobre o pressuposto de que o acréscimo retributivo aí previsto visa compensar o trabalhador pela prestação de trabalho em dia que, de outro modo, seria de abstenção do trabalho.
Questão distinta é a de saber qual a base de cálculo do acréscimo retributivo a aplicar em tais casos. Se, numa empresa dispensada de encerrar em dias feriados, o trabalhador prestar uma hora de trabalho suplementar, isto é, fora do horário, terá direito a que essa hora seja paga com uma majoração retributiva. Mas de que valor de base deve partir-se? Parece-nos dever partir-se do valor que lhe é pago por cada hora de trabalho não suplementar nesse dia, isto é, do valor majorado a que se reporta o n.º 2 do art. 269.º. *Quid juris*, porém, se, ao invés de suportar o acréscimo de 50%, o empregador, no uso da faculdade que a lei lhe confere, compensar aquele trabalho com descanso compensatório? Pensamos que, nessa hipótese, deve ficcionar-se que o empregador retribuiria o trabalho *normal* com aquele acréscimo de 50%, para efeitos de apurar a base de cálculo do trabalho suplementar a que haja lugar. Na verdade, é esse também o custo do eventual descanso compensatório remunerado por que, eventualmente, o empregador haja optado.

trabalhador um descanso compensatório com a duração de metade do período de trabalho cumprido. Pode dizer-se, de algum modo, que este regime remuneratório representa um compromisso entre o do trabalho ordinário e o do trabalho suplementar. Mas tal não equivale a dizer que aquele trabalho tem a natureza de trabalho suplementar. Simplesmente, o legislador não desconsiderou o facto de, neste conjunto de situações, os trabalhadores se verem privados de participar, se for o caso, nas comemorações do dia ou de, simplesmente, descansar. Por essa razão, atribuiu-lhes um regime remuneratório de maior favor[7].

Certo, porém, segundo cremos, é que a lei assumiu estarem em causa, nos dois tipos de casos que identificámos – o comum, das empresas obrigadas a encerrar, por um lado; e, por outro lado, o das que podem laborar mesmo sendo dia feriado –, situações distintas, que, por isso, quis tratar de forma diversa, ainda que sem nivelar o trabalho prestado em dia feriado, mesmo em empresas dispensadas de encerrar, com o trabalho de um dia *comum*.

Dir-se-á que o que vimos de afirmar não é consensual ou isento de crítica. Há, com efeito, quem sustente, na doutrina nacional, o caráter suplementar do trabalho realizado em dia feriado, mesmo nas empresas dispensadas de encerrar.

Esta posição é assumida, mormente, por Francisco Liberal Fernandes[8]. Segundo o Autor, que, neste ponto, não acompanhamos, "constitui trabalho suplementar (em sentido técnico) a actividade prestada em dia feriado pelos trabalhadores das empresas dispensadas de encerrar ou de suspender a laboração um dia completo por semana (...)". Com efeito, explica, "o conceito de trabalho suplementar tem como referência a posição do trabalhador (e, no caso específico, o carácter univer-

---

[7] Na verdade, como é sabido, nem todos os trabalhadores gozam do mesmo regime de duração e organização do tempo de trabalho e, por isso, de idênticos períodos de autodisponibilidade, sendo que, em alguns casos, a sua situação quanto a esses aspetos não resulta, estritamente, do contrato celebrado, antes está condicionada a requisitos associados à natureza da atividade em causa ou das circunstâncias em que é desenvolvida – veja-se, por exemplo, o caso do recurso à isenção de horário de trabalho, casos em que, aliás, a lei também prevê uma majoração salarial (art. 265.º do CT).

[8] *O trabalho e o tempo: comentário ao Código do Trabalho*, CIJE/Universidade do Porto, Porto, 2018, p. 363.

sal do direito ao gozo dos feriados) e não o regime de funcionamento da empresa". A verdade, porém, é que o mesmo Autor não só reconhece que o trabalho a que se refere o art. 269.º, n.º 2, não apresenta a nota de excecionalidade própria do trabalho suplementar, pois que visa a satisfação de necessidades normais da empresa, como clarifica que os seus efeitos, designadamente retributivos, são distintos dos do trabalho suplementar *tout court*[9]. Talvez possa dizer-se, afinal, que a posição do autor só difere da que atrás adotámos num plano nominalista, ainda que LIBERAL FERNANDES se ampare, bem o sabemos, na axiologia subjacente à consagração dos dias feriados.

2. O modelo legal de pagamento deste(s) trabalho(s)

Atentas as considerações expendidas, detenhamo-nos, então, na questão da destrinça entre o pagamento do trabalho suplementar prestado em dia feriado nas situações normativamente típicas, leia-se, aquelas em que as empresas devem encerrar e em que, por isso, em princípio, não deveria haver lugar à prestação laboral, e a contrapartida do trabalho realizado em tal dia, mas em unidades produtivas dispensadas de encerrar, em que, portanto, a prestação de trabalho se enquadra na normalidade do seu funcionamento.

Primo conspectu, desconsiderando a possibilidade, prevista no n.º 2 do art. 269.º, de o empregador, em vez de pagar o trabalho prestado com uma majoração, o compensar com horas de descanso adicional, o regime retributivo previsto nesta norma e, por outro lado, no art. 268.º, n.º 1-*b)*, mostra-se similar. Em ambos os casos, dir-se-ia, o trabalhador tem direito a um acréscimo salarial de 50% por cada hora de trabalho, acréscimo calculado sobre o valor da retribuição horária, a apurar nos termos do art. 271.º.

Uma análise mais detida revela, porém, que, *a final*, o impacto destas duas normas sobre a retribuição do trabalhador não é o mesmo. Quer dizer: o trabalho, em si mesmo, realizado em dia feriado tem, segundo o regime legal, idêntica contrapartida retributiva. No entanto, se se atender ao todo remuneratório que o trabalhador aufere, num mês em que hajam

[9] *Ibidem*.

ocorrido feriados, concluir-se-á que a sua situação não é a mesma se ele laborar numa empresa obrigada a encerrar em tais datas ou se, diversamente, prestar atividade em empresa que não tenha essa obrigação.

Perguntar-se-á, então: que diferença é essa e de que fundamento emerge? Como se explica? Julgamos que a resposta se encontra num aspeto já anteriormente mencionado e a que ora voltamos. É que, enquanto no âmbito de empresas obrigadas a encerrar nos dias feriados, esses dias são computados como dias em que, não obstante ter de haver lugar ao pagamento (art. 269.º, n.º 1), não ocorre prestação de trabalho – período de repouso, *hoc sensu* –, já no universo das dispensadas desse encerramento, os mesmos dias feriados são pagos, sim, mas verifica-se um nexo entre esse pagamento e o trabalho então realizado, isto é, o sinalagma retribuição-trabalho concretiza-se nesses exatos termos, o que não sucede no caso anterior.

Resulta do que vimos de dizer o seguinte: *(i)* se um trabalhador prestar trabalho suplementar *proprio sensu* em dia feriado, à retribuição que receberia normalmente, ou seja, se não tivesse trabalhado nessa data, acresce o pagamento desse trabalho e o respetivo acréscimo (nos termos do art. 268.º, o trabalho suplementar é *pago* pelo *valor da retribuição horária, acrescida* do *plus* aí previsto); de certo ponto de vista, podemos discernir na contrapartida remuneratória do trabalho suplementar duas componentes – o valor horário normal, que o paga em singelo, mais o acréscimo, que, no caso, é de 50%; *(ii)* se outro trabalhador prestar atividade num dia feriado, mas numa empresa dispensada de encerrar (trabalho *normal*, neste sentido), esse trabalho já se encontrava contemplado na retribuição que sempre lhe seria devida, restando apenas, se, realmente, ocorrer prestação de trabalho em tal dia, pagar o acréscimo de 50%.

Vejamos um exemplo. O trabalhador *A* aufere €900 euros mensais e trabalha 8 horas por dia e 40 horas por semana. Segundo o art. 271.º, ganha, portanto, €5,20 por hora. Se *A* prestar atividade em empresa que deva encerrar ao feriado e, porém, realizar 3 horas de trabalho nesse dia, que será suplementar, auferirá, nesse mês: €900€ + 3 horas pagas a €5,20 + 50%, cada uma; receberá €900 + €23,40, ou, decompondo, €900 + €5,20x3 (€15,60) + 50% de €5,20x3 (€7,80). Este trabalhador *não recebe só o acréscimo* prescrito no art. 268.º, n.º 1-*b*), *mas também o valor retributivo horário normal*, a que se adiciona aquele acréscimo, porque a retribuição mensal, de €900, embora contemple aquele dia, não o tem em conta como dia de trabalho, porquanto, *a priori*, ele não o é, com efeito.

Quid juris se o trabalhador *B*, que aufere o mesmo valor mensal e tem o mesmo período normal de trabalho, prestar, igualmente, 3 horas de atividade num dia feriado, mas no âmbito de uma empresa dispensada de encerrar? Por força do art. 269.º, n.º 2, receberá, além dos habituais €900€, um acréscimo de 50% calculado sobre o valor retributivo horário, isto é, acrescerá o correspondente a 50% de €5,20, por cada uma das 3 horas; o empregador deverá pagar-lhe €900 e ainda €7,80€ (os 50% de acréscimo que se aplicam a 5,20x3, isto é, €2,60x3); por outras palavras, *à retribuição mensal apenas acresce o* plus *remuneratório a que alude o art. 269.º/2.* Assim é porque a prestação de trabalho nesse dia e, portanto, a respetiva retribuição em singelo já se contemplam no valor salarial mensal ordinário, os €900[10].

Chegaremos a idêntica conclusão se abordarmos esta questão com um exemplo análogo, mas em que figuremos que nem *A* nem *B* prestam trabalho num dia feriado. Com efeito, se *A* não prestar trabalho num dia feriado, a sua retribuição mensal não será afetada, ele continuará a receber €900, visto que a lei estabelece que o trabalhador tem direito à retribuição correspondente a dia feriado, isto é, aquele dia não trabalhado será remunerado como se houvesse ocorrido trabalho, sem implicar qualquer perda retributiva para *A*. Já *B*, porém, está em situação bem diferente: se ele não prestar trabalho num feriado, dado que, para *B*, por laborar em empresa não obrigada a suspender o funcionamento nesse dia, esse dia seria um dia de trabalho normal, então essa ausência de *B* será tratada como uma falta ao trabalho. Se a falta for injustificada, ela determinará a perda da retribuição correspondente ao período de ausência (art. 256.º, n.º 1, do CT), o que significa que, no final do mês, *B* não receberá €900, a este valor sendo deduzido o montante correspondente a um dia de trabalho (*in casu*, 8x€5,20, isto é, €41,60). Ou seja, se, para *A*, a inatividade durante o dia feriado é retribuída, já para *B* essa inatividade

[10] Repare-se, ainda, no seguinte: se acaso o empregador optar por não pagar o acréscimo, mas, em vez disso, der descanso compensatório remunerado de metade das horas de trabalho, tal equivalerá a pagar 1,5 horas pelo seu valor simples, isto é, os mesmos €7,80.

implicará perda retributiva no final do mês, pois este receberá, apenas, €858,40 (aos €900 serão abatidos €41,60).

Vale dizer, para *B* ter direito a auferir os habituais €900, no final do mês, ele terá de trabalhar no dia feriado, dia que, repete-se, para ele constitui um dia normal de trabalho. A lei, entretanto, tendo em conta que, apesar de tudo, o trabalhador em causa, ainda que não prestando trabalho suplementar nesse dia, acaba por ver-se impossibilitado de comemorar o feriado ou de se dedicar a outro tipo de atividades durante esse dia, ao invés do que sucede com a generalidade dos trabalhadores, entendeu bonificar a retribuição desse mesmo trabalho – assim, ele não será pago em singelo, mas com uma majoração de 50%, ou seja, pelo trabalho realizado nesse dia *B* não receberá a retribuição normal de um dia (€41,60), mas sim essa retribuição bonificada em 50%, ou seja, €62,40. Isto, por seu turno, significa que, no fim do mês, ele receberá €920,80 (€900, mais o acréscimo de 50% relativo a 8 horas, €20,80). Já no caso de *A*, se prestar trabalho suplementar, com a duração de 8 horas, em dia feriado, tudo é diferente: porque é trabalho extra, porque ele, se não trabalhasse, já veria esse dia ser retribuído normalmente, então, segundo a lei, esse trabalho deverá ser pago; e deverá ser pago, não em singelo, mas com o acréscimo de 50%, por força do disposto no art. 268.º, n.º 1-*b*), do CT. Ou seja, *A* vai receber €900, mais €62,40 (verba esta que remunera o trabalho extra prestado, de 8 horas, bonificado em 50%). Logo, no final do mês, *A* irá receber €962,40.

Repare-se que, em ambos os casos, o trabalho prestado em dia feriado é remunerado – e é remunerado com um acréscimo, segundo a lei, de 50%. Mas o ponto é que, em rigor, a situação é distinta, porque, no caso de *A*, tudo acresce aos €900, a retribuição pelo trabalho suplementar prestado e a bonificação de 50%, ao passo que, para *B*, os €900 são assegurados pela prestação de trabalho em dia feriado (se o não prestar, ele vai sofrer um corte remuneratório pelo dia de falta), acrescendo a esses €900, apenas, o montante de €20,80, a bonificação de 50% por cada hora prestada. Tudo isto pela simples, mas decisiva, razão de que, para *A*, este trabalho em dia feriado é trabalho extra, é trabalho suplementar, ao passo que, para *B*, esse constitui trabalho normal, compreendido no seu tempo de trabalho, ainda que, como se disse, sujeito a um tratamento especial, por coincidir com um dia feriado.

Podemos mesmo dizer: o trabalho prestado nesse dia feriado, tanto por parte de *A* como por parte de *B*, é remunerado com valor idêntico, correspondente a €62,40; sucede, apenas, que, para *A*, esses €62,40 vão adicionar-se aos habituais €900 mensais (porque esta seria a verba que *A* receberia, se não trabalhasse no dia feriado), ao passo que, para *B*, os €62,40 irão somar-se a €858,40 (porque este seria o montante que *B* receberia, se não trabalhasse no dia feriado). E, assim sendo, tudo está bem, não só no plano lógico, mas até em termos de justiça material das soluções, pois todos estaremos de acordo que, nestas circunstâncias, é razoável que *A* acabe por receber mais, no final do mês, do que *B*, dado que, em rigor, só *A* prestou trabalho extra, suplementar, nesse mês, e não *B*.

Conclusão

O texto ora apresentado tem um propósito modesto, mas, parece-nos, de relevo na *praxis* jurídica. Mais não procura ser do que um trabalho de leitura atenta das normas legais em causa, em diálogo com as distintas figuras a que se referem – trabalho suplementar, *proprio sensu*, o art. 268.º, n.º 2-*b*), e trabalho desprovido dessa natureza, o art. 269.º, n.º 2 – e, bem assim, com o padrão prestativo a ter como pago pela remuneração (mensal) ordinária, de que, naturalmente, resulta o recorte negativo do *quid* a retribuir a título adicional.

Se a mera leitura, ou uma leitura isolada, das normas centrais em questão poderia induzir a conclusão de que – à parte a possibilidade de o pagamento se substituir por descanso compensatório, no segundo caso – o trabalho realizado em dia feriado originaria idêntico crédito retributivo para o trabalhador que laborasse em empresa obrigada a encerrar e para aqueloutro que prestasse atividade em empresa dispensada dessa paralisação, concluímos que, a final de contas, assim não é: *rectius*, o *acréscimo* é o mesmo em ambos os casos, mas não é a mesma a prestação a que se soma tal majoração – no primeiro caso, a montante do acréscimo, há que pagar o trabalho extraordinariamente realizado; no segundo, aquele *plus* é devido, em acréscimo, claro, à retribuição normalmente paga, sem mais, pelo simples motivo de que o trabalho prestado nessas circunstâncias já nela se inclui.

A diferença regimental, nesta matéria, é compreensível. Para muitos trabalhadores, feriado significa, em princípio, descanso, comemoração. Para outros, porém, feriado significa, em princípio, trabalho. Assim sendo, compreende-se que, se uns e outros trabalharem num dado feriado, aqueles sejam alvo de um tratamento remuneratório reforçado em relação a estes. Trata-se, afinal, de tratar de modo diferente aquilo que, em rigor, é diferente – trabalho extraordinário ou suplementar, no primeiro caso, trabalho ordinário ou normal, no segundo.

Direito a férias: direito-dever ou direito subjectivo? (em torno de um caso inverídico mas verosímil)

JOÃO LEAL AMADO

1. O homem do quiosque

Carlos vive sozinho. Foi para Coimbra, muito anos atrás, primeiro para estudar, depois por lá ficou a trabalhar. Habituou-se à cidade, rendeu-se aos seus encantos. Apesar de nunca ter conseguido terminar o curso universitário que almejava, não mais deixou a cidade, aí começou a trabalhar, ainda jovem, nos serviços administrativos de uma empresa onde até hoje permanece, aí fixou a sua residência, aí fez os seus amigos. Poucos amigos. Carlos é uma pessoa reservada, os seus amigos são, em boa parte, alguns colegas de trabalho, companheiros de há vários anos. Sem filhos, sem mulher, já sem pai e com a mãe a viver longe, na aldeia, Carlos nunca gostou muito das férias. Naquele mês de Agosto, a empresa sempre encerra e todos os outros vão de férias, alegres e felizes, cheios de planos mais ou menos arrojados. Mas Carlos nunca gostou muito de viajar e, sozinho, menos ainda. Como o dinheiro não abunda, aproveita as férias para ir uns dias à aldeia, ver como está a mãe e o resto da família. E, com a missão cumprida, regressa a Coimbra, para sua casa, onde passa o resto do mês. A cidade muda muito em Agosto, os estudantes eclipsam-se nesse mês, felizmente os turistas vão chegando cada vez em maior número, pensa, de outro modo ele acha que acabaria por deprimir. Ocupa o tempo passeando, vendo televisão, uma ou outra ida ao cinema, uns fins de tarde nas esplanadas, a apreciar a vida dos outros e o entusiasmo dos turistas de todas as idades que vão percorrendo Coimbra, irrradiando a partir da velha Universidade.

Ainda assim, para Carlos, ao menos desde que se tornou adulto, Agosto sempre foi o mais penoso dos meses, dias longos e quentes, um após o outro, ele sempre acabava por começar a contar os dias que faltavam para que esse mês terminasse e regressasse a normalidade do trabalho, os múltiplos afazeres do trabalho, os colegas de trabalho, enfim a boa e velha rotina de sempre, que acelerava o ritmo dos seus dias e quase o fazia sentir feliz.

No ano passado, porém, as coisas mudaram. Uma vizinha de Carlos, que explorava um quiosque de venda de jornais e revistas, no centro da cidade, disse-lhe que estava a pensar em fechar o quiosque no mês de Agosto, dado que, por razões familiares, precisava de ir ao estrangeiro durante o mês, não tendo ninguém de confiança que a pudesse substituir por lá nesse período. Um aborrecimento, até porque, como a vizinha lhe disse, Agosto era dos melhores meses para o negócio, pois os turistas eram óptimos clientes, comprando bugigangas e recordações de toda a espécie e feitio.

Carlos ainda hesitou, mas por poucos minutos. Acto contínuo estava a bater à porta da vizinha, dizendo-lhe que, com excepção da primeira semana de Agosto, na qual precisava de ir à aldeia rever a mãe, ele poderia perfeitamente encarregar-se de manter o quiosque aberto no resto do mês. Tinha tempo e vontade para isso. A vizinha aceitou de imediato, acertaram até uma módica remuneração para Carlos, que poderia mesmo aumentar caso o negócio corresse bem durante o verão.

Assim foi. E Carlos adorou aquele mês de Agosto. De manhã ao fim da tarde, sem falta, lá estava ele no quiosque, bem no centro da cidade, vendo a vida passar logo ali à sua frente, atendendo os clientes, exercitando os conhecimentos de línguas que, muitos anos antes, tinha adquirido no liceu, esclarecendo os turistas de todas as nacionalidades sobre os pontos de interesse que era imperativo visitar, etc. Uma animação! Ao final do dia, cansado mas feliz, regressava a casa, adormecia cedo, até as insónias que tantas vezes o acompanhavam nesse estranho mês tinham desaparecido. E o dinheirinho extra, ajustado com a vizinha, dar-lhe-ia muito jeito, vinha mesmo a calhar...

Certo dia, porém, o Sr. Cunha, patrão de Carlos, resolveu comprar o jornal, antes de se meter no carro e rumar à Figueira da Foz, para passar mais um fim de semana na praia. Quis o destino que esse jornal fosse comprado justamente no quiosque onde Carlos estava a trabalhar. Ao ver ali Carlos, o Sr. Cunha mostrou surpresa. Perguntou-lhe o que estava ele a fazer ali. Carlos respondeu. A surpresa converteu-se em desagrado. O patrão sussurrou-lhe, enquanto metia o jornal debaixo do braço – Não lhe pago para estar aqui. E, acto contínuo, entrou no carro e desapareceu, rumo ao sol e ao mar.

Carlos ficou preocupado, mas lá continuou no resto do mês, estava demasiado satisfeito com a experiência para se deixar dominar pelas palavras desagradáveis do patrão. De todo o modo, quase inconscientemente, Carlos ficou alerta. E, de facto, houve um dia ou outro em que ele iria jurar que era o carro do patrão que tinha passado junto ao quiosque, abrandando (para ler as parangonas dos jornais? para ver se era ele que estava lá dentro?) e seguindo sem parar, sempre rumo ao mar.

O mês, aquele mês, passou rápido para Carlos. A vizinha voltou, fizeram contas, o negócio tinha corrido muito bem, Carlos achou que há muito não tinha tido um mês de Agosto como aquele. Verdade, sentia-se cansado, cansado fisicamente, mas psicologicamente sentia-se muito melhor do que era costume nele. Havia-se distraído, à sua maneira, naquele mês. Não tinha sentido a habitual solidão que o corroía nesses dias quentes e secos. E, claro, o dinheiro extra, aquele dinheiro extra tinha sido precioso para ele se abalançar a duas ou três compras que, de outro modo, teriam de esperar por melhores dias. Carlos pensou – no próximo ano, se a ocasião se proporcionar, repito a experiência.

Setembro chegou, Carlos voltou ao trabalho, ao seu trabalho de sempre. Mas logo no primeiro dia o Sr. Cunha mandou-o chamar. Disse que precisava de falar com ele. Carlos foi e, para seu espanto, ficou a saber que o seu patrão havia verificado, ele mesmo, com os próprios olhos, que Carlos tinha passado quase todo o mês de férias a trabalhar, de sol a sol, num quiosque. Ora Carlos, disse-lhe o Sr. Cunha, não estava desempregado. Tinha um emprego estável há muitos anos, ao abrigo do qual gozava sistematicamente férias no mês de Agosto, férias essas, aliás, suportadas pela empresa, a qual, além da habitual retribuição, também pagava pontualmente o subsídio de férias previsto na lei. E pagava tudo isso, acrescentou o Sr. Cunha, para que Carlos pudesse descansar convenientemente durante as férias, para que pudesse, inclusive, viajar, passear, espairecer, respirar novos ares e, com isso, "recarregar baterias" para o novo ano de trabalho que agora começava. Mas Carlos, em vez disso, tinha aproveitado as suas férias para trabalhar, dia após dia, desbaratando energias, cansando-se, esgotando-se horas a fio naquele quiosque... Isso o Sr. Cunha não podia tolerar, se Carlos não estava satisfeito na empresa a porta da rua estava aberta, mas o Sr. Cunha havia-se informado e disse-lhe que, nos termos da lei, a conduta de Carlos era ilícita, pelo que iria sem tardar receber notícias da empresa a esse propósito, que poderiam passar pela obrigação de devolução daquilo que Carlos havia recebido a título de retribuição e subsídio de férias, por um lado, e pela eventual instauração de um processo disciplinar, por outro. Acrescentou o Sr. Cunha que apenas lhe estava a comunicar isto desde já por uma questão de lealdade, para que Carlos se preparasse, os serviços jurídicos da empresa estavam a trabalhar no assunto e em breve lhe comunicariam tudo na forma devida.

Carlos saiu nervoso e assustado da reunião com o patrão. Viu o mundo a andar para trás. Não estava a entender. Ao longo dos anos, o Sr. Cunha nunca se tinha interessado sobre a forma como ele tinha passado as suas férias. Nem sequer lhe perguntava se tinham sido boas. Mas isso agora tinha mudado, porque o patrão o tinha visto a trabalhar no quiosque. Carlos nunca tinha pensado que trabalhar no quiosque, durante as férias, pudesse ser ilegal. Ele tinha pensado que, estando de férias, logo dispensado de comparecer na empresa, que aliás encerrava em Agosto, poderia fazer o que bem entendesse nesses dias. As férias não eram isso mesmo? Um tempo de libertação contratual, um tempo de audodisponibilidade? Em vez de ir para a praia e torrar ao sol, como a maioria dos seus agora bronzeados colegas, ele tinha ido para o quiosque. Isso constituía um problema? Não deixava de ser verdade que, nesse período, ele recebeu a retribuição e o subsídio de férias, pagos pela empresa. Mas isso obrigava-o a ir para a praia? Ou obrigava-o a ficar em casa todo o mês, parado e a definhar, como antes sucedia? Carlos não sabia. Mas uma coisa Carlos sabia: ele tinha de encontrar alguém, um jurista, um advogado, que o esclarecesse.

2. A advogada e a lei

A conversa com a advogada, Dr.ª Cecília, não foi muito animadora para Carlos. Após lhe ter relatado a situação ocorrida, Carlos viu a Dr.ª Cecília abrir um grosso volume – era o Código do Trabalho, veio depois a saber – e fixar-se numa página, que continha o enunciado do art. 247.º desse Código, ameaçadoramente intitulado «Exercício de outra actividade durante as férias». O teor completo do artigo é o seguinte:

«1 – O trabalhador não pode exercer durante as férias qualquer outra actividade remunerada, salvo quando já a exerça cumulativamente ou o empregador o autorize.

2 – Em caso de violação do disposto no número anterior, sem prejuízo da eventual responsabilidade disciplinar do trabalhador, o empregador tem direito a reaver a retribuição correspondente às férias e o respectivo subsídio, metade dos quais reverte para o serviço responsável pela gestão financeira do orçamento da segurança social.

3 – Para os efeitos previstos no número anterior, o empregador pode proceder a descontos na retribuição, até ao limite de um sexto, em relação a cada um dos períodos de vencimento posteriores».

Carlos, não sendo jurista, não era iletrado. E o maldito artigo parece que confirmava as palavras acusatórias do seu patrão. A verdade é que Carlos não tinha pedido autorização ao Sr. Cunha para ir trabalhar no quiosque em Agosto. Na verdade, Carlos nem pensou que o patrão estivesse interessado nisso. E, sendo sincero, Carlos também pensou que o patrão não tinha nada que saber disso, aquele era o seu mês de férias, aquele mês era seu, não do Sr. Cunha, então, parecia-lhe, o patrão não tinha de saber o que Carlos iria fazer naquele mês. Onde ele estava e fazer o quê, isso, pensava Carlos, era resultado de uma livre opção sua, na qual o Sr. Cunha não deveria nem poderia intrometer-se. Pelos vistos, pensava agora Carlos, pensei mal, este artigo estabelece, preto no branco, que eu deveria ter-lhe pedido autorização. Se eu quisesse ir para a praia, para o campo, para a montanha, aqui ou no estrangeiro, eu não teria qualquer dever de informação ou solicitação perante o meu patrão. Mas, ao que parece, segundo este malfadado artigo, se eu quiser ir para o quiosque, aqui mesmo no centro de Coimbra, a dois passos de minha casa, as coisas mudam de figura. Estranho! Estranho e doloroso, pois o artigo alude à "eventual responsabilidade disciplinar do trabalhador" (será que me podem despedir por isto?), bem como ao direito de o empregador reaver a retribuição e o subsídio de férias correspondente, procedendo a descontos na retribuição mensal, que podem ser de um sexto da mesma – se me cortam 1/6 do salário ao longo dos próximos meses, ao longo do próximo ano, segundo me disse a Dr.ª Cecília, eu quase não terei dinheiro para comer, tenho as despesas todas contadas, o dinheiro extra do quiosque já o gastei estupidamente, aquele sexto far-me-á muita falta...

A advogada ficou de estudar melhor o caso, ficou de consultar a doutrina e a jurisprudência que houvesse sobre o assunto, mais tarde voltariam a conversar. Mas Carlos saiu destroçado daquela reunião. Foi para casa e quase nem jantou, ligou o computador, acedeu à *net*, pesquisou a Constituição Portuguesa e o Código do Trabalho. Verificou que a Constituição consagra, no art. 59.º, que todos os trabalhadores têm direitos, muitos direitos, entre eles o direito a férias periódicas pagas – por aqui tudo bem, pensou Carlos. E no art. 237.º do Código do Trabalho ele leu que o direito a férias é, em princípio, irrenunciável, devendo ser exercido «de modo a proporcionar ao trabalhador a recuperação física e psíquica, condições de disponibilidade pessoal, integração na vida familiar e participação social e cultural». Carlos ficou a magicar naquelas palavras e no seu significado. Direito irrenunciável? Certo, mas Carlos não tinha renunciado ao seu direito a férias, durante aquele mês não tinha posto sequer uma vez os pés na empresa... Recuperação física e psíquica? Aqui é mais complicado, pensou, fisicamente o trabalho no quiosque desgastou-o, mas do ponto de vista psíquico fez-lhe bem, ele gostou da experiência, está melhor do que estaria se tivesse passado o mês a vegetar como antes... Condições de disponibilidade pessoal? Soa-lhe bem, foi isso, justamente, que ele fez, aproveitou a disponibilidade pessoal proporcionada pelas férias para se dedicar a uma outra actividade que ele mesmo, livre e voluntariamente, escolheu... Integração na vida familiar? Bom, aqui não houve diferença, ele integrou-se na vida familiar (quer dizer: foi visitar a mãe e demais parentes) na primeira semana do mês, depois, como sempre fez, regressou a Coimbra... Participação social e cultural? Carlos não sabe muito bem o que a lei pretende com isso, mas, na sua opinião, o contacto humano que teve e os esclarecimentos que deu a todos os clientes do quiosque, em particular aos turistas, são mais enriquecedores, do ponto de vista social e até cultural, do que a alternativa de vaguear solitariamente pela cidade, bebendo umas cervejas ao final da tarde, como antes fazia...

Enfim, o Direito, Carlos já o sabia, era uma coisa complicada. Muito complicada mesmo. O certo, porém, é que, mesmo a fechar a subsecção do Código dedicada às férias, lá estava o mesmo artigo que a Dr.ª Cecília tinha assinalado, o tal art. 247.º Logo o último daquela subsecção, ali meio esquecido, antes da subsecção dedicada às faltas ao trabalho – e aí, em matéria de faltas, Carlos estava à vontade, ele era dos mais assíduos e pontuais da empresa. Mas o famigerado art. 247.º lá estava, imperturbável. Carlos, sabendo que as leis do trabalho são alteradas com grande frequência, ainda pesquisou diversos *sites*, abriu várias versões *online* do Código do Trabalho, mas em todas, sem excepção, deparou com aquele obstinado e estranho artigo, do qual jamais tinha ouvido falar. Deitou-se, mas teve dificuldade em conciliar o sono e, quando finalmente adormeceu, teve sonhos agitados. Acordou cansado e desanimado. Sabia que tinha de arrebitar e melhorar a aparência. Se chegasse assim à empresa, o Sr. Cunha iria dizer-lhe que ele estava em baixo porque tinha desperdiçado as férias a trabalhar no quiosque...

3. O direito a férias como "direito-dever" ou "dever funcional"

A advogada, Dr.ª Cecília, não deixou de estudar a questão. Registou, sem surpresa, que o direito a férias se encontra previsto na Constituição da República Portuguesa como um dos direitos fundamentais dos trabalhadores. Porém, e a despeito do seu elevado estatuto jurídico-constitucional, a verdade é que, lendo as disposições do Código do Trabalho (CT) dedicadas à matéria das férias, Cecília não pôde deixar de concordar com a advertência formulada por José Andrade Mesquita, Autor segundo o qual "dúvidas não existem de que se trata de um direito subjectivo particularmente limitado, sendo obrigatório o seu efectivo exercício, através da inacção laboral do trabalhador"[1]. Quer dizer – pensou Cecília –, em princípio o direito a férias, enquanto direito subjectivo do trabalhador, deveria estar na dependência da vontade do seu titular e deveria servir para realizar interesses seus – isto é, interesses desse mesmo titular – e não interesses de outrem, *maxime* do empregador, sujeito passivo desse direito. Todavia, tendo em conta o disposto no art. 247.º do CT, parece inegável que o legislador perfilha uma outra concepção sobre o direito a férias. Estas, ainda que correspondam a um direito do trabalhador, encontram-se funcionalizadas, servem para o descanso do corpo can-

[1] "O direito a férias", *Estudos do Instituto de Direito do Trabalho*, Almedina, Coimbra, 2002, p. 118.

sado e para a regeneração da mente desgastada pelo trabalho. Essa é a sua função principal, a função, dir-se-ia, restauradora ou retemperadora, de reposição das energias físicas e psíquicas despendidas ao longo de um ano de trabalho. Ao longo do ano a "bateria laboral" descarregou, há que carregá-la durante as férias, tudo em ordem a que o trabalhador se reapresente ao serviço a 100%, fresco e revitalizado, pronto para mais um longo e desgastante ano de trabalho. Ora, sendo este o objectivo central das férias, então, a par do óbvio interesse do trabalhador no gozo das mesmas, surge também o interesse do empregador no sentido de que esse período de férias corresponda, realmente, a um período de inacção laboral do trabalhador. Se assim não for, se as férias forem aproveitadas pelo trabalhador para outros fins, talvez a bateria não recarregue completamente e talvez o trabalhador se reapresente ao serviço, concluídas as férias, sem estar a 100%... Destarte, e para tutela dos interesses empresariais em matéria de produtividade da mão-de-obra, a lei proíbe que o trabalhador exerça qualquer outra actividade remunerada durante as férias – salvo, justamente, se o empregador, titular do interesse protegido pela norma, autorizar o respectivo exercício[2].

E Cecília pensou: mais do que um "direito subjectivo particularmente limitado", como escreve José Andrade Mesquita, parece que nos deparamos aqui com um verdadeiro *direito-dever, poder-dever* ou *direito funcional*[3]. Isto porque, neste caso, o poder jurídico encontra-se (*rectius*: encontra-se também) ao serviço de um interesse de outrem que não o titular do direito, esse direito deve ser exercido de certo modo, de certa forma, nos moldes exigidos pela respectiva função. Ou seja, regista-se aqui um fenómeno de interposição entre o direito e o interesse, confere-se ao trabalhador o direito a férias para tutela de interesses múltiplos e de vários sujeitos, não só do trabalhador mas também do empregador. E, se esse direito não for exercido do modo exigido pela respectiva função – *in casu*, se as férias, ou parte delas, forem passadas a trabalhar para um terceiro –, o titular desse direito infringe um dever jurídico e é passível de sanções

---

[2] Bem como, é claro, no caso de se tratar de manter uma actividade já antes exercida pelo trabalhador, coisa que não sucedia com Carlos.

[3] A este propósito, falando em "direito-dever", Júlio Gomes, *Direito do Trabalho*, vol. I, Coimbra Editora, 2007, p. 711.

– *in casu*, perda da retribuição e do subsídio de férias, acompanhada de eventual responsabilidade disciplinar.

Vale dizer, regista-se aqui uma certa dissociação subjectiva entre a titularidade do direito – este é, inequivocamente, um direito do trabalhador – e a titularidade do interesse protegido, pois este é como que contitulado pelo trabalhador e pelo empregador. Não estamos, pois, em bom rigor, perante um puro direito subjectivo do trabalhador, enquanto instrumento de realização de um interesse próprio, mas sim perante um direito-dever ou direito funcional deste, sendo que, por isso mesmo, por estarem em causa interesses relevantes não só seus mas também de outrem, o titular do direito deve exercê-lo de certa forma e não como bem lhe aprouver[4].

As férias, enquanto período destinado ao descanso do corpo e à regeneração da mente, surgem, pois, na perspectiva da nossa lei, como um direito do trabalhador perante o empregador – este deve conceder férias ao trabalhador, deve proceder à respectiva marcação, deve pagar a retribuição e o subsídio correspondentes, não deve, por qualquer modo, obstar ao gozo de férias pelo trabalhador, etc. –, mas também como um dever do trabalhador perante o empregador – o trabalhador deve gozar essas férias, acima de tudo, repousando e não trabalhando, se quiser gozá-las a trabalhar, por conta própria ou para outrem, deve solicitar autorização ao empregador, sob pena de cometer uma violação contratual e ser chamado a responder por ela.

Cecília foi mais longe, fez alguma pesquisa histórica e verificou que uma solução não muito distante da vertida no art. 247.º do actual CT constava já da vetusta Lei n.º 1952, de 10 de Março de 1937, nos termos de cujo art. 9.º «o empregado ou assalariado no gozo de férias não poderá exercer a sua actividade profissional ao serviço de qualquer entidade patronal». E também o art. 13.º da Convenção n.º 132 da OIT, de 24 de Junho de 1970, sobre férias anuais remuneradas, prevê que «a autoridade competente ou o organismo apropriado de cada país podem adoptar regras particulares que visem os casos em que uma pessoa empregada exerça durante as suas

---

[4] Sobre a distinção entre o direito subjectivo e o poder-dever ou direito funcional, *vd.*, por todos, Carlos da Mota Pinto, *Teoria Geral do Direito Civil*, 4.ª ed., por António Pinto Monteiro e Paulo Mota Pinto, Coimbra Editora, 2005, pp. 178 e ss.

férias uma actividade remunerada incompatível com o objectivo dessas férias».

Cecília ficou desconsolada com a leitura de todas estas normas, em especial, claro, a do art. 247.º do CT. Afinal, pensou, para os trabalhadores as férias não são só um direito, são também um dever, são, diz-se, um direito funcional, que também visa salvaguardar interesses da entidade empregadora. As férias significam repouso para o trabalhador, o que é óptimo, para ele e para o seu empregador, quando ele pretende, justamente, repousar durante as férias. Mas... e se ele não pretender repousar? E se ele quiser exercer outro tipo de actividades, inclusive actividades remuneradas, durante as "suas" férias? Aí a lei demonstra que, verdadeiramente, as férias não são (só) suas, pois tudo passará pela palavra decisória da entidade empregadora, que dispõe nesta matéria de um autêntico direito de veto.

Há que reconduzir o direito à sua função, dirá o empregador, há que cumprir o dever de repousar, pois é para isso que o empregador remunera e subsidia as férias do trabalhador. Tem a sua lógica, pensou Cecília, mas, por outro lado, não deixa de ser estranho. Ela tinha aprendido, com Carlos Mota Pinto, que em regra «o interesse, em vista do qual foi atribuído um direito subjectivo, não pauta rigorosamente o conteúdo e as condições do exercício do direito. O titular do direito pode exercitá-lo para prossecução de interesses diversos do interesse para cuja realização ele foi concedido»[5]. E ela tinha também aprendido, com Orlando de Carvalho, que no caso dos tradicionais poderes-deveres ou poderes funcionais, de que o instituto do poder paternal constitui exemplo de escola, «o que o sistema presume é, não uma inevitável tensão entre o interesse próprio e o interesse alheio, mas, pelo contrário, uma natural compenetração desses distintos interesses». E Orlando de Carvalho acrescentava: «A lei confia em que cada um destes gerirá os interesses de outrem como se seus próprios fossem, confia, em suma, na natural inserção dos interesses de outrem na própria esfera de interesses do sujeito»[6].

---

[5] *Teoria Geral do Direito Civil*, cit., p. 181.

[6] *Teoria Geral do Direito Civil*, 3.ª ed., Liberal Fernandes/Raquel Guimarães/Regina Redinha (coord.), Coimbra Editora, 2012, pp. 133-134.

A advogada lia e relia, mas quanto mais pensava no assunto mais lhe custava a concordar. Que entre pais e filhos haja a referida compenetração de interesses típica dos direitos funcionais, que os pais façam seus os interesses dos filhos, pois está muito certo, pensava Cecília. Mas que entre trabalhador e empregador se verifique semelhante compenetração de interesses, que, *in casu*, o trabalhador, ao exercer o direito a férias, faça seu o interesse do empregador, já lhe parecia algo muitíssimo discutível, atenta a natureza essencialmente conflitual da relação de trabalho. Numa perspectiva que ela considerava mais actualizada sobre o direito a férias, típica do séc. XXI, Cecília via nas férias, mais do que um tempo de paragem e repouso obrigatório do trabalhador-força produtiva, um tempo de liberdade e de autodisponibilidade do trabalhador-pessoa. Certo, a vocação básica das férias consiste em permitir o repouso ao trabalhador. Mas permitir é uma coisa, impor é outra, bem distinta, como o caso de Carlos ilustrava à evidência. E Cecília interrogava-se: se o trabalhador em férias quer aproveitar esse tempo para se dedicar a outro tipo de actividades, ainda que remuneradas, por que razão não lhe deverá ser permitido fazer isso? Por que razão se concede à entidade empregadora um direito de controlo e de veto nesta matéria?

É certo que as férias são ainda uma fase de execução do contrato de trabalho, fase durante a qual, de resto, o trabalhador é remunerado pela entidade empregadora. Mas isso, pensava a advogada, serve para explicar que o trabalhador não possa, durante as férias, exercer qualquer actividade concorrente com a da sua entidade empregadora, susceptível, nessa medida, de causar prejuízo a esta e violadora, enquanto tal, do dever de lealdade que recai sobre todo e qualquer trabalhador em toda e qualquer fase de execução do vínculo contratual, em férias ou fora delas. Ir mais longe do que isto e entender que o trabalhador se encontra impedido de exercer qualquer actividade remunerada, por conta própria ou ao serviço de outrem, durante as suas férias, já lhe parecia demasiado, traduzindo-se numa desconsideração do trabalhador enquanto ser livre e pessoa capaz de se autodeterminar. As férias, na sociedade actual, são aproveitadas pelos trabalhadores para uma miríade de finalidades, entre as quais avulta, claro, o descanso, o repouso, mas que se estendem muito para além disso. A própria lei dá testemunho disso mesmo quando, no n.º 4 do art. 237.º do CT, coloca como objectivos do direito a férias, não apenas o de «proporcionar ao trabalhador a recuperação física e psíquica», mas também «condições de disponibilidade pessoal», bem como a «integração na vida familiar» e a «participação social e cultural». E só um legislador ingénuo poderá ignorar que a integração na vida familiar, por vezes, é algo de extremamente cansativo, assim como a participação social e cultural implica, amiúde, o dispêndio de consideráveis energias físicas e psíquicas...

Esta era a opinião de Cecília. Na sua opinião, as férias não deveriam ser funcionalizadas ao descanso/repouso do trabalhador, como se este fosse uma máquina que se desligava nesse período e se voltava a ligar no final das férias. As férias, pensava a advogada, deviam ser perspectivadas como um direito subjectivo puro, desfuncionalizado e colocado, acima de tudo, ao serviço dos interesses do trabalhador, titular desse direito, em cujo exercício ele teria, decerto, de respeitar as suas obrigações para com o empregador, *maxime* a obrigação de não concorrência, mas nada mais do que isso.

O que fazer com as férias e durante as férias? A resposta deveria caber ao trabalhador, em função dos seus interesses, sem que o empregador devesse ter voto na matéria, quanto mais direito de veto. Assim pensava Cecília. Mas o art. 247.º lá estava, firme, inamovível e aparentemente incontornável, a remeter estas considerações para o plano do direito a constituir, que o mesmo é dizer, a torná-las imprestáveis para o caso de Carlos. A não ser, claro, que o art. 247.º fosse considerado inconstitucional... Cecília resolveu explorar esta via e voltou a pesquisar. Talvez um pouco de direito comparado...

4. A proibição de exercer outra actividade remunerada durante as férias: uma proibição inconstitucional?

Foi de Espanha que, desta vez, sopraram bons ventos para Cecília. Com efeito, a legislação laboral espanhola já conheceu disposições de conteúdo proibitivo semelhante à portuguesa, designadamente nos diplomas sobre o contrato de trabalho de 1931 (art. 56.º) e de 1944 (art. 35.º). O actual *Estatuto de los Trabajadores*, porém, não contém qualquer disposição análoga ao art. 247.º do nosso CT. Ainda assim, não falta quem entenda que o facto de o direito a férias ser irrenunciável e de o empregador estar obrigado a conceder férias pagas ao trabalhador implica que este, durante as férias, deva dedicar-se exclusivamente ao descanso e à recuperação das suas forças, pelo que, se o trabalhador se dedicar a outras actividades laborais durante o período de férias, tal representará uma violação da boa fé contratual, podendo legitimar o despedimento com justa causa desse trabalhador. Isso mesmo foi decidido, aliás, num caso apreciado pelo Tribunal do Trabalho de Múrcia, por sentença de 12 de Abril de 2000, da qual foi interposto recurso para o Tribunal Superior de Justiça de Múrcia, recurso que foi julgado improcedente por sentença de 19 de Junho de 2000. Concluiu-se nesta última decisão que «lo probado es el trabajo del mismo para otra persona durante su periodo vacacional, infringiendo así la buena fe contractual, pues el trabajador independientemente de si cobrara o no, está defraudando a su empresa que precisa del descanso concedido para que el trabajador se encuentre en plenas condiciones, y de ahí que sea retribuido el periodo vacacional, al que, por otra parte le incumbe al trabajador como su derecho indispensable en bien propio y de aquélla».

O trabalhador despedido, José Morote Lucas, um peão agrícola que, durante as suas férias, gozadas no mês de Dezembro de 1999, havia realizado tarefas de poda de árvores ao serviço de outrem em pelo menos três dias desse mês, não se conformou e utilizou a via do recurso de amparo para o Tribunal Constitucional espanhol. E o Tribunal Constitucional (TC) pronunciou-se sobre a questão, por meio do Acórdão n.º 192/2003, de 27 de Outubro[7], cuja relatora foi, aliás, uma ilustre juslaboralista do país vizinho, María Emilia Casas Baamonde. E pronunciou-se em moldes tão esclarecidos como esclarecedores, na opinião de Cecília. Apreciando o mérito das decisões recorridas, o TC começou por sublinhar, com acerto, que «en ambas Sentencias late la concepción de las vacaciones como un derecho-deber en el que las mismas se configuran como una obligación laboral del trabajador que vincula el derecho a este descanso con la fidelidad al empresario y, consiguientemente, con las facultades disciplinarias de éste». Cá está, lá como cá, o inefável direito-dever, pensou Cecília.

[7] BOE, n.º 283, Suplemento, de 26 de Novembro de 2003, pp. 41-48. Texto integral do acórdão disponível em www.tribunalconstitucional.es.

O TC prosseguiu: «Así las cosas, la concepción del tiempo libre del trabajador, no como tal, sino como un tiempo de descanso a disponibilidad del empresario, y de la sumisión del deber de trabajo y rendimiento no solo a una comprobación objetiva durante el cumplimiento de la prestación, sino también durante el tiempo de descanso, de las que parten las Sentencias impugnadas para declarar la procedencia del despido por realizar trabajos para otra empresa durante el periodo vacacional, no resulta en modo alguno acorde con la configuración actual del derecho a vacaciones anuales retribuidas en nuestro ordenamiento jurídico laboral, ni, lo que es más importante aún, con la primacia de la libertad de la persona y el respeto a su vida privada que la Constitución garantiza». E o TC espanhol concluiu, em moldes que a nossa advogada não hesita em subscrever: «La concepción del período anual de vacaciones como tiempo cuyo sentido único o principal es la reposición de energías para la reanudación de la prestación laboral supone reducir la persona del trabajador a un mero factor de producción y negar, en la misma medida, su libertad, durante aquel período, para desplegar la propia personalidad del modo que estime más conveniente. Una tal concepción, según la cual el tiempo libre se considera tiempo vinculado y la persona se devalúa a mera fuerza de trabajo, resulta incompatible con los principios constitucionales que enuncia el art. 10.1 CE (dignidad de la persona y libre desarrollo de su personalidad)». Ora aí está! Na *mouche*, pensou Cecília.

5. Direito a férias: por um direito subjectivo irrenunciável e desfuncionalizado

A intuição de Cecília, que havia instintivamente antipatizado com o art. 247.º do nosso CT, havia-se convertido numa convicção, depois do estudo empreendido: o art. 247.º do CT, ao converter o direito a férias do trabalhador num autêntico direito-dever ou direito funcional, é uma norma de constitucionalidade muito duvidosa. Ao proibir o trabalhador de, durante o período de férias, exercer qualquer outra actividade remunerada, esta norma, como observa Milena Silva Rouxinol, "acautela outrossim o interesse da entidade empregadora, para a qual o direito a férias dos trabalhadores representa, naturalmente, custos de vária ordem, custos que, de algum modo, se presumem compensados por aquele restabelecimento físico e psíquico de quem, esgotadas as férias, volta ao trabalho"[8]. Certo. Mas é precisamente esta proibição, *rectius*, esta necessidade de autorização patronal para o exercício de tal actividade, que parece traduzir uma insustentável sujeição do trabalhador ao interesse empresarial e uma inadmissível submissão daquele ao controlo patronal, beliscando a dignidade pessoal do trabalhador, a sua capacidade de autodeterminar de forma consciente e responsável a própria vida, o livre desenvolvimento da sua personalidade.

Entenda-se. Para Cecília, o direito a férias deve continuar a ser um direito, em princípio, irrenunciável por parte do trabalhador. Ainda que admita excepções, a regra da irrenunciabilidade, hoje consagrada no art. 237.°, n.° 3, do CT, não deve ser suprimida. Isto implica que o trabalhador não possa abdicar do seu direito a férias, implica que o gozo das férias deva ter lugar, implica que a entidade empregadora terá de permitir a interrupção anual do trabalho para gozo de férias pelo trabalhador, terá de proceder à marcação das férias do trabalhador, terá de libertar e não ocupar o trabalhador durante esse período, pagando-lhe a retribuição e o subsídio correspondentes[9]. Coisa distinta é, depois, saber aquilo que o trabalhador, fora da órbita da entidade patronal, pode ou não fazer durante o período de autodisponibilidade correspondente às suas férias. Aí, na óptica da advogada, o CT não deveria imiscuir-se através de uma norma como a do art. 247.° do CT, norma que, precisamente, permite que o empregador se imiscua nas opções de vida do trabalhador para além do limite razoável[10].

---

[8] *O Direito a Férias do Trabalhador*, Cadernos IDET, n.º 8, Almedina, Coimbra, 2014, pp. 113-114.

[9] Sendo certo que, ainda assim, o trabalhador poderá renunciar ao gozo de alguns dias de férias (os que excedam 20 dias úteis), como que "vendendo" esses dias de férias ao empregador a troco da devida retribuição pelo trabalho prestado nesses dias, nos termos do art. 238.º, n.º 5, do CT.

[10] Em crítica ao disposto na norma ao tempo em vigor, correspondente ao art. 247.º do actual CT, José Andrade Mesquita considerava que «não parece adequado colocar na dependência da vontade do empregador um direito constitucionalmente consagrado, análogo aos direitos, liberdades e garantias, embora se reconheça que ele pode ter interesse no seu efectivo exercício». E o Autor acrescentava, em jeito compromissório: «Seria melhor possibilitar o trabalho durante as férias, para diferente empregador, sem necessidade de autorização, mas apenas nas situações em que motivos económicos evidenciassem não ser razoável exigir a

O direito a férias, mesmo se concebido pela lei em ordem a permitir o repouso ao trabalhador cansado, não deverá ser funcionalizado a esse fim, não deverá ser perspectivado como um direito-dever do trabalhador. Ele deverá evoluir para a condição de autêntico direito subjectivo do trabalhador, instrumento destinado à satisfação dos seus, e apenas dos seus, interesses – ainda que reflexamente, mas apenas reflexamente, também tenda a vir ao encontro dos interesses da entidade empregadora, quando, como tantas vezes sucede, o trabalhador opta por consagrar as férias ao descanso reparador. De resto, pensa a advogada, a ideia de que a recuperação física e psíquica do trabalhador é contrariada pela prestação de outra actividade remunerada durante as férias, sendo, pelo contrário, garantida pela inacção laboral do trabalhador durante as mesmas, é de uma ingenuidade atroz. O exemplo de Carlos revela que uma actividade aprazível desenvolvida em férias pode ter efeitos positivos no equilíbrio biopsíquico do trabalhador. Pelo contrário, o trabalhador que, de acordo com o estereótipo legal, arrenda uma casa na praia durante as férias, para onde se desloca com os seus três filhos menores superexcitados, hiperagitados e ultraruidosos, com os seus pais e/ou sogros idosos, queixosos e hipersusceptíveis e com o seu cônjuge que, logo naquele mês, talvez pelo aumento exponencial de tempo compartilhado, se revela estranhamente irritante, esse trabalhador, convenhamos, estará física e psicologicamente esgotado quando as suas férias se esgotarem – desejoso, porventura, de voltar para o trabalho, mais para fugir do que para produzir...

Cecília conclui: o direito a férias não pode nem deve continuar a ser concebido como um direito-dever ou direito funcional. Deve passar a assumir-se como um direito subjectivo, *tout court*, do trabalhador, pois só isso está de acordo com o necessário respeito pela dignidade e liberdade pessoal desse trabalhador. O art. 247.º do CT, pensa a advogada, deveria ser suprimido por ocasião de uma futura reforma das leis do trabalho. Está na hora de esta proibição ser remetida para o caixote do lixo da

---

inactividade, o que se avaliaria caso a caso, atendendo à situação do trabalhador e do agregado familiar» – «O direito a férias», cit., p. 119. Cecília, porém, entende que se impõe ir mais longe na crítica, não só por uma óbvia questão de inoperacionalidade prática do critério proposto, mas sobretudo por uma questão de princípio – pura e simplesmente, não pode admitir-se um tal poder de controlo do empregador sobre a liberdade do trabalhador.

história, seguindo o exemplo de Espanha. Até lá, a norma afigura-se-lhe inconstitucional – até porque, tal como a espanhola, também a Constituição da República Portuguesa se baseia na dignidade da pessoa humana (basta ler o seu art. 1.º) e tutela o livre desenvolvimento da personalidade (basta ler o seu art. 26.º)[11]. Cecília irá dizer isso mesmo a Carlos. Afinal, talvez ainda haja esperança para o homem do quiosque...

[11] Segundo Gomes Canotilho e Vital Moreira, o direito fundamental ao desenvolvimento da personalidade recolhe no seu âmbito normativo de protecção várias dimensões, uma das quais consiste na *protecção da liberdade de acção* de acordo com o projecto de vida e a vocação e capacidades pessoais próprias, ou *protecção da liberdade de exteriorização da personalidade*, que abrange um diversificado conjunto de factores, desde a escolha do "modo de vida" até à liberdade de profissão, passando pela liberdade de ter ou não ter filhos, a "liberdade de estar só", etc. – *Constituição da República Portuguesa Anotada,* vol. I, 4.ª ed., Coimbra Editora, 2007, pp. 463-464.

Luto parental, faltas e férias

JOÃO LEAL AMADO
MILENA SILVA ROUXINOL

1. Luto parental e luto filial

Em boa hora, a Assembleia da República aprovou a Lei n.º 1/2022, de 3 de janeiro, alterando a norma relativa aos dias de falta justificada concedidos aos pais trabalhadores que se vejam confrontados com a pior das experiências que se pode ter neste mundo: o falecimento de um filho ou de uma filha. Pela nossa parte, confessamos que, enquanto juristas e académicos, nunca nos havíamos debruçado sobre a solução constante, há muito, das nossas leis do trabalho nesta matéria, consistente em dar igual tratamento, em matéria de faltas justificadas, ao filho a quem falece um pai e ao pai a quem falece um filho – cinco dias, em ambas as hipóteses. E todavia, enquanto seres humanos, enquanto filho e filha que somos e enquanto pai e mãe que também somos, não duvidamos da radical dissemelhança entre as duas situações. Talvez António Lobo Antunes tenha razão, quando diz que só ficamos adultos depois de os nossos pais morrerem, porque então deixa de existir a última coisa que se situa entre nós e a morte – «Os nossos pais defendem-nos da morte: estão entre nós e ela»[1]. Certo. Mas então, se um pai assiste à morte de um filho, como escapar à insuportável conclusão de que o pai não conseguiu defender o filho da morte? Não logramos imaginar uma situação pessoalmente mais devastadora do que esta. Sim, nenhum de nós gosta de pensar que, um dia, os nossos pais partirão, deixando-nos cá desprotegidos perante a morte. Mas ninguém sequer ousa pensar na inconcebível hipótese inversa, a de um filho nosso nos preceder na morte, deixando-nos cá, numa vida irremediavelmente marcada pelo trauma desse acontecimento inominável.

---

[1] *Entrevistas com António Lobo Antunes – Confissões do Trapeiro*, Edição Ana Paula Arnaut, Almedina, Coimbra, 2008, p. 524.

A morte de um pai ou de uma mãe, ao tornar-nos adultos, é um acontecimento dolorosíssimo. Mas a morte de um filho ou de uma filha não nos torna adultos, pelo contrário, é o facto mais dilacerante e destrutivo que podemos imaginar. Contraria a lógica das coisas, inverte os tempos naturais, provoca efeitos sem paralelo[2]. Não podemos, portanto, senão aplaudir a iniciativa cidadã, promovida pela *Acreditar – Associação de Pais e Amigos de Crianças com Cancro*, para que, também aqui, a lei distinga lá onde deve distinguir, ampliando o lapso de tempo de que os pais trabalhadores dispõem para, confrontados com tão esmagadora e impensável situação, ficarem ausentes do trabalho, sem perda de qualquer direito laboral – passando esse tempo de cinco para vinte dias.

2. A dúvida interpretativa, em matéria de faltas, antes da Lei n.º 1/2022

É sabido que: *i)* o trabalhador deve comparecer ao serviço com assiduidade e pontualidade (art. 128.º, n.º 1, al. *b)*, do Código do Trabalho [CT]); *ii)* ainda assim, a lei prevê um conjunto de circunstâncias que justificam a ausência do trabalhador ao serviço (art. 249.º do CT); *iii)* por razões que facilmente se compreendem, um dos motivos de justificação das faltas consiste no falecimento do cônjuge, parentes ou afins do trabalhador, nos termos do art. 249.º/2-*b)* do CT; *iv)* a concretização do número de dias de falta que o trabalhador pode dar, ao abrigo desse motivo, encontra-se estabelecida no art. 251.º do CT; *v)* nesta última disposição legal lia-se, na redação original, que «o trabalhador pode faltar

[2] Como se lê em anexo à Petição apresentada pela *Acreditar*, sobre a evidência científica nesta matéria, «a perda de um filho é considerada uma das experiências mais traumáticas vivenciadas pelo ser humano. Este luto é definido como um processo intenso, complexo e de longa duração, dada a sua natureza incompreensível e devastadora. Por estes fatores, o luto por um filho tende a ser mais prolongado do que outros lutos, pois pode durar toda uma vida. Este luto encontra-se associado a sintomas de depressão e de stresse pós-traumático, bem como a um risco elevado de suicídio e de necessidade de hospitalização psiquiátrica. Os sintomas tendem a estar particularmente presentes nos primeiros seis meses, mas a maioria dos pais vivencia sintomas de depressão e de stresse pós-traumático vários anos após a perda. Um fenómeno representativo da intensidade do sofrimento são as taxas de mortalidade tendencialmente superiores dos pais, seja pelo decréscimo na saúde física e mental, ou devido às taxas elevadas de suicídio».

justificadamente: *a)* até cinco dias consecutivos, por falecimento de cônjuge não separado de pessoas e bens ou de parente ou afim no 1.º grau da linha reta; *b)* até dois dias consecutivos, por falecimento de outro parente ou afim na linha reta ou no 2.º grau da linha colateral»[3].

Assim sendo, resultava da lei que o trabalhador poderia faltar justificadamente ao serviço até cinco dias consecutivos em caso de falecimento do seu cônjuge, do seu pai ou do seu filho, por exemplo. Tal como poderia faltar até dois dias consecutivos caso falecesse o seu avô ou o seu irmão, para dar outro exemplo. Ora, referindo-se a lei a «cinco dias consecutivos» e a «dois dias consecutivos», dir-se-ia, *prima facie,* que o legislador estaria a pensar em cinco (ou dois) *dias de calendário consecutivos.* Será assim?

Apesar de, tanto quanto julgamos saber, ser este o entendimento que chegou a imperar em muitas empresas, sempre tivemos sérias dúvidas de que tal interpretação daquela disposição legal fosse a mais acertada[4]. Isto porque, para se compreender o verdadeiro alcance do preceito codicístico haverá, naturalmente, de partir da própria *noção legal de falta ao trabalho,* noção esta formulada pelo art. 248.º, n.º 1, do CT. Ora, conforme reza este preceito, «considera-se falta a ausência de trabalhador do local em que devia desempenhar a atividade durante o período normal de trabalho diário»[5].

Destarte, não se poderá falar em falta ao trabalho nos dias de descanso semanal obrigatório e/ou complementar do trabalhador (normalmente

---

[3] De acordo com o n.º 2 deste preceito, o disposto na al. *a)* aplica-se também ao falecimento de pessoa que viva em união de facto ou economia comum com o trabalhador, nos termos previstos em legislação específica.

[4] A este respeito, João Leal Amado/João Reis, «Nótula sobre as faltas justificadas por falecimento de parentes ou afins», *Questões Laborais,* n.º 27, 2006, pp. 129-134 (texto que, em alguns pontos, aqui seguiremos de perto).

[5] Esta noção legal de falta, reportada ao «período normal de trabalho diário», não parece feliz, afigurando-se mais acertada a opção do anterior CT, que a reportava ao «período em que o trabalhador devia desenvolver a atividade». Em regra, a falta deve, aliás, reportar-se ao horário de trabalho a que o trabalhador se encontra adstrito. Sobre o ponto, Rosário Palma Ramalho, *Tratado de Direito do Trabalho, Parte II – Situações Laborais Individuais,* 7.ª ed., Almedina, Coimbra, 2019, pp. 492-493.

o sábado e o domingo) ou num dia feriado[6], justamente porque, nestes casos, o trabalhador não se encontra adstrito a desempenhar qualquer atividade laboral. Só há falta ao trabalho nas hipóteses em que o trabalhador não comparece ao serviço quando, em princípio, deveria fazê-lo, ou seja, a noção jurídica de falta ao trabalho postula a conjugação de um elemento material (ausência física do local de trabalho) e de um elemento normativo (ausência durante o período de trabalho devido)[7].

Deste modo, nos dias de descanso semanal obrigatório ou complementar e nos dias feriados não poderá falar-se em falta ao trabalho, pois a ausência do trabalhador corresponde, afinal, ao escrupuloso cumprimento do programa contratual. Logo, quando no art. 251.º se estabelece que o trabalhador poderá faltar justificadamente até cinco dias consecutivos, devido, por exemplo, ao falecimento do seu pai, isto significa, a nosso ver, duas coisas:

i) O trabalhador terá o *direito de dar cinco faltas justificadas* ao abrigo deste motivo, isto é, terá o direito de não comparecer ao serviço durante cinco dias nos quais, à partida (isto é, caso não ocorresse o aludido falecimento), estaria obrigado a trabalhar. Assim, os dias

[6] Salvo, é claro, se o trabalhador prestar trabalho em empresa não obrigada a suspender o funcionamento em dia feriado, como decorre do disposto no art. 269.º do CT. A este propósito, permitimo-nos remeter para o nosso «O pagamento do trabalho (suplementar) prestado em dia feriado», *Questões Laborais*, n.º 58, 2021, pp. 73-83.

[7] O ponto é pacífico na doutrina. A este respeito, *vide*, por exemplo, Jorge Leite: «A falta ao trabalho traduz-se na não presença do trabalhador no local de trabalho durante todo ou parte do período de trabalho a que está obrigado, ou talvez melhor, durante todo ou parte do seu horário de trabalho. Não são, por isso, consideradas como faltas as ausências que se verifiquem fora do horário ou em dia de descanso semanal ou complementar ou em dia feriado (...). Quer dizer, não são faltas as ausências que, nos termos do contrato, do IRC, da lei ou dos usos, se devam considerar como *manifestações normais da vida da relação de trabalho* (*Colectânea de Leis do Trabalho,* Coimbra Editora, Coimbra, 1985, p. 179).
No mesmo sentido, escreve António Monteiro Fernandes: «Para que haja falta é, pois, necessário que seja inobservado o programa temporal de prestação, isto é, que a não comparência ocorra numa altura em que *deveria* ser prestado trabalho. Excluem-se, assim, os casos de ausência nos feriados, no dia de descanso semanal, nas férias – casos em que a abstenção de trabalho se insere no domínio da execução do contrato, ou dos seus efeitos normais (*Direito do Trabalho,* 18.ª ed., Almedina, Coimbra, 2017, p. 461).

de descanso intercorrentes e os dias feriados não relevam para o cômputo destes cinco dias de falta justificada, pela simples razão, acima referida, de que em tais dias não faz qualquer sentido falar em falta ao trabalho, justificada ou não.

ii) Os cinco dias de faltas justificadas terão de ser *usufruídos de modo consecutivo*, isto é, o trabalhador não poderá gerir esses cinco dias da forma que bem entender, intercalando períodos de falta justificada com dias de prestação de trabalho. Assim, para dar um exemplo, seria inadmissível, à luz da nossa lei, que o trabalhador, tendo falecido o seu pai no dia 18 de junho (sábado), não comparecesse ao serviço nos dias 20 e 21 (segunda e terça-feira), mas depois fosse trabalhar nos dias 22 e 23, pretendendo gozar os restantes três dias de falta justificada na semana subsequente. A isto opõe-se a nossa lei, exigindo que os cinco dias de falta sejam gozados de forma consecutiva.

Insiste-se: os cinco dias de falta justificada terão, é indiscutível, de ser *consecutivos*, mas terão, de forma igualmente cristalina, de ser *cinco dias de falta ao trabalho*... coisa que não acontece, como se viu, nos dias de descanso semanal ou em dia feriado. Assim, e concretizando, caso o pai do trabalhador faleça no dia 18 (sábado, dia de descanso complementar), os cinco dias de falta começarão a correr a partir do dia 20, segunda-feira, abrangendo ainda os dias 21, 22, 23 e 24. Todavia, caso o dia 24, sexta-feira, coincida com um feriado, o 5.º dia de falta justificada transferir-se-á para a segunda-feira subsequente, de molde a que se cumpra o objetivo da lei: *conceder ao trabalhador o direito de faltar cinco dias ao serviço, contanto que esses cinco dias de falta justificada sejam consecutivos, isto é, que não sejam interpolados por dias de prestação de trabalho*.

Esta é, aliás, a interpretação que permite chegar a resultados mais razoáveis. Pense-se, por exemplo, na hipótese de o pai do trabalhador falecer numa quinta-feira à noite: neste caso, em princípio o trabalhador faltará na sexta-feira e, para quem considere que os cinco dias consecutivos se referem a dias de calendário, computar-se-ão todos os quatro dias subsequentes (o sábado, o domingo, a segunda e a terça-feira); todavia, caso o falecimento do pai do trabalhador ocorra numa sexta-feira à noite, o trabalhador apenas começaria a faltar na segunda-feira subsequente, podendo ainda ausentar-se do serviço até à sexta-feira dessa semana, inclusive. No primeiro caso, o sábado e o domingo seriam computados, no segundo caso já não, o que parece de duvidosa justiça.

O mesmo vale, *mutatis mutandis*, para os casos previstos na al. *b)* do art. 251.º Assim, suponhamos que falece o avô do trabalhador numa segunda-feira, sendo feriado na quarta-feira seguinte. Caso o trabalhador falte ao serviço na terça-feira, o dia feriado será considerado como dia de falta justificada, para quem aceite a tese dos «dois dias consecutivos» como significando dois dias de calendário consecutivos. Todavia, se o avô do trabalhador falecer na terça-feira, aí já este poderia faltar justificadamente na quinta e na sexta-feira subsequentes. Fará esta leitura do preceito sentido? Conduzirá ela a resultados razoáveis? Julgamos que não[8].

Poder-se-ia pensar que a lei, em lugar de fazer referência a «cinco dias consecutivos», seria mais feliz se aludisse a «cinco dias úteis». Porém, se bem virmos, a referência a dias úteis seria aqui redundante e até enganosa, dado que, por um lado, o trabalhador só pode faltar ao trabalho em dias que, para ele, sejam úteis; e, por outro lado, o conceito de dias úteis tende a coincidir com os dias de semana de segunda a sexta-feira, excluindo o sábado e o domingo[9], sendo certo que há trabalhadores que se encontram obrigados a trabalhar ao sábado e/ou ao domingo[10], pelo que, caso o pai de algum destes trabalhadores faleça numa sexta-feira, o sábado e o domingo subsequentes já serão dias de falta justificada para os mesmos (embora, em regra, não sejam tidos como «dias úteis»).

Em suma, e pelas razões expostas, estamos convictos de que *a lei confere ao trabalhador, cujo cônjuge, pai ou mãe faleça, o direito de faltar cinco dias consecutivos ao serviço, afigurando-se óbvio que nesses dias não poderão ser computados os dias de descanso e/ou os feriados intercorrentes, pela simples razão de que, nestes, não se verifica qualquer falta ao trabalho*. Não se trata, pois, *in casu*, de

---

[8] A situação mudaria de figura caso a lei fixasse, *ne varietur*, um termo inicial para a contagem dos dias consecutivos de ausência justificada, estabelecendo, por exemplo, que tal contagem teria início a partir do dia do falecimento do familiar do trabalhador. Não é esse, porém, o quadro normativo atual, o que, à luz da interpretação tradicional, acaba por originar os resultados desconsoladores ilustrados no texto.

[9] Neste sentido, *vd.*, por exemplo, o art. 238.º/2 do CT, relativo ao cômputo das férias.

[10] Assim, veja-se o disposto no art. 232.º do CT, o qual prevê diversas hipóteses em que o dia de descanso semanal poderá não coincidir com o domingo.

cinco dias consecutivos de calendário, mas sim de cinco dias consecutivos de falta ao trabalho[11].

Já no que toca às faltas justificadas dadas por altura do *casamento*, por exemplo, o entendimento talvez deva ser outro, porque outros são, afinal, os dados normativos. Com efeito, a lei determina que serão consideradas faltas justificadas as dadas, durante quinze dias seguidos, por altura do casamento (art. 249.º/2-*a*) do CT). Ora, repare-se que neste caso a lei parece não concretizar, isto é, a lei não prescreve quantos dias de falta podem ser dados pelo trabalhador; a lei limita-se a estabelecer que, durante quinze dias seguidos, o trabalhador poderá faltar ao serviço. Ou seja, durante esses quinze dias seguidos de calendário o trabalhador poderá dar *n* faltas justificadas, dependendo o número destas dos dias de descanso e dos eventuais feriados intercorrentes. No caso do art. 251.º, pelo contrário, a norma legal estatui que o trabalhador poderá faltar justificadamente até cinco (ou até dois) dias consecutivos ao trabalho – logo, deverá tratar-se de dias de falta, e não de quaisquer dias de calendário.

3. De cinco para vinte dias: a mesma questão, a mesma solução

A Lei n.º 1/2022, de 3 de janeiro, veio alterar este panorama normativo, passando a nova al. a) do art. 251.º do CT a estabelecer que o trabalhador pode faltar justificadamente «até vinte dias consecutivos, por falecimento de descendente ou afim no 1.º grau da linha reta». Diferentemente, se se tratar do falecimento de parente ou afim ascendente no 1.º grau da linha

[11] Também neste sentido, Luís Menezes Leitão, *Direito do Trabalho*, 7.ª ed., Almedina, Coimbra, 2021, p. 337, e Milena Silva Rouxinol, in AA.VV., *Direito do Trabalho – Relação Individual*, Almedina, Coimbra, 2019, p. 741 (mobilizando esta Autora um argumento *a contrario*, extraível do disposto na al. c) do n.º 1 do art. 91.º do CT, relativo às faltas de trabalhador-estudante para prestação de provas de avaliação). Também a Autoridade para as Condições de Trabalho tomou posição sobre a matéria, aderindo a esta interpretação (veja-se a nota técnica n.º 7, disponível em www.act.gov.pt). Por último, em sentido convergente, veja-se a Recomendação n.º 13/A/2021, de 10 de novembro, da Provedora de Justiça, Maria Lúcia Amaral (disponível em www.provedor-jus.pt).

reta, o trabalhador poderá faltar até cinco dias consecutivos, conforme resulta da nova redação da al. b) do mesmo preceito legal[12].

Quanto à bondade material da nova solução, já deixámos exarada a nossa opinião na parte inicial deste texto. Apenas acrescentaríamos que, em boa verdade, a nova lei também amplia substancialmente o número de faltas justificadas no caso de morte de um genro ou uma nora do trabalhador, ponto relativamente ao qual já podemos ter algumas dúvidas quanto à sua razoabilidade e adequação. Naturalmente, o falecimento de um genro ou de uma nora, sendo um facto doloroso, que deve justificar algumas faltas ao trabalho, não nos parece que possa ser comparado, no plano da devastação causada, à morte de um filho ou de uma filha. De resto, basta ler a petição lançada pela *Acreditar* para verificar que, natural e logicamente, toda a argumentação tendente ao alargamento das faltas justificadas se baseia no luto parental, na morte de um filho ou de uma filha, sem qualquer alusão ao facto, qualitativamente distinto, da morte de um genro ou de uma nora. E não temos notícia de este ponto, relativo ao aumento de dias de falta justificada dos sogros trabalhadores, em caso de morte de um genro ou de uma nora, ter sido alvo de ponderação específica e debate no parlamento. Ter-se-á tratado, quiçá, de uma equiparação por arrastamento, dir-se-ia, *por afinidade*...

Quanto à questão técnico-jurídica relativa à contagem dos dias, nada se alterou com a nova lei, pelo que, a nosso ver, também aqui valerá a regra segundo a qual o cômputo terá de ser feito em dias de falta, não relevando, para este efeito, os dias de descanso e eventuais feriados intercorrentes. O que, na prática, permitirá que os pais, vitimados pela morte de um filho, possam ficar ausentes do trabalho durante cerca de um mês. Para eles será, com toda a certeza, pouco – sempre será pouco, por mais tempo que o legislador conceda –, mas é um progresso considerável em relação ao anterior lapso temporal, exíguo, de cinco dias. Louve-se, portanto, a intenção e aplauda-se a alteração.

---

[12] Como é sabido, parentesco é o vínculo que une duas pessoas, em consequência de uma delas descender da outra ou de ambas procederem de um progenitor comum, ao passo que afinidade é o vínculo que liga cada um dos cônjuges aos parentes do outro (arts. 1578.º e 1584.º do Código Civil).

4. A manutenção da obrigação retributiva

As faltas justificadas motivadas por luto parental não afetam, como é regra, qualquer direito do trabalhador, mantendo-se o dever patronal de pagar a retribuição correspondente a tais faltas, como decorre do disposto no art. 255.º do CT. Entretanto, poder-se-ia pensar que, ao alargar o número destas faltas de 5 para 20, o legislador deveria fazer recair os custos de tais ausências, ao menos em parte, na Segurança Social, desonerando a entidade empregadora de suportar tais custos. Assim procedendo, disse-se, o legislador seria generoso, alargando o período em que os pais trabalhadores poderiam faltar, com base nesse destrutivo motivo, mas, do mesmo passo, o legislador revelaria preocupação com as empresas, sobretudo com as micro e pequenas empresas, não as fazendo suportar o peso dessas ausências, em sede retributiva.

À primeira vista, o argumento parece razoável, sobretudo para quem, como nós, não confira especial crédito à retórica da "responsabilidade social das empresas". Porém, se olharmos para o nosso atual sistema jurídico em matéria de faltas ao trabalho, confessamos não acompanhar aquela conclusão. Basta pensar no que sucede com o casamento do trabalhador. Com efeito, a lei permite que o trabalhador falte justificadamente, durante 15 dias seguidos, por altura do casamento, sendo tais faltas retribuídas pela entidade empregadora, sem que tenhamos conhecimento de qualquer manifestação de discordância patronal com tal regra. Ora, convenhamos, suportar os custos das ausências do trabalhador motivadas pelo seu casamento, num período de "lua-de-mel" e de presumível grande felicidade para o trabalhador, dedicado, tipicamente, a atividades prazenteiras da mais diversa índole, é, a nosso ver, bem mais discutível do que suportar os custos das ausências motivadas pelo falecimento de um filho, um acontecimento com um potencial destrutivo sem paralelo na vida dos pais, um acontecimento causador de um sofrimento inimaginável, um acontecimento criador de uma infelicidade tal que, cremos, jamais irá largar esses pais, pelo resto das suas dilaceradas vidas, dia após dia.

Acresce que, felizmente, o falecimento de um filho é, apesar de tudo, algo de relativamente raro, ao passo que o casamento é algo que, segundo os dados estatísticos disponíveis, tende a repetir-se, em função do número crescente de divórcios que se vai verificando na sociedade atual. Ou seja, numa relação laboral *standard*, assente num contrato de duração indeterminada, a possibilidade de o trabalhador contrair matrimónio, até mais do que uma vez, é acentuadamente maior do que a de esse trabalhador perder um filho. E, assim sendo, parece-nos até algo mesquinho que se conteste o pagamento da retribuição por parte do empregador em caso de ausência devida à morte de um filho do trabalhador, quando, em paralelo, se aceita sem protestos esse pagamento em caso de ausência devida a matrimónio – quiçá a múltiplos matrimónios – do trabalhador[13].

Como bem sintetiza António Menezes Cordeiro, o risco da falta justificada, desde a nupcialidade até à mortalidade ou à morbilidade de parentes, corre pelo empregador, o que se explica pelos valores personalistas que inspiram o Direito do Trabalho[14]. Ora, se há algo que a todos nós, seres humanos, trabalhadores ou empregadores, nos une, é a inabalável certeza de que a pior coisa que nos poderá suceder, ao longo da vida, será perdermos um filho ou uma filha. Curvemo-nos. Sejamos sensíveis. Sejamos generosos.

Registe-se, por último, que, por força do art. 250.º do CT, a disposição legal em apreço possui um caráter absolutamente imperativo, não podendo ser afastada por instrumento de regulamentação coletiva de trabalho ou por contrato individual de trabalho. As partes não poderão, portanto, aumentar, por via convencional ou contratual, o número de faltas justificadas que o trabalhador poderá dar por motivo de luto – mas isto, claro, não impede que um empregador sensível e generoso autorize ou aprove essas faltas, o que as tornará justificadas, ao abrigo da al. *j*) do n.º 2 do art. 249.º do CT, ainda que então, em princípio, com perda de retribuição, conforme resulta da al. *e*) do n.º 2 do art. 255.º do CT.

---

[13] A este propósito, observando que embora outrora fosse mais comum a celebração de um único casamento "para a vida", hoje em dia o número de divórcios e de novos casamentos aumentou consideravelmente, pelo que a hipótese de um segundo, terceiro ou quarto casamento do trabalhador é tudo menos inverosímil, Gonçalo Cerejeira Namora, «As faltas por altura do casamento: problemas práticos de aplicação e possibilidade de sobreposição com o gozo de férias», *Questões Laborais*, n.º 48, 2016, pp. 98-101. E, claro está, o direito a faltar não será cerceado, nestes casos, por eventual abuso do direito de casar...

[14] *Direito do Trabalho, II, Direito Individual*, Almedina, Coimbra, 2019, p. 588.

5. Faltas por luto parental e férias do trabalhador – que impacto?

O significativo alargamento do direito a faltar justificadamente em caso de morte de filho/a (e também genro/nora) relança uma questão que, não podendo dizer-se ausente do debate jurídico nacional, também não tem merecido a atenção da maior parte da doutrina nem motivado pronúncias jurisprudenciais que se conheçam. É, porém, uma questão que se enriquece de um renovado interesse prático, em face da aludida alteração legislativa e que, por isso, revisitamos, embora já a tenhamos aflorado perfunctoriamente noutro contexto[15].

Se, nos pontos anteriores, nos referimos ao impacto da morte destes familiares sobre a obrigação de prestar atividade ao empregador – o dever central emergente do contrato de trabalho, o que justifica, da ótica da entidade empregadora, a contratação e, claro, aquele cujo cumprimento corresponde, por excelência, à normalidade de execução do dito contrato –, olhamos agora para o seu efeito jurídico-laboral sobre o direito a férias do trabalhador que se confronte com tal infortúnio – para o seu impacto, então, sobre um momento de execução do contrato caracterizado, justamente, pelo direito à abstenção da obrigação de *facere* que, como vimos, marca a título principal a posição debitória do trabalhador, mas que, apesar disso, não deixa de ser, também ele, um momento normal, isto é, não incidental, não excecional, mas expectável, reiterado e regular, na dinâmica da relação de trabalho.

O problema é o de saber se e em que medida o exercício do direito a faltar justificadamente, até 20 dias, contende com o período de férias cujo gozo ocorra, ou esteja programado para ocorrer, em momento coincidente com o momento em que aquelas faltas teriam lugar. Por outras palavras: se, em função do momento da morte, as faltas por luto parental deverem ter lugar, total ou parcialmente, em dias que, segundo o previamente acordado ou decidido pela entidade empregadora, nos termos do art. 241.º do CT, seriam de gozo de férias, deverão estas ser adiadas, ou, se já em curso, interrompidas, ou, ao invés, decorrerão normalmente, consumindo, então, no todo ou em parte, os dias de ausência a que o traba-

---

[15] Milena Silva Rouxinol, *O direito a férias do trabalhador (comentário aos artigos 237.º a 247.º e 264.º do Código do Trabalho, aprovado pela Lei n.º 7/2009)*, Almedina, Coimbra, 2014, pp. 81 e ss., e AA.VV., *Direito do Trabalho..., cit.*, pp. 706 e ss.

lhador, noutras circunstâncias, isto é, se não se desse a coincidência com as férias, teria direito? A questão não é despicienda, mormente desde o momento em que o número de dias de faltas justificadas nestas hipóteses ascende a 20, um período significativo, com duração bem semelhante, de resto, ao período anual de férias reconhecido pelo CT, 22 dias úteis, como se sabe. Talvez que não se levante amiúde, pela feliz circunstância de que não é frequente a tragédia de a morte dos filhos preceder a dos pais; mas não é, insistimos, despicienda.

A mera formulação daquela interrogação pode, *primo conspectu*, parecer injustificada. Dir-se-ia, a um primeiro olhar: se as faltas justificadas se traduzem no direito do trabalhador a abster-se de trabalhar, nisso mesmo também se traduzindo as férias, há, então, entre ambas, uma naturalística, ontológica, sobreposição – em qualquer caso, o trabalhador ficará desonerado da obrigação de prestar trabalho –, que leva a que este direito consuma aquele. Deste ponto de vista, a morte de um filho não teria qualquer impacto no gozo das férias dos seus pais.

O problema reveste-se, porém, de maior complexidade, revelando-se aquela sobreposição, porventura, meramente aparente, desde o momento em que se convocam premissas de outra ordem, da ordem do *dever ser*, aquela a que pertence o Direito. Importará, como ponto de partida, perguntar: o que é, juridicamente, o direito a férias, além, claro, de um período de não trabalho? Antes, porém, de avançarmos, sublinhemos um ponto curioso: bem vistas as coisas, também a análise empreendida na primeira parte deste texto, sobre o impacto da morte de filhos/as (bem como genros/noras) sobre o dever de trabalhar e, concretamente, sobre a forma de contagem dos dias de faltas justificadas aplicáveis, nos levou a uma conclusão sobre a articulação entre este período de ausência e os dias de descanso do trabalhador; referimo-nos, então, ao descanso semanal (a par dos dias feriados) e concluímos, a final, que permanecem incólumes perante o exercício do direito a faltar até 20 dias; para este cômputo, importam somente os dias que seriam de trabalho, aqueles, pois, a respeito dos quais pode falar-se, com propriedade, em falta, caso o trabalhador não compareça; os dias de descanso permanecem intocados, embora, por certo, igualmente vividos em luto emocional...

O problema da ocorrência de vicissitudes na esfera de vida do trabalhador suscetíveis de se repercutir negativamente sobre o gozo das férias não foi ignorado pelo legislador português. O art. 244.º refere-se, com efeito, a factos *impeditivos* daquele gozo – factos, diríamos, suscetíveis de afetar em termos tais o propósito do direito ao descanso anual que, *substantivamente*, o poriam em causa. A norma exemplifica com a situação de doença.

Se, todavia, deixa claro que outros factos podem ter o mesmo efeito, a verdade é que não se afigura simples nem imediata a resposta à questão de saber que outras hipóteses impedem o efetivo gozo das férias, devendo, então, aplicar-se a solução prescrita no referido art. 244.º: esse gozo não chega a iniciar-se, ou, se já iniciado, suspende-se (n.º 1), vindo a ter lugar após findo o impedimento (n.º 2) e, caso seja, no todo ou em parte, impossível dentro do período em que ainda poderia ocorrer (em regra, o ano civil em curso, segundo o art. 240.º, n.º 1), pode ainda ter lugar em momento subsequente, até ao dia 30 de abril, ou, em alternativa – a escolha cabe, quanto a nós, ao trabalhador, titular do direito[16] –, ficar precludido, havendo somente lugar ao pagamento da retribuição e do subsídio correspondentes (n.º 3).

Aplicar-se-á este regime a uma hipótese em que as faltas por luto parental coincidam temporalmente com o período agendado para o gozo de férias? Imagine-se que um trabalhador cujos dias de descanso coincidem com o sábado e o domingo iria dar início a um período de 10 dias úteis de férias no dia 4 de julho de 2022, segunda-feira. Porém, no domingo anterior, 3 de julho, confronta-se com a morte do filho, da qual informa a entidade empregadora. Caso estivesse em período de trabalho, poderia faltar desde o dia 4 até ao dia 29 do mesmo mês. Se, porém, como se disse, estivesse previsto dar início ao gozo das férias no referido dia 4, *quid juris*? Gozá-las-ia como se vicissitude alguma tivesse ocorrido, ou, pelo contrário, deveria haver lugar à aplicação do regime do art. 244.º do CT – caso em que os mencionados 10 dias úteis de férias seriam gozados após o dia 29 de julho (n.º 1), sendo marcados por acordo ou, em alterna-

[16] Para maiores desenvolvimentos sobre os termos da alternativa patente no n.º 3 do art. 244.º e a sua configuração como um direito de escolha titulado pelo trabalhador, veja-se Milena Rouxinol, in AA.VV., *Direito do Trabalho...*, *cit.*, pp. 709 e ss., e a bibliografia e jurisprudência europeia aí citadas.

tiva, pelo empregador, embora sem sujeição aos requisitos constantes do n.º 3 do art. 241.º (de acordo com o art. 244.º, n.º 2)?

Responder num sentido ou noutro depende, evidentemente, do entendimento adotado quanto ao problema de saber se a morte de familiares e, em particular, de filhos, se configura, para efeitos do art. 244.º do CT, como um impedimento temporário, não imputável ao trabalhador, ao gozo de férias. Ora, tal ponderação só pode ser feita atendendo ao fundamento deste direito, em diálogo, por certo, com o motivo justificativo das ausências em causa. Para descortinar que hipóteses alberga o art. 244.º, poder-se-á, porventura, ter como ponto de partida o elenco de faltas justificadas ao trabalho, constante, principalmente, do art. 249.º, n.º 2, do CT, a complementar, evidentemente, com outras normas, nomeadamente a do art. 251.º. Mas esse será sempre somente um ponto de partida, em que o intérprete se apoiará, necessariamente, com a consciência de que, quer pela própria natureza das coisas, quer por razões jurídicas, hipóteses configuradas como liberatórias da obrigação de prestar trabalho e situações concebidas como impeditivas do gozo de um período caracterizado – não só, mas também, e desde logo – pela inexistência de tal obrigação só coincidirão se o facto material que lhes subjaz for de molde a inviabilizar quer a adequada execução da prestação laboral, quer a realização das finalidades do direito a férias.

Assim sucede com a doença. Podendo incapacitar para o trabalho[17], pode outrossim comprometer o justo exercício do direito a férias. Não está em causa, com certeza, o direito à abstenção de trabalhar, isto é, o período de férias como tempo de *não trabalho*. Seria desprovido de sentido afirmar que a doença impede o trabalhador de... não trabalhar! Todavia, o direito a férias não se esgota nisso. Assume-o, aliás, o legislador, no art. 237.º, n.º 4: as férias devem, desejavelmente, proporcionar a recuperação física e psíquica do trabalhador, mas também condições de maior disponibilidade pessoal, integração na vida familiar e participação social e cultural. Assim – por as férias não se reduzirem a um período de absten-

[17] Por todos, quanto ao ponto, Júlio Gomes, "Algumas reflexões sobre as faltas justificadas por doença do trabalhador", in AA.VV., *Estudos em Homenagem ao Professor Doutor Raúl Ventura*, Coimbra Editora, Coimbra, 2003, pp. 717-749.

ção do dever de trabalhar – se compreendem, de resto, normas como a do art. 241.º, n.º 7, ou a do art. 264.º, n.º 2, do CT[18].

Tomemos de empréstimo as expressivas palavras de João Francisco de Almeida Policarpo[19]: «O trabalhador, porque o é, porque está 'ligado' a uma entidade patronal por força do contrato de trabalho, devia poder, digamos assim, 'recuperar-se', 'restituir-se' a um certo estado de inocência configurado no ócio, na *abstenção do esforço penoso* próprio do trabalho subordinado, em que o trabalhador se 'distrai' e se 'perde' no quotidiano das coisas e nos hábitos mais ou menos mecânicos dos ritos... Esta possibilidade de o trabalhador poder, não obstante a sua 'ligação' à entidade patronal, 'libertar-se' do 'mundo' laboral (do quadro formal e vivencial onde se desenrola o seu viver de trabalhador...) é posta pelo legislador como valor primacial a prosseguir. O trabalhador tem direito a uma *margem de ócio*, para usar a sua *liberdade* conforme os seus desejos». Numa linguagem mais atual, dir-se-ia: o trabalhador deve, no período de férias, poder aspirar a um *reset* físico, mental e espiritual e a um *upgrade*, ainda que temporário, das condições que normalmente tem de acesso a determinados bens, uns materiais, outros imateriais.

Também a prescrição do art. 244.º é expressão desta conceção, espelhada, como se viu, no art. 237.º, n.º 4, que não é mero enunciado programático mais ou menos vago, antes se traduz em soluções normativas concretas e deve orientar o intérprete na leitura de normas que, de algum modo, convoquem o fundamento deste direito ao descanso anual[20]. Impor ao trabalhador *gozar férias* encontrando-se doente seria, segundo a conceção do legislador, um contrassenso, pois faltar-lhe-ia a aptidão física e psíquica, a energia, a vitalidade para poder *dar-se ao ócio*, aos seus desejos, à *libertação do quotidiano da vida*, à *restituição de si mesmo*, ao *reset* e

---

[18] Normas nos termos das quais os cônjuges que trabalhem na mesma empresa têm direito a gozar férias em período idêntico, tendo o trabalhador direito a receber um subsídio de férias, a mais da retribuição correspondente ao período de férias.

[19] "O fundamento do direito a férias", *Estudos Sociais e Corporativos*, ano VII, 1968, n.º 26, pp. 11-28 [12].

[20] Exemplo claro de um preceito cuja interpretação, a nosso ver, não pode dissociar-se deste acervo de considerações é o art. 246.º, sobre a violação do direito a férias. Permita-se-nos remeter para Milena Rouxinol, «A violação do direito a férias – contributo para a leitura do artigo 246.º do Código do Trabalho», *Prontuário de Direito do Trabalho*, 2020-I, pp. 253-269.

ao *upgrade*. Por isso lhe permite o seu adiamento, para um momento em que a recuperação da saúde já permita tais finalidades.

Por certo que tais considerações não se aplicam a todos os motivos justificativos de faltas legalmente reconhecidos. Não se aplicarão sempre que a razão substantiva que leva à justificação da ausência, ao invés de colidir com a teleologia do direito a férias, convirja com a mesma. É, a nosso ver, o que sucede com as faltas justificadas dadas por ocasião do casamento. Trata-se de ausências motivadas pela necessidade de maior disponibilidade pessoal seja para preparar uma festa de casamento, seja para usufruir da "lua-de-mel", a qual mais não é do que uma evasão a dois, bem próxima da evasão do quotidiano que, idealmente, se associa ao período de férias – atividades prazenteiras, como atrás se disse[21].

No tocante às faltas devidas ao falecimento de familiar e, particularmente, às resultantes de morte de filhos (bem como genro e nora), já propenderíamos para o entendimento oposto. Mesmo desconsiderando o conjunto de diligências que se torna necessário empreender no momento da morte de familiar próximo, desde as ligadas à preparação

---

[21] Sobre estas faltas – a "licença de casamento" – e o seu impacto no direito a férias, considerando a hipótese de adiamento ou suspensão das mesmas, por analogia com o que o Tribunal de Justiça (da União Europeia) entende dever suceder em caso de coincidência entre as férias e uma situação de ausência por doença ou uma licença parental, Gonçalo Cerejeira Namora, «As faltas por altura do casamento...», *cit.*, p. 101 e ss. Pelo motivo indicado no texto, assente na teleologia da licença de casamento, a qual converge, a nosso ver, com as finalidades das férias, não acompanhamos tal entendimento.
Já se pronunciaram sobre este aspeto os Acórdãos do Tribunal da Relação do Porto, de 26 de março de 2007 (relatora: Paula Leal de Carvalho), e do Supremo Tribunal de Justiça, de 31 de outubro de 2007 (relator: Pinto Hespanhol), referidos, aliás, pelo Autor mencionado. Os arestos, que se reportam à mesma situação fáctica, analisaram, justamente, a questão de saber se as ausências por casamento suspenderiam o período de férias. Decidiu-se nesse exato sentido pelo facto se, *in casu*, ser aplicável uma convenção coletiva de que resultava não dever o direito de férias ser prejudicado, no seu gozo integral, por aquelas ausências. Por assim ser, mas somente por isso, diríamos que os tribunais responderam acertadamente. O que já nos suscita maiores reservas é a afirmação, constante desta jurisprudência, segundo a qual cláusulas convencionais como a aplicável no caso concreto assentariam na circunstância de os dois direitos em causa apresentarem "diferente natureza e função social" – afirmação que, na verdade, leva a perguntar se, então, a decisão não teria sido a mesma ainda que inexistisse um regime convencional no sentido indicado, o que, reiteremo-lo, já não nos pareceria acertado.

do funeral até procedimentos de cariz jurídico – as quais, pressupondo, por certo, disponibilidade pessoal, não são, seguramente, atividades com as quais, razoavelmente, alguém deseje ocupar tempo de férias –, os dias que se sucedem a tal falecimento são, naturalmente, momentos de dor, marcados pela angústia da perda irreversível. Haverá, em tais circunstâncias, condições subjetivas para o gozo de férias, para a entrega a atividades de repouso e recreio, de convívio familiar e social? Existirá disponibilidade emocional para aquela descompressão do corpo e da alma que se pretende durante o período de férias? Cremos que não e arriscaríamos dizer que a perceção generalizada do justo e do humano apontaria para essa resposta negativa.

Concluiríamos, pois, que as faltas motivadas por falecimento de familiar, nos termos do art. 249.º, n.º 2-*b)* e do art. 251.º, caso coincidam com o momento em que iriam iniciar-se as férias, levam ao seu adiamento e, devendo ter lugar já no decurso do período de descanso anual, determinam a sua suspensão, de acordo com o disposto no art. 244.º[22]. Metodologicamente, o mero apelo à dimensão teleológica da operação hermenêutica justifica tal leitura desse preceito.

Evidentemente, o que vimos de dizer assume muito maior relevância quando em causa estão as ausências por luto parental. A sua duração – até 20 dias de trabalho – faz com que a alteração ao período de férias já marcado tenha um impacto muito mais significativo na organização empresarial do que quando falamos em períodos de ausência de até dois, ou até cinco dias, como aqueles que, até à recente alteração legislativa, o art. 251.º consagrava. Uma ocorrência como esta não deixará, porém, como já se assinalou, de ser excecional. E, em todo o caso, do ponto de vista dos bens em causa, parece-nos justo que a entidade empregadora suporte o incómodo desta alteração, como o suporta quando as férias do trabalhador se interrompem por doença – nesse caso, aliás, com possibilidade de muito maior duração.

[22] Já se pronunciou neste sentido Abel da Costa Ferreira, *Lei das férias, feriados e faltas*, SPB Editores, Lisboa, 1997, p. 35. Mais recentemente, tomou posição sobre o ponto a Autoridade para as Condições de Trabalho, equiparando a situações de doença as faltas por falecimento de familiar, para os efeitos de que aqui cuidamos. Veja-se a nota técnica n.º 7, já referida.

Por outro lado, nessa hipótese, a da morte de filhos, as razões substantivas em que fizemos assentar a analogia entre as ausências devidas a luto e as motivadas por doença, para efeitos do art. 244.º, tornam-se, ostensivamente, mais evidentes. Nesse caso, reiteremo-lo, o trabalhador, pai ou mãe, atravessará, certamente, um inimaginável tormento, o dilacerar das fibras de que se tece a sua pessoa, o estilhaçar do chão que o suporta – «tristezas que as palavras desconhecem»[23]. Quão próximo estamos de uma doença, uma grave doença[24]?...

Porque agrilhoado a esta dor, o trabalhador não estará em condições de se permitir a libertação que o gozo de férias supõe. O período de descanso anual deve, pois, em nossa opinião, ser adiado, se fosse iniciar-se em momento coincidente com o da ocorrência das faltas por luto parental, ou suspender-se, se a morte e as consequentes ausências sucederem já no decurso daquele período de férias. Estas serão gozadas, no todo ou na parte em falta, depois de esgotados os dias de ausência justificada. Serão marcadas por acordo, ou pela entidade empregadora, nos termos indicados no art. 244.º, n.º 2[25].

---

[23] Mia Couto, *Um rio chamado tempo, uma casa chamada terra*, BIS/Leya, 2012, p. 27.

[24] Como se assinala *supra*, na nota 2, não será inverosímil a hipótese de o trabalhador vir mesmo a ter um diagnóstico de doença do foro psiquiátrico, nomeadamente depressão, na sequência de um evento tão violento quanto a morte de um filho. Nesse caso, porém, o regime a aplicar será, justamente, o da doença, não já o das faltas por luto.

[25] Pode suceder que a vontade do trabalhador, a que o empregador anuirá ou não, seja a de gozar o período de férias imediatamente a seguir aos dias de falta justificada. É provável que, mesmo decorridos aqueles 20 dias úteis, não haja recuperado a capacidade para regressar ao trabalho. Conforme se assinalou anteriormente, não obstante o alargamento do número de faltas justificadas em caso de morte de filho/a, que, atualmente, se salda em cerca de um mês, talvez que tal período seja, da perspetiva do trabalhador, sempre insuficiente. Isso não significa que, volvidos aqueles 20 dias úteis, o trabalhador já esteja nas desejáveis condições para o gozo de férias, com as finalidades que juridicamente se lhe associam. As mais das vezes, significará somente que, perante a necessária circunscrição do período de ausências admitidas – o qual, evidentemente, não pode ser ilimitado –, o trabalhador optará por *gastar* os dias de férias a que tem direito por forma a prolongar o período de inatividade de que, possivelmente, continuará a necessitar.

Falta de pagamento da retribuição, suspensão e resolução do contrato pelo trabalhador: a questão do *timing*

JOÃO LEAL AMADO

1. A retribuição e o tempo

A retribuição ou salário constitui, como se sabe, um elemento essencial do contrato de trabalho, consistindo mesmo na obrigação capital e nuclear emergente, para a entidade empregadora, da celebração e execução deste contrato bilateral ou sinalagmático. E é também sabido que o contrato de trabalho apresenta como uma das suas características mais relevantes a de ser um *contrato de execução sucessiva*. A obrigação retributiva, em particular, enquanto principal obrigação a cargo do empregador, insere-se na categoria das chamadas obrigações duradouras, mais concretamente na sua modalidade das obrigações periódicas ou reiteradas. Significa isto que o *tempo* se revela um factor de extrema importância no tocante à conformação global da prestação do empregador, influenciando decisivamente o respectivo conteúdo. Influência que, pode dizer-se, se faz sentir a dois níveis: por um lado, de acordo com o disposto no art. 261.º, n.º 2, do Código do Trabalho (CT), o tempo traduz-se na unidade de cálculo da retribuição certa; por outro lado, nos termos do n.º 1 do art. 278.º, o tempo funciona também como unidade de vencimento da retribuição.

Como é lógico, em sede de (in)cumprimento da obrigação retributiva é este último – o tempo como unidade de vencimento – o aspecto que mais nos interessa. E aqui a nossa lei demonstra uma grande flexibilidade, admitindo diversa estipulação das partes e a relevância dos usos, bem como indicando como possíveis unidades de vencimento tanto a semana, como a quinzena, como ainda o mês – o que, em todo o caso, não prejudica a tendência crescente no sentido da mensualização, regra cada vez mais hegemónica.

A referida maleabilidade legal tem, contudo, limites, não afectando esta asserção básica: a obrigação retributiva há-de vencer-se sempre «por períodos certos e iguais», exigência esta ineliminável, intimamente relacionada como está com a chamada "função alimentar" desempenhada pelo correspondente direito. Ou seja, carecendo o trabalhador do salário para satisfazer necessidades essenciais (como a alimentação, o vestuário, a habitação...), necessidades certas e regulares, bem se compreenderá, então, que ele deva também receber a retribuição certa e regularmente (e, acrescente-se, em lapsos de tempo não demasiado espaçados).

A obrigação retributiva vence-se automaticamente, isto é, sem necessidade de prévia interpelação por parte do credor-trabalhador, solução que, aliás, decorre logicamente da existência de uma data predeterminada para o respectivo cumprimento[1]. Assim, nos termos do art. 278.º, n.º 5, do CT, o empregador ficará constituído em mora se o trabalhador, por facto que não lhe seja imputável, não puder dispor do montante da retribuição na data do vencimento.

É outrossim sabido que toda a disciplina jurídica do tempo do cumprimento da obrigação retributiva se estrutura com base na ideia da *pós-numeração*: o salário há-de ser pago posteriormente à correlativa prestação de trabalho, não antecipadamente. Ora, como é óbvio, isto não deixa de se traduzir numa posição de certo privilégio para a entidade empregadora, pois, nas palavras de Monteiro Fernandes, «esta pode eximir-se ao cumprimento total ou parcial da retribuição se, no período correspondente, tiver faltado ou sido incompleta a disponibilidade da força de trabalho; mas o trabalhador já terá cumprido a sua parte quando, porventura, se verifique o não-pagamento da retribuição correspondente»[2]. Sucede, entretanto, que, consistindo o contrato de trabalho num contrato de execução sucessiva, cujo cumprimento se encontra escalonado e encadeado no tempo, sucedendo-se as respectivas prestações (de trabalho e de retribuição) umas às outras, o alcance da regra da pós-numeração acaba por resultar de algum modo desvalorizado, afirmando-se antes, em seu lugar, a ideia-chave da periodicidade.

---

[1] A este propósito, *vd.* o disposto no art. 805.º, n.º 1 e 2-*a)*, do Código Civil.

[2] *Direito do Trabalho*, 16.ª ed., Almedina, Coimbra, 2013, p. 413.

O empregador deve, portanto, pagar pontualmente a retribuição ao trabalhador, conforme estabelece o art. 127.º, n.º 1-/*b*), do CT. Pergunta--se: caso esse pagamento pontual não ocorra, como poderá o trabalhador--credor reagir? No plano juslaboral, que respostas poderão ser dadas pelo trabalhador em face do incumprimento da obrigação retributiva? Vendo--se confrontado com uma situação de "salários em atraso", que instrumentos coloca o nosso ordenamento à disposição do trabalhador lesado?

Segundo o n.º 2 do art. 323.º do CT, «o empregador que faltar culposamente ao cumprimento de prestações pecuniárias é obrigado a pagar os correspondentes juros de mora à taxa legal, ou a taxa superior estabelecida em instrumento de regulamentação colectiva de trabalho ou acordo das partes». Trata-se de um preceito inspirado no disposto nos arts. 804.º e 806.º do Código Civil. De acordo com o princípio geral estabelecido no primeiro destes artigos, «a simples mora constitui o devedor na obrigação de reparar os danos causados ao credor» (n.º 1), sendo que o devedor se considera constituído em mora «quando, por causa que lhe seja imputável, a prestação, ainda possível, não foi efectuada no tempo devido» (n.º 2). O princípio é, pois, o de que o credor terá então direito à prestação originária, bem como ao ressarcimento dos danos causados pelo retardamento da prestação (indemnização moratória).

De qualquer das formas, tratando-se de uma obrigação pecuniária a lei presume que haverá sempre danos causados ao credor pela mora, dispensando-o da respectiva prova (visto que, como é usual dizer-se, "o dinheiro rende sempre") e estabelece, em princípio de forma fixa e invariável, o montante desses danos, procedendo a uma avaliação puramente abstracta dos mesmos. Com efeito, nos termos do art. 806.º, n.º 1, do Código Civil, «na obrigação pecuniária a indemnização corresponde aos juros a contar do dia da constituição em mora», sendo devidos, em princípio, os juros legais (n.º 2 do mesmo artigo)[3]. Significa isto que, na área da

[3] Note-se que os juros de mora por dívida de retribuição são os juros legais, salvo se por acordo das partes ou por instrumento de regulamentação colectiva de trabalho for devido um juro moratório *superior* ao legal. Trata-se, pois, de uma regra dotada de imperatividade mínima, deixando à autonomia individual ou colectiva espaço para reforçar, mas não para debilitar, os direitos do trabalhador nesta matéria – a este propósito, *vd.* JOÃO LEAL AMADO, *A Protecção do Salário*, sep. do Boletim da Faculdade de Direito de Coimbra, 1993, pp. 114-119.

responsabilidade contratual resultante do incumprimento de obrigações pecuniárias, os juros moratórios constituem, como alguém escreveu, "a indemnização precisa, sem tirar nem pôr".

Em todo o caso, e no que ao incumprimento da obrigação retributiva diz respeito, a disposição nuclear do CT consiste, sem dúvida, no n.º 3 do art. 323.º, que preceitua: «A falta de pagamento pontual da retribuição confere ao trabalhador a faculdade de suspender ou fazer cessar o contrato, nos termos previstos neste Código».

2. Suspensão por decisão do trabalhador

Começando pelo primeiro termo da alternativa, lê-se no n.º 1 do art. 325.º do CT que, «no caso de falta de pagamento pontual da retribuição por período de 15 dias sobre a data do vencimento, o trabalhador pode suspender o contrato de trabalho, mediante comunicação por escrito ao empregador e ao serviço com competência inspectiva do ministério responsável pela área laboral, com a antecedência mínima de oito dias em relação à data de início da suspensão». Esta suspensão da prestação de trabalho por iniciativa do trabalhador, com base na falta de pagamento da retribuição[4], consiste numa modalidade atípica de suspensão contratual. Na verdade, topamos aqui, inequivocamente, com uma adaptação da figura civilística da *excepção de não cumprimento do contrato*[5] ao âmbito juslaboral: ao contrário do que sucede com a típica suspensão do contrato de trabalho (que se configura como um mecanismo de protecção do

---

[4] Note-se que o trabalhador poderá optar pela suspensão da prestação laboral quando a mora patronal se prolongue por período de 15 dias, mas a suspensão não poderá operar de imediato, visto que a lei exige que seja feita uma comunicação ao empregador e ao serviço com competência inspectiva do ministério responsável pela área laboral, com a antecedência mínima de 8 dias em relação à data do início da suspensão. Por outro lado, porém, a faculdade de suspender o contrato poderá ser exercida antes de esgotado o mencionado período de 15 dias, contanto que o empregador declare por escrito a previsão de não pagamento, até ao termo daquele prazo, do montante da retribuição em falta (n.º 2 do art. 325.º).

[5] Nos termos do art. 428.º, n.º 1, do CCivil, «se nos contratos bilaterais não houver prazos diferentes para o cumprimento das prestações, cada um dos contraentes tem a faculdade de recusar a sua prestação enquanto o outro não efectuar a que lhe cabe ou não oferecer o seu cumprimento simultâneo». Sobre esta figura, *vd.*, por todos, ANTUNES VARELA, *Das Obrigações em Geral*, vol. I, 10.ª ed., Almedina, Coimbra, 2000, pp. 398-402.

devedor impossibilitado de cumprir)[6], este é um meio reactivo-defensivo à disposição do credor insatisfeito, consistindo numa figura que não pode deixar de ser acolhida pelo Direito do Trabalho, até por força da supramencionada «regra da pós-numeração» em matéria retributiva.

A faculdade de o trabalhador suspender a prestação de trabalho consiste, por conseguinte, num regime especial de excepção de não cumprimento do contrato, a invocar pelo trabalhador no caso de falta de pagamento da retribuição. E a excepção de não cumprimento do contrato é uma figura clássica e bem conhecida pelos juristas, traduzindo-se num mecanismo que encontra o seu campo de eleição nos contratos bilaterais, com prestações correspectivas ou correlativas – a interdependência entre as respectivas obrigações significa justamente que, não sendo uma delas cumprida, a outra também o não será. Estamos perante um meio defensivo e provisório (o credor limita-se a não cumprir a sua obrigação em ordem a garantir aquela que lhe é devida pela contraparte), que no fundo constitui, na lição de ANTUNES VARELA, «um simples corolário do pensamento básico do sinalagma funcional»[7].

Ou seja, a *exceptio* traduz-se numa resposta legítima do trabalhador-credor à falta de cumprimento do empregador: é este quem está em mora, recusando-se apenas aquele a cumprir porque o empregador está em mora e enquanto tal mora subsistir (o trabalhador está disposto a laborar, para tal bastando que o empregador cumpra), recorrendo, portanto, a um meio puramente defensivo[8]. Durante a suspensão, mantêm-se os direitos, deveres e garantias das partes na medida em que não pressuponham a efectiva prestação do trabalho, podendo o trabalhador

---

[6] Pense-se, designadamente, nas hipóteses clássicas de suspensão do contrato devido a um impedimento temporário do trabalhador, por doença ou acidente. Para maiores desenvolvimentos sobre o ponto, *vd.* JORGE LEITE, "Notas para uma teoria da suspensão do contrato de trabalho", *Questões Laborais*, n.º 20, 2002, pp. 121 e ss.

[7] *Das Obrigações em Geral*, cit., p. 398.

[8] Sobre o papel da *exceptio non adimpleti contractus* como meio de tutela do crédito salarial, *vd.* JOSÉ JOÃO ABRANTES, «Salários em atraso e excepção de não cumprimento», *Direito do Trabalho – Ensaios*, cit., pp. 71-92, e JOÃO LEAL AMADO, *A Protecção do Salário*, sep. *do Boletim da Faculdade de Direito*, Coimbra, 1993, pp. 102-114. Em geral, sobre o instituto da excepção de não cumprimento no contrato de trabalho, JÚLIO GOMES, *Direito do Trabalho*, Coimbra Editora, 2007, pp. 869-878.

exercer outra actividade remunerada, contanto que não viole o dever de lealdade para com o empregador originário (art. 326.º).

A suspensão da prestação de trabalho poderá cessar por qualquer das vias estabelecidas no art. 327.º do CT. Prevê este preceito que a suspensão cesse em virtude de uma actuação patronal (o pagamento integral das retribuições em dívida e juros de mora), devido a um acordo entre as partes (tendente à regularização das retribuições em dívida e juros de mora) ou por vontade do trabalhador (comunicando este ao empregador e ao serviço com competência inspectiva que põe termo à suspensão a partir de determinada data). Acresce, contudo, que a vontade de o trabalhador terminar com a suspensão do contrato tanto poderá redundar no seu regresso ao trabalho como, pelo contrário, traduzir-se na dissolução do vínculo mediante resolução, ao abrigo do disposto no art. 394.º. Na verdade, e em tese, nada impede a utilização sucessiva destes dois meios reactivos por parte do trabalhador lesado, modulando a resposta em função da gravidade/duração da mora patronal. Assim, o trabalhador poderá, primeiro, limitar-se a *adormecer* o contrato e, mais tarde, mantendo-se a falta de pagamento (isto é, avolumando-se a mora patronal), ele poderá *matar* o vínculo laboral, resolvendo o contrato com justa causa.

Esta reacção a dois tempos é, aliás, inteiramente lógica e compreensível, sendo expressamente admitida pelo CT de 2003 e respectiva regulamentação[9]. Mas o certo é que o actual CT, se não vem impedir, vem pelo menos dificultar ao trabalhador a utilização sucessiva destes dois meios, pois o prazo para resolução do contrato esgotar-se-á rapidamente – ao que parece, após 90 dias de mora patronal, como resulta da conjugação do disposto nos n.º 1 e 2 do art. 395.º. É ponto que abordaremos no texto subsequente.

3. Justa causa de resolução pelo trabalhador

Quanto à possibilidade de *resolução do contrato* pelo trabalhador, do actual CT resulta, em moldes telegráficos, o seguinte quadro normativo:

---

[9] A este propósito, *vd.* João Leal Amado, «O incumprimento da obrigação retributiva e o art. 364.º/2 do Código do Trabalho», *Temas Laborais*, Coimbra Editora, 2005, pp. 83 e ss. (90-91).

i) Ocorrendo justa causa, o trabalhador pode fazer cessar imediatamente o contrato (art. 394.º, n.º 1);

ii) A falta de pagamento pontual da retribuição constitui justa causa de resolução do contrato pelo trabalhador, seja aquela culposa (n.º 2-*a)* do art. 394.º) ou não culposa (n.º 3-*c)* do art. 394.º);

iii) A presença ou ausência de culpa patronal releva para efeitos indemnizatórios, visto que, nos termos do art. 396.º do CT, o trabalhador apenas terá direito a ser indemnizado na hipótese de se verificar uma falta culposa de pagamento, mas não já se tal falta de pagamento não for culposa;

iv) De todo o modo, importa não esquecer que a culpa do empregador se presume, por força do disposto no art. 799.º, n.º 1, do Código Civil, nos termos do qual «incumbe ao devedor provar que a falta de cumprimento ou o cumprimento defeituoso da obrigação não procede de culpa sua»;

v) Em moldes inovadores, o n.º 5 do art. 394.º determina: «Considera-se culposa a falta de pagamento pontual da retribuição que se prolongue por período de 60 dias, ou quando o empregador, a pedido do trabalhador, declare por escrito a previsão de não pagamento da retribuição em falta, até ao termo daquele prazo»[10];

vi) Dir-se-ia, pois, que, verificados os pressupostos estabelecidos no n.º 5 do art. 394.º, a presunção *juris tantum* de culpa patronal se converte numa presunção *juris et de jure* ou numa ficção legal de culpa, como tal insusceptível de prova em contrário[11].

4. O problema do prazo para resolução do contrato

A resolução do contrato deverá seguir os termos previstos no n.º 1 do art. 395.º do CT, ou seja, deverá ser feita por escrito e com indicação sucinta dos factos que a justificam. Quanto ao prazo de 30 dias a que este pre-

---

[10] Trata-se de uma norma inovadora porque, no âmbito da legislação anterior, vertida no CT de 2003, a lei ligava outro tipo de consequências ao decurso de 60 dias de mora salarial. Sobre o ponto, João Leal Amado, «O incumprimento da obrigação retributiva e o art. 364.º/2 do Código do Trabalho», cit. na nota anterior, pp. 83-96.

[11] Para desenvolvimentos, Joana Vasconcelos, in Pedro Romano Martinez *et. al.*, *Código do Trabalho Anotado*, 9.ª ed., Almedina, Coimbra, 2013, anotação ao art. 394.º, pp. 830-832.

ceito alude (30 dias subsequentes ao conhecimento dos factos constitutivos da justa causa), dir-se-ia que ele não deveria correr neste caso de mora retributiva, em que se verifica um incumprimento contratual continuado, pois é óbvio que à medida que o período de mora patronal se avoluma a situação contratual só tende a agravar-se, podendo mesmo tornar-se insustentável para o trabalhador. Neste contexto, dir-se-ia, enquanto persistisse a violação, enquanto se mantivesse o incumprimento patronal, não poderia correr qualquer prazo de caducidade da faculdade de o trabalhador resolver, com justa causa, o respectivo contrato de trabalho.

Sucede, porém, que o actual CT contém uma outra norma inovadora nesta matéria. Trata-se do n.º 2 do art. 395.º, o qual estabelece: «No caso a que se refere o n.º 5 do artigo anterior, o prazo para resolução conta-se a partir do termo do período de 60 dias ou da declaração do empregador». Tendo em conta estes dados normativos, a questão adivinha-se: e se for ultrapassado o prazo do n.º 2 do art. 395.º? *Quid juris*?

A esta questão poder-se-á responder, cremos, de duas maneiras: *i)* se for ultrapassado aquele prazo, o direito de resolução do contrato pelo trabalhador, com base naqueles factos, caducará; *ii)* se for ultrapassado aquele prazo, o direito de resolução não caduca, mas a presunção de culpa patronal no incumprimento volve-se, de novo, em relativa ou *juris tantum*.

Esta última tem sido a resposta dada pelo Tribunal da Relação de Coimbra, em dois arestos relativamente recentes, ambos tendo como relator o Juiz Desembargador Azevedo Mendes (acórdãos de 10/02/2011 e de 13/12/2012). Vejamos o sumário deste último acórdão:

> «I – O n.º 5 do art. 394.º do CT de 2009, ao estabelecer que se considera culposa a falta de pagamento pontual da retribuição que se prolongue por 60 dias, constitui uma presunção *juris et de jure* de culpa do empregador.
>
> II – No entanto, para se prevalecer dessa específica presunção de culpa o trabalhador deve exercer o direito de resolução com justa causa do contrato no prazo de 30 dias a partir do termo daquele período de 60 dias, atendendo ao disposto no art. 395.º, n.º 2 do CT.
>
> III – Se o não fizer, mas continuar a situação de incumprimento no pagamento da retribuição, ainda assim o trabalhador pode exercer o direito de resolução, já que o prazo de caducidade de 30 dias previsto, desta feita, no

art. 395.º, n.º 1 do CT só deve iniciar-se quando cessar a situação ilícita que assuma gravidade para a sustentação da resolução.

IV – Nesta última situação, o trabalhador beneficia, não já da presunção *juris et de jure* do n.º 5 do art. 394.º do CT, mas da presunção *juris tantum* prevista no art. 799.º, n.º 1 do CC».

Que dizer desta solução? Confessamos ter *mixed feelings* em relação a este entendimento jurisprudencial, sem dúvida engenhoso. Por um lado, não hesitamos em considerar que esta é a solução materialmente mais *justa* para o problema, dado que nos parece óbvio que o prazo de caducidade do direito de o trabalhador com "salários em atraso" resolver o contrato não deve correr enquanto a situação de incumprimento patronal se mantiver, pois o avolumar da mora salarial, com o tempo a passar sem que a retribuição seja paga, apenas agrava a situação para o trabalhador. Assim, se a entidade empregadora, por exemplo, proferir afirmações ofensivas da honra ou da dignidade do trabalhador, no dia x, dir-se-á que ela *violou os direitos deste nesse mesmo dia x*; no caso da obrigação retributiva, pelo contrário, o não cumprimento da mesma na data do vencimento significa, apenas, que a entidade empregadora *começou a violar o direito ao salário a partir desse dia x*... Vale dizer, aqui a passagem do tempo não suaviza, antes agudiza, a situação do trabalhador, pelo que a este sempre deverá ser reconhecido o direito de resolver o contrato, com justa causa, enquanto o salário não for pago. Dir-se-ia até que, aqui, a causa tenderá a ser tanto mais justa quanto mais dilatado for o período de mora patronal. Quem espera, a certa altura, pode desesperar. E quem espera por longo período tem acrescidas razões para, a certa altura, desesperar...[12]

Por outro lado, porém, *em termos estritamente técnico-jurídicos*, a solução jurisprudencial engendrada não parece muito convincente. No fundo, a seguir-se esta leitura da lei, a presunção de culpa patronal começaria por

[12] Veja-se, a este propósito, a solução estabelecida no Código Civil, em matéria de caducidade do direito de resolução do contrato de arrendamento urbano. Nos termos do art. 1085.º, n.º 1, a resolução deve ser efectivada dentro do prazo de um ano a contar do conhecimento do facto que lhe serve de fundamento, sob pena de caducidade. Porém, no n.º 2 logo se acrescenta que, quando se trate de facto continuado ou duradouro, o prazo não se completa antes de decorrido um ano da sua cessação.

ser relativa, com base no Código Civil, converter-se-ia em absoluta após 60 dias de mora, por força do n.º 5 do art. 394.º do CT... e voltaria a converter-se em relativa após 90 dias de mora. Convenhamos: um misterioso ziguezaguear, uma estranha metamorfose...

Cremos que não foi isso que o legislador pretendeu, ao criar este novo n.º 2 do art. 395.º (norma, repete-se, sem precedente entre nós)[13]. Esta norma remete para o n.º 5 do art. 394.º, determinando que, no caso a que se refere este preceito, o prazo de resolução – 30 dias – se conta «a partir do termo do período de 60 dias ou da declaração do empregador». Ora, o caso a que se refere o n.º 5 do art. 394.º é o que corresponde à sua *previsão normativa*, à hipótese legal – falta de pagamento pontual da retribuição que se prolongue por período de 60 dias, ou quando o empregador, a pedido do trabalhador, declare por escrito a previsão de não pagamento da retribuição em falta, até ao termo daquele prazo – e não à correspondente *estatuição* – nesse caso, a falta de pagamento considera-se culposa, em termos irrefragáveis.

Pelo contrário, a Relação de Coimbra parece ler a remissão contida no n.º 2 do art. 395.º para o n.º 5 do art. 394.º como se aquela fosse feita para a estatuição, e não para a previsão, desta última. Concedemos que, assim fazendo, se atinge um resultado mais equitativo, no plano da composição dos interesses envolvidos. Mas, reiteramos, esta é uma leitura metamorfoseante do elemento culpa que se revela algo estranha. Até porque, *hélas,* o tempo não volta, jamais, para trás e a partir de 60 dias de mora a presunção de culpa converte-se de relativa em absoluta, de *juris tantum* em *juris et de jure,* não parecendo fazer sentido, nem parecendo resultar da lei (da sua letra ou do seu espírito), que a partir do 90.º dia de mora a presunção volte a ser relativa...

---

[13] A Relação de Coimbra argumenta com a sua jurisprudência anterior: «Como se considerou no Acórdão desta Relação (subscrito pela mesmo relator) de 14-12-2006 (www.dgsi.pt, proc. 125/06.9TTAVR.C1), *num entendimento que não vemos razão para alterar,* o que releva para a lei, não é o facto instantâneo do incumprimento, mas a situação continuada de incumprimento» (itálico nosso). Mas o ponto é mesmo esse: será que não havia boas razões para alterar o entendimento anterior, tendo em conta a norma, inovadora e sem precedentes, constante do n.º 2 do art 395.º do actual CT?

Se bem lemos o preceito, o que o legislador quis foi outra coisa. Foi assinalar um prazo ao trabalhador para que este, em caso de "salários em atraso", possa resolver o respectivo contrato, sob pena de, não o fazendo dentro do prazo (grosso modo, 60+30 dias), esse direito caducar. Uma maldade do legislador, sem dúvida[14]. Consciente? Inconsciente? Pouco importa. O melhor mesmo, cremos, será acabar com esta maldade, eliminando o n.º 2 do art. 395.º do CT do nosso ordenamento jurídico. Talvez revogá-lo...

[14] Alegar-se-á que, ainda assim, o trabalhador sempre poderá denunciar o contrato, com aviso prévio e sem direito a indemnização, reclamando depois judicialmente os salários em falta, com os correspondentes juros de mora. Sem dúvida que sim. Mas esta parece-nos uma resposta escassa e curta, ainda mais quando está em causa a principal obrigação a cargo da entidade empregadora, a qual desempenha uma importantíssima função alimentar. Cremos, ao invés, que o direito ao salário merece uma protecção mais vigorosa em sede de resolução contratual por falta do respectivo pagamento, inclusive no que ao seu *timing* diz respeito.

Transmissão de unidade económica e dos contratos de trabalho: oposição *ma non troppo*?

JOÃO LEAL AMADO

1. A transmissão de unidade económica como vicissitude contratual

É sabido que, nos termos da regra constante do n.º 1 do art. 285.º do CT, «em caso de transmissão, por qualquer título, da titularidade de empresa, ou estabelecimento ou ainda de parte de empresa ou estabelecimento que constitua uma unidade económica, transmitem-se para o adquirente a posição do empregador nos contratos de trabalho dos respetivos trabalhadores, bem como a responsabilidade pelo pagamento de coima aplicada pela prática de contraordenação laboral». O n.º 2 do artigo esclarece que o disposto no n.º 1 é igualmente aplicável à transmissão, cessão ou reversão da exploração de empresa, estabelecimento ou unidade económica. E o n.º 5 do mesmo preceito estabelece que se considera unidade económica «o conjunto de meios organizados que constitua uma unidade produtiva dotada de autonomia técnico-organizativa e que mantenha identidade própria, com o objetivo de exercer uma atividade económica, principal ou acessória».

A previsão legal abrange, portanto, a transmissão, total ou parcial, de empresa ou estabelecimento. E abrange a transmissão da titularidade ou da exploração da unidade económica (trespasse, fusão, cisão, venda judicial, doação, concessão de exploração, etc.). Como se intui, no tocante ao *objeto do negócio* transmissivo o âmbito de aplicação deste regime é muito vasto, sendo também o *conceito de transmissão* definido em moldes muito amplos.

Em caso de transmissão de empresa ou estabelecimento, verificar-se-á, pois, uma mera *vicissitude contratual*, isto é, o contrato de trabalho não se extinguirá, antes registará uma modificação de carácter subjetivo, uma mudança de empregador, sendo o transmitente substituído pelo adquirente (ou transmissário) na titularidade dos contratos de trabalho. Como se lê no novo n.º 3 do art. 285.º do CT, «com a transmissão constante dos n.º 1 e 2, os trabalhadores transmitidos ao adquirente mantêm todos os direitos contratuais e adquiridos, nomeadamente retribuição, antiguidade, categoria profissional e conteúdo funcional e benefícios sociais adquiridos». Dar-se-á, nesta hipótese, uma sub-rogação *ex lege* do transmissário nas relações contratuais laborais do transmitente[1].

Ora, ao acolher este princípio de transmissão automática da posição contratual do empregador, a lei inspira-se, sem dúvida, numa preocupação fundamental: a de garantir a manutenção do emprego dos trabalhadores na hipótese de transmissão da unidade económica em que laboram. Mas outros interesses relevantes concorrem para este regime legal, desde logo o da tutela da operacionalidade do próprio estabelecimento, isto é, a ideia de garantir ao respetivo transmissário um estabelecimento funcionante, não desprovido de mão-de-obra. Trata-se, em suma, de um regime de proteção centrado na ideia de continuidade dos vínculos laborais, os quais acompanham o estabelecimento ou a empresa transmitida de forma automática, isto é, independentemente da vontade do transmissário/adquirente. Resta saber, porém, se tal transmissão automática também se impõe à vontade do outro contraente, o trabalhador. Vejamos.

2. Direito de oposição do trabalhador?

2.1. A resposta anterior à Lei n.º 14/2018, de 19 de março

Coloca-se, há muito, a questão de saber se ao trabalhador assiste ou não um *direito de oposição à transmissão do seu contrato de trabalho*. É que, repare-se, tradicionalmente o sistema legal concentrava esforços na salvaguarda do emprego do trabalhador, garantindo que a transmissão da unidade económica não implicava a extinção do respetivo contrato. Verificada a transmissão, o trabalhador conservava o emprego, ainda que a

[1] Salvo se o transmitente, antes da transmissão, tiver transferido o(s) trabalhador(es) para outro estabelecimento ou unidade económica, ao abrigo do disposto no art. 194.º do CT (n.º 4 do art. 285.º). Sobre as dúvidas interpretativas suscitadas por esta remissão para o regime da transferência de local de trabalho, bem como sobre os perigos que a mesma encerra para os trabalhadores, Rosário Palma Ramalho, *Tratado de Direito do Trabalho, II, Situações Laborais Individuais*, 6.ª ed., Almedina, Coimbra, 2016, pp. 647-650.

identidade do seu empregador mudasse. E, deve reconhecer-se, é com isto que, na maior parte dos casos, o trabalhador se preocupa: manter o emprego, independentemente da identidade do empregador. Porém, surgiu a dúvida: o trabalhador não tem, decerto, o poder de autorizar ou de vetar a transmissão da empresa ou estabelecimento, pois esta é uma faculdade empresarial, inerente ao princípio da livre iniciativa económica (ainda que, note-se, a lei preveja um processo de informação e consulta dos trabalhadores e representantes dos trabalhadores sobre esta matéria, no art. 286.º do CT); mas não gozará o trabalhador do direito de se opor à transferência do seu contrato para o adquirente da unidade económica? A transmissão do contrato é uma regra que se impõe a todos os intervenientes, inclusive ao trabalhador?

A questão começou por ser suscitada no plano do direito comunitário, antes ainda do período da codificação do nosso direito laboral, mas, desde então, tem gerado um intenso debate doutrinal. Na senda da jurisprudência do TJCE (*maxime* a relativa ao chamado «caso Katsikas»), autores como Júlio Gomes ou Liberal Fernandes defenderam o reconhecimento de tal «direito de oposição» no nosso sistema jurídico[2]. Mas a questão revelou-se tudo menos pacífica. E a polémica transitou para o CT de 2003, não tendo sido resolvida pelo CT de 2009. Com efeito, autores houve que sustentaram, com vigor, a existência do referido direito de oposição do trabalhador[3], outros se tendo pronunciado em sentido contrário[4].

---

[2] *Vd.*, respetivamente, «O conflito entre a jurisprudência nacional e a jurisprudência do TJCE em matéria de transmissão do estabelecimento no Direito do Trabalho», *Revista de Direito e de Estudos Sociais*, 1996, pp. 77-188, e «Transmissão do estabelecimento e oposição do trabalhador à transferência do contrato: uma leitura do art. 37.º da LCT conforme o direito comunitário», *Questões Laborais*, n.º 14, 1999, pp. 213-240.

[3] Assim, p. ex., Catarina de Oliveira Carvalho, «Algumas questões sobre a empresa e o Direito do Trabalho no novo Código do Trabalho», *A Reforma do Código do Trabalho*, CEJ-IGT, Coimbra Editora, Coimbra, 2004, pp. 437-474 [471-474], e João Reis, «O regime da transmissão da empresa no Código do Trabalho», *Nos 20 Anos do Código das Sociedades Comerciais, Homenagem aos Profs. Doutores A. Ferrer Correia, Orlando de Carvalho e Vasco Lobo Xavier*, FDUC, Coimbra Editora, vol. I, 2007, pp. 305-359 [331-352]).

[4] Assim, p. ex., Joana Vasconcelos, «A transmissão da empresa ou estabelecimento no Código do Trabalho», *Prontuário de Direito do Trabalho*, n.º 71, 2005, pp. 73-93 [86-91], e Pedro Furtado Martins, «Duas questões a propósito dos efeitos da transferência do estabeleci-

Que dizer? O tema era complexo e melindroso, até pela necessidade de entrecruzar o nosso direito (ainda lacunoso na matéria) com o direito comunitário (tal como vinha sendo interpretado pelo TJCE). Julga-se, em todo o caso, que importava saber, com clareza, de que falávamos quando aludíamos ao «direito de oposição do trabalhador à transmissão do contrato». Tratava-se, decerto, de saber se o trabalhador podia recusar-se «a ir com o estabelecimento». Mas, perguntava-se: «podia recusar-se a ir», *no sentido de permanecer onde está, mantendo a sua ligação contratual com o transmitente*? Ou «podia recusar-se a ir», *no sentido de não ir para onde queriam que ele fosse, recusando-se a trabalhar para o transmissário*? Tratava-se, como é óbvio, de dimensões diferentes do «direito de oposição», nem sempre, cremos, claramente destrinçadas quando se abordava esta questão[5].

Ora, neste quadro, tendo embora dúvidas de que, à luz do ordenamento então vigente, se pudesse afirmar um «direito de oposição» do trabalhador naquela primeira aceção (direito à manutenção do contrato com o transmitente, com a correspondente colocação do trabalhador noutro posto de trabalho), já estávamos convictos de que o trabalhador gozava desta segunda dimensão do «direito de oposição»: a substituição do empregador que decorria da transmissão do estabelecimento ou empresa constituía, em si mesma e por si só, uma modificação substancial do contrato de trabalho, que habilitava o trabalhador a resolver o contrato com justa causa, ao abrigo do art. 394.º, n.º 3-*b*), do CT. Tratava-se, afinal, de dar expressão a princípios tão fundamentais como são os da liberdade de trabalho, da liberdade contratual, da liberdade de o traba-

---

mento nas relações de trabalho: artigo 321.º do Código do Trabalho e oposição do trabalhador à transmissão do contrato de trabalho», *IX e X Congressos Nacionais de Direito do Trabalho – Memórias*, Almedina, Coimbra, 2007, pp. 307-334 [329-334]).

[5] Nas certeiras palavras de Júlio Gomes, «não se deve confundir, nesta sede, várias questões: a da necessidade de um consenso do trabalhador ou trabalhadores para que o estabelecimento se transmita, solução extrema e radical, objeto de rejeição geral, a admissibilidade de um direito do trabalhador de optar pela continuação quando possível da sua relação laboral com a anterior entidade empregadora (solução que a jurisprudência alemã consagrou) e a existência de um direito do trabalhador de, ao menos, escolher a pessoa do seu empregador e recusar-se a prosseguir a sua relação laboral com o adquirente do estabelecimento» («O conflito entre a jurisprudência nacional...», cit., p. 83).

lhador escolher a pessoa em proveito de quem e às ordens de quem se compromete a realizar a sua atividade profissional[6].

Ou seja, o trabalhador não podia, já então, ser visto como se de uma máquina se tratasse, como algo inelutavelmente incluído no complexo de bens que compõem a empresa transmitida. O respeito devido à dignidade do trabalhador enquanto pessoa implicava, pois, que este podia opor-se (isto é, podia dizer não), rompendo, de imediato, a ligação contratual e assim fazendo abortar a transmissão do vínculo laboral para o adquirente do estabelecimento. Na verdade, não parece que se pudesse falar aqui, com propriedade, numa qualquer "simples e inócua mudança de empregador". Num contrato duradouro e pessoalmente envolvente como é o contrato de trabalho, a mudança de empregador, em virtude da transmissão do estabelecimento em que labora, dificilmente pode ser perspetivada como uma coisa "simples" ou "inócua". Trata-se, na ótica do trabalhador, da mudança da pessoa em relação à qual ele passará a dever obediência, que de forma diuturna irá conformar a sua atividade e que lhe irá pagar, espera-se que pontualmente, a retribuição devida pelo seu trabalho. Impunha-se, por conseguinte e nas palavras de JOÃO REIS, reconhecer sem tibieza o «direito de o trabalhador recusar que um novo empregador ocupe, contra a sua vontade, a posição do empregador que consigo contratou»[7].

Subindo mais um degrau, defendia já então alguma doutrina que o trabalhador poderia opor-se, dizer não, mas mantendo o contrato com o transmitente (mesmo sem o acordo deste). Aqui, repetimos, perante o ordenamento jurídico ao tempo vigente, sempre tivemos algumas dúvidas em subir este degrau. Mas as coisas mudaram com o novo diploma sobre a matéria.

2.2. A resposta da Lei n.º 14/2018, de 19 de março

Com a Lei n.º 14/2018, de 19 de março, que alterou o regime jurídico aplicável à transmissão de estabelecimento e reforçou os direitos dos trabalhadores nesta matéria, muita coisa mudou. E mudou, sobretudo,

[6] Em sentido próximo, ROSÁRIO PALMA RAMALHO, *Tratado de Direito do Trabalho, II*, cit., pp. 650-651.

[7] «O regime da transmissão da empresa no Código do Trabalho», cit., p. 347.

no que tange ao "direito de oposição" do trabalhador, isto é, aos termos em que tal direito, nas suas diversas dimensões, pode ser exercido, bem como no atinente às consequências do exercício desse direito. Vejamos, a traço largo, em que consistem as principais novidades introduzidas neste ponto pela Lei n.º 14/2018, bem como algumas dúvidas e dificuldades interpretativas que a mesma pode suscitar.

Lê-se no n.º 1 do novo art. 286.º-A do CT, aditado pela Lei n.º 14/2018, relativo ao "direito de oposição do trabalhador": «O trabalhador pode exercer o direito de oposição à transmissão da posição do empregador no seu contrato de trabalho em caso de transmissão, cessão ou reversão de empresa ou estabelecimento, ou de parte de empresa ou estabelecimento que constitua uma unidade económica, nos termos dos n.º 1 ou 2 do artigo 285.º, quando aquela possa causar-lhe prejuízo sério, nomeadamente por manifesta falta de solvabilidade ou situação financeira difícil do adquirente ou, ainda, se a política de organização do trabalho deste não lhe merecer confiança». O n.º 2 do mesmo preceito acrescenta: «A oposição do trabalhador prevista no número anterior obsta à transmissão da posição do empregador no seu contrato de trabalho, nos termos dos n.º 1 ou 2 do artigo 285.º, mantendo-se o vínculo ao transmitente». E o n.º 3 remata, estabelecendo que o trabalhador que exerça o direito de oposição deve informar o respetivo empregador, por escrito e dentro de determinado prazo[8], «mencionando a sua identificação, a atividade contratada e o fundamento da oposição, de acordo com o n.º 1».

2.3. A dualidade de fundamentos da oposição

Através deste novo art. 286.º-A do CT, o nosso legislador veio, finalmente, reconhecer *expressis verbis* ao trabalhador o "direito de oposição", na sua mais pujante dimensão: o trabalhador tem agora, inequivocamente, o

[8] Prazo de cinco dias úteis após o termo do prazo para a designação da comissão representativa prevista no n.º 6 do art. 286.º, se esta não tiver sido constituída, ou após o acordo ou o termo da consulta aos representantes dos trabalhadores a que se refere o n.º 4 do art. 286.º Note-se que, segundo o novo n.º 7 do art. 285.º, a transmissão da empresa ou estabelecimento só pode ter lugar decorridos sete dias úteis após o termo de qualquer daqueles prazos, o que assegura que a oposição do trabalhador seja manifestada antes de ter lugar a transmissão do estabelecimento.

direito de manifestar a sua oposição à transmissão da posição do empregador – mantendo-se, em princípio, o vínculo à entidade transmitente –, sendo que esse direito poderá assentar em um de dois fundamentos: ou porque a transmissão do estabelecimento se mostre suscetível de causar prejuízo sério ao trabalhador (desde logo, mas não apenas, em virtude de manifesta falta de solvabilidade ou situação financeira difícil do adquirente), ou então porque, independentemente de qualquer prejuízo sério, a política de organização do trabalho do adquirente não merece confiança ao trabalhador[9].

Ao exercer o seu direito de oposição, por escrito, o trabalhador deverá, como se disse, indicar qual o respetivo fundamento, como resulta do disposto no n.º 3 do art. 286.º-A. E é óbvio que estamos aqui perante fundamentos de índole bem distinta: num caso, o do *prejuízo sério*, trata-se de um fundamento racional, demonstrável e externamente sindicável, suscetível de prova e de contraprova, que poderá ser apreciado pelo tribunal, em função de dados objetivos que lhe permitam formular um juízo de prognose sobre se a transmissão poderia ou não causar ao trabalhador o aludido "prejuízo sério"; no outro caso, o da *ausência de confiança*, trata-se de um sentimento, de uma crença, de algo emocional e do foro puramente interno do trabalhador, algo insuscetível, enquanto tal, de ser demonstrado ou desmentido em tribunal, de ser comprovado pelo trabalhador ou de ser contestado pelo empregador.

Pela nossa parte, cremos que nem seria necessário o legislador buscar fundamentos distintos para o exercício deste direito de oposição por parte do trabalhador: a transmissão da empresa e a consequente mudança de entidade empregadora do trabalhador, por si só, já bastariam para que este pudesse exercer o seu direito de oposição a trabalhar às ordens de uma entidade com a qual não celebrou qualquer contrato de trabalho.

---

[9] Cremos não errar se dissermos que, neste ponto, o legislador seguiu de perto a doutrina de Francisco Liberal Fernandes, Autor que, já em texto publicado no ano de 1999 sobre a matéria, escrevia que o trabalhador pode «possuir motivos para não desejar mudar de empregador, designadamente se tem dúvidas quanto à solvabilidade ou viabilidade da empresa para onde vai exercer a sua profissão, ou se não lhe merece confiança a política de pessoal ou a organização do trabalho adotadas pelo cessionário» («Transmissão do estabelecimento e oposição do trabalhador...», cit., p. 228). A proximidade textual é evidente.

Trata-se, repete-se, de afirmar o princípio básico da liberdade contratual, no que à seleção do parceiro contratual diz respeito, algo extremamente importante em sede de contrato de trabalho, em virtude do profundo envolvimento da pessoa (e do corpo) do trabalhador neste contrato, para mais colocando-se ele numa posição de subordinação jurídica em relação ao outro contraente, o qual, exercendo os seus múltiplos poderes, está em condições de afeiçoar a atividade quotidiana do devedor da prestação de trabalho em moldes particularmente penetrantes e incisivos.

A este propósito, recordem-se as reflexões de Alain Supiot sobre o objeto do contrato de trabalho. Interroga-se o Autor: «Qual é a coisa que é objeto da prestação do trabalhador?». Resposta: «É forçoso reconhecer que se trata do seu corpo e que, se a teoria jurídica não o diz, só o murmura, o direito positivo encontra aí a sua pedra angular». E acrescenta: «Não ver que o domínio adquirido sobre os trabalhadores na relação salarial é, antes de mais, um domínio físico, é não ver o nariz no meio do rosto»[10]. Ora, se, como assinala o Autor, o corpo do trabalhador é o lugar de passagem forçoso das suas obrigações, se o corpo é a própria coisa que forma a matéria do contrato e sobre a qual se exerce o domínio do empregador, então parece óbvio que a identidade da pessoa para a qual e sob a autoridade da qual essa prestação é efetuada será tudo menos um aspeto de somenos ou um pormenor irrelevante.

Vale dizer, *a tutela da dignidade do trabalhador, da sua autonomia, da sua liberdade contratual negativa, tudo aponta para* (*rectius*: tudo reclama) *que o trabalhador possa opor-se, possa dizer não, apenas e tão só porque não, sem necessidade de fundamentar a sua decisão* (à imagem do que sucede no ordenamento germânico, ao abrigo do disposto no §613a do BGB). Assim sendo, cremos que a melhor redação para o novo n.º 1 do art. 286.º-A do CT bem poderia ser mais curta e sóbria, limitando-se a algo deste género: «O trabalhador pode exercer o direito de oposição à transmissão da posição do empregador no seu contrato de trabalho em caso de transmissão, cessão ou reversão de empresa ou estabelecimento, ou de parte de empresa ou estabelecimento que constitua uma unidade económica, nos termos dos n.º 1 ou 2 do artigo 285.º». Mas o legislador lusitano, fiel às suas caracte-

[10] *Crítica do Direito do Trabalho*, Fundação Calouste Gulbenkian, Lisboa, 2016, pp. 69-89.

rísticas inatas, revelou-se mais prolixo e palavroso, determinando que o trabalhador deverá comunicar ao empregador transmitente as razões da sua oposição, nos termos do segmento final da referida norma.

Significa isto, como já entre nós foi sustentado[11], que a teleologia do direito de oposição consagrado na presente lei é distinta da acolhida no ordenamento germânico? Não cremos. Parece-nos que se trata, apenas, de uma distinta forma de legislar, mais rigorosa a germânica e mais palavrosa a lusitana; mas, no fim do dia, o resultado não é muito distinto, ou seja, de algum modo o nosso legislador, pouco dotado em matéria de técnica legislativa, acabou por "escrever direito por linhas tortas". Com efeito, o nosso legislador não optou pela melhor redação possível, como acima observámos. Mas também não aderiu ao que seria a pior redação possível da norma, algo que estabelecesse o seguinte: «O trabalhador pode exercer o direito de oposição à transmissão da posição do empregador no seu contrato de trabalho em caso de transmissão, cessão ou reversão de empresa ou estabelecimento, ou de parte de empresa ou estabelecimento que constitua uma unidade económica, nos termos dos n.º 1 ou 2 do artigo 285.º, quando aquela possa causar-lhe prejuízo sério».

A norma em apreço, a norma constante do n.º 1 do art. 286.º-A, afasta-se da melhor redação (aquela que dispensaria qualquer fundamentação para o exercício do direito de oposição), mas também se afasta da pior redação (aquela que exigiria a possibilidade de prejuízo sério como requisito para a existência de tal direito de oposição). O legislador emite sinais contraditórios: por um lado, obriga o trabalhador a fundamentar a sua oposição, a dizer por que motivo se opõe à transmissão do seu contrato para o adquirente; por outro, porém, o legislador mostra-se generoso quanto aos motivos invocáveis, que vão desde o caráter seriamente prejudicial de tal transmissão até à ausência de confiança do trabalhador no transmissário[12]. E, quanto a este último motivo, o legislador andou

---

[11] Assim, Júlio Gomes, «Algumas reflexões críticas sobre a Lei n.º 14/2018, de 19 de março», *Prontuário de Direito do Trabalho*, 2018-I, pp. 75-114 [76-78].

[12] Pergunta Júlio Gomes, com plena razão: «De que é que adianta o trabalhador ter que referir um fundamento no escrito em que exerce o seu direito de oposição, se o fundamento em causa é totalmente incontrolável e arbitrário? No limite, poderá o trabalhador "desconfiar" do que ignora por completo?» («Algumas reflexões críticas...», cit., p. 78). Ora aí estão, cremos,

bem, pois o trabalhador deve ter voz, deve ter palavra, deve ter voto nesta matéria – e deve, portanto, ter o direito de dar ou não um voto de confiança ao transmissário, vale dizer, deve poder manifestar a sua desconfiança em relação a este novo sujeito que se apresta para suceder à sua entidade empregadora e declarar que, pelo contrário, pretende continuar a trabalhar para o transmitente, caso tal seja possível.

A nosso ver, a lei é pouco rigorosa na forma como regula o direito de oposição, mas não é pouco vigorosa na forma como reconhece tal direito ao trabalhador. Faltou alguma ciência ao legislador, mas não lhe faltou consciência da importância deste direito, ligado como está à tutela da pessoa do trabalhador e à afirmação da sua radical irredutibilidade à condição de mera mercadoria. A lei não é um primor de técnica legislativa, mas revela ardor no plano dos princípios estruturantes. Reiteramos, pois, ainda que "contra ventos e marés", aquilo que se nos afigura resultar óbvio da simples leitura do n.º 1 do art. 286.º-A do CT: *o trabalhador goza do direito de oposição à transmissão da posição de empregador no seu contrato de trabalho, seja porque esta é suscetível de lhe causar prejuízo sério, seja porque, independentemente de tal prejuízo, a política de organização de trabalho do adquirente não lhe merece confiança.*

Este ponto carece de ser enfatizado, para evitar aquilo que, cremos, constituiria, a um tempo, um sério equívoco interpretativo e um inequívoco estiolamento do direito de oposição: segundo a lei, o trabalhador pode exercer o direito de oposição se a política de organização de trabalho do adquirente não lhe merecer confiança; ora, só o trabalhador sabe se a política de pessoal do adquirente lhe merece confiança ou desconfiança, só ele e mais ninguém (muito menos o tribunal) experimenta essa sensação e vivencia esse sentimento; a lei não obriga, portanto, o traba-

duas belas perguntas: a primeira deve ser endereçada ao nosso palavroso legislador, não para o criticar por ter previsto uma faculdade incontrolável de o trabalhador se opor à transmissão do seu contrato para o adquirente da unidade económica (isso, cremos, deve ser aplaudido), mas para o censurar por, assim sendo, ter estabelecido que o trabalhador deveria exteriorizar o motivo da oposição; a segunda, essa, creio que merece uma resposta claramente afirmativa, vale dizer, justamente por não conhecer de parte alguma o adquirente é que ao trabalhador deve ser dada a faculdade de recusar prestar trabalho para ele, antes mantendo (ou tentando manter) o vínculo contratual com o transmitente, isto é, com a sua entidade empregadora. Aliás, creio que todos nós, amiúde, desconfiamos, precisamente, do que não conhecemos.

lhador a invocar e a provar quaisquer factos que, externamente ponderados, possam fundamentar ou justificar a ausência de confiança do trabalhador no adquirente; a lei basta-se, e muito bem, com a circunstância de o trabalhador, independentemente da causa, não sentir confiança no adquirente da empresa (note-se: um estranho para o trabalhador, com o qual ele não celebrou qualquer contrato) e não pretender, por isso, passar a trabalhar sob a sua autoridade e direção[13].

Ou seja, acreditamos que, ainda que utilizando uma técnica legislativa rudimentar, a nossa lei conseguiu alcançar o resultado final que importava alcançar: o trabalhador pode dizer não à transmissão da sua posição contratual para o adquirente/transmissário da unidade económica; e pode fazê-lo sem ter que invocar fundamentos exigentes e suscetíveis de controlo jurisdicional (como será a alegação e prova da possibilidade de "prejuízo sério" para si emergente da transmissão); pode fazê-lo, apenas, invocando não sentir confiança no adquirente/transmissário, pessoa com a qual, reitere-se, o trabalhador não celebrou qualquer contrato de trabalho; *pode, assim, dizer não porque não. E, assim sendo, assim está bem. Porque, justamente, ele é um trabalhador, não um servo, alguém sem palavra a dizer quanto à entidade empregadora para a qual presta serviços.*

A nosso ver, isto não deixa de representar uma marca civilizacional importante, na justa medida em que, como há muito escreveu Júlio Gomes, «admitir a transmissão automática dos contratos de trabalho sem que o trabalhador a isso se possa recusar consiste não só numa negação frontal da sua autonomia privada, como mesmo da sua dignidade fun-

---

[13] Através de uma extensa carta enviada ao parlamento nas vésperas da aprovação do novo diploma, as confederações patronais (CAP, CCP, CIP e CTP) manifestaram a sua posição extremamente crítica para com a nova lei (acusada de pôr em xeque a livre iniciativa económica e o direito de propriedade privada), designadamente no tocante ao "direito de oposição do trabalhador" nesta consagrado. Como se lê na missiva patronal, segundo a lei, o exercício do direito de oposição dependerá «de juízos do próprio trabalhador, de uma subjetividade total e, assim, de sindicabilidade impossível» – o que é rigorosamente verdade, ainda que, a nosso ver e pelas razões aduzidas no texto, isso não seja merecedor de crítica, mas antes de aplauso. O trabalhador opõe-se porque não quer passar a trabalhar para o adquirente da empresa – e deve ter esse direito, até porque a propriedade privada sobre a empresa e os bens que a integram não se confunde com qualquer propriedade sobre o trabalhador que nela labora, como as confederações patronais bem sabem...

damental enquanto pessoa, convertendo-o, de algum modo, numa coisa, num componente do estabelecimento – perdoe-se-nos a crueza da imagem, mas estaríamos tentados a dizer numa "peça da mobília" –, exposto à sorte deste»[14].

Bom será, pois, que o eventual (e justo) juízo crítico sobre alguns aspetos pontuais do novo regime jurídico da transmissão da empresa ou estabelecimento não obnubile o salto civilizacional representado por este diploma, na linha daquilo que, em última análise, constitui o principal fundamento axiológico do próprio Direito do Trabalho – o clássico princípio, há muito firmado pela OIT, segundo o qual "o trabalho não é uma mercadoria". Não nos parece, pelo exposto, que haja uma fundamental dissemelhança teleológica entre o direito de oposição agora consagrado entre nós e o acolhido no ordenamento jurídico germânico. O objetivo é comum, a intenção é a mesma; o que difere é o estilo e a técnica legislativa – pontos em que, manifestamente, a nossa lei perde no confronto com a alemã. O que, reconheça-se, não constitui propriamente uma surpresa.

2.4. A manutenção do vínculo com o transmitente

Segundo o n.º 2 do art. 286.º-A, a oposição do trabalhador à transmissão implicará a manutenção do vínculo contratual com a entidade transmitente. Vale dizer, *opondo-se à mudança de empregador, o trabalhador mantém, do mesmo passo, o seu emprego com o transmitente*. Este é um dos pilares do direito de oposição, nos termos consagrados na nova lei, a qual, sem dúvida, faz prevalecer o direito de o trabalhador se recusar a acompanhar o estabelecimento objeto de transmissão e permanecer a trabalhar para o transmitente – afinal, a entidade empregadora com a qual celebrou contrato de trabalho – sobre os interesses e conveniências do transmitente, que assim terá de adequar a organização do trabalho no(s) seu(s) estabelecimentos em ordem a nele(s) integrar o trabalhador que exerceu o seu direito de oposição.

Isto dito, cremos ser importante acrescentar que a oposição do trabalhador implicará a manutenção do seu contrato de trabalho com o trans-

[14] «O conflito entre a jurisprudência nacional...», cit., p. 173.

mitente, nos termos do n.º 2, mas isto sem prejuízo do disposto nas regras gerais sobre a cessação do contrato, em especial no art. 343.º do CT, pois em certos casos poderá ser impossível, para o transmitente, continuar a receber a prestação de trabalho, casos esses em que o contrato caducará[15].

2.5. A justa causa para resolução do contrato

A mais de reconhecer ao trabalhador o direito de se opor à transmissão do seu contrato de trabalho para o adquirente do estabelecimento, mantendo aquele o vínculo contratual com o transmitente, a Lei n.º 14/2018 modificou também o disposto nos arts. 394.º e 396.º do CT, nos seguintes moldes: por um lado, *a transmissão para o adquirente da posição do empregador no respetivo contrato de trabalho, em consequência da transmissão da empresa, nos termos dos n.º 1 ou 2 do art. 285.º, passou a ser prevista como justa causa "objetiva" de resolução do contrato pelo trabalhador* (nova al. *d)* do n.º 3 do art. 394.º do CT); por outro lado, e segundo o novo n.º 5 do art. 396.º, *em caso de resolução do contrato baseada naquela al. d) do art. 394.º, o trabalhador terá direito a compensação, calculada nos termos do art. 366.º, relativo ao despedimento coletivo.*

Vale dizer, o trabalhador que seja confrontado com a transmissão da empresa ou estabelecimento e que entenda que essa transmissão lhe irá causar prejuízo sério ou que, por qualquer razão, não confie na política de pessoal do adquirente, poderá invocar essa transmissão para fazer cessar imediatamente o contrato, resolvendo-o com justa causa. Trata-se, como vimos *supra*, de reconhecer expressamente ao trabalhador uma outra dimensão do "direito de oposição", permitindo-lhe que este se des-

[15] Pense-se, sobretudo, na hipótese de o empregador transmitir a única empresa ou estabelecimento que explora, deixando de se dedicar a qualquer tipo de atividade económica e, por via disso, ser-lhe impossível continuar a ocupar o trabalhador que exerceu o seu direito de oposição (o mesmo vale, p. ex., para os casos de fusão, em que o transmitente desaparece). Cremos, pois, que o n.º 2 deve ser lido, pelo intérprete, conjugando esta norma com o art. 343.º, máxime com a sua al. *b)*, nos termos da qual o contrato de trabalho caducará, nos termos gerais, sempre que se verifique uma impossibilidade superveniente, absoluta e definitiva de o empregador receber a prestação do trabalhador. E, naturalmente, ainda que o contrato não caduque, sempre restará à entidade empregadora transmitente do estabelecimento, nos termos gerais, o eventual recurso às figuras do despedimento coletivo ou por extinção do posto de trabalho, se e na medida em que tal se justifique, na situação concreta.

vincule e assim recuse a continuidade da relação laboral com uma pessoa – o adquirente da empresa – com a qual ele não celebrou qualquer contrato de trabalho e para a qual, por qualquer razão (sondável ou insondável, mas, *a priori*, legítima), ele não deseja trabalhar. Trata-se, repete-se, da dimensão menos enérgica do direito de oposição, que implica a perda do emprego, a qual se justifica, cremos, sem qualquer espécie de dificuldade. Também neste ponto, pois, ao prever *expressis verbis* que a transmissão da empresa ou estabelecimento constituirá justa causa de resolução do contrato pelo trabalhador, o legislador está de parabéns[16].

3. Conclusão (parte I): um progresso civilizacional

As novidades introduzidas no CT pela Lei n.º 14/2018 não bastam, a nosso ver, para desmentir a centralidade do fenómeno da empresa e da inserção do trabalhador na mesma para o Direito do Trabalho. Mas a forma generosa como o nosso legislador reconheceu ao trabalhador o "direito de

[16] Mais discutível, a nosso ver, se mostra a solução, resultante da letra da lei, de conceder ao trabalhador que resolva o contrato, com o fundamento constante da al. *d)* do n.º 3 do art. 394.º, o direito de receber uma compensação calculada nos termos do art. 366.º, isto é, uma compensação idêntica àquela que receberia se tivesse sido alvo de um despedimento coletivo. Isto porque, como vimos, a lei não circunscreve o direito de oposição às hipóteses em que seja razoavelmente demonstrável, em termos de prognose, que a transmissão da empresa e da posição contratual do empregador irá causar um prejuízo sério ao trabalhador. Para além dessa hipótese, a lei prevê um outro fundamento para a referida oposição, não escrutinável nem demonstrável: a falta de confiança do trabalhador na política de organização do trabalho do adquirente.
Eis a dúvida: neste último caso, terá o trabalhador que resolve o contrato direito à compensação prevista no art. 366.º? Como escrevemos alhures, cremos que, numa perspetiva racional e sistemática, que tenha em conta o fim visado pelo legislador ao elaborar a norma e tenha também em atenção o lugar paralelo representado pelo art. 194.º, n.º 5, do CT, deveremos proceder a uma interpretação restritiva do disposto no n.º 5 do art. 396.º, no sentido de reconhecer ao trabalhador que resolva o contrato direito à compensação prevista no art. 366.º, mas apenas se a transmissão puder causar-lhe prejuízo sério, e não já se a mesma se fundar, tão-só, na falta de confiança do trabalhador na política de pessoal do adquirente. Neste último caso, o trabalhador terá, decerto, o direito de resolver o contrato, com justa causa e com efeitos imediatos, mas não, cremos, o direito de ser compensado por isso, nos termos do art. 366.º – para desenvolvimentos a este propósito, João Leal Amado, «Transmissão da empresa e contrato de trabalho: algumas notas sobre o regime jurídico do direito de oposição», *Revista de Legislação e de Jurisprudência*, n.º 4010, maio-junho 2018, pp. 290-300.

oposição" revela, em todo o caso, uma valorização do contrato, dos sujeitos que o celebram e da dignidade de quem presta trabalho subordinado para outrem, e uma certa desvalorização da ideia de que o trabalhador é uma espécie de ativo destinado a acompanhar a empresa e a seguir, quase que inexoravelmente, o destino desta. Regista-se aqui, quiçá, uma certa «sublimação do vínculo do trabalhador à pessoa do empregador» (para usarmos palavras de Rodrigo Serra Lourenço)[17], mas isso, cremos, não é de estranhar, visto que quem celebra contrato com o trabalhador é o empregador e não propriamente a empresa (a empresa constitui, isso sim, o palco de execução do contrato), sendo certo que a nossa lei laboral não faz descaso da circunstância de persistir ou não, na esfera do transmitente, alguma empresa ou estabelecimento nos quais o trabalhador possa prestar a sua atividade – se não existir, como se disse *supra*, em princípio o vínculo contratual extinguir-se-á por caducidade, nos termos gerais.

Em qualquer caso, e sem prejuízo das dúvidas interpretativas acima referidas, cremos que este diploma merece aplauso, pelo salto civilizacional que representa, ao reconhecer, após décadas de discussão doutrinal e jurisprudencial, que o trabalhador pode opor-se à transmissão automática da sua posição contratual, na hipótese de se verificar uma transmissão da empresa no seio da qual vem laborando. Na verdade, com este diploma o ordenamento jurídico-laboral evolui e, dir-se-ia, afina a sua sensibilidade: *de uma tutela centrada na salvaguarda da continuidade da relação de trabalho, em que a questão da identidade do empregador era, de algum modo, subalternizada, a lei transita para um outro patamar, no qual a continuidade do emprego e a identidade do empregador são, ambas, valorizadas.* Assim, o trabalhador não vê a manutenção do seu contrato ser posta em xeque pela transmissão da empresa ou estabelecimento, mas agora ele passa a dispor da faculdade de conservar o vínculo contratual com a sua entidade empregadora (o transmitente) ou de, ele mesmo, romper o contrato com efeitos imediatos, escusando-se a trabalhar para entidade distinta (o adquirente ou transmissário). Isto porque, afinal, o que aqui sobretudo está em causa é mesmo uma questão de princípio, que se traduz na necessidade de tratar

---

[17] «Sobre o direito de oposição dos trabalhadores na transmissão do estabelecimento ou empresa», *Revista da Ordem dos Advogados*, I/II, jan.-jun de 2009, pp. 267-296.

o trabalhador como uma pessoa e não como uma coisa, como um sujeito e não como um mero objeto[18].

4. Conclusão (parte II): um retrocesso civilizacional?

Acontece, todavia, que, talvez fruto da deficiente técnica legislativa adotada, aquilo que nos parecia representar um salto para a frente, um avanço civilizacional, um afinamento do ordenamento jurídico no sentido de salvaguardar, a par da segurança no emprego em caso de transmissão da unidade económica, também a liberdade pessoal e de trabalho de quem nela labora, reconhecendo ao trabalhador uma voz ativa quanto à possível mudança de identidade da sua entidade empregadora, parece afinal, tendo em conta a doutrina já produzida em torno deste diploma, correr o risco de constituir um autêntico retrocesso civilizacional. Isto porque, segundo essa doutrina, a nova lei teria vindo sim consagrar o direito de oposição do trabalhador, assim como o seu direito de resolver o contrato com justa causa, em caso de transmissão de empresa, estabelecimento ou unidade económica, mas isto *apenas na eventualidade de a mudança de empregador lhe poder causar prejuízo sério*. Assim o dizem, p. ex., Pedro Romano Martinez e Pedro Madeira de Brito, autores que consideram que «este prejuízo sério do trabalhador constitui o principal requisito substancial para o exercício do novo direito de oposição», o qual sempre «dependerá da invocação de um prejuízo sério, sendo que, a título exemplificativo, o legislador fornece, no n.º 1 do artigo em referência, duas situações em que o conceito indeterminado se poderá concretizar: a) quando exista manifesta falta de solvabilidade ou situação financeira difícil do adquirente; e b) quando a política de organização do trabalho do adquirente não merecer a confiança do trabalhador»[19]. Também David Carvalho Martins sustenta existir um «requisito material transversal» para o novo direito de oposição do trabalhador, o qual «consiste na existência de prejuízo sério emergente da transmissão da

[18] Em sentido convergente, reconhecendo que a lei em apreço, a despeito das suas inegáveis falhas técnicas, «representa um passo importante na direção certa», Júlio Gomes, «Algumas reflexões críticas sobre a Lei n.º 14/2018..., cit., p. 104.

[19] «O novo regime da transmissão da unidade económica introduzido pela Lei n.º 14/2018, de 19 de março», *Revista de Direito e de Estudos Sociais*, 2018, n.º 1-4, pp. 7-86 [21-22].

unidade económica, nomeadamente por (i) manifesta falta de solvabilidade ou situação financeira difícil do cessionário ou (ii) falta de confiança na política de organização do cessionário»[20]. E no mesmo sentido opina também JOANA VASCONCELOS, considerando que os direitos atribuídos ao trabalhador pela nova lei (direito de oposição e direito de resolução) «têm um motivo justificativo comum – o "prejuízo sério" que ao trabalhador pode causar tal transmissão (...) –, cuja invocação e prova constitui condição de licitude do seu exercício, logo, da obtenção dos efeitos por um e outro visados»[21].

Ou seja, segundo esta leitura da nova lei, esta teria consagrado o direito de oposição do trabalhador (direito de oposição perante o transmitente e direito de resolução perante o transmissário) em moldes extremamente limitados. *Em bom rigor, o legislador não teria atribuído tal direito ao trabalhador em caso de transmissão de empresa, estabelecimento ou unidade económica, em nome da sua autonomia, dignidade e liberdade contratual negativa. O legislador teria, apenas, consagrado tal direito na hipótese, quiçá remota, de o trabalhador alegar e provar que a transmissão do seu contrato para o adquirente da empresa ou unidade económica lhe poderia causar um "prejuízo sério"*. Vale dizer, seria este "prejuízo sério" (*rectius*, a sua previsibilidade, a idoneidade da transmissão para o provocar) que legitimaria a oposição/resolução do trabalhador, não propriamente a mudança de entidade empregadora e a legítima falta de vontade do trabalhador de se manter vinculado a alguém com quem nunca celebrou contrato...

Pela nossa parte, não podemos senão discordar vivamente desta leitura do novo diploma. Reconhecemos que a técnica legislativa utilizada não foi a melhor, longe disso. Mas nada permite sustentar uma tal leitura da lei, uma espécie de "interpretação amputadora" (ou castradora?) da mesma. Nem o elemento gramatical, nem o racional, nem o assumido desiderato de, com esta lei, reforçar os direitos dos trabalhadores nesta matéria, autoriza, a nosso ver, tal interpretação.

---

[20] «Novo regime da transmissão de unidade económica: algumas notas», *Prontuário de Direito do Trabalho*, 2018-I, pp. 117-158 [131].

[21] «Sobre a resolução do contrato de trabalho fundada na transmissão para o adquirente da empresa ou do estabelecimento da posição contratual do empregador», *Revista de Direito e de Estudos Sociais*, 2018, n.º 1-4, pp. 125-143 [141].

Comecemos pelo elemento literal. Lendo o n.º 1 do art. 286.º-A do CT, não nos parece sustentável o entendimento de que, na parte final do preceito, o que o legislador quis foi apenas dar um exemplo (mais um) de possível "prejuízo sério" para o trabalhador. Aliás, se assim fosse, decerto a redação do preceito seria distinta. O preceito, nessa hipótese, diria algo como isto: «O trabalhador pode exercer o direito de oposição à transmissão da posição do empregador no seu contrato de trabalho em caso de transmissão, cessão ou reversão de empresa ou estabelecimento, ou de parte de empresa ou estabelecimento que constitua uma unidade económica, nos termos dos n.º 1 ou 2 do artigo 285.º, quando aquela possa causar-lhe prejuízo sério, nomeadamente por manifesta falta de solvabilidade ou situação financeira difícil do adquirente ou, ainda, por a política de organização do trabalho deste não lhe merecer confiança» (sublinhado nosso). Se assim fosse, a tese defendida pela supracitada doutrina teria, decerto, algum apoio literal. Mas não é assim. A lei não fornece dois grupos de exemplos de prejuízo sério. A lei soma ao prejuízo sério a ausência de confiança. A lei, reiteramos, prevê mais do que um fundamento para os direitos de oposição ou resolução do trabalhador, prevê um fundamento objetivo, externamente controlável (o "prejuízo sério", designadamente por manifesta falta de solvabilidade ou situação financeira difícil do transmissário), mas prevê ainda um fundamento subjetivo, jurisdicionalmente insindicável (a ausência de confiança do trabalhador no transmissário)[22].

E se a letra da lei prevê esta dualidade de fundamentos para a oposição/resolução, cremos que ainda bem que assim é. Prever que o traba-

[22] Curiosamente, também PEDRO ROMANO MARTINEZ e PEDRO MADEIRA DE BRITO não deixam de notar a proximidade da fórmula legal com aquilo que, há muito, foi escrito por LIBERAL FERNANDES a este respeito («O novo regime da transmissão da unidade económica...», cit., p. 60). Mas, nesse texto (*vide, supra*, nota 9), o Autor em causa, e muito bem, enuncia vários motivos que podem levar o trabalhador a não querer manter-se ao serviço do transmissário, todos colocados no mesmo plano, desde a circunstância de ele ter dúvidas quanto à solvabilidade ou viabilidade da empresa para onde iria exercer a sua profissão até à circunstância de não lhe merecer confiança a política de pessoal ou a organização do trabalho adotadas pelo cessionário. O eventual "prejuízo sério" não consta desse argumentário, pela simples razão de que nem todos esses motivos legítimos de oposição/resolução se reconduzem a essa lógica de presumível ou possível prejudicialidade da transmissão.

lhador apenas goza desses direitos se e quando alegar e provar o possível "prejuízo sério" resultante da transmissão contratual seria uma solução recuadíssima, visto que, na prática, tal significaria que, em bom rigor, a mudança de entidade empregadora seria vista pelo ordenamento jurídico-laboral, em si e por si, como algo indiferente para o trabalhador, contanto que de tal mudança não fosse possível esperar a emergência de um "prejuízo sério" para o trabalhador transmitido... Mais. Nesta lógica, se o trabalhador manifestasse a sua oposição à transmissão perante o transmitente, ou resolvesse o contrato com justa causa perante o transmissário, fá-lo-ia por sua conta e risco: dependendo a licitude destes mecanismos da alegação e prova, pelo seu titular, do requisito do "prejuízo sério", o insucesso de tal prova implicaria, em princípio, que a declaração de oposição seria tida como ineficaz (o contrato do trabalhador passaria mesmo para o transmissário da empresa, a despeito da vontade contrária manifestada por aquele) e a demissão apresentada seria tida como um caso de rutura contratual ilícita, sem justa causa nem aviso prévio, sujeitando o trabalhador a ter de indemnizar o empregador[23]. *Eis o que, convenhamos, seria uma bizarra forma de "reforçar os direitos dos trabalhadores" nesta matéria: consagrar o direito de oposição, mas apenas se a transmissão fosse apta, num juízo de prognose, a causar um prejuízo sério ao trabalhador, pelo que, nos restantes casos – decerto a maioria –, o trabalhador não poderia opor-se e, se o fizesse, a oposição seria tida como ineficaz e o trabalhador lá seguiria, contra a sua vontade atempadamente manifestada por escrito e fundamentada, para os braços do transmissário; e consagrar o direito de resolução, sujeitando-o, porém, ao mesmo requisito habilitante do prejuízo sério, pelo que a rutura contratual sempre importaria o risco de vir a ser tida como irregular pelo tribunal, convertendo então o trabalhador em devedor do transmissário, por se ter demitido sem justa causa nem aviso prévio...*

Não podemos acompanhar esta leitura, que nos parece altamente limitativa e desfiguradora, do novo diploma legal. Nesta matéria, os valores primaciais em jogo (liberdade, autonomia, dignidade) reclamam, e a letra da lei autoriza ou impõe mesmo, uma outra leitura: uma leitura que dê a palavra ao trabalhador, quando houver uma transmissão da unidade

---

[23] Assim, DAVID CARVALHO MARTINS, «Novo regime da transmissão de unidade económica...», cit., pp. 137-141. Em sentido próximo, PEDRO ROMANO MARTINEZ e PEDRO MADEIRA DE BRITO, «O novo regime da transmissão da unidade económica...», cit., pp. 23-24.

económica em que labora, no sentido de este, livremente, dizer se pretende ou não passar a trabalhar para outra entidade, uma entidade com a qual não celebrou contrato mas que agora, por força de negócios transmissivos incidentes sobre a unidade económica em causa, surge como sua potencial entidade empregadora. *O trabalhador deve ter o direito de dizer não! E não porquê? Porque não!* E tal é permitido, ainda que em moldes algo enviesados, pela nova lei, ao indicar que o trabalhador poderá invocar a ausência de confiança no adquirente para exercer o seu direito de oposição ou resolução.

Cremos que, nesta matéria, devemos ir à raiz, isto é, ser radicais. Devemos fazer prevalecer os princípios fundamentais, máxime o de que o trabalhador não é uma mercadoria. Por isso, e ao invés de JOANA VASCONCELOS, estamos convictos de que o relevo atribuído pelo legislador à falta de confiança do trabalhador no adquirente da empresa remete mesmo «para um seu juízo puramente subjetivo»[24] e, em princípio, insindicável. Por isso, também, e ao contrário de DAVID CARVALHO MARTINS, cremos que tanto a oposição como a resolução poderão sim fundar-se em «estados de alma ou meros palpites do trabalhador»[25]. Porque, justamente, se o estado de alma do trabalhador vai no sentido de não querer trabalhar para um terceiro, com o qual não assumiu qualquer compromisso contratual, a Ordem Jurídica de um país que não equipare o trabalho a mercadoria nem reduza o trabalhador à condição de objeto de negócios deve reconhecer-lhe esse direito. Não tanto por considerações ligadas à segurança no emprego. Mas sim, reitera-se, por razões de liberdade, autonomia e dignidade da pessoa que trabalha para outrem e se irá colocar, à sua força de trabalho e a si mesmo, sob a autoridade e direção desse novo outrem...

É claro que, assim sendo, este novo diploma, que tecnicamente não ilude as suas deficiências, qual "geringonça", confirma ao que veio: veio para reforçar, nesta sede, os direitos dos trabalhadores. O que não espanta, dado ter sido aprovado por quem se apresenta como "antropologicamente amigo" do mundo do trabalho. A lei fez escolhas, deu mais peso aos interesses dos trabalhadores e, logicamente, deu menos peso

---

[24] «Sobre a resolução do contrato de trabalho...», cit., p. 138.

[25] «Novo regime da transmissão de unidade económica...», cit., p. 134.

aos interesses dos empregadores, seja do transmitente seja do transmissário[26]. Mas isso, em si, nada tem de estranho ou censurável, isso pertence ao domínio da política. Um dia, um outro legislador, mais antropologicamente amigo do mundo dos negócios e da iniciativa privada, talvez modifique este quadro legislativo, adotando uma outra perspetiva e estabelecendo um diferente equilíbrio de interesses na matéria.

Pela nossa parte, em pleno séc. XXI, consideramos que a Ordem Jurídica fará bem ao reconhecer ao trabalhador um direito de livre oposição/resolução, em caso de transmissão da unidade económica em que aquele presta serviço. Simbolicamente, também por aí passa a preocupação fundante do Direito do Trabalho, hoje tão atual como antes – a de, como há muito escreveu Hugo Sinzheimer, evitar que os trabalhadores sejam tratados como coisas. Mais do que se engalanar com belas proclamações, impõe-se que o Direito atue em conformidade com elas, quando regula os concretos problemas que a dinâmica empresarial coloca aos trabalhadores. Foi isso, cremos, que a presente lei buscou, ao reconhecer os aludidos direitos de oposição ou resolução na titularidade dos trabalha-

[26] Criticando esta alteração do paradigma de composição dos interesses tutelados pelo mecanismo da transmissão de empresa ou estabelecimento, vd. Pedro Romano Martinez e Pedro Madeira de Brito, «O novo regime da transmissão da unidade económica...», cit., pp. 68-86. Os Autores concluem que a Lei n.º 14/2018 acaba por comprimir, injustificada e desproporcionadamente, os direitos do empregador transmitente e os do adquirente, em moldes que podem atingir a conformidade com a Lei Fundamental. Curiosamente, os Autores afirmam que a lei em apreço «enveredou por uma conceção de pendor *personalista* da relação jurídica laboral entre o trabalhador e o empregador transmitente», mas acusam o direito de oposição consagrado na lei de se configurar «como uma faculdade unilateral de desequilíbrio da relação laboral», traduzindo, acrescentam, «uma visão formalista do empregador como sendo um mero titular subjetivo do contrato de trabalho» (p. 77).

Temos dificuldade em acompanhar este entendimento. Por muito que se enalteça a importância da empresa para o Direito do Trabalho, sempre convirá não desvalorizar a importância da identidade do empregador no seio da relação laboral. Afinal, é o empregador quem celebra o contrato, é para o empregador que o trabalhador presta a sua atividade, ainda que no seio de uma organização empresarial. E, de todo o modo, nos casos em que, para o trabalhador, a identidade do empregador não assuma relevância, decerto ele não fará uso dos direitos que a lei agora lhe concede, passando a laborar para o transmissário, como decorre da lei. Trata-se apenas disso, de direitos (de oposição ou de resolução), que poderão ou não ser exercidos pelo seu titular.

dores que laboram na unidade económica transmitida. E acreditamos que, ainda que enviesadamente, a lei atingiu os resultados pretendidos. *Escreveu-se direito por linhas tortas.* Isto, claro – e salvo o devido respeito –, desde que a um legislador pouco competente e muito palavroso não se some um intérprete algo renitente e até, quiçá, um tanto pesaroso...

Receber e aceitar: em torno de presunções legais, orientações jurisprudenciais e convicções doutrinais

JOÃO LEAL AMADO

1. A presunção de aceitação do despedimento no atual Código do Trabalho

É sabido que a proibição – legal (art. 338.º do CT) e constitucional (art. 53.º da CRP) – do despedimento sem justa causa não significa que o nosso ordenamento jurídico-laboral apenas considere lícito o despedimento com justa causa. Com efeito, a par do despedimento com justa causa (causa subjetiva, baseada em factos imputáveis ao trabalhador), a lei admite e regula várias modalidades de *despedimento por causas objetivas*, isto é, por motivos da esfera da empresa, por razões económicas, de índole gestionária. Essas modalidades de despedimento por causas objetivas são três: o *despedimento coletivo*, o *despedimento por extinção do posto de trabalho* e o *despedimento por inadaptação* (este último, diga-se, já com alguns ingredientes de ordem subjetiva).

É também sabido que o despedimento por causas objetivas confere aos trabalhadores por ele abrangidos (*rectius*, atingidos) o direito a uma *compensação pela perda do emprego*, calculada nos termos do disposto no art. 366.º do CT (norma relativa ao despedimento coletivo, para a qual remetem os arts. 372.º e 379.º, relativos ao despedimento por extinção do posto de trabalho e por inadaptação, respetivamente). A oferta desta compensação pecuniária ao trabalhador constitui, aliás, uma condição *indispensável* à licitude do despedimento (nos termos da al. *c)* do art. 383.º[1], da al. *d)* do art. 384.º e da al. *c)* do art. 385.º do CT). Resta saber se a receção da mesma pelo trabalhador não se analisará numa condição

[1] Isto sem prejuízo do disposto na parte final do n.º 5 do art. 363.º, relativo a situações de empresas declaradas insolventes ou reguladas em legislação especial sobre recuperação de empresas e reestruturação de setores económicos.

suficiente para legitimar o respetivo despedimento. Isto porque, segundo o n.º 4 do supramencionado art. 366.º, «presume-se que o trabalhador aceita o despedimento quando recebe do empregador a totalidade da compensação prevista neste artigo».

Norma estranha! É certo que se trata de uma presunção ilidível, lendo-se no n.º 5 do mesmo artigo que «a presunção referida no número anterior pode ser ilidida desde que, em simultâneo, o trabalhador entregue ou ponha, por qualquer forma, a totalidade da compensação paga pelo empregador à disposição deste último»[2]. Norma estranha e perturbadora, ainda assim. Vejamos.

Antes de mais, colocam-se dúvidas interpretativas. Afinal, o que é que o trabalhador terá de fazer para ilidir a presunção? Bastará, para esse efeito, que o trabalhador devolva ao empregador a totalidade da compensação recebida? Não parece[3]. Mas, ainda que assim se entenda, não se descortina fundamento bastante para tal devolução. É que, note-se, o trabalhador sempre receberá esta compensação, caso o despedimento coletivo seja considerado lícito. E, se o não for, o trabalhador receberá, em princípio, um montante pecuniário superior ao desta compensação, por força do disposto nos arts. 389.º a 392.º do CT...

De todo o modo, parece que o desiderato legislativo é outro, ainda mais gravoso para o trabalhador. O que o n.º 5 parece querer dizer é que, para ilidir a presunção, o trabalhador terá de devolver a totalidade da compensação ao empregador (o que, na prática, pode revelar-se impos-

---

[2] Esta presunção remonta à LCCT (art. 23.º, n.º 3), sendo que, ao tempo, ela possuía uma natureza absoluta, sendo insuscetível de prova em contrário. Mas essa controversa presunção de aceitação do despedimento veio a ser eliminada pelo legislador, através da Lei n.º 32/99, de 18-5. Em má hora, o CT de 2003 resolveu, porém, reintroduzir esta presunção no nosso ordenamento, ainda que convertendo-a em presunção relativa, solução esta que, com as alterações mencionadas no texto, transitou para o atual CT.

[3] Também neste sentido, sublinhando que a devolução não é, em si mesma, o instrumento fundamental para destruir a presunção, dado que a devolução deve ser feita *em simultâneo* com a ação capaz de afastar a presunção, António Monteiro Fernandes, *Direito do Trabalho*, 17.ª ed., Almedina, Coimbra, 2014, p. 572. Em sentido contrário, entendendo que a simples devolução da compensação ao empregador será suficiente para afastar a presunção, Pedro Furtado Martins, *Cessação do Contrato de Trabalho*, 3.ª ed., Principia, Cascais, 2012, p. 362.

sível, desde logo se o trabalhador já tiver gasto uma parte dessa importância para fazer face às suas necessidades quotidianas) e, além disso, arranjar maneira de persuadir o tribunal de que, ao recebê-la, não aceitou o respetivo despedimento. Prova esta, julga-se, bastante difícil de fazer – salvo, é claro, se o trabalhador, ao receber a compensação, logo declarar expressamente (por escrito?) que tal não significa qualquer aceitação do despedimento.

Qual o sentido útil a atribuir àquela presunção de aceitação do despedimento? Não se vislumbra outro que não seja o de impedir o trabalhador de impugnar judicialmente esse despedimento. Se o trabalhador receber a compensação, isso significa, segundo o CT, que ele aceita o despedimento. E, se ele aceita o despedimento, então não poderá, mais tarde, contestá-lo em tribunal – a proibição de *venire contra factum proprium* a tanto obstaria. Ou seja, parece poder depreender-se que, ao menos em via de princípio, se a colocação da «compensação de antiguidade» à disposição do trabalhador despedido constitui um requisito indispensável, uma *condição necessária* para a licitude do despedimento, o recebimento de tal compensação pelo trabalhador perfila-se como *condição suficiente* para a respetiva licitude, como que sanando quaisquer vícios, procedimentais ou substanciais, de que este enferme.

Ora, a nosso ver, nada justifica esta presunção legal de aceitação do despedimento. Ao criar esta presunção, o CT parece, pura e simplesmente, ignorar ou desprezar a circunstância de estar a regular uma relação laboral, para mais numa fase particularmente delicada da respetiva existência. Sendo esta uma *relação laboral*, isso significa que o trabalhador se encontra juridicamente subordinado ao empregador e, na maior parte dos casos, economicamente dependente dos rendimentos do trabalho para satisfazer as suas necessidades mais elementares (bem como, não raro, as do respetivo agregado familiar). Sendo esta uma relação laboral *em fase terminal*, a posição de fragilidade do trabalhador despedido resulta, como é óbvio, exponencialmente acrescida[4].

---

[4] Como certeiramente observa Bernardo Lobo Xavier, «só por ficção se pode entender que o trabalhador, ao receber a compensação destinada a minorar a situação de desemprego, está a aceitar um despedimento. Ele está apenas a receber algo numa situação que muitas vezes corresponde a um estado de necessidade» («Compensação por despedimento», *Revista*

Neste contexto, criar este dilema ao trabalhador, quase que forçando-o a recusar a oferta da "compensação de antiguidade" (ou obrigando-o a devolvê-la, na totalidade, ao empregador) a fim de conservar intacta a faculdade de contestar judicialmente a licitude do seu despedimento, mostra-se claramente irrazoável. Mais: ao privar os trabalhadores que aceitem a referida compensação de adequada tutela jurisdicional, esta norma revela-se de muito duvidosa conformidade constitucional. É que a aceitação da compensação pecuniária pelo trabalhador não transforma o despedimento numa espécie de revogação do contrato por mútuo acordo. Julga-se que nem o trabalhador pode renunciar, validamente, ao direito de impugnar judicialmente esse despedimento, nem o legislador pode, legitimamente, organizar semelhante renúncia – ou não estivessem aqui em jogo direitos tão fundamentais como o direito a não ser despedido sem causa juridicamente bastante e o direito de acesso aos tribunais.

2. A presunção de aceitação do despedimento no Código do Trabalho de 2003

O CT de 2003 não continha qualquer regra semelhante ao n.º 5 do art. 366.º do atual CT. Continha, porém, uma norma próxima do n.º 4 deste art. 366.º, nos termos da qual se estabelecia: «Presume-se que o trabalhador aceita o despedimento quando recebe a compensação prevista neste artigo» (n.º 4 do art. 401.º do CT de 2003).

Ora, foi com base nesta singela norma que se forjou e consolidou o entendimento uniforme do STJ, vertido no Acórdão transcrito *infra*, na sequência de outros importantes arestos – assim, em especial, acórdãos de 17/06/2010 (Mário Pereira), de 09/12/2010 (Sousa Grandão), de 03/04/2013 (Leones Dantas), de 27/03/2014 (Melo Lima) e de 16/06/2015 (Melo Lima) –, nos termos do qual a comunicação expressa, mesmo que por escrito, feita pelo trabalhador ao empregador, declarando que a receção da "compensação de antiguidade" não significa, da sua parte, qualquer aceitação do despedimento... não tem, afinal, a virtualidade de afastar a presunção *juris tantum* de aceitação desse despedi-

---

de Direito e de Estudos Sociais, 2012, n.º 1-2, p. 84). Em sentido próximo, qualificando esta presunção legal como uma «solução infeliz», Júlio Gomes, *Direito do Trabalho*, vol. I, Coimbra Editora, Coimbra, 2007, pp. 986-987.

mento, visto que, para tanto, o trabalhador deveria também ter providenciado pela devolução do quantitativo recebido à entidade empregadora.

Vamos, então, transcrever a parte relevante do Acórdão do STJ, de 13/10/2016, cujo relator foi o Conselheiro GONÇALVES ROCHA[5].

«4. Revista dos AA BB e CC.

Quanto à matéria de facto pertinente para julgar o recurso, remete-se para o que advém do acórdão recorrido, conforme permite o n.º 6 do artigo 663.º do CPC, aplicável à revista por força do artigo 679.º do mesmo diploma.

Pedem os recorrentes que se revogue o acórdão recorrido, declarando-se também ilícito o despedimento de que foram vítimas, e que se repristine a sentença proferida na 1.ª instância.

Estando em causa uma cessação de contratos de trabalho por despedimento coletivo decidido em Maio de 2007, temos de aplicar ao caso o regime jurídico do Código do Trabalho/2003, aprovado pela Lei n.º 99/2003, de 27 de Agosto, que então vigorava, pois o Código de Trabalho/2009, aprovado pela Lei n.º 7/2009, de 12 de Fevereiro, e que entrou em vigor no dia 17/2/2009, não lhes é aplicável conforme determinado no artigo 7.º, n.º 5 deste diploma.

Dispõe o artigo 401.º CT/2003 que o trabalhador cujo contrato cesse em virtude de despedimento coletivo tem direito a uma compensação correspondente a um mês de retribuição base e diuturnidades por cada ano completo de antiguidade (n.º 1) e que se presume que o trabalhador aceita o despedimento quando recebe a compensação prevista neste artigo (n.º 4).

Como o acórdão recorrido entendeu que os recorrentes não conseguiram ilidir esta presunção por não terem devolvido a compensação recebida, é contra tal entendimento que os recorrentes reagem, alegando basicamente que produziram as declarações que constam dos pontos 233 e 253 dos factos provados, que são inequívocas no sentido de que não se conformaram com o despedimento, e que iriam impugná-lo, sustentando assim que a aceitação da compensação não implicava a aceitação do despedimento, pois haviam dado conhecimento à empregadora que iriam fazer suas as compensações a receber apenas por razões de subsistência.

---

[5] O texto integral deste Acórdão, assim como o de todos os outros acima mencionados, encontra-se disponível em *www.dgsi.pt*.

Pretendem assim que se considere que ilidiram a presunção do n.º 4 do artigo 401.º do CT/2003.

Sendo esta a questão a decidir no recurso, vejamos então como decidir.

4.1.

Começando por fazer uma referência à evolução histórica nesta matéria, temos de remontar à LCCT, aprovada pelo DL n.º 64-A/89, de 27 de Fevereiro, que estabelecia, no seu artigo 23.º, n.º 3, uma presunção inilidível, ao consignar que o recebimento pelo trabalhador da compensação a que se refere o presente artigo vale como aceitação do despedimento.

Esta norma foi afastada mediante a sua eliminação pela Lei n.º 32/99, de 18 de Maio, diploma que alterou a LCCT.

A este regime sucedeu o Código do Trabalho de 2003, que no n.º 4 do art.º 401.º consagrou uma presunção ilidível, pelo que quem dela beneficia está liberto da prova do circunstancialismo que a consubstancia, pois quem tem a seu favor uma presunção legal escusa de provar o facto a que ela conduz (n.º 1 do artigo 350.º do CC).

Por outro lado, e conforme adverte Pedro Romano Martinez, a alteração visou superar as dúvidas de interpretação suscitadas na vigência do regime anterior, estabelecendo-se agora, de forma inequívoca, uma presunção que, passando a ser "juris tantum", pode ser ilidida por prova em contrário, nos termos do artigo 350.º n.º 2 do Código Civil (cfr. "Direito do Trabalho", 3.ª edição, página 979).

Por seu turno, o Código do Trabalho de 2009, aprovado pela Lei n.º 7/2009, de 12 de Fevereiro, consagrou no n.º 4 do artigo 366.º a presunção de aceitação do despedimento com o recebimento pelo trabalhador despedido da compensação legal. No entanto, no n.º 5 estabeleceu-se que esta presunção pode ser ilidida desde que, em simultâneo, o trabalhador entregue ou ponha, por qualquer forma, à disposição do empregador a totalidade da compensação pecuniária recebida, normas que se mantêm apesar das alterações introduzidas pela Lei 23/2012, de 23 de Junho, constando agora, respetivamente, dos n.ºs 5 e 6, do mesmo artigo, e neste último tendo sido acrescentado que a devolução pode ser efetuada ao fundo de compensação que tiver suportado o pagamento da compensação.

Aqui chegados cumpre reafirmar que o que está em causa é o n.º 4 do artigo 401.º do Código do Trabalho de 2003, donde resulta que se presume que o trabalhador aceita o despedimento quando recebe a compensação prevista neste artigo, pelo que.

E tratando-se duma presunção ilidível, demonstrado o pagamento da compensação, o seu recebimento faz operar a presunção legal de aceitação do despedimento, que não sendo ilidida, preclude a possibilidade de impugnação do despedimento.

No caso presente os recorrentes não devolveram as compensações recebidas, limitando-se a dar conhecimento à R que não se conformavam com o despedimento, e que iriam impugná-lo.

Será suficiente esta conduta para se considerar ilidida a presunção?

Sobre esta matéria, e no respeitante ao regime do Código do Trabalho de 2003, a jurisprudência deste Supremo Tribunal tem vindo a decidir, sem discrepância, que não.

Assim aconteceu no aresto de 09.12.2010, proferido na Revista n.º 4158/05.4TTLSB.L1.S1, onde se decidiu uma questão similar à destes autos, que argumenta deste modo a sua posição:

"Sem cuidar – aqui e agora – de conferir as críticas que a doutrina tem dirigido às normas sucessivamente elencadas, parece forçoso concluir que o legislador se revela particularmente hostil ao ato do recebimento da compensação pelo trabalhador quando este, não obstante esse recebimento, ainda pretenda questionar o despedimento de que foi alvo.

O cotejo histórico traçado não consente grandes dúvidas nesse domínio, pois a versão original da LCCT e o Código de 2009 inviabilizam, na prática, qualquer reação do trabalhador que conserve em seu poder a compensação recebida.

E se o Código de 2003 – aqui pacificamente atendível – se mostra mais permissivo sobre a questão, também não se surpreende no seu texto algum elemento interpretativo que favoreça a suficiência de uma qualquer motivação – posto que razoável – do trabalhador para alcançar a ilisão que lhe está cometida.

Em tese geral, cabe demonstrar ao visado que o recebimento da compensação não significou, no seu caso específico, aceitação do despedimento.

E, não se duvidando que o possa fazer por qualquer meio probatório legalmente admissível, a questão que se coloca é a de saber em que circunstâncias se há de ter por aceite essa demonstração.

Temos por adquirido que não bastará, para o efeito, a simples declaração do trabalhador no sentido de que questiona a compensação disponibilizada nem, muito menos, uma ulterior instauração da ação de impugnação do despedimento.

Se assim fosse – e conforme se anota no Acórdão desta Secção de 17/6/2010 – "... de pouco ou nada valeria a presunção legal, solução esta que, atento o ... art. 9.º n.º 3 do Código Civil, nos parece não ter sido a pretendida pelo legislador. Aliás, refira-se que a aludida presunção tem a sua razão de ser centrada naquela que nos parece ser a estabilidade e pacificação das relações jurídicas que, certamente, resultaria prejudicada caso assumissem tais comportamentos do trabalhador fundamento de facto para considerar ilidida a presunção" (Revista n.º 527/06.0TTBCL.S1).

Na sequência lógica deste entendimento – que subscrevemos em absoluto – uma eventual declaração repulsiva da compensação, por banda do trabalhador, há de ser acompanhada, por necessário, de comportamentos com ela compatíveis.

Nesse sentido, não sendo necessariamente exigível que o trabalhador devolva de imediato a verba disponibilizada – hipótese em que a própria disciplina legal não cobraria sequer aplicação por não ser de vislumbrar no caso, tão pouco, uma situação de recebimento – já não poderá aceitar-se, por regra, que o trabalhador venha a dispor da compensação em seu proveito.

Uma tal atitude contraditaria frontalmente o avançado propósito de recusa do despedimento.»

Este entendimento voltou a ser reafirmado nos arestos desta Secção Social de 3.04.2013, Proc. n.º 1777/08.0TTPRT.P1.S1, de 27.03.2014, Proc. 940/09.1TTLSB.L1.S1, e de 16/6/2015. Processo n.º 962/05.1TTLSB.L1.S1, onde se reafirmou que:

«I – Transferido pela entidade empregadora o valor da compensação a que se refere o artigo 401.º, do Código do Trabalho de 2003, para a conta bancária do trabalhador abrangido por despedimento coletivo, presume-se a aceitação do despedimento, nos termos do n.º 4 desse dispositivo, se o trabalhador não praticar atos que revelem a intenção de não receber aquele quantitativo.

II – Não tem a virtualidade de afastar a presunção decorrente daquele dispositivo a mera comunicação feita ao empregador, antes da transferência dos montantes da compensação em causa, da não aceitação do despedimento e da intenção de o impugnar, ainda que esta comunicação seja seguida da impugnação judicial efetiva do despedimento, pois deveria também ter providenciado pela devolução do quantitativo recebido».

Para chegar a esta solução argumentou-se naquele primeiro aresto de 3.04.2013, Proc. n.º 1777/08.0TTPRT.P1.S1, que:

"À luz da norma do artigo 401.º do Código do Trabalho de 2003, se o trabalhador quiser contestar o despedimento, terá de demonstrar factos que atestem não apenas que discorda do despedimento, mas também que o recebimento da compensação não pode ser qualificado como uma aceitação presumida daquele.

A devolução dos quantitativos recebidos surge aqui como elemento relevante da demonstração de que não houve aceitação do despedimento, sendo consagrada no âmbito do Código do Trabalho de 2009, como um dos elementos essenciais para que essa ilisão ocorra.

Mas o facto de essa devolução não estar expressamente consagrada no Código do Trabalho de 2003 não permite excluir a devolução da compensação como elemento estruturante da ilisão da aceitação do despedimento, no âmbito daquele diploma.

Na verdade, a exigência da disponibilização da compensação até ao termo do prazo do aviso prévio como pressuposto da licitude do despedimento visa garantir ao trabalhador o recebimento desta forma de indemnização pela cessação lícita da relação de trabalho e desempenha um elemento redutor da conflituosidade inerente ao despedimento coletivo. A disponibilização da compensação é uma forma de demonstração de boa-fé da entidade empregadora e da sujeição da mesma aos parâmetros legais no recurso a esta forma de cessação da relação de trabalho e não visa a resolução dos problemas sociais associados ao desemprego dos trabalhadores. Ela decorre da obrigação da reparação dos danos sofridos pelo trabalhador decorrentes da perda do seu posto de trabalho associada a motivos de natureza objetiva não decorrentes de um ato ilícito e de culpa do empregador.

Esta disponibilização também exige boa-fé por parte do trabalhador que, caso não aceite o despedimento, deverá devolvê-la ou colocá-la à disposição do empregador, de imediato, ou logo que da mesma tenha conhecimento, inibindo-se da prática de quaisquer atos que possam ser demonstrativos do apossamento do quantitativo que lhe foi disponibilizado.

Na verdade, conforme decorre do artigo 119.º, n.º 1 do Código de Trabalho de 2003, o "empregador e o trabalhador, no cumprimento das respetivas obrigações, assim como no exercício dos correspondentes direitos, devem proceder de boa-fé".

A retenção da compensação por parte do trabalhador quando não concorde com o despedimento coletivo de que é objeto seria manifestamente contrária ao princípio da boa-fé, decorrente daquela norma como princípio geral.

Na verdade, a disponibilização da compensação não visa antecipar o pagamento de quaisquer indemnizações a que o trabalhador se sinta com direito decorrente de uma eventual ilicitude do despedimento, ou resolver os problemas sociais derivados do despedimento, conforme acima se referiu, não conferindo o sistema jurídico qualquer direito sobre esse quantitativo ao trabalhador despedido que pretenda impugnar o despedimento e não concorde com o mesmo.

A devolução do quantitativo disponibilizado surge, assim, como um imperativo decorrente do princípio da boa-fé nas relações entre as partes na relação de trabalho, sendo a respetiva retenção ilícita, nos casos em que o trabalhador não concorde com o despedimento."

Não vemos qualquer razão para não aderirmos à orientação que este Supremo Tribunal tem seguido nesta matéria e à respetiva fundamentação.

Assim, tendo a ré provado que os recorrentes BB e CC receberam a compensação legal devida pelo despedimento coletivo; e estando assente que não devolveram essa compensação à empregadora, consideramos que a mera comunicação feita ao empregador da não aceitação do despedimento, ainda que esta comunicação seja seguida da sua impugnação judicial, não tem a virtualidade de destruição da presunção legal estabelecida no mencionado n.º 4 do artigo 401.º do CT/2003.

Por isso, estando verificada a presunção e indemonstrado circunstancialismo fáctico que a tornasse inoperante, tem de se concluir que os recorrentes, com a aceitação da compensação legalmente devida, aceitaram o despedimento, ficando, desse modo, impedidos de o impugnar.

O que, necessariamente, conduz à improcedência dos pedidos que formularam contra a R.

4.2.

Contrapõem os recorrentes que foi apenas no regime jurídico constante do artigo 366.º do Código do Trabalho de 2009 que o legislador consagrou expressamente a exigência de que o trabalhador apenas pode ilidir a presunção se devolver a compensação, preceito que não é aplicável às relações entre AA e R. E alegam, por outro lado, que não sendo aquela norma interpretativa do regime que a antecedeu, o n.º 4 do artigo 401.º do Código do Trabalho não exige a devolução da compensação, sustentando assim que lhes é lícito impugnar o despedimento coletivo de que foram alvo.

Mas não têm razão nesta sua argumentação.

Efetivamente, não se está a aplicar a nova lei ao caso presente, mas apenas a apurar a intenção do legislador de 2003.

E nesta lógica, seguindo a doutrina do supracitado acórdão desta Secção de 17/6/2010, perante a adoção do entendimento propugnado pelos recorrentes, de pouco ou nada valeria a presunção legal, pois bastaria uma mera declaração formal da não aceitação do despedimento para a afastar. E tendo esta presunção a sua razão de ser na estabilidade e pacificação das relações jurídicas, este objetivo da lei ficaria comprometido caso os comportamentos dos trabalhadores recorrentes constituíssem fundamento de facto bastante para a ilidir.

E também consideramos insubsistente o invocado argumento deste entendimento integrar uma violação dos princípios da confiança e segurança jurídica, bem como o princípio da não aplicação retroativa das leis (ou da sua interpretação), consagrados nos artigos 2°, 13° e 18°, n.º 3 da Constituição da República Portuguesa, bem como nos artigos 9.º, 10.º e 12.º do Código Civil.

Efetivamente, sobre a pretensa aplicação retroativa da norma do CT/2209, já dissemos que não foi esta a norma aplicada.

E também se não mostra violado o princípio da confiança, que como já afirmado tem como finalidade proteger prioritariamente as expectativas legítimas que nascem no cidadão, tratando-se por isso de proteger uma situação de confiança que mereça ser protegida face a elementos objetivos que tenham o condão de incutir num cidadão determinada expectativa, relacionando-se assim com a calculabilidade e a previsibilidade dos cidadãos no que concerne aos efeitos jurídicos dos atos do Estado.

No entanto, tratando-se de determinar o que o legislador quis para se considerar afastada a presunção decorrente do n.º 4 do artigo 401.º do

CT/2003, face aos argumentos que suportam a orientação desta Secção Social na matéria, não podiam os recorrentes confiar que a sua tese (que não era necessário devolver a compensação) seria necessariamente abraçada no julgamento da presente ação.

E improcedendo a argumentação dos recorrentes, temos de confirmar o julgado.

Lisboa, 13 de Outubro de 2016

Gonçalves Rocha – Relator
Leones Dantas
Ana Luísa Geraldes».

Tudo isto, reitera-se, com base na leitura jurisprudencial do disposto no n.º 4 do art. 401.º do CT de 2003, norma que em lugar algum prescrevia que o trabalhador tivesse de devolver a compensação recebida ao empregador, em ordem a ilidir a presunção legal de aceitação do respetivo despedimento. Como se disse, esta obrigação de devolução surgiu apenas, na letra da lei, com a aprovação do atual CT, no n.º 5 do seu art. 366.º Todavia, o STJ já extraía esse dever do disposto no n.º 4 do art. 401.º do CT de 2003. Como se lê numa importante passagem do Acórdão sob anotação, em que se transcreve uma parte do Acórdão de 09/12/2010 (relatado pelo Conselheiro Sousa Grandão), «temos por adquirido que não bastará, para o efeito [de ilidir a presunção], a simples declaração do trabalhador no sentido de que questiona a compensação disponibilizada nem, muito menos, uma ulterior instauração da ação de impugnação do despedimento». E, transcrevendo outra passagem nuclear, desta vez do Acórdão de 03/04/2013 (relatado pelo Conselheiro Leones Dantas), considera o STJ: «A disponibilização da compensação é uma forma de demonstração de boa-fé da entidade empregadora e de sujeição da mesma aos parâmetros legais no recurso a esta forma de cessação da relação de trabalho e não visa a resolução dos problemas sociais associados ao desemprego dos trabalhadores. (...). Esta disponibilização também exige boa-fé por parte do trabalhador que, caso não aceite o despedimento, deverá devolvê-la ou colocá-la à disposição do empregador, de imediato, ou logo que da mesma tenha conhecimento, inibindo-se da prática de quaisquer atos que possam ser demonstrativos do apossamento do quantitativo que lhe foi disponibilizado». E o STJ remata: «A devolução do quantitativo disponibilizado surge, assim, como um imperativo decorrente do princípio da boa-fé nas relações entre as partes na relação de trabalho, sendo a respetiva retenção ilícita, nos casos em que o trabalhador não concorde com o despedimento».

Com o devido respeito, e tendo em conta o disposto no art. 401.º do CT de 2003, não acompanhamos qualquer destas asserções do STJ: nem a de que a declaração expressa do trabalhador, no sentido de que o recebimento da compensação não implica a aceitação do despedimento, não basta para ilidir a presunção legal; nem a de que o trabalhador sempre deveria, à luz daquela norma, devolver a compensação recebida, em ordem a ilidir a presunção legal de aceitação do despedimento. Vejamos porquê.

2.1. Recebimento da compensação e aceitação do despedimento

Segundo a noção consagrada no art. 349.º do CC, «presunções são as ilações que a lei ou o julgador tira de um facto conhecido para firmar um facto desconhecido». No nosso caso, trata-se de uma presunção legal: a lei tira ilações de um facto conhecido (o recebimento da compensação pelo trabalhador) para firmar um facto desconhecido (a aceitação do despedimento pelo trabalhador). Ora, a aceitação do despedimento traduz-se numa resolução do trabalhador, num ato voluntário seu, numa sua decisão pessoal: a decisão de se resignar, de não contestar, de se conformar com o despedimento e com a inerente perda do emprego. Essa aceitação pode ser entusiástica ou, pelo contrário, ser dada *à contrecoeur*, mas consiste sempre, repete-se, numa opção do trabalhador, numa escolha sua, numa decisão por ele tomada, assente na sua vontade consciente, no sentido de não contestar a decisão patronal de despedimento.

Nestes termos, a lei presume que, se o trabalhador receber a compensação, isso corresponderá a uma aceitação do respetivo despedimento. Porém, como é pacificamente entendido, esta é uma presunção relativa, *juris tantum*, que pode ser ilidida mediante prova em contrário, conforme dispõe o art. 350.º, n.º 2, do CC. Vale dizer, o trabalhador poderá demonstrar que, *in casu*, o facto presumido não acompanhou o facto que serve de base à presunção, ou seja, que o recebimento da compensação não significa que ele se resigne com o despedimento, se conforme com o mesmo e se abstenha de o contestar judicialmente. É possível, pois, que o trabalhador, embora recebendo a compensação, não aceite o despedimento.

Como é que ele poderá comprovar isso? Como é que ele poderá ilidir a presunção? A nosso ver, através de qualquer meio probatório legalmente admissível. Mas cremos que a melhor forma de comprovar que o recebimento da compensação não significa que o trabalhador aceita o respetivo despedimento será, justamente, através da emissão, pelo trabalhador, de uma declaração expressa e formal, endereçada ao empregador, nesse mesmo sentido: vale dizer, no sentido de que, a despeito de receber a compensação, o trabalhador não aceita o despedimento, não se resigna com a decisão extintiva proferida pelo empregador, não se conforma e tenciona contestar esse despedimento em tribunal.

Se essa declaração for emitida pelo trabalhador, não vemos, francamente, como possa haver margem para que se sustente que a lei continua a firmar um facto desconhecido (a aceitação do despedimento) a partir de um facto conhecido (a receção da compensação)[6]. Nestes casos, a

[6] Em rigor, como observa Francisco Liberal Fernandes, não se trata aqui de firmar um *facto*, mas sim uma *vontade* (ou, quiçá, uma declaração) de aceitação. Por isso, esta não deixa de ser uma presunção algo anómala, tendo em conta a noção constante do art. 349.º do CC – «Sobre a presunção de aceitação do despedimento coletivo no Código do Trabalho», *Questões Laborais*, n.º 41, 2013, pp. 9-10, n. 7. A nosso ver, talvez este caráter anómalo da presunção permita explicar a estranheza, assinalada por António Monteiro Fernandes, de esta ser uma presunção que o encarregado da prova em contrário (o trabalhador) pode afastar mediante mera declaração de vontade. É que, repete-se, aqui não se presume um qualquer facto desconhecido, aqui extrai-se um certo conteúdo volitivo e declarativo (aceitação do despedimento) de um dado comportamento do trabalhador (recebimento da compensação). Sendo assim, diríamos (pondo agora entre parêntesis a jurisprudência do STJ), não espanta que o trabalhador possa ilidir a presunção mediante mera declaração de sinal contrário, isto é, mediante declaração em que exprima a sua não aceitação do despedimento, apesar de ter recebido a compensação. Como escreve Monteiro Fernandes, «se o que se pretende apurar é se o despedimento foi ou não realmente aceite, o que está em causa é um conteúdo volitivo que só pode ser clarificado por declaração do próprio trabalhador. Neste sentido, o que está no art. 366.º/4 não é uma presunção legal, mas uma *suposição* legalmente legitimada. Esta, naturalmente, tem que cessar quando o trabalhador manifesta, inequivocamente, a sua não-aceitação do despedimento» (*Direito do Trabalho*, cit., p. 573).

entidade empregadora sabe, porque o trabalhador assim lho disse, que o recebimento da compensação não implica qualquer aceitação sua do despedimento. Que mais terá o trabalhador de fazer para ilidir a presunção de que aceitou o despedimento senão, justamente, declarar à contraparte que, ao receber o dinheiro, não está a aceitar esse despedimento?

Trata-se, repete-se, de uma presunção relativa: assim, se o trabalhador receber o dinheiro e nada disser, a lei presume que ele aceitou o despedimento (facto desconhecido); se o trabalhador não receber aquele dinheiro, a presunção, obviamente, não opera; e se o trabalhador receber o dinheiro mas, em simultâneo, declarar, de forma inequívoca, que não aceita o despedimento, então, cremos, a conclusão só pode ser a de que a presunção opera, mas é ilidida pelo trabalhador, pois a sua declaração comprova que ele não se resigna e pretende manter em aberto a possibilidade de contestar judicialmente o despedimento de que está a ser alvo[7].

2.2. Não devolução da compensação ao empregador

Não descortinamos, por isso, fundamento bastante para que o STJ, em casos como este, nos quais o trabalhador declara em moldes inequívocos ao empregador que não aceita o despedimento e se reserva o direito de o impugnar judicialmente, continue a presumir que, mesmo assim, apesar dessa declaração, o trabalhador aceitou o despedimento pelo simples facto de ter recebido a compensação estabelecida na lei. Para o STJ, como

---

Nem se objete, como se lê em alguns arestos do STJ (desde logo, no Acórdão de 17/06/2010, relatado pelo Conselheiro Mário Pereira), que, assim sendo, «de pouco ou nada valeria a presunção legal». A presunção valeria sim, naqueles casos (porventura a grande maioria) em que o trabalhador se limitasse a receber a compensação, sem declarar que tal recebimento não implicava a sua aceitação do despedimento. O que nos parece um tanto bizarro é, pelo contrário, presumir que o trabalhador aceita o despedimento a despeito de o trabalhador declarar, em moldes inequívocos, que o não aceita. Pois se ele diz que não aceita, a que título é que o tribunal insiste, teimosamente, em presumir que ele aceita?

[7] Em sentido convergente, escreve Bernardo Lobo Xavier, sobre a possibilidade de o trabalhador ilidir a presunção constante do art. 401.º, n.º 4, do CT de 2003: «Assim, por exemplo, era possível ao trabalhador conservar no seu património a compensação e provar que não aceitara o despedimento (*v.g.*, pela comunicação contemporânea ao empregador de que não podia ser interpretado o recebimento como aceitação do despedimento e que se reservava o direito de o impugnar)» – «Compensação por despedimento», cit., p. 91.

vimos, o trabalhador tem de fazer algo mais do que declarar que não aceita o despedimento para que o despedimento não se presuma aceite pelo trabalhador! O trabalhador terá, então, de adotar comportamentos coerentes, compatíveis com a sua proclamada não aceitação do despedimento. A própria boa-fé é, como vimos, convocada pelo STJ, em ordem a sustentar que o trabalhador deverá devolver a compensação recebida, como condição *sine qua non* para ilidir a presunção legal de aceitação do despedimento.

É inegável que tanto o empregador como o trabalhador devem proceder de boa-fé no exercício dos seus direitos e no cumprimento das respetivas obrigações. Isso mesmo consta, de resto, do art. 126.º, n.º 1, do atual CT, sendo que, em bom rigor, nem tal seria necessário para que assim se entendesse. A diretriz da boa-fé negocial sempre seria vinculante para ambos os sujeitos. A este propósito, o STJ chega, aliás, a afirmar que a própria disponibilização da compensação ao trabalhador seria uma forma de demonstração de boa-fé da entidade empregadora, coisa que, diga-se, nos parece francamente exagerada: a nosso ver, a disponibilização da compensação pelo empregador corresponde, tão-só, ao prosaico cumprimento daquilo que a lei impõe, como requisito (um dos requisitos) de licitude do despedimento proferido por aquele; se essa compensação não for atempadamente disponibilizada ao trabalhador, então o seu despedimento será ilícito, com todas as consequências daí resultantes; não nos parece, pois, que se deva ver nesta disponibilização da compensação um qualquer sinal de boa-fé patronal, antes será um simples sinal de respeito pela lei, de que um dos vários requisitos de licitude do despedimento por causas objetivas foi preenchido. Nada mais do que isso.

Mais importante, neste contexto, é a afirmação jurisprudencial de que a boa-fé também exige do trabalhador que, caso não aceite o despedimento, deverá devolver a compensação ou, de qualquer forma, colocá-la à disposição do empregador, «inibindo-se da prática de quaisquer atos que possam ser demonstrativos do apossamento do quantitativo que lhe foi disponibilizado». O STJ conclui, nesta matéria, que «a devolução do quantitativo disponibilizado surge, assim, como um imperativo decorrente do princípio da boa-fé nas relações entre as partes da relação de trabalho, sendo a respetiva retenção ilícita, nos casos em que o trabalhador não concorde com o despedimento».

Ousamos discordar, respeitosa mas frontalmente. Com efeito, o trabalhador que seja alvo de um despedimento por causas objetivas tem o direito, supondo que o mesmo seja lícito, de receber a compensação em apreço. O trabalhador terá direito a essa compensação, repete-se, se não impugnar o despedimento ou se, tendo-o impugnado, o tribunal vier a considerar que o mesmo foi lícito. Na hipótese contrária, de o trabalhador contestar a licitude do despedimento e de o tribunal vir a declarar a respetiva ilicitude, então o trabalhador terá, sempre ou quase sempre, direito a receber um quantitativo pecuniário *superior* ao daquela "compensação de antiguidade" – a título de "salários intercalares", devidos entre a data em que o despedimento produziu efeitos e a data do trânsito em julgado da decisão judicial que o declarar ilícito (art. 390.º do atual CT), a título de indemnização por todos os danos causados, patrimoniais e não patrimoniais, decorrentes do despedimento ilícito (art. 389.º, n.º 1, al. *a)*), a título de indemnização substitutiva da reintegração (arts. 391.º e 392.º)[8]...

Neste contexto, se, em regra, o montante pago pela entidade empregadora, a título de "compensação de antiguidade", representa o *mínimo* daquilo que o trabalhador sempre terá direito a receber – pois receberá isto, apenas isto, se as coisas correrem mal para ele, isto é, se o despedimento for tido como lícito; mas receberá mais do que isto, quiçá bastante mais, se as coisas lhe correrem bem, isto é, se o despedimento vier a ser declarado ilícito –, não logramos descortinar qualquer má fé na conduta

---

[8] Registe-se, quanto a esta última indemnização, que, segundo as regras atuais, o seu montante deverá ser fixado pelo tribunal, entre 15 e 45 dias de retribuição base e diuturnidades por cada ano completo ou fração de antiguidade do trabalhador, ao passo que a compensação prevista no art. 366.º do CT será, em princípio, correspondente a 12 dias de retribuição base e diuturnidades por cada ano completo de antiguidade do trabalhador. Ou seja, a fasquia mínima da indemnização substitutiva da reintegração, em caso de despedimento ilícito, está colocada acima da fasquia relativa à compensação a pagar em caso de despedimento lícito por causas objetivas.
É certo que, em alguns casos, o pagamento desta indemnização não será devido, em virtude de o trabalhador ter optado pela reintegração na empresa (al. *b)* do n.º 1 do art. 389.º do atual CT). Trata-se, todavia, de casos francamente minoritários, sendo certo que, ainda aqui, se mantém o dever de pagar os "salários intercalares" e de ressarcir os danos causados pelo despedimento ilícito. Quando e na medida do necessário, sempre poderá ser feito o "encontro de contas" *a posteriori*.

do trabalhador que, depois de receber a compensação e tendo declarado que se reservava o direito de contestar o despedimento, intenta a correspondente ação judicial sem, concomitantemente, devolver a dita compensação ao empregador. Repetimos: o *quantum* daquela compensação é dele, mesmo na hipótese de a ação judicial se revelar infrutífera; na hipótese contrária, ele terá direito a mais do que aquilo que o empregador lhe pagou quando o despediu...

Para quê, então, forçar o trabalhador – inclusive o trabalhador que expressamente declarou, aquando do despedimento, que não aceitava esse despedimento – a devolver o quantitativo da compensação, em ordem a permitir que este ilida a presunção legal de aceitação do despedimento? Repare-se que estamos a falar de um trabalhador que foi despedido, isto é, que perdeu involuntariamente o seu emprego, em virtude de uma decisão extintiva unilateral da entidade empregadora; de um trabalhador que, em regra, perdeu o seu principal, por vezes único, meio de sustento; a sua fonte de rendimento, contrapartida do trabalho que prestava, secou. É expectável que, em muitos casos, o trabalhador tenha de fazer face às suas despesas quotidianas com o dinheiro resultante da "compensação de antiguidade" que o seu empregador lhe pagou, por imposição legal, aquando do despedimento. Esse despedimento pode, porém, ser ilícito (por improcedência do respetivo motivo justificativo, por inexistência ou invalidade do respetivo procedimento, etc.), quiçá patentemente ilícito[9].

---

[9] No Acórdão de 27/03/2014, relatado pelo Conselheiro Melo Lima, transcreve-se um importante segmento do Acórdão recorrido, da Relação de Lisboa, em que a questão é judiciosamente analisada, chegando o Tribunal da Relação à seguinte conclusão: «Subscrevemos o entendimento de que, em regra, o legislador rejeita a possibilidade de o trabalhador manter na sua posse a compensação e simultaneamente poder impugnar o despedimento coletivo. A coexistência de uma e outra situação revelam-se contraditórias, isto é, se o direito à compensação tem em vista reparar o trabalhador pelos prejuízos causados pelo despedimento e se o seu pagamento até ao termo do prazo de aviso prévio é um dos requisitos de licitude do despedimento coletivo, mal se compreenderia que, no reverso, a entidade empregadora, apesar de ter cumprido com aquele dever, ficasse sujeita a ver o trabalhador manter a compensação em seu poder, bastando a este manifestar a sua discordância com o despedimento para o poder impugnar». E o Tribunal da Relação de Lisboa questionava: «Se o despedimento coletivo (ou por extinção do posto de trabalho) confere aos trabalhadores abrangidos o direito a uma compensação, de cujo pagamento até ao termo do prazo do aviso prévio a lei faz depender a licitude do despedimento, que sentido faria a presunção de aceitação do despe-

E todavia, mesmo que o trabalhador tenha declarado, aquando do pagamento da compensação, que a recebia sem prescindir do direito de contestar judicialmente o despedimento, o STJ entende – e, *agora*, o CT em vigor também entende – que o trabalhador apenas poderá impugnar o despedimento se entregar ou puser, por qualquer forma, a totalidade da compensação paga pelo empregador à disposição deste último...[10]

3. Conclusão

Não acompanhamos o percurso argumentativo do STJ, pois estamos convictos de que, à luz do disposto no art. 401.º do CT de 2003, não havia razões bastantes para exigir semelhante devolução ao trabalhador que pretendesse contestar judicialmente o seu despedimento. Reconhecemos, claro, que a jurisprudência do STJ veio a encontrar acolhimento no atual CT, máxime no n.º 5 do seu art. 366.º. Enfim, o dinheiro (*rectius*: a falta dele pelo trabalhador despedido) a contribuir para a «estabilidade e pacificação das relações jurídicas», o estado de necessidade

dimento com base no recebimento da compensação, se do mesmo passo se admitisse poder o trabalhador manter a compensação em seu poder e discutir a licitude do despedimento?». A questão é pertinente, mas, cremos, a resposta não é difícil: a presunção legal de aceitação continuaria a fazer sentido, mesmo no caso de o trabalhador não devolver a compensação ao empregador, justamente porque a disponibilização de tal compensação ao trabalhador é apenas um, de entre vários, requisitos de licitude do despedimento. Vale dizer, mesmo que a compensação seja paga o despedimento poderá ser ilícito, por vícios materiais ou formais. Neste contexto, dado o que se escreve no texto, não se descortina qualquer contradição lógica, qualquer incoerência, qualquer afronta à boa-fé, na hipótese de o trabalhador pretender discutir em tribunal a licitude desse despedimento, ainda que mantendo na sua posse a compensação que lhe foi paga pelo empregador (sobretudo se, aquando do despedimento, o trabalhador tiver declarado que não o aceitava). É que, reitera-se, mesmo que o trabalhador não venha a obter ganho de causa e o despedimento patronal seja considerado lícito, mesmo aí o trabalhador conservará o direito a essa compensação... Para quê, então, obrigá-lo a devolvê-la quando impugna?

[10] Em sentido próximo, assinalando «a injustiça básica de, para impugnar, ser necessário devolver algo a que sempre e em qualquer caso se terá direito», *vd.* Bernardo Lobo Xavier, «Compensação por despedimento», cit., p. 84.

a funcionar como «elemento redutor da conflituosidade inerente ao despedimento»...[11]

Belas palavras. Estabilidade! Pacificação! Redução da conflituosidade! Mas palavras algo deslocadas, quando se pensa que estamos a falar de um trabalhador que foi atingido por um despedimento por motivos objetivos (de mercado, estruturais ou tecnológicos), que assim perdeu o seu emprego e, provavelmente, o seu único ganha-pão, que, por isso mesmo, não pode dar-se ao luxo de recusar a "compensação de antiguidade" paga, *ex vi legis*, pelo seu (ex-)empregador e que, também por isso mesmo, não consegue deixar de gastar ao menos uma parte desse montante para satisfazer as suas necessidades básicas, agora que se encontra sem emprego...

E a lei diz-lhe hoje, como antes (ao abrigo do CT de 2003) lhe dizia o STJ, que para lutar em tribunal contra esse despedimento ele terá de devolver ao empregador a dita compensação? Parece que sim. Diz mesmo. "É a vida"! Será? Talvez seja. Mas, se for, acrescentaríamos, ao jeito de Fernando Pessoa: «Assim é a vida, mas eu não concordo»[12]. *De jure constituendo*, somos contra tudo isto: contra a presunção legal de aceitação do despedimento e, existindo esta, contra a obrigatoriedade de devolução ao empregador da "compensação de antiguidade", em ordem ao trabalhador poder combater, com êxito, esse despedimento. E, mesmo *de jure constituto*, cremos (acompanhando JORGE LEITE)[13] que sempre resta saber como ficam, no meio disto tudo, essas coisas aparentemente despiciendas como são a tutela constitucional da segurança no emprego, o direito fundamental a não ser despedido sem causa bastante e o direito fundamental de acesso aos tribunais – para que, precisamente, estes sindiquem a validade, substancial e procedimental, do despedimento promovido pela entidade empregadora (mesmo daquela que paga a "compensação de antiguidade" ao trabalhador).

---

[11] Sobre o importante papel desempenhado por esta compensação na promoção da chamada «paz jurídica», *vd.*, em especial, as reflexões de BERNARDO LOBO XAVIER, «Compensação por despedimento», cit., *passim*.

[12] *Prosa Íntima e de Autoconhecimento*, Assírio & Alvim, Lisboa, 2007, p. 441.

[13] Autor que tratou deste tema em «A transposição das diretivas comunitárias sobre despedimento coletivo», *Prontuário de Direito do Trabalho*, CEJ, n.º 55, 1998, pp. 53-56.

O nosso hiperativo legislador, que tão recentemente, inspirado pelo chamado "Memorando da *Troika*", não teve qualquer pejo em rever, em forte baixa, o critério de cálculo da compensação devida aos trabalhadores abrangidos por despedimentos baseados em motivos objetivos (assim embaratecendo substancialmente tais despedimentos), não se lembrou de, ao menos, nem que fosse em jeito de contrapartida, suprimir as normas referentes à presunção de aceitação do despedimento, eliminando os n.º 4 e 5 do art. 366.º do atual CT. Foi pena. Pela nossa parte, cremos ser mais do que tempo de pôr fim a estas iníquas normas[14].

[14] Também António Monteiro Fernandes considera, *de iure condendo*, que o regime contido nos n.º 4 e 5 do art. 366.º do CT não parece digno de aplauso (*Direito do Trabalho*, cit., pp. 573-574).

Liberdade sindical e direitos das associações sindicais: breve esboço do sistema português

JOÃO LEAL AMADO

> "Não gosto de grupos. Um grupo é uma consequência de fraquezas individuais"
>
> *Confissões do Trapézio, Entrevistas com António Lobo Antunes 1979-2007*, Ana Paula Arnaut (ed.), Almedina, Coimbra, 2008, p. 313.

1. Solitário ou solidário?

"Só há grupos onde existem fraquezas individuais" – eis uma convicção reiteradamente manifestada por António Lobo Antunes[1]. Será mesmo assim? Sendo o homem um animal gregário, será que não haverá algum exagero naquela afirmação? Não será aquela uma afirmação marcada por um individualismo radical? Talvez. Em todo o caso, não oferece dúvidas que uma das causas da emergência de fenómenos grupais reside, justamente, na existência de fraquezas e de vulnerabilidades individuais. Por isso, também por isso, os homens reúnem-se, juntam-se, coligam-se, agrupam-se, unem-se.

A relação de trabalho assalariado demonstra-o, à saciedade. Uma relação assente num negócio jurídico de direito privado, decerto. Uma relação de natureza obrigacional, por certo. Mas, sobretudo, uma relação profundamente *assimétrica*, isto é, manifestamente inigualitária, pois o trabalhador, a mais de, em regra, carecer dos rendimentos do trabalho para satisfazer as suas necessidades essenciais (dependência económica), fica sujeito à autoridade e direção do empregador em tudo o que diz res-

[1] *Confissões do Trapézio, cit.*, p. 423.

peito à execução do trabalho (subordinação jurídica)[2]. Para o trabalhador, cumprir é, antes de mais, obedecer, a sua vontade *compromete-se* no contrato, mas também se *submete* nesse contrato.

Ora, *é esta relação de troca trabalho-salário, fundada num* (ou disfarçada de?)[3] *contrato, relação marcadamente patrimonial* (goste-se ou não, o trabalho é, nas economias de mercado em que vivemos, tratado como se fosse uma mercadoria) *à qual assiste, no entanto, uma dimensão irrecusavelmente pessoal* (pois a força de trabalho não é dissociável do trabalhador, e este, tanto ou mais do que sujeito do contrato, é objeto do mesmo)[4], *é esta relação estruturalmente desigual e intrinsecamente conflitual, cunhada por uma forte divergência de interesses entre trabalhadores e empregadores, que constitui o cerne da nossa disciplina.* E o objetivo precípuo do Direito do Trabalho consiste, justamente, em tentar harmonizar estes interesses conflituantes, funcionando como plataforma de compromisso de interesses sociais e económicos, não raro, contrapostos.

Com efeito, a formação deste ramo do ordenamento jurídico assenta na constatação histórica da insuficiência ou inadequação do livre jogo da concorrência no domínio do mercado de trabalho, em ordem à consecução de condições de trabalho e de vida minimamente aceitáveis para as camadas laboriosas. O Direito do Trabalho não se compaginava com o ultraliberalismo oitocentista (e, aliás, compagina-se algo dificilmente, ainda hoje, com os movimentos de raiz neoliberal), justamente porque se traduz num mecanismo deformador da concorrência, isto é,

---

[2] Dir-se-ia, na feliz expressão do escritor, que o trabalhador é alguém que se encontra sujeito a «viver entre ordem e ordenado» – Mia Couto, *Jesusalém*, Editorial Caminho, Lisboa, 2009, p. 94.

[3] Recordem-se as cortantes palavras de Gianfranco Poggi: «Precisamente no centro do sistema capitalista encontra-se, disfarçada de contrato, uma relação, essencialmente coercitiva e fortemente assimétrica, cujas partes são, necessariamente, reciprocamente hostis» (*apud* Federico Mancini, «Direito do trabalho e direito comunitário», *Boletim da Faculdade de Direito*, Coimbra, 1986, p. 293).

[4] O trabalhador compromete intensamente a sua pessoa na relação laboral, incorpora-se nesta, ao invés do que sucede com o empregador, que apenas participa limitadamente. Para o dizermos com Alain Supiot, «na relação de trabalho, o trabalhador, ao contrário do empregador, não arrisca o património, arrisca a pele. E foi, desde logo, para salvar esta última que o direito do trabalho se constituiu» (*Crítica do Direito do Trabalho*, cit., pp. 92-93).

num mecanismo cuja função principal consiste em limitar a concorrência entre os trabalhadores no mercado laboral. Historicamente, o livre jogo do mercado revelou-se anti-social: privados de qualquer proteção legal (abstencionismo estadual) e desprovidos da mínima organização sindical (individualismo liberal), os trabalhadores viram-se obrigados a competir acerrimamente entre si na venda da única mercadoria de que dispunham – a força de trabalho. O saldo desta concorrência desenfreada é bem conhecido e é dramático: salários praticamente reduzidos ao mínimo vital, condições de trabalho mais do que precárias, cargas de trabalho insuportavelmente pesadas, inclusive para crianças de tenra idade... A resolução (ou, talvez melhor, a atenuação) desta grave «Questão Social» passou pela aceitação da intervenção direta do Estado (e desde logo do legislador) no mundo do trabalho e pelo reconhecimento de um estatuto de cidadania ao associativismo sindical e aos seus corolários (greve, contratação coletiva, etc.).

A liberdade sindical encontra-se hoje consagrada, enquanto direito fundamental dos trabalhadores, no art. 55.º da Constituição da República Portuguesa (CRP)[5], em cujo n.º 1 se pode ler: "É reconhecida aos

[5] Registe-se que o Direito do Trabalho português (à imagem de tantos outros, incluindo o brasileiro) se encontra fortemente constitucionalizado, na justa medida em que existe um conjunto de normas e princípios constitucionais estruturantes do trabalho assalariado, o chamado *bloco constitucional do trabalho*, que funciona como quadro ordenador de um determinado modelo de relações laborais. Com efeito, os princípios básicos que dominam os vários institutos do direito laboral estão consignados na CRP, quer no capítulo dos direitos, liberdades e garantias dos trabalhadores (garantia da segurança no emprego e proibição do despedimento sem justa causa, criação e atuação de comissões de trabalhadores, liberdade sindical, direito de contratação coletiva, direito à greve), quer no capítulo dos direitos e deveres económicos (direito ao trabalho e à retribuição do trabalho, direito à organização do trabalho em condições socialmente dignificantes, direito à prestação de trabalho em condições de higiene, segurança e saúde, direito ao repouso e aos lazeres, a um limite máximo da jornada de trabalho, ao descanso semanal e a férias periódicas pagas, direito à assistência material no desemprego, direito à assistência e a justa reparação em caso de acidente de trabalho ou de doença profissional, etc.). Neste quadro, em que o trabalho é objeto de singular atenção e de especial tutela, é indubitável que a CRP se assume como fonte particularmente qualificada do direito laboral. Sem prejuízo da margem de liberdade que sempre cabe ao legislador ordinário, o certo é que as opções fundamentais que enformam o sistema jurídico-laboral português foram guindadas ao plano constitucional. Vale dizer: sendo certo que o direito laboral não se

trabalhadores a liberdade sindical, condição e garantia da construção da sua unidade para defesa dos seus direitos e interesses". Este é um direito fundamental, como bem escreve JORGE LEITE, "cuja história, apesar de relativamente curta, é sintomática da evolução social dos últimos duzentos anos, constituindo uma espécie de *registo social* da luta do homem solidário contra as concepções do homem solitário características da nova ordem saída das revoluções liberais. O reconhecimento, como um direito, da liberdade sindical, inicialmente reprimida como um crime e mais tarde apenas tolerada, implicou uma ruptura com o individualismo radical e significou, ao mesmo tempo, a introdução de um novo sujeito de direito e de uma nova fonte normativa no mundo do trabalho"[6].

O Direito do Trabalho, todo ele, é produto do homem solidário, não do homem solitário. E o Direito do Trabalho visa regular, não só a relação bilateral entre trabalhador e empregador, mas também as chamadas "relações coletivas de trabalho" (associativismo sindical e patronal, greve, contratação coletiva, etc.), até porque só estas irrecusáveis dimensões coletivas do fenómeno laboral nos permitem situar e contextualizar devidamente o trabalhador no âmbito da empresa.

Como, de forma lapidar, afirma ROSÁRIO PALMA RAMALHO, "a história do Direito do Trabalho confunde-se com a história do sindicalismo"[7]. Ora, a liberdade sindical é, sem dúvida, um direito complexo, com várias valências ou projeções, é um direito de natureza multidimensional. Quais são as principais dimensões jurídicas dessa liberdade? O que é, afinal, um sindicato? Que papel atribui a ordem jurídica portuguesa aos sindicatos? Quais são os principais direitos destes?

A estas e outras questões se tentará dar resposta, necessariamente sintética e algo perfunctória, no breve texto que segue, tendo em conta o disposto na CRP e no Código do Trabalho (CT)[8].

---

reduz a uma espécie de «direito constitucional do trabalho aplicado», não menos certo é que o «bloco constitucional do trabalho» não poderá nem deverá ser desatendido pelo legislador ordinário, sob pena de a respetiva normação vir a ser declarada inconstitucional.

[6] *Direito do Trabalho*, vol. I, Serviço de Textos da Universidade de Coimbra, 1998, pp. 157-158.

[7] *Tratado de Direito do Trabalho, Parte III, Situações Laborais Coletivas*, Almedina, Coimbra, 2012, p. 27.

[8] Diploma aprovado pela Lei n.º 7/2009, de 12 de fevereiro, mas já sujeito a diversas alterações desde então.

2. Sindicato: o que é?

O CT não se furta a definir o que seja um sindicato: "Associação permanente de trabalhadores para defesa e promoção dos seus interesses sócio-profissionais", segundo o disposto na al. *a)* do n.º 1 do seu art. 442.º Segundo a nossa lei, o sindicato é, pois: (*i*) um ente de tipo associativo, uma associação voluntária com personalidade jurídica própria, cujo substrato é constituído por pessoas físicas ou humanas (elemento organizativo); (*ii*) uma associação de caráter permanente, estável, duradoura (que não se confunde com qualquer coligação meramente ocasional de trabalhadores, que se reúna para certa ação concreta e se desfaça quando ela termina); (*iii*) uma associação permanente de trabalhadores dependentes ou subordinados (elemento subjetivo)[9]; (*iv*) uma associação permanente de trabalhadores para defesa dos seus interesses económicos e sociais (elemento objetivo)[10].

Entretanto, convém não confundir o sindicato com a associação sindical, pois aquele é apenas uma espécie do género. Com efeito, o sindicato surge, na lei, como associação de 1.º grau, que agrupa trabalhadores; mas há ou pode haver associações de 2.º grau, que agrupam diversos sindicatos: a federação, "associação de sindicatos de trabalhadores da mesma profissão ou do mesmo setor de atividade" (art. 442.º, n.º 1-*b)*, do CT); a união, "associação de sindicatos de base regional" (art. 442.º, n.º 1-*c)*, do

---

[9] Os trabalhadores em causa podem, naturalmente, ser funcionários ou servidores públicos, máxime pessoas cuja relação de emprego público é titulada pelo chamado "contrato de trabalho em funções públicas". Algumas dificuldades se colocam, por vezes, em relação a certos profissionais, tais como os magistrados judiciais ou do Ministério Público. Isto, desde logo, por estes serem titulares de órgãos de soberania e, nesse sentido, não corresponderem ao conceito técnico-jurídico de trabalhadores. Ainda assim, tem prevalecido o entendimento de que entre os magistrados e os demais titulares de órgãos de soberania (Presidente da República, deputados, membros do governo, etc.) existe uma diferença fundamental, a da profissionalidade (que existe para os magistrados, mas não para os titulares de cargos políticos), que legitima a existência de sindicatos no âmbito das magistraturas.

[10] Embora a lei defina o sindicato como visando a defesa de interesses "sócio-profissionais" dos trabalhadores, a verdade é que este termo tem de ser interpretado de forma lata. De resto, a CRP não deixa de vincar, em moldes muito amplos, que compete às associações sindicais "defender e promover a defesa dos direitos e interesses dos trabalhadores que representem" (art. 56.º, n.º 1).

CT). E há ou pode haver associações de 3.º grau, a confederação, "associação nacional de sindicatos, federações e uniões" (art. 442.º, n.º 1-*d*)[11].

De qualquer forma, o termo *sindicato* exclui, no caso português, o lado patronal, as associações de empregadores. Sindicatos são associações de classe, de trabalhadores. É corrente falar-se, a este propósito, na distinção entre *sindicatos horizontais*, que representam trabalhadores que exercem a mesma profissão (enfermeiros, motoristas, médicos, camionistas, farmacêuticos, professores, futebolistas) e *sindicatos verticais*, que integram os trabalhadores de um dado setor económico ou ramo de atividade, qualquer que seja a sua concreta profissão (hotelaria, energia, indústrias químicas, seguros, transportes). Na clássica fórmula de ALONSO OLEA, pode dizer-se que os sindicatos horizontais/profissionais agrupam os que têm o mesmo trabalho, ainda que não trabalhem juntos, ao passo que os sindicatos verticais/setoriais associam os que trabalham juntos, ainda que não tenham o mesmo trabalho.

Em qualquer caso, o sindicato tem, em regra, uma vocação supra-empresarial, nisto se distinguindo de uma outra estrutura de representação coletiva dos trabalhadores, também consagrada na CRP (art. 54.º), que são as comissões de trabalhadores, estas com um âmbito empresarial, pois visam defender os interesses de todos os trabalhadores de uma determinada empresa (por exemplo, da Autoeuropa, da Rádio Televisão Portuguesa ou da Universidade de Coimbra)[12].

Por outro lado, as associações sindicais são associações de direito privado, distintas, em vários planos, das chamadas "ordens profissionais" (Ordem dos médicos, dos advogados, dos farmacêuticos, dos arquite-

---

[11] Existem hoje em Portugal duas confederações sindicais, a CGTP-IN (Confederação Geral dos Trabalhadores Portugueses – Intersindical Nacional) e a UGT (União Geral de Trabalhadores).

[12] As comissões de trabalhadores distinguem-se das associações sindicais, também, pela desnecessidade de inscrição dos trabalhadores nas mesmas (não existe um ato de filiação), bem como pela unicidade que as caracteriza (só pode haver uma comissão em cada empresa), ainda que esta regra seja temperada pelo princípio da representação proporcional (os membros da comissão são eleitos segundo este princípio, o que permite que as várias correntes tenham expressão no seu seio) e pela possibilidade de criar subcomissões nas empresas com estabelecimentos dispersos. Sobre as comissões de trabalhadores, *vd.*, sobretudo, o disposto nos arts. 415.º a 439.º do CT.

tos, dos enfermeiros, dos engenheiros, dos economistas, etc.). As ordens profissionais são associações públicas, mas têm uma natureza híbrida ou dualista, visto que elas são, simultaneamente, organismos públicos de regulação da profissão e associações de defesa de interesses profissionais. As funções das ordens profissionais têm, assim, um caráter ambivalente, sendo algumas de tipo privado (representação e defesa de interesses profissionais no campo social e económico) e outras de natureza pública (regulação do acesso à profissão e do seu exercício, funções disciplinares). Ao invés do que sucede com o sindicato, a Ordem tem natureza unicitária (só pode haver uma ordem em cada profissão) e obrigatória (é obrigatória a inscrição na Ordem para o exercício da correspondente profissão), abrangendo, portanto, todos os membros da profissão, mas sendo vedada às ordens a representação dos interesses laborais daqueles profissionais que sejam, e na medida em que sejam, trabalhadores dependentes (art. 267.º/4 da CRP)[13].

3. Liberdade sindical: um direito multidimensional

A liberdade sindical analisa-se num direito de estrutura complexa, que se desdobra em múltiplas dimensões, que apresenta diversas valências (liberdade de constituição, liberdade de inscrição, liberdade de organização, etc.). Disso mesmo se deu conta o legislador constituinte, pois o art. 55.º da CRP enuncia, *expressis verbis*, as principais dimensões daquela liberdade. Vejamos.

3.1. Liberdade de constituição de sindicatos

A liberdade de constituição de associações sindicais, a todos os níveis, consiste na primeira das dimensões da liberdade sindical, consagrada na al. *a)* do n.º 2 do art. 55.º da CRP. Desta liberdade deriva, desde logo, a não sujeição da constituição de associações sindicais a qualquer forma de autorização administrativa. A liberdade de constituição abrange também a liberdade de escolha do respetivo âmbito pessoal (setorial ou profis-

[13] Nos termos do art. 5.º, n.º 2, da Lei n.º 2/2013, de 10 de janeiro (que estabelece o regime jurídico de criação, organização e funcionamento das associações públicas profissionais), as associações públicas profissionais estão impedidas de exercer ou de participar em atividades de natureza sindical.

sional) e geográfico. Cada associação sindical pretende representar uma determinada categoria de trabalhadores, mas, como bem observa Bernardo Lobo Xavier, "as categorias emergem da decisão livre dos trabalhadores que se pretendem associar para a defesa de uma certa realidade que sentem como comum, num espírito de identidade entre si e de diferenciação dos demais"[14]. A lei não procede, pois, a qualquer definição prévia da categorização, para efeitos sindicais.

A CRP é clara: traça, como objetivo a atingir, como meta, como ideal, a unidade dos trabalhadores. Mas esse é um objetivo que será atingido, sempre e só, se e quando os trabalhadores assim o desejarem. A unidade sindical não implica a opção pela chamada "unicidade sindical", isto é, pela consagração legal de um sindicato único por categoria. A unidade não pode ser artificialmente imposta pela lei. A lei tem de admitir o pluralismo, os sindicatos paralelos ou concorrentes, ainda que isso possa redundar num certo enfraquecimento das estruturas sindicais, que podem multiplicar-se e pulverizar-se... Como escrevem Gomes Canotilho e Vital Moreira, a unidade dos trabalhadores é uma tarefa deles próprios, no respeito pelas suas opções sindicais. «Por isso – acrescentam – a liberdade sindical é constitucionalmente incompatível com a unicidade sindical (ou seja, a proibição de criação de mais do que um sindicato por categoria de trabalhadores), antes proporcionando a possibilidade de pluralismo sindical, casa haja mais do que um sindicato para representar total ou parcialmente as mesmas categorias de trabalhadores»[15].

Liberdade de constituição implica, pois, que os trabalhadores possam constituir os sindicatos que entenderem, com o âmbito categorial e geográfico que entenderem, mesmo que replicando o âmbito já coberto, no todo ou em parte, por outro ou outros sindicatos. A Lei Fundamental confia, quiçá algo ingenuamente, que os trabalhadores farão um exercício judicioso de tal liberdade, prevenindo fenómenos de pulverização sindical que, a final, acabarão por enfraquecer o próprio movimento sindical, no seu conjunto. Em qualquer caso, não compete à lei ordinária coartar

[14] *Manual de Direito do Trabalho*, 4.ª ed., Rei dos Livros, 2020, p. 185. Em sentido convergente, António Monteiro Fernandes, *Direito do Trabalho*, 18.ª ed., Almedina, Coimbra, 2017, pp. 690-691.

[15] *Constituição da República Portuguesa – Anotada*, vol. I, 4.ª ed., 200?, Coimbra Editora, p. 731.

o exercício de tal liberdade de constituição. Unicidade não, unidade sim, se os trabalhadores, voluntariamente, assim o entenderem.

As situações de pluralismo sindical suscitam, entretanto, as questões da *representatividade* (isto é, dos sindicatos que atinjam certos níveis mínimos de audiência) ou da *maior representatividade* (ou seja, dos sindicatos considerados mais importantes, pela sua maior audiência relativamente aos sindicatos seus concorrentes) sindical. Em tese, aceita-se o diferente tratamento com base na diferente representatividade, como solução de compromisso entre o pluralismo sindical, resultante da liberdade sindical, e a necessidade de tutelar o interesse unitário dos trabalhadores, pois compreende-se que a organizações sindicais inexpressivas ou esqueléticas não seja admitido o desempenho de importantes funções de representação profissional[16]. Sucede que, em Portugal, estas questões da maior ou menor representatividade sindical permanecem um autêntico tabu, não tendo merecido, até ao momento, a atenção do nosso legislador.

3.2. Liberdade de inscrição

Uma outra dimensão da liberdade sindical, uma dimensão, dir-se-ia, mais individual, consiste na liberdade de inscrição[17]. O trabalhador goza de liberdade de inscrição num sindicato cujo âmbito geográfico e categorial o abranja, "não podendo nenhum trabalhador ser obrigado a pagar quotizações para sindicato em que não esteja inscrito", conforme se lê na al. *b)* do n.º 2 do art. 55.º da CRP.

A liberdade de inscrição apresenta uma dupla faceta: positiva, nos termos da qual "o trabalhador tem o direito de, sem discriminação, se inscrever em sindicato que, na área da sua atividade, represente a categoria respetiva" (art. 444.º, n.º 1, do CT, que consagra o chamado "princípio da porta aberta")[18]; negativa, que garante o direito de não inscrição no sindi-

---

[16] Para desenvolvimentos a este respeito, Jorge Leite, *Direito do Trabalho*, cit., pp. 199-201.

[17] Na lição de Jorge Leite, a liberdade de inscrição é um direito individual, ao passo que a liberdade de constituição é um direito individual de exercício coletivo. E direitos há, claro, de natureza coletiva – *Direito do Trabalho*, cit., n. 26, pp. 175-176.

[18] O grau de abertura da porta sindical é discutido pela doutrina. Mas é seguro que a lei rejeita sindicatos de porta fechada. Admite-se que os estatutos possam estabelecer, por via geral e abstrata, requisitos de admissão, mas estes não poderão ser discriminatórios (o que sucederia, por exemplo, se a sindicalização fosse limitada em função da nacionalidade, da raça, da

cato, bem como o direito de o abandonar[19], assim como o direito de não pagar quotas ou contribuições para sindicato em que não esteja inscrito.

A ordem jurídica mostra-se, aliás, muito ciosa quanto à liberdade de inscrição do trabalhador, em ambas as vertentes, positiva ou negativa. Destarte, tanto os pactos e atos antisindicais, que visam atingir a liberdade positiva de inscrição e reduzir a influência do sindicato (como por exemplo o chamado *yellow dog contract*, em que o trabalhador se compromete a não se filiar num sindicato), como os pactos de segurança sindical, que atingem a liberdade sindical negativa (de não inscrição, de abandono), com o objetivo de promover o reforço dos sindicatos (como sucede, por exemplo, na chamada *closed shop*, cláusula convencional através da qual o empregador se compromete a só recrutar trabalhadores que sejam membros do sindicato), serão tidos como proibidos e tais cláusulas como nulas, por força do disposto no art. 406.° do CT. Este preceito proíbe todo e qualquer acordo ou ato discriminatório, seja aquele que vise subordinar o emprego do trabalhador à condição de este se filiar ou não se filiar numa associação sindical (ou de se retirar daquela em que esteja inscrito), seja aquele tendente a prejudicar o trabalhador devido à sua filiação ou não filiação sindical[20].

A lei pretende, portanto, que a opção sindical do trabalhador (filiar-se ou não, filiar-se em qual sindicato...) seja, o mais possível, produto de uma sua escolha livre, isenta de constrangimentos externos, de onde quer que estes provenham. Em qualquer caso, se quiser filiar-se e tiver várias possibilidades, atento o nosso sistema de pluralismo e a própria coexistência de sindicatos horizontais e verticais, o trabalhador deverá optar, pois ele não poderá estar simultaneamente filiado, a título da mesma profissão ou

---

religião, do sexo ou da orientação sexual). Por isso, se porta aberta não significa, necessariamente, porta escancarada, também não parece que signifique porta entreaberta. A liberdade positiva de inscrição dirige-se, assim, contra o próprio sindicato, que só em casos verdadeiramente excecionais poderá rejeitar a inscrição do trabalhador (só se para tanto existirem razões fundadas, obviamente de caráter não discriminatório).

[19] Nos termos do n.° 6 do art. 444.° do CT, o trabalhador pode desfiliar-se a todo o tempo, mediante comunicação escrita com a antecedência mínima de 30 dias.

[20] Para desenvolvimentos a este respeito, *vd.*, por todos, Jorge Leite, *Direito do Trabalho*, cit., pp. 201-209.

atividade, em sindicatos diferentes (art. 444.º, n.º 5, do CT, que consagra a proibição da dupla inscrição, o chamado "princípio da filiação única").

Dada a independência pretendida para as organizações sindicais[21], as quotizações pagas pelos filiados acabam por constituir, em regra, a fonte por excelência do financiamento dos sindicatos. Em matéria de quotização, reiterando que o trabalhador não pode ser obrigado a pagar quotas para associação sindical em que não esteja inscrito (art. 457.º do CT), a lei prevê que o empregador proceda à cobrança e entrega de quotas sindicais, desde que o trabalhador assim o autorize (quando tal esteja previsto em sede de contratação coletiva) ou mediante opção expressa do trabalhador, dirigida ao empregador, nos termos do art. 458.º do CT. Um ponto, este, de grande importância prática, por agilizar o pagamento das quotas e evitar situações de atraso no pagamento das mesmas ao sindicato por parte dos trabalhadores.

3.3. Liberdade de organização e de regulamentação

A liberdade de organização e regulamentação interna das associações sindicais encontra-se também expressamente consagrada na CRP, como mais uma dimensão da liberdade sindical (art. 55.º, n.º 2, al. *c*). A CRP garante, assim, a liberdade de auto-organização e a liberdade estatutária das associações sindicais. Estas regem-se, pois, por estatutos e regulamentos por elas aprovados, sendo que a única intromissão significativa da CRP nesta matéria diz respeito à necessidade de observância dos corolários do princípio democrático enunciados no n.º 3 do art. 55.º: "As associações sindicais devem reger-se pelos princípios da organização e da gestão democráticas, baseados na eleição periódica e por escrutínio secreto dos órgãos dirigentes, sem sujeição a qualquer autorização ou homologação,

---

[21] Nos termos do n.º 4 do art. 55.º da CRP, as associações sindicais são independentes do patronato, do Estado, das confissões religiosas, dos partidos e outras associações políticas, devendo a lei estabelecer as garantias adequadas dessa independência. No mesmo sentido, proibindo a ingerência daqueles na organização e gestão das associações sindicais, bem como o seu recíproco financiamento, *vd.* o art. 405.º do CT. Aqui como alhures, a energia da proclamação da independência nem sempre encontra tradução nos factos. E, nos tempos digitais que são os nossos, a garantia dessa independência, no plano financeiro, pode até ser ameaçada por novos expedientes, tais como o do *crowdfunding*... A este propósito, BERNARDO LOBO XAVIER, *Manual...*, cit., pp. 198-199.

e assentes na participação ativa dos trabalhadores em todos os aspetos da atividade sindical"[22].

A necessidade de respeitar a força irradiadora do princípio democrático, com a consequente compressão da liberdade de organização e regulamentação interna, compreende-se sem dificuldade, atento o caráter estruturante de tal princípio, mesmo para entidades privadas como os sindicatos, que assumem funções de inegável relevância constitucional, ainda que não deixe de ser curioso registar que as exigências formuladas aos sindicatos, em matéria de democraticidade interna, chegam a ultrapassar aquelas que a CRP estabelece para os partidos políticos. Desde logo, a exigência de escrutínio secreto para a eleição dos órgãos dirigentes vale para os sindicatos, mas não já para os partidos políticos (*vd.*, a este respeito, o disposto no n.º 5 do art. 51.º da CRP), o que, tendo em conta o papel fulcral por estes desempenhado, não deixa de ser algo desconcertante.

3.4. Liberdade de ação sindical na empresa

O direito de exercício de atividade sindical na empresa encontra expresso acolhimento na al. *d)* do n.º 2 do art. 55.º da CRP. Por força desta norma, o sindicato deixa de operar, sempre, fora dos muros da empresa, antes tem direito a desenvolver a sua atividade no seio desta, nomeadamente através de delegados sindicais, comissões sindicais e comissões intersindicais, como se lê no art. 460.º do CT.

Segundo o CT, as estruturas sindicais no âmbito da empresa são: *i)* a secção sindical, isto é, o conjunto de trabalhadores de uma empresa ou estabelecimento filiados no mesmo sindicato (art. 442.º, n.º 1-*e*); *ii)* o delegado sindical, trabalhador eleito, pelos membros da secção, para exercer atividade sindical na empresa ou estabelecimento (art. 442.º, n.º 1-*f*)[23]; *iii)* a comissão sindical, organização dos delegados sindicais do mesmo sindicato na empresa ou estabelecimento (art. 442.º, n.º 1-*g*); *iv)*

[22] Este princípio encontra-se densificado no art. 451.º do CT, do qual consta a limitação dos mandatos dos membros da direção por quadriénios, embora renováveis.

[23] Sobre a eleição do delegado sindical e o número máximo de delegados que beneficiam do regime de proteção previsto no CT, *vd.* os seus arts. 462.º e 463.º A eleição e a destituição dos delegados sindicais deve seguir os termos previstos nos estatutos da associação sindical, mas

a comissão intersindical, organização, a nível de uma empresa, dos delegados das comissões sindicais dos sindicatos representados numa confederação, que abranja no mínimo cinco delegados sindicais, ou de todas as comissões sindicais nela existentes (art. 442.º, n.º 1-*h*).

Entre os direitos sindicais através dos quais se exerce a correspondente atividade no seio da empresa conta-se o direito de reunião de trabalhadores no local de trabalho (art. 461.º do CT)[24], o direito a instalações para o exercício das funções dos delegados sindicais (art. 464.º do CT), o direito de afixação e distribuição de informação sindical (art. 465.º do CT) e o direito a informação e consulta de delegado sindical, sobre as matérias contempladas no art. 466.º do CT[25].

3.5. Direito de tendência

Por último, a CRP consagra, como dimensão da liberdade sindical garantida aos trabalhadores, o direito de tendência, "nas formas que os respetivos estatutos determinarem" (al. *e)* do n.º 2 do art. 55.º). O CT confirma esta orientação, estabelecendo que os estatutos de associação sindical devem regular o exercício do direito de tendência (art. 450.º, n.º 2). A *ratio* da consagração de um tal direito é inequívoca, prendendo-se, ainda, com as discussões em torno da unidade, unicidade e pluralismo sindical. Como escrevem GOMES CANOTILHO e VITAL MOREIRA, "este direito visa assegurar a expressão das tendências minoritárias dos sindicatos, sendo uma garantia de sindicatos pluralistas e, portanto, da unidade sindical, podendo prevenir a ocorrência de cisões sindicais e a criação de sindicatos paralelos"[26]. A consagração do direito de tendên-

---

sendo sempre exigível o voto direto e secreto, devendo ser comunicada ao empregador, por escrito, por parte da direção do sindicato.

24 A regra geral é a de que as reuniões se realizem fora do horário de trabalho da generalidade dos trabalhadores, mas a lei admite que tenham lugar dentro do horário de trabalho, desde que não ultrapassem quinze horas por ano e que se assegurem os serviços de natureza urgente e essencial.

25 Na linha, de resto, do disposto na primeira parte do n.º 6 do art. 55.º da CRP, em que se estabelece que os representantes eleitos dos trabalhadores gozam do direito à informação e consulta. Sobre as dimensões básicas deste direito, a densificar por via legislativa, *vd.* GOMES CANOTILHO e VITAL MOREIRA, *Constituição da República Portuguesa – Anotada*, cit., pp. 737-738.

26 *Constituição da República Portuguesa – Anotada*, cit., p. 735.

cia surgiu, pois, como um remédio contra as clivagens e divisões, como uma tentativa de preservar a unidade salvaguardando as diferenças – que todavia, pelos vistos, não foi bastante para evitar a difusão do fenómeno dos "sindicatos paralelos", com os inconvenientes sabidos.

4. Dirigentes e delegados sindicais: que tutela?

«Os representantes eleitos dos trabalhadores gozam do direito (...) à proteção legal adequada contra quaisquer formas de condicionamento, constrangimento ou limitação do exercício legítimo das suas funções». Assim reza o n.º 6 do art. 55.º da CRP. Este preceito assume-se, portanto, como uma inequívoca credencial constitucional para uma tutela legal diferenciada dos representantes eleitos dos trabalhadores. À luz desta norma, todos os representantes eleitos dos trabalhadores (não apenas os dirigentes e delegados sindicais, mas também, por exemplo, os membros das comissões de trabalhadores) gozam do direito a uma *proteção legal adequada*. Não se trata, como é óbvio, de instituir um tratamento privilegiado para esta classe de trabalhadores; trata-se, pelo contrário, de respeitar escrupulosamente o princípio da igualdade, o qual, como é sabido, manda tratar de modo igual o que é igual e de modo diferente o que é desigual, na proporção da respetiva diferença. Ora, a assunção de responsabilidades ao nível das estruturas sindicais coloca aqueles que são eleitos numa situação distinta da dos demais trabalhadores: serão eles que, em princípio, irão encarnar a conflitualidade inerente à relação laboral, serão eles que irão liderar os processos reivindicativos em relação à entidade empregadora, serão eles os principais protagonistas do dissídio coletivo... o que, evidentemente, os coloca numa situação de especial vulnerabilidade face àquela. Daí que o art. 55.º, n.º 6, da CRP aponte para uma tutela reforçada destes trabalhadores, assente numa dupla *ratio*: uma *dimensão subjetiva*, consistente em acautelar a segurança no emprego dos trabalhadores em causa, e uma *dimensão objetiva*, de molde a criar condições para o efetivo exercício da liberdade sindical e dos direitos coletivos dos trabalhadores.

Pergunta-se: a imposição legiferante contida no art. 55.º, n.º 6, da CRP – proteção legal adequada dos representantes eleitos dos trabalhadores – analisa-se numa simples *permissão* de diferenciação ou, mais do que isso, numa autêntica *obrigação* de diferenciação? A nosso ver, proteção adequada significa aqui, necessariamente, proteção diferenciada, isto é, implica um tratamento específico, um regime especial, uma "mais-valia de proteção" para os trabalhadores em causa. Se assim não fosse, tratar-se-ia de modo igual o que é desigual, o que se traduziria numa típica forma de violação do princípio da igualdade. E também não parece haver grandes dúvidas quanto à circunstância de aquela *differentia specifica* na situação dos dirigentes e delegados sindicais reclamar um regime legal diferenciado em matéria de despedimento patronal – ou não fosse nesta sede que, em primeira linha, se fazem sentir as tentações persecutórias e os instintos retaliatórios da entidade empregadora.

O CT dispõe de um conjunto de preceitos relativos à proteção especial dos representantes dos trabalhadores. Trata-se, desde logo, de normas atinentes à temática temporal, a saber, o regime do crédito de horas para o desempenho das funções representativas e o regime de justificação das faltas dadas pelos trabalhadores eleitos para esses cargos (arts. 408.º-409.º e 467.º-468.º do CT)[27]. Trata-se, ainda, do disposto no art. 410.º (proteção em caso de procedimento disciplinar e despedimento) e 411.º (proteção em caso de transferência). Estes dois últimos preceitos assumem especial importância, pois referem-se a outros tantos aspetos particularmente delicados da disciplina jurídica da relação de trabalho, a saber: *i)* os termos em que o empregador pode, de modo unilateral, modificar o local de trabalho que havia sido contratualmente estabelecido por ambos os contraentes; *ii)* os termos em que o empregador pode proceder ao despedimento de um representante dos trabalhadores (máxime, de um delegado sindical ou de um membro da direção de uma associação sindical).

Ora, se passarmos em revista a norma codicística destinada a conceder ao trabalhador-representante uma especial proteção em caso de despedimento, julgamos poder concluir, com segurança, que o balanço não é famoso. Não se ignore que as associações sindicais constituem peças essenciais de qualquer democracia digna desse nome. E aqueles que, numa relação fortemente assimétrica e marcadamente conflitual como é a relação laboral, assumem a condição de representantes dos trabalhadores,

[27] A este propósito, Rosário Palma Ramalho, *Tratado de Direito do Trabalho, cit.*, pp. 77-80.

carecem mesmo de uma *proteção adequada* e *eficaz* – coisa que, repete-se, é muito discutível que realmente exista no nosso ordenamento[28].

5. Liberdade sindical coletiva: que funções para os sindicatos?

As associações sindicais desempenham relevantes funções e são titulares de importantes direitos, desde logo os previstos no art. 56.º da CRP, mas também muitos outros, previstos na lei constitucional e na legislação ordinária. Em termos muito sintéticos, cumpre chamar a atenção para os seguintes:

i) Os trabalhadores gozam do *direito fundamental de participar na elaboração da legislação do trabalho*, através das comissões de trabalhadores (art. 54.º, n.º 5, al. *d)*, da CRP) e das associações sindicais (art. 56.º, n.º 2, al. *a)*, da CRP). A violação deste direito implica a inconstitucionalidade da correspondente legislação do trabalho aprovada pelo parlamento ou pelo governo, pois a participação é um pressuposto indispensável para a legitimidade procedimental da normação aprovada. Isto sem prejuízo de, como é óbvio, o direito de participação não privar os órgãos legislativos do seu poder decisório: não se trata aqui de conceder aos trabalhadores um direito de voto ou qualquer direito de veto, mas antes de reforçar a democraticidade do processo legislativo, chamando os destinatários das normas a sobre elas discutirem e sobre elas se pronunciarem antes da respetiva aprovação. A densificação deste direito, vale dizer, o esclarecimento daquilo que se entende por «legislação do trabalho» e a definição dos procedimentos a observar para que se dê cumprimento ao mandato constitucional (publicação dos projetos ou propostas, prazo de apreciação pública, pareceres e audições das organizações representativas, resultados da apreciação pública, etc.), encontra-se feita nos arts. 469.º a 475.º do CT – diploma no qual, aliás, se prevê a obrigatoriedade de consulta, não só das estruturas representativas dos trabalhadores, mas

---

28 Para mais desenvolvimentos sobre o ponto, João Leal Amado, «O estatuto dos representantes dos trabalhadores em matéria de transferência e despedimento», *Revista de Legislação e de Jurisprudência*, n.º 3948, Janeiro/Fevereiro 2008, pp. 151-165.

também das associações de empregadores, o que se aplaude, ainda que sem descurar que o direito fundamental aqui em jogo é um direito de que apenas os trabalhadores são titulares.

ii) Este direito de participação na elaboração da legislação do trabalho não deve ser confundido com a chamada «concertação social», concertação entre o Governo e as confederações sindicais e patronais que tem lugar no âmbito da *Comissão Permanente de Concertação Social* (CPCS), esta última integrada no Conselho Económico e Social (art. 92.º da CRP). Os acordos de concertação social alcançados nesta sede, ainda que não vinculem juridicamente o parlamento, têm-se traduzido, na prática, num forte fator de constrangimento político do órgão legislativo, que assim, muitas vezes, se tem limitado a «carimbar» o conteúdo daqueles acordos, sem se atrever a mudar uma vírgula que seja... Surge, assim, uma espécie de «legislação concertada», que o parlamento é chamado, tão-só, a chancelar *a posteriori*, legislação esta que, credenciando-se embora numa apelativa ideia de compromisso dos «parceiros sociais», não deixa de pôr em xeque os velhos princípios da democracia representativa (diluição da responsabilidade da maioria parlamentar pelas decisões político-legislativas, obnubilação da supremacia legislativa do parlamento e da representação partidária, etc.)[29]. Importa, outrossim, não confundir a concertação social com a contratação coletiva. Com efeito, aquela ocorre no âmbito da CPCS, estrutura tripartida integrada por membros do Governo, das confederações sindicais (CGTP-IN e UGT) e das confederações patronais (CIP, CCP, CAP e CTP), ao passo que esta decorre das negociações desencadeadas *ad hoc* entre associações sindicais e entidades empregadoras ou associações de empregadores. Além disso, como se assinalou, na concertação social o que se pretende é a promoção do diálogo entre os membros da CPCS, com vista à obtenção de acordos que servirão de base à atuação do legislador, ao passo que a contratação coletiva cria normas jurídicas novas

[29] A este propósito, por todos, Vital Moreira, «Neocorporativismo e Estado de Direito democrático», *Questões Laborais*, n.º 14, 1999, pp. 174-188.

que, depois de publicadas, serão diretamente aplicáveis aos contratos individuais de trabalho que visam regular.

iii) O direito de contratação coletiva é um direito fundamental dos trabalhadores, cujos titulares são diretamente os trabalhadores, mas competindo às associações sindicais – e somente a elas – exercê-lo, conforme resulta do disposto no n.º 3 do art. 56.º da CRP. A contratação coletiva consiste, como é sabido, numa técnica privilegiada de composição de interesses coletivos e num modo específico de produção de normas jurídico-laborais, modo através do qual os sujeitos laborais regulam, coletivamente, as condições de trabalho. Ora, só as associações sindicais poderão representar os trabalhadores na celebração de convenções coletivas de trabalho (arts. 443.º, n.º 1-*a)* e 491.º do CT)[30], o que atesta, nem necessidade de ulteriores considerações, o papel central e incontornável que aquelas desempenham no nosso sistema de relações laborais[31].

iv) O direito à greve é, também, um direito fundamental dos trabalhadores (art. 57.º da CRP), de todos os trabalhadores, sejam ou não sindicalizados, mas a verdade é que, nos termos do art. 531.º do CT, a competência para declarar a greve cabe, quase em exclusivo, às associações sindicais[32]. E os trabalhadores que adiram à greve,

[30] Sem prejuízo do monopólio sindical da contratação coletiva, a lei autoriza que a associação sindical delegue na comissão de trabalhadores poderes para, relativamente aos seus associados, contratar com empresa com, pelo menos, 150 trabalhadores (art. 491.º, n.º 3, do CT).

[31] Em princípio, a parte normativa da convenção coletiva celebrada por um sindicato apenas se aplicará aos trabalhadores que se encontram filiados nesse sindicato, não aos demais, máxime aos não sindicalizados (que são, amiúde, a maioria). É o que resulta do chamado "princípio da filiação", que rege o âmbito pessoal ou subjetivo da convenção, nos termos do art. 496.º do CT. Mas este princípio da filiação sofre vários e assinaláveis desvios (desde logo, através da possibilidade de emissão de portarias de extensão), que acabam por reduzir o seu alcance. A este propósito, vd., *infra*, o que referimos na nota 34.

[32] Quase em exclusivo porque, em casos marginais e residuais, a lei também autoriza que a greve seja decidida pela assembleia de trabalhadores da empresa (art. 531.º, n.º 2, do CT). Trata-se, todavia, de hipóteses quase desprezíveis, na prática, pelo que se falará, com propriedade, num sistema de "quase monopólio sindical da greve" – isto, repete-se, na fase preliminar, de decisão sobre a mesma, porque depois, naturalmente, a realização da greve dependerá da adesão ou não dos trabalhadores abrangidos pelo pré-aviso, momento individual deste direito essencialmente coletivo, que a lei pretende que seja o mais livre possível (daí, por

sejam ou não filiados no sindicato que a convocou, serão representados por este sindicato (art. 532.° do CT), o qual poderá também organizar piquetes para desenvolverem atividades tendentes a persuadir, por meios pacíficos, os trabalhadores a aderirem à greve (art. 533.° do CT). Quando for caso disso, a associação sindical deverá ainda assegurar, durante a greve, a prestação de serviços mínimos indispensáveis à satisfação de necessidades sociais impreteríveis, bem como dos serviços necessários à segurança e manutenção de equipamentos e instalações, conforme resulta do art. 537.° do CT. Vale dizer, o papel das associações sindicais, em matéria de greve, é praticamente incontornável, o que, uma vez mais, evidencia a importância do associativismo sindical, também em sede de conflitos coletivos de trabalho[33].

6. Sindicato: uma figura obsoleta?

A despeito da forma generosa como a nossa ordem jurídica acolhe o associativismo sindical, não obstante as garantias de que o rodeia e a inequívoca importância das funções desempenhadas pelos sindicatos, é indiscutível que, também em Portugal, o sindicalismo atravessa uma grave e persistente crise. As razões são, decerto, múltiplas. Muitas prendem-se com as alterações registadas nas últimas décadas, com as transformações sentidas na nossa forma de trabalhar e de viver. O sindicalismo viveu o seu apogeu no período da fábrica fordista, da fábrica grande, onde os trabalhadores se reuniam e conviviam, um período de grande proximidade entre os trabalhadores, inclusive física, trabalhando lado a lado, conjuntamente, sujeitos à autoridade e vigilância da entidade empregadora,

exemplo, a expressa proibição de qualquer ato que implique coação, prejuízo ou discriminação de trabalhador por motivo de adesão ou não a greve, estabelecida no art. 540.° do CT).

[33] Caso curioso, a este respeito, é o do pessoal da Polícia de Segurança Pública (PSP) com funções policiais, a quem a lei reconhece liberdade sindical, mas nega a possibilidade de exercício do direito à greve (*vd.* os arts. 2.° e 3.° da Lei n.° 14/2002, de 19 de fevereiro). Admitir o sindicalismo e, do mesmo passo, interditar a greve não encerrará uma contradição? Um café, sim, mas só se for descafeinado? Isto sem prejuízo de, por óbvias razões, uma greve do pessoal da PSP, a ser admitida, sempre ter de ser sujeita a fortes restrições, devido à necessidade de salvaguardar necessidades sociais impreteríveis, relacionadas com a segurança dos cidadãos, em matéria de obrigação de serviços mínimos.

num espaço-tempo bem definido e representado pelas paredes da fábrica (massificação do trabalho dependente, elevada concentração populacional, homogeneização do proletariado, que cimentou uma "consciência de classe" própria, etc.).

Tudo isso mudou, já nas últimas décadas do século passado, mais ainda nos nossos dias. A fábrica e o operário não desapareceram, por certo, mas perderam peso e protagonismo. O setor dos serviços ganhou importância, as transformações tecnológicas aceleraram a mudança, o "trabalho 4.0" emergiu, as empresas magras e musculadas substituíram, em muitos casos, a velha fábrica fordista. Em paralelo, instalou-se uma certa hegemonia do ideário neoliberal, desde os anos 80 do passado século, um ideário claramente hostil ao sindicalismo (e ao próprio Direito do Trabalho, muitas vezes apresentado como uma "ineficiência" que não deixa o sacrossanto mercado funcionar livremente) e que relança uma ideologia mais individualista, a todos os níveis, também no mundo do trabalho.

Nesse contexto, o espaço para a solidariedade reduz-se, a afirmação do eu, de um eu mais radical, individualista e até solitário, consolida-se. Em tempos de pandemia, com o recurso massivo ao teletrabalho, prestado à distância, a partir do próprio domicílio do trabalhador, essas tendências acentuaram-se. Como ser solidário na solidão das nossas quatro paredes?

As reservas, até mesmo a desconfiança, em relação ao sindicalismo radicam, também, na conduta do próprio movimento sindical, que nem sempre tem sabido preservar a sua independência, máxime em relação aos partidos políticos. É natural que haja alguma proximidade entre o sindicalismo e as correntes políticas e ideológicas que se reclamam mais amigas do mundo do trabalho, assim como é natural que haja alguma proximidade entre o associativismo patronal e as correntes políticas e ideológicas mais "antropologicamente amigas" do *business.* Mas nem sempre a distância higiénica entre os sindicatos e os partidos políticos tem sido mantida, o que mina a confiança dos trabalhadores na real independência dos sindicatos, o que, por seu turno, contribui para debilitar estes últimos.

Depois, por vezes, algum medo, algum temor de represálias, em tempos de forte competitividade empresarial e de acentuada precarização do emprego. Neste campo, o sindicalismo aparece quase como um atributo ou um "privilégio" para os *insiders,* para os trabalhadores com contrato de trabalho por tempo indeterminado e relativamente estável, mas um luxo para a multidão de *outsiders* – os falsos prestadores de serviço, os contratados a prazo, os trabalhadores temporários, etc. E também, não raro, algum oportunismo, algum cálculo de custos e benefícios por parte do trabalhador: é bom que o sindicato exista, a sua atividade aproveita-me[34], mas outros, que não eu, que se filiem, que paguem as quotas, que desenvolvam atividade sindical, que sejam delegados sindicais...

No fundo, e retomando a citação com que abrimos este texto, de António Lobo Antunes, vai fazendo caminho a ideia de que só há grupos, só há sindicatos, onde existem fraquezas individuais. E a ideologia dominante vai segregando a ideia de que, se há uma fraqueza individual, esse é um problema do indivíduo, que terá, sozinho, de se "empoderar" (quiçá recorrendo aos inestimáveis serviços dos livros de auto-ajuda...), não tanto um problema estrutural, de desnível, de assimetria de poder, que pode e deve ser resolvido ou atenuado no plano coletivo, através, justamente, do associativismo sindical.

Seja como for, no mundo mais virtual e fisicamente distante que é o nosso, muito dependerá, sem dúvida, da capacidade de adaptação, regeneração e modernização das estruturas sindicais. A crise é profunda e persistente, mas o associativismo sindical não é uma obsolescência, uma sobrevivência de um mundo passado. Ponto é que se modernize e atualize. E que consiga, de facto, conquistar ou preservar a sua independência e autonomia em relação ao Estado, aos partidos políticos, às instituições religiosas, às associações empresariais, etc. Sem isso, nada feito!

Dissemo-lo no início: a história do Direito do Trabalho confunde-se com a história do sindicalismo. Se o sindicalismo soçobrar, o mesmo tenderá a acontecer ao Direito do Trabalho. Fica a pergunta: forjado no séc.

[34] Pense-se, desde logo, na possibilidade de o trabalhador não sindicalizado declarar que pretende que a convenção coletiva aplicável no âmbito da empresa (ou uma das convenções coletivas aplicáveis), lhe seja aplicada, ainda que o trabalhador não se filie. Esta possibilidade de escolha da/adesão à convenção coletiva contribui para estimular o fenómeno do *free rider*, ainda que tal possa ser um tanto ou quanto mitigado pela possibilidade de a convenção coletiva prever que, nesse caso, o trabalhador pague um determinado montante à associação sindical envolvida, a título de comparticipação nos encargos de negociação (art. 492.º, n.º 4, do CT). Sobre a questão, Rosário Palma Ramalho, *Tratado de Direito do Trabalho, cit.*, pp. 88-90, e António Monteiro Fernandes, *Direito do Trabalho*, cit., pp. 681-682.

XIX, desenvolvido e amadurecido no séc. XX, estará o Direito do Trabalho condenado a definhar ao longo do séc. XXI? Não cremos. Com efeito, nas condições atuais do capitalismo, em que, na fórmula de ROBERT REICH, o «capitalismo democrático» deu lugar ao «supercapitalismo»[35], marcado por uma concorrência infrene e globalizada, as empresas têm de responder a uma dupla pressão: a pressão dos consumidores (que querem fazer bons negócios, reduzindo os seus encargos) e a pressão dos investidores (que também querem fazer bons negócios, aumentando os seus rendimentos). E tanto os consumidores como os investidores são, hoje, altamente voláteis e dificilmente fidelizáveis, movendo-se constantemente num mercado global criado e potenciado pelas novas tecnologias. Colocadas perante esta pressão concorrencial intensa e crescente, as empresas são obrigadas a aumentar a sua eficiência – o que, em muitos casos, equivale a reduzir custos. E esta redução de custos, desejada pelos consumidores e reclamada pelos acionistas, põe em xeque a posição dos respetivos trabalhadores (contenção salarial, degradação das condições de trabalho, despedimentos, etc.). Neste quadro, a necessidade de estabelecer regras jurídicas, de raiz autónoma ou heterónoma, de origem nacional, internacional ou supranacional, tendentes a regular e disciplinar esta concorrência interempresarial, em ordem a salvaguardar as condições de vida e de trabalho dos que aí laboram, revela-se prioritária. É, afinal, de cidadania e de democracia que estamos a falar. E o Direito do Trabalho assume-se como um pressuposto daquela e como um baluarte desta. Sem Direito do Trabalho, o supercapitalismo invade e corrompe a democracia, empobrecendo a nossa comum condição de cidadãos. É que, decerto, todos somos consumidores e alguns de nós são investidores; mas todos somos, igualmente, cidadãos; e muitos de nós são trabalhadores.

[35] ROBERT B. REICH, *Supercapitalism: The Transformation of Business, Democracy, and Everyday Life*, Alfred A. Knopf, New York, 2007.

Representantes dos trabalhadores e despedimento: uma proteção adequada e eficaz?

JOÃO LEAL AMADO

1. O direito à proteção adequada dos representantes dos trabalhadores

«Os representantes eleitos dos trabalhadores gozam do direito à informação e consulta, bem como à protecção legal adequada contra quaisquer formas de condicionamento, constrangimento ou limitação do exercício legítimo das suas funções». Assim reza o n.º 6 do art. 55.º da Constituição da República Portuguesa (CRP). Nas palavras de GOMES CANOTILHO e VITAL MOREIRA, «a proteção específica que é conferida aos representantes eleitos dos trabalhadores decorre naturalmente da sua situação de particular "exposição" perante as entidades empregadoras e as entidades públicas, encabeçando e dirigindo as reivindicações para a defesa dos direitos dos restantes trabalhadores, o que os transforma naturalmente em alvos privilegiados de retaliações ou outros abusos de poder privado dessas entidades. Por isso – acrescentam os Autores – o tratamento adequado deve ter particularmente em conta as dimensões garantísticas necessárias contra os despedimentos sem justa causa, sobretudo os despedimentos discriminatórios violadores dos princípios estruturantes do Estado de direito democrático»[1].

A matéria foi também objeto da Convenção n.º 135 da Organização Internacional do Trabalho (OIT), adotada a 23 de Junho de 1971 (convenção relativa aos representantes dos trabalhadores), a qual veio a ser aprovada, para ratificação, pelo Decreto-Lei n.º 263/76, de 8 de Abril. Nos termos do seu art. 1.º, «os representantes dos trabalhadores na

[1] *Constituição da República Portuguesa Anotada*, vol. I, 4.ª ed., Coimbra Editora, Coimbra, 2007, p. 737, anotação XII ao art. 55.º.

empresa devem beneficiar de uma proteção eficaz contra todas as medidas que lhes possam causar prejuízo, incluindo o despedimento, e que sejam motivadas pela sua condição de representantes dos trabalhadores ou pelas atividades dela decorrentes, pela sua filiação sindical ou pela sua participação em atividades sindicais, na medida em que atuem em conformidade com as leis, convenções coletivas ou outras disposições convencionais em vigor».

Aquele art. 55.º, n.º 6, da CRP assume-se, assim, como uma inequívoca credencial constitucional para uma tutela legal diferenciada dos representantes eleitos dos trabalhadores. À luz desta norma, todos os representantes eleitos dos trabalhadores (não apenas os representantes sindicais, mas também, por exemplo, os membros das comissões de trabalhadores) gozam do direito a uma *proteção legal adequada*. Não se trata, como é óbvio, de instituir um tratamento privilegiado para esta classe de trabalhadores; trata-se, pelo contrário, de respeitar escrupulosamente o princípio da igualdade, o qual, como é sabido, manda tratar de modo igual o que é igual e de modo diferente o que é desigual, na proporção da respectiva diferença. Ora, a assunção de responsabilidades ao nível das estruturas de representação colectiva dos trabalhadores coloca aqueles que são eleitos numa situação distinta da dos demais trabalhadores: serão eles que, em princípio, irão encarnar a conflitualidade inerente à relação laboral, serão eles que irão liderar os processos reivindicativos em relação à entidade empregadora, serão eles os principais protagonistas do dissídio colectivo... o que, evidentemente, os coloca numa situação de especial vulnerabilidade face àquela. Daí que o art. 55.º, n.º 6, da CRP aponte para uma tutela reforçada destes trabalhadores, assente numa dupla *ratio*: uma *dimensão subjetiva*, consistente em acautelar a segurança no emprego dos trabalhadores em causa, e uma *dimensão objetiva*, de molde a criar condições para o efetivo exercício da liberdade sindical e dos direitos coletivos dos trabalhadores[2].

---

[2] Sobre os fundamentos racionais e materiais para este tratamento garantístico, cfr., por todos, Gomes Canotilho e Jorge Leite, «A inconstitucionalidade da lei dos despedimentos», separata do número especial do *Boletim da Faculdade de Direito de Coimbra – Estudos em Homenagem ao Prof. Doutor António de Arruda Ferrer Correia*, Coimbra, 1988, pp. 20 e 44-45.

Pergunta-se: a imposição legiferante contida no art. 55.º, n.º 6, da CRP – protecção legal adequada dos representantes eleitos dos trabalhadores – analisa-se numa simples *permissão* de diferenciação ou, mais do que isso, numa autêntica *obrigação* de diferenciação? A nosso ver, proteção adequada significa aqui, necessariamente, protecção diferenciada, isto é, implica um tratamento específico, um regime especial, uma «mais-valia de protecção» para os trabalhadores em causa. Se assim não fosse, tratar-se-ia de modo igual o que é desigual, o que se traduziria numa típica forma de violação do princípio da igualdade. E também não nos parece haver grandes dúvidas quanto à circunstância de aquela *differentia specifica* na situação dos representantes eleitos reclamar um regime legal diferenciado em matéria de despedimento patronal – ou não fosse nesta sede que, em primeira linha, se fazem sentir as tentações persecutórias e os instintos retaliatórios da entidade empregadora[3].

O Código do Trabalho (CT) em vigor dispõe de um conjunto de preceitos relativos à proteção especial dos representantes dos trabalhadores[4]. Trata-se dos arts. 408.º (crédito de horas), 409.º (faltas), 410.º (proteção em caso de procedimento disciplinar e despedimento) e 411.º (proteção em caso de transferência). Vamos centrar a nossa atenção no art. 410.º, que se refere a um aspeto particularmente delicado da disci-

---

[3] Em sentido algo distinto, considerando nada impedir que, «estando garantida uma proteção legal adequada dos representantes eleitos dos trabalhadores em sede de despedimento, o legislador ordinário opte por alargar a mesma protecção a todos os trabalhadores», cfr. Jorge Miranda e Rui Medeiros, *Constituição Portuguesa Anotada*, Tomo I, Coimbra Editora, Coimbra, 2005, p. 547, anotação XIII ao art. 55.º. Não podemos subscrever esta leitura do preceito constitucional em questão. É certo que, como os Autores observam, o preceito exige que os representantes eleitos dos trabalhadores tenham uma proteção *adequada* e não, propriamente, uma proteção *diferenciada*. Parece-nos, no entanto, que um qualquer regime legal igualitário em sede de despedimento desatenderia à supramencionada *differentia specifica* da situação dos representantes face aos demais trabalhadores. Manifestamente, a CRP quer que o legislador estabeleça um *plus* de proteção para aqueles, não se vislumbrando como é que, numa ótica constitucionalmente adequada, tal *plus* poderá deixar de passar pelo regime do despedimento.

[4] As estruturas de representação coletiva dos trabalhadores que se encontram previstas no art. 404.º do CT são as associações sindicais, as comissões e subcomissões de trabalhadores, os conselhos de empresa europeus e os representantes dos trabalhadores para a segurança e saúde no trabalho.

plina jurídica da relação de trabalho, a saber, o dos termos e condições em que o empregador poderá proceder ao despedimento de um representante dos trabalhadores[5].

---

[5] Impõe-se aqui aludir às significativas diferenças que, nesta matéria, existem entre Portugal e o Brasil. A estabilidade no emprego e a tutela contra o despedimento arbitrário são valores a salvaguardar e promover pelo ordenamento jurídico – valores, decerto, não absolutos, mas também, cremos, não obsoletos. Daí que a CRP estabeleça, no seu art. 53.º, que «é garantida aos trabalhadores a segurança no emprego, sendo proibidos os despedimentos sem justa causa ou por motivos políticos ou ideológicos». E daí que a Constituição do Brasil também consagre, como um dos direitos dos trabalhadores, o de «relação de emprego protegida contra despedida arbitrária ou sem justa causa, nos termos de lei complementar, que preverá indenização compensatória, dentre outros direitos» (art. 7.º, I).
Dir-se-ia, assim, que os pilares constitucionais de ambos os países, quanto a este ponto, são similares: a CRP proíbe os despedimentos sem justa causa ou por motivos políticos ou ideológicos, garantindo a segurança no emprego; a CRFB censura/combate os despedimentos arbitrários ou sem justa causa, dando expressão ao princípio da continuidade da relação de emprego. Porém, se descermos de patamar hierárquico e se analisarmos a legislação ordinária vigente em cada um deles, logo verificamos que existe hoje um enorme oceano a separá-los. Com efeito, o princípio do despedimento causal ou justificado encontra-se hoje solidamente implantado em Portugal, mas já no Brasil, pelo contrário, predomina a tese da aceitação do despedimento livre ou *ad nutum* ("denúncia vazia", "dispensa imotivada", "despedida arbitrária"). Isto porque: *i)* o direito a «relação de emprego protegida contra despedida arbitrária ou sem justa causa» efetivar-se-á, segundo o art. 7.º, I, da Constituição brasileira, «nos termos de lei complementar» (a qual, até hoje, mais de trinta anos volvidos, ainda não surgiu); *ii)* segundo o art. 10, I, do Ato das Disposições Constitucionais Transitórias, até que seja promulgada a lei complementar a que se refere o art. 7.º, I, da Constituição, «fica limitada a proteção nele referida ao aumento, para quatro vezes, da porcentagem prevista no art. 6.º, *caput* e § 1.º, da Lei n.º 5107, de 13 de setembro de 1966» (diploma que instituiu o chamado *Fundo de Garantia do Tempo de Serviço* – FGTS). Ora, esta sanção legal é tão modesta que, no essencial, ninguém duvida de que o FGTS veio liberalizar o mercado de trabalho brasileiro e veio atenuar substancialmente o papel do tradicional princípio da continuidade da relação de emprego, «ao se propiciar a franca rutura desmotivada do contrato empregatício por ato empresarial; em síntese, a *denúncia vazia* do pacto empregatício. O ato de dispensa, na nova sistemática, não dependeria mais de uma causa tipificada em lei, considerada razoável para autorizar o fim do contrato, qualquer que fosse o tempo de serviço do empregado: bastaria a simples vontade do empregador (por isso fala-se também em *dispensa desmotivada*, isto é, sem motivo jurídico relevante e tipificado, a não ser a prerrogativa potestativa empresarial). Noutras palavras, o motivo para a rutura do contrato exigido pela ordem jurídica é interno, íntimo à vontade empresarial – trata-se do simples exercício do arbítrio pelo empregador» (Maurício Godinho Delgado, *Curso de Direito do Trabalho*, 17.ª ed., LTR, São Paulo, 2018, p. 1308).

2. O despedimento patronal e o art. 410.º do Código do Trabalho

O art. 410.º do CT refere-se à «proteção em caso de procedimento disciplinar e despedimento». Comecemos por transcrever este preceito, para em seguida analisarmos o seu conteúdo normativo e a sua real valia protetora.

> «1 – A suspensão preventiva de trabalhador membro de estrutura de representação coletiva não obsta a que o mesmo tenha acesso a locais e exerça atividades que se compreendem no exercício das correspondentes funções.
>
> 2 – Na pendência de processo judicial para apuramento de responsabilidade disciplinar, civil ou criminal com fundamento em exercício abusivo de direitos na qualidade de membro de estrutura de representação coletiva dos trabalhadores, aplica-se ao trabalhador visado o disposto no número anterior.
>
> 3 – O despedimento de trabalhador candidato a membro de qualquer dos corpos sociais de associação sindical ou que exerça ou haja exercido funções nos mesmos corpos sociais há menos de três anos presume-se feito sem justa causa.
>
> 4 – A providência cautelar de suspensão do despedimento de trabalhador membro de estrutura de representação coletiva dos trabalhadores só não é decretada se o tribunal concluir pela existência de probabilidade séria de verificação da justa causa invocada.
>
> 5 – A ação de apreciação da licitude do despedimento de trabalhador a que se refere o número anterior tem natureza urgente.

No Brasil, o direito de o empregador pôr termo ao contrato de trabalho, sem que para tanto tenha que apresentar qualquer motivo ou fundamento, surge, pois, como uma espécie de dogma, ainda que normas-princípios constitucionais indiquem o contrário. Isto, contudo, sem prejuízo de existirem alguns casos específicos de estabilidade no emprego no Brasil, alguns, inclusive, com arrimo na Constituição Federal, tais como, justamente, os do dirigente sindical. Com efeito, nos termos do art. 8.º, VIII, da Constituição brasileira, «é vedada a dispensa do empregado sindicalizado a partir do registro da candidatura a cargo de direção ou representação sindical e, se eleito, ainda que suplente, até um ano após o final do mandato, salvo se cometer falta grave nos termos da lei».
Para desenvolvimentos a este propósito, permitimo-nos remeter para o nosso *A Cessação do Contrato de Trabalho – Uma Perspectiva Luso-Brasileira*, LTR, São Paulo, 2017, pp. 138 e ss.

6 – Em caso de ilicitude de despedimento por facto imputável ao trabalhador membro de estrutura de representação coletiva, este tem direito a optar entre a reintegração e uma indemnização calculada nos termos do n.º 3 do artigo 392.º ou em instrumento de regulamentação coletiva de trabalho, não inferior à retribuição base e diuturnidades correspondentes a seis meses».

2.1. Procedimento disciplinar e suspensão preventiva

A título preliminar, diga-se que os representantes dos trabalhadores não gozam de qualquer imunidade disciplinar perante a entidade empregadora. Enquanto trabalhadores, também eles se encontram sujeitos ao poder disciplinar patronal, como decorre do art. 98.º do CT. Em qualquer caso, é óbvio que a natureza das funções que exercem não deixa de se refletir na análise das suas condutas, nesta sede. Assim, se, em geral, é reconhecida, no âmbito da empresa, a liberdade de expressão e de divulgação do pensamento e opinião, por parte dos trabalhadores (nos termos do art. 14.º do CT), cremos que os representantes eleitos não podem deixar de beneficiar de uma liberdade de expressão forte, qualificada (um *plus* de liberdade), pois eles encarnam a conflitualidade própria da relação de trabalho e são o porta-voz do coletivo que os elegeu. Com efeito, a liberdade de expressão pressupõe a crítica, por vezes a crítica dura. E a latitude da liberdade de expressão de um representante eleito não pode deixar de ser superior à de um qualquer trabalhador comum. A garantia do exercício da liberdade sindical e a ideia-chave de democracia na empresa implicam que o representante eleito disponha de uma "liberdade de palavra" bastante ampla. Neste sentido, cremos que um representante eleito não poderá deixar ser assimilado a um jornalista, enquanto *chien de garde* da democracia. E, mesmo quando se exceda na crítica, a medida do excesso deverá ser adequadamente ponderada em sede disciplinar, com recurso a juízos de proporcionalidade[6].

---

[6] Em sentido que cremos convergente, aludindo, em sede de valoração disciplinar dos comportamentos dos representantes dos trabalhadores, à devida ponderação especial dos padrões correntes ligados à natureza das funções que exercem, pelo que a apreciação das suas condutas, sob o ponto de vista disciplinar, «pode ter que ser matizada pela consideração do facto de se inserirem na ação sindical e corresponderem a padrões de comportamento próprios

Na prática, porém, cremos que isto nem sempre tem sucedido, a nossa jurisprudência nem sempre revela sensibilidade para efetuar a necessária concordância prática entre os vários direitos fundamentais em liça. Por vezes, invoca-se mesmo que se a um delegado ou dirigente sindical, no exercício das respetivas funções, deve ser reconhecida uma maior amplitude quanto à liberdade de expressão, também lhe deverão ser exigidas maiores cautelas com os termos que escolhe para veicular as suas críticas, devido ao cargo que ocupa. Ora, confessamos ter as maiores reservas em relação a este tipo de argumentação, que dá com uma mão e logo retira com a outra. O representante dos trabalhadores tem especiais responsabilidades perante os que o elegeram, responde perante estes pela forma como exerce as suas funções. E as funções que desempenha não o obrigam a tornar-se numa espécie de colaborador exemplar do empregador, qual "menino de coro". Dir-se-ia até que pelo contrário: as funções que desempenha obrigam-no, amiúde, a assumir, protagonizar e verbalizar o conflito com a entidade empregadora[7].

Em qualquer caso, a possível responsabilidade disciplinar do representante eleito perante a entidade empregadora existe, de forma indiscutível. Ora, segundo a regra geral contida no n.º 5 do art. 329.º do CT, «iniciado o procedimento disciplinar, o empregador pode suspender o trabalhador se a presença deste se mostrar inconveniente, mantendo o pagamento da retribuição». Na mesma linha, o n.º 1 do art. 354.º do CT estabelece que, «com a notificação da nota de culpa, o empregador pode suspender preventivamente o trabalhador cuja presença na empresa se mostrar inconveniente, mantendo o pagamento da retribuição»[8].

Pois bem: tratando-se de um representante dos trabalhadores, a respetiva suspensão preventiva não obsta ao exercício normal das suas funções de representante, como resulta do art. 410.º, n.º 1. Dir-se-ia que *o traba-*

---

das atividades reivindicativas e reclamatórias», António Monteiro Fernandes, *Direito do Trabalho*, 18.ª ed., Almedina, Coimbra, 2017, pp. 671 e 700.

[7] Para uma boa ilustração do que vem de ser dito, seja-nos permitido remeter para o nosso «Enredado: o *Facebook* e a justa causa de despedimento», *Revista de Legislação e de Jurisprudência*, n.º 3994, Setembro-Outubro 2015, pp. 190-198.

[8] O n.º 2 deste artigo esclarece que, em determinadas hipóteses e dentro de certos limites, a suspensão preventiva poderá mesmo anteceder a notificação da nota de culpa.

lhador poderá ser preventivamente suspenso, mas não o representante eleito. As suas funções laborais poderão ver-se transitoriamente paralisadas, mas as suas funções representativas já não. Daí que a lei, sem excluir a possibilidade de suspensão preventiva do trabalhador-representante, logo esclareça que a mesma não poderá impedir ou dificultar o acesso deste aos locais de trabalho, bem como o desempenho das atividades que se compreendam no exercício das suas funções de representante. Trata-se de uma solução lógica, que salvaguarda os interesses coletivos para defesa dos quais o trabalhador foi eleito, e que, aliás, tem reflexo em outras disposições codicísticas[9].

O mesmo vale, segundo o n.º 2 do artigo, na pendência de processo judicial para apuramento de responsabilidade disciplinar, civil ou criminal com fundamento em exercício abusivo de direitos na qualidade de membro de estrutura de representação coletiva dos trabalhadores – enquanto estiver pendente tal processo, o representante eleito pode aceder ao local de trabalho e exercer as atividades correspondentes à respetiva função.

2.2. A presunção legal de ausência de justa causa

Em matéria de despedimento, o n.º 3 do art. 410.º do CT estabelece uma presunção de inexistência de justa causa. O despedimento de trabalhadores candidatos ao exercício de funções sindicais, ou que as exercem ou exerceram nos últimos três anos, «presume-se feito sem justa causa», afirma o preceito.

Prima facie, resulta desta norma um regime probatório privilegiado, mais vantajoso para o representante eleito que tenha sido objeto de um despedimento do que aquele aplicável à generalidade dos trabalhadores. A vantagem regimental residiria na circunstância de, neste caso, ao contrário das demais situações, se presumir *juris tantum* que o despedimento do trabalhador-representante foi efetuado sem justa causa, assim

[9] Veja-se, a este propósito, o art. 308.º do CT, relativo à suspensão do contrato de trabalho por facto respeitante ao empregador (situações de crise empresarial), o qual também esclarece que tal suspensão não prejudica o direito ao exercício normal das funções representativas no interior da empresa.

cabendo ao empregador fazer prova dos factos constitutivos da justa causa de despedimento.

A verdade, porém, é que esta vantagem só o é na aparência. Com efeito, é ponto assente que, em todo e qualquer caso de despedimento com alegação de justa causa, sempre recai sobre o empregador, nos termos do art. 342.º do Código Civil, o ónus de provar os factos que integram a referida justa causa e que, portanto, legitimam o despedimento. Repete-se: não existe, na economia do CT, qualquer presunção de justa causa de despedimento, pelo que o *onus probandi* estará, invariavelmente, a cargo do empregador; a este competirá, em qualquer caso, provar que o trabalhador incorreu em violação contratual e que as infrações disciplinares pelo mesmo cometidas assumiram gravidade tal que inviabilizaram (isto é, tornaram inexigível) a manutenção do contrato.

Ora, se assim é, parece inevitável extrair a seguinte conclusão, ainda que um tanto desconsoladora: em rigor, o n.º 3 do art. 410.º do CT consiste numa norma desprovida de conteúdo útil – uma norma, dir-se-ia, de embalagem vistosa, cujo invólucro atrai o olhar, mas cujo conteúdo se revela dececionante[10].

2.3. Os meios de reação contra o despedimento

Não existe entre nós, atualmente, qualquer sistema de tutela preventiva dos trabalhadores-representantes em matéria de despedimento. Ou seja, a decisão de despedimento pode ser tomada pelo empregador, no termo do competente procedimento disciplinar, sem que alguma entidade externa e imparcial seja chamada a controlar/autorizar tal despedimento. Aqui, como em geral sucede, o empregador é o acusador e é o primeiro juiz: a ele cabe instaurar o procedimento disciplinar, remetendo ao trabalhador a respetiva nota de culpa (empregador-acusador); e a ele cabe decidir, a final, se sanciona ou não o trabalhador e, em caso afirmativo, se o sanciona com o despedimento (empregador-juiz).

[10] Registe-se, ainda assim, o esforço interpretativo de Luís Gonçalves da Silva, Autor que tenta, a nosso ver sem grande êxito, encontrar um sentido útil para este preceito – *Código do Trabalho Anotado*, Pedro Romano Martinez *et al.*, 12.ª ed., Almedina, Coimbra, 2020, pp. 945-947.

Em todo o caso, sendo certo que o ordenamento juslaboral reconhece a existência de um autêntico poder punitivo autotutelar na esfera do empregador, nenhuma dúvida existe quanto à possibilidade de o exercício daquele poder punitivo particular vir, *a posteriori*, a ser escrutinado e sindicado pelos tribunais. E isto é válido, em matéria de despedimento, quer em relação ao representante eleito, quer em relação ao trabalhador comum. Um e outro podem, nos termos gerais, recorrer à providência cautelar da suspensão judicial do despedimento (art. 386.º do CT) e intentar a ação de impugnação do despedimento, ao abrigo do disposto no art. 387.º do mesmo Código.

Significa isto que não há quaisquer especificidades regimentais, quanto aos meios reactivos colocados à disposição do trabalhador-representante despedido? Não. Os n.º 4 e 5 do art. 410.º introduzem, na verdade, alguns desvios (convenhamos que ligeiros) face ao regime aplicável aos demais trabalhadores. Vejamos quais.

2.3.1 Suspensão do despedimento facilitada

Como deverá o juiz decidir, caso um qualquer trabalhador seja despedido e recorra à providência cautelar, requerendo a suspensão preventiva do despedimento? Responde o art. 39.º, n.º 1, do Código de Processo do Trabalho (CPT): «A suspensão do despedimento é decretada se não tiver sido instaurado processo disciplinar, se este for nulo ou *se o tribunal, ponderadas todas as circunstâncias relevantes, concluir pela probabilidade séria de inexistência de justa causa*» (itálico nosso). E quando se trate da suspensão do despedimento de um representante eleito? Responde o n.º 4 do art. 410.º do CT: «... esta *só não é decretada se o tribunal concluir pela existência de probabilidade séria de verificação da justa causa invocada*» (itálico nosso).

Deparamos aqui com uma *nuance*, porventura pouco significativa na prática, mas ainda assim uma *nuance*: ao passo que, para o trabalhador comum, a lei reclama uma convicção forte do julgador para que a providência cautelar seja concedida (probabilidade séria de inexistência de justa causa), já no tocante ao representante eleito a lei mostra-se menos exigente, na medida em que a providência só não será decretada caso exista probabilidade séria de verificação de justa causa. Dir-se-ia, pois, que, em caso de dúvida, a providência será concedida ao representante eleito, mas não já ao trabalhador comum. Ainda assim, e pela nossa parte, temos algumas dúvidas quanto à real "mais-valia" protectora desta *nuance* legal. Não será, também esta, uma norma simpática mas pouco mais do que ornamental?[11]

2.3.2. Impugnação do despedimento acelerada?

Se a concessão da providência cautelar é, ao menos teoricamente, facilitada em relação ao representante eleito, também em sede de impugnação do despedimento o legislador emite um sinal de (aparente) maior presteza: nos termos do n.º 5 do art. 410.º do CT, as acções de impugnação judicial do despedimento dos representantes eleitos têm «natureza urgente». Significaria isto que o escrutínio judicial do despedimento seria, nestes casos, tendencialmente mais rápido[12], com as inerentes vantagens para todas as partes envolvidas: para o trabalhador, a quem a celeridade convém, até para, eventualmente, poder retomar o seu posto de trabalho; mas também para o empregador, o qual, em caso de despedimento ilícito, verá os respetivos custos aumentar na razão direta do tempo que mediar entre o despedimento e o trânsito em julgado da decisão condenatória ("salários intercalares", "indemnização de antiguidade", etc.).

Acontece, todavia, que a ação de impugnação da regularidade e licitude do despedimento, prevista no art. 387.º do CT e regulada nos arts. 98.º-B a 98.º-P do CPT, possui, também ela, natureza urgente. E o mesmo se passa, de resto, com a ação de impugnação do despedimento coletivo, prevista no art. 388.º do CT e regulada nos arts. 156.º a 161.º do CPT[13]. Vale dizer, *prima facie*, todas as ações de impugnação do despedimento possuem, hoje, caráter urgente, pelo que a mais-valia representada pelo n.º 5 do art. 410.º se reduz, quase, a zero. Note-se, no entanto, que a ação de impugnação judicial da regularidade e licitude do despedimento con-

---

[11] Descortinando maiores potencialidades nesta disparidade regimental, BERNARDO LOBO XAVIER qualifica como «sensível» a vantagem oferecida, nesta matéria, aos representantes eleitos – *Manual de Direito do Trabalho*, 4.ª ed., Rei dos Livros, 2020, p. 205. Sobre esta *nuance* regimental, *vd.* ainda PEDRO ROMANO MARTINEZ, *Direito do Trabalho*, 9.ª ed., Almedina, Coimbra, 2019, p. 1121.

[12] Tendo a ação natureza urgente, os prazos processuais não se suspendem durante as férias judiciais, conforme resulta do art. 138.º, n.º 1, do Código de Processo Civil.

[13] Sobre esta matéria, *vd.*, por todos, JOANA VASCONCELOS, *Direito Processual do Trabalho*, Universidade Católica Editora, Lisboa, 2017, pp. 101-147.

siste numa ação declarativa de condenação cujo âmbito de aplicação se circunscreve aos casos «em que seja comunicada por escrito ao trabalhador a decisão de despedimento individual, seja por facto imputável ao trabalhador, seja por extinção do posto de trabalho, seja por inadaptação» (art. 98.º-C do CPT). Exige- se, pois, para que o trabalhador lance mão desta ação, que tenha havido uma decisão patronal de despedimento, inequívoca e formalizada. Destarte, se o que se verificou foi, por exemplo, uma decisão de despedimento meramente verbal, ou se a ligação contratual entre os sujeitos cessou, alegadamente, por outra via que não o despedimento (pense-se, desde logo, na hipótese de um contrato que o empregador considera ser um contrato a termo, acionando a respetiva caducidade, mas que o trabalhador considera ser um contrato sem termo, ilicitamente dissolvido pelo empregador; ou na hipótese de contrato cuja qualificação jurídica é discutida, entendendo o beneficiário dos serviços que se trata de um contrato de prestação de serviço, ao passo que o prestador entende tratar-se de um verdadeiro contrato de trabalho, feito cessar sem justa causa pelo empregador), parece que neste tipo de casos o trabalhador terá de recorrer a uma ação com processo comum, dispondo de um ano para intentar a correspondente ação. À luz do CPT revisto, não existe, portanto, unicidade em matéria de reação do trabalhador ao despedimento. Nuns casos, a ação apropriada deverá ser a especial (ação de impugnação judicial da regularidade e licitude do despedimento), noutros terá de ser a ação comum. E, quando desta ação comum se tratar, nos limitados casos em que se aplica, aí sim a tutela especial conferida pelo n.º 4 do art. 410.º do CT aos representantes eleitos poderá ter algum significado. Mas, repete-se, apenas neste limitados e contados casos.

Tudo visto e ponderado, reconhecer-se-á que, no atinente aos meios de reação contra o despedimento colocados à disposição do trabalhador-representante, o reforço da posição deste não é muito substancial, é mesmo marginal. Há ganhos comparativos, há uma «mais-valia protectora», mas esta é pouco significativa. Pouquíssimo significativa.

2.4. Os efeitos da ilicitude do despedimento

Em caso de despedimento ilícito, que direitos possui o trabalhador-representante? Existem, nesta matéria, diferenças de regime face aos demais trabalhadores? E quais? Segundo o n.º 6 do art. 410.º do CT, «em caso de ilicitude de despedimento por facto imputável ao trabalhador membro de estrutura de representação coletiva, este tem direito a optar entre a reintegração e uma indemnização calculada nos termos do n.º 3 do artigo 392.º»[14]. Que comentários merece esta norma? E que dúvidas suscita?

Em termos gerais, dir-se-á que, quanto aos efeitos da ilicitude do despedimento, a nossa lei concede ao representante eleito a opção pela reintegração na empresa ou pela perceção de uma «indemnização de antiguidade» majorada (majorada, leia-se, em relação aos demais trabalhadores). Na verdade, a opção reintegração/indemnização substitutiva é concedida a qualquer trabalhador que tenha sido alvo de um despedimento ilícito, conforme resulta do disposto nos arts. 389.º e 391.º do CT[15]. Simplesmente, ao passo que, para a generalidade dos trabalhadores, esta indemnização substitutiva será calculada «entre 15 e 45 dias de retribuição base e diuturnidades por cada ano completo ou fracção de antiguidade» (n.º 1 do art. 391.º), não podendo ser inferior a três meses (n.º 3), tratando-se de um trabalhador-representante a sua indemnização será calculada entre 30 e 60 dias de retribuição base e diuturnidades por cada ano completo ou fração de antiguidade, não podendo ser inferior a seis meses (n.º 3 do art. 392.º, por remissão do n.º 6 do art. 410.º). E nesta «indemnização de antiguidade» majorada residiria, afinal, a especial tutela deferida aos representantes eleitos, quanto aos efeitos do despedimento ilícito.

Note-se que o n.º 6 do art. 410.º se refere, tão-só, ao caso de ilicitude do despedimento por facto imputável ao trabalhador, isto é, às situações em que o trabalhador é despedido, com invocação de justa causa. A previsão normativa não abrange, assim, outras hipóteses de despedimento ilícito do representante eleito, sem que se perceba muito bem porquê. Pense-se, por exemplo, num despedimento por alegada inadaptação

---

[14] Recorde-se que, de acordo com a segunda parte deste preceito, a indemnização devida ao trabalhador-representante ilicitamente despedido poderá ser estabelecida em instrumento de regulamentação coletiva de trabalho, sempre com observância do limite mínimo constituído pela retribuição base e diuturnidades correspondentes a seis meses.

[15] Sobre o tema, seja-nos permitida a remissão para João Leal Amado, Milena Silva Rouxinol, Joana Nunes Vicente, Catarina Gomes Santos e Teresa Coelho Moreira, *Direito do Trabalho – Relação Individual*, Almedina, Coimbra, 2019, pp.

ou por suposta extinção do posto de trabalho, em que a necessidade de tutela dos representantes dos trabalhadores face a eventuais "desvios de poder" patronal se faz igualmente sentir, pois também aqui o empregador poderá ser tentado a utilizar estas faculdades extintivas em ordem a discriminar aqueles trabalhadores[16].

Coloca-se, porém, uma questão suplementar, cuja resolução não se mostra simples. Suponhamos que o trabalhador-representante labora numa microempresa. Ou que o mesmo ocupa, na empresa, um cargo de administração ou de direção. Sabemos que, nestas duas hipóteses, o CT confere ao empregador a faculdade de se opor à reintegração do trabalhador ilicitamente despedido, «com fundamento em factos e circunstâncias que tornem o regresso do trabalhador gravemente prejudicial e perturbador do funcionamento da empresara» (art. 392.°, n.° 1). Pergunta-se: será esta oposição patronal à reintegração admissível, quando o trabalhador em causa acumule a condição de representante eleito com a de trabalhador dirigente ou que labora numa microempresa?

Questão delicada. Como decidir? Por um lado, dir-se-á, o n.° 6 do art. 410.° limita-se a dizer que o trabalhador despedido «tem direito a optar entre a reintegração e uma indemnização», sem aludir a qualquer hipótese de oposição patronal àquela reintegração. Logo, esta faculdade patronal decairia, atento o silêncio do legislador... Mas este é, decerto, um argumento débil, pois do que se trata é de concatenar os preceitos, isto é, de saber como se conjugam os artigos em causa (arts. 391.°, 392.° e 410.° do CT), apurando se, à opção reintegratória exercida pelo trabalhador-representante, o empregador poderá ou não retorquir e manifestar a sua oposição a tal reintegração.

De outra parte, invocar-se-á o argumento do "lugar paralelo" constituído pelo regime estabelecido para as trabalhadoras grávidas, puérperas ou lactantes (ou trabalhadores no gozo de licença parental), caso em

---

[16] Em todo o caso, o limite mínimo da indemnização poderá ascender à retribuição base e diuturnidades correspondentes a doze meses de serviço, caso o tribunal conclua que o despedimento foi motivado pelo facto de o trabalhador exercer funções em estruturas de representação coletiva dos trabalhadores (cfr., a este propósito, o art. 331.°, n.° 1-*c)* e n.° 6-*b)*, do CT). Tratar-se-á, então, mais do que de um despedimento ilícito, de um autêntico despedimento abusivo.

que a lei afirma, *expressis verbis*, que o empregador não se pode opor à reintegração do trabalhador ilicitamente despedido (art. 63.º, n.º 8, do CT). Alegar-se-á, nesta linha, que se a lei tivesse querido excluir idêntica faculdade patronal em sede de despedimento de representantes eleitos, nada mais simples do que dedicar um n.º 7 do art. 410.º a tal proibição... Não existindo semelhante disposição proibitiva, nada justificaria que se impedisse a entidade empregadora de fazer uso de tal faculdade contra um representante eleito dos trabalhadores.

Tendo, decerto, algum peso, este argumento também não se nos afigura decisivo. Tem o peso, é claro, de mostrar que a questão é de resposta líquida quanto àquelas trabalhadoras, abrangidas pelo art. 63.º, mas nem por isso resolve o problema no que concerne aos representantes eleitos. Desde logo porque, a nosso ver, também não poderá ser ignorado um outro dado normativo. Com efeito, o mesmo legislador que veio conceder ao empregador a faculdade de se opor à reintegração do trabalhador ilicitamente despedido, nos casos do n.º 1 do art. 392.º, não deixou de compensar o trabalhador em sede de indemnização substitutiva: como se sabe, se for o próprio trabalhador a optar pela indemnização em detrimento da reintegração, aquela será calculada nos termos dos n.º 1 e 3 do art. 391.º (em regra, entre 15 e 45 dias de retribuição por cada ano, com o mínimo de 3 meses); porém, se o trabalhador optar pela reintegração e o empregador se opuser à mesma, caso esta oposição patronal seja julgada procedente pelo tribunal o trabalhador já receberá uma indemnização majorada, nos termos do n.º 3 do art. 392.º (entre 30 e 60 dias de retribuição, com o mínimo de 6 meses). E, note-se, esta majoração indemnizatória compreende-se sem dificuldade, revelando-se mesmo de uma lógica inatacável – afinal, aqui o trabalhador foi ilicitamente despedido e pretende ser reintegrado, sendo que, apesar disso, o tribunal acaba por sacrificar o seu emprego no altar das conveniências empresariais...

Ora, sucede que este mecanismo compensatório (oposição patronal à reintegração julgada procedente, indemnização substitutiva majorada para o trabalhador) não existe em relação aos trabalhadores-representantes. Aqui, conforme decorre do n.º 6 do art. 410.º do CT, caso o trabalhador despedido opte, ele mesmo, pela indemnização, esta já será calculada nos termos do n.º 3 do art. 392.º (30-60 dias por ano, mínimo de 6 meses). E, se entendermos que o empregador poderá lançar mão da faculdade de oposição prevista no art. 392.º, n.º 1, ainda que esteja em causa um representante eleito, então a alternativa será, para este trabalhador, receber a mesmíssima indemnização a que teria direito caso ele mesmo tivesse optado pela indemnização... Que compensação pela reintegração frustrada? Zero! Que preço a pagar pela oposição à reintegração? Nenhum!

Ou não estamos a ver bem o problema, ou algo não está bem nesta "radiografia normativa"... Daí que sejamos levados a concluir, ainda que com dúvidas, que da leitura conjugada do material normativo relevante se deverá extrair a regra segundo a qual o empregador não poderá opor-se à reintegração na empresa de um representante eleito que tenha sido ilicitamente despedido, qualquer que seja a dimensão da empresa e qualquer que seja o cargo ocupado pelo trabalhador na mesma. Dir-se-á, deste ponto de vista, que se o legislador pretendesse admitir aquela oposição patronal teria, decerto, criado um n.º 7 do art. 410.º, majorando a indemnização devida ao representante eleito caso a oposição fosse julgada procedente pelo tribunal...

Seja como for, ainda que se proceda a uma outra leitura dos dados normativos, concluindo pela possibilidade de recurso ao n.º 1 do art. 392.º em caso de despedimento de um trabalhador-representante, sempre haverá que não ignorar o n.º 2 do mesmo preceito, do qual decorre a inaplicabilidade da oposição à reintegração «sempre que a ilicitude do despedimento se fundar em motivo político, ideológico, étnico ou religioso, ainda que com invocação de motivo diverso»[17]. Ou seja, caso se trate de um despedimento discriminatório, de um caso em que o trabalhador-representante foi despedido *por ser representante*, então estaremos perante um despedimento abusivo, que permitirá ao trabalhador optar entre a reintegração (sem possibilidade de oposição patronal) e a «indemnização de antiguidade», com o limite mínimo majorado previsto no art. 331.º, n.º 6, al. *b*), do CT. Neste quadro, só quando o despedimento do trabalhador-representante se mostrasse ilícito mas não discrimina-

[17] Cremos que esta norma se aplica, não apenas quando o despedimento se funde em motivos políticos, ideológicos, étnicos ou religiosos, mas também quando ele se baseie em qualquer forma inadmissível de discriminação. De resto, parece-nos que um despedimento de um representante devido à sua atividade sindical, por exemplo, poderá qualificar-se como um despedimento baseado em motivos políticos ou ideológicos, para efeitos desta norma.

tório (isto é, desprovido de justa causa mas não motivado pelo especial estatuto desse trabalhador) se poderia colocar o problema da oposição patronal à reintegração.

3. Balanço: uma proteção adequada e eficaz?

Tendo passado em revista as normas codicísticas destinadas a conceder ao trabalhador-representante uma especial proteção em caso de despedimento, julgamos poder concluir, com segurança, que o balanço não é famoso. Com efeito, a lei institui uma presunção de inexistência de justa causa sem conteúdo útil, introduz uma *nuance* pouco significativa em matéria de suspensão do despedimento, aparenta conferir (mas, na verdade, quase não confere) maior celeridade à ação de impugnação do despedimento (o que aproveita ao empregador, tanto ou mais do que ao trabalhador), eleva o montante da indemnização substitutiva da reintegração mas não esclarece se o empregador poderá, nesta sede, opor-se à reintegração do trabalhador-representante ilicitamente despedido...[18]

De todo o modo, julgamos que a principal pecha do atual sistema de tutela dos representantes eleitos face ao despedimento é de ordem temporal, sequencial, cronológica, visto que todos estes (muito débeis) mecanismos de tutela apenas operam *a posteriori*, isto é, já depois de o despedimento se consumar: presunção de ausência de justa causa, suspensão e impugnação do despedimento, indemnização majorada, etc. Ora, como há muito afirmaram Gomes Canotilho e Jorge Leite, «o direito à proteção adequada dos representante eleitos dos trabalhadores é um direito incindível de garantias processuais e procedimentais». «O problema fundamental – acrescentam, a nosso ver com inteira razão, os Autores – é o de saber se a proteção adequada dos representantes dos trabalhadores não exigirá uma dimensão procedimental/processual traduzida num *due process* que, preventivamente, impeça à entidade patronal

[18] Registe-se, ademais, que o CT aboliu a preferência na manutenção do emprego dentro da mesma secção e categoria, outrora concedida aos representantes dos trabalhadores pela legislação, em sede de despedimento coletivo (constante do art. 23.º do revogado Decreto-Lei n.º 64-A/89, de 27-2). Ora, a preferência concedida pela anterior legislação, sendo discutível, não correspondia a outra coisa senão à proteção de alvos prediletos de represália.

a consumação do despedimento de um representante dos trabalhadores com base em qualquer aparência de justa causa»[19].

Um sistema de tutela preventiva face ao despedimento dos representantes eleitos existiu, entre nós, ao abrigo da Lei n.º 68/79, de 9 de outubro (reserva de ação judicial prévia)[20], tendo sido abandonado a partir de 1989. Mas esse sistema existe hoje, no domínio do CT, quando se trate do despedimento de trabalhadora grávida, puérpera ou lactante, ou de trabalhador no gozo de licença parental, o qual «carece de parecer prévio da entidade competente na área da igualdade de oportunidades entre homens e mulheres» (n.º 1 do art. 63.º), isto é, da *Comissão para a Igualdade no Trabalho e Emprego* – CITE[21].

Pergunta-se: tendo em conta a norma inscrita no art. 55.º, n.º 6, da CRP – direito à proteção legal adequada dos representantes eleitos dos trabalhadores contra quaisquer formas de condicionamento, constrangimento ou limitação do exercício legítimo das suas funções –, não seria mais curial reintroduzir no nosso ordenamento um qualquer sistema de tutela preventiva nesta matéria, à imagem do que vigora para as trabalhadoras grávidas, puérperas ou lactantes? Não seria mais adequado, numa ótica de ponderação dos bens e valores constitucionais, prevenir do que punir, evitar do que reagir?

Certo, o ordenamento jurídico deve tutelar com particular carinho uma trabalhadora grávida, por exemplo, visto que ela é, amiúde, alvo de procedimentos discriminatórios. Mas não se passará o mesmo, *mutatis*

---

[19] «A inconstitucionalidade da lei dos despedimentos», cit., pp. 48 e 80.

[20] Esta lei estabelecia um sistema de controlo judicial prévio do despedimento destes trabalhadores. Era, sempre, o empregador a proferir o despedimento, mas só por meio de ação judicial, se, durante o procedimento disciplinar, o trabalhador em causa e a respetiva estrutura de representação coletiva se tivessem pronunciado contra o despedimento. O tribunal tinha, assim, de dar luz verde para que o despedimento se consumasse, sob pena de invalidade do mesmo. Sobre este diploma, por todos, Jorge Leite, *Coletânea de Leis do Trabalho*, Coimbra Editora, 1985, pp. 276-278.

[21] Caso este parecer não seja solicitado, o despedimento será ilícito (al. d) do art. 381.º). E, se o parecer for desfavorável ao despedimento, este só poderá ser efetuado pelo empregador após decisão judicial que reconheça a existência de motivo justificativo (n.º 6 do art. 63.º). Sobre a CITE, Jorge Leite e Milena Silva Rouxinol, «Enquadramento jurídico-institucional», in Virgínia Ferreira e Rosa Monteiro, *Trabalho, Igualdade e Diálogo Social*, Estudos 9, CITE, 2013, pp. 61-102.

mutandis, em relação a um delegado sindical ou a um membro da comissão de trabalhadores? Parece-nos que só alguma ingenuidade permitirá dar uma resposta negativa a esta questão. Trata-se, em ambos os casos, de trabalhadores particularmente expostos, particularmente vulneráveis ao exercício abusivo dos poderes patronais, seja por poderem implicar, na ótica do empregador, um custo, uma perturbação da normalidade produtiva da empresa (no caso da trabalhadora grávida ou do trabalhador no gozo de licença parental), seja por se poderem revelar trabalhadores incómodos, que reivindicam e, amiúde, criticam (no caso dos representantes eleitos)[22].

Objetar-se-á que a maternidade e a paternidade constituem valores sociais eminentes, de acordo com o próprio texto constitucional (art. 68.º, n.º 2, da CRP) – coisa que, por óbvia, não se discute. Mas não se deverá ignorar que as associações sindicais (e as restantes estruturas de representação coletiva dos trabalhadores) constituem peças essenciais de qualquer democracia digna desse nome. E aqueles que, numa relação fortemente assimétrica e marcadamente conflitual como é a relação laboral, assumem a condição de representantes dos trabalhadores, carecem de uma *proteção adequada* (segundo a CRP) e *eficaz* (segundo a OIT) – coisa que, pelos motivos expostos, é muito discutível que exista no nosso ordenamento.

Trata-se, sem dúvida, de um sinal dos tempos. Tempos em que os direitos dos trabalhadores ligados à sua condição de pessoa, de cidadão, de pai ou de mãe, tendem a ser valorizados (e bem!). Mas tempos, outrossim, em que os direitos laborais *qua tale*, os direitos dos trabalhadores enquanto trabalhadores, sobretudo os seus direitos coletivos, não gozam de grande cotação (mas mal!). Produto, quiçá, de um tempo pós-moderno mais individualista, das conceções ideológicas neoliberais dominantes, das novas tecnologias e das novas formas de viver e de trabalhar, da globaliza-

[22] Sublinhando que a situação dos representantes dos trabalhadores, em matéria de despedimento, apresenta marcadas semelhanças com a das trabalhadoras grávidas, puérperas ou lactantes, e dos trabalhadores em gozo de licença parental, dado que, embora por razões diferentes, se trata de trabalhadores mais vulneráveis perante o empregador, ROSÁRIO PALMA RAMALHO, *Tratado de Direito do Trabalho, Parte III – Situações Laborais Coletivas*, Almedina, Coimbra, 2012, p. 82.

ção capitalista, das novas estruturas empresariais, pequenas e em rede, de um outro perfil de trabalhador, cada vez mais qualificado e menos dado ao coletivo ou motivado para a solidariedade, o certo é que o Direito do Trabalho vem experimentando uma evolução ambivalente.

Contudo, aquelas são, ambas, dimensões importantes, a da pessoa (a grávida, a mãe, o pai) que existe em cada trabalhador, a do trabalhador que existe em muitas pessoas. E, em ambos os casos, quer em virtude da condição de gravidez quer da condição de representante, a vulnerabilidade do trabalhador-pessoa perante o empregador e os seus poderes acentua-se. A criação de mecanismos de tutela preventiva dos seus direitos, que previnam a violação da segurança no emprego desses trabalhadores-representantes e que criem condições para o efetivo exercício da liberdade sindical, afigura-se ser a melhor – se não mesmo a única – forma de dar corpo ao mandato constante do n.º 6 do art. 55.º da CRP, assim logrando conceder a estes direitos fundamentais a "proteção jurídica temporalmente adequada" reclamada, há muito, por Gomes Canotilho[23].

---

[23] Na Lição de Gomes Canotilho, qualquer direito fundamental pressupõe um suporte procedimental, qualquer direito material postula uma dimensão processual, cabendo ao Estado conformar e ordenar as relações jurídicas privadas, de modo a evitar a violação dos direitos, criando instrumentos procedimentais adequados à defesa e à garantia de eficácia desses direitos – *Estudos sobre Direitos Fundamentais*, 2.ª ed., Coimbra Editora, Coimbra, 2008, pp. 75-78.

Sobre os piquetes de greve: entre Mike Tyson e Mahatma Gandhi

JOÃO LEAL AMADO

1. A greve como direito fundamental

Meio de pressão e meio de expressão dos trabalhadores assalariados. Meio de luta pelas suas reivindicações e meio de afirmação da sua dignidade e da sua cidadania. Sintoma inequívoco de democracia, pois as ditaduras tendem a conviver mal com a rebeldia que a caracteriza. Mecanismo de autotutela e de insubmissão, meio de os trabalhadores causarem prejuízos a outrem (desde logo ao empregador) à custa do seu próprio prejuízo (sacrifício do salário), a greve tem, não raro, sido equiparada à guerra. É uma equiparação que, até certo ponto, se compreende. Na greve como na guerra temos um conflito, definem-se estratégias e afinam-se táticas, utiliza-se a propaganda e a pressão psicológica, existem piquetes, por vezes até sentinelas e espiões, quando não "fura-greves", quais desertores. Mas é uma equiparação relativamente à qual convém ter as devidas cautelas metodológicas, desde logo porque, ao contrário do que sucede na guerra, na greve busca-se apenas derrotar – e não exterminar – o inimigo.

Relembrem-se, a este propósito, as sábias palavras de JORGE LEITE: «É corrente dizer-se que o fenómeno da greve é rebelde à sua apreensão e à sua disciplina pelo direito. Muitos autores consideram mesmo inevitável a sua analogia com outros fenómenos de ruptura, incluída a guerra. Sem dúvida que a greve se analisa numa forma de pressão para atingir determinados objetivos não atingidos, ou dificilmente alcançáveis, por outros meios. Pensa-se, porém, que a aproximação deste fenómeno com a guerra ou outros meios de força (rebelião sem armas, como, por vezes, se designa) é susceptível de perturbar a sua verdadeira dimensão e de ocultar a sua razão de ser. Saliente-se, antes de mais, que, diferentemente do que sucede com a guerra (ofensiva), o fenómeno da greve não se traduz em qualquer agressão contra as pessoas ou o património, não se analisa num comportamento ativo, mas numa omissão – o trabalhador recusa ao empregador, temporariamente, a disponibilidade da sua força de trabalho. Acresce que a greve, juridicamente assumida como direito, é apenas uma forma de compensar o desequilíbrio de poder entre o empresário e os trabalhadores, desequilíbrio que lhe permite ditar as suas "leis", impor as suas condições, forçar a aceitação dos economicamente mais frágeis. Sendo esta a razão de ser, o fundamento racional do reconhecimento da greve como direito, não se percebe porque há-de assemelhar-se à guerra a recusa das condições de trabalho impostas e não a imposição destas condições. "Entre o fraco e o forte" a greve (pacífica) não será, afinal, apenas um instrumento que liberta? Um espaço de autodeterminação num território de opressão? Equipará-lo à guerra – fenómeno de violência e de destruição – não será uma forma de lhe associar um sentido negativo, com ocultação das suas causas e até do sentido de justiça a que, em regra, a greve nos convoca?»[1]. Vale aqui, sem dúvida, a célebre frase de Bertolt Brecht: «Do rio que tudo arrasta, diz-se que é violento. Mas ninguém chama violentas às margens que o comprimem». Pelo exposto, e mais do que à guerra, talvez a greve possa ser assimilada, com propriedade, a uma espécie de "rebelião sem armas", análoga a outros fenómenos de ruptura, como a resistência ou a necessidade, por exemplo[2].

Hoje, a greve não é mais vista como um crime ou um delito. Não é mais vista como uma mera liberdade ou faculdade, relativamente à qual o ordenamento jurídico assumiria uma postura de tolerância e contemporização. Hoje a greve consiste num direito e, mais do que isso, num direito fundamental dos trabalhadores que laboram em moldes heterodeterminados. «É garantido o direito à greve», lê-se, sem margem para dúvidas, no n.º 1 do art. 57.º da Constituição da República Portuguesa (CRP). E o n.º 2 acrescenta, em termos enfáticos: «Compete aos trabalhadores definir o âmbito de interesses a defender através da greve, não podendo a lei limitar esse âmbito».

---

[1] *Direito da Greve – das Lições ao 3.º ano da FDUC, ed. de 1992/93,* Serviços de Ação Social da Universidade de Coimbra, Serviço de Textos, Coimbra, 1994, pp. 33-34.

[2] A este propósito, Castanheira Neves, «Considerações a propósito do direito à greve», *Temas de Direito do Trabalho, IV Jornadas Luso-Hispano-Brasileiras de Direito do Trabalho,* Coimbra Editora, 1990, p. 449.

Trata-se, como se vê, de formulações normativas fortes, que pretendem afirmar e salvaguardar este tão singular direito – quer em face do empregador[3], quer em face do próprio legislador –, reconhecendo-lhe o estatuto jusconstitucional de direito, liberdade e garantia dos trabalhadores[4]. Mas não se trata, evidentemente, de um direito absoluto ou ilimitado, que sobre todos os outros deva prevalecer e todos os outros deva sacrificar ou esmagar. A CRP é, outrossim, inequívoca quanto a este ponto, lendo-se no n.º 3 do mesmo art. 57.º: «A lei define as condições de prestação, durante a greve, de serviços necessários à segurança e manutenção de equipamentos e instalações, bem como de serviços mínimos indispensáveis para ocorrer à satisfação de necessidades sociais impreteríveis».

2. Os piquetes de greve: porquê?

A greve consiste, como é sabido, num direito de estrutura complexa, em que se mesclam dimensões individuais e coletivas. Sendo a greve, por definição, um fenómeno essencialmente coletivo e grupal, produto da solidariedade dos trabalhadores, a mesma participa também, irrecusavelmente, de dimensões individuais. Num primeiro momento, o momento da decisão da greve, avulta a dimensão coletiva, visto que a greve terá de ser decidida e declarada por estruturas de representação coletiva dos trabalhadores – em regra, as associações sindicais, nos termos do art. 531.º do CT[5]. Mas, como é sabido, os sindicatos podem decidir, podem decla-

---

[3] No plano individual, a greve suspende o contrato de trabalho de trabalhador aderente, incluindo o direito à retribuição e os deveres de subordinação e assiduidade. Mantêm-se, contudo, os direitos, deveres e garantias das partes que não pressuponham a efetiva prestação de trabalho (por exemplo, os deveres de não concorrência e de sigilo a cargo do trabalhador), contando o período de suspensão para efeitos de antiguidade – *vd.*, a este propósito, o disposto no art. 536.º do Código do Trabalho (CT).

[4] A que se soma, recorde-se, a expressa proibição constitucional do *lock-out* (n.º 4 do art. 57.º), vincando a rejeição de um qualquer suposto "princípio de igualdade de armas dos parceiros sociais" nesta matéria. Sobre o conceito de *lock-out* e a responsabilidade penal emergente da violação da proibição constitucional, *vd.* os arts. 544.º e 545.º do CT.

[5] A assembleia de trabalhadores da empresa também pode deliberar validamente sobre o recurso à greve, mas os requisitos muito apertados estabelecidos na lei (n.º 2 do art. 531.º) para que isso possa suceder quase remetem essa hipótese para o domínio do académico.

rar, podem pré-avisar, podem convocar, mas os sindicatos não podem *fazer* a greve. Num segundo momento, no momento da adesão ou não à greve antes decidida, a dimensão individual deste direito surge, cristalina: ao trabalhador, a cada trabalhador, compete escolher entre aderir ou não aderir à greve, em condições de total liberdade, sendo nulo, nos termos do art. 540.º do CT, qualquer ato que implique coação, prejuízo ou discriminação do trabalhador por motivo de adesão ou não à greve[6].

Esta liberdade individual de adesão ou não à greve previamente declarada pela associação sindical representa, para o nosso ordenamento, um valor, dir-se-ia, quase sagrado. Seja o trabalhador filiado no sindicato que declarou a greve ou não o seja, ou seja mesmo filiado em outro sindicato, ele deve poder escolher livremente, ele deve poder decidir, sem sujeição a quaisquer pressões ou constrangimentos, se adere ou se não adere àquela concreta greve. A decisão é, pois, irrecusável e estruturalmente individual[7]. Mas a decisão não terá de ser tomada solitariamente, sem diálogo, sem troca de ideias, sem informação e sem esclarecimento sobre as razões e os propósitos da greve. O nosso ordenamento jurídico é inequívoco a este respeito, lendo-se no art. 533.º do CT: «A associação sindical ou a comissão de greve pode organizar piquetes para desenvolverem atividades tendentes a persuadir, por meios pacíficos, os trabalhadores a

---

[6] O direito à greve consiste, assim, num *direito individual de exercício coletivo*, isto é, num direito de que é titular o trabalhador, cada trabalhador, mas cujo exercício se realiza em necessária cooperação ou conjugação com outros titulares de idêntico direito – neste sentido, JORGE LEITE, *Direito do Trabalho*, Vol. I, Serviço de Textos da Universidade de Coimbra, 1998, pp. 134-135.

[7] O que, reconheça-se, legitima a atuação do "fura-greve", como bem nota MÁRCIO TÚLIO VIANA. Por isso mesmo, este Autor rejeita a natureza da greve como «direito individual exercido coletivamente», preferindo concebê-la como «um direito coletivo, que cada indivíduo pode e deve exercer, integrando-se ao grupo». Referindo-se ao "fura-greve", escreve o Autor: «Ao exercer o seu suposto direito, ele dificulta ou inviabiliza o direito real da maioria. O que faz não é apenas trabalhar, mas atrapalhar o movimento. Ele realmente *fura* a greve, como se abrisse um buraco num cano de água. Tal como o grevista, o fura-greve fala: põe em xeque o movimento, denuncia a própria greve. Mas ao *resistir à resistência*, revela dupla submissão. Ele *luta contra os que lutam* por um novo e maior direito» – *Da Greve ao Boicote e outros pequenos estudos*, RTM, Belo Horizonte, 2017, pp. 46-47.

aderirem à greve, sem prejuízo do respeito pela liberdade de trabalho de não aderentes»[8].

Compreende-se que assim seja. A lei, procurando cumprir a sua missão de garantir o direito à greve, reconhece a faculdade sindical de constituição, organização e atuação de piquetes de greve, em ordem a que os trabalhadores possam ser devidamente informados sobre os motivos e os objetivos da greve, sempre e quando a atividade destes piquetes se processe de forma pacífica e com respeito pela liberdade de trabalho daqueles que optarem por não aderir. Trata-se, na ordem prática das coisas, de uma figura com enorme importância, no que à greve diz respeito. Nas certeiras palavras de BERNARDO LOBO XAVIER, «com efeito, quer pela evidente necessidade de informação quer para compensar o condicionamento patronal relativamente à prestação do trabalho, a lei garante a possibilidade de constituição de piquetes, que representam um elemento importantíssimo de pressão psicológica e de garantia prática do exercício da greve. Cremos que as greves seriam completamente diferentes se fosse eliminada a faculdade sindical de organizar piquetes: na verdade, os piquetes são uma componente essencial do exercício da greve»[9].

Também nos parece que assim é: os piquetes são uma componente essencial do exercício da greve. A greve é um direito fundamental dos trabalhadores. À lei compete, entre outras, a função de garantir o livre exercício desse direito fundamental, no seio de uma relação de poder, estruturalmente assimétrica, como é a relação de trabalho. E a nossa lei procura garantir o livre e esclarecido exercício desse direito através de

[8] Na opinião de ROSÁRIO PALMA RAMALHO, «os piquetes de greve são uma figura com um belicismo latente, que a lei acolheu» (*Tratado de Direito do Trabalho*, III, Almedina, Coimbra, 2012, p. 461). A Autora considera ainda que a admissibilidade expressa dos piquetes de greve na lei é um traço de grande singularidade do nosso sistema juslaboral, mas o certo é que, como observa MONTEIRO FERNANDES, a prática dos piquetes de greve é hoje geralmente admitida nos sistemas jurídicos que acolhem o direito de greve, em particular na Europa – *A Lei e as Greves*, Almedina, Coimbra, 2013, pp. 58-60. E também no Brasil são permitidos os chamados "piquetes de convencimento", isto é, os piquetes pacíficos, que funcionem como instrumento de persuasão, sem impedir os trabalhadores de prestar trabalho e sem danificar bens da empresa – por todos, RAIMUNDO SIMÃO DE MELO, *A Greve no Direito Brasileiro*, 4.ª ed., LTr, São Paulo, 2017, pp. 101-104.

[9] *Manual de Direito do Trabalho*, 3.ª ed., Rei dos Livros, Lisboa, 2018, p. 167.

diversos mecanismos dinamizadores da greve, entre os quais avulta, justamente, a faculdade sindical de constituir piquetes de greve, em ordem a esclarecer os trabalhadores e a tentar persuadi-los a aderirem ao movimento grevista.

A decisão de cada trabalhador, repete-se, é uma decisão livre e individual, que não tem de ser *solidária*, não tem de se submeter à vontade do grupo, do coletivo, da maioria, do sindicato, do piquete. Mas a decisão não tem de ser *solitária*, no sentido em que a lei autoriza que o sindicato constitua piquetes que, atuando por meios pacíficos, através da informação, do diálogo e da persuasão, procurem convencer o trabalhador da justeza da greve e levá-lo a optar por aderir à mesma.

3. Piquetes de greve: onde?

Neste quadro, surge, por vezes, a questão: onde é que os piquetes de greve poderão exercer a sua missão? Será admissível a presença de piquetes de greve nas instalações da empresa e nos locais de trabalho? Ou os piquetes de greve apenas poderão atuar fora das instalações da empresa, quiçá à porta da mesma, mas sem poder ultrapassar essa fronteira, em homenagem ao direito de propriedade do empregador[10]?

Pela nossa parte, e encurtando razões, diremos que, em bom rigor, esta nos parece ser hoje uma falsa questão. À pergunta "onde é que a missão do piquete de greve pode ser desempenhada?", a resposta, cremos, só pode ser uma: tal missão poderá ser desempenhada lá onde haja trabalhadores abrangidos pela declaração de greve e potencialmente aderentes à mesma; se esses trabalhadores estiverem no interior das instalações da empresa, pois será aí que o piquete terá de atuar, sempre dentro dos limites legais, vale dizer, por meios pacíficos e com absoluto respeito pela liberdade de trabalho daqueles que, a despeito dos esforços de persuasão do piquete, optarem por não aderir à greve.

Em tese, a ponderação dos diversos interesses aqui em presença encontra-se feita, de forma clara, pelo nosso ordenamento jurídico. Repete-se: estamos a lidar com um direito fundamental, com o estatuto constitucional de um direito, liberdade e garantia. Mas, como escrevem

---

[10] Para uma perspectiva sintética sobre os termos do problema, mas sem opinar, José João Abrantes, *Direito do Trabalho II (Direito da Greve)*, Almedina, Coimbra, 2012, pp. 86-87.

Gomes Canotilho e Vital Moreira, «o direito à greve não justifica ações que se traduzam numa violação da liberdade de trabalho dos não grevistas, no encerramento das instalações ou no sequestro de pessoas. Os trabalhadores em greve têm o direito de tentar persuadir todos os trabalhadores a aderir à ação coletiva ("piquetes de greve"), mas não podem forçar ninguém a fazê-lo»[11].

Pela nossa parte, diríamos: é isto mesmo, sem tirar nem pôr! A associação sindical, através dos piquetes de greve, tem o direito de tentar persuadir todos os trabalhadores a aderir à ação coletiva, conquanto não possa forçar ninguém a fazê-lo. Ora, para tentar persuadir todos os trabalhadores a aderir à greve, é óbvio que a ação dos piquetes não pode ser confinada, por decisão do empregador, ao espaço exterior à empresa. Essa ação deve poder ser desenvolvida no exterior e/ou no interior das instalações da empresa, contanto que sejam respeitados os limites traçados pelo art. 533.º do CT: utilização de meios pacíficos, atuação de índole meramente informativa e persuasiva, escrupuloso respeito pela opção de não adesão eventualmente tomada pelos trabalhadores.

Reiteramos que, salvo o devido respeito pelas opiniões contrárias, esta nos parece ser mesmo uma falsa questão, ao menos *de jure constituto*. Com efeito, nada na lei (nem na sua letra nem na sua *ratio*) legitima uma limitação espacial para o exercício das funções do piquete de greve, que circunscreva a atuação deste ao espaço externo ou limítrofe às instalações da empresa. Acresce que:

i) Uma tal limitação espacial encontrava-se prevista no primeiro diploma regulador da greve subsequente à Revolução de Abril – o Decreto-Lei n.º 392/74, de 27 de agosto –, no qual se permitia aos grevistas a formação de «piquetes externos com vista a assegurar que o trabalho não seja exercido por trabalhadores estranhos à empresa» (art. 7.º, n.º 2), bem como o direito de desenvolverem atividades que visem persuadir pacificamente a obtenção de adesão à greve dos trabalhadores que à mesma não hajam aderido, atividades essas que, porém, não poderiam ser exercidas no interior

[11] *Constituição da República Portuguesa Anotada*, vol. I, 4.ª ed., Coimbra Editora, Coimbra, 2007, p. 754.

do estabelecimento (art. 13.º). Acontece que este diploma vigorou pouco tempo, tendo sido revogado e substituído pela chamada "Lei da Greve" (Lei n.º 65/77, de 26 de agosto), depois pelo CT de 2003 e depois pelo CT de 2009. E em nenhum destes diplomas se encontra qualquer vestígio das disposições limitativas que, nesta matéria, constavam do Decreto-Lei n.º 392/74, em nenhum deles se circunscreve a atuação dos piquetes ao espaço exterior à empresa...

ii) Por outro lado, merece ainda registo, tal como assinala MONTEIRO FERNANDES, que, no processo parlamentar conducente à aprovação da supramencionada "Lei da Greve", tenha chegado a ser apresentada pelo PSD uma proposta no sentido de os piquetes só poderem atuar «fora das instalações da empresa», proposta essa que veio a ser votada e rejeitada pela maioria dos deputados[12]. Ou seja, o elemento histórico de interpretação (a história evolutiva da figura dos piquetes de greve e os trabalhos preparatórios da lei) não deixa margem para dúvidas a este respeito: o diploma de 1974 apenas autorizava os "piquetes externos", mas o diploma de 1977 eliminou essa restrição (numa orientação mantida pelos Códigos de 2003 e 2009), sendo que chegou a ser apresentada no parlamento uma proposta que reiterava tal restrição, proposta que, todavia, foi rejeitada pela Assembleia da República...[13]

[12] *A Lei e as Greves*, cit., p. 61, n. 10.

[13] Recordem-se, a este propósito, os ensinamentos de BAPTISTA MACHADO, quanto à importância do elemento histórico de interpretação. Escreve o Autor, com inteira pertinência para a questão em apreço: «As mais das vezes a norma é produto de uma evolução histórica de certo regime jurídico, pelo que o conhecimento dessa evolução é susceptível de lançar luz sobre o sentido da norma, pois nos faz compreender o que pretendeu o legislador com a fórmula ou com a alteração legislativa introduzida». E acrescenta: «Muitas vezes, o cotejo da fórmula finalmente adotada e promulgada como lei com as fórmulas propostas nos projetos, nas emendas, propostas, etc., é de grande valia para definir a atitude final e a opção do legislador, servindo, assim, para afastar interpretações que se devem considerar rejeitadas (pelo mesmo legislador) justamente pelo facto de ele ter alterado a fórmula do projeto, ter recusado a sua adesão a uma proposta de emenda ou ter considerado impertinente uma crítica movida ao texto submetido a votação» – *Introdução ao Direito e ao Discurso Legitimador*, Almedina, Coimbra, 1989, pp. 184-185.

iii) A Procuradoria-Geral da República teve também ocasião de emitir um importante parecer sobre a matéria, em 29 de junho de 1978 (Relator: Ferreira Ramos), em cujo sumário se pode ler que «a presença de um piquete de greve no acesso às instalações ou no interior destas, não é, só por si, ilícita, sendo-o, porém, se e na medida em que ofenda ou entrave a liberdade de trabalho dos não aderentes» (n.º 4). Conclusão esta que, cremos, se mostra em perfeita consonância com o nosso atual ordenamento jurídico.

iv) Este mesmo tem sido o entendimento perfilhado pela escassa jurisprudência que tem sido chamada a debruçar-se sobre o assunto, em especial o Acórdão da Relação de Coimbra, de 4 de dezembro de 1979, e o Acórdão da Relação de Lisboa, de 23 de janeiro de 2002 (Adelino Salvado), em cujo sumário pode ler-se: «I. A presença de um piquete de greve no interior das instalações da empresa, não é susceptível de, só por si, ser qualificada como ilícita; II. Essa não ilicitude não confere aos dirigentes sindicais o direito de, sem comunicação prévia à entidade patronal, introduzirem-se nas instalações desta para ali se integrarem naquele piquete»; por último, o Acórdão da Relação de Évora, de 15 de novembro de 2018 (Paula do Paço), no qual se conclui que, «em abstrato, a lei não rejeita que o piquete de greve exerça a sua ação, por meios pacíficos, dentro das instalações da empresa», ainda que o aresto remeta para uma ponderação casuística dos interesses em presença, em ordem a avaliar se, no caso concreto, a entidade empregadora pode ou não impedir o acesso dos piquetes de greve ao interior das suas instalações.

Em suma, tanto o elemento gramatical de interpretação (a letra da lei não assimila os piquetes de greve a "piquetes externos") como o elemento racional ou teleológico (permitir o cabal desempenho da função de persuasão dos demais trabalhadores), bem assim como o elemento histórico (a evolução histórica do regime jurídico da greve, no que aos piquetes

---

Não nos parece, pelo exposto, que faça qualquer sentido ignorar os dados fornecidos pelo elemento histórico de interpretação e procurar descortinar na lei aquilo que nela não está: a limitação da atividade dos piquetes ao espaço externo à empresa.

diz respeito, incluindo a rejeição da proposta limitativa apresentada pelo PSD), todos estes fatores hermenêuticos convergem no sentido de que as associações sindicais têm o direito de constituir e organizar piquetes de greve, sendo que estes têm o direito de desenvolver a sua atividade fora ou dentro das instalações da empresa, contanto que respeitem os limites estabelecidos no art. 533.º do CT: atuação por meios pacíficos, de índole persuasiva e com absoluto respeito pela liberdade de trabalho daqueles que não se deixem persuadir.

Note-se que, assim sendo, o piquete de greve poderá ir além do permitido e extravasar os limites legais, quer atue fora quer dentro das instalações da empresa; assim como o piquete poderá respeitar esses limites legais, mesmo atuando dentro da empresa. Com efeito, se, por exemplo, o piquete de greve se colocar no exterior da empresa, à porta da mesma, e bloquear o acesso aos trabalhadores ou fornecedores, decerto atuará ilegalmente; de outra banda, se o piquete atuar no interior da empresa, porventura utilizando os espaços em que os trabalhadores habitualmente se reúnem e convivem, divulgando as razões da greve, dialogando com os trabalhadores presentes (e, quiçá, hesitantes quanto à adesão ou não) e respeitando a sua decisão, decerto a atuação do piquete será lícita e imaculada[14].

Em suma, pela nossa parte diríamos que, para o ordenamento jurídico, a questão pertinente, no que aos piquetes de greve diz respeito, não é a do *onde*, mas a do *como*: pouco importa, ou não importa mesmo nada, se o piquete atua no interior ou no exterior das instalações da empresa; importa, sim, o modo como atua, a forma, pacífica ou não, persuasiva ou não, respeitadora ou não, como os seus membros atuam em relação aos trabalhadores. Utilizando a sempre sugestiva terminologia brasileira,

[14] O critério de (in)admissibilidade, é, pois, o mesmo, como bem observa Monteiro Fernandes: «Em quaisquer circunstâncias, dentro ou fora da empresa, o piquete incorre em ilegalidade – porventura criminalmente relevante – sempre que exerça coação moral ou física sobre trabalhadores, sem falar na prática de abusos como a fiscalização e/ou obstrução de entradas e saídas de pessoas e materiais, ou ainda o impedimento físico da laboração que possa ser assegurada pelos que se mantêm ao serviço» (*A Lei e as Greves*, cit., p. 62).

dir-se-ia que a lei admite os "piquetes de convencimento", mas não os "piquetes obstativos"[15].

Vale dizer: não interessa *where*, não interessa se está *in* ou se está *out*; interessa, isso sim, *how!* Nas palavras de Monteiro Fernandes a este respeito, que na íntegra subscrevemos, «o próprio sentido *persuasivo* da função dessas equipas de intervenção pode implicar a necessidade do seu exercício no interior das instalações da empresa ou estabelecimento. É o caso de existirem locais próprios para o encontro e convívio dos trabalhadores. Em geral, e no plano teórico, nada parece obstar a que os piquetes permaneçam e circulem dentro dos locais de trabalho»[16].

Nem se alegue, como faz alguma doutrina, que os membros do piquete de greve não gozariam do direito de aceder às instalações da empresa porque o respectivo contrato de trabalho se suspendeu com a adesão à greve e, com tal suspensão, esses trabalhadores teriam perdido o título de acesso às instalações pelo tempo que durasse a greve[17]. Salvo o devido respeito, estamos convictos de que esta observação não procede, por uma simples mas decisiva razão: é que aqueles trabalhadores da empresa, membros da brigada ou equipa de intervenção organizada pela associação sindical que convocou a greve, não são meros trabalhadores em greve com o contrato suspenso, são muito mais do que isso; eles são membros do piquete de greve, previsto e legitimado pelo art. 533.º do CT, tendo por função legal a tentativa de persuadir os restantes trabalhadores a aderirem à greve; e, logicamente, se esses trabalhadores se encontrarem no

---

[15] Como pondera Ronald Amorim e Souza, «o piquete se deve tomar, pois, como medida suasória, como oportunidade de trabalhar emocionalmente o colega que não se manifeste favorável à deflagração do movimento ou discorde dos métodos». E o Autor acrescenta: «Tudo não pode passar do nível do razoável para que não se transforme uma oportunidade de diálogo em instrumento de coação moral, de intimidação física ou do risco de dano a patrimônio do próprio empregado» (*Greve & Locaute – Aspectos Jurídicos e Económicos*, Almedina, Coimbra, 2004, p. 94). Isto, sim, é aquilo que interessa, do ponto de vista jurídico, e não a questão de saber se os membros do piquete exercem essa faculdade de diálogo fora ou dentro das instalações da empresa. Aliás, a atuação do piquete na via pública, ocupando ruas e passeios, pode também suscitar problemas de compatibilização com o direito de livre circulação de terceiros, estranhos à empresa – a propósito, *vd.* Estêvão Mallet, *Dogmática Elementar do Direito de Greve*, 2.ª ed., LTr, São Paulo, 2015, pp. 72-73.

[16] *A Lei e as Greves*, cit., p. 61.

[17] Neste sentido, Rosário Palma Ramalho, *Tratado de Direito do Trabalho*, cit., p. 463.

interior das instalações da empresa, é lá mesmo, e não alhures, que os membros do piquete de greve terão de tentar cumprir a sua missão.

É, pois, nessa qualidade de membros do piquete de greve, e não na de trabalhadores em greve e com o contrato suspenso, que os elementos do piquete se apresentam perante a entidade empregadora. Destarte, o título jurídico de acesso ao estabelecimento, por parte dos membros do piquete, existe e está na lei, justamente no art. 533.º do CT, contanto que o mesmo não seja interpretado restritivamente. E, reiteramos, nada na lei – nem a sua letra, nem a sua *ratio*, nem a sua história (incluindo, como vimos, o precedente legislativo revogado e a proposta legislativa rejeitada), nem a jurisprudência ao seu abrigo formada – legitima semelhante interpretação restritiva, nos termos da qual os piquetes de greve apenas poderiam desenvolver a sua ação fora, mas já não dentro, das instalações da empresa[18].

4. Conclusão

Tendo em conta o exposto *supra*, é óbvio que, se a entidade empregadora proibir os membros do piquete de entrar nas instalações da empresa, essa entidade empregadora estará a criar entraves injustificados à atuação do piquete e, nessa medida, estará a dificultar o exercício dos direitos da associação sindical que convocou a greve e organizou o piquete[19].

---

[18] Interpretação esta que, para sermos francos, nos parece traduzir algum preconceito ideológico em relação à figura dos piquetes de greve (os piquetes como «óbvio mecanismo de pressão sobre o empregador e sobre os trabalhadores da empresa», como «figura com um belicismo latente» ou «mesmo patente», etc.), o qual, cremos, não se mostra em sintonia com a «configuração delicada e pacífica – para não dizer idealizada» (tomando de empréstimo as palavras de Monteiro Fernandes, *A Lei e as Greves*, cit., p. 56) da ação dos piquetes acolhida pela nossa lei.

Registe-se ainda, nesta matéria, a posição de Pedro Romano Martinez, Autor que, depois de dedicar algumas páginas à questão, não deixa de concluir que deverá «partir-se do pressuposto de que os piquetes de greve, compostos por trabalhadores da empresa, podem atuar no interior desta, mas dentro dos limites apresentados. Nomeadamente, é-lhes vedado prejudicar o trabalho daqueles que não quiserem aderir à greve» (*Direito do Trabalho*, 9.ª ed., Almedina, Coimbra, 2019, p. 1254).

[19] Registe-se, ademais, que a entrada do piquete nas instalações da empresa também permitirá que os seus membros verifiquem se não houve, no caso, qualquer prática patronal de

A greve é um direito fundamental dos trabalhadores, um direito que pode ser exercido mediante decisão das respectivas associações sindicais, sendo que estas têm o direito, expressamente reconhecido por lei, de organizar piquetes, para os fins supramencionados. A associação sindical que convoca a greve pode organizar piquetes de greve para tentar, através do esclarecimento e da informação dos trabalhadores, exponenciar as adesões à mesma e, por essa via, aumentar as chances de atingir os objetivos visados pela greve. Ora, se aos membros do piquete, se àquela brigada ou equipa de intervenção legitimamente constituída pela associação sindical, for proibida a entrada nas instalações da empresa e, assim, for impedido ou dificultado o respetivo contato com os demais trabalhadores, então é manifesto que se estará perante uma violação do disposto no art. 405.° do CT, norma destinada a proteger a autonomia e independência das estruturas de representação coletiva dos trabalhadores[20], bem como a salvaguardar o exercício dos seus direitos.

Lê-se, a este propósito, no n.° 2 do art. 405.° do CT: «Sem prejuízo das formas de apoio previstas neste Código, os empregadores não podem, individualmente ou através das suas associações, promover a constituição, manter ou financiar o funcionamento, por quaisquer meios, de estruturas de representação coletiva dos trabalhadores ou, por qualquer modo, intervir na sua organização e gestão, assim como impedir ou dificultar o exercício dos seus direitos». Reitere-se a parte nuclear da norma, para o que agora nos interessa: *os empregadores não podem impedir ou dificultar o exercício dos direitos das estruturas de representação coletiva dos trabalhadores.* Ora, é justamente isso que sucede na hipótese de se verificar uma sumária interdição patronal de acesso às instalações da empresa dirigida aos membros do piquete de greve organizado pela associação sindical, interdição que acaba por amputar os piquetes de greve de uma importante parcela da sua potencial atividade persuasiva.

substituição dos grevistas por outros trabalhadores, assim garantindo o respeito da proibição vertida no art. 535.° do CT.

[20] O elenco das estruturas de representação coletiva dos trabalhadores encontra-se previsto, em moldes não taxativos, no art. 404.° do CT, entre as mesmas avultando, claro, as associações sindicais.

É óbvio que, nas palavras de PEDRO ROMANO MARTINEZ, «da parte do empregador pode haver interesse em opor-se à entrada do piquete de greve na empresa, visto que, se alguns trabalhadores não aderirem à greve, a entidade patronal, em princípio, não pretende que eles sejam persuadidos a abandonarem o trabalho»[21]. Sem dúvida que esse será, em princípio, o interesse da entidade patronal, mas o problema é que, como vimos, o nosso ordenamento jurídico dá primazia aos interesses ligados ao exercício do direito à greve, autorizando que os piquetes tentem persuadir os trabalhadores em causa a aderir a essa mesma greve. Decisão esta, repete-se, individual, de cada trabalhador, mas decisão que não tem de ser solitária, podendo resultar de um processo dialógico promovido pelo piquete de greve.

Na verdade, o nosso ordenamento mostra-se, a um tempo, bastante generoso para com os piquetes de greve, não circunscrevendo a sua atuação ao espaço exterior à empresa, mas também bastante exigente para com esses piquetes, pois coloca limites inultrapassáveis à sua atividade: utilização de meios pacíficos, tendo por escopo persuadir os trabalhadores, com respeito absoluto pela liberdade de trabalho dos não aderentes. Trata-se, como já foi assinalado, de uma configuração delicada e pacífica, quiçá mesmo idealizada e um tanto romântica, dos piquetes de greve. E é outrossim verdade que, na ordem prática das coisas, num fenómeno intrinsecamente (e, por vezes, intensamente) conflitual como é o grevista, admitir piquetes no interior das instalações, com a inerente proximidade física dos respectivos membros e dos trabalhadores que, apesar da greve, se deslocaram para a empresa, potencia os riscos de conflito e de emprego de meios coativos por parte do piquete, tendentes a pressionar ou intimidar os trabalhadores a modificarem a sua posição e a virem a aderir à greve[22].

Nada disto, porém, serve para desautorizar a presença dos piquetes no interior da empresa. Tudo isto serve, isso sim, para demonstrar que os membros do piquete, embora disponham de bastante latitude para exercer a sua missão, terão de estar particularmente atentos à linha fina

---

[21] *Direito do Trabalho*, cit., p. 1253.

[22] Neste sentido, MONTEIRO FERNANDES, Autor que, ainda assim, conclui que esses riscos não bastam para excluir juridicamente os piquetes "internos" (*A Lei e as Greves*, cit., p. 61).

que, na prática, muitas vezes se estabelece entre persuadir e coagir, entre convencer e constranger, entre dialogar e ameaçar, entre respeitar e intimidar, entre meios pacíficos de persuasão e meios musculados de pressão. E, se a ação do piquete redundar em coação sobre trabalhadores por motivo de não adesão à greve, tal ato será nulo, nos termos do art. 540.º, n.º 1, do CT, podendo ainda dar azo a responsabilidade penal, nos termos do art. 543.º do CT (para além da eventual responsabilidade civil por ato ilícito, nos termos gerais). Dir-se-ia, em suma, que *os membros dos piquetes de greve poderão pensar e sentir como Mike Tyson, mas terão de falar e agir quase como Mahatma Gandhi...* Não é fácil, não é para todos e, decerto, nem todos e nem sempre conseguem.

Na hipótese em apreço, contudo, não só nada disto se passa como nem sequer tal tem qualquer ensejo de ocorrer, dado que a entidade empregadora, a partir da sua muito particular perspectiva de composição dos interesses em liça, entende, quiçá, "cortar o mal pela raiz" e vedar o acesso às instalações da empresa aos membros do piquete de greve. Ora, ao adotar uma tal conduta é óbvio que a entidade empregadora estará, se não a impedir, decerto a dificultar o exercício dos direitos do piquete de greve constituído e organizado pela associação sindical para os fins previstos no art. 533.º do CT: desenvolvimento de atividades tendentes a persuadir, por meios pacíficos, os seus camaradas a aderirem à greve, sem prejuízo do respeito pela liberdade de trabalho dos não aderentes (os "fura-greves" que, recorde-se, ao trabalharem atrapalham o movimento coletivo, qual buraco num cano de água).

Reitera-se: o direito à greve constitui um direito fundamental dos trabalhadores assalariados, consagrado na CRP e garantido pela lei, sendo que a decisão de greve compete às associações sindicais, nos termos do art. 531.º do CT; e a associação sindical que declare uma greve tem o direito de organizar piquetes, em ordem a, por seu intermédio, tentar persuadir os trabalhadores a aderirem à greve, nos moldes do art. 533.º do CT.

Destarte, caso proceda nos moldes descritos, impedindo a entrada dos membros do piquete de greve nas instalações da empresa, a entidade empregadora violará, de forma manifesta, o disposto no supracitado n.º 2 do art. 405.º do CT. E, note-se, a violação do n.º 2 do art. 405.º do CT constitui crime, nos termos do art. 407.º do CT, sujeitando a entidade empregadora a pena de multa até 120 dias (n.º 1 do art. 407.º), bem como o administrador, diretor, gerente ou outro trabalhador que ocupe lugar de chefia que seja responsável por tal ato, a pena de prisão até 1 ano (n.º 2 do art. 407.º do CT).

ANOTAÇÕES

Enfermagem, trabalho dependente e trabalho autónomo: comentário ao Acórdão do Tribunal da Relação de Lisboa, de 11 de janeiro de 2017

JOÃO LEAL AMADO

Lê-se no sumário do Acórdão de 11 de janeiro de 2017, do Tribunal da Relação de Lisboa (Secção Social – 4.ª Secção, Processo n.º 2180/09. OTTLSB.L2):

«I – Para proceder ao juízo de qualificação contratual a formular perante a situação concreta e alcançar, eventualmente, a identificação da relação laboral, haverá que interpretar o comportamento declarativo expresso nas estipulações contratuais e, depois, analisar a conduta dos contraentes na execução do contrato, recolhendo do circunstancialismo que envolveu a execução do negócio indícios que reproduzem elementos do modelo típico do trabalho subordinado ou do modelo da prestação de serviço.

II – Um contrato de prestação de serviço pode harmonizar-se com uma certa inserção funcional dos resultados da atividade na organização da empresa, acabando por representar uma certa forma de articulação da prestação de trabalho com a organização empresarial.

III – A fixação do horário de acordo com a disponibilidade do enfermeiro, sendo-lhe previamente solicitada informação pelo hospital sobre os horários que praticava ao serviço de outra entidade, de modo a que a atividade a prestar não colidisse com aquele exercício de funções laborais para outra entidade, constitui algo distinto do dever do empregador consagrado na lei laboral de atender, tanto quanto possível, às preferências e interesses manifestados pelos trabalhadores para a elaboração dos horários de trabalho por turnos.

IV – Se as partes convencionam que o enfermeiro pode designar um substituto quando não compareça no tempo e local em que indicou estar disponível e assume perante o hospital beneficiário a obrigação do pagamento do valor do serviço ao substituto, tal denota que o interesse do beneficiário é a produção de um determinado resultado (o de que as cirurgias se realizem nos períodos por si assinalados), confiando ao enfermeiro a responsabilidade de assegurar os serviços de enfermagem nas cirurgias designadas, podendo este fazê-lo por si próprio, ou por quem se fizesse substituir, sendo neste caso cumprido o contrato ainda que, para o efeito, o enfermeiro não prestasse a sua atividade intelectual ou manual em benefício do hospital».

COMENTÁRIO

> «It is widely accepted in principle that although entrance into employment relations is voluntary, the legal status is not a matter of choice. Labour laws apply to those considered to be 'employees' and 'employers' by law – not by self-declaration or contractual stipulations. (...) Determination of 'employee' status must be based on the true nature of the relationship. (...) When employers draft contracts that do not represent the real nature of the relationship, courts must ignore such sham appearances and ask whether the characteristics that justify protection appear in the real-life arrangements».
>
> Guy Davidov, «Re-Matching Labour Laws with Their Purpose», *The Idea of Labour Law*, Guy Davidov & Brian Langille (ed.), Oxford University Press, Londres, 2011, pp. 182, 184 e 189.

1. Contrato de trabalho e contrato de prestação de serviço

O Acórdão do Tribunal da Relação de Lisboa, de 11/01/2017, acima sumariado e relatado pela Desembargadora Maria José Costa Pinto, versa sobre uma questão recorrente nos nossos tribunais – a da distinção entre o contrato de trabalho e o contrato de prestação de serviço, com eventual requalificação do mesmo por parte do tribunal. A situação perfila-se, neste concreto caso, envolvendo uma enfermeira contratada pelo *British Hospital*, com os contornos habituais: as partes haviam celebrado um contrato que designaram por "contrato de prestação de serviço", o qual foi executado durante alguns anos; a certo ponto, as partes desentenderam-se quanto aos termos de uma proposta de modificação contratual apresentada pelo *British Hospital* e, na sequência disso, o credor do trabalho pôs termo à relação, denunciando o suposto "contrato de prestação de serviço"; a enfermeira, prestadora de trabalho, vem então alegar que tal "denúncia" corresponde, na verdade, a um despedimento ilícito, invocando os direitos indemnizatórios inerentes. Neste quadro, a qualificação como contrato de trabalho ou de prestação de serviço surge, pois, como questão prévia, como *a questão*, condicionante do sentido da decisão judicial.

Seja-nos permitido, a este propósito, começar por relembrar aqui o que tivemos já ocasião de escrever, em termos gerais, no nosso *Contrato de Trabalho – Noções Básicas*: «Se confrontarmos a noção legal de contrato de trabalho, vertida no art. 1152.º do Código Civil (e reproduzida, com ligeiras alterações, no art. 11.º do Código do Trabalho), com a noção de contrato de prestação de serviço, vazada no art. 1154.º do mesmo diploma, logo topamos com alguns traços distintivos essenciais: *i)* quanto ao *conteúdo da obrigação*, no contrato de prestação de serviço trata-se de proporcionar ao credor certo resultado do trabalho, ao passo que no contrato de trabalho está em jogo a prestação de uma atividade (o trabalhador promete uma atividade laboral, o prestador de serviço compromete-se a proporcionar um resultado do trabalho); *ii)* quanto à *retribuição*, esta é um elemento essencial e indefetível no contrato de trabalho («mediante retribuição»), sendo um elemento meramente eventual no seio do contrato de prestação de serviço («com ou sem retribuição»); *iii)* quanto às *instruções do credor da prestação*, no contrato de prestação de serviço não se faz qualquer menção às mesmas, ao passo que no contrato de trabalho o devedor presta a sua atividade «sob a autoridade e direção», ou «no âmbito de organização e sob a autoridade», da contraparte.

Em teoria parece fácil delimitar as figuras, mas a verdade é que, na prática, a distinção entre ambos os contratos revela-se, amiúde, bastante espinhosa. Se bem repararmos, em ambos os contratos pode haver lugar à remuneração do prestador de serviço. E o certo é que a dicotomia atividade/resultado também não é muito esclarecedora: toda a atividade tende à obtenção de um qualquer resultado, sendo que este sempre decorrerá da prestação de uma qualquer atividade ... Pelo que, diz-se, o verdadeiro critério distintivo reside, no fundo, na (in)existência de subordinação jurídica entre as partes da relação: se esta existir, aí teremos um contrato de trabalho; se esta não existir, aí teremos uma qualquer modalidade do contrato de prestação de serviço.

Só que nem assim os problemas qualificativos desaparecem. A riqueza e a variedade das situações da vida revelam-nos não poucas zonas cinzentas, de demarcação difícil, problema que se agrava se nos não esquecermos de que a *subordinação jurídica* é uma noção de geometria variável, comportando uma extensa escala gradativa (dir-se-ia mesmo que, ao longo do passado século, este elemento foi-se flexibilizando, tendendo a jurisprudência a detetá-lo perante formas cada vez menos vincadas de exercício dos poderes empresariais), ao passo que no contrato de prestação de serviço não deixa de haver espaço para a emissão de algumas instruções genéricas por parte do credor da prestação. Tudo, portanto, a dificultar a tarefa ao intérprete-aplicador do Direito, o qual, infelizmente, não dispõe de um «subordinómetro»[1]. Se a isto juntarmos que não existe uma relação necessária entre a natureza da atividade exercida e a respetiva qualificação contratual, pois, como nota Sousa Ribeiro, «praticamente todo o labor humano por conta de outrem pode ser prestado de forma autónoma ou subordinada»[2], bem como que, por vezes, existe um desiderato de mascarar a natureza subordinada da relação por parte dos respetivos sujeitos (*maxime* por parte do credor dos serviços), então facilmente se compreenderá que este constitui um dos grandes desafios que atualmente se colocam ao Direito do Trabalho»[3].

Isto dito, e como bem se escreve no Acórdão em apreço, «a questão fundamental a analisar nos presentes autos consiste em saber se se estabeleceu entre as partes uma relação contratual de natureza laboral, como entende a recorrente, ou se, como decidiu a sentença de 1.ª instância, tal não se verificou» (ponto 4.1., p. 60). E o signatário do presente texto quer

---

[1] A propósito, sublinhando que a subordinação jurídica, sendo um elemento decisivo para a caracterização e qualificação do contrato de trabalho, «é também, simultaneamente, um conceito de enorme problematicidade aplicativa», Sousa Ribeiro, «As fronteiras juslaborais e a (falsa) presunção de laboralidade do artigo 12.º do Código do Trabalho», *Direito dos Contratos – Estudos*, Coimbra Editora, 2007, pp. 345-408 (355).

[2] *Ob.* e *loc. cit.*, na nota anterior.

[3] *Contrato de Trabalho – Noções Básicas*, Almedina, Coimbra, 2016, pp. 52-53.

deixar registado que subscreve, na íntegra, a forma como, no Acórdão, se apresenta o problema da distinção entre o contrato de trabalho e o contrato de prestação de serviço. Nos seus pontos 4.1. a 4.4. (pp. 60-66), o Tribunal da Relação formula os termos da distinção em moldes que, cremos, só podem ser classificados como impecáveis. Seria ocioso transcrever o que, de forma tão judiciosa e acertada, é dito no Acórdão sobre os termos da distinção entre aqueles dois contratos e sobre o método indiciário a que a jurisprudência vem recorrendo, em ordem a destrinçar se aquele concreto contrato que esteve na base do litígio em causa é um contrato de trabalho ou de prestação de serviço. Reiteramos que, quanto a este ponto, de enquadramento inicial, aderimos sem reservas ao que se escreve no Acórdão.

Assim sendo, cabia, depois, ponderar e decidir, isto é, apurar se os factos dados como provados permitiam ou não concluir que se havia firmado um vínculo de natureza laboral entre as partes com o trabalho prestado pela recorrente à recorrida a partir de 1 de outubro de 2003 (ponto 4.5., p. 66). Ora, quanto a isto, concluiu-se no Acórdão que, «analisando para o efeito a factualidade apurada no âmbito do presente processo, podemos adiantar que o juízo de globalidade a que se procede não permite a afirmação de que a recorrente prestava trabalho de modo juridicamente subordinado quando desenvolvia a sua atividade em benefício da recorrida» (ponto 4.5., pp. 66-67).

É justamente neste ponto que, salvo o devido respeito, não podemos acompanhar o presente Acórdão da Relação de Lisboa. O Acórdão recorreu, como se impunha, ao método indiciário. Mas a ponderação que fez dos diversos índices negociais (internos e externos), a sobrevalorização que concedeu a alguns deles e, por outro lado, a desvalorização que deu a outros tantos, tudo isto veio a repercutir-se no "juízo de globalidade" formulado pelo tribunal, tudo isto acabou, na nossa opinião, por obscurecer a realidade da relação mantida entre a enfermeira e o *British Hospital*.

Estamos convictos de que, entre as partes, foi realmente estabelecida uma relação de natureza laboral. Ao invés do que se afirma no Acórdão (p. 75), cremos que, procedendo a uma ponderação global dos factos que se provaram relativos ao modo de execução do contrato, estavam presentes naquela relação contratual indícios que apontavam suficientemente para a existência de uma relação de trabalho subordinado. Aliás, não deixa de ser curioso que, num caso factualmente muito similar, dir-se-ia mesmo que praticamente idêntico, envolvendo uma outra enfermeira e o mesmo *British Hospital*, o Tribunal da Relação de Lisboa, por Acórdão de 6/3/2013, relatado pela Desembargadora Maria Celina de Jesus de Nóbrega, tenha decidido de forma distinta, concluindo que o contrato em causa devia ser qualificado como contrato de trabalho.

Sem prejuízo do inegável brilhantismo técnico do texto vertido no Acórdão da Relação de Lisboa de 11/01/2017, estamos convictos de que o juízo de ponderação global nele efetuado padece de alguns vícios, vale dizer, no mesmo são sobrevalorizados alguns indícios que, a nosso ver, pouco ou nada significam, realmente, para apurar a natureza jurídica do contrato que existia entre as partes. E, desta forma, outros indícios, de maior relevância sintomática, que apontam para o trabalho subordinado, acabam por ser (mal) desvalorizados pelo Acórdão. E, tudo junto, a imagem global fornecida acaba por resultar bastante distorcida, levando o tribunal a concluir que o negócio em apreço era, realmente, um contrato de prestação de serviço.

Nas páginas subsequentes, tentaremos demonstrar o que vimos de afirmar. Os contratos das duas enfermeiras em apreço eram em tudo semelhantes, como idêntica foi a dinâmica contratual, isto é, o modo de execução dos dois vínculos com o *British Hospital*. O Tribunal da Relação de Lisboa, chamado a pronunciar-se em ambos os casos, decidiu que se tratava de um contrato de trabalho no primeiro deles (Acórdão de 6/3/2013) e decidiu que se trataria de um contrato de prestação de serviços no segundo (Acórdão de 11/1/2017). Porquê?

Lendo os dois Acórdãos, verificamos que o que muda é, precisamente, o peso distinto que neles se atribui aos diversos elementos indiciários dados como provados. Esse peso distinto, esse valor sintomático desigual, conduz o tribunal a um juízo global marcadamente diferente, ditando uma qualificação do contrato oposta, no que ao binómio subordinação/autonomia diz respeito. Ora, a nosso ver, e encurtando razões, o Acórdão de 11/1/2017 incorre, sobretudo, em dois vícios, que acabam por ditar o desfecho fatal: *i) o de conceder importância excessiva ao nomen juris dado pelas partes (e aos naturais corolários desse mesmo nomen juris no texto do contrato)*; *ii) o de conceder importância decisiva à possibilidade, clausulada, de a enfermeira se fazer substituir por outrem na execução de determinadas prestações*. Vejamos.

2. O texto do contrato e o *nomen juris*

Lê-se, a este propósito, na p. 67 do Acórdão de 11 de janeiro de 2017:

«Na verdade, começando por examinar o texto do contrato celebrado em 1 de outubro de 2003 e interpretando-o de acordo com as regras constantes dos arts. 236.º e ss. do CC, verifica-se que o mesmo denota ser o modelo de contratação pretendido pelas partes o da prestação de serviço.

Com efeito, as partes intitularam o convénio como "contrato de prestação de serviços" e, para além de ali convencionarem as prestações devidas (compatíveis com ambas as modalidades contratuais), dele consta uma cláusula em que se reconhece expressamente, além do mais, que os serviços da profissão de enfermeiro generalista "serão prestados com autonomia" (cláusula 1.ª).

Não sendo o "nomen iuris" atribuído determinante na qualificação da relação contratual, e sendo este tipo de cláusulas manifestamente irrelevante caso se demonstre realidade contrária ao que nelas é dito, o certo é que a sua utilização é um indicador no sentido de que o verdadeiro propósito negocial das partes foi o de se vincularem através de um contrato de prestação de serviço, como fizeram constar do documento que subscreveram.

Ainda com relevo para fixar o sentido da vontade das partes, não pode deixar de se ponderar que a A. é uma pessoa instruída, com formação superior, e a R. uma sociedade que se dedica à atividade de prestação privada de serviços e cuidados de saúde em regime ambulatório e de internamento, nada permitindo concluir que as partes se tenham equivocado quanto ao tipo de contrato por elas pretendido, que desconheçam as implicações jurídicas decorrentes da celebração de um contrato de prestação de serviço ou que, de algum modo a liberdade contratual de cada uma delas tenha sido condicionada, como bem observa a sentença da 1.ª instância, o que faz supor que as partes quiseram efetivamente estabelecer uma relação jurídica de prestação de serviço».

Ousamos, respeitosamente, discordar deste importante trecho do Acórdão. Não se trata, cremos, de qualquer equívoco ou de qualquer desconhecimento, quiçá menos admissível em função do facto de a enfermeira em causa ser uma pessoa instruída, com formação superior... *O que sucede neste tipo de casos é que, realmente, a liberdade contratual das par-*

tes (rectius, a liberdade contratual de uma delas, da enfermeira) foi condicionada. E foi condicionada porque a contraparte, o British Hospital, a parte que (alguém duvida?) elaborou e redigiu o texto do contrato, dando-o depois a assinar à enfermeira, só queria contratar através de um alegado "contrato de prestação de serviços". A enfermeira poderia, claro, argumentar que achava que aquele não era um verdadeiro contrato de prestação de serviços, que algumas das cláusulas nele vertidas deviam ter outra redação, que o contrato devia ser intitulado como "contrato de trabalho"... Mas, se o fizesse, todos sabemos o que aconteceria. O desfecho mais do que provável seria o de que o contrato não chegaria a ser celebrado. E a enfermeira não conseguiria aquele emprego. E não auferiria a remuneração que lhe era proposta pelo *British Hospital*...

Daí que, obviamente, as partes tenham intitulado o contrato como "contrato de prestação de serviços". Serviços "prestados com autonomia". E a enfermeira passava, claro, "recibos verdes". E o *British* Hospital não realizava, óbvio, descontos para a Segurança Social. E a enfermeira, naturalmente, assumia o risco de acidentes de trabalho, obrigando-se a celebrar o respetivo contrato de seguro. E o contrato remetia, expressamente, para o regime previsto no Código Civil em matéria de contratos de prestação de serviço.

Tudo coerente, tudo congruente com a expressa qualificação do contrato como "contrato de prestação de serviços". Como poderia ser diferente, se aquilo que o *British Hospital* pretende, afinal, é justamente evitar que o dito contrato seja qualificado como contrato de trabalho? Mesmo que a enfermeira em causa fosse licenciada em Direito, cremos, não seria diferente: era pegar ou largar, era aceitar os termos contratuais propostos (e obter o almejado emprego) ou obtemperar e deixar que aquele emprego fosse conseguido por uma outra enfermeira, menos especiosa quanto à qualificação contratual adotada...

Não se trata, reitera-se, de ignorância ou de equívoco[4]. *Trata-se, tão-só, do prosaico facto de este ser, manifestamente, um contrato de adesão, um contrato*

[4] Sendo certo que, tratando-se de uma enfermeira, é razoável supor que o seu conhecimento do mundo jurídico e dos tipos contratuais não será muito profundo... Como, afinal, também os juristas, sejam professores universitários, magistrados ou advogados, em regra pouco sabem de medicina ou de enfermagem (com exceção, quiçá, de alguns hipocondríacos)...

cujos termos e cláusulas são predispostos, de forma unilateral, pelo credor dos serviços e um contrato cuja qualificação, em retas contas, é imposta ao devedor desses serviços. Por isso mesmo, aliás, a nossa melhor doutrina alerta para que a qualificação atribuída pelas partes, nos contratos formalizados, «é um indício muito frágil, dado que a parte responsável pela redação dos termos do contrato, o empregador, tem muitas vezes interesse em criar uma aparência de autonomia e a designação como contrato de prestação de serviço é o meio mais fácil de perseguir esse objetivo»[5].

Lógico. Daí, claro, as expressas menções, feitas no texto do contrato, à execução da prestação "com autonomia" (cláusula 1.ª)[6], bem como à assunção de responsabilidade por parte da enfermeira quanto à celebração de contrato de seguro de acidentes de trabalho e às contribuições para a segurança social (cláusula 7.ª). E daí, claríssimo, que as partes convencionem a aplicação do regime jurídico previsto no Código Civil para os contratos de prestação de serviço ao contrato em questão (cláusula 9.ª). Como poderia ser de outra forma?

Fará tudo isto supor, como se escreve no Acórdão, «que as partes quiseram efetivamente estabelecer uma relação jurídica de prestação de serviço»? Não! *Tudo isto, cremos, pouco ou nenhum valor sintomático tem, sobretudo quando do que se trata é de apurar se as partes (ou alguma delas) procuraram manipular a qualificação da relação contratual, com o propósito de fugir, ilicitamente, ao Direito do Trabalho.* Tudo isto revela, apenas, que as partes quiseram batizar o contrato como "contrato de prestação de serviços» – decerto porque, se assim não fosse, uma delas não estaria disponível para contratar...

---

[5] Sousa Ribeiro, «As fronteiras juslaborais...», cit., p. 365. Com razão, o Autor refere-se a alguma jurisprudência – que parte do princípio de que, tendo as partes subscrito um "contrato de prestação de serviços", é porque essa foi naturalmente a sua vontade, havendo que respeitá-la – em termos assaz críticos, concluindo: «Uma posição deste teor ignora completamente práticas manipuladoras usuais, facilmente propiciadas pelas condições reais de contratação» (p. 366, n. 49).

[6] Sendo certo que, como é sabido, e no próprio Acórdão se reconhece, a autonomia técnica do prestador de serviço é plenamente compatível com o trabalho subordinado – veja-se, a este propósito, o disposto no art. 116.º do atual CT, segundo o qual «a sujeição à autoridade e direção do empregador não prejudica a autonomia técnica do trabalhador inerente à atividade prestada, nos termos das regras legais ou deontológicas aplicáveis».

Ora, já o sabemos, *os contratos são o que são, não o que as partes dizem que são*. E, acrescente-se, nada disto colide, minimamente, com a liberdade contratual. Seja-nos permitido transcrever, uma vez mais, o que afirmamos no nosso *Contrato de Trabalho – Noções Básicas*: «Na verdade, as partes são livres para concluir o contrato *x* ou o contrato *y*, mas já não o são para celebrar o contrato *x* dizendo que celebraram o contrato *y* – naquilo, e não nisto, consiste a sua liberdade contratual, entre nós consagrada no art. 405.º do Código Civil (...). A liberdade contratual não se confunde, pois, com a manipulação ilícita da qualificação da relação: como dizia Orlando de Carvalho, "a liberdade contratual é a liberdade de modelar e de concluir os negócios, não a de decidir arbitrariamente da lei a que eles devem submeter-se (sobretudo se o *nomen* escolhido não corresponde às estipulações)"[7]. Destarte, apurando-se a existência de uma prestação de atividade em regime de heterodeterminação e a troco de uma retribuição, toparemos com um contrato de trabalho e não com um qualquer contrato de prestação de serviço, ainda que esta seja a designação contratual adotada pelas partes e independentemente da cor do recibo passado pelo prestador de atividade[8]. Trata-se, afinal, de dar prevalência à vontade real das partes, desvelada pela execução contratual, sobre a vontade declarada»[9].

---

[7] *Escritos, Páginas de Direito*, vol. I, Almedina, Coimbra, 1998, pp. 22-23.

[8] Do mesmo modo, circunstâncias como a de o prestador de atividade não gozar férias, ou a de não receber subsídio de férias e de Natal, deverão ser encaradas com muita cautela. Isto porque tais circunstâncias tanto podem ser um sintoma de real autonomia como, pelo contrário, corresponder ao intuito visado com a simulação de um contrato de trabalho: dissimular este contrato em ordem a que o empregador não fique adstrito ao cumprimento destes deveres para com o trabalhador. Sobre a questão, *vd.* João Leal Amado, «Prestação de serviços musculada, contrato de trabalho atrofiado», *Questões Laborais*, n.º 30, 2007, pp. 245-249.

[9] A doutrina brasileira alude, a este propósito, ao chamado «princípio da primazia da realidade», precisamente para vincar que as relações jurídico-laborais se definem pela situação de facto, isto é, pela forma como se realiza a prestação de serviços, pouco importando o nome que lhe foi atribuído pelas partes. Como escreve Luciano Martinez, «o princípio da primazia da realidade baseia-se no mandamento nuclear protetivo segundo o qual a realidade dos fatos prevalece sobre meras cláusulas contratuais ou registros documentais, ainda que em sentido contrário. De nada, portanto, adianta mascarar a verdade, uma vez que se dará prevalência ao que efetivamente existiu» (*Curso de Direito do Trabalho*, 6.ª ed., Editora Saraiva, São Paulo, 2015, p. 123).

É certo que o Acórdão em apreço não sustenta que os elementos indiciários que vimos de analisar seriam suficientes para, por si só, persuadirem o tribunal de que o contrato em questão era, realmente, um contrato de prestação de serviço. Já o dissemos e reiteramos: do ponto de vista técnico-jurídico e dogmático, o Acórdão assenta em pressupostos corretos, dir-se-ia mesmo que impecáveis – com exceção, a nosso ver, do ponto que desenvolveremos adiante, no próximo capítulo. Mas afigura-se-nos indiscutível que o Acórdão concedeu relevo desmedido a estes elementos extraídos do texto do contrato, os quais, como se procurou demonstrar, valem, neste contexto, zero ou pouco mais do que zero.

O Direito do Trabalho não pode ficar minimamente refém da qualificação contratual adotada pelas partes, não porque desconsidere a real vontade das partes, mas justamente porque aqui as partes têm um poder negocial marcadamente desigual, porque o Direito do Trabalho visa, na sua essência, proteger o contraente débil e porque, assim sendo, é natural que a parte mais poderosa, numa ótica racional de contenção ou redução de custos, procure camuflar a existência de verdadeiros contratos de trabalho sob a capa de pretensos "contratos de prestação de serviços"[10]*. E, assim sendo, o trabalhador, ao anuir e ao subscrever celebrar tal contrato, não está a exercer a sua liberdade contratual, está a aceitar as condições que lhe são propostas, sem margem para discussão, para aceder a um emprego remunerado...*

Cremos, em suma, que, para uma correta ponderação dos diversos elementos indiciários presentes nesta relação contratual, aqueles que acabámos de analisar deverão ser muito relativizados. *São indícios frágeis, de escasso valor sintomático, e que devem ser olhados e valorados com muita cautela pelo tribunal. Isto sob pena de o tribunal, acreditando piamente no texto do contrato, incorrer em ingenuidade. O tribunal não pode ser ingénuo. Não propomos, em alternativa, a desconfiança sistemática e generalizada. Mas impõe-se prudência, cautela, muita cautela, quando lidamos com um contrato pensado, elaborado,*

[10] Quiçá para, como sucedeu no presente caso, conservar a faculdade de despedir livremente e sem custos a trabalhadora (em virtude de esta não ter concordado com uma proposta de alteração contratual que implicaria a supressão do pagamento de algumas parcelas remuneratórias, correspondentes a férias e a outras retribuições adicionais), alegando que se tratava, tão-só, de denunciar um contrato de prestação de serviços...

redigido e confecionado por uma das partes – deixando à outra, apenas, a liberdade de o assinar ou não[11].

3. O *punctum crucis*: a faculdade de substituição por parte da enfermeira

Verdadeiramente, porém, o elemento que parece ter sido reputado decisivo pelo Tribunal da Relação de Lisboa, no Acórdão de 11 de janeiro, parece ter sido o de que, *in casu*, a enfermeira/prestadora de atividade poderia fazer-se substituir por outrem, nos termos da cláusula 2.ª, n.º 3 e 4, do contrato. Tal circunstância foi tida como «manifestamente incompatível» com a existência de um contrato de trabalho (p. 68), pelo que, na linha de anterior jurisprudência do Supremo Tribunal de Justiça, haveria de negar-se a qualificação laboral a um contrato deste jaez. Lê-se ainda, a este propósito, na p. 72 do Acórdão:

«Com efeito, se as partes convencionam que a A. pode designar um substituto quando não compareça no tempo e local em que indicou estar disponível e assume perante a R. a obrigação do pagamento do valor do serviço ao substituto e se no decurso das relações contratuais estabelecidas a A. combinava com outros enfermeiros que a substituíssem quando precisava e ela, por sua vez, exerceria funções nos horários para que estavam designados esses enfermeiros, tal denota que o interesse da R. era o de que as cirurgias se realizassem nos períodos por si assinalados, confiando à ora recorrente a responsabilidade de assegurar os serviços de enfermagem nas cirurgias designadas, podendo esta fazê-lo por si própria, ou por quem se fizesse substituir.

Daqui se retira que, por um lado, à R. interessava, apenas, a produção de um determinado resultado (a realização das cirurgias, com todos os serviços associados a tal realização, *in casu*, os de enfermagem), como é

[11] A este propósito, advertindo para a «suspeição qualificada quanto à forte incidência que nesta matéria pode suscitar o interesse de "declarações fictícias", isto é, quanto à possibilidade de o enunciado contratual funcionar como uma "cortina de fumo" do verdadeiro programa negocial, quer declarando o contrário do que se vem a executar, quer estipulando no contrato verdadeiras "cláusulas de estilo" num claro incentivo à autonomia mas cujo conteúdo afinal nunca vem a ser exercitado», *vd.* Joana Nunes Vicente, *A fuga à relação de trabalho (típica): em torno da simulação e da fraude à lei*, Coimbra Editora, Coimbra, 2008, p. 107.

próprio do contrato de prestação de serviço e não propriamente a atividade e disponibilidade da A.. E, por outro, que as relações contratuais se mantinham e eram cumpridas ainda que, para o efeito, a A. não prestasse a sua atividade intelectual ou manual em benefício da R., como seria característico do contrato de trabalho».

Ora, aqui sim teremos de assumir uma divergência de fundo, de substância, em relação a semelhante entendimento jurisprudencial. Muito respeitosamente, discordamos. E discordamos frontalmente. Com efeito, *a pessoalidade do contrato de trabalho, isto é, a circunstância de a obrigação do trabalhador ser pessoal, infungível, quiçá intuitu personae, não autoriza que, perante um contrato em que se preveja a faculdade de o prestador de serviços se fazer substituir por outrem no cumprimento desta ou daquela prestação, se conclua, quase que inevitavelmente, pela natureza não laboral e não subordinada de tal relação.*

Pela nossa parte, afirmamos, sem hesitar, que, num contrato duradouro como é o contrato de trabalho, o facto de o trabalhador se fazer substituir por outrem no cumprimento de certas prestações não descaracteriza o vínculo jurídico-laboral. Atente-se, a este propósito, nas sábias palavras de Júlio Gomes, o qual observa que mesmo a doutrina dominante não levanta dificuldades à possibilidade de o credor consentir que o devedor se faça substituir por outrem, acrescentando: «Esta circunstância deve alertar-nos para a possibilidade de se atribuir uma importância excessiva, no sentido de "descaracterizar" o contrato de trabalho, à existência num contrato de uma cláusula pela qual o trabalhador se possa fazer substituir excecionalmente por outrem na execução da prestação. Parece, por vezes, considerar-se que tal cláusula seria incompatível com a existência de um contrato de trabalho. No entanto, a conclusão parece-nos exagerada: em primeiro lugar, a referida cláusula pode não passar de uma "cláusula de estilo" que não corresponde à realidade da execução do contrato. Mas, e sobretudo, porque se existir um contrato de trabalho, por exemplo de um professor, contrato cuja qualificação jurídica pode nem sequer ser controvertida, e se o referido professor solicitar e obtiver a autorização do empregador para ser substituído por um colega seu, com idênticas qualificações – colega que não mantém qualquer relação contratual com aquele empregador – em certas datas em que terá de faltar, a ninguém ocorrerá a ideia de que, só por isso, o contrato de trabalho deixará de o ser»[12].

Palavras sábias e, dir-se-ia, quase proféticas, no que ao presente litígio diz respeito. E não se pense que esta é uma posição isolada. Pelo contrário, cremos que ela corresponde, hoje, ao entendimento doutrinal maioritário, entre nós e lá fora. Veja-se, por exemplo, o que escreve, a este respeito, MAURÍCIO GODINHO DELGADO, uma das principais referências do Direito do Trabalho brasileiro, Ministro do Tribunal Superior do Trabalho, em comentário sobre a pessoalidade ou infungibilidade típica da relação de trabalho: «Há situações ensejadoras de substituição do trabalhador sem que se veja suprimida a pessoalidade inerente à relação empregatícia. Em primeiro lugar, citem-se as situações de substituição propiciadas pelo consentimento do tomador de serviços: uma eventual substituição consentida (seja mais longa, seja mais curta no tempo), por exemplo, não afasta, necessariamente, a pessoalidade com relação ao trabalhador original»[13].

No caso, além de essa possibilidade de substituição estar expressamente prevista no contrato (e ser, portanto, consentida pelo *British Hospital*), acresce que, em bom rigor, mais do que uma substituição por alguém, por um profissional de enfermagem estranho à empresa, o que sucedeu foi, tão-só, uma "troca de horários", mediante a qual a enfermeira em questão conseguia impedir situações complicadas ao nível da gestão do tempo de trabalho (visto que não trabalhava em exclusivo

[12] *Direito do Trabalho*, vol. I, Coimbra Editora, Coimbra, 2007, pp. 90-91. O signatário deste texto confessa, sem rebuço, que, enquanto docente universitário vinculado por contrato de trabalho (contrato de trabalho em funções públicas com a Universidade de Coimbra, simples contrato de trabalho com a instituição privada de ensino superior onde também lecionou, no Porto, durante muitos anos), se fez substituir diversas vezes na execução de certas atividades (vigilâncias a exames escritos, realização de exames orais, uma ou outra aula...), tendo, por sua vez, substituído outros colegas na realização de tais atividades. Tudo isto, claro, sem que o vínculo laboral existente, de natureza pública ou privada, tenha sido minimamente afetado, na sua consistência, por tal substituição/troca.

[13] *Curso de Direito do Trabalho*, 14.ª ed., LTr, São Paulo, 2015, p. 301. É ponto pacífico na doutrina brasileira – neste sentido, *vd.*, por exemplo, GUSTAVO FILIPE BARBOSA GARCIA, o qual observa que «a substituição, em uma ou outra ocasião, do empregado, com a anuência do empregador, não é apta a descaracterizar um longo vínculo de emprego» (*Curso de Direito do Trabalho*, 10.ª ed., Editora Forense, Rio de Janeiro, 2016, p. 157).

para o *British Hospital*), fazendo-se substituir por outros colegas pontualmente, e substituindo, por sua vez, esses outros colegas pontualmente. Tudo, dir-se-ia, feito de comum acordo entre os diversos enfermeiros do *British Hospital* e contando com o beneplácito deste (como se provou, as trocas de horários eram registadas numa agenda com conhecimento da enfermeira-chefe), o que permitia a esses enfermeiros uma gestão mais flexível do seu tempo de trabalho.

Vale dizer, *ao invés do que se sustenta no presente Acórdão, não há qualquer incompatibilidade ontológica entre o contrato de trabalho e a possibilidade de o trabalhador se fazer substituir por outrem, sobretudo quando essa substituição é consentida pela entidade empregadora e o "substituto" é, também ele, alguém que possui um vínculo contratual com a entidade empregadora, isto é, um colega do substituído.*

Com esta cláusula contratual visou-se apenas, a nosso ver, criar mais uma "cortina de fumo" ou uma "barreira de ocultação terminológica" em torno desta relação. E, se assim foi, então cremos que o objetivo foi conseguido, pois a Relação de Lisboa, neste seu Acórdão, deixou-se impressionar em demasia por tal cláusula, vendo nesta um obstáculo incontornável para a existência de uma relação de trabalho subordinado entre os sujeitos.

Trata-se, a nosso ver, de uma conceção que, nem por ser partilhada pela jurisprudência do Supremo Tribunal de Justiça, merece acolhimento. *Urge que seja repensada e revista. É imperioso que seja revista, sob pena de deixar o tribunal refém de uma cláusula contratual que, num passe de mágica, descaracterizaria qualquer contrato de trabalho.* Com efeito, assim sendo bastaria celebrar o contrato, intitulá-lo "contrato de prestação de serviço" e incluir neste uma "cláusula de substituição" para o imunizar de um eventual escrutínio por banda dos tribunais – uma espécie de *escudo visível* contra qualquer operação de requalificação judicial do vínculo...

Não pode ser assim. No máximo, a possibilidade de o trabalhador se fazer substituir será um, apenas um, apenas mais um indício a levar em conta pelo tribunal no seu juízo qualificativo[14]. Mas sem, por si só, resol-

---

[14] E, como bem observa Sousa Ribeiro, quanto à possibilidade de substituição enquanto elemento indiciário, «há que diferenciar os casos em que o substituto é, também ele, um trabalhador integrado na organização produtiva, escolhido, de igual modo, pela entidade patronal

ver o problema. Longe disso. Para resolver o problema, haverá, sempre, que atender aos outros indícios relevantes no caso. E, quanto a isto, cremos que o caso desta enfermeira não deixa margem para grandes dúvidas.

4. A bateria de elementos indiciários

No caso em apreço, se nos não impressionarmos em demasia com o *nomen juris* adotado pelas partes (*rectius*, adotado pelo *British Hospital* e aceite pela enfermeira) nem com a faculdade de substituição constante da cláusula 2.ª do contrato, a tomada em consideração dos restantes elementos indiciários relevantes não deixa, cremos, margem para grandes dúvidas. Com efeito:

- *i)* A atividade da enfermeira era prestada «na sede executiva» do *British Hospital* (art. 1.º, n.º 2, do contrato), isto é, em local pertencente ao beneficiário da atividade;
- *ii)* A enfermeira estava sujeita a um horário de trabalho fixado pelo *British Hospital*, através de escalas de serviço, ainda que, para o efeito de tal fixação, a empresa levasse em conta a disponibilidade previamente manifestada pela enfermeira, em função do outro emprego que esta mantinha no Hospital de S. José;
- *iii)* A enfermeira auferia uma remuneração base certa, calculada em função do tempo de trabalho, correspondente ao valor hora de €9,79, nos termos da cláusula 5.ª do contrato;
- *iv)* Os materiais e instrumentos de trabalho utilizados pela enfermeira eram do *British Hospital* (facto 2.1.5.);
- *v)* A enfermeira recebia remuneração adicional em função da prestação de trabalho noturno ("horas de qualidade", correspondentes a trabalho prestado entre as 20 e as 23h), recebia subsídio de risco, tinha direito a majoração remuneratória caso prestasse trabalho suplementar e tinha direito a almoçar ou jantar no refeitório do *British Hospital* (factos 2.1.15 a 2.1.19.);

(casos de troca de turno, por exemplo), daqueles outros em que ele é um estranho a essa organização», sendo, «evidentemente, mais forte o valor indiciário desta última situação, no sentido de excluir uma relação de trabalho subordinado» («As fronteiras juslaborais...», cit., p. 365, n. 45).

vi) A enfermeira recebia uma remuneração adicional, em junho e em novembro, correspondente ao 13.º e ao 14.º mês, em moldes bastante semelhantes aos do subsídio de férias e de Natal, respetivamente (facto 2.1.23.);

vii) A enfermeira gozava férias anuais pagas, com a duração de 22 dias úteis, férias essas marcadas por acordo entre a enfermeira e o *British Hospital* (facto 2.1.24.)[15];

viii) O cumprimento do horário de trabalho pela enfermeira era fiscalizado pelo *British Hospital*, através de um sistema de livro de ponto biométrico, isto é, com a gravação da impressão digital (factos 2.1.25. a 2.1.27.);

ix) A enfermeira integrava-se na estrutura hierárquica do *British Hospital*, incumbindo à enfermeira-chefe distribuir o trabalho pelos vários enfermeiros, incluindo a autora, definindo quem faria a função circulante e quem se encarregaria do apoio à anestesia (facto 2.1.46.).

x) A enfermeira substituía, por vezes, a enfermeira-chefe, no exercício de tarefas de gestão corrente (conferência de estupefacientes, receção de representantes de firma, buscar materiais ao armazém e gestão de utilização de salas, bem como gestão da hora de jantar).

Não será isto, tudo isto, tudo isto conjugado, suficiente para demonstrar a existência, *in casu*, de uma relação de trabalho subordinado entre as

[15] Como sucede, tendencialmente, em qualquer relação de trabalho dependente, nos termos do art. 241.º, n.º 1, do CT. No Acórdão refere-se que «os períodos de férias anuais de 22 dias úteis não eram pré-fixados ou previamente autorizados pela ré, mas indicados pela própria autora, que em março de cada ano comunicava à enfermeira-chefe quando pretendia gozar férias (facto 2.1.24., sendo que, segundo o Acórdão, esta faculdade «não é típica de uma relação laboral» (p. 73).

Não podemos acompanhar o Acórdão neste passo. Segundo o CT, o período de férias deve ser marcado por acordo entre empregador e trabalhador, pelo que é natural que, na busca desse acordo, a empresa solicite aos trabalhadores que estes indiquem o período em que pretendem gozar férias, para depois ser feito um mapa de férias, tentando compatibilizar todos os pedidos. Se essa compatibilização não for possível, aí caberá à entidade empregadora marcar as férias. Mas o contrato subscrito pela enfermeira em apreço com o *British Hospital* não se mostra contrário a essa solução (caso, por exemplo, todas as enfermeiras quisessem gozar férias no mesmo mês e fosse impossível efetuar a referida compatibilização).

partes? *Um juízo de ponderação global criterioso, que não se deixe derrotar pelo rótulo ou pela letra do contrato, muito menos pela "cláusula de substituição" dele constante, chegará, cremos, a uma única conclusão possível, resultante, dir-se-ia, da conjugação dialética de quase todos os outros elementos indiciários relevantes: este foi, realmente, um contrato em que uma pessoa singular (a enfermeira) se obrigou, mediante retribuição, a prestar a sua atividade a uma pessoa coletiva (o British Hospital), no âmbito de organização e sob a autoridade desta.*

De resto, ainda que a presunção de laboralidade constante do art. 12.º do atual CT não seja aplicável no caso vertente (visto que o contrato não chegou a entrar em contacto temporal com esta presunção, pois o vínculo contratual foi extinto com efeitos reportados a janeiro de 2009, sendo que o CT foi publicado em fevereiro desse ano), cremos que não deixa de ser sintomático constatar que os cinco elementos que constituem a base da presunção legal se verificam, todos eles, no caso em apreço: local de trabalho, equipamentos e instrumentos de trabalho, horário de trabalho, retribuição certa e inserção do prestador de atividade, desempenhando funções de direção ou chefia, na estrutura orgânica da empresa (neste último caso, quando a enfermeira generalista era chamada a substituir a enfermeira-chefe). É que, recorde-se, o atual CT presume a existência de contrato de trabalho mediante a verificação de apenas dois desses elementos...[16]

É certo que, como se assinala no Acórdão, a enfermeira não trabalhava apenas para o *British Hospital*, visto que à data da celebração do contrato com este a autora já exercia funções no Hospital de São José. Esta circunstância permite, sem dúvida, compreender alguns aspetos do contrato celebrado entre a enfermeira e o *British Hospital*, tais como os de uma certa flexibilização do respetivo horário de trabalho e do período de gozo de férias. Mas, francamente, não vemos em que é que esta circunstância poderá apontar para a qualificação deste contrato como um contrato de prestação de serviço, ao invés do que se afirma na p. 68 do Acórdão («(...) torna menos verosímil a manutenção de relações de subordinação em relação a uma outra entidade relativamente à qual o trabalhador venha a vincular-se em período "extra" laboral»).

---

[16] Neste sentido, por todos, Rosário Palma Ramalho, *Tratado de Direito do Trabalho, Parte II – Situações Laborais Individuais*, 6.ª ed., Almedina, Coimbra, 2016, p. 55.

Menos verosímil? Porquê? A nosso ver, teríamos aqui, tão-só, uma situação de alguém que, a mais de trabalhar a tempo inteiro no Hospital de São José, trabalhava ainda no *British Hospital* (primeiro a tempo parcial, mais tarde a tempo completo). *A enfermeira trabalhava, pois, muito, quiçá demasiado. Mas isso não é proibido – antes resulta da possibilidade de pluriemprego, plenamente admissível entre nós –, nem isso se opõe a que ambos os contratos sejam qualificados como contratos de trabalho. O contrato de trabalho não pressupõe exclusividade, pelo que do facto de esta enfermeira não trabalhar, em exclusivo, para o British Hospital, pouco se poderá extrair quanto à natureza da respetiva vinculação contratual.*

Também, *para que de um contrato de trabalho se trate, não é necessário que o poder de direção patronal seja regular e diuturnamente exercido. Basta que seja pontualmente exercido, ou que possa sê-lo, sobretudo, como é o caso, no âmbito de uma profissão que requer uma certa margem de autonomia técnica ao prestador de atividade* – e, no caso, essa missão cumpria, manifestamente, à enfermeira-chefe. Aliás, como observa JOANA NUNES VICENTE, em certas profissões cujo exercício implica a salvaguarda da autonomia técnica e deontológica do profissional (como será, decerto, o caso da enfermagem), «está mesmo afastado que aquele possa vincular-se a ordens ou instruções precisas quanto à forma concreta de executar a prestação», o que implica, segundo a Autora, que «a averiguação da existência da subordinação jurídica se tenha de fazer por apelo a aspetos externos à própria prestação laboral e que remetem forçosamente para as condições organizativas e de caráter administrativo que a enquadram e, como tal, para formas de subordinação "atenuada"»[17]. Por isso mesmo, não nos parece muito relevante o argumento, invocado no Acórdão, no sentido de que não se teria provado a verificação, em grau suficiente, de «um exercício efetivo do poder de direção com efetivas ordens e instruções de quem quer seja (enfermeiro-chefe ou Diretor Clínico da R.) à recorrente» (p. 68).

Enfim, resulta da factualidade provada que a enfermeira se encontrava fortemente *inserida no âmbito de organização da atividade empresarial*

---

[17] *A fuga à relação de trabalho...*, cit., pp. 118-119. Também sublinhando que, nas situações de elevada autonomia técnica, se regista um enfraquecimento ou uma real inefetividade do poder diretivo, sem que, com isso, o contrato de trabalho se descaracterize, ROSÁRIO PALMA RAMALHO, *Tratado de Direito do Trabalho*, cit., p. 57.

do British Hospital, sendo até, por vezes, chamada pela enfermeira-chefe para exercer funções de responsável de turno (factos 2.1.5. e 2.1.47.). No Acórdão sustenta-se que esta inserção organizacional teria «uma ténue relevância» (p. 69), em virtude de tal, de algum modo, resultar da natureza das coisas, isto é, da «conjugação que necessariamente teria de haver entre todas as pessoas cujos serviços inevitavelmente teriam que se combinar para a realização das intervenções cirúrgicas» (p. 69), dado «não poder compreender-se o exercício da atividade de uma enfermeira que realiza as suas tarefas no âmbito de intervenções cirúrgicas desenquadrada de uma organização de meios materiais e humanos que coordene os diversos profissionais em exercício e suporte toda a atividade médica e de enfermagem necessária à organização e funcionamento da estrutura de um bloco operatório» (p. 70).

Ora, a nosso ver, a inversa é que é verdadeira: *é porque, por vezes, é necessário conjugar pessoas e combinar serviços, confluindo para um certo resultado, que o contrato de trabalho surge como expediente, dir-se-ia que natural, de inserção dessas pessoas no âmbito empresarial, e não tanto o contrato de prestação de serviços.* Dando um exemplo, talvez seja por isso que, no terreno do desporto profissional, o contrato de trabalho é regra nas modalidades coletivas, em que o trabalho dos vários atletas tem de ser conjugado e combinado sob a égide de um clube empregador (pense-se no futebol, no basquetebol, no andebol, no hóquei, etc.), ao passo que nas modalidades individuais, em que essa necessidade de articulação já não existe, o atleta profissional tende a celebrar contratos de natureza não laboral (pense-se no golfe, no ténis, no boxe, etc.).

Ainda que, infelizmente, não disponhamos de um "subordinómetro", parece-nos, de todo o modo, que a soma de indícios favoráveis à existência de contrato de trabalho, no caso em apreço, é mais do que suficiente para que o tribunal, procedendo à ponderação global dos factos provados e ao correspondente juízo de valoração, conclua nesse mesmo sentido. Afinal, como se lê no sumário do Acórdão relativo à situação da outra enfermeira que trabalhava, em moldes análogos aos do caso em apreço, para o *British Hospital*: «É de qualificar como contrato de trabalho, o contrato pelo qual uma enfermeira exerce as suas funções num hospital privado, sujeita ao poder hierárquico da enfermeira-chefe e que, por isso, lhe deve obediência, onde cumpre um horário de trabalho que lhe é imposto pelo hospital, onde goza 22 dias de férias remuneradas, onde presta trabalho suplementar que lhe é remunerado como tal e onde aufere 13.º e 14.º mês, nos meses de junho e de novembro de cada ano, não obstante também exercer funções numa outra instituição (hospital público)»[18].

Cremos que a decisão não foi no mesmo sentido, no Acórdão de 11 de janeiro de 2017, porque o Tribunal colocou demasiada fé na qualificação que as partes deram ao seu contrato. Ora, reiteramos, o Tribunal não pode incorrer nessa ingenuidade. Pelo contrário, dir-se-ia que *quanto mais os advogados da empresa se aperfeiçoam na arte de redigir cláusulas supostamente demonstrativas de que aquele contrato não é um contrato de trabalho, tanto mais o tribunal deve ficar atento e vigilante, fazendo prevalecer o princípio da primazia da realidade e não premiando manobras de "engenharia jurídica" por parte daqueles advogados, mesmo se brilhantes.*

Numa conhecida sentença recentemente proferida pelo Tribunal do Trabalho de Londres, relativa ao polémico caso da empresa Uber e dos seus motoristas (sentença de 28 de outubro de 2016, proc. n.º 2202551/2015 e outros)[19], o tribunal citou um importante precedente judicial britânico, nos termos do qual «the concern to which tribunals must be alive is that armies of lawyers will simply place substitution clauses, or clauses denying any obligation to provide or accept work, in employment contracts, as a matter of form, even where such terms do not begin to reflect the real relationship» (§ 78, p. 21).

Palavras felizes e, cremos, inteiramente pertinentes no caso em apreço. *Um tribunal preocupado e, quiçá, mais desconfiado, um tribunal que esteja alerta em relação às legiões de advogados de empresa que enxameiam os contratos de cláusulas alegadamente descaracterizadoras do trabalho subordinado – entre elas a "cláusula de substituição" –, um tribunal que faça prevalecer a realidade do relacionamento entre as partes sobre quaisquer táticas de "engenharia contratual", chegaria, cremos, à conclusão de que entre esta enfermeira e o British Hospital vigorou uma relação contratual correspondente, não a um qualquer contrato de prestação*

---

[18] Acórdão de 6 de março de 2013, relatado pela Desembargadora Maria Celina de Jesus de Nóbrega.

[19] Permitimo-nos remeter, a este propósito, para João Leal Amado e Catarina Gomes Santos, «A UBER e os seus motoristas em Londres: *mind the gap!*», *Revista de Legislação e de Jurisprudência*, n.º 4001, Nov.-Dez. 2016, pp. 111-127.

de serviço, mas sim a um verdadeiro contrato de trabalho – ainda que, decerto, um contrato de trabalho algo atípico, desde logo pela circunstância de a correspondente atividade não ser prestada em regime de exclusividade e pelo facto de a trabalhadora em causa dispor de acentuada autonomia técnico-executiva.

O calv(ári)o do assédio

JOÃO LEAL AMADO

1. "Careca estúpido!" = assédio sexual?

«Calling a man "bald" is sex-related harassment, an employment tribunal has ruled».

O assunto interessou-me, por óbvias e ostensivas razões. Eis a notícia na íntegra, publicada no *The Guardian*, de 13 de maio de 2022[1]:

> «Hair loss is much more prevalent among men than women so using it to describe someone is a form of sex-related harassment, a judge has concluded. Commenting on a man's baldness in the workplace is equivalent to remarking on the size of a woman's breasts, the finding suggests.
>
> The ruling – made by a panel of three men who in making their judgment bemoaned their own lack of hair – comes in a case between a veteran electrician and the manufacturing firm where he was employed.
>
> Tony Finn – who is in line for compensation – had worked for the West Yorkshire-based British Bung Company for almost 24 years when he was fired in May last year. He took the company to the tribunal claiming, among other things, he had been the victim of sex-related harassment after an incident with the factory supervisor, Jamie King.
>
> Finn alleged that during a shopfloor row in July 2019, King had referred to him as a "bald cunt". The tribunal heard Finn was less upset by the "Anglo-Saxon" language than the comment on his appearance.
>
> The allegation resulted in the panel – led by Judge Jonathan Brain – deliberating on whether remarking on his baldness was simply insulting or actually harassment.

[1] Disponível online, em *www.theguardian.com*.

"We have little doubt that being referred to in this pejorative manner was unwanted conduct as far as [Finn] was concerned," the tribunal found. "This is strong language. Although, as we find, industrial language was commonplace on this West Yorkshire factory floor, in our judgment Mr King crossed the line by making remarks personal to the claimant about his appearance."

Finn had not complained about the use of "industrial language" but was particularly affronted at being called bald, the panel said.

"It is difficult to conclude other than that Mr King uttered those words with the purpose of violating [Finn's] dignity and creating an intimidating, hostile, degrading, humiliating or offensive environment for him," the judgment found. "Of his own admission, Mr King's intention was to threaten [Finn] and to insult him. In our judgment, there is a connection between the word 'bald' on the one hand and the protected characteristic of sex on the other.

"[The company's lawyer] was right to submit that women as well as men may be bald. However, as all three members of the tribunal will vouchsafe, baldness is much more prevalent in men than women.

"We find it to be inherently related to sex."

As part of its ruling, the panel raised a previous tribunal case where a man was found to have sexually discriminated against a woman by remarking on the size of her breasts to rebut the firm's point. "It is much more likely that a person on the receiving end of a comment such as that which was made in [that] case would be female," the tribunal said.

"So too, it is much more likely that a person on the receiving end of a remark such as that made by Mr King would be male. Mr King made the remark with a view to hurting the claimant by commenting on his appearance which is often found amongst men.

"The tribunal therefore determines that by referring to the claimant as a 'bald cunt' ... Mr King's conduct was unwanted, it was a violation of the claimant's dignity, it created an intimidating environment for him, it was done for that purpose, and it related to the claimant's sex."

Finn's compensation will be determined at a later date».

2. Um caso "perplexizante"

O caso decidido pelo tribunal britânico apresenta, creio, vários elementos realmente "perplexizantes", como agora se diz. Por três motivos.

Em primeiro lugar, parece que o trabalhador queixoso, vítima do insulto proveniente do seu superior hierárquico, ficou abalado com a referência à sua calvície, ao facto, aliás, verdadeiro, de ser "bald", mas já não se queixou de também ter sido acusado de ser "cunt", isto é, um estúpido, um ser desagradável, aborrecido, antipático, situado algures entre o bronco e o grunho – atributos, estes últimos, que não sabemos se eram ou não verdadeiros.

Em segundo lugar, a despeito de ser um insulto isolado, um impropério singular, uma exclamação única ("bald cunt!"), o tribunal entendeu que tanto bastava para configurar uma situação de assédio laboral.

Em terceiro lugar, o tribunal não só entendeu que existia, *in casu*, uma situação de assédio como concluiu que se tratava de assédio sexual (ou, pelo menos, de assédio relacionado com o sexo), dado que a calvície é uma condição que afeta muito mais os homens do que as mulheres.

Pela minha parte, confesso, fico com imensas dúvidas, em relação aos três tópicos acima mencionados.

Não percebo, desde logo, como é que alguém que, como sucede com o autor destas linhas, é efetivamente careca, fica ofendido em último grau por lhe dizerem que o é – e, em simultâneo, não se ofende por o apodarem de "cunt". Não parece, a meus olhos, uma reação muito compreensível ou inteligente, pelo que até fica a dúvida sobre se, afinal, o chefe não teria alguma razão... Que eu seja "cunt" ainda vá, mas um "cunt" de cabeleira frondosa, terá pensado o trabalhador. Calvo é que jamais!

Depois, tenho as maiores dúvidas que se deva configurar como assédio uma conduta isolada, uma exclamação mais bruta, uma acusação mais destemperada, um insulto seco. A unicidade do ato ofensivo afasta-o, creio, da noção mesma de assédio. O assédio pressupõe, ou devia pressupor, uma ideia de cerco, de acossamento, de perseguição insistente, de malha de condutas constrangedoras, de teia entretecida ao longo do tempo, coisa que aqui, manifestamente, não sucedeu.

Por último, tenho também as maiores dúvidas sobre a caracterização desta conduta como assédio de natureza sexual. Um superior hierárquico rotular um seu subordinado de "careca estúpido" possui, bem vistas as coisas, alguma conotação sexual? Duvido. Se o subordinado mancasse, talvez o chefe o acusasse de ser um "coxo estúpido". Seria diferente? Claro, coxos há-os, provavelmente em número semelhante, entre homens e mulheres, ao passo que, no reino da calvície, os homens predominam. Do ponto de vista do direito antidiscriminatório, a calvície não é, seguramente, um fator neutro[2]. Mas será isto bastante para que o referido assédio se converta em assédio de cariz sexual? Não estará o tribunal a ir demasiado longe?

É certo que há aqui uma dimensão de género, que não deve ser ignorada. Desde logo, creio que se a vítima do insulto fosse do sexo feminino e fosse apodada de "careca estúpida", isso teria um potencial ofensivo maior do que na versão masculina. É verdade, chamar careca a uma mulher é mais forte, mais acintoso, é um insulto mais "pesado", do que chamar careca a um homem, quiçá pelos estereótipos de beleza predominantes, quiçá por a calvície feminina ser muito menos frequente (e ser também, claro, muito mais frequentemente ocultada, através de perucas, cabeleiras, capachinhos e dispositivos similares). Ainda assim, parece algo fantasioso considerar que há aqui um elemento de género, sexual, suficiente para converter o alegado assédio num assédio de cariz sexual.

O paralelismo estabelecido pelo tribunal entre um comentário desdenhoso à calvície de um homem e um comentário sobre o tamanho dos seios de uma mulher também não me parece convincente. Na verdade, a existência de seios mais ou menos fartos é uma das diferenças anatómicas entre homens e mulheres, diferença, por muitos, considerada assaz interessante. Não tenho dúvidas que comentários e observações, por parte de chefes ou colegas de trabalho, em torno dos seios de uma trabalhadora – sejam comentários mais ou menos libidinosos, realçando a eventual magnificência dos mesmos, sejam comentários mais ou menos vexatórios, criticando a sua suposta fealdade – constituem, amiúde, situações de assédio sexual. Mas isso, creio, não é linearmente transponível para o caso da calvície[3]. Certo, há mais, muito mais homens carecas do que

---

[2] Assim, se, por exemplo, a ausência de calvície for requerida como condição para aceder a um posto de trabalho, aí teremos, decerto, um caso de discriminação indireta multifatorial, em razão do sexo (a calvície afeta, sobretudo, os homens) e em razão da idade (a calvície afeta, sobretudo, os mais velhos).

[3] «The idea that calling a man "bald" constitutes sex-based harassment that is equivalent to commenting on the size of a woman breasts is dubious at best and insulting at worst», escreveu, também no *The Guardian*, de 14 de maio de 2022, Arwa Mahdawi, em comentário à sentença. Estou de acordo.

mulheres carecas. Mas então, se adotarmos a perspetiva do tribunal, é de perguntar: caso, por exemplo, alguém insulte outrem com o epíteto de "velha estúpida", será que devemos qualificar essa afirmação insultuosa como constitutiva de assédio sexual, visto que também há muito mais velhas do que velhos? Pela minha parte, creio que "velha estúpida" ou "velho estúpido" dão no mesmo, ainda que esse epíteto seja mais frequentemente dirigido a mulheres do que a homens – não porque elas sejam mais estúpidas do que eles, mas porque eles morrem mais cedo do que elas.

A retórica argumentativa do tribunal compreende-se, os juízes (todos eles, pelos vistos, carecas) lidam com um conceito amplo de assédio e trabalham com a distinção, bem conhecida, entre discriminações diretas e indiretas. Ainda assim, não resisto a considerar que, com tanta sofisticação argumentativa, o tribunal britânico acaba por chegar a uma conclusão algo artificiosa. E, nessa medida, bastante duvidosa.

3. O assédio no Código do Trabalho

Como é em Portugal? O contrato de trabalho surge marcado pelas notas da inserção organizacional e da subordinação jurídica do trabalhador. Trata-se de um contrato que se cumpre e se executa, tipicamente, num quadro empresarial. E a empresa, sabemo-lo, traduz-se num espaço de autoridade e de convivialidade: a empresa é um espaço hierarquizado, em que se desenvolvem relações de poder; e é também um espaço relacional, no qual a intersubjetividade das pessoas se vai forjando e afirmando quotidianamente.

Ora, um espaço com estas características – território de autoridade e de convivialidade – constituiu, desde sempre, um palco privilegiado para os múltiplos e diversificados fenómenos que integram o assédio ou *mobbing*. E, ao que parece, o fenómeno da violência psicológica no trabalho tende a agudizar-se nos nossos dias, por diversas razões: seja porque estes são tempos marcados por uma intensa pressão competitiva, por uma grande agressividade concorrencial e por uma acentuada precariedade do emprego (fatores que contribuem para aumentar o assédio entre trabalhadores, seja o assédio horizontal seja o assédio vertical descendente promovido pelos superiores hierárquicos em relação aos seus subalternos), seja, até, porque o assédio surge, amiúde, como efeito perverso da tutela constitucional da segurança no emprego, traduzindo-se numa estratégia patronal de acossamento do trabalhador, tendente a induzi-lo a abandonar, ele mesmo, o seu emprego (assédio estratégico, promovido pelo empregador em ordem a "quebrar" o trabalhador, impelindo-o a demitir-se).

É verdade que o assédio constitui, ainda hoje, um conceito juridicamente fluido e impreciso, podendo traduzir-se em comportamentos muito diversificados. O assédio pode ser *vertical* ou *horizontal*: naquele caso, o assediante será, em princípio, o próprio empregador ou um superior hierárquico do trabalhador; neste caso, o assédio ocorre entre trabalhadores entre os quais não existe uma relação hierárquica. O assédio pode ter, ou não, caráter *discriminatório*: em regra, o assédio traduz-se numa conduta discriminatória, que envolve um tratamento diferenciado para um dado trabalhador; mas não tem, forçosamente, de ser discriminatório (no limite, o empregador pode, desde logo, assediar todos os trabalhadores da empresa, sem distinção). As condutas assediantes possuem, em regra, um caráter *duradouro, reiterado, persistente,* originando um conflito em escalada entre os sujeitos (mas, note-se, este elemento de reiteração não é indispensável à luz da nossa lei). E o assédio pode ser, ou não, *intencional*: com efeito, nos termos do art. 29.º do Código do Trabalho, ele consiste num qualquer comportamento indesejado, nomeadamente o baseado em fator de discriminação, com o *objetivo* ou o *efeito* de perturbar ou constranger a pessoa, afetar a sua dignidade, criar um ambiente laboral hostil ou humilhante, etc.

O presente caso do trabalhador, alegadamente, "bald cunt", ilustra bem as dificuldades com que a jurisprudência, entre nós e lá fora, se depara, ao tentar delimitar a noção jurídica de assédio – e, dentro deste, ao procurar separar o assédio moral do assédio sexual[4]. A meu ver, o assédio, como categoria jurídica, traduz-se numa aquisição importantíssima para o Direito do Trabalho do séc. XXI, como manifestação da tutela da personalidade, da dignidade e da integridade física e moral do trabalhador. Ainda assim, no tocante à conceptualização do assédio, e na mira de evitar uma certa banalização na sua invocação ("tudo é, ou pode ser, assé-

[4] Dir-se-ia, com propriedade, que os magistrados (e as magistradas) estão carecas de saber das dificuldades operacionais ligadas ao conceito jurídico de assédio.

dio"), afigura-se bastante discutível que a lei prescinda dos elementos da reiteração da conduta e da intencionalidade do agente.

No caso, a intencionalidade ofensiva do agente, ao referir-se ao trabalhador como "bald cunt", é insofismável. Já a reiteração está manifestamente ausente (o que me faz duvidar do acerto da subsunção da mesma na noção de assédio) e o cariz sexual do insulto é também muito discutível. Tomar a sério o assédio e, dentro deste, o assédio sexual, pressupõe, julgo, que não se alargue em demasia o perímetro destes conceitos. Quando tudo se torna assédio – e assédio de contornos sexuais –, corremos o sério risco de acabar por banalizar (e, por esta via, tolerar) o verdadeiro assédio sexual...

Pessoal e profissional: entre o romance e o assédio

Comentário ao Acórdão da Relação de Évora, de 14/09/2017

JOÃO LEAL AMADO

«(...)

III – Configura assédio do Réu, único gerente da Ré, o facto de, tendo mantido uma relação amorosa com a Autora entre 2002 e 2010 e tendo esta uma relação laboral com a Ré desde 2002, entre Setembro e Dezembro de 2012 envia frequentes mensagens à Autora, afirmando, além do mais, que se não reatassem a relação pessoal não era possível manter a relação laboral, que em Novembro de 2012, sem qualquer explicação, não procede ao pagamento à Autora da importância mensal de € 260,00, que desde há cerca de dois anos lhe vinha sendo paga, sob a denominação de subsídio de transporte, e que tendo remetido uma proposta de revogação do contrato de trabalho com a Autora, perante o pedido de esclarecimento e dúvidas suscitados por esta não lhe respondeu nem deu qualquer seguimento à proposta que lhe havia apresentado;

IV – Configura justa causa de resolução do contrato de trabalho a descrita situação – no essencial, com a insistência do Réu junto da Autora no sentido do reatamento da relação pessoal, sob pena da impossibilidade de manutenção da relação laboral –, que causou desgosto, humilhação, desconforto e levou a Autora a sentir-se indesejada no trabalho;

V – Em tal situação, justifica-se uma indemnização por resolução do contrato de 30 dias por cada ano de antiguidade ou fração, tendo em conta o concreto contexto em causa e que não obstante os factos referidos que configuram assédio, ao longo desse período entre o Réu e a Autora continuaram a ser trocadas mensagens frequentes que, particularmente as que se centravam apenas na relação pessoal, denotam um ambiente de cordialidade e bom relacionamento entre ambos, e ainda que a Autora auferia mensalmente a retribuição base de € 1.100,00;

VI – E justifica-se a atribuição à Autora de uma indemnização por danos não patrimoniais, no montante de € 7.500,00, tendo em conta que em razão de diversos fatores, entre os quais a rutura da relação pessoal ("amorosa") que manteve com o Réu e o comportamento deste traduzido no assédio, a Autora passou a andar triste, depressiva, sem sono, tendo tido necessidade de acompanhamento médico e sendo medicada com ansiolíticos e hipnóticos em SOS;

(...)

Sumário elaborado pelo relator.

Acordam na Secção Social do Tribunal da Relação de Évora:

I. Relatório

(...)

*

II. Objeto do recurso

(...)

III. Factos

A) A 1.ª instância deu como provada a seguinte factualidade:

1) A R. é uma sociedade por quotas que detém a exploração do estabelecimento de farmácia denominado Farmácia ..., situado na morada da sede da R., ..., tendo sido sócio único e gerente até 07/05/2014 o R. DD.

2) A A. foi admitida ao serviço da Farmácia ..., anteriormente diretamente explorada pelo atual sócio único da R., DD, empresário em nome individual, com a categoria profissional de Ajudante Técnica de Farmácia em 1 de julho de 2002.

3) Na sua constituição, a sociedade ora R. integrou o acervo de direito e obrigações que pertenciam ao estabelecimento Farmácia ..., integrando este ativo no seu património, sendo atualmente esta sociedade que o explora.

4) A Farmácia ..., quer ao tempo em que era diretamente explorada pelo 2.º R., quer no momento atual em que é explorada pela sociedade 1.ª R., foi gerida e administrada exclusivamente por DD, ora 2.º R., até 07/05/2014.

5) O horário normal de trabalho da A. na Farmácia ... era de 40 horas semanais.

6) Até ao mês de outubro de 2012, a A. auferia a remuneração mensal bruta de € 1.100, 14 vezes por ano, acrescida do valor de € 260 designado como subsídio de transporte e de subsídio de almoço no valor de € 6,40, por dia de trabalho.

7) A A. executava a sua prestação de trabalho no estabelecimento "Farmácia ..." sito na ....

8) Por carta datada de 20 de dezembro de 2012, recebida em 21 de dezembro de 2012, a A. comunicou ao R., na qualidade de proprietário do estabelecimento "Farmácia ..." a resolução do seu contrato de trabalho com invocação de justa causa, conforme documento cuja cópia consta de fls. 25 a 28 e se dá por integralmente reproduzido.

9) A A. nasceu em ..., é divorciada e tem dois filhos....

10) A A. e o 2.º R. mantiveram uma relação amorosa desde 2002 até 2010.

11) O 2.º R. sempre considerou o trabalho da A. de muito bom nível e concordou, após o termo dessa relação amorosa, que a A. poderia continuar a prestar o seu trabalho na Farmácia....

12) Ciente de que tinha esclarecido tudo com o 2.º R., a A. ia mantendo com este uma relação de proximidade, até de amizade, para além da relação laboral que continuaram a manter, dado que as mensagens que recebia do 2.º R., naquela altura, em 2010, não demonstravam desrespeito nem configuravam qualquer ameaça à situação laboral da A..

13) A. e R. DD trocaram entre si as mensagens de correio eletrónico cujas cópias constam de fls. 47 a 52, 57 a 69 nas datas nelas apostas e cujo teor se dá por integralmente reproduzido.

14) O 2.º R., em novembro de 2012, propôs à A. a celebração de um acordo de revogação de contrato de trabalho, nos termos que constam do documento junto a fls. 73 a 78, cujo teor se dá por reproduzido.

15) A A. respondeu a essa proposta, sugerindo as alterações e expressando as dúvidas descritas no documento junto a fls. 82 e 83, cujo teor se dá por reproduzido.

16) A A. não obteve resposta a essa comunicação.

17) A partir de novembro de 2012, a R. deixou de pagar à A. subsídio de transporte.

18) A A. reside e residia desde o início da sua prestação laboral aos RR. na ....

19) A A. foi assistida no Hospital de ..., em 10 e 11/10/2012, apresentando queixas de erupções cutâneas e prurido disperso por todo o corpo, tendo sido diagnosticada urticária alérgica no dia 10/10/2012, e apresentando queixas de odinofagia e sensação de espasmos a nível do esófago, referindo ter sido picada por uma alforreca, tendo sido diagnosticada alergia não especificada no dia 11/10/2012.

20) A A. recorreu a consulta por parte da Sra. Dra. ..., médica alergologista, nos dias 12/10, 07/11 e 21/11/2012, tendo realizado testes cutâneos.

21) A A. foi assistida pelo Sr. Dr. ...no Centro de Saúde de ...nos dias 15/10, 19/11 e 11/12/2012.

22) A pedido da A., o Sr. Dr. ... emitiu, em 04/12/2013, o relatório médico cuja cópia consta de fls. 84, que se dá por reproduzido.

23) Por carta datada de 27 de dezembro de 2012, que a A. recebeu, a R., representada pelo R. DD, comunicou à A. a não aceitação da justa causa invocada para a cessação do contrato de trabalho, o não pagamento de indemnização e o processamento dos créditos vencidos com dedução do período de aviso prévio de 60 dias que entendeu em falta, conforme documento junto a fls. 126 cujo teor se dá por reproduzido.

24) A A. e o R. DD trocaram entre si as mensagens no *Facebook* cujas cópias constam de fls. 181 a 192 nas datas nelas apostas e cujo teor se dá por integralmente reproduzido.

25) A A. e o R. DD trocaram entre si as mensagens no *Facebook* cujas cópias constam de fls. 249 e 250 nas datas nelas apostas e cujo teor se dá por integralmente reproduzido.

26) O R. DD enviou a EE, ex-marido da A., a mensagem cuja cópia consta de fls. 44 a 46, que se dá por integralmente reproduzida, em 25/01/2013.

27) FF, irmão da A., por carta remetida em 26/03/2013, enviou ao R. DD a mensagem cuja cópia consta de fls. 47, que se dá por integralmente reproduzida.

28) A A. continuou a exercer as funções de tratamento de receituário até à data da cessação do contrato de trabalho.

29) Até à cessação do contrato de trabalho, era a A. quem procedia ao agendamento das folgas e férias de todos os funcionários.

30) A A. gozou folgas à segunda-feira, designadamente, nos dias 10, 17 e 24 de setembro, 1, 8, 15, 22 e 29 de outubro, 5, 12 e 26 de novembro, 3, 10 e 17 de dezembro de 2012.

31) A A., em 13 de março de 2012, começou a colaborar profissionalmente com a GG como agente, comercializando o produto desta empresa, tendo celebrado com esta um contrato denominado de agência.

32) Em 01/01/2013, por aditamento a esse contrato, a A. assumiu as funções de líder de equipa, tendo participado em formação para o efeito em 06 e 07/02/2013.

33) Em 26/09/2012, foi apresentada declaração para registo de propriedade (compra e venda verbal) do veículo de matrícula ..., da marca Mitsubishi, sendo sujeito ativo BB e sujeito passivo DD.

34) A 1.ª R. ministrou à A. as horas de formação certificada descriminadas nos documentos de fls. 371 a 386, cujo teor se dá por reproduzido, nas datas neles apostas.

35) A A. frequentou as sessões de formação (não certificada) descriminadas nos documentos de fls. 390 a 406, cujo teor se dá por reproduzido, nas datas neles apostas.

36) A 1.ª R. descontou à A. o montante de € 2.200, a título de inobservância do prazo de 60 dias de aviso prévio de denúncia do contrato de trabalho.

(...)

IV. Fundamentação

(...)

2. Da Impugnação da matéria de facto (recurso da Autora)

(...)

2.6. Assim, e em síntese, quanto à matéria de facto:

Acrescenta-se à matéria de facto o seguinte:

«37. Com a retirada do denominado subsídio de transporte à Autora em novembro de 2012 os Réus pretendiam reduzir os custos com pessoal na farmácia e contribuir, através dessa retirada, para a cessação da relação de trabalho entre a Ré e a Autora;

38. Ao apresentar inicialmente à Autora a proposta de revogação do contrato de trabalho pretendia o Réu fazer cessar o contrato de trabalho com a Autora por essa forma;

39. Em razão de diversos fatores, entre os quais a rutura da relação pessoal ("amorosa") que manteve com o Réu e o comportamento deste, enquanto gerente da Ré, refletido nos factos descritos nos n.ºs 13 a 17, 24, 25, 37 e 38, a Autora passou a andar triste, depressiva, sem sono, tendo tido necessidade de acompanhamento médico e sendo medicada com ansiolíticos e hipnóticos em SOS».

*

2. Da resolução do contrato de trabalho (recurso da Ré)
A 1.ª instância concluiu pela existência de justa causa de resolução do contrato de trabalho.

(...)

*

Importa, antes de mais, fazer uma breve referência em torno da noção de "assédio".

De acordo com o disposto no artigo 15.° do Código do Trabalho, o empregador, incluindo as pessoas singulares que o representam, e o trabalhador gozam do direito à respetiva integridade física e moral.

E sob a epígrafe "Assédio", prescreve o n.° 1 do artigo 29.° que se entende por assédio o «*comportamento indesejado, nomeadamente o baseado em fator de discriminação, praticado aquando do acesso ao emprego ou no próprio emprego, trabalho ou formação profissional, com o objetivo ou o efeito de perturbar ou constranger a pessoa, afetar a sua dignidade, ou de lhe criar um ambiente intimidativo, hostil, degradante, humilhante ou desestabilizador*»; por sua vez, prescreve o n.° 2 do mesmo artigo que «[c]*onstitui assédio sexual o comportamento indesejado de carácter sexual, sob forma verbal, não verbal ou física, com o objetivo ou efeito referido no número anterior*».

Com este preceito alargou-se o âmbito do assédio, pois enquanto no anterior Código (n.° 2 do artigo 24.°) se qualificava como tal todo o comportamento indesejado conexionado com um dos fatores indicados no n.° 1 do artigo 23.°, no Código atual passou a abranger qualquer comportamento indesejado que crie situações humilhantes, vexatórias e atentatórias da dignidade do trabalhador.

Como faz notar Guilherme Dray (in Código do Trabalho Anotado, de Pedro Romano Martinez e Outros, 9.ª Edição, 2013, Almedina, págs. 185-186), o conceito de assédio passou a abranger «*não apenas as hipóteses em que se vislumbra na esfera jurídica do empregador o objetivo de afetar a dignidade do visado, mas também aquela em que, ainda que se não reconheça tal desiderato, ocorra o efeito a que se refere a parte final do n.º 2.* (...) *Conjugando este preceito com o artigo 15º, conclui-se que o assédio a que se refere o presente preceito abarca também, para além do assédio sexual, o assédio moral discriminatório, habitualmente denominado de mobbing – prática persecutória reiterada, contra o trabalhador, levada a efeito, em regra, pelos respetivos superiores hie-*

rárquicos ou pelo empregador, tendo por base um dos fatores de discriminação previsto no artigo 24º, a qual tem por objetivo ou como efeito afetar a dignidade do visado, levando-o eventualmente ao extremo de querer abandonar o emprego».

Afirmou-se a este propósito no acórdão do Supremo Tribunal de Justiça de 29-03-2012 (Proc. n.º 429/09.TTLSB.L1.S1, disponível em www.dgsi.pt) que o que importa apurar é, ao fim e ao resto, se há aspetos da conduta do empregador para com o trabalhador (através dos seus superiores hierárquicos) que sejam aptos a criar neste um desconforto e mal estar no trabalho que firam a respetiva dignidade profissional e integridade moral e psíquica; ou, no dizer do acórdão do mesmo tribunal, de 03-12-2014 (Proc. n.º 712/12.6TTPRT.P1.S1, disponível em www.dgsi.pt) «[o] *assédio moral implica comportamentos (em regra oriundos do empregador ou de superiores hierárquicos do visado) real e manifestamente humilhantes, vexatórios e atentatórios da dignidade do trabalhador, aos quais estão em regra associados mais dois elementos: certa duração; e determinadas consequências»*.

Ora, no caso em apreço entende-se que se verifica tal comportamento da Ré, através do seu gerente Réu, de desestabilizar a Autora e de a levar a abandonar o emprego.

Com efeito, as mensagens trocadas, e a que se refere a matéria de facto, apontam decisivamente nesse sentido: o Réu insistentemente solicitava à Autora o reatar do "relacionamento amoroso", com a "advertência" de que se tal não se verificasse era insustentável a manutenção da relação de trabalho.

Constata-se até que nas mensagens em que o conteúdo se reportava apenas ao relacionamento pessoal – como as que se referem os factos n.ºs 24 a 25 – iniciavam-se e terminavam em absoluta cordialidade, sem qualquer constrangimento para a Autora; já nas outras, em que o Réu incluía como "condição" da manutenção da relação laboral o reatamento da "relação amorosa", sente-se o desconforto da Autora por, por um lado, não pretender nem desejar esse reatamento e, por outro, querer manter a relação laboral.

Como se dá conta na decisão recorrida, não se afigura tarefa simples traçar uma linha de separação entre as afirmações do Réu para com a Autora que se inserem apenas no relacionamento pessoal/afetivo de 8 anos, que aquele pretendia reatar, e as afirmações que se inserem na relação laboral que perdurou para além do termo daquela, únicas que relevam no âmbito da presente ação.

Haverá que ter presente que por força da relação pessoal e laboral, a Autora e o Réu partilharam juntos muitos momentos de 2002 a 2010; mas a partir daqui, perdurando apenas a relação laboral (numa empresa de diminuta dimensão, note-se) tiveram que continuar a lidar no seu dia-a-dia de trabalho, sem que, ao menos para uma das partes (o Réu), a questão da relação pessoal/íntima fosse um assunto definitivamente arrumado.

Mas para além disso continuaram a trocar mensagens, essencialmente na sequência do relacionamento pessoal que tiveram, mas em que a partir de Setembro de 2012 aparecia também conexionado o relacionamento laboral (através das afirmações do Réu, no sentido de que não era possível manter a relação laboral se não houvesse reatamento da relação amorosa).

É certamente por isso que a testemunha ... acaba por afirmar no seu depoimento que a situação da Autora na farmácia (ou seja, a situação laboral da Autora) tem também uma componente pessoal e que, nestas circunstâncias, após uma rutura pessoal é difícil manter uma relação laboral.

Bem, mas tudo isto para concluir que, não obstante a dificuldade em cindir as mensagens do Réu que se inseriam no mero relacionamento pessoal das que se reportavam ao relacionamento laboral, não poderá deixar de se concluir que aquelas mensagens em que o Réu insistia junto da Autora pelo reatamento da relação pessoal, pois de outro modo não seria possível manter a relação laboral, não poderão deixar de constituir um constrangimento a esta que, no limite, pretenderiam levá-la a cessar essa relação de trabalho e, por consequência, não poderão deixar de constituir assédio moral.

E o mesmo se diga quanto à retirada do denominado subsídio de transporte: no contexto em causa, e perante o avolumar das recusas da Autora no reatamento da relação (pessoal) com o Réu, este acaba por, permita-se-nos a expressão algo simplista, "esticar a corda", retirando tal subsídio, sem apresentar justificação à Autora, assim procurando avolumar a insatisfação da Autora no trabalho e, quiçá, conduzir à cessação do contrato de trabalho.

E o mesmo se verifica ainda em relação à proposta de revogação do contrato de trabalho: se era legítimo – não apresentando, por isso, qualquer censura do ponto de vista ético ou jurídico – que o Réu pretendendo a revogação do contrato de trabalho da Autora lhe fizesse uma proposta nesse sentido, já não se compreende que perante observações e pedidos de esclarecimento da Autora quanto à proposta que lhe foi apresentada, o Réu nada tenha respondido: afinal tudo indicia que o Réu deixou de ter interesse na revogação do contrato, mas de forma a afetar emocionalmente a Autora, e ao contrário do que os princípios da boa fé negocial imporiam, nada mais lhe disse a este respeito, porventura mantendo-a na dúvida sobre qual a sua efetiva intenção quanto à manutenção ou não da relação laboral.

Ou seja, e dito de outro modo: embora a apresentação da proposta de revogação do contrato de trabalho nada tenha censurável sob o ponto de vista ético-jurídico, o mesmo já não se pode afirmar do comportamento posterior, em que pedindo a contraparte esclarecimentos a essa proposta, ou manifestando dúvidas sobre alguns dos pontos da mesma, o proponente nada responde ou manifesta quaisquer atos tendentes a dar seguimento à proposta que apresentou.

Convenhamos que, à luz dos conhecimentos de um "homem médio", todos estes comportamentos do empregador são suscetíveis de causar desgaste, de causar "mossa" a um trabalhador, no caso à Autora.

Nesta sequência e face aos apontados comportamentos do Réu (mensagens referidas, retirada do subsídio de transporte e proposta de revogação do contrato sem qualquer seguimento), conclui-se pela verificação de situações tendentes a criar mau estar e desconforto da Autora no trabalho, levando-a a, no limite, a pôr termo à relação laboral, o mesmo é dizer que se verifica assédio moral do Réu para com a Autora.

*

Aqui chegados, cumpre então indagar se tal comportamento do Réu configura justa causa de resolução do contrato de trabalho com a Ré (tendo sempre presente que o Réu agia na qualidade de gerente da Ré).

Decorre do disposto no artigo 394.º do Código do Trabalho de 2009 (aprovado pela Lei n.º 7/2009, de 12 de Fevereiro) que ocorrendo justa causa pode o trabalhador fazer cessar imediatamente o contrato (n.º 1).

No mesmo preceito procede-se à distinção entre a justa causa subjetiva, ou culposa (n.º 2) e a justa causa objetiva, ou não culposa (n.º 3), sendo que só quando a resolução se fundamenta em conduta culposa do empregador tem o trabalhador direito a uma indemnização.

A justa causa é apreciada nos termos previstos no n.º 3 do artigo 351.º, do Código do Trabalho, com as necessárias adaptações, ou seja, tendo em conta o quadro de gestão da empresa, o grau de lesão dos interesses do trabalhador, o carácter das relações entre as partes e as demais circunstâncias que no caso sejam relevantes.

Porém, como adverte Maria do Rosário Palma Ramalho (Direito do Trabalho, Parte II, 3.ª Edição, Almedina, pág. 1011) não poderão apreciar-se tais elementos em moldes tão estritos e exigentes como no caso da justa causa disciplinar: a dissemelhança entre as figuras do despedimento disciplinar e da resolução do contrato por iniciativa do trabalhador assim o impõem.

Isto é, e dito de outro modo: na apreciação de justa causa de resolução pelo trabalhador o grau de exigência tem de ser menor que o utilizado na apreciação de justa causa de despedimento – uma vez que o trabalhador perante o incumprimento contratual do empregador não tem formas de reação alternativas à resolução, enquanto este perante o incumprimento contratual do trabalhador pode optar pela aplicação de uma sanção conservatória do vínculo laboral, em detrimento da sanção mais gravosa de despedimento.

De acordo com o que se encontra estatuído no referido artigo 394.º, exigem-se três requisitos para que se verifique uma situação de justa causa subjetiva para a resolução do contrato com justa causa:

(i) um requisito objetivo, traduzido num comportamento do empregador violador dos direitos ou garantias do trabalhador;
(ii) um requisito subjetivo, consistente na atribuição desse comportamento ao empregador;
(iii) um requisito causal, no sentido de que esse comportamento, pela sua gravidade e consequências, torne imediata e praticamente impossível a subsistência da relação de trabalho.

Deste modo, o trabalhador só pode resolver o contrato de trabalho com justa causa subjetiva se o comportamento do empregador for ilícito, culposo e tornar imediata e praticamente impossível a subsistência da relação de trabalho, em razão da sua gravidade e consequências, ou seja, é necessária a existência de nexo de causalidade entre aquele comportamento e a insubsistência da relação laboral.

No caso que nos ocupa, face à análise anteriormente efetuada temos por adquirido que se verificam os dois primeiros requisitos da justa causa de resolução, não olvidando que um dos fundamentos da justa causa de resolução do contrato consiste na ofenda à integridade moral ou dignidade do trabalhador, praticada pelo empregador ou seu representante (n.º 2, alínea f) do artigo 394.º do CT) e que o Réu, como se afirmou, praticou tais factos.

E o mesmo se há-de concluir quanto ao 3.º requisito, ou seja, o comportamento, pela gravidade e consequências, tornou impossível a subsistência da relação de trabalho.

Importa notar, também tendo em conta a alteração operada na matéria de facto, que esse comportamento do Réu perdurou desde Setembro de 2012 até pelo menos finais de Novembro de 2012 (com a retirada do denominado subsídio de transporte), tendo a Autora resolvido o contrato de trabalho por carta datada de 20-12-2012, recebida pelo Réu no dia seguinte (por isso, ainda que a suscitada questão da caducidade do direito de resolução não improcedesse pela fundamentação constante supra, sempre a mesma teria de improceder porquanto estão em causa factos continuados e a ação foi proposta no prazo de 30 dias sobre o último deles).

No concreto contexto em causa, com a insistência do Réu junto da Autora no sentido do reatamento da relação pessoal, sob pena da impossibilidade de manutenção da relação laboral, tornava-se desgastante, e até humilhante para a Autora, continuar a suportar tais insistências, levando-a a sentir-se indesejada no trabalho, desconfortável e, por esse motivo, conduziu a que pusesse termo à relação laboral.

No circunstancialismo descrito, e apartando da questão do eventual reatamento ou não da relação amorosa, estava em causa a dignidade da autora enquanto trabalhadora, que o Réu com os seus comportamentos pôs em causa.

Concluímos, por isso, tal como concluiu a 1.ª instância, pela verificação da justa causa de resolução do contrato de trabalho.

Improcedem, por consequência, nesta parte, as conclusões das alegações de recurso.

*

3. Do quanto indemnizatório (recurso da Autora)

A 1.ª instância, considerando o grau de ilicitude mediano do empregador, fixou a indemnização em 30 dias por cada ano completo de antiguidade ou fração.

A Autora discorda de tal fixação, sustentado que a mesma deve ser fixada no máximo, ou seja, em 45 dias por cada ano de antiguidade ou fração, já que a ilicitude do comportamento do Réu é elevada.

Adiante-se desde já que, embora parecendo algo contraditório com o que se deixou afirmado quanto ao assédio moral por parte do Réu, se entende adequada a indemnização fixada na 1.ª instância.

E isto tendo em conta, sempre – como, de resto, não pode deixar de ser – o concreto circunstancialismo, com alguma "confusão" nas comunicações que ocorreram entre a Autora e o Réu sobre o que deveria situar-se no âmbito pessoal (de relacionamento) e o que se situava no âmbito laboral, em que a relação pessoal "contaminava" a relação laboral.

Explicitemos.

De acordo com o disposto no n.º 1 do artigo 396.º do Código do Trabalho, em caso de resolução do contrato com fundamento em justa causa, por comportamento culposo do empregador, o trabalhador tem direito a indemnização, a determinar entre 15 e 45 dias de retribuição base e diuturnidades por cada ano completo de antiguidade, «(...) *atendendo ao valor da retribuição e ao grau de ilicitude do comportamento do empregador, não podendo ser inferior a três meses de retribuição base e diuturnidades*».

No caso de fração de ano de antiguidade, o valor da indemnização é calculado proporcionalmente (n.º 2 do artigo).

O valor da indemnização pode ser superior ao que resultaria do critério referido sempre que o trabalhador sofra danos patrimoniais e não patrimoniais de montante mais elevado (n.º 3 do mesmo artigo).

O critério geral da indemnização em caso de resolução com justa causa do contrato pelo trabalhador parte, pois, da fixação de uma retribuição entre 15 e 45 dias de retribuição base e diuturnidades por cada ano de antiguidade ou fração, atendendo-se na determinação concreta daquela ao valor da retribuição e ao grau de ilicitude do comportamento do empregador.

Trata-se de um critério em tudo semelhante ao previsto para as situações de despedimento ilícito e em que a pedido do trabalhador é fixada indemnização em substituição da reintegração (cfr. artigo 391.º).

A jurisprudência do Supremo Tribunal de Justiça tem afirmado [por todos, vejam-se os acórdãos de 06-02-2008 (Recurso n.º 2621/07) e de 26-03-2008 (Recurso n.º 50/07), disponíveis em www.dgsi.pt] que nesta última situação, a indemnização, para além de um cariz reparador ou ressarcitório, associado à ideia geral de obtenção pelo trabalhador de uma compensação pela perda do emprego, que o acautele e prepare para o relançamento futuro da sua atividade profissional, assume uma natureza sancionatória ou "penalizadora" da atuação ilícita do empregador; o juízo de graduação da indemnização de antiguidade há-de ser global, ponderando em concreto os critérios referidos na lei e considerando, essencialmente, o grau de ilicitude do despedimento, particularmente influenciada pelo nível de censurabilidade da atuação do empregador, na preparação, motivação ou formalização da decisão de despedimento.

A fixação de uma indemnização de antiguidade próxima do limite máximo previsto deve ficar reservada para situações de grosseira violação/omissão procedimental e, bem assim, para aquelas em que a sanção deva considerar-se ostensivamente violadora de princípios fundamentais e estruturantes, *maxime*, o da igualdade [cfr. neste sentido os acórdãos do Supremo Tribunal de Justiça de 27-05-2010 (Recurso n.º 467/06.3TTCBR.C1.S1) e de 16-12-2010 (Recurso n.º 314/08.1TTVFX.L1.S1), disponíveis em www.dgsi.pt] ou, noutra perspetiva, no entendimento do mesmo tribunal, na fixação do valor referência da indemnização de antiguidade relevam, por um lado, o valor da retribuição e, por outro lado, o grau de ilicitude: quanto menor for a retribuição, mais elevada deve ser a indemnização; e mais elevada deve ser indemnização quanto maior for a ilicitude (acórdão de 24-02-2011, Recurso n.º 2867/04.4TTLSB.S1, também disponível em www.dgsi.pt).

Isto é, e em suma: na aplicação do *quantum* indemnizatório aos casos de despedimento ilícito, a jurisprudência do Supremo Tribunal de Justiça tem partido do entendimento que só se justifica uma indemnização próximo dos limite máximo de 45 dias nas situações de ostensiva violação dos direitos do trabalhador, o que significa que quanto maior for a ilicitude maior deve ser a indemnização, assim como quanto mais baixa for a retribuição mais elevada deve ser a indemnização,

Também neste mesmo sentido parece pronunciar-se a doutrina.

Assim, Monteiro Fernandes (Direito do Trabalho, 13.ª Edição, Almedina, págs. 570-571) "admite" que «(...) *a lei pretenda sugerir tanto maior aproximação do limite superior quanto mais baixo for o salário, visando garantir um valor absoluto compensador. Relativamente ao grau de ilicitude, o art. 439.º/1 referencia o art. 429.º, onde, na verdade, se encontram listadas, mas não hierarquizadas nem graduadas, as causas de ilicitude do despedimento. Pode supor-se – numa perspetiva inteiramente apriorística – que deva considerar-se "mais baixo" o grau de ilicitude do despedimento com vício processual do que o de despedimento por motivos políticos, e que seja razoável colocar em posição intermédia a improcedência de motivos ou a inexistência de justa causa*».

Bernardo Lobo Xavier assinala a este propósito (Direito do Trabalho, Verbo, 2011, pág. 807) que, «[p]*ara além do grau de ilicitude – o que parece adequado -, a referência à retribuição como graduando o cálculo da indemnização é equívoca, pois pode funcionar para beneficiar ou não o despedido. É de pensar que os tribunais tenderão a aumen-*

tar o número de dias como fator de cálculo quando a retribuição for baixa e a reduzir esse número quando a retribuição for alta. A verdade é que o que pareceria interessar seria a compensação do dano da perda do emprego e esse tem de ser avaliado de acordo com os fatores de empregabilidade e, porventura, aceitando outros fatores relevantes, como por exemplo a proximidade da reforma».

Regressando ao caso que nos ocupa, e tendo em conta os critérios de fixação da indemnização referidos, constata-se que:

i) de acordo com a sentença recorrida, e que não vem posto em causa, a trabalhadora auferia a retribuição base de € 1.100,00 mensais, valor superior à média, e tinha de antiguidade pouco mais de 10 anos;
ii) provaram-se alguns dos fundamentos da resolução do contrato, referentes ao assédio moral, mas muitos outros não se provaram, como sejam o assédio sexual, várias vezes o Réu "ameaçar" a Autora que a ia despedir, ter interferido nas folgas e na organização do trabalho;
iii) todo o circunstancialismo que rodeou a prática dos factos, em que não obstante os factos referidos que configuram assédio, ao longo desse período entre o Réu e a Autora continuaram a ser trocadas mensagens frequentes que, particularmente as que se centravam apenas na relação pessoal, denotam um ambiente de cordialidade e bom relacionamento entre ambos;
iv) a própria Autora – como parece extrair-se da matéria de facto, *maxime* do seu n.º 15, e resultou com alguma evidência do seu depoimento –, a partir de determinada altura, perante a constatação da dificuldade, ou até impossibilidade, em conciliar a rutura definitiva da relação amorosa com a manutenção da relação laboral, manifestava o desejo íntimo de terminar a relação de trabalho, embora de uma forma que pudesse salvaguardar os seus direitos; diremos que no concreto contexto em causa, tendo em conta o relacionamento amoroso de cerca de 8 anos que existiu entre a Autora e o Réu, o contacto quase diário que estes tinham que manter por virtude da relação laboral, numa empresa com apenas 5 trabalhadores, tornava muito difícil a manutenção desse contacto e, enfim, dessa relação de trabalho, mais parecendo que ambas as partes ansiavam pelo fim da mesma, embora, naturalmente, cada uma delas fazendo-a depender do que considerava ser a melhor oportunidade, tendo em vista a salvaguarda dos seus interesses.

É neste contexto que se entende por adequada a fixação da indemnização no seu limite médio, ou seja, 30 dias de indemnização por cada ano de antiguidade ou fração.

Improcedem, por consequência, nesta parte, as conclusões das alegações da Autora.

*

4. Do pagamento de danos não patrimoniais e trabalho suplementar (recurso da Autora)

(...)

Para haver lugar à ressarcibilidade dos danos não patrimoniais prevista no artigo 496.° do Código Civil, é necessário que se verifiquem os requisitos da obrigação de indemnizar, ou seja, a existência de um facto ilícito, culposo e danoso, bem como a existência de um nexo causal entre aquele facto e o dano (cfr. artigo 483.° do Código Civil).

No caso, verifica-se a ilicitude do comportamento da Réu, através do já abundantemente referido assédio, sendo tal comportamento culposo, na medida em que ao Réu era exigível outra conduta.

E face ao facto aditado – «*Em razão de diversos fatores, entre os quais a rutura da relação pessoal ("amorosa") que manteve com o Réu e o comportamento deste, enquanto gerente da Ré, refletido nos factos descritos nos n.°s 13 a 17, 24, 25, 37 e 38, a Autora passou a andar triste, depressiva, sem sono, tendo tido necessidade de acompanhamento médico e sendo medicada com ansiolíticos e hipnóticos em SOS*» –, verificam-se danos na Autora (depressão, tristeza, etc., com necessidade de tratamento médico) e nexo de causalidade entre a conduta do Réu e esses danos.

Isto tendo em conta, como escreve Almeida Costa (Direito das Obrigações, 12.ª edição, Almedina, pág. 766), que a causalidade adequada «(...) *não pressupõe a exclusividade da condição, no sentido de que esta haja só por si determinado o dano. Podem ter colaborado na sua produção outros fatores concomitantes ou posteriores*».

Ou seja, e dito de forma direta: embora os danos não tenham sido apenas provocados pela situação laboral que a Autora vivenciou, mas também por outros fatores, entre os quais a rutura da relação pessoal, não pode deixar de concluir-se que (também) em razão da descrita situação laboral a Autora sofreu danos.

A questão que ora se coloca consiste em saber se esses danos assumem gravidade que justifiquem indemnização.

Isto porquanto, como decorre do disposto no artigo 496.º, do Código Civil, na fixação da indemnização deve atender-se aos danos não patrimoniais que, pela sua gravidade, mereçam a tutela do direito.

Como a doutrina e a jurisprudência têm afirmado, a gravidade do dano deve medir-se por um padrão objetivo, embora tendo em conta as circunstâncias do caso concreto, e não em função de fatores subjetivos, donde que os vulgares incómodos, contrariedades, transtornos, indisposições, por não atingirem um grau suficientemente elevado, não conferem direito a indemnização; isto é, não basta a verificação de um qualquer dano não patrimonial para justificar o pagamento de indemnização, impondo-se que o mesmo revista gravidade. *"A gravidade do dano há-de medir-se por um padrão objetivo (conquanto a apreciação deva ter em linha de conta as circunstâncias de cada caso), e não à luz de fatores subjetivos (de uma sensibilidade particularmente embotada ou especialmente requintada). Por outro lado, a gravidade apreciar-se-á em função da tutela do direito: o dano deve ser de tal modo grave que justifique a concessão de uma satisfação de ordem pecuniária ao lesado"*(Antunes Varela, "Das Obrigações em geral", volume I, 4.ª edição, Almedina, página 532).

Pois bem: no caso, os factos apreciados ocorreram num período de cerca de 3-4 meses (entre Setembro e Dezembro de 2012) e contribuíram para que a Autora se sentisse triste, depressiva, tendo tido necessidade de tratamento médico.

Justifica-se, por isso, a condenação da Ré no pagamento de uma indemnização por danos não patrimoniais.

*

Quanto ao montante da indemnização deverá ser fixado equitativamente pelo tribunal, tendo em atenção as circunstâncias referidas no art. 494.º, Código Civil, ou seja, a culpabilidade do agente, a situação económica deste e do lesado e as demais circunstâncias do caso que o justifiquem (n.º 3 do referido artigo 496.º, e artigos 494.º, n.º 1 e 570.º, todos do Código Civil).

Isto é, no dizer de Pires de Lima e Antunes Varela (Código Civil Anotado, Coimbra Editora, vol. I, 3.ª edição, pág. 501), o montante da indemnização *"(...) deve ser proporcionado à gravidade do dano, tomando em conta na sua fixação todas as regras de boa prudência, de bom senso prático, de justa medida das coisas, de criteriosa ponderação das realidades da vida".*

Ou, como se afirmou no acórdão do STJ de 08-05-02 (Proc. n.º 366/02), «[n]*ão sendo os danos não patrimoniais materialmente mensuráveis e visando a quantia a atribuir a esse título ao lesado, não propriamente indemnizá-lo mas, antes, compensá-lo com uma quantia em dinheiro, cuja aplicação em bens materiais ou morais possa de algum modo contribuir para minorar o seu sofrimento, a quantificação de dano dessa natureza tem de ser feita pelo recurso aos critérios de equidade, em que se terão em devida conta o grau de culpa do lesante a situação económica deste e do lesado e as demais circunstâncias atendíveis como, por exemplo, a gravidade da lesão a desvalorização da moeda, os padrões normalmente utilizados em casos análogos etc.»*.

Pode-se afirmar que a quantificação do dano deve ser feita pelo recurso a critérios de equidade, tendo em conta o grau de culpa do lesante, a situação económica deste e do lesado e as demais circunstâncias atendíveis como, por exemplo, a gravidade da lesão a desvalorização da moeda, os padrões normalmente utilizados em casos análogos, etc. (cfr. artigo 8.º, n.º 3, do Código Civil).

Ora, no caso atendendo-se à culpa da lesante, desconhecendo-se a situação económica desta assim como da lesada, e tendo em conta que os factos determinantes de indemnização não foram a causa exclusiva da situação depressiva da Autora, mas apenas houve contribuição dos mesmos para essa situação, tem-se por adequada a fixação da indemnização por tais danos em € 7.500,00.

Procedem, por isso, mas apenas parcialmente, nesta parte, as conclusões das alegações de recurso.

(...)

Évora, 14 de setembro de 2017

João Luís Nunes (relator)
Mário Branco Coelho
Paulo Amaral»[1].

[1] Texto integral do Acórdão e respetivo sumário disponível em www.dgsi.pt.

ANOTAÇÃO

"I don't know. Maybe people weren't meant to have one deep relationship. Maybe we're meant to have a series of relationships of different lengths".

Woody Allen, *Manhattan*, 1979

1. A proibição do assédio laboral

Como é sabido, o contrato de trabalho surge-nos, à luz do art. 11.º do CT, marcado pelas notas da inserção organizacional e da subordinação jurídica do trabalhador. Trata-se de um contrato que se cumpre e se executa, tipicamente, num quadro empresarial. E a empresa traduz-se num espaço de autoridade e de convivialidade: a empresa é um espaço hierarquizado, em que se desenvolvem relações de poder; e é também um espaço relacional, no qual a intersubjetividade das pessoas se vai forjando e afirmando quotidianamente.

Ora, um espaço com estas características — território de autoridade e de convivialidade — constituiu, desde sempre, um palco privilegiado para os múltiplos e diversificados fenómenos que integram o chamado «assédio moral» ou *mobbing*. E, ao que parece, o fenómeno da violência psicológica no trabalho tende a agudizar-se nos nossos dias, por diversas razões: seja porque estes são tempos marcados por uma intensa pressão competitiva, por uma grande agressividade concorrencial e por uma acentuada precariedade do emprego (fatores que contribuem para aumentar o assédio entre trabalhadores, seja o assédio horizontal seja o assédio vertical descendente promovido pelos superiores hierárquicos em relação aos seus subalternos), seja, até, porque o assédio moral surge, amiúde, como efeito perverso da tutela constitucional da segurança no emprego, traduzindo-se numa estratégia patronal de acossamento do trabalhador, tendente a induzi-lo a abandonar, ele mesmo, o seu emprego (assédio estratégico, promovido pelo empregador em ordem a «quebrar» o trabalhador, impelindo-o a demitir-se).

É evidente que a entidade empregadora dispõe do poder de dirigir, conformar, controlar e fiscalizar a atividade dos respetivos trabalhadores. Ponto é, contudo, que o exercício destes poderes empresariais se processe de acordo com a boa fé, não originando constrangimentos ao trabalhador, não afetando a sua dignidade, não lhe criando um ambiente intimidativo, hostil, degradante, humilhante ou desestabilizador. *Ponto é, afinal, que o exercício dos poderes patronais respeite a pessoa que há em cada trabalhador.*

É verdade que o assédio constitui, ainda hoje, um conceito juridicamente fluido e impreciso, podendo traduzir-se em comportamentos muito diversificados. O assédio pode ser *vertical* ou *horizontal*: naquele caso, o assediante será, em princípio, o próprio empregador ou um superior hierárquico do trabalhador; neste caso, o assédio ocorre entre trabalhadores entre os quais não existe uma relação hierárquica. O assédio pode ter, ou não, caráter *discriminatório*: em regra, o assédio traduz-se numa conduta discriminatória, que envolve um tratamento diferenciado para um dado trabalhador; mas não tem, forçosamente, de ser discriminatório (o empregador pode, desde logo, assediar todos os trabalhadores da empresa, sem distinção...). As condutas assediantes possuem, em regra, um caráter *duradouro, reiterado, persistente*, originando um conflito em escalada entre os sujeitos (mas este elemento de reiteração não é indispensável à luz da nossa lei). E o assédio pode ser, ou não, *intencional*: com efeito, nos termos do art. 29.º do CT, ele consiste num qualquer comportamento indesejado, nomeadamente o baseado em fator de discriminação, com o *objetivo* ou o *efeito* de perturbar ou constranger a pessoa, afetar a sua dignidade, criar um ambiente laboral hostil ou humilhante, etc.

A nosso ver, o assédio, como categoria jurídica, traduz-se numa aquisição importantíssima para o Direito do Trabalho do séc. XXI, como manifestação da tutela da personalidade, da dignidade e da integridade física e moral do trabalhador. Ainda assim, no tocante à conceptualização do assédio, e na mira de evitar uma certa banalização na sua invocação ("tudo é, ou pode ser, assédio"), afigura-se bastante discutível que a lei prescinda dos elementos da reiteração da conduta e da intencionalidade do agente[2].

[2] Sobre a matéria, por todos e por último, Pedro Barrambana Santos, *Do Assédio Laboral*, Almedina, Coimbra, 2017. Na jurisprudência recente, com muito interesse, cfr. o Acórdão do

Abarca este conceito, como se disse, um vasto conjunto de comportamentos vexatórios ou humilhantes, habitualmente com caráter repetitivo, suscetíveis de afetar a saúde física e psíquica da vítima (provocando, ou podendo provocar nesta, ansiedade, perda de auto-estima, depressão, etc.). A violência psicológica no trabalho não é, com certeza, algo de novo, mas o certo é que, no atual contexto de grande pressão competitiva e de acentuada precarização do emprego, o fenómeno tende a agravar-se, convertendo-se, amiúde, em autêntico terrorismo psicológico. E, como se disse, por vezes o assédio surge como um filho indesejado do próprio Direito do Trabalho, isto é, como uma espécie de efeito perverso da tutela concedida pelo ordenamento jurídico-laboral à segurança no emprego, traduzindo-se numa estratégia patronal de acossamento e desgaste do trabalhador, em ordem a que este apresente a demissão.

Trata-se, repete-se, de um fenómeno multiforme: injúrias, agressões verbais, afirmações humilhantes, ameaças, difusão de calúnias, isolamento do trabalhador, proibindo-o de falar seja com quem for (companheiros de trabalho ou clientes da empresa), privação de aquecimento ou proibição de acesso à casa de banho, atribuição de tarefas excessivas ou demasiado exigentes para a qualificação do trabalhador, esvaziamento de funções... eis algumas das muitas condutas que podem corresponder à noção de assédio[3].

Supremo Tribunal de Justiça, de 21/04/2016 (Mário Belo Morgado), em cujo sumário pode ler-se: «III. Não é toda e qualquer violação dos deveres da entidade empregadora em relação ao trabalhador, mesmo que consubstancie um exercício arbitrário de poder de direção, que pode ser considerada assédio moral, exigindo-se que se verifique um objetivo final ilícito ou, no mínimo, eticamente reprovável, para que se tenha o mesmo por verificado. IV. O assédio moral pressupõe comportamentos real e manifestamente humilhantes, vexatórios e atentatórios da dignidade do trabalhador, aos quais estão em regra associados mais dois elementos: certa duração; e determinadas consequências. V. De acordo com o disposto no art. 29.º, n.º 1, do CT, no assédio não tem de estar presente o "*objetivo*" de afetar a vítima, bastando que este resultado seja "*efeito*" do comportamento adotado pelo "assediante". VI. Apesar de o legislador ter (deste modo) prescindido de um elemento volitivo dirigido às consequências imediatas de determinado comportamento, o assédio moral, em qualquer das suas modalidades, tem em regra associado um objetivo final ilícito ou, no mínimo, eticamente reprovável». O texto integral deste Acórdão encontra-se disponível em www.dgsi.pt.

[3] A situação paradigmática de assédio, entre nós, continua a consistir na violação do "dever de ocupação efetiva" ou do "direito de exercício da atividade profissional do trabalhador" (esva-

O atual CT proíbe a prática de *assédio*, no n.º 1 do seu art. 29.º, sendo este definido, no n.º 2 do mesmo preceito, como «o comportamento indesejado, nomeadamente o baseado em fator de discriminação, praticado aquando do acesso ao emprego ou no próprio emprego, trabalho ou

---

ziamento ou empobrecimento funcional), como estratégia de acossamento e desgaste do trabalhador, em ordem a que este apresente a demissão. Assim o demonstra, cremos, a análise da nossa jurisprudência mais recente sobre o assédio. Veja-se, a este propósito, entre outros, o Acórdão da Relação de Guimarães, de 18/02/2016 (Sérgio Almeida), em cujo sumário se lê: «Existe justa causa subjetiva de resolução do contrato pelo trabalhador quando o empregador o assedia, entre outras coisas mudando-lhe o sítio onde prestava a atividade, proibindo-o de se deslocar na empresa salvo ir à casa de banho, e de conversar com outros elementos, lhe retira o telemóvel sem qualquer motivo, lhe proíbe a entrada pela porta que até aí utilizava, lhe retira o acesso à net, primeiro totalmente e depois com a exceção de *sites* com as palavras "text" ou "textil", tudo na sequência de propostas para aceitar uma substancial redução na retribuição ou a cessação com a compensação sugerida pela R., muito inferior ao valor médio de uma retribuição de antiguidade, que o A. não aceitou». Ou o Acórdão da Relação de Évora, de 07/12/2016, segundo o qual «verifica-se o assédio previsto no art. 29.º do CT, devendo a empregadora ser condenada pela prática de uma contraordenação muito grave, no circunstancialismo em que se apura que tendo proposto a um seu trabalhador – diretor de engenharia – a revogação do contrato de trabalho por mútuo acordo, que este não aceitou, na sequência, e com o fim de o levar a aceitar a cessação do contrato de trabalho, começou a retirar-lhe funções que até aí desempenhava, atribuiu-lhe um gabinete situado em local distante e separado das instalações onde se encontrava anteriormente, separado dos colegas e da equipa que antes chefiara, gabinete esse sem condições ao normal exercício das funções, e obrigou-o a fazer os registos do tempo de trabalho, o que só se verificava em relação aos trabalhadores de armazém». Ou, para dar um último exemplo, o Acórdão da mesma Relação de Évora, de 06/12/2017 (Paula do Paço), nos termos do qual «verifica-se o assédio moral previsto no artigo 29.º do CT, devendo a empregadora/arguida ser condenada pela prática de uma contraordenação muito grave, no circunstancialismo em que se apura que depois do regresso do trabalhador – quadro superior, diretor de uma unidade produtiva e adjunto do diretor-geral da arguida – após a baixa médica prolongada, face à recusa por este na celebração do acordo de cessação do contrato de trabalho, lhe ordena para entregar a viatura que lhe estava atribuída, marca Audi A6 avant, e recebesse a viatura Ford Focus S Wagon, e que procurasse fabricantes e fornecedores internacionais para um produto que a arguida comercializava usando somente os meios de consulta das bases de dados e estabelecendo contactos via telefone ou correio eletrónico, tarefa que não o ocupava a 100%, bem sabendo que face à posição que o trabalhador ocupava na empresa, tais ordens e o esvaziamento funcional eram suscetíveis de afetar a sua dignidade, humilhá-lo, constrangê-lo e pressioná-lo a aceitar o acordo de cessação do contrato de trabalho». Todos estes arestos se encontram disponíveis em www.dgsi.pt.

formação profissional, com o objetivo ou o efeito de perturbar ou constranger a pessoa, afetar a sua dignidade, ou de lhe criar um ambiente intimidativo, hostil, degradante, humilhante ou desestabilizador». E o n.º 3 acrescenta que constitui *assédio sexual* «o comportamento indesejado de caráter sexual, sob forma verbal, não verbal ou física, com o objetivo ou o efeito referido no número anterior». Aliás, como facilmente se imagina, muitas vezes a um tipo de assédio sucede-se outro: a um assédio sexual frustrado seguem-se, na exata medida da frustração provocada no autor, condutas integrantes de assédio moral[4].

2. Do assédio sexual ao assédio moral

O caso em apreço apresenta contornos peculiares e até bastante curiosos, mas acaba por confirmar o que acima se escreve. Eis o cenário e o enredo: uma microempresa (uma farmácia, na qual laboravam cinco trabalhadores), no seio da qual, para além da relação laboral entre a trabalhadora (ajudante técnica de farmácia) e o seu empregador, se desenvolveu uma relação amorosa entre ambos, que se prolongou por vários anos (de 2002 a 2010); a relação amorosa terminou em 2010, mas a relação laboral subsistiu, bem como, compreensivelmente, uma relação de alguma proximidade e até intimidade entre duas pessoas que, ao longo de oito anos, tinham mantido uma relação amorosa. Aparentemente, a relação amorosa terá terminado por iniciativa da trabalhadora, sendo que, para o empregador, a questão nunca ficou verdadeiramente fechada[5]. Quiçá o empregador não aprecie a sábia dúvida existencial de Woody Allen e tenha pensado que se trataria de uma fase passageira de separação, de um arrufo, e que, mais cedo ou mais tarde, a relação entre ambos voltaria a ser o que era. Nada de estranho nisto, nem de censurável. Acontece amiúde. A manutenção de um clima de cordialidade entre ambos e até a

[4] Neste sentido, assinalando, justamente, que o assédio moral pode ser fruto de uma investida sexual frustrada, Adriane Reis de Araújo, *O Assédio Moral Organizacional*, LTr, São Paulo, 2012, p. 86. Assim, estas práticas surgem, amiúde, imbrincadas, constituindo o assédio sexual a premissa para desencadear o assédio moral, convertido na vingança do agressor rejeitado.

[5] Ou talvez a rutura tenha sido consensual, mas ele, entretanto, veio a arrepender-se – o que, como se sabe, não é infrequente.

troca de mensagens de conteúdo íntimo terão alimentado essa convicção, essa esperança, no empregador.

Sucede, contudo, que a situação não terá evoluído como ele desejava. O clima de cordialidade e de amizade entre ambos não conduziu ao reacendimento da relação amorosa, para desespero do empregador. E foi então que este fez aquilo que nunca poderia ter feito: misturou o pessoal com o profissional e em 2012, ao longo de alguns meses, foi enviando mensagens à trabalhadora nas quais veiculava a ideia de que, a não ser reatada a relação amorosa, tal inviabilizaria a manutenção da relação laboral entre ambos. Dir-se-ia, adaptando os termos da lei, que a falta de amor da trabalhadora para com o seu patrão tornaria prática e imediatamente impossível a subsistência da relação laboral...

Ora, não se ignora que, na doutrina, existem posições muito díspares quanto à natureza da relação laboral e quanto às características jurídicas do contrato de trabalho. Há quem considere a conflitualidade como traço típico da relação de trabalho assalariado e há quem, pelo contrário, sustente o caráter colaborativo, comunitário e solidarístico da mesma. Há, decerto, quem considere que o dever de mútua colaboração entre as partes é o mais significativo dos deveres emergentes do contrato de trabalho. Há, como se sabe, quem considere que a fidúcia é um elemento indefetível em qualquer contrato de trabalho, surgindo este, por definição, como um negócio jurídico *intuitu personae* e marcado, sempre, pela confiança entre as partes, por uma nota fiduciária[6]. Que saibamos, porém, não existe, entre nós ou lá fora, qualquer conceção doutrinária da relação de trabalho que pressuponha, como requisito para a respetiva constituição ou manutenção, que o trabalhador ame, quiçá perdidamente, a sua entidade empregadora! Convenhamos: colaboração e confiança é uma coisa, sexo ou amor é já outra coisa, bem distinta.

Vale dizer, nesta como em tantas outras matérias, convém que o plano profissional e o plano pessoal não se confundam. E, neste contexto,

[6] Neste sentido, por todos, sublinhando o caráter colaborativo e fiduciário do contrato de trabalho, bom como a circunstância de este surgir como um *relational contract*, um contrato de relacionamento, no qual «os vínculos pessoais, de solidariedade, confiança, cooperação e até de cordialidade (*friendship*), são determinantes», Bernardo Lobo Xavier, *Manual de Direito do Trabalho*, 3.ª ed., Rei dos Livros, Lisboa, 2018, pp. 332-343.

aquilo que de pior pode haver é, justamente, aquilo que sucedeu no caso *sub judice*: o empregador, talvez motivado pelo desespero e pela frustração dos seus desejos, joga a carta que jamais poderia jogar, aproveitando a sua situação de poder sobre a trabalhadora para, em nítido e repugnante abuso desse poder, a colocar perante o dilema de retomar a relação amorosa com ele ou, em alternativa, perder o seu emprego[7]. E fez isto de forma reiterada, segundo se deu como provado. Ora, isto tem um nome, chama-se *assédio sexual*, comportamento expressamente previsto e proibido pelo art. 29.º do CT. Trata-se, repete-se, de um caso exemplar, daqueles em que o assédio merece maior repulsa: o de alguém se aproveitar do poder que tem sobre outra pessoa para, chantageando-a, conseguir alcançar o que a outra não deseja – *in casu*, o reatar da relação amorosa entre ambos. Trata-se, pois, de um caso de assédio sexual vertical descendente, no qual o empregador tenta forçar a trabalhadora a aceder aos seus desejos passionais e/ou libidinosos, ameaçando-a com o espectro do desemprego.

Ainda que tenhamos a sensação de que o assédio sexual é um fenómeno bastante disseminado na nossa sociedade, desde logo no mundo das empresas e do trabalho, sensação que alguns dados estatísticos confirmam[8], a verdade é que, no plano jurisprudencial, o assédio sexual laboral é um fenómeno inexpressivo entre nós. Também por isso, por constituir quase um caso singular, o presente Acórdão merece destaque, sendo certo que, algo estranhamente, a dado passo do mesmo acaba por se afirmar que, tendo-se provado o assédio moral, não se teria provado, *in casu*, a existência de assédio sexual (cfr., *supra*, ponto 3 do Acórdão). Confessamos não entender esta passagem do aresto sob anotação. Afinal, provou-se que o empregador enviou, repetidamente, mensagens à trabalhadora advertindo-a de que, caso a relação amorosa entre ambos não fosse reatada, a relação laboral se iria dissolver. Segundo tais mensagens, a recusa dela a cair nos braços dele

---

[7] Sobre a linha de fronteira, no trabalho, entre a sedução amorosa e a insistência assediante, *vd.* Christophe Radé, «Amour et travail: retour sur un drôle de ménage», *Droit Social*, n.º 1, 2010, pp. 35-39. Como o Autor assinala, «il n'est pas rare qu'enivrés par le pouvoir qu'ils croient exercer dans l'entreprise, certains franchissent la ligne qui sépare la séduction amoureuse du harcèlement» (p. 35).

[8] A este propósito, veja-se o importante estudo coordenado por Anália Torres, *Assédio Sexual e Moral no Local de Trabalho*, Comissão para a Igualdade no Trabalho e no Emprego, Lisboa, 2016.

inviabilizaria a prossecução da relação profissional entre ambos. Impõe-se perguntar: mas isto não constitui assédio sexual? A pressão patronal para retomar uma relação amorosa/passional/sexual com a trabalhadora, sob pena de esta perder o emprego, não constitui assédio sexual? Pela nossa parte, cremos, convictamente, que sim[9].

Não podemos nem devemos ser ingénuos. Cremos que, entre duas pessoas que mantiveram uma relação amorosa durante oito anos, quase tudo é admissível: avanços e recuos, contradições, confissões ou insinuações, reponderações, hesitações... A vida não é a preto e branco, assim como as relações entre as pessoas não são lineares. Quase tudo é admissível, compreensível e tolerável. Mas não tudo. Há aqui uma "linha vermelha", que jamais poderia ser ultrapassada: justamente, a de tentar utilizar o poder de que o empregador dispõe, no seio da relação de trabalho, para, abusando daquele poder e instrumentalizando esta relação, lograr reatar uma relação amorosa com a trabalhadora, sob pena de o emprego desta se esfumar...

---

[9] Escreve, a este propósito, Rodolfo Pamplona Filho: «Em função da longa duração diária da jornada de trabalho ou do contato frequente imposto pelo desempenho das tarefas habituais, o certo é que o ambiente de trabalho facilita sobremaneira a aproximação dos indivíduos. Nada impede que, nesse convívio diuturno, colegas de trabalho tenham, entre si, um relacionamento amoroso, fruto de paixões espontâneas nascidas justamente pelo conhecimento do temperamento, personalidade e caráter do companheiro de labor. Enquanto esse relacionamento afetivo somente diz respeito à vontade livre do casal, não há que se falar em nenhuma implicação jurídica para a relação de emprego, sendo, somente, uma circunstância natural da vida privada e íntima do ser humano. Todavia, podem ocorrer hipóteses em que a paixão despertada em um não seja correspondida pelo outro, em que pese a insistência do primeiro. Caso essa circunstância se dê entre trabalhadores de nível hierárquico diferente e/ou entre empregador e empregado, em que uma das pessoas tem o poder de decidir sobre a permanência ou não da outra no emprego ou de influir nas promoções ou na carreira da mesma, caracterizado estará o assédio sexual, se a conduta do assediante se traduzir em pressões ou ameaças – explícitas ou implícitas – com o objetivo evidente de obter os favores sexuais do assediado» («Assédio sexual: questões conceituais», *Revista do Advogado*, Associação dos Advogados de São Paulo, n.º 121, 2013, p. 283).
É certo que, no caso *sub judice*, a pressão patronal era no sentido de reatar o relacionamento *amoroso* entre as partes, não se falando, abertamente, no plano *sexual*. Mas não parece que o desiderato do assediante fosse o de restabelecer uma relação de tipo meramente platónico com a trabalhadora, pelo que não vislumbramos fundamentos para que o tribunal não tenha qualificado essa pressão como assédio sexual por chantagem (*quid pro quo*).

Assim procedendo, o empregador adotou e reiterou um comportamento indigno e indesejado pela trabalhadora, com o objetivo ou o efeito de a perturbar ou constranger, criando-lhe um ambiente intimidativo, hostil e desestabilizador no local de trabalho. O romance converteu-se em drama, o cor-de-rosa em negro, o sonho dele converteu-se, para ela, num pesadelo: o pesadelo do assédio sexual, com o seu habitual cortejo de consequências (segundo se provou, «a Autora passou a andar triste, depressiva, sem sono, tendo tido necessidade de acompanhamento médico e sendo medicada com ansiolíticos e hipnóticos em SOS»).

Entretanto, aparentemente, e como acima se disse, vendo que o assédio sexual não foi coroado de êxito, este perdeu vigor e metamorfoseou-se, convertendo-se em *assédio moral*, passando o propósito do empregador a consistir na expulsão da trabalhadora da farmácia em causa. "Se não estás disposta a amar-me (ou, sequer, a fingir que me amas), então vai-te embora daqui!", terá pensado o empregador. E começou a atuar em conformidade, primeiro suprimindo, de forma unilateral e injustificada, o pagamento do subsídio de transporte à trabalhadora, e depois apresentando-lhe uma proposta de revogação do contrato de trabalho, sem todavia dar sequência à mesma, depois da resposta e do pedido de explicações da trabalhadora.

3. Conclusão

Assédio sexual ou moral, pouco interessa, para estes efeitos. Ambos são proibidos pela nossa lei e ambos legitimam a resolução do contrato, com justa causa subjetiva ("despedimento indireto"), pela trabalhadora que deles foi alvo. Assim decidiu, cremos que muito bem, o tribunal, fixando, ademais, uma indemnização pelos danos não patrimoniais sofridos pela trabalhadora, tudo em conformidade com o disposto nos arts. 394.º e 396.º do CT. A este propósito, importa sublinhar o seguinte:

i) A Lei n.º 73/2017, de 16 de agosto, conferiu nova redação à al. *f)* do n.º 3 do art. 394.º do CT, passando esta a referir-se expressamente à «prática de assédio denunciada ao serviço com competência inspetiva na área laboral» como conduta constitutiva de justa causa de resolução do contrato por iniciativa do trabalhador. Em bom rigor, cremos, não se exige que o trabalhador assediado denuncie a situação à ACT para que possa resolver o contrato. Bastará a prática de assédio pelo empregador ou seu representante para esse efeito, contanto, é claro, que o trabalhador assediado consiga fazer prova disso mesmo[10].

ii) A indemnização pelos danos não patrimoniais sofridos pela trabalhadora foi fixada, com recurso a critérios de equidade, em €7.500, um valor à primeira vista modesto, que alguns considerarão modesto em demasia. Registe-se, em qualquer caso, que quantificar um dano não patrimonial é, por definição, uma tarefa árdua e ingrata[11], sendo que o tribunal considerou que os danos sofridos pela trabalhadora não se deveram exclusivamente ao assédio, mas foram também provocados, em parte, pela própria rutura da relação pessoal e amorosa mantida com o empregador ao longo de oito anos. Ou seja, a rutura, ela mesma, causou danos, que vieram a ser agravados pelo assédio superveniente. Só por estes últimos, avaliados em €7.500, o empregador deverá responder. Também aqui, pois, o tribunal tentou, de algum modo, efetuar a sempre difícil destrinça de planos entre o pessoal e o profissional.

---

[10] Também neste sentido, Ana Cristina Ribeiro Costa, «Revisitando o assédio e o caminho para o seu enquadramento no regime dos acidentes de trabalho e doenças profissionais», *Prontuário de Direito do Trabalho*, CEJ, 2017-II, pp. 281-314, n. 114, e David Carvalho Martins, «Assédio moral e conflito laboral: areias movediças», José João Abrantes (coord.), *II Congresso Europeu de Direito do Trabalho*, Almedina, Coimbra, 2018, pp. 157 e ss. (180-182). Neste quadro, a referência da lei à denúncia à ACT tem apenas um efeito pedagógico, de estimular o combate sem tréguas ao fenómeno do assédio, promovendo a denúncia das práticas assediantes e procurando contrariar a tendência para o silêncio por parte da vítima. No mesmo sentido vai, aliás, o disposto no art. 4.º da Lei n.º 73/2017, nos termos do qual a ACT disponibilizará endereço eletrónico próprio para receção de queixas de assédio em contexto laboral, bem como informação no respetivo sítio da Internet sobre identificação de práticas de assédio e sobre medidas de prevenção, de combate e de reação a situações de assédio.

[11] Sobre o tema, por último, Rita Garcia Pereira, «Avaliação dos danos não patrimoniais do trabalhador resultantes de assédio e de violação do dever de ocupação efetiva. Análise da jurisprudência», *Prontuário de Direito do Trabalho*, CEJ, 2017-II, pp. 129-142. Em perspetiva mais geral, Maria José Costa Pinto, «Os danos não patrimoniais nos processos laborais: alegação, prova e quantificação da indemnização», *Prontuário de Direito do Trabalho*, CEJ, 2016-II, pp. 265-295.

Sobre a (des)conformidade constitucional do alargamento do período experimental pela Lei n.º 93/2019 – um olhar sobre o Acórdão do Tribunal Constitucional n.º 318/2021

JOÃO LEAL AMADO
MILENA SILVA ROUXINOL

Introdução

Fase inicial de execução do contrato de trabalho, o período experimental, que, conquanto possa ser excluído por vontade das partes (n.º 3 do artigo 111.º do Código do Trabalho [CT]) e, bem assim, reduzido (n.º 5 do artigo 112.º), integra os *naturalia negotii* do contrato de trabalho, destina-se a que as partes avaliem o seu interesse na manutenção do mesmo. Durante este período, empregador e trabalhador podem, pois, desvincular-se com amplíssima liberdade – sem indicação de motivo, sem obrigação de compensação ou indemnização, por norma sem aviso prévio (artigo 114.º).

A duração do período experimental encontra-se prevista no art. 112.º do CT, respeitando o n.º 2 aos contratos a termo resolutivo (nesse caso, dura 15 ou 30 dias conforme a duração do vínculo seja inferior, ou então igual ou superior a seis meses) e o n.º 1 a contratos por tempo indeterminado. Foi neste ponto, o da duração do período de experiência nos contratos por tempo indeterminado, que a Lei n.º 93/2019, de 4 de setembro, introduziu uma significativa alteração. Com efeito, até à entrada em vigor deste diploma, a extensão temporal do período de prova, naquele tipo de contratos, variava somente em função do tipo de tarefa para que o trabalhador fosse contratado[1]: 90 dias para trabalhadores com funções indife-

[1] Esta categorização legal surgiu pela primeira vez com o Decreto-Lei n.º 403/91, de 16 de outubro (para a generalidade dos trabalhadores, 60 dias, ou 90, se a empresa tivesse menos

renciadas – regime-regra; 180 dias no caso de cargos com complexidade técnica, ou com elevado grau de responsabilidade, especial confiança, ou especial qualificação; 240 dias na hipótese de se tratar de cargos de direção ou quadros superiores[2].

Com a entrada em vigor daquele diploma, um outro fator passou a condicionar a duração do período de experiência. Aí se previu, com efeito, que, para duas específicas categorias de sujeitos – os trabalhadores à procura de primeiro emprego e os desempregados de longa duração – o período experimental seria, em caso de contrato por tempo indeterminado e mesmo para funções ordinárias, de 180 dias (artigo 112.º, n.º 1-*b-iii*). Destarte, os trabalhadores à procura do primeiro emprego e os desempregados de longa duração contratados por tempo indeterminado passaram a ter um período experimental que, salvo redução ou supressão por via negocial, seria sempre, ao menos, de 180 dias; já o seria, mesmo anteriormente a este diploma, caso desempenhassem funções mais qualificadas ou complexas, de maior confiança ou responsabilidade, mas, desde a sua entrada em vigor, passaram a ter um período experimental com aquela duração mesmo que contratados para tarefas indiferenciadas.

Importa clarificar que esta alteração legislativa ocorreu a par de outra, operada pelo mesmo diploma. Referimo-nos à alteração da alínea *b)* do artigo 140.º, n.º 4, do CT; anteriormente, o preceito permitia a contratação a termo certo daqueles sujeitos – *rectius*, permitia a sua contratação nestes moldes pelo mero facto de pertencerem a tais categorias – e, com

---

do que 20 trabalhadores; 180 para os que ocupassem cargos de complexidade técnica, elevado grau de responsabilidade ou funções de confiança; 240 para pessoal de direção e quadros superiores). O diploma foi escrutinado pelo Tribunal Constitucional (acórdão n.º 64/91, de 4 de abril), embora apenas no ponto relativo à diferenciação em razão da dimensão da empresa. O TC considerou-a admissível. Anteriormente a este diploma, já se permitia o alargamento do período experimental de trabalhadores que ocupassem cargos de complexidade técnica ou grau de responsabilidade elevado, mas por via de contrato individual ou convenção coletiva de trabalho (Decreto-Lei n.º 64-A/89, de 27 de fevereiro).

[2] Sobre o preenchimento destes conceitos, Júlio Gomes, "Do uso e abuso do período experimental", *Revista de Direito e de Estudos Sociais*, 2000, n.os 1-2, p. 37-74 e n.os 3-4, p. 245-276 [66 e ss.], e Maria Irene Gomes, "Calcorreando o período experimental ou período de prova", in João Reis/João Leal Amado/Liberal Fernandes/Regina Redinha (coord.), *Para Jorge Leite – escritos Jurídico-Laborais, I*, Coimbra editora, Coimbra, 2014, p. 349-365 [357 e ss.].

a alteração introduzida pela Lei n.º 93/2019, essa permissão deixou de existir, tendo sido, porém, prevista a possibilidade de contratação através de vínculo a prazo de desempregados de *muito longa duração*[3]. Simetricamente, os trabalhadores à procura do primeiro emprego e desempregados de longa duração contratados por tempo indeterminado passaram a ter um período experimental nunca inferior a 180 dias.

Foi aquele alargamento categorial da duração do período de experiência que se submeteu ao escrutínio do Tribunal Constitucional [TC], a par com outras alterações ao ordenamento jurídico-laboral trazidas pela Lei n.º 93/2019, sobre que não nos pronunciaremos. Não surpreende, na verdade, esta interpelação ao TC, como não surpreende que, logo após a publicação daquele diploma, alguma doutrina haja, justamente, questionado a conformidade constitucional da mencionada opção legislativa de alargamento do período experimental[4].

É evidente, com efeito, a sua relação com princípios basilares do ordenamento jurídico-constitucional: por um lado, estando em causa a previsão de um estatuto contratual diferenciado para categorias subjetivamente recortadas, é natural que se convoque o princípio da igualdade, como parâmetro de sindicância dessa diferenciação; por outro, é óbvio e consensual o atrito entre a figura do período experimental – *et pour cause*, a sua duração – e o princípio constitucional da estabilidade no emprego. Na verdade, sendo certo que a existência de um período de prova, na fase inicial de execução do contrato, serve interesses tanto do empregador quanto do trabalhador – aquele tem oportunidade de observar o desempenho do trabalhador em contexto real; este tem possibilidade de per-

---

[3] Sobre o ponto, Joana Nunes Vicente, Capítulo X, Modalidade de contrato de trabalho, *in* João Leal Amado/Milena Rouxinol/Joana Nunes Vicente/Catarina Gomes Santos/Teresa Coelho Moreira, *Direito do Trabalho – Relação Individual*, Almedina, Coimbra, 2019, p. 406 e 407.

[4] Milena Rouxinol, "A Lei n.º 93/2019, de 4/09, e o alargamento da duração do período experimental", *Questões Laborais*, n.º 55, 2019, pp. 63-85 (que, em alguns pontos do presente comentário seguimos de perto); ainda, Pedro Oliveira, "Nada de novo debaixo do Sol: o período experimental e a precariedade das relações laborais", *Questões Laborais*, n.º 55, 2019, p. 87-103, João Reis, "Reforma de 2019: algumas observações", *Questões Laborais*, n.º 55, 2019, p. 17-39 [32-34], e João Leal Amado, *Contrato de Trabalho – Noções Básicas*, 3.ª ed., Almedina, Coimbra, 2019, p. 174-175.

ceber se as condições de trabalho, materiais e humanas, correspondem às suas expectativas –, reconhecer-se-á sem dificuldade que a posição de ambos não é simétrica[5]. É que, esgotado o período experimental, enquanto o trabalhador permanece livre de pôr fim ao contrato de trabalho ainda que sem justa causa (princípio da liberdade de trabalho, emergente do artigo 47.º da CRP)[6], o empregador ver-se-á constrito pelo princípio do despedimento causal, decorrência imediata do artigo 53.º da CRP – o despedimento não será válido se não assentar em causa bastante. Portanto, a faculdade de livre denúncia, vigente durante o período experimental, como corolário da oportunidade de apreciação do interesse na manutenção do vínculo, assume muito maior relevância para o empregador do que para o trabalhador. Mais ainda: para este último, aquele período de prova tem o significado de uma pronunciada precarização do vínculo: liberto – ao menos *a priori*, ou presumivelmente[7] – do freio constringente do princípio da proibição do despedimento imotivado, o empregador pode, como se referiu, fazer cessar o contrato sem ter de invocar motivo e, portanto, sem se expor à sindicância externa do mesmo,

---

[5] Júlio Gomes, "Do uso e abuso do período experimental", *RDES*, 2000, n.os 1-2, p. 37-74 e n.os 3-4, p. 245-276 [39 e ss.].

[6] Neste caso, como se sabe, o trabalhador está condicionado pela exigência de aviso prévio. Mas o seu incumprimento não implica a não produção de efeitos da desvinculação, apenas acarretando consequências indemnizatórias, de acordo com o artigo 401.º.

[7] Na verdade, o ato de denúncia que ocorra durante o período experimental não pode ser arbitrário, antes deve assentar num juízo de falta de interesse na conservação do vínculo em razão do que pôde ser apreciado durante essa fase, embora tal nexo não tenha de ser invocado. Beneficiando aquele que põe fim ao contrato do "direito ao silêncio" (Júlio Gomes, "Do uso e abuso...", *cit.*, p. 49), quanto à causa que motiva tal decisão, ela ter-se-á como compreendida no leque de justificações que a razão de ser do período experimental torna legítimas. Presume-se, *hoc sensu*, que a denúncia levada a cabo pelo empregador se deve a um juízo de inaptidão do trabalhador, possibilitado pela avaliação feita no período experimental. Isto não significa, porém, que tal juízo seja insuscetível de ser posto em causa. Poderá, na verdade, haver razão bastante para se concluir que a decisão extintiva assentou noutra ordem de motivos, alheios à existência do período experimental e, porventura, ilegítimos, *v. g.*, por serem discriminatórios. E, assim sendo, o ato extintivo tem o valor de um despedimento, a reputar, evidentemente, de ilícito. Sobre a questão, em especial, Júlio Gomes, *op. cit.*, *passim*, e Milena Rouxinol, Capítulo VII, O período experimental, *in* João Leal Amado/Milena Rouxinol/Joana Nunes Vicente/Catarina Gomes Santos/Teresa Coelho Moreira, *Direito do Trabalho – Relação Individual*, Almedina, Coimbra, 2019, p. 295 e ss.

sem pagar qualquer compensação ou indemnização, estando somente adstrito a cumprir aviso prévio na hipótese de o vínculo já ter atingido a duração de 60 dias (veja-se o artigo 114.º, n.º 2 e n.º 3), sendo que, em caso de incumprimento, a validade e eficácia do ato extintivo não fica em causa (n.º 4). Em suma, pois, durante o período experimental, a lei permite aquilo que o princípio constitucional da estabilidade no emprego, *a priori*, proibiria. Por não ser absoluto, este convive com aquele; mas cumpre, evidentemente, a função de parâmetro à luz do qual o regime legal do período de experiência deve ser analisado, mormente a sua duração[8].

Na verdade, a história recente desta figura deixa em evidência esse aspeto. Como melhor se verá, o TC, no Acórdão n.º 632/2008, de 23 de dezembro, pronunciou-se, em sede de fiscalização preventiva, sobre a conformidade à Lei Fundamental do alargamento de 90 para 180 dias do período experimental aplicável à generalidade dos trabalhadores com contrato por tempo indeterminado. O aresto conclui que, não obstante a existência de um período experimental não merecer censura constitucional, não é menos certo que tal período não pode deixar de ter um limite máximo legalmente fixado e que o legislador não pode determinar tal limite arbitrariamente, antes devendo mover-se dentro dos parâmetros do princípio da proporcionalidade, que, como se sabe, condiciona as restrições legais a posições subjetivas enquadráveis no leque de direitos, liberdades e garantias. Por entender que o alargamento do período experimental regra para 180 dias ultrapassaria o indispensável e proporcional tendo em vista os bens jurídicos a proteger com tal previsão, o coletivo de Conselheiros entendeu ser aquela medida legislativa desconforme à Constituição, por violação do artigo 53.º e, bem assim, do artigo 18.º, n.º 2.

Publicada e já em vigor a Lei n.º 93/2019, um grupo de trinta e cinco deputados à Assembleia da República, dos grupos parlamentares do Partido Comunista Português, Bloco de Esquerda e Partido Ecologista *Os Verdes*, nos termos do artigo 281.º, n.º 1-*a*), e n.º 2-*f*), da CRP, submeteu à fiscalização sucessiva do TC algumas das alterações assim introduzidas no CT, entre elas a respeitante ao dito alargamento do período experimental

---

[8] A CRP não é o único parâmetro de referência à luz do qual o regime jurídico do período experimental pode e deve ser analisado. Para uma referência a outros parâmetros de controlo, veja-se MILENA ROUXINOL, "A Lei n.º 93/2019...", *cit.*, p. 66, nota 7.

para trabalhadores à procura do primeiro emprego e desempregados de longa duração, com o duplo fundamento anteriormente referido – desconformidade ao princípio da igualdade (art. 13.º) e ao princípio da estabilidade no emprego (art. 53.º)

Um tanto surpreendentemente para os autores deste comentário – espantou-nos a decisão, mas, principalmente, os argumentos com que se teceu e as pré-compreensões em que assentou a sua fundamentação –, o TC, no Acórdão n.º 318/2021, considerou que o mencionado alargamento do período experimental para as referidas categorias de trabalhadores não ofendia o art. 53.º da CRP. Relativamente ao art. 13.º, entendeu que aquele novo regime o violaria a não ser que, para tais efeitos, se excluíssem do conceito de trabalhador à procura do primeiro emprego aqueles que "anteriormente tenham sido contratados, com termo, por um período igual ou superior a 90 dias, por outro(s) empregador(es)". Por outras palavras: suposto o conceito mais usual de trabalhador à procura de primeiro emprego – aquele que nunca teve um contrato por tempo indeterminado – e sendo certo que o n.º 4 do art. 112.º do CT já permitiria salvaguardar aqueles trabalhadores que, anteriormente, tivessem tido um vínculo, para idênticas funções, com o mesmo empregador, o TC entendeu que a aplicação do período experimental alargado previsto na Lei n.º 93/2019 não seria admissível se visasse trabalhadores que, anteriormente, já tivessem sido contratados a termo mesmo que por distinto empregador, por período igual ou superior a 90 dias. Na parte referente a esta subcategoria, a previsão daquele diploma foi declarada inconstitucional, com força obrigatória geral, por violação do art. 13.º da CRP.

Nas linhas que se seguem, procuraremos apreciar criticamente esta decisão do TC. Antecipemos, porém, a conclusão: se já estávamos convictos da inconstitucionalidade, mormente por violação do princípio da segurança no emprego, do alargamento do período experimental introduzido pela Lei n.º 93/2019, a argumentação tecida pelo TC não abalou, de todo em todo, essa convicção. Parece-nos, de resto – seja-nos permitida a ousadia –, que, em vários pontos, a narrativa expendida no Acórdão se louva em razões e expressões cujo ambiente natural será menos o mundo jurídico do que o universo da política económica. Mas não deve a norma jurídica – e, em particular, a norma jurídico-constitucional, designadamente pela voz do TC – operar, justamente, como parâmetro de controlo do debate político-económico e travão de eventuais fáceis consensos nessa sede firmados[9]?

1. O princípio da estabilidade no emprego – *quo vadis*?

1.1. Parâmetro basilar da constituição laboral, o princípio da segurança ou estabilidade no emprego, enunciado no art. 53.º da CRP, dita, desde logo, que (*i*) salvo razões objetivas ponderosas, o emprego deve ser duradouro, sem pré-fixação do período de vigência do contrato; devem, pois, evitar-se situações de precariedade que não sejam objetivamente justificadas; (*ii*) o ato de extinção do vínculo sem ou contra a vontade do trabalhador deve ser causal, isto é, assentar em fundamento reconhecido como bastante para que tal efeito extintivo se opere[10].

Trata-se de uma estrutura de valor subjetiva integrada no acervo de direitos, liberdades e garantias constitucionais e cujas restrições devem, pois, obedecer ao disposto no art. 18.º, n.º 2, da CRP, que enuncia o princípio da proporcionalidade. Tais restrições devem, assim, ser adequadas à prossecução de um desiderato legítimo à luz da ordem jurídico-constitucional, confinar-se ao indispensável para tal e, desde logo, ser preteridas se existirem outras medidas menos lesivas; finalmente, devem acarretar um benefício que compense a assunção da desvantagem inerente à restrição dos direitos fundamentais em causa, feita uma avaliação global que, naturalmente, tenha em conta todo o conjunto de circunstâncias – também as conjunturais – suscetíveis de condicionar tal juízo[11].

Foi, naturalmente, à luz destes parâmetros que o TC avaliou a admissibilidade constitucional da compressão do princípio da estabilidade no

---

[9] Parafraseamos Paul Palsterman, "L'OIT et 'austérité européenne, in AA.VV (coord. Philippe Grosseries/Marc Morsa), *Le Droit du Travail au XXIe siècle – Liber Amicorum Claude Wantiez*, Larcier, 2015, pp. 63-78 [63]. Vejam-se ainda as pp. 76-78, com observações críticas sobre a reação político-legislativa ao desemprego em Portugal em 2015.

[10] Jorge Leite, *Direito do Trabalho* – vol. I, Serviços de Acção Social da Universidade de Coimbra – Serviço de Textos, Coimbra, 2005, pp. 82 e 83. Veja-se ainda J. J. Gomes Canotilho/ Vital Moreira, *Constituição da República Portuguesa Anotada*, vol. I, 4.ª edição, Coimbra Editora, Coimbra, 2007, p. 707

[11] Sobre o sentido e alcance do princípio da proibição do excesso, por todos, Jorge Reis Novais, *Princípios Estruturantes de Estado de Direito*, Almedina, Coimbra, 2019, pp. 95-146.

emprego resultante do alargamento do período experimental para as mencionadas categorias de trabalhadores[12].

1.2. O *subprincípio da idoneidade ou da adequação* leva à análise dos objetivos tidos em vista com a medida legislativa adotada. Atendeu-se, assim, ao acervo de intenções assumido pelo legislador ao longo do processo de elaboração do diploma. Ora, o alargamento do período experimental foi perspetivado como uma medida de política de emprego (o que, aliás, já sucedera anteriormente, com a previsão da possibilidade de contratação a termo com fundamento da integração dos sujeitos em causa naquelas categorias). A Proposta de Lei n.º 136/XIII[13], que começa por sublinhar o objetivo de combate à precariedade, inscrito nos compromissos constantes do programa do XXI Governo Constitucional, fundamenta a adoção daquela medida, desde logo, no propósito de "promover a contratação sem termo de trabalhadores à procura do primeiro emprego e de desempregados de longa duração e estimular a sua inserção no mercado de trabalho de forma mais estável do que a que resultaria da sua contratação em regime de contrato de trabalho a termo"[14]. Aí se evidencia, de resto, o recurso excessivo a esta modalidade de contrato e se denuncia a circunstância de tais vínculos a prazo serem usados como "falso período experimental", o que se imporia evitar. Por outro lado, no período anterior à reforma laboral de 2019, foi celebrado (formalizado a 18 de junho de 2018) um acordo de concertação social intitulado *Combater a precariedade e reduzir a segmentação laboral e promover um maior dinamismo na negocia-*

[12] Também mencionou normas supranacionais, *maxime* constantes do Direito da União Europeia. Acabou, na verdade, por mobilizar tais estratos do sistema jurídico, nomeadamente a Diretiva 2019/1152 do Parlamento Europeu e do Conselho, de 20 de junho de 2019, relativa a condições de trabalho transparentes e previsíveis na União Europeia, como elemento que coadjuvaria a conclusão de conformidade constitucional a que chegou. Não nos pronunciaremos sobre tal segmento, por uma simples razão: a de que, mesmo admitindo-se que o regime em análise é conforme a tal dispositivo europeu, isso não afeta o juízo acerca da sua (des)conformidade constitucional. Em matéria de estabilidade no emprego, a CRP é, consabidamente, mais garantística do que o Direito da União Europeia

[13] Publicada no dia 2018.06.05 (Diário da Assembleia da República II série-A, n.º 122/XIII/3).

[14] Exposição de motivos.

ção coletiva[15]", em cujos termos, "para promover a contratação sem termo de trabalhadores à procura do primeiro emprego e de desempregados de longa duração e estimular a sua inserção no mercado de trabalho, [haveria que] estabelecer que o período experimental aplicável aos contratos sem termo celebrados com trabalhador à procura do primeiro emprego ou em situação de desemprego de longa duração é de 180 dias".

Tomando como legítima a finalidade de "promoção da contratação sem termo daqueles que procuram o primeiro emprego e dos desempregados de longa duração" e assumindo "não dispor [o TC] de condições epistémicas que lhe permitam infirmar a avaliação efetuada pelo legislador em apoio da asserção de o alargamento do período experimental, em conjugação com outras medidas integradas no mesmo pacote legislativo, ser apto a contribuir para um aumento do emprego estável, relativamente às específicas categorias de trabalhadores aqui em causa – avaliação que, na verdade, reputou de "racionalmente fundada" –, esta instância jurisdicional afirmou que "o objetivo de influenciar o comportamento dos empregadores na formação das suas opções de emprego, através de alguma ampliação do fator tempo no período inicial de aferição das caraterísticas de quem se pretende contratar, expectavelmente apresentava (e continua a apresentar) aptidão para "puxar" [*sic*], no acesso ao mercado laboral, trabalhadores à procura de primeiro emprego e desempregados de longa duração para a esfera da contratação sem termo, com impacto positivo na política de emprego pretendida implementar". Concluiu, pois, existirem "razões consistentes para crer que a medida poderá incentivar, porventura moderadamente, a contratação num quadro mais estável de categorias de trabalhadores que têm experimentado maior dificuldade na inserção no mercado de trabalho". De resto, acrescentou, o referido alargamento do período experimental "propicia o (re)posicionamento da relação contratual num terreno que tende para a estabilidade – desde logo pela automaticidade, quanto ao efeito desejado, de uma opção por defeito que conduzirá à estabilização da relação contratual – e, no plano motivacional das condutas sobre as quais se pretende atuar, pela modelação, relativamente ao empregador, de uma "arquitetura de escolha"

[15] Disponível em http://www.ces.pt/concertacao-social/acordos.

orientada para a estabilização do vínculo contratual pelo simples decurso do período experimental".

São várias as observações que nos suscita o segmento do Acórdão n.º 318/2021 de que extraímos as afirmações ora transcritas.

Temos dúvidas, em primeiro lugar, de que o TC devesse ter aceitado imediata e acriticamente a bondade, à luz da CRP, do objetivo afirmado pelo legislador – recorde-se, o de promover a contratação sem termo daquelas categorias de trabalhadores.

A Constituição convida, por certo, à promoção do pleno emprego, desde logo por via do art. 58.º. Convirá, no entanto, assinalar que atuar nesse sentido não se confunde, necessariamente, com adotar medidas tendentes à promoção do emprego de *algumas* categorias sociais. Importaria, porventura, questionar qual o impacto destas medidas *categoriais* – não só o alargamento do período experimental, ou a permissão de contratação a termo, mas até outras, como a previsão de apoios financeiros de qualquer espécie – sobre a taxa *total* de (des)emprego. Parece-nos, com efeito, razoável pensar que, se o legislador promove a contratação de alguns sujeitos, então outros, cuja admissão não representa para o empregador idênticas vantagens, serão preteridos, com o que o volume total de contratações permanecerá inalterado[16]. E, claro, nesse total, haverá, provavelmente, uma maior percentagem de contratos mais distantes do padrão regulativo da estabilidade no emprego, se das medidas de promoção do emprego fizerem parte normas que o permitam. O TC, porém, parece partir de distinto pressuposto – o de que, contando com um período experimental alargado para aquelas categorias, o empregador contratará mais (do que precisa?). Pode ler-se, com efeito, no Acórdão, que, estando-lhes vedada a possibilidade de contratar a termo os

[16] Como salientou o Conselheiro Sousa Ribeiro na declaração de voto aposta ao Acórdão n.º 338/2010, a propósito da permissão da contratação a termo de algumas categorias de trabalhadores, "a *eficácia de uma política de emprego mede-se pelo seu contributo para a diminuição da taxa global de desemprego. A medida em causa procura dotar os trabalhadores à procura de primeiro emprego e os desempregados de longa duração de um factor preferencial de contratação, de modo a compensar a avaliação desfavorável que tipicamente recai sobre a sua candidatura a postos de trabalho.(...) Mas esta medida, se é adequada a provocar uma melhor absorção destas categorias de trabalhadores pelo mercado de emprego, fá-lo, tudo o indica, em proporção significativa, não pelo aumento, mas por uma simples deslocação da oferta de trabalho*".

trabalhadores pertencentes à mencionadas categorias e caso eles contassem com um período experimental idêntico ao dos demais, "agindo em ambiente de mercado, muitos empregadores poderiam optar, nessas condições, por não contratar ou contratar menos pessoas (...)".

Por outro lado, é evidente que promover a contratação sem termo não equivale a promover a contratação estável, como postula o art. 53.º da CRP. Não é estável, por certo, um contrato a termo. Mas inferir desta afirmação a de que é estável todo o vínculo que não seja a termo é incorrer num vício lógico que salta à vista. Vários outros fatores – e, por excelência, um período experimental de longa duração – são suscetíveis de precarizar as relações laborais. Promover a contratação sem termo em moldes tais que conduzam à celebração de vínculos marcados por outra sorte de precariedade não é objetivo que *a priori* se concilie com a ordem jurídico-constitucional. Como afirma o Conselheiro José João Abrantes, em declaração de voto ao Acórdão em análise, "não há razões justificativas para não se ir além dessa alternativa entre o que estava na lei antes e a "inflexão tática" (...) da Lei n.º 93/2019 para um contrato por tempo indeterminado com alargamento do período experimental".

A argumentação apresentada pelo TC revela, parece-nos, que a apreciação da admissibilidade da norma em causa foi conduzida tendo como referente comparativo a contratação a termo; emergiu, então, como foco de análise o binómio contrato a termo *vs.* contrato sem termo, mas com período experimental alargado. Tal impostação do problema terá sido proporcionada pelas circunstâncias do processo legislativo, *maxime* o mencionado acordo de concertação social, de que resulta ter o alargamento do período experimental sido concebido como *contrapartida* da proibição de contratação a termo com fundamento na pertença às referidas categorias subjetivas, que assim mesmo se repercutiu na Lei n.º 93/2019. Não é, todavia, o contexto político-legislativo, antes o (con) texto jurídico-constitucional que deve guiar o escrutínio do TC. E da CRP resulta que o referente a ter em conta é o da relação laboral estável; é a essa luz, não à de outras alternativas de contratação precária, que deveria ser avaliada a previsão de um período experimental de 180 dias para trabalhadores à procura do primeiro emprego e desempregados de longa duração.

Existe, com efeito, algo de curiosamente paradoxal na afirmação segundo a qual se pretende promover a contratação daqueles sujeitos de forma estável associando, do mesmo passo, a tais contratos estáveis um período de ostensiva *instabilidade* com a duração legal de, ao menos, 180 dias. O contrato poderá tornar-se estável, por certo, mas apenas depois de ultrapassado um longo período em que o trabalhador se encontra à mercê da quase total liberdade de desvinculação da entidade empregadora. Na verdade, também ao abrigo do regime anterior, que possibilitava a celebração de contratos a termo pelo facto de os trabalhadores se inserirem naquelas categorias, o contrato de trabalho poderia ser estável, ou por ser celebrado dessa forma *ab initio*, ou por, esgotado o número de renovações legalmente permitidas, ou o prazo máximo de duração admitido, a entidade empregadora permitir a sua conversão *ope legis* em contrato sem termo. Todavia, aparentemente, segundo se afirma na Proposta de Lei que antecedeu a Lei n.º 93/2019 e o TC reconhece, tal não se verificava na maioria dos casos. Na verdade, se o recurso ao contrato a termo como sucedâneo do período experimental – "falso período experimental" – se traduzisse em, lograda a experiência, o vínculo passar a ser estável, o fenómeno não constituiria um problema de monta. Mas, não sendo assim, permitir que, em vez desse expediente, o empregador responda à sua natural resistência a vínculos estáveis valendo-se de um *verdadeiro* período experimental poderá não ser inteiramente curial.

Com efeito, mesmo confrontando os dois modelos prefigurados pelo TC – contrato a termo *vs.* contrato sem termo mas com período experimental alargado –, ao invés de se apreciar a alteração ao art. 112.º/1 do CT tendo, simplesmente, como referência o padrão de uma relação laboral estável, terá de se concluir que, *de uma certa perspetiva*[17], a precariedade resultante do modelo agora escolhido é ainda mais pronunciada, "potencialmente mais perversa", nas palavras, em sede de declaração de voto, da Conselheira MARIANA CANOTILHO, que observa, com contundência e, parece-nos, com razão, que "violação maior, e mais flagrante, do direito fundamental plasmado no artigo 53.º, n.º 1, da CRP, é dificilmente imaginável". Com efeito, e por oposição ao que resulta do regime do con-

[17] Mas reconhecemos que, se se adotar outro ângulo de análise, a conclusão é distinta. O ponto será explicitado *infra*, no texto.

trato de trabalho a termo certo, se o empregador denunciar o contrato enquanto perdura o período experimental, não só pode fazê-lo a qualquer momento – e não somente por referência a determinada ocorrência futura, como é o termo – como esta potencial surpresa não é, muitas vezes, compensada pela exigência de pré-aviso (como já se referiu, ela só existe se o contrato já tiver durado, nessa altura, mais de 60 dias), sendo certo, finalmente, que não é devida qualquer compensação económica[18]. Pode, pois, por isso mesmo, suceder que ocorra o fenómeno inverso ao referido: que, podendo, licitamente, ser celebrado um contrato de trabalho a termo (por, nos termos do artigo 140.º do CT, as necessidades serem transitórias, por ocorrer início de laboração ou lançamento de nova atividade, ou por o trabalhador admitido pertencer à categoria dos desempregados de muito longa duração), a entidade empregadora opte, porém, por celebrar um contrato por tempo indeterminado, que lhe proporciona um período experimental e, portanto, um período de desvinculação incondicionada significativo[19].

Refira-se, ainda – embora o ponto nos pareça pouco relevante –, que o confronto entre o regime legal do período experimental e o do contrato a termo certo abre também o flanco a dúvidas quanto à suposição de que a observância do período experimental tal como previsto na Lei n.º 93/2019 levaria à estabilização do vínculo, porquanto uma mera atitude de *non facere* conduziria a tal resultado. Embora, como o TC, não disponhamos de "condições epistémicas" para aquilatar do acerto deste pressuposto, podemos afirmar que similar suposição poderia, similarmente, fazer-se acerca do contrato a termo – com exceção, reconhecemos, daquele a que se apusesse cláusula de não renovação, o qual, segundo o entendimento

---

[18] Observe-se, a propósito, que a tutela do trabalhador resultante de alguns traços do regime do contrato de trabalho a termo foi tida em conta pelo TC quando se pronunciou pela conformidade à CRP da admissibilidade de celebração de vínculos desse tipo com fundamento na qualidade dos trabalhadores. Vejam-se os Acórdãos n.º 581/95, de 31/10, e n.º 338/2010, de 22/09.

[19] Sobre este fenómeno, que não é novo, embora, tendencialmente, possa tornar-se mais frequente à medida que se alarga a duração do período experimental, Júlio Gomes, *op. cit.*, pp. 47-48.

maioritário, caduca automaticamente[20] –, que, no silêncio das partes, se renova, ou, não podendo renovar-se, se converte em contrato por tempo indeterminado (veja-se o art. 147.º, n.º 2, do CT).

Ainda a respeito do princípio da adequação e do segmento do Acórdão a que nos vimos referindo, parece-nos, igualmente, que o nexo de causa-efeito entre a restrição e o objetivo que se almeja deve assentar numa prognose dotada de consistência, de um robusto grau de segurança. Diríamos, com efeito, que dificilmente o regime da restrição aos direitos, liberdades e garantias (e análogos) se ajusta bem a uma atuação legislativa guiada por uma espécie de *princípio da precaução*, capaz de se saldar num resultado tal que a efetivação da restrição seja segura, ou altamente provável, mas a concretização do objetivo tido em vista meramente hipotética. Por simétrica ordem de razões, suscita-nos certa perplexidade que, em pontos nevrálgicos da análise de conformidade constitucional, o TC haja, ostensiva e assumidamente, fundado o seu juízo em argumentos assentes em *feelings* sobre o impacto dos *nudges* – uma argumentação, di-lo Mariana Canotilho, que não é "nem adequada, nem suficiente, nem convincente", num contexto em que a importância do princípio constitucional em apreço e a gravidade da ofensa ao mesmo imporia a "procura das certezas possíveis, de clareza de dados e do cumprimento de um especial ónus de fundamentação por parte do legislador".

Diríamos até que a existência de um nexo de adequação ou idoneidade entre o meio – o alargamento do período experimental – e o fim – a promoção da contratação dos trabalhadores à procura do primeiro emprego e dos desempregados de longa duração, suporia a demonstração de que a anterior duração do período experimental para esses trabalhadores, de 90 dias, era, de algum modo, tida como insuficiente, em ordem a que a entidade empregadora verificasse, com tempo, se o trabalhador contratado possuía ou não as qualidades e aptidões necessárias para o cabal

[20] Para o TC, porém, a possibilidade legal de aposição de tal cláusula, aliada à exigência de forma escrita na celebração deste tipo de vínculos, permite supor – com base em dados que desconhecemos, porque, de todo, não apresentados – que assim acontecerá com a frequência suficiente para poder afirmar, contra o que resulta do regime legal regra da contratação a termo, que, aí, "o automatismo da inércia" proporcionará a extinção do vínculo, ao invés da sua estabilização. Voltaremos ao ponto *infra*.

desempenho da sua função. Sendo tal período tido como insuficiente, isso poderia fazer retrair as entidades empregadoras. E, se assim fosse, o alargamento desse período temporal poderia contribuir para vencer a renitência destas a contratar candidatos em busca do primeiro emprego ou desempregados de longa duração.

Sucede, porém, que não temos conhecimento de qualquer manifestação de insatisfação patronal precedente quanto à suposta insuficiência de tal período de 90 dias para esse efeito. Não a invoca o legislador, nem nela se baseia o TC. Cremos até que havia um razoável consenso, entre nós, quanto à suficiência desses 90 dias, na ótica do empregador contratante, tratando-se, como se trata, da contratação de trabalhadores para o exercício de funções indiferenciadas. Assim sendo, então, diremos, a duplicação deste prazo para 180 dias não terá quaisquer efeitos sensíveis ao nível da promoção da contratação destes trabalhadores. O seu efeito será, apenas, o de acentuar a precariedade a que estes trabalhadores ficarão sujeitos, permitindo, outrossim, às entidades empregadoras utilizarem este contrato de duração indeterminada, com período experimental alargado, como alternativa funcional vantajosa em relação à contratação a termo desses mesmos trabalhadores[21].

Posto que o resultado legislativo a que o TC deu chancela foi a promoção da celebração de contratos que, embora sem termo, acarretam, para o trabalhador integrado numa das categorias sociais recortadas, um período de vulnerabilidade com a duração de, pelo menos, 180 dias, pode, então, compreender-se a derradeira e decisiva razão por que não cremos que a decisão do TC quanto à compatibilidade de um tal regime com o art. 53.º da CRP haja sido acertada. Parece-nos, na verdade, clamorosamente duvidoso, à luz da CRP, que o propósito da promoção do emprego, que encontra arrimo no art. 58.º, possa louvar-se no incentivo a uma con-

[21] Vantajosa porque, reitere-se, contratando sem termo esses trabalhadores, a entidade empregadora disporá de 180 dias ao longo dos quais poderá denunciar livremente o contrato, sem pagar qualquer indemnização ao trabalhador despedido, ao passo que, se o recrutasse mediante contrato a termo de 6 meses, a entidade empregadora teria de cumprir o contrato na íntegra, durante esses 6 meses, acrescendo que, caducando o contrato no final do prazo, o trabalhador teria direito a uma compensação por tal caducidade, nos termos do art. 344.º do CT.

tratação que, por força de qualquer fator, nomeadamente a aplicação de um período experimental com a duração de meio ano, em contratos destinados ao desempenho de funções indiferenciadas, seja precária, isto é, diversa da postulada pelo art. 53.º.

A este respeito, recorde-se a declaração de voto de Joaquim Sousa Ribeiro ao Acórdão do TC n.º 338/2010, a respeito da (des)conformidade constitucional do artigo 140.º, n.º 4-*b)* do CT, na redação anterior à trazida pela Lei n.º 93/2019 (possibilidade de contratação a termo certo de trabalhadores à procura do primeiro emprego e desempregados de longa duração), num ponto em que se foca na articulação entre o artigo 58.º e o artigo 53.º da CRP[22]: depois de explicar, com apoio na doutrina constitucional, que um e outro representam, respetivamente, a face positiva e a face negativa – incindíveis – do direito ao trabalho, daí extrai o imediato corolário, isto é, que "não é qualquer emprego que incumbe ao Estado promover (n.º 2 do artigo 58.º), mas o emprego que dá conteúdo ao direito ao trabalho consagrado no n.º 1 do mesmo preceito, nomeadamente por respeitar a segurança no emprego – a primeira das garantias com que a Constituição o investe. Um fomento de trabalho que utilize meios conflituantes com a conformação constitucional da situação laboral, no que diz respeito à segurança do emprego, não serve como credencial dessas medidas". E lembra, quanto aos trabalhadores à procura do primeiro emprego e desempregados de longa duração, que "nenhuma

[22] Em sentido idêntico, veja-se o voto de vencido do Conselheiro João Cura Mariano. Nas suas palavras, "o direito ao trabalho tem, na Constituição Portuguesa, uma face ou dimensão negativa, que é aquela que decorre do direito à não privação arbitrária do emprego que se procurou e obteve, e não pode olvidá-la em nome de um combate pela sua afirmação positiva, ou seja, o direito a procurar e obter um emprego. As duas faces são incindíveis e a salvaguarda duma não pode ser obtida à custa do sacrifício da outra. No nosso sistema, o direito ao trabalho não é um direito a ingressar em qualquer relação laboral, sejam quais forem as suas características, mas o direito a ser trabalhador duma relação laboral dotada de estabilidade, à qual o empregador não pode arbitrariamente pôr termo. Não se poderá, pois, dizer que [medidas políticas que, visando promover o emprego de determinada categoria de trabalhadores, permitam que os mesmos sejam contratados com um vínculo precário] tenham a cobertura do direito fundamental ao trabalho enunciado no artigo 58.º da Constituição".
Também vinca este ponto a Conselheira Ana Maria Guerra Martins.
Por todos, José Joaquim Gomes Canotilho/Vital Moreira, *Constituição da República Portuguesa Anotada*, *cit.*, pp. 763 e 764

razão intrínseca justifica [a garantia da segurança no emprego] não os abranger". Reconhece poder dizer-se que "['mais vale um emprego precário do que emprego nenhum'] no plano do cálculo pessoal de utilidades de cada trabalhador forçado a optar, dentro da alternativa descrita. Mas o utilitarismo das preferências individuais ou de um grupo social não pode servir de critério de valoração normativa, muito menos de um juízo de validade constitucional. O confronto a estabelecer não é entre duas situações factuais, para atribuir mais-valia à menos gravosa (o menor dos males), ainda que ela não corresponda à que o trabalhador teria direito, segundo o programa constitucional." Conclui que, atendendo à mencionada arquitetura constitucional, a alternativa à contratação precária não é o desemprego, mas um emprego estável.

Também o observou, em voto de vencido ao Acórdão em análise, Mariana Canotilho. Nas assertivas palavras da Conselheira, "de forma alguma é constitucionalmente admissível que o legislador ordinário desenhe políticas públicas de 'incentivo à contratação sem termo' à custa do direito fundamental à segurança no emprego, como se o direito ao trabalho (consagrado no artigo 58.º da CRP) pudesse ser compreendido em oposição ao – e não em associação com – o direito à segurança no emprego".

1.3. A apreciação do regime legal em apreço sob o ponto de vista do *subprincípio da indispensabilidade* levada a cabo pelo TC corresponde, porventura, ao segmento do Acórdão n.º 318/2021 que nos suscita maior perplexidade, pela tibieza do trabalho analítico que aparenta.

Num ponto em que lhe incumbia avaliar se a previsão de um período experimental de 180 dias para trabalhadores à procura do primeiro emprego e desempregados de longa duração contratados, sem termo, para funções indiferenciadas seria ou não, das medidas possíveis e pensáveis para incentivar a sua contratação, a menos lesiva do princípio da estabilidade no emprego, o TC limita-se à comparação entre a celebração de um contrato por tempo indeterminado dotado de um período experimental de 180 dias, como passou a permitir a Lei n.º 93/2019, para os trabalhadores à procura do primeiro emprego e os desempregados de longa duração, e, por outro lado, a contratação dos mesmos a termo certo, como possibilitava o art. 140.º/4-*b)* do CT, anteriormente àquela alteração. Parece perpassar o Acórdão a ideia de a promoção do emprego daqueles sujeitos não poder deixar de passar pela permissão legal da precariedade dos contratos com eles celebrados – como se, para eles, a CRP validasse a alternativa: ou emprego precário, ou emprego nenhum.

Ora, entre aquelas duas possibilidades, ambas "pequenos incentivos – *nudges*, no sentido em que a expressão é [usada] na ciência comportamental" –, o TC considera preferível, por, segundo afirma, fragilizar menos o princípio da segurança no emprego, a celebração de contratos sem termo, mesmo que com um período experimental de 180 dias. Embora reconheça não "dispor de elementos objetivos seguros aptos a afastar o juízo de prognose do legislador", tido, todavia, como "razoavelmente intuitivo", a maioria dos Conselheiros afirmou entender que o referido alargamento do período experimental nos contratos por tempo indeterminado apresenta "potenciais benefícios para as categorias de trabalhadores em causa (...) superiores aos da contratação a termo, quanto à constituição (definitiva, para lá do período experimental) de um contrato de trabalho sem termo".

Antes, todavia, de concluir que "não se prefiguram soluções menos restritivas, [que] não são configuráveis, com segurança (...), soluções que tutelem aquele interesse com a intensidade pretendida pelo legislador", o TC ainda considera a hipótese de o legislador ter revogado a possibilidade de contratação a termo de trabalhadores à procura do primeiro emprego ou desempregados de longa duração, sem, porém, ter *compensado* essa decisão com a de aumentar de 90 para 180 dias o respetivo período experimental regra. Logo, porém, a afasta, com base num inusitado juízo de prognose, que, aparentemente, dispensa mais profunda fundamentação. É que, explica o Acórdão, "não se mostra seguro – ou sequer provável – que daí adviesse o benefício de assegurar contratações por tempo indeterminado, já que, agindo em ambiente de mercado, muitos empregadores poderiam optar, nessas condições, por não contratar ou contratar menos pessoas, ou, pura e simplesmente, sendo essa a escala de opções disponíveis, por deslocalizar a empresa".

Este segmento do Acórdão afigura-se-nos assaz surpreendente, por diversos motivos. Desde logo, se bem o interpretamos, o TC dispensa a busca de satisfatórias "condições epistémicas", ou "elementos objetivos" quando se trata de questionar o juízo de prognose do legislador – no sentido de que o alargamento do período experimental contribuiria de forma suficientemente eficaz para promover a contratação sem termo dos trabalhadores em apreço –, mas já não no momento em que se lhe oferece a apreciação de outros cenários, mesmo que, *a priori*, mais condizentes com a Constituição.

Por outro lado, ainda que com a reserva imposta pela incerteza sobre a reação dos empregadores aos incentivos que lhes sejam dados em vista de uma contratação menos precária, temos algumas dúvidas de que, por não disporem de um período experimental tão generoso como o que dure 180 dias, optem por contratar menos, ou mesmo por deslocalizar as empresas. Seja, porém, como for quanto ao acerto de tais premissas da ciência comportamental, ou económica, o que nos oferece fortes reservas é que, perante o quadro jurídico-constitucional – aquele que deve orientar o TC – o legislador haja de buscar soluções para essa fuga à contratação laboral ou para a deserção para outras latitudes à custa da ofensa a parâmetros basilares e freios legislativos como o princípio da estabilidade no emprego ou outras garantias essenciais previstas na CRP.

Se é verdade que, um pouco por toda a parte, se assiste, atualmente, à instrumentalização do Direito do Trabalho ao critério da eficiência económica, que "a *lei* do mercado aparece como a única que permite reequilibrar o *mercado* de trabalho"[23], que a "*reatividade dos mercados*" se converteu no critério de avaliação da conveniência da legislação laboral e "levantar os entraves [a tal reatividade] (...) aparenta ser a porta que permitiria aceder à terra prometida da abundância e do pleno emprego"[24], se, finalmente, "no mercado, os sujeitos são *desencarnados* e o poder se reduz a uma assimetria económica"[25], contrapor-se-á que esse "modelo de mercado" não é uma realidade factual; alimenta-se de representações suportadas (...) por um discurso económico sobre o Direito"[26].

---

[23] Jean-Emmanuel Ray, "Mutation économique et Droit du Travail", in *Les transformations du Droit du Travail – Études offertes à Gérard Lyon-Caen*, Dalloz, Paris, 1989, pp. 11-31 [13; v. 14 e ss.]

[24] Alain Supiot, "Préface", in Gwenola Bargain, *Normativité économique et Droit du Travail*, LGDJ, Paris, 2014, p. XI.

[25] Gwenola Bargain, Normativité..., *cit.*, p. XLIX.

[26] *Ibidem.*

Mesmo que vivamos tempos em que "tudo é fluido e variado – inclusive a verdade"[27], cabe lembrar, como evidenciou, em declaração de voto, o Conselheiro José João Abrantes, que "a Lei Fundamental assenta num conceito da relação de trabalho para o qual o trabalhador é uma pessoa, cuja liberdade e cujos direitos não podem ser totalmente sacrificados aos interesses empresariais (...), repudia de forma clara a lógica de que as exigências económicas devam obter resposta, se necessário, à custa dos direitos dos trabalhadores (...)", bem como "a ideia que, vendo o trabalho como uma mera mercadoria e procurando reduzir este ramo jurídico a mero instrumento de gestão, sustenta que, em última análise, o melhor seria ele não existir"[28].

1.4. No contexto do teste de *indispensabilidade*, diríamos que ao TC incumbiria, pelo menos, questionar se, mesmo optando-se por diferenciar o período experimental dos trabalhadores à procura do primeiro emprego e desempregados de longa duração, seria necessário estendê-lo até aos 180 dias, isto é, duplicar a sua duração face àquela que, normalmente, se lhes aplicaria. Uma configuração do regime que, embora diferenciasse aquelas categorias, não estendesse tanto assim o período experimental, feriria menos gravemente, como é óbvio, o princípio da estabilidade no emprego. Haverá, por certo, margem de conformação legislativa quanto à duração do período experimental e, dentro dessa margem de atuação, certamente que haveria possibilidades menos fraturantes. Deixar um trabalhador – ou alguns trabalhadores – contratado para funções indiferenciadas à mercê da liberdade de desvinculação da entidade empregadora, a pretexto da necessidade de este avaliar a sua aptidão para a realização das tarefas, durante seis meses – meio ano! – parece-nos claramente excessivo.

Mas a desnecessidade da medida resulta, a nosso ver, ainda de outro elemento: a existência de um acervo de distintos instrumentos de incentivo ao emprego por tempo indeterminado daquelas categorias, as quais, conquanto possam, porventura, abrir o flanco a algumas interrogações

---

[27] Márcio Túlio Viana, "Das casas às ruas: pequenas ideias para um futuro mais digno do Direito do Trabalho", *Questões Laborais*, n.º 55, p. 7-15 [11].

[28] Também o sublinha Mariana Canotilho.

sob outros pontos de vista, não contendem com o princípio da estabilidade do emprego. Referimo-nos ao conjunto de incentivos financeiros e benefícios contributivos desde há muito patentes na legislação nacional e dirigidos, embora não apenas, às categorias de sujeitos a que se aplicaria aquele período experimental alargado. Estão em causa os regimes previstos, hoje, no Decreto-Lei n.º 72/2017, de 21 de junho, complementado pela Portaria n.º 112-A/2019, de 12 de abril, e, bem assim, na Portaria n.º 34/2017, de 18 de janeiro (alterada pela Portaria n.º 95/2019, de 29 de março). Enquanto foi legalmente permitida a contratação a termo dos trabalhadores à procura do primeiro emprego e desempregados de longa duração em razão dessa qualidade, aquelas medidas poderiam ser de diminuta eficácia – seria preferível, aos olhos do empregador, um vínculo precário, mesmo inelegível para que se lhe aplicassem aqueles benefícios –, mas é razoável pensar que elas poderiam assumir maior preponderância, no plano dos critérios de contratação adotados pelo empregador, num quadro legal como o trazido pela Lei n.º 93/2019, que não prevê a possibilidade de contratação a prazo nessas circunstâncias. Ao invés, porém, de supor a eficácia destas medidas, o legislador considerou preferível a *precaução* de as fazer acompanhar do alargamento do período experimental para as categorias de trabalhadores em causa – *indispensável*, pois, no entender do TC.

1.5. No contexto da análise da conformidade do regime em apreço ao *subprincípio da proporcionalidade em sentido estrito*, o TC teceu um alargado conjunto de considerações – todas conducentes à sua admissibilidade constitucional – que importa analisar.

Assinale-se, contudo, antes de mais, o seguinte: embora as razões por que consideramos a solução legal em causa constitucionalmente censurável sejam de ordem estrutural, a apreciação levada a cabo pelo TC não deveria, ao que cremos, desconsiderar o cenário conjuntural vigente no momento da entrada em vigor da Lei n.º 93/2019 (bem distinto do atual, é um facto, mas por razões que, à época, não poderiam prever-se). É que – e tal fator não deveria deixar de influenciar o teste do artigo 18.º, n.º 2, da CRP, mormente no que respeita ao requisito da proporcionalidade *stricto sensu*, isto é, a equação entre a "carga coactiva decorrente da medida adoptada e o peso específico do ganho de interesse público que com tal medida se visa alcançar"[29] – os dados disponíveis apontavam para uma taxa de desemprego muito reduzida, falando-se até numa realidade de *pleno emprego*[30]. Certamente que as medidas de fomento do emprego são sempre desejáveis. Convenhamos, porém, que, se consubstanciarem restrições a direitos, liberdades e garantias, a circunstância de operarem num contexto em que a taxa de desemprego é residual desequilibra, negativamente, a balança do custo-benefício.

Mas regressemos ao raciocínio vertido no Acórdão.

O TC começa por procurar demonstrar que a grave precariedade das relações laborais não radica na facilidade de denúncia que caracteriza o período experimental; ao contrário, é, em larga medida, imputável à contratação a termo. Invoca mesmo elementos estatísticos que o atestariam, ao mostrarem que a percentagem de casos de atribuição de subsídio de desemprego a pessoas desempregadas por força de denúncia do contrato durante o período experimental é residual.

O argumento espanta-nos. Diríamos mesmo estar longe de provar o que se pretende dar como assente. Na verdade, basta conhecer o regime legal de atribuição daquele subsídio para se concluir que, mesmo que todos os pedidos de atribuição fossem efetuados por quem houvesse perdido o emprego durante o período experimental, em muitíssimos casos a prestação não seria concedida, já que tal concessão supõe a verificação de prazos de garantia – nestes casos, 120 dias de trabalho por conta de outrem com registo de remunerações, nos 12 meses antecedentes (art. 22.º, n.º 3 e n.º 4, do Decreto-Lei n.º 220/2006, de 3 de novembro) – com que a perda do emprego na vigência do período experimental, em regra, não se compatibiliza.

Surpreende-nos, todavia, mais ainda, que o TC aparente medir a precariedade laboral atendendo ao número de casos em que ela se consolida na perda do emprego. Uma relação de trabalho precária é-o todos os dias e não apenas se e quando o empregador faz cessar o contrato. A instabilidade, a insegurança, a impossibilidade de fazer planos para a sua vida, sente-a o trabalhador a cada momento, até que o seu vínculo se torne estável – se assim vier a suceder, claro. A pressão de poder per-

[29] Acórdão do TC n.º 632/2008.

[30] Segundo os dados *Pordata*, a população desempregada rondava, em 2018, os 7%.

der o emprego sem motivo que possa antever e, mais ainda, por razões veladamente ligadas ao exercício dos seus direitos laborais faz-se sentir ao longo de todo o período de vigência do contrato. Conforme sintetizou Jorge Leite[31], a segurança no emprego constitui "o primeiro dos direitos, liberdades e garantias dos trabalhadores, como que a significar não apenas a importância do bem constitucionalmente protegido, mas, sobretudo, o seu valor sintomático quanto à observância e efectividade dos restantes. Como o mostram estudos realizados e o revela a experiência quotidiana, quanto mais precário for o estatuto do trabalhador, mais vulnerável é a sua situação e mais fragilizado se sente na defesa dos seus direitos. Talvez isso explique a sua primazia na sistematização constitucional".

Durante o período experimental, em cada dia do período experimental, em cada um desses 180 dias, o vínculo é precário e o trabalhador sente, ou pode sentir de forma aguda, essa corrosiva precariedade. A todo o momento ele pode ser despedido, privado do emprego, expulso da empresa, sem que lhe seja fornecida qualquer razão para isso. Sem que lhe seja paga qualquer indemnização por isso. Sem que lhe seja dado, sequer, em regra, qualquer aviso prévio disso. A precariedade é total, a angústia do trabalhador é permanente – ainda que, por vezes, muitas vezes, esse período seja ultrapassado com êxito e o contrato venha a estabilizar-se. Mesmo que tal suceda, nada apaga a precariedade sentida e vivida ao longo do período experimental – daí, justamente, a importância crucial de garantir que este período não seja demasiado extenso.

O Acórdão em análise deixa, todavia, a sensação de que o TC não leva na devida conta aquela centralidade do princípio da segurança no emprego, mesmo em momento anterior ao da cessação do vínculo, mesmo até que ele não termine por motivo associado ao fator de instabilidade. No que toca, concretamente, ao período experimental, bem ao contrário, vê "efeitos positivos" na sua largueza, em razão da "chamada abertura relacional, como fator positivo de adaptabilidade das relações contratuais intertemporais (...). Com efeito, mais tempo de experiência representa mais informação, e esta, referida às caraterísticas do trabalha-

---

[31] *Op. cit.*, p. 82.

dor, constitui um elemento motivacional particularmente relevante num processo decisório protagonizado pelo empregador"...

De seguida, o TC vinca a destrinça entre o regime trazido pela Lei n.º 93/2019 e o reprovado pelo já referido Acórdão n.º 632/2008. Aquele, diferentemente deste, visa somente determinadas categorias de trabalhadores. É, de facto, assim. Mas será despiciendo – *rectius*, será constitucionalmente aceitável –, que, relativamente aos mesmos, se aceite a instabilidade acima evidenciada? Não deverá reconhecer-se o perigo de, relativamente aos trabalhadores à procura do primeiro emprego e desempregados de longa duração, a previsão de um período experimental longo para funções indiferenciadas levar a que tal período passe a ser usado como uma forma de contratação *temporalizada* – aquele perigo que o TC reconheceu no referido Acórdão de 2008, embora, aí, não apenas para essas categorias? Aí se lê, com efeito, que "independentemente do uso que tenha sido feito em relação à contratação a termo certo, uma maior limitação do seu uso (...) não pode ser legitimamente compensada (...) com o aumento de outra forma de precariedade laboral, através de um expressivo alargamento do período experimental, em violação do princípio da segurança no emprego constante do n.º 1 do artigo 53.º da Constituição. Assim, o período experimental dos contratos por termo indeterminado seria convolado em nova forma de contratação a prazo pelo período de seis meses (...)".

Continua, diríamos, a poder afirmar-se, como se declara naquele acórdão, não apenas que o período experimental tenderá a ser usado como nova forma de contratação precária, como ainda que fica em causa a diferenciação entre trabalhadores indiferenciados e especializados – sendo que "pela própria natureza das coisas, a 'prova' será tanto menos exigente quanto menos exigente for também, pela sua 'qualidade' ou 'especialização', o teor da prestação de trabalho" – e que "tendem precisamente a ser os trabalhadores sem especiais qualificações, ou sem especial autonomia técnica, os mais carentes da protecção do direito, por serem também eles – pela sua 'fungibilidade' – os potencialmente mais expostos a situações injustificadas de precariedade de emprego". Simplesmente, tais observações têm agora, face ao regime estabelecido pela Lei n.º 93/2019, um âmbito de aplicação mais circunscrito, atentas as categorias de sujeitos afetadas.

A verdade, porém, é que o TC não acolhe como válida a prognose de que, beneficiando de um período experimental de seis meses, os empregadores poderiam tender a fazer cessar o contrato dentro desse prazo, inviabilizando a sua *estabilização*; considera que "carece de demonstração". Aceita, sim, distinto prognóstico, ancorado em premissas advindas de conhecimentos de ciência comportamental. Conforme já tivemos ocasião de mencionar, a maioria dos Conselheiros entendeu, agora, que a circunstância de o mero decurso do tempo, sem mais, levar a que se complete o período experimental e o contrato se torne estável coloca o trabalhador em situação mais propensa à estabilidade do que aquela em que estaria se fosse contratado a termo. Vale a pena reproduzir este segmento do Acórdão. "É que, por efeito da atuação desse poder discreto nas concretas incidências, mas que se torna muito visível numa análise agregada, associado à existência de regras consequenciais usualmente designadas, na ciência comportamental, como 'escolhas [opções] por defeito', ocorre uma mutação automática da realidade no sentido intuído como de caráter valioso". E prossegue: devido à "força silenciosa da inércia expressa nas opções por defeito (...), [uma] realidade comportamental atuante, enquanto importante fator de funcionamento de um incentivo (*nudge*) na formação de uma 'arquitetura de escolha' valiosa", "'[m]uitas pessoas [...] escolherão quase sempre qualquer opção que as obrigue a um esforço menor, ou o caminho que ofereça menor resistência. Importa aqui ter presente [a importância do fator] inércia, a manutenção do *statu quo* e a heurística do 'pois, tanto faz' [*yeah, whatever*]".

Ora, não é assim, diz o TC, se se tratar de permitir a *estabilização* – portanto, a conversão em contrato por tempo indeterminado – de um contrato a termo. Aí, explica, já não tem lugar esse "empurrãozinho" [*sic*] proporcionado pela força da inércia, já que a finitude se perspetiva e programa e se criam "automatismos organizacionais (...) conducentes a esse resultado". Como já mencionámos, diríamos, pela nossa parte, que também o regime legal do contrato a termo permite concluir que o vínculo se estabiliza se o empregador nada fizer; com efeito, a caducidade supõe um ato de denúncia (arts. 344.º e 345.º) e, faltando este, ocorrerá renovação ou conversão em contrato por tempo indeterminado, conforme se verifiquem ou não as condições para aquela ocorrer (isso, evidentemente, no contrato a termo certo; o que seja a termo incerto não é passível de renovação, pelo que, não caducando, transforma-se em contrato sem termo), como resulta do art. 147.º, n.º 2. Mas, sendo assim, por que via repudia o TC que, neste ponto – o do impacto da inércia –, o regime do contrato a termo seja similar ao do período experimental? A resposta encontra-se no pressuposto de que parte: faz assentar a sua argumentação num regime que não é o regime regra do contrato a termo, mas o aplicável se e quando o mesmo contém uma cláusula de não renovação (art. 149.º, n.º 1), caso em que se entende, maioritariamente, não carecer a caducidade de qualquer ato de denúncia, ou seja, opera automaticamente. Salvo, porém, melhor entendimento, nada permite aceitar – ou aceitar como regra – tal premissa, nem mesmo o argumento de que a inclusão daquela cláusula é, devido à "natureza das coisas", proporcionada pela obrigatoriedade de forma escrita para o contrato a termo. Do ponto de vista da arquitetura do regime jurídico-laboral, trata-se, com efeito, de uma exceção. A regra, a "opção por defeito", é a da renovação automática do vínculo. O ponto parece, contudo, não merecer discussão no âmbito do Acórdão em apreço, que o aceita como ontologicamente fundado; com efeito, o TC remata asseverando que "dizer que a situação piora, na perspetiva da intencionalidade que subjaz à opção legislativa que nos interpela (facilitar vínculos laborais sem termo), na conjugação do anterior período experimental compaginado com o modelo da contratação a termo (vista como alternativa supostamente 'menos precária'), constitui argumento sem base consistente de afirmação".

O TC lança mão ainda de um último argumento, relacionado com as circunstâncias de emergência da Lei n.º 93/2019, que, como se referiu anteriormente, foi precedida de um acordo de concertação social, em que se convencionou suprimir a possibilidade legal de contratar a termo trabalhadores à procura do primeiro emprego e desempregados de longa duração por se integrarem nessas categorias e, do mesmo passo, alargar o respetivo período experimental caso fossem contratados por tempo indeterminado – assim se lograria fomentar a sua contratação estável, *rectius*, sem termo. Ora, o TC afirma não poder desconsiderar este acordo, "concurso de vontades assente numa comunhão de expetativas dos parceiros sociais – principais e diretos interessados e com conhecimento sedimentado dos efeitos práticos das medidas a cuja implementação assim se dá guarida – quanto à utilidade, numa visão de conjunto ponderando os vários interesses, das medidas a adotar". Fica por saber em que medida, para que efeitos, o considera, embora pareça seguro que lhe faz apelo para corroborar o bem fundado da alteração legislativa em apreço.

Admitimos que não devesse desprezá-lo, desde que como elemento preparatório das normas sujeitas a apreciação e, por isso, capaz de influenciar a sua interpretação. Já do ponto de vista da avaliação da sua (des)conformidade constitucional, aquele acordo afigura-se-nos desprovido de relevância alguma. Na verdade, pelas razões anteriormente explicitadas, cremos mesmo que cabia à jurisdição constitucional afastar a premissa em que aquele acordo parece assentar, a de que, atento o pretenso défice de empregabilidade dos trabalhadores visados, eles não poderiam escapar a uma de duas fontes de precariedade – ou a contratação a termo, ou o alargamento do período experimental. Isso mesmo o assinalam os Conselheiros Mariana Canotilho, para quem "não só o facto de uma determinada solução normativa ter sido aprovada naquela sede nada garante em termos da conformidade constitucional da mesma, como a concertação social em si mesma, dada a sua natureza, pode comportar riscos acrescidos de inconstitucionalidade, no que respeita à reserva de lei parlamentar e à ponderação da admissibilidade constitucional das restrições a direitos fundamentais", e José João Abrantes, que, igualmente, sublinha os riscos da concertação social e afirma, com razão, ser "inaceitável qualquer ideia segundo a qual a existência de um acordo desses possa justificar uma menor exigência de motivação de uma medida legislativa, cuja apreciação tem de ser feita pelo Tribunal em face dos valores e parâmetros constitucionais, e não de um concerto conjuntural de posições em sede de concertação social, muitas vezes marcado por tacticismo e concessões recíprocas dos parceiros, sem ter em devida conta o quadro delimitado pela Lei Fundamental".

2. O princípio da igualdade e a declaração parcial de inconstitucionalidade

2.1. Num segundo momento, o TC avalia o alargamento do período experimental em contratos por tempo indeterminado celebrados com trabalhadores à procura do primeiro emprego e desempregados de longa duração do ponto de vista da sua (des)conformidade ao princípio da igualdade, formulado no art. 13.º da CRP.

Na verdade, o problema da igualdade poderia colocar-se sob uma dupla perspetiva. O referido regime diferencia, de facto, os trabalhadores pertencentes àquelas categorias em relação aos que nelas não se incluem, quando a contratação é para tarefas indiferenciadas – aqueles contam com um período experimental de 180 dias, estes últimos de 90 dias –, como se invocou no pedido de fiscalização[32].

O TC procurou, então, verificar se os sujeitos pertencentes a tais grupos apresentariam diferenças em relação aos demais, em termos de se tornar legítima, à luz do princípio da igualdade, a previsão legal de distinto tratamento.

Para o efeito, relembrou a razão invocada pelo legislador, mormente na proposta que precedeu a Lei n.º 93/2019, para tal diferenciação. Se, como vimos, a Proposta de Lei n.º 136/XIII apela ao período experimental dissociando-o da sua natural função de *prova*, antes o perspetivando pelo prisma da liberdade de denúncia que lhe é inerente e o torna apelativo aos olhos do empregador, aquele documento não deixa, noutro ponto, de chamar à colação o propósito típico do período de experiência. Este deveria, então, ser mais longo nos casos apontados, porquanto a pertença dos trabalhadores às categorias em causa justificaria que a entidade empregadora necessitasse de um período mais prolongado para verificação do seu desempenho, mesmo tratando-se do exercício de funções indiferenciadas. Assim, segundo o documento referido: "[admite-se] como razoável a incerteza dos empregadores em celebrarem um contrato de trabalho sem termo com um trabalhador que *(i)* nunca teve uma verdadeira experiência real de trabalho (...), fundamental para garantir a sua capacidade de se integrar numa estrutura organizada, com subordinação, ou com um trabalhador *(ii)* que está sem contacto com o mercado de trabalho há mais de 12 meses, fator que pode gerar uma inegável insegurança ao empregador". Ora, parece-nos que é, principalmente, a

---

[32] Mas também pode estabelecer-se a comparação entre a contratação para tais funções indiferenciadas dos sujeitos daquelas categorias e a dos trabalhadores que, pertencendo ou não àqueles grupos, são contratados para tarefas mais qualificadas, de maior responsabilidade ou confiança (isto é, as situações incluídas na alínea *b)* do n.º 1 do artigo 112.º, além das que vimos analisando): encontrando-se em situação substancialmente distinta, têm um período experimental com a mesma duração.

este segundo aspeto – incidente sobre as características subjetivas, alegadamente diferenciadas, dos sujeitos classificados como trabalhadores à procura do primeiro emprego ou desempregados de longa duração – que o TC atende, no momento de apreciar se o regime se compatibiliza com o princípio da igualdade.

2.2. Importa, naturalmente, esclarecer o sentido dos conceitos aqui em jogo –trabalhador à procura de primeiro emprego *(i)* e desempregado de longa duração *(ii)*. Tais categorias, cuja circunscrição já se mostrava importante anteriormente, devido ao disposto, então, no artigo 140.º, n.º 4-*b)* (e preceitos homónimos antecedentes), nunca se encontraram definidas na legislação laboral propriamente dita – nunca o foram para efeitos de aplicação do regime do contrato de trabalho a termo certo que as convocava, tal como continuam, agora, a não estar definidas para efeitos de aplicação do artigo 112.º, n.º 1-*b)-iii*.

Para ultrapassar esta omissão, a falta, como refere o TC, de "indicações precisas e inequívocas do legislador", a jurisprudência fez apelo a categorias identificadas e definidas em legislação distinta, nomeadamente diplomas voltados para a previsão de apoios financeiros e benefícios em matéria de contribuições para a Segurança Social, ou similares, para empregadores que contratassem aqueles trabalhadores por tempo indeterminado[33] [34]. Esta legislação corresponde, presentemente, ao já referido Decreto-Lei n.º 72/2017, complementado pela Portaria n.º 112-A/2019, e, bem assim, pela Portaria n.º 34/2017 (alterada pela Portaria n.º 95/2019). Apesar de, considerados todos os diplomas deste jaez em que a jurisprudência se foi inspirando para colher os conceitos de trabalhador à procura de primeiro emprego e desempregados de longa duração, tais noções terem sofrido certa flutuação[35] e não obstante, ainda, alguma

---

[33] Na verdade, estes diplomas referiram-se sempre aos jovens à procura do primeiro emprego. Todavia, por o CT não se reportar a *jovens*, mas a *trabalhadores*, a maioria da jurisprudência, ao transpor para o campo laboral aquele conceito, ignorou o requisito etário.

[34] Por todos, sobre os trabalhadores à procura do primeiro emprego, Joana Nunes Vicente, *A fuga à relação de trabalho (típica): em torno da simulação e da fraude à lei*, Coimbra Editora, Coimbra, p. 175 e ss.

[35] E, mais até, pode não haver total correspondência entre os conceitos constantes dos vários diplomas chamados à colação. Por exemplo, se o Decreto-Lei n.º 72/2017 (artigo 4.º) não

doutrina sempre ter questionado a bondade deste recurso a *lugares (não muito!) paralelos*[36], as definições que lograram mais prolongado acolhimento foram as seguintes: trabalhador à procura de primeiro emprego é o sujeito inscrito no centro de emprego que nunca teve um contrato por tempo indeterminado; desempregado de longa duração é aquele que, encontrando-se inscrito em centro de emprego, está desempregado há mais de um ano. E foram estas, por já terem adquirido "um mínimo de estabilização", que o TC teve em conta.

2.3. Pela nossa parte, temos amplas dúvidas de que, também sob o prisma do princípio da igualdade, o regime em análise seja conforme à CRP.

Quanto aos desempregados de longa duração, o legislador pressupôs que a circunstância de estarem afastados do trabalho há mais de um ano legitimaria um período experimental mais alargado. Parece-nos haver um razoável exagero na afirmação. Recorde-se que estão em

---

estabelece, quanto aos desempregados de longa duração, qualquer requisito etário (embora o faça para os desempregados de *muito* longa duração) e este não é de verificação necessária, também, de acordo com a Portaria 34/2017 (artigo 6.º), alterada pela Portaria 95/2019, esse requisito já surge, porém, na Portaria 112-A/2019 (artigo 4.º), da qual resulta a "combinação de apoio financeiro pela celebração de contrato de trabalho com o acesso ao regime de dispensa parcial ou isenção total do pagamento de contribuições para o regime geral de segurança social, na parte relativa à entidade empregadora" (*contrato-geração*). Uma vez que esta Portaria estreita o conceito para os efeitos aí em causa, pode questionar-se se a jurisprudência acolherá ou não como relevante o requisito etário.

O problema é similar ao que já se verificara a respeito dos trabalhadores à procura do primeiro emprego. O conceito constava do Decreto-Lei n.º 257/86, de 27/08, e, posteriormente, do Decreto-Lei n.º 89/95, de 6/05, e do Decreto-Lei n.º 34/96, de 18/04, que, para além do requisito etário e da inscrição em centro de emprego, determinavam que integravam tal categoria aqueles que nunca tivessem tido um contrato por tempo indeterminado. Depois, as Portarias n.º 196/2001, de 10/03 e n.º 1191/2003, de 10/10, vieram alterar o conceito: procurava o primeiro emprego quem nunca tivesse exercido uma atividade, subordinada ou autónoma, por período superior a seis meses, seguido ou interpolado. Alguma jurisprudência adaptou em conformidade o conceito jurídico-laboral de trabalhador à procura do primeiro emprego. Sobre a questão, Joana Nunes Vicente, *op. cit.*, p. 178-181, e Luís Miguel Monteiro/Pedro Madeira de Brito, anotação ao artigo 140.º do CT, in Pedro Romano Martinez et al., *Código do Trabalho Anotado*, Almedina, Coimbra, 10.ª edição, 2016, p. 379/380.

[36] Joana Nunes Vicente, *A fuga...*, *cit.*, p. 177.

causa trabalhadores que vão cumprir tarefas indiferenciadas. O facto de não terem um emprego há mais de um ano não justifica, objetivamente, que o empregador precise de os avaliar durante seis meses, se as funções que cumprem não forem particularmente exigentes (para aquelas que o sejam, o período experimental já teria essa duração, por força das demais situações – e são muitas e de largo alcance – também incluídas na alínea *b)* do n.º 1 do artigo 112.º), tal como o não justificaria a eventualidade de esses trabalhadores estarem desempregados há menos tempo mas nunca terem cumprido tarefas similares àquelas para que são contratados; neste último caso – e bem – reger-se-iam pelo período experimental supletivo de 90 dias, mas já assim não é, segundo a atual redação da lei, naquele primeiro. Só com dificuldade se compreende a alegada necessidade de alargamento do período de prova, por, pretensamente, o empregador dele precisar, nesta situação.

As dificuldades adensam-se se pensarmos na categoria dos trabalhadores à procura do primeiro emprego, considerada a noção que vem sendo adotada pela jurisprudência. É que, como se viu, aqueles não são tidos, para efeitos jurídico-laborais, como os sujeitos que nunca tiveram um emprego – este seria o conceito natural, ou naturalístico e, porventura, o mais ajustado ao universo em questão, mas não foi adotado pela jurisprudência – mas como os que nunca tiveram um contrato por tempo indeterminado. Podem, pois, já ter tido vários; podem, porventura, já ter vasta experiência profissional. Desta forma, afirmar que é legítimo conceder ao empregador um período de seis meses para poder avaliá-los, porquanto quem pertence àquela categoria "nunca teve uma verdadeira experiência real de trabalho", é, obviamente, tomar a parte (quiçá uma pequena parte) pelo todo e ignorar o conceito jurisprudencial de trabalhador à procura de primeiro emprego[37].

[37] Independentemente, porém, deste ponto, mas ainda a respeito do recorte desta categoria que a jurisprudência tem adotado, importa assinalar um aspeto importante. Na vigência da alínea *b)* do artigo 140.º, n.º 4, antes da alteração ora introduzida, era válida, como se referiu, a celebração de contratos a termo certo com trabalhadores à procura do primeiro emprego com base nesse exato fundamento. Ora, tendo em conta que estes se consideravam os que nunca tivessem tido um contrato por tempo indeterminado e considerando ainda que a proibição legal de celebração de contratos a prazo sucessivos excecionava a hipótese de vínculos celebrados nesses moldes com aquele fundamento, verificava-se que aqueles sujeitos poderiam

2.3. Na verdade, diríamos indispensável que, pretendendo-se criar um regime diferenciado para grupos específicos, a circunscrição dos mesmos fosse feita com rigor e com base em informação clara. Já sublinhámos a inconsistência dos elementos que têm servido de suporte à delimitação conceitual das categorias aqui em jogo e, consequentemente, a sua volatilidade. Afigura-se-nos que seria necessário dispor de dados concretos que permitissem uma clara identificação das pessoas que, efetivamente, têm maiores dificuldades de acesso ao emprego. Por certo que qualquer categorização coenvolve perda de rigor; mas, sendo inviável evitar esse expediente, então teria de se assegurar a veracidade da premissa segundo a qual, em geral, as pessoas pertencentes àquela categoria, com aqueles exatos contornos, que, para o efeito, foram traçados, se encontram numa posição diferenciada, a exigir um tratamento outrossim diferenciado. Esta necessidade de precisão, que, na realidade, se imporia em qualquer circunstância em que se pretendesse introduzir um elemento de diferenciação[38], resulta evidente se as medidas de incentivo à contratação destes sujeitos implicarem um desfavorecimento em termos de condições de

---

ser contratados a termo *ad æternum*, numa espiral sem fim, ostensivamente violadora, a nosso ver, do princípio da estabilidade no emprego (aspeto evidenciado por vários Conselheiros do TC, em sede de declaração de voto ao Acórdão n.º 338/2010; vejam-se as considerações de Fernandes Cadilha, de Sousa Ribeiro e ainda de Ana Maria Guerra Martins). A manter-se, para efeitos de aplicação do artigo 112.º, n.º 1-*b)-iii*, o referido conceito de trabalhador à procura do primeiro emprego, há que reconhecer que, pese embora a precariedade que a largueza daquele período experimental origina, estamos perante uma precariedade que, além de não ultrapassar 180 dias – seis meses, portanto, o que é bem distinto dos 18 meses de duração de contrato a termo legalmente permitidos, até à recente reforma laboral, para esta situação –, não se eterniza no tempo, já que só se aplica o dito período de experiência alargado se o trabalhador for contratado por tempo indeterminado; mas, sendo-o, perde inexoravelmente a qualidade de trabalhador à procura de primeiro emprego, pelo que cada sujeito apenas contará com aquele período experimental majorado uma vez. *Deste ponto de vista*, reconhecemos que o regime anterior à Lei n.º 93/2019 no tocante aos trabalhadores à procura do primeiro emprego tinha um potencial de precarização bastante mais severo do que o agora introduzido.

[38] Verdadeiramente, essa cautela também será exigível se pensarmos na concessão de apoios financeiros aos empregadores que contratem sujeitos com determinado perfil. Com efeito, isso saldar-se-á, tendencialmente, numa desvantagem para todos aqueles que aí não se integrem.

trabalho. É que, sublinhe-se, não se trata de medidas de atuação sobre os sujeitos em causa com o objetivo de compensar, ou neutralizar, a sua suposta condição de desvantagem, mas de tornar a sua contratação mais apelativa através da fragilização da sua posição laboral, aliás num campo nevrálgico, o da estabilidade do vínculo. Como há muito notou o Conselheiro Armindo Ribeiro Mendes, em declaração de voto ao Acórdão do TC n.º 581/95, a propósito da possibilidade de contratação a termo das categorias a que nos vimos referindo, "não há razões materiais que justifiquem a solução legal de precarização do vínculo laboral relativamente a duas categorias de trabalhadores que *não têm qualquer especificidade intrínseca*"[39]. Acrescente-se, de resto que, muito curiosamente, o Conselheiro observou, referindo-se àqueles dois grupos e à luz de um quadro legal a que era estranha qualquer diferenciação da duração do período experimental com base em fatores como os que aqui nos convocam, que "no caso dos trabalhadores à procura do primeiro emprego, a existência de um período experimental, na lei, tutela suficientemente os interesses da entidade patronal, para o caso de se verificar desinteresse, inadaptação ou falta de qualidade profissional desses trabalhadores, [o mesmo sucedendo com os] desempregados de longa duração"[40].

A propósito da indefinição de contornos das categorias carecidas de tutela com vista a facilitar o seu acesso ao emprego, recorde-se o caso *Mangold*, do Tribunal de Justiça (da União Europeia)[41]. A Diretiva 2000/78/CE, do Conselho, de 27/11, que estabelece um quadro geral de igualdade de tratamento no emprego e na atividade profissional, não obstante proibir a discriminação (não apenas, mas também) em razão da idade, estabelece, no artigo 6.º, que "os Estados-Membros podem prever que as diferenças de tratamento com base na idade não constituam discriminação se forem objetiva e razoavelmente justificadas, no quadro do

[39] Itálico nosso.

[40] Também o Conselheiro João Cura Mariano (declaração de voto ao acórdão n.º 338/2010) o sublinhou, nestes termos: "note-se que não estamos perante a criação de um tempo de precariedade justificado pela inexperiência do trabalhador, uma vez que este já tem a sua previsão na existência de um período experimental nos contratos de trabalho, mas sim na atribuição a determinadas categorias de trabalhadores de um estatuto laboral diminuído (...).

[41] Processo C-144/04; acórdão de 22/11/2005.

direito nacional, por um objetivo legítimo, incluindo objetivos legítimos de política de emprego, do mercado de trabalho e de formação profissional, e desde que os meios para realizar esse objetivo sejam apropriados e necessários"[42]. No caso *Mangold*, o Tribunal de Justiça foi chamado a pronunciar-se sobre a legislação alemã, no segmento em que permitia que se os trabalhadores tivessem 52 anos ou mais, poderiam, sem necessidade de fundamentação adicional, ser contratados a termo, medida que visava facilitar a contratação das pessoas integradas nesse grupo etário. O Tribunal considerou que tal regime violava a Diretiva, não se ajustando, designadamente, ao artigo 6.º. É que "o respeito do princípio da proporcionalidade implica (...) que todas as derrogações a um direito individual conciliem, dentro do possível, as exigências do princípio da igualdade de tratamento com as do objetivo prosseguido". No caso, porém, tal não se verificaria; uma legislação com esses contornos extravasaria do que seria proporcionado ao alegado objetivo de favorecer o reingresso no mercado de trabalho de desempregados de idade avançada, por visar "todos os trabalhadores que atingiram a idade de 52 anos, sem distinção, quer tenham estado ou não em situação de desemprego antes da celebração do contrato e independentemente da duração do período em que eventualmente estiveram desempregados". Desta forma, "deve considerar-se que, na medida em que utiliza a idade do trabalhador em causa como único critério do recurso ao contrato de trabalho a termo, sem que tenha sido demonstrado que a simples fixação de um limite de idade, enquanto tal, independentemente de qualquer outra consideração ligada à estrutura do mercado de trabalho em causa e da situação pessoal do interessado, é objetivamente necessária à realização do objetivo de inserção profissional dos trabalhadores mais velhos em situação de desemprego, tal regulamentação excede o que é apropriado e necessário para alcançar o objetivo prosseguido".

[42] Em abstrato, a norma admite regimes como aquele que ora analisamos e, de resto, também a Diretiva 2019/1152, acima mencionada, dá luz verde ao alargamento do período experimental com vista à promoção do emprego permanente, em especial de jovens trabalhadores. Mas tal não contende com o que se sustenta no texto: a necessidade de uma circunscrição consistente e consequente das categorias visadas.

O caso revela-se importante para a nossa análise apenas de forma indireta. Com efeito, no caso do regime português em apreço, não está em causa uma diferenciação etária[43]. Mas a fundamentação do acórdão põe em evidência a necessidade de ajustar o recorte das categorias sociais em causa, isto é, o critério que lhe subjaz, ao objetivo tido em vista, sendo certo que essa correlação não deve ser vaga, meramente eventual, já que a lassidão desse nexo não se coaduna com as exigências do princípio da proporcionalidade.

2.4. Ora, justamente, o TC entendeu, em relação a uma das categorias aqui em causa – a dos trabalhadores à procura do primeiro emprego – que ela teria contornos excessivamente amplos para legitimar, sob o prisma do princípio da igualdade, a aplicação de um regime diferenciado, no caso, um período experimental de 180 dias, mesmo para funções indiferenciadas.

Explicou que, considerando a teleologia da Lei n.º 93/2019, aquele período haveria de dividir-se em dois – 90 + 90. Os primeiros serviriam o propósito normalmente visado com o período experimental; somente o segundo período de 90 dias cumpriria o objetivo de permitir ao empregador uma avaliação diferenciada, justificada por os trabalhadores em causa nunca terem tido uma experiência real de trabalho, ou se encontrarem distantes do mercado laboral há pelo menos um ano, consoante se tratasse de trabalhadores à procura do primeiro emprego ou de desempregados de longa duração.

Mas, assim sendo – prossegue –, o pressuposto falharia, em relação àqueles primeiros, sempre que, afinal, já tivessem tido uma experiência laboral. Ora, sendo certo que, caso essa experiência tivesse ocorrido com o mesmo empregador, o n.º 4 do art. 112.º já permitiria a redução ou exclusão do mesmo no contrato ulterior, haveria que evitar um período de prova tão longo como 180 dias mesmo quando o vínculo antecedente tivesse sido com empregador distinto. Assim, explica o TC, "os 90 dias acrescidos do novo regime só encontram justificação relativamente aos

[43] Admitimos que, porventura, o recorte de categorias de desempregados com um suporte etário teria uma sustentação mais clara, atentos os dados estatísticos disponíveis, desde logo os mencionados no Livro Verde das Relações Laborais, 2016.

trabalhadores que não tenham (que não demonstrem terem) já cumprido um contrato de trabalho a termo para a mesma atividade por 90 dias (ou, por maioria de razão, vários contratos ou um contrato por tempo superior a 90 dias), ainda que com empregador diferente, porque ao fazerem-no – ao estar demonstrado que o fizeram – adquiriram precisamente aquela experiência profissional que justifica, para quem não adquiriu essa experiência, o alargamento do período experimental".

A aplicação a estes últimos do período experimental de 180 dias implicaria a violação do princípio da igualdade, na dimensão de proibição do arbítrio. A conclusão é, pois, a da declaração de inconstitucionalidade, com força obrigatória geral, da norma contida no artigo 112.º, n.º 1, alínea *b)*-iii), do CT, na parte respeitante a trabalhadores à procura do primeiro emprego, quando aplicável a trabalhadores que anteriormente tenham sido contratados, com termo, por um período igual ou superior a 90 dias, por outro(s) empregador(es)[44].

2.5. Por certo, visto entendermos o regime em causa – todo ele – como inconstitucional, olhamos com bons olhos, genericamente, este segmento do Acórdão. O seu efeito, de indiscutível importância, é o de aquele regime apenas se aplicar a desempregados de longa duração – sujeitos que não tenham um vínculo laboral há, pelo menos, um ano – e aos trabalhadores que nunca tenham tido um contrato por tempo indeterminado com qualquer empregador, nem um contrato a termo com distinto empregador, com a duração de 90 dias ou mais (acaba também por não se aplicar se esse contrato antecedente tiver sido com a mesma entidade empregadora, mas, neste caso, por força do n.º 4 do art. 112.º). Se assim não fosse, isto é, se se continuasse a entender que o trabalhador à procura de primeiro emprego seria aquele que nunca tivesse prestado atividade ao abrigo de um contrato de trabalho sem termo, então o candidato a primeiro emprego poderia até ter já larga experiência profissio-

[44] Registe-se que a declaração de inconstitucionalidade, por parte do TC, não exige que esse anterior contrato a termo, por período igual ou superior a 90 dias, tenha sido cumprido "para a mesma atividade". E, aliás, determinar o que fosse essa "mesma atividade", ao abrigo de um ou de vários contratos a termo anterior(es) com outro(s) empregador(es) seria, decerto, tarefa muitíssimo espinhosa para o intérprete.

nal, titulada por diversos contratos a termo, o que implicaria a conclusão, totalmente absurda, de que apesar disso, sendo contratado sem termo para desempenhar funções indiferenciadas, o período experimental a que ficaria sujeito seria de longos 180 dias. Um calvário...

Cremos, todavia, que o raciocínio desenvolvido, neste ponto, pelo TC, permitiria que se tivesse ido mais longe. Com efeito, por que não estender as mesmas considerações aos desempregados de longa duração? Com que fundamentos[45]?

Conclusão

A leitura deste aresto do TC sugere-nos um apelo: *back to basics*! Parece-nos, com efeito, que, à medida que os argumentos se vão esgrimindo e multiplicando, corre-se o risco de perder o foco, de esquecer ou desvalorizar os dados essenciais, vale dizer, aqueles que são os pontos nucleares do problema jurídico-constitucional em apreço. *Back to basics*, portanto. Relembremos.

"É garantida a segurança no emprego, sendo proibidos os despedimentos sem justa causa ou por motivos políticos ou ideológicos", lê-se no art. 53.º da CRP. "Durante o período experimental, salvo acordo escrito em contrário, qualquer das partes pode denunciar o contrato sem aviso prévio e invocação de justa causa, nem direito a indemnização", lê-se, por seu turno, no n.º 1 do art. 114.º do CT. A simples leitura destes preceitos logo revela que, durante o período experimental, a lei permite aquilo que

[45] Embora com posição radicalmente distinta da nossa a respeito da admissibilidade constitucional do regime em apreço, vinca este aspeto Maria Assunção Raimundo, em sede de declaração de voto. Diz a Conselheira: "Seguindo o entendimento que a noção de desempregado de longa duração é reconduzida às hipóteses de trabalhadores que não tenham qualquer vínculo laboral por um período superior a 12 meses (...), os trabalhadores desempregados de longa duração, não tiveram também "contratos" (a termo e sem prazo) anteriores? E não tiveram já experiência adquirida? Colocar estes trabalhadores no mesmo patamar dos trabalhadores que vivenciam, pela primeira vez, uma experiência de trabalho, parece-nos ferir o princípio da igualdade. A de violação do princípio da igualdade, enquanto proibição do arbítrio, ao sujeitar esses trabalhadores ao mesmo período experimental alargado que se aplica aos trabalhadores sem qualquer experiência, porque quanto aos 90 dias adicionais o *tertium comparationis* relevante, já não é o conhecimento mútuo das partes no contexto de uma relação laboral, como nos primeiros 90 dias, mas a existência de experiência profissional genericamente considerada".

a CRP proíbe: o despedimento sem justa causa. O período experimental traduz-se, com efeito, num instituto que coloca o trabalhador numa posição de extrema vulnerabilidade, visto que, ao longo desse período, vigora a regra do "despedimento livre", ao arrepio da proibição constitucional. A CRP garante, com vigor, a estabilidade do emprego? Pois o período experimental precariza, com igual vigor, esse mesmo emprego. A CRP proíbe, energicamente, os despedimentos sem justa causa? Pois o período experimental admite, inequivocamente, esses mesmos despedimentos. O contraste entre o preceito constitucional e o período experimental mostra-se, assim, nítido e insofismável. Quer isto dizer que o período experimental, *qua tale*, é inconstitucional? Pela nossa parte, respondemos: não, mas... O *período experimental não será inconstitucional, mas é inegável que ele se encontra colocado no limiar da inconstitucionalidade*[46].

O período experimental consiste no inevitável preço a pagar por um sistema jurídico, como é o nosso, que tutela a segurança no emprego e que não concede foros de cidadania ao despedimento *ad nutum*. Num tal sistema, o empregador assume um risco relativamente elevado sempre que contrata um trabalhador – o risco de errar na escolha. Por isso, a ordem jurídica concede ao empregador algum tempo para testar o trabalhador recém-contratado, para avaliar o desempenho profissional deste, para ver como é que este se insere no novo ambiente de trabalho, para, enfim, verificar se o trabalhador corresponde ou não às expetativas nele depositadas aquando da contratação. Caso o trabalhador não supere esse teste, então, segundo a lei, o empregador poderá despedi-lo, sem necessidade de motivar a sua decisão ou de lhe pagar qualquer indemnização. Esta é,

[46] Se o Direito fosse uma ciência em que imperasse, sem mais, a logica aristotélica do silogismo, então diríamos que, constituindo a proibição constitucional do despedimento discricionário a premissa maior e sendo a consagração da permissão de tal despedimento durante o período experimental a premissa menor, a conclusão seria inevitável: o instituto do período experimental seria, ele mesmo, inconstitucional. Não vamos tão longe, atendendo à necessária ponderação de direitos fundamentais em colisão reclamada pelo Direito e efetuada pelo intérprete. Ainda assim, se não podemos sufragar uma leitura maximalista da segurança no emprego, que conduziria à inconstitucionalidade do período experimental, também não podemos acompanhar uma leitura minimalista daquele direito fundamental, que autoriza que o mesmo seja sacrificado, dir-se-ia, a trouxe-mouxe (ou, em linguagem mais *updated*, a golpes de *nudges*).

claramente, a função central desempenhada pelo período experimental no nosso sistema jurídico. Este surge, repete-se, como um instituto vocacionado para reduzir o risco empresarial, conferindo ao empregador a faculdade de verificar, *a posteriori*, aquilo que não lhe é possível saber *a priori*, por mais entrevistas e análises curriculares que efetue: saber se o trabalhador que executa o contrato está à altura do (candidato a) trabalhador que o celebrou, saber, em suma, como é o trabalhador *in action*.

O que vem de ser dito significa, contudo, que, durante o período experimental, o trabalhador não dispõe de qualquer espécie de estabilidade no emprego. Ele já celebrou um contrato de trabalho, ele já está a executar o mesmo, mas ele corre o risco de perder o emprego a qualquer momento, sem que o empregador lhe tenha de dar quaisquer justificações ou pagar qualquer indemnização. O trabalhador encontra-se "à prova" e quem vai ajuizar se ele supera ou não essa prova será, exclusivamente, o empregador, exercendo um poder discricionário virtualmente insindicável pelo tribunal[47].

Por isso mesmo, se o período experimental não deve ser proscrito, impõe-se extrema cautela ao legislador quando disciplina esta figura. Trata-se, repete-se, de uma figura que se situa em manifesta rota de colisão com a garantia da segurança no emprego, o que implica a respetiva submissão a um rigoroso e exigente crivo de requisitos, em ordem a que o mesmo não se venha a revelar inconstitucional. Não sendo inconstitucional em si mesmo, a verdade é que o período experimental se situa, como dissemos, no limiar da inconstitucionalidade. E o legislador não pode, em circunstância alguma, ignorar ou menosprezar esse dado. O legislador não pode disciplinar este instituto de forma relaxada, displicente ou demasiado tolerante. Neste domínio, dir-se-ia, a tolerância legislativa facilmente redunda no constitucionalmente intolerável...

Neste quadro problemático, a questão da *duração do período experimental* surge, a todas as luzes, como questão regimental verdadeiramente nuclear, como autêntica trave-mestra deste instituto. Por quanto tempo se poderá prolongar este "período de prova" a que o trabalhador se encontra sujeito? Durante quanto tempo poderá o ordenamento jurídico

[47] Com ressalva das hipóteses, marginais do ponto de vista sistémico, de despedimento abusivo ou discriminatório, cuja prova, ademais, é sempre problemática.

tolerar esta situação de extrema vulnerabilidade e de acentuada precariedade do trabalhador? Pensamos que a resposta não pode deixar de ser esta: durante o período estritamente necessário para verificar se o trabalhador possui ou não as qualidades requeridas para o desempenho do cargo para o qual foi contratado – durante esse período e apenas durante esse período.

Com efeito, perante um instituto que apresenta esta fisionomia, assumidamente antinómica e mesmo hostil em relação à segurança no emprego constitucionalmente garantida, é manifesto que o período experimental só encontrará justificação bastante se, no tocante à sua duração, for respeitado o *princípio da proporcionalidade* (ou princípio da proibição do excesso), na sua tríplice dimensão: conformidade ou adequação de meios, necessidade ou exigibilidade, e proporcionalidade em sentido estrito. Ora, para um trabalhador que exerce funções indiferenciadas, julga-se que alguns dias, poucas semanas, serão suficientes para aquele efeito de avaliação do desempenho. Nos anos setenta de século passado, o período experimental tinha, entre nós, a duração-regra de 15 dias. Insuficiente? Talvez. Deveria ser um mês? Talvez sim. Seria admissível um período superior? Quiçá dois meses? Admitimos que sim. Já algo duvidoso se mostra, a nosso ver, o período de 90 dias estabelecido, em geral, no CT. Três meses sem estabilidade no emprego, sem proteção face a um despedimento discricionário e imotivado, a pretexto de avaliar o desempenho profissional de um trabalhador indiferenciado? Parece excessivo. Três meses, como alguém já disse, "são mais do que suficientes" para o efeito. Mas o problema é que, aqui, a lei não se pode dar ao luxo de conceder ao empregador um lapso de tempo "mais do que suficiente". A lei só pode dar ao empregador o tempo indispensável, nem um dia mais do que isso. Não deixamos, pois, de ter algumas dúvidas quanto aos três meses de duração-regra do período experimental estabelecidos no art. 112.º do CT.

Entretanto, e algo surpreendentemente, a Lei n.º 93/2019, ainda que tenha sido apresentada como uma lei de combate à precariedade laboral, resolveu inovar nesta matéria, aditando à lista de trabalhadores sujeitos a um período experimental de 180 dias os desempregados de longa duração e os trabalhadores à procura de primeiro emprego. A mesma lei que retirou a credencial para que estes trabalhadores fossem, dada esta sua condição, contratados a termo (através da alteração introduzida no n.º 4 do art. 140.º do CT), entendeu por bem ampliar a duração de respetivo período experimental, caso sejam contratados sem termo, de 90 para 180 dias! Ou seja, fecha-se uma porta à precariedade, mas, do mesmo passo, abre-se uma janela, uma enorme janela para que a mesma se instale na relação laboral. A nosso ver, nada justifica esta inusitada extensão do período experimental, para trabalhadores contratados para exercerem funções indiferenciadas, apenas pela circunstância de tais trabalhadores serem desempregados de longa duração ou trabalhadores à procura de primeiro emprego. Para avaliar a competência de um qualquer trabalhador que exerça funções indiferenciadas – isto é, cargos destituídos de complexidade técnica, com diminuto grau de responsabilidade, que não pressupõem uma especial qualificação nem reclamam particular confiança – 90 dias chegam e, dir-se-ia até, sobram. Ir além disto, duplicando a duração do período experimental a que estes trabalhadores ficam sujeitos, implica uma extensão desmesurada de precariedade laboral, totalmente desnecessária e francamente desproporcionada – e esta é, por isso, uma norma que deveria ser declarada inconstitucional.

Reiteramos: impõe-se submeter estas medidas restritivas da garantia da segurança no emprego ao controlo do *princípio da proibição do excesso* ou *princípio da proporcionalidade em sentido amplo,* o qual, de acordo com a melhor doutrina, se decompõe em três subprincípios constitutivos: o princípio da conformidade, idoneidade ou adequação de meios, o princípio da exigibilidade ou da necessidade, e o princípio da proporcionalidade em sentido restrito. Segundo o princípio da proibição do excesso, qualquer limitação deve, por conseguinte, ser idónea/apropriada, necessária/exigível e proporcionada/com justa medida. Eis o triplo teste a que cumpre sujeitar esta alteração legislativa, incidente sobre a duração do período experimental de determinadas categorias de trabalhadores.

O TC, contudo, em vez de se concentrar na análise destes pontos, dedica-se sobretudo, neste acórdão, a comparar maldades, a medir precariedades, a tentar indagar se, para as categorias em causa (trabalhadores à procura do primeiro emprego e desempregados de longa duração), será pior, na ótica da estabilidade no emprego, serem contratados a termo certo com a duração mínima de seis meses, como antes sucedia, ou serem contratados por tempo indeterminado, mas com um período experimental dilatado para seis meses, por força das alterações introduzidas pela Lei n.º 93/2019. Para o TC, a atual solução seria menos má do que a anterior, muito por força do "*nudge*", do "*empurrãozinho*", representado pela "*força silenciosa* da inércia", que levaria a uma "opção por defeito", em que "a mera circunstância de o empregador *se ver obrigado a agir* para provocar a cessação do contrato no fim do período experimental, gera um ambiente decisório tendencialmente *favorável* à respetiva manutenção". Ora, a nosso ver, para além de esta linha argumentativa ser bastante discutível, pelos motivos expostos *supra*, cremos que ela acaba por obnubilar a questão central que deveria ter ocupado o TC: não se tratava, no caso, de comparar níveis de precariedade laboral, para saber qual das soluções normativas em concurso (contrato a termo certo com a duração mínima de seis meses e contrato de duração indeterminada com um período experimental alargado para seis meses) era menos má; tratava-se, sim, de saber se a duplicação da duração do período experimental, para trabalhadores à procura de primeiro emprego ou desempregados de longa duração que venham a ser contratados para exercer funções indiferenciadas, era constitucionalmente tolerável, tendo em conta os parâmetros normativos representados pelo princípio da igualdade e pela garantia da segurança no emprego.

Não se trata, portanto, de ter de escolher, inevitavelmente, entre duas maldades, a permanência do *statu quo ante* ou a duplicação da duração do período experimental. Bem se poderia, por certo, ter eliminado a possibilidade de contratação a termo destas categorias de trabalhadores sem alargar a duração do período experimental a que os mesmos ficam sujeitos, quando contratados sem termo. Aliás, o TC refere isso mesmo, mas quase *en passant*, quando se lê no acórdão: "Poderia, ainda, perspetivar-se o problema de um outro ponto de vista: o de combater a contratação precária '*pela mera proibição da contratação a termo com esse fundamento*' (cfr. Milena Silva Rouxinol, "A Lei n.º 93/2019, de 4/09, e o alargamento da duração do período experimental", cit., p. 81)". Mas, de forma algo desconcertante, o TC logo acrescenta: "Todavia, não se mostra seguro – ou sequer provável – que daí adviesse o benefício de assegurar contratações por tempo indeterminado, já que, agindo em ambiente de mercado, muitos empregadores poderiam optar, nessas condições, por não contratar ou contratar menos pessoas, ou, pura e simplesmente, sendo essa a escala de opções disponíveis, por deslocalizar a empresa".

Não podemos acompanhar o TC nestas asserções. Estamos convictos – quase diríamos ter condições epistémicas para o afirmar – de que, agindo em ambiente de mercado, os empregadores contratam sempre e só as pessoas de que precisam, aquelas de que necessitam para explorar o seu negócio[48]. E o argumento da possível deslocalização da empresa, do ponto de vista jurídico-constitucional, parece-nos valer zero. Ou, numa outra perspetiva, parece-nos provar demais, porque, se esse argumento for aceite e utilizado pela nossa instância jurisdicional de controlo de constitucionalidade das normas, então valerá tudo ou quase tudo, inclusive proceder a uma interpretação ab-rogante das normas da CRP relativas aos direitos dos trabalhadores, em ordem a prevenir o mal maior, a deslocalização das empresas... Independentemente das considerações de ordem jurídico-política que se possam tecer a este propósito[49], não cremos que o TC, a quem cabe a magna missão de controlar a conformidade

---

[48] Convém, na verdade, não inverter as coisas. Em ambiente de mercado, o objetivo de quem se lança num qualquer empreendimento não é, tipicamente, o de "criar emprego". O objetivo é, tipicamente, o de obter lucros, sendo que, para isso, é amiúde necessário contratar trabalhadores. Como lucidamente observa MARTIN FORD, num sistema capitalista, "apesar de toda a retórica sobre "criadores de emprego", os racionais empresários *não querem* contratar mais trabalhadores: contratam pessoas apenas porque têm de fazê-lo" (*Robôs – A Ameaça de um Futuro sem Emprego*, Bertrand Editora, Lisboa, 2016, pp. 318-319).

[49] É inegável que a globalização, ao superar as fronteiras nacionais e ao desestruturar os mercados que antes funcionavam numa base predominantemente estadual, tem submetido o Direito do Trabalho dos países ocidentais a um processo de tremendo desgaste. Concorrência entre trabalhadores à escala universal, competitividade das empresas, deslocalizações transnacionais, *dumping* social... tudo tem contribuído para gerar o chamado "mercado dos produtos legislativos", colocando os ordenamentos jurídico-laborais nacionais em concorrência feroz, sob a égide dos mercados financeiros – corrida à desregulamentação social, *race to the bottom* (não já, note-se, dos trabalhadores, mas das legislações...) em ordem a garantir a sobrevivência, que tende a redundar na proliferação dos "paraísos sociais", etc. Sobre este "darwinismo normativo", *vd.*, por todos, as notáveis reflexões de ALAIN SUPIOT, "O direito do trabalho ao desbarato no mercado das normas", *Questões Laborais*, n.º 26, 2005, pp. 121-144, e, mais desenvolvidamente, *L'esprit de Philadelphie – la justice sociale face au marché total*, Éditions du Seuil, 2010.

constitucional das normas legais, possa ou deva mobilizar esse argumentário *ad terrorem* para sustentar as suas decisões.

Estamos, em suma, perante uma medida legislativa que: *i)* em pouco ou nada se mostra idónea para atingir os fins visados; *ii)* não se mostra indispensável para atingir tais fins, visto que outras medidas, mais suaves, se podem perfilar em ordem a realizar tal desiderato; *iii)* na relação entre o grau de sacrifício imposto ao direito fundamental à segurança no emprego e os marginais benefícios eventualmente obtidos desobedece ao princípio da justa medida, vale dizer, desrespeita o princípio da proporcionalidade *stricto sensu*. O período experimental, dissemo-lo, situa-se no limiar da inconstitucionalidade. Entre o limiar e a vera inconstitucionalidade, a distância é pequena, o passo é curto. O legislador deu esse passo ao duplicar a duração do período experimental de certas categorias de trabalhadores, contratados para exercer funções indiferenciadas, dilatando este período temporal para uns longos 180 dias. Um semestre de precariado. É excessivo. É desproporcionado. É, a nosso ver, inconstitucional.

Ainda sobre os fundamentos do direito de oposição: crónica sobre dois acórdãos recentes

JOÃO LEAL AMADO

You say that emotions are overrated. But that's bullshit. Emotions are all we've got.

Mick Boyle (Harvey Keitel), *Youth* (*A Juventude*), 2015.

1. A Lei n.º 14/2018, de 19-3, e o direito de oposição

É sabido que, com a Lei n.º 14/2018, que alterou o regime jurídico aplicável à transmissão de estabelecimento e reforçou os direitos dos trabalhadores nesta matéria, muita coisa mudou no que tange ao chamado "direito de oposição" do trabalhador, isto é, aos termos em que tal direito, nas suas diversas dimensões, pode ser exercido, bem como no atinente às consequências do exercício desse direito. Com efeito, lê-se no n.º 1 do novo art. 286.º-A do CT, aditado pela referida lei, relativamente ao "direito de oposição do trabalhador": «O trabalhador pode exercer o direito de oposição à transmissão da posição do empregador no seu contrato de trabalho em caso de transmissão, cessão ou reversão de empresa ou estabelecimento, ou de parte de empresa ou estabelecimento que constitua uma unidade económica, nos termos dos n.º 1 ou 2 do artigo 285.º, quando aquela possa causar-lhe prejuízo sério, nomeadamente por manifesta falta de solvabilidade ou situação financeira difícil do adquirente ou, ainda, se a política de organização do trabalho deste não lhe merecer confiança». O n.º 2 do mesmo preceito acrescenta: «A oposição do trabalhador prevista no número anterior obsta à transmissão da posição do empregador no seu contrato de trabalho, nos termos dos n.º 1 ou 2 do artigo 285.º, mantendo-se o vínculo ao transmitente». E o n.º 3 remata, estabelecendo que o trabalhador que exerça o direito de oposição deve informar o respetivo empregador, por escrito e dentro de determinado prazo[1], «mencionando a sua identificação, a atividade contratada e o fundamento da oposição, de acordo com o n.º 1».

Através deste novo art. 286.º-A do CT, o nosso legislador veio, finalmente, reconhecer *expressis verbis* ao trabalhador o "direito de oposição", na sua mais pujante dimensão: o trabalhador tem agora, inequivocamente, o direito de manifestar a sua oposição à transmissão da posição do empregador – mantendo-se, em princípio, o vínculo à entidade transmitente –, sendo que esse direito poderá assentar em um de dois fundamentos: ou porque a transmissão do estabelecimento se mostre suscetível de causar prejuízo sério ao trabalhador (desde logo, mas não apenas, em virtude de manifesta falta de solvabilidade ou situação financeira difícil do adquirente), ou então porque, independentemente de qualquer prejuízo sério, a política de organização do trabalho do adquirente não merece confiança ao trabalhador.

Ao exercer o seu direito de oposição, por escrito, o trabalhador deverá, como se disse, indicar qual o respetivo fundamento, como resulta do disposto no n.º 3 do art. 286.º-A. E é óbvio que estamos aqui perante fundamentos de índole bem distinta: num caso, o do *prejuízo sério*, trata-se de um fundamento racional, demonstrável e externamente sindicável, suscetível de prova e de contraprova, que poderá ser apreciado pelo tribunal, em função de dados objetivos que lhe permitam formular um juízo de prognose sobre se a transmissão poderia ou não causar ao trabalhador o aludido "prejuízo sério"; no outro caso, o da *ausência de confiança*, trata-se de um sentimento, de uma crença, de algo emocional e do foro puramente interno do trabalhador, algo insuscetível, enquanto tal, de ser demonstrado ou desmentido em tribunal, de ser comprovado pelo trabalhador ou de ser contestado pelo empregador.

[1] Prazo de cinco dias úteis após o termo do prazo para a designação da comissão representativa prevista no n.º 6 do art. 286.º, se esta não tiver sido constituída, ou após o acordo ou o termo da consulta aos representantes dos trabalhadores a que se refere o n.º 4 do art. 286.º Note-se que, segundo o novo n.º 7 do art. 285.º, a transmissão da empresa ou estabelecimento só pode ter lugar decorridos sete dias úteis após o termo de qualquer daqueles prazos, o que assegura que a oposição do trabalhador seja manifestada antes de ter lugar a transmissão do estabelecimento.

Pela nossa parte, cremos que nem seria necessário o legislador buscar fundamentos distintos para o exercício deste direito de oposição por parte do trabalhador: a transmissão da empresa e a consequente mudança de entidade empregadora do trabalhador, por si só, já bastariam para que este pudesse exercer o seu direito de oposição a trabalhar às ordens de uma entidade com a qual não celebrou qualquer contrato de trabalho. Trata-se, afinal, de afirmar o princípio básico da liberdade contratual, no que à seleção do parceiro contratual diz respeito, algo extremamente importante em sede de contrato de trabalho, em virtude do profundo envolvimento da pessoa (e do corpo) do trabalhador neste contrato, para mais colocando-se ele numa posição de subordinação jurídica em relação ao outro contraente, o qual, exercendo os seus múltiplos poderes, está em condições de afeiçoar a atividade quotidiana do devedor da prestação de trabalho em moldes particularmente penetrantes e incisivos.

Vale dizer, a tutela da dignidade do trabalhador, da sua autonomia, da sua liberdade contratual negativa, tudo aponta para que o trabalhador possa opor-se, possa dizer não, apenas e tão só porque não, sem necessidade de fundamentar a sua decisão (à imagem do que sucede no ordenamento germânico, ao abrigo do disposto no §613a do BGB). Assim sendo, cremos que a melhor redação para o novo n.º 1 do art. 286.º-A do CT bem poderia ser mais curta e sóbria, limitando-se a algo deste género: «O trabalhador pode exercer o direito de oposição à transmissão da posição do empregador no seu contrato de trabalho em caso de transmissão, cessão ou reversão de empresa ou estabelecimento, ou de parte de empresa ou estabelecimento que constitua uma unidade económica, nos termos dos n.º 1 ou 2 do artigo 285.º». Mas o legislador lusitano, fiel às suas características inatas, revelou-se mais prolixo e palavroso, determinando que o trabalhador deverá comunicar ao empregador transmitente as razões da sua oposição, nos termos do segmento final da referida norma.

Significa isto, como já entre nós foi sustentado[2], que a teleologia do direito de oposição consagrado na presente lei é distinta da acolhida no ordenamento germânico? Não cremos. Parece-nos que se trata, apenas, de uma distinta forma de legislar, mais rigorosa a germânica e mais pala-

---

[2] Assim, Júlio Gomes, «Algumas reflexões críticas sobre a Lei n.º 14/2018, de 19 de março», *Prontuário de Direito do Trabalho*, 2018-I, pp. 75-114 [76-78].

vrosa a lusitana; mas, no fim do dia, o resultado não é muito distinto, ou seja, de algum modo o nosso legislador, pouco dotado em matéria de técnica legislativa, acabou por "escrever direito por linhas tortas". Com efeito, o nosso legislador não optou pela melhor redação possível, como acima observámos. Mas, note-se, também não aderiu ao que seria a pior redação possível da norma, algo que estabelecesse o seguinte: «O trabalhador pode exercer o direito de oposição à transmissão da posição do empregador no seu contrato de trabalho em caso de transmissão, cessão ou reversão de empresa ou estabelecimento, ou de parte de empresa ou estabelecimento que constitua uma unidade económica, nos termos dos n.º 1 ou 2 do artigo 285.º, quando aquela possa causar-lhe prejuízo sério».

A norma em apreço, a norma constante do n.º 1 do art. 286.º-A, afasta-se, assim, da melhor redação (aquela que dispensaria qualquer fundamentação para o exercício do direito de oposição), mas também se afasta da pior redação (aquela que exigiria a possibilidade de prejuízo sério como requisito para a existência de tal direito de oposição). O legislador emite sinais contraditórios: por um lado, obriga o trabalhador a fundamentar a sua oposição, a dizer por que motivo se opõe à transmissão do seu contrato para o adquirente; por outro, porém, o legislador mostra-se generoso quanto aos motivos invocáveis, que vão desde o caráter seriamente prejudicial de tal transmissão até à ausência de confiança do trabalhador no transmissário[3]. E, quanto a este último motivo, o legislador andou bem, pois o trabalhador deve ter voz, deve ter palavra, deve ter

[3] Estes sinais contraditórios suscitam, naturalmente, perplexidades interpretativas na doutrina. Pergunta Júlio Gomes, com plena razão: «De que é que adianta o trabalhador ter que referir um fundamento no escrito em que exerce o seu direito de oposição, se o fundamento em causa é totalmente incontrolável e arbitrário? No limite, poderá o trabalhador "desconfiar" do que ignora por completo?» («Algumas reflexões críticas...», cit., p. 78). Ora aí estão, cremos, duas belas perguntas: a primeira deve ser endereçada ao nosso palavroso legislador, não tanto para o criticar por ter previsto uma faculdade incontrolável de o trabalhador se opor à transmissão do seu contrato para o adquirente da unidade económica (isso, pelo contrário, deve ser aplaudido), mas para o censurar por, assim sendo, ter estabelecido que o trabalhador deveria exteriorizar o motivo da oposição; a segunda, essa, merece uma resposta claramente afirmativa, vale dizer, justamente por não conhecer de parte alguma o adquirente é que ao trabalhador deve ser dada a faculdade de recusar prestar trabalho para ele, antes mantendo (ou tentando manter) o vínculo contratual com

voto nesta matéria – e deve, portanto, ter o direito de dar ou não um voto de confiança ao transmissário, vale dizer, deve poder manifestar a sua desconfiança em relação a este novo sujeito que se apresta para suceder à sua entidade empregadora e declarar que, pelo contrário, pretende continuar a trabalhar para o transmitente, caso tal seja possível.

Reiteramos, pois, aquilo que se nos afigura resultar da simples leitura do n.º 1 do art. 286.º-A do CT: *o trabalhador goza do direito de oposição à transmissão da posição de empregador no seu contrato de trabalho, seja porque esta é suscetível de lhe causar prejuízo sério, seja porque, independentemente de tal prejuízo, a política de organização de trabalho do adquirente não lhe merece confiança.* Este ponto carece de ser enfatizado, para evitar aquilo que constituiria, a um tempo, um sério equívoco interpretativo e um inequívoco estiolamento do direito de oposição: segundo a lei, o trabalhador pode exercer o direito de oposição se a política de organização de trabalho do adquirente não lhe merecer confiança; ora, só o trabalhador sabe se a política de pessoal do adquirente lhe merece confiança ou desconfiança, só ele e mais ninguém (muito menos o tribunal) experimenta essa sensação e vivencia esse sentimento; a lei não obriga, portanto, o trabalhador a invocar e a provar quaisquer factos que, externamente ponderados, possam fundamentar ou justificar a ausência de confiança do trabalhador no adquirente; a lei basta-se, e muito bem, com a circunstância de o trabalhador, independentemente da causa, não sentir confiança no adquirente da empresa (note-se: um estranho para o trabalhador, com o qual ele não

---

o transmitente, isto é, com a sua entidade empregadora. Aliás, todos nós, amiúde, desconfiamos, precisamente, daquilo que não conhecemos.

Em qualquer caso, pensamos que as perplexidades e dificuldades interpretativas suscitadas pelo modo como a lei regula o direito de oposição do trabalhador (partilhadas por diversos autores, máxime por MILENA SILVA ROUXINOL, in LEAL AMADO, MILENA ROUXINOL, JOANA VICENTE, CATARINA SANTOS e TERESA MOREIRA, *Direito do Trabalho – Relação Individual*, Almedina, Coimbra, 2019, pp. 884-885, e por PEDRO OLIVEIRA, «Ainda sobre o direito de oposição do trabalhador no caso de transmissão de empresas», *Prontuário de Direito do Trabalho*, 2020-I, pp. 318-321), ainda que pertinentes e compreensíveis, não devem conduzir o intérprete a um resultado que acabe por contrariar aquilo que a lei, apesar de tudo, afirma, a saber: que o trabalhador pode exercer o direito de oposição à transmissão se a política de organização do trabalho do adquirente não lhe merecer confiança.

celebrou qualquer contrato) e não pretender, por isso, passar a trabalhar sob a sua autoridade e direção.

Ou seja, e ainda que utilizando uma técnica legislativa rudimentar, a nossa lei conseguiu alcançar o resultado final que importava alcançar: o trabalhador pode dizer não à transmissão da sua posição contratual para o adquirente/transmissário da unidade económica; e pode fazê-lo sem ter que invocar fundamentos exigentes e suscetíveis de controlo jurisdicional (como será a alegação e prova da possibilidade de "prejuízo sério" para si emergente da transmissão); pode fazê-lo, apenas, invocando não sentir confiança no adquirente/transmissário, pessoa com a qual, reitere-se, o trabalhador não celebrou qualquer contrato de trabalho; *pode, assim, dizer não porque não. E, assim sendo, assim está bem.* Porque, justamente, ele é um trabalhador, não um servo, alguém sem palavra a dizer quanto à entidade empregadora para a qual presta serviços.

2. A manutenção do vínculo com o transmitente e a justa causa para resolução do contrato com o adquirente

Segundo o n.º 2 do art. 286.º-A, a oposição do trabalhador à transmissão implicará a manutenção do vínculo contratual com a entidade transmitente. Vale dizer, *opondo-se à mudança de empregador, o trabalhador mantém, do mesmo passo, o seu emprego com o transmitente.* Este é um dos pilares do direito de oposição, nos termos consagrados na nova lei, a qual, sem dúvida, faz prevalecer o direito de o trabalhador se recusar a acompanhar o estabelecimento objeto de transmissão e permanecer a trabalhar para o transmitente – afinal, a entidade empregadora com a qual celebrou contrato de trabalho – sobre os interesses e conveniências do transmitente, que assim terá de adequar a organização do trabalho no(s) seu(s) estabelecimentos em ordem a nele(s) integrar o trabalhador que exerceu o seu direito de oposição[4].

[4] Isto dito, cremos ser importante acrescentar que a oposição do trabalhador implicará a manutenção do seu contrato de trabalho com o transmitente, nos termos do n.º 2, mas isto sem prejuízo do disposto nas regras gerais sobre a cessação do contrato, em especial no art. 343.º do CT, pois em certos casos poderá ser impossível, para o transmitente, continuar a receber a prestação de trabalho, casos esses em que o contrato caducará. Pense-se, sobretudo, na hipótese de o empregador transmitir a única empresa ou estabelecimento que

A mais de reconhecer ao trabalhador o direito de se opor à transmissão do seu contrato de trabalho para o adquirente do estabelecimento, mantendo aquele o vínculo contratual com o transmitente, a Lei n.º 14/2018 modificou também o disposto nos arts. 394.º e 396.º do CT, nos seguintes moldes: por um lado, *a transmissão para o adquirente da posição do empregador no respetivo contrato de trabalho, em consequência da transmissão da empresa, nos termos dos n.º 1 ou 2 do art. 285.º, passou a ser prevista como justa causa "objetiva" de resolução do contrato pelo trabalhador* (nova al. *d)* do n.º 3 do art. 394.º do CT); por outro lado, e segundo o novo n.º 5 do art. 396.º, *em caso de resolução do contrato baseada naquela al. d) do art. 394.º, o trabalhador terá direito a compensação, calculada nos termos do art. 366.º, relativo ao despedimento coletivo.*

Vale dizer, o trabalhador que seja confrontado com a transmissão da empresa ou estabelecimento e que entenda que essa transmissão lhe irá causar prejuízo sério ou que, por qualquer razão, não confie na política de pessoal do adquirente, poderá invocar essa transmissão para fazer cessar imediatamente o contrato, resolvendo-o com justa causa. Trata-se de reconhecer expressamente ao trabalhador uma outra dimensão do "direito de oposição", permitindo-lhe que este se desvincule e assim recuse a continuidade da relação laboral com uma pessoa – o adquirente da empresa – com a qual ele não celebrou qualquer contrato de trabalho e para a qual, por qualquer razão (sondável ou insondável, mas, *a priori*, legítima), ele não deseja trabalhar. Trata-se da dimensão alternativa e

---

explora, deixando de se dedicar a qualquer tipo de atividade económica e, por via disso, ser-lhe impossível continuar a ocupar o trabalhador que exerceu o seu direito de oposição (o mesmo vale, p. ex., para os casos de fusão, em que o transmitente desaparece). Cremos, pois, que o n.º 2 deve ser lido, pelo intérprete, conjugando esta norma com o art. 343.º, máxime com a sua al. *b)*, nos termos da qual o contrato de trabalho caducará, nos termos gerais, sempre que se verifique uma impossibilidade superveniente, absoluta e definitiva de o empregador receber a prestação do trabalhador (em alternativa, a caducidade poderia fundar-se no art. 346.º do CT, ainda que não nos pareça que essa seja, tecnicamente, a solução mais acertada). E, naturalmente, ainda que o contrato não caduque, sempre restará à entidade empregadora transmitente do estabelecimento, nos termos gerais, o eventual recurso às figuras do despedimento coletivo ou por extinção do posto de trabalho, se e na medida em que tal se justifique, na situação concreta.

menos enérgica do direito de oposição, que implica a perda do emprego, a qual se justifica sem qualquer espécie de dificuldade[5].

3. Progresso ou retrocesso civilizacional?

A forma generosa (ainda que algo atabalhoada) como o nosso legislador reconheceu ao trabalhador o "direito de oposição" denota uma inequívoca valorização do contrato, dos sujeitos que o celebram e da dignidade de quem presta trabalho subordinado para outrem, bem como uma certa desvalorização da ideia de que o trabalhador é uma espécie de ativo destinado a acompanhar a empresa e a seguir, quase que inexoravelmente, o destino desta.

Sem prejuízo das dúvidas interpretativas acima referidas, cremos que este diploma merece aplauso, pelo salto civilizacional que representa, ao reconhecer, após décadas de discussão doutrinal e jurisprudencial, que o trabalhador pode opor-se à transmissão automática da sua posição contratual, na hipótese de se verificar uma transmissão da empresa no seio da qual vem laborando. Na verdade, com este diploma o ordenamento jurídico-laboral evolui e, dir-se-ia, afina a sua sensibilidade: *de uma tutela centrada na salvaguarda da continuidade da relação de trabalho, em que a questão da identidade do empregador era, de algum modo, subalternizada, a lei transita para um outro patamar, no qual a continuidade do emprego e a identidade do empregador são, ambas, valorizadas*. Assim, o trabalhador não vê a manuten-

[5] Mais discutível, a nosso ver, se mostra a solução de conceder ao trabalhador que resolva o contrato, com o fundamento constante da al. *d)* do n.º 3 do art. 394.º, o direito de receber uma compensação calculada nos termos do art. 366.º, isto é, uma compensação idêntica àquela que receberia se tivesse sido alvo de um despedimento coletivo. Cremos que, numa perspetiva racional e sistemática, que tenha em conta o fim visado pelo legislador ao elaborar a norma e tenha também em atenção o lugar paralelo representado pelo art. 194.º, n.º 5, do CT, deveremos proceder a uma interpretação restritiva do disposto no n.º 5 do art. 396.º, no sentido de reconhecer ao trabalhador que resolva o contrato direito à compensação prevista no art. 366.º, mas apenas se a transmissão puder causar-lhe prejuízo sério, e não já se a mesma se fundar, tão-só, na falta de confiança do trabalhador na política de pessoal do adquirente. Neste último caso, o trabalhador terá, decerto, o direito de resolver o contrato, com justa causa e com efeitos imediatos, mas não o direito de ser compensado por isso. Para desenvolvimentos sobre o ponto, João Leal Amado, «Transmissão da empresa e contrato de trabalho: algumas notas sobre o regime jurídico do direito de oposição», *Revista de Legislação e de Jurisprudência*, n.º 4010, maio-junho 2018, pp. 290-300.

ção do seu contrato ser posta em xeque pela transmissão da empresa ou estabelecimento, mas agora ele passa a dispor da faculdade de conservar o vínculo contratual com a sua entidade empregadora (o transmitente) ou de, ele mesmo, romper o contrato com efeitos imediatos, escusando-se a trabalhar para entidade distinta (o adquirente ou transmissário). Isto porque, afinal, o que aqui sobretudo está em causa é mesmo uma questão de princípio, que se traduz na necessidade de tratar o trabalhador como uma pessoa e não como uma coisa, como um sujeito e não como um mero objeto.

Acontece, todavia, que, talvez fruto da deficiente técnica legislativa adotada, aquilo que parecia representar um salto em frente, um avanço civilizacional, parece afinal, tendo em conta a doutrina já produzida em torno deste diploma, correr o risco de constituir um autêntico retrocesso civilizacional. Isto porque, segundo essa doutrina, a nova lei teria vindo sim consagrar o direito de oposição do trabalhador, assim como o seu direito de resolver o contrato com justa causa, em caso de transmissão de empresa, estabelecimento ou unidade económica, mas isto *apenas na eventualidade de a mudança de empregador lhe poder causar prejuízo sério*. Assim o dizem, p. ex., PEDRO ROMANO MARTINEZ e PEDRO MADEIRA DE BRITO, autores que consideram que «este prejuízo sério do trabalhador constitui o principal requisito substancial para o exercício do novo direito de oposição», o qual sempre «dependerá da invocação de um prejuízo sério, sendo que, a título exemplificativo, o legislador fornece, no n.º 1 do artigo em referência, duas situações em que o conceito indeterminado se poderá concretizar: a) quando exista manifesta falta de solvabilidade ou situação financeira difícil do adquirente; e b) quando a política de organização do trabalho do adquirente não merecer a confiança do trabalhador»[6]. Também DAVID CARVALHO MARTINS sustenta existir um «requisito material transversal» para o novo direito de oposição do trabalhador, o qual «consiste na existência de prejuízo sério emergente da transmissão da unidade económica, nomeadamente por (i) manifesta falta de solvabili-

[6] «O novo regime da transmissão da unidade económica introduzido pela Lei n.º 14/2018, de 19 de março», *Revista de Direito e de Estudos Sociais*, 2018, n.º 1-4, pp. 7-86 [21-22]. No mesmo sentido, PEDRO ROMANO MARTINEZ, *Direito do Trabalho*, 9.ª ed., Almedina, Coimbra, 2019, p. 790.

dade ou situação financeira difícil do cessionário ou (ii) falta de confiança na política de organização do cessionário»[7]. E no mesmo sentido opina Joana Vasconcelos, considerando que os direitos atribuídos ao trabalhador pela nova lei (direito de oposição e direito de resolução) «têm um motivo justificativo comum – o "prejuízo sério" que ao trabalhador pode causar tal transmissão (...) –, cuja invocação e prova constitui condição de licitude do seu exercício, logo, da obtenção dos efeitos por um e outro visados»[8].

Ou seja, segundo esta leitura da nova lei, esta teria consagrado o direito de oposição do trabalhador (direito de oposição perante o transmitente e direito de resolução perante o transmissário) em moldes extremamente limitados. *Em bom rigor, o legislador não teria atribuído tal direito ao trabalhador em caso de transmissão de empresa, estabelecimento ou unidade económica, em nome da sua autonomia, dignidade e liberdade contratual negativa. O legislador teria, apenas, consagrado tal direito na hipótese, quiçá remota, de o trabalhador alegar e provar que a transmissão do seu contrato para o adquirente da empresa ou unidade económica lhe poderia causar um "prejuízo sério"*. Vale dizer, seria este "prejuízo sério" (*rectius*, a sua previsibilidade, a idoneidade da transmissão para o provocar) que legitimaria a oposição/resolução do trabalhador, não propriamente a mudança de entidade empregadora e a legítima falta de vontade do trabalhador de se manter vinculado a alguém com quem nunca celebrou contrato...[9]

Pela nossa parte, não podemos senão discordar vivamente desta leitura do novo diploma. Reconhecemos que a técnica legislativa utilizada não foi a melhor, longe disso. Mas parece-nos que nada permite sustentar

---

[7] «Novo regime da transmissão de unidade económica: algumas notas», *Prontuário de Direito do Trabalho*, 2018-I, pp. 117-158 [131].

[8] «Sobre a resolução do contrato de trabalho fundada na transmissão para o adquirente da empresa ou do estabelecimento da posição contratual do empregador», *Revista de Direito e de Estudos Sociais*, 2018, n.º 1-4, pp. 125-143 [141].

[9] Nesta linha de entendimento situa-se também Monteiro Fernandes, para quem a lei em apreço apenas autorizaria a oposição do trabalhador «em casos extremos», pelo que o regime do direito de oposição se destinaria a atuar sobretudo na prevenção da fraude à lei ou de quebras excessivas do originário equilíbrio contratual – «Alguns aspetos do novo regime jurídico-laboral da transmissão de empresa ou estabelecimento», *Questões Laborais*, n.º 53, 2018, pp. 7-41 [16].

uma tal leitura da lei, uma espécie de "interpretação amputadora" (ou castradora?) da mesma. Nem o elemento gramatical, nem o racional, nem o assumido desiderato de, com esta lei, reforçar os direitos dos trabalhadores nesta matéria, autorizam tal interpretação.

Comecemos pelo elemento literal. Lendo o n.º 1 do art. 286.º-A do CT, não parece sustentável o entendimento de que, na parte final do preceito, o que o legislador quis foi apenas dar um exemplo (mais um) de possível "prejuízo sério" para o trabalhador. Aliás, se assim fosse, decerto a redação do preceito seria distinta. O preceito, nessa hipótese, diria algo como isto: «O trabalhador pode exercer o direito de oposição à transmissão da posição do empregador no seu contrato de trabalho em caso de transmissão, cessão ou reversão de empresa ou estabelecimento, ou de parte de empresa ou estabelecimento que constitua uma unidade económica, nos termos dos n.º 1 ou 2 do artigo 285.º, quando aquela possa causar-lhe prejuízo sério, nomeadamente por manifesta falta de solvabilidade ou situação financeira difícil do adquirente ou, ainda, <u>por</u> a política de organização do trabalho deste não lhe merecer confiança» (sublinhado nosso). Se assim fosse, a tese defendida pela supracitada doutrina teria, decerto, algum apoio literal. Mas não é assim. A lei não fornece dois grupos de exemplos de prejuízo sério. A lei soma ao prejuízo sério a ausência de confiança. A lei, reiteramos, prevê mais do que um fundamento para os direitos de oposição ou resolução do trabalhador, prevê um fundamento objetivo, externamente controlável (o "prejuízo sério", designadamente por manifesta falta de solvabilidade ou situação financeira difícil do transmissário), mas prevê ainda um fundamento subjetivo, jurisdicionalmente insindicável (a ausência de confiança do trabalhador no transmissário).

E se a letra da lei prevê esta dualidade de fundamentos para a oposição/resolução, ainda bem que assim é. Prever que o trabalhador apenas goza desses direitos se e quando alegar e provar o possível "prejuízo sério" resultante da transmissão contratual seria uma solução recuadíssima, visto que, na prática, tal significaria que, em bom rigor, a mudança de entidade empregadora seria vista pelo ordenamento jurídico-laboral, em si e por si, como algo indiferente para o trabalhador, contanto que de tal mudança não fosse possível esperar a emergência de um "prejuízo sério" para o trabalhador cujo contrato foi transmitido... Mais. Nesta lógica, se o trabalhador manifestasse a sua oposição à transmissão perante o transmitente, ou resolvesse o contrato com justa causa perante o transmissário, fá-lo-ia por sua conta e risco: dependendo a licitude destes mecanismos da alegação e prova, pelo seu titular, do requisito do "prejuízo sério", o insucesso de tal prova implicaria, em princípio, que a declaração de oposição seria tida como ineficaz (o contrato do trabalhador passaria mesmo para o transmissário da empresa, a despeito da vontade contrária manifestada por aquele) e a demissão apresentada seria tida como um caso de rutura contratual ilícita, sem justa causa nem aviso prévio, sujeitando o trabalhador a ter de indemnizar o empregador[10].

Eis o que, convenhamos, seria uma bizarra forma de "reforçar os direitos dos trabalhadores" nesta matéria: consagrar o direito de oposição, mas apenas se a transmissão fosse apta, num juízo de prognose, a causar um prejuízo sério ao trabalhador, pelo que, nos restantes casos – decerto a maioria –, o trabalhador não poderia opor-se e, se o fizesse, a oposição seria tida como ineficaz e o trabalhador lá seguiria, contra a sua vontade atempadamente manifestada por escrito e fundamentada, para os braços do transmissário; e consagrar o direito de resolução, sujeitando-o, porém, ao mesmo requisito habilitante do prejuízo sério, pelo que a rutura contratual sempre importaria o risco de vir a ser tida como irregular pelo tribunal, convertendo então o trabalhador em devedor do transmissário, por se ter demitido sem justa causa nem aviso prévio...

Não podemos acompanhar esta leitura, que nos parece altamente limitativa e desfiguradora, do novo diploma legal. Nesta matéria, os valores primaciais em jogo (liberdade, autonomia, dignidade) reclamam, e a letra da lei autoriza ou impõe mesmo, uma outra leitura: uma leitura que dê a palavra ao trabalhador, quando houver uma transmissão da unidade económica em que labora, no sentido de este, livremente, dizer se pretende ou não passar a trabalhar para outra entidade, uma entidade com a qual não celebrou contrato mas que agora, por força de negócios transmissivos incidentes sobre a unidade económica em causa, surge como sua potencial entidade empregadora. *O trabalhador deve ter o direito de dizer não! E não porquê? Porque não!* E tal é permitido, ainda que em moldes algo enviesados, pela nova lei, ao indicar que o trabalhador poderá invocar a

---

[10] Assim, David Carvalho Martins, «Novo regime da transmissão de unidade económica...», cit., pp. 137-141. Em sentido próximo, Pedro Romano Martinez e Pedro Madeira de Brito, «O novo regime da transmissão da unidade económica...», cit., pp. 23-24.

ausência de confiança no adquirente para exercer o seu direito de oposição ou resolução.

Crê-se que, nesta matéria, devemos ir à raiz, isto é, ser radicais. Devemos fazer prevalecer os princípios fundamentais, máxime o de que o trabalhador não é uma mercadoria. Por isso, e ao invés de JOANA VASCONCELOS, estamos convictos de que o relevo atribuído pelo legislador à falta de confiança do trabalhador no adquirente da empresa remete mesmo «para um seu juízo puramente subjetivo»[11] e, em princípio, insindicável. Por isso, também, e ao contrário de DAVID CARVALHO MARTINS, cremos que tanto a oposição como a resolução poderão sim fundar-se em «estados de alma ou meros palpites do trabalhador»[12]. Por isso, ainda, não acompanhamos PEDRO OLIVEIRA, quando este autor conclui que a lei não consagrou um direito de oposição «incondicionado» ou «irrestrito»[13].

Pelo contrário, e como escreve ROSÁRIO PALMA RAMALHO, «quanto à sustentação do direito de oposição na falta de confiança do trabalhador na política de organização do trabalho do adquirente da unidade económica, trata-se de uma alegação absolutamente subjetiva, de conteúdo indeterminado», concluindo: «Assim, crê-se que, na prática, este requisito tem o efeito de tornar irrestrito o direito de oposição»[14]. Assim é, a nosso ver, porque, justamente, se o estado de alma do trabalhador vai no sentido de não querer trabalhar para um terceiro, com o qual não assumiu qualquer compromisso contratual, a Ordem Jurídica de um país que não equipare o trabalho a mercadoria nem reduza o trabalhador à condição de objeto de negócios deve reconhecer-lhe esse direito. Não tanto por considerações ligadas à segurança no emprego. Mas sim, reitera-se, por razões de liberdade, autonomia e dignidade da pessoa que trabalha para outrem e se irá colocar, à sua força de trabalho e a si mesma, sob a autoridade e direção desse novo outrem[15].

---

[11] «Sobre a resolução do contrato de trabalho...», cit., p. 138.

[12] «Novo regime da transmissão de unidade económica...», cit., p. 134.

[13] «Ainda sobre o direito de oposição do trabalhador...», cit., pp. 303-325 [321].

[14] *Tratado de Direito do Trabalho*, II, 7.ª ed., Almedina, Coimbra, 2019, pp. 694-695.

[15] Para mais desenvolvimentos, JOÃO LEAL AMADO, «Transmissão de unidade económica e dos contratos de trabalho: oposição *ma non troppo*?», *Questões Laborais*, n.º 53, 2018, pp. 43-64 (texto que, em alguns pontos, aqui seguimos de perto). Em sentido próximo, manifestando a sua perplexidade pela forma como o legislador veio regular este direito de oposição, mas

4. O Acórdão da Relação de Évora, de 27/05/2021, e o Acórdão da Relação do Porto, de 20/09/2021

Neste pandémico ano de 2021 foram proferidos dois acórdãos, sobre esta temática, que merecem ser registados e comentados, até por incidirem sobre aspetos sobre os quais a doutrina tem divergido. Trata-se, em primeiro lugar, do Acórdão da Relação de Évora, de 27 de maio, cujo relator foi o Desembargador Mário Branco Coelho, e, em segundo lugar, do Acórdão da Relação do Porto, de 20 de setembro, cujo relator foi o Desembargador António Carvalhão.

Vamos começar por transcrever o sumário de ambos os acórdãos[16], procurando depois captar aquilo que de mais relevante se pode extrair dos mesmos.

Sumário do Acórdão da Relação de Évora:

> «1. O art. 286.º-A n.º 1 do Código do Trabalho, aditado pela Lei 14/2018, de 19 de Março, consagra dois fundamentos distintos de oposição do trabalhador à transmissão da posição do empregador no seu contrato: o 1.º, fundado no prejuízo sério para o trabalhador, nomeadamente por manifesta falta de solvabilidade ou situação financeira difícil do adquirente, embora não seja de exigir um prejuízo sério efetivo, mas um mero juízo de prognose sobre um prejuízo sério no futuro ; o 2.º, fundado na falta de confiança do trabalhador quanto à política de organização do trabalho do adquirente, que também envolve um juízo de prognose do trabalhador, mas de conteúdo subjetivo e indeterminado.
>
> 2. O que está em causa é o reconhecimento que o trabalho não é uma mercadoria *(labour is not a commodity)*, e que o princípio geral da liberdade contratual envolve também a liberdade de escolha do parceiro da relação negocial, não devendo assim ser imposto ao trabalhador um empregador por ele não escolhido.

---

concluindo que este se apresenta «como um direito de tipo *discricionário*, já que a nenhum outro sujeito, senão ao respetivo titular, pode caber a valoração das razões por que o exerce», MILENA SILVA ROUXINOL, *Direito do Trabalho – Relação Individual*, cit., pp. 884-885.

[16] O texto integral de todos os acórdãos mencionados no presente comentário pode ser compulsado em www.dgsi.pt.

3. As normas contidas nos arts. 394.º n.º 3 al. d) e 286.º-A n.º 1 do Código do Trabalho, não apenas consagram uma nova justa causa objetiva de resolução do contrato de trabalho, consistente na "transmissão para o adquirente da posição do empregador no respetivo contrato de trabalho, em consequência da transmissão da empresa", como ainda permitem ao trabalhador fazê-lo baseado numa mera conjetura acerca da política de organização do trabalho do adquirente.

4. O art. 396.º n.º 5 do Código do Trabalho, ao estabelecer a obrigação de pagamento de uma compensação por resolução do contrato com fundamento na transmissão da posição do empregador, não estabelece qualquer distinção entre os dois fundamentos de resolução do contrato de trabalho que o trabalhador pode invocar em caso de transmissão do estabelecimento, tanto mais que *"a desconfiança na política de organização de trabalho se exprime, de algum modo, no receio de um prejuízo futuro."*

5. Poderá admitir-se que a resolução do contrato com fundamento em mera desconfiança do trabalhador acerca da política de organização de trabalho do adquirente mereça um juízo negatório da compensação, por abuso de direito, nomeadamente quando ocorreu regularmente o processo de informação e de consulta e foi atingido um acordo acerca das medidas a aplicar ao trabalhador na sequência da transmissão.

6. No entanto, não é possível formular esse juízo negatório da compensação quando a transmissão foi apresentada à trabalhadora como um facto consumado, com total omissão, pela transmitente e pela adquirente, dos deveres de informação e de consulta prévia da trabalhadora.

7. Nesta situação, quer a transmitente, quer a adquirente, são solidariamente responsáveis pelo pagamento da compensação».

Sumário do Acórdão da Relação do Porto:

«I – O art.º 286.º-A do Código do Trabalho consagra dois fundamentos distintos de oposição do trabalhador à transmissão da posição do empregador no seu contrato, a saber: – o primeiro, fundado no prejuízo sério para o trabalhador, nomeadamente por manifesta falta de solvabilidade ou situação financeira difícil do adquirente; – o segundo, fundado na falta de confiança do trabalhador quanto à política de organização do trabalho do adquirente.

> II – Quanto à falta de confiança na política de organização do trabalho do adquirente, ainda que envolva um juízo de prognose do trabalhador, de conteúdo subjetivo e indeterminado, essa não confiabilidade poderá ser de alguma forma sindicada pela análise dos factos invocados, dos quais possa resultar essa desconfiança à luz de um critério objetivo e razoável, tendo em conta a perspetiva de um trabalhador médio, possuidor dos conhecimentos e na concreta situação do trabalhador em causa.
>
> III – Enquadra-se nesse requisito para exercício do direito de oposição do trabalhador à transmissão, a invocação da não confiabilidade da política de organização de trabalho da adquirente, manifestando preocupação com a possível extinção do posto de trabalho (referida, quer em reunião com a transmissária, quer pela beneficiária dos serviços) e invocando a possibilidade de não pagamento de créditos salariais».

Abordando, é certo, questões distintas, estes dois acórdãos apresentam na sua narrativa um ponto nuclear comum, que deve ser destacado: o de que, à luz da nossa lei, existem dois fundamentos distintos para o trabalhador exercer o seu direito de oposição. Como se lê no aresto da Relação de Évora, «a lei poderia ter-se bastado pelo prejuízo sério como único fundamento do direito de oposição à transmissão do vínculo contratual: sempre envolveria um juízo de prognose, mas fundado em factos concretos e verificáveis, como são a falta de solvabilidade ou a situação financeira difícil. Não foi, porém, essa a opção do legislador, consagrando um segundo fundamento do direito de oposição, que o trabalhador poderá invocar, mesmo que não seja evidente o risco de prejuízo sério, e que se baseia apenas em algo do seu foro íntimo, uma opção pessoal, como tal insindicável pelo tribunal». E o mesmo tribunal conclui: «Nesta linha, seguimos o entendimento que as normas contidas nos arts. 394.º n.º 3 al. d) e 286.º-A n.º 1 do Código do Trabalho, não apenas consagram uma nova justa causa objetiva de resolução do contrato de trabalho, consistente na *"transmissão para o adquirente da posição do empregador no respetivo contrato de trabalho, em consequência da transmissão da empresa"*, como ainda permitem ao trabalhador fazê-lo baseado numa mera conjetura acerca da política de organização do trabalho do adquirente».

A Relação do Porto, por seu turno, sintetiza a questão da seguinte forma: «A leitura do n.º 1 deste artigo, sobre os requisitos para o exercício do direito de oposição, não tem sido uniforme. Para uns, o requisito material transversal para que o trabalhador possa exercer o direito de oposição é o prejuízo sério que a transmissão lhe possa causar, o qual pode decorrer nomeadamente: – de manifesta falta de solvabilidade ou situação financeira difícil do adquirente, ou – de falta de confiança na política de organização do trabalho do adquirente. Todavia, face aos termos em que está redigida a norma, acompanhamos o acórdão do TRE de 27.05.2021, ao encontro do qual vai a sentença recorrida, entendendo que o n.º 1 do art.º 286.º-A do Código do Trabalho consagra dois fundamentos distintos de oposição do trabalhador à transmissão da posição do empregador no seu contrato, a saber: – o primeiro, fundado no prejuízo sério para o trabalhador, nomeadamente por manifesta falta de solvabilidade ou situação financeira difícil do adquirente (embora não seja de exigir um prejuízo sério efetivo, mas um mero juízo de prognose sobre um prejuízo sério no futuro); – o segundo, fundado na falta de confiança do trabalhador quanto à política de organização do trabalho do adquirente». E acrescenta: «Quanto ao prejuízo sério, deve ser entendido como o dano relevante para a vida do trabalhador, que altere substancialmente as suas condições económicas familiares, ou mesmo na sua esfera jurídica, e não aquele se traduza em simples transtornos ou simples incómodos, devendo a análise ser feita caso a caso. Quanto à falta de confiança na política de organização do trabalho do adquirente, ainda que envolva um juízo de prognose do trabalhador, de conteúdo subjetivo e indeterminado, essa não confiabilidade poderá ser de alguma forma sindicada pela análise dos factos invocados, dos quais possa resultar essa desconfiança à luz de um critério objetivo e razoável, tendo em conta a perspetiva de um trabalhador médio, possuidor dos conhecimentos e na concreta situação do trabalhador em causa». A Relação do Porto conclui: «No caso *sub judice* o Autor na carta enviada à 1.ª Ré, referida no ponto 21) dos factos provados, invoca a não confiabilidade da política de organização de trabalho da adquirente, manifestando preocupação com a possível extinção do posto de trabalho (referida, quer em reunião com a transmissária, quer pela beneficiária dos serviços) e invoca a possibilidade de não pagamento de "créditos salariais". Ora, sem esquecer que estamos na presença de contrato com termo certo, o alegado pelo Autor afigura-se-nos razoável, justificando a não confiabilidade com indícios concretos, e tanto assim é que o "posto de trabalho" do Autor veio efetivamente a ser extinto [cfr. pontos 27) e 28) dos factos provados]. Ou seja, o alegado pelo Autor enquadra-se nos requisitos supra referidos para exercício do direito de oposição do trabalhador à transmissão, e como tal concluímos como na sentença recorrida que o Autor exerceu o seu direito de oposição à transmissão, de forma fundada (já que os motivos invocados são suficientes), o seu contrato de trabalho não se transmite, mantendo-se o vínculo laboral com a 1.ª Ré».

Os arestos não coincidem por inteiro na abordagem que fazem ao disposto no art. 286.º-A do CT, visto que a Relação de Évora sustenta que a falta de confiança do trabalhador na política de organização de trabalho do adquirente releva do foro íntimo do trabalhador e não é sindicável pelo tribunal, ao passo que a Relação do Porto entende que a falta de confiança do trabalhador poderá ser de alguma forma sindicada pela análise dos factos invocados, dos quais possa resultar essa desconfiança à luz de um critério objetivo e razoável[17]. O mais importante, contudo, reside no pressuposto de que ambos os acórdãos partem, o da dualidade de fundamentos possíveis para exercício do direito de oposição – ponto nada pacífico na doutrina, como acima deixámos assinalado.

O Acórdão da Relação de Évora debate-se, ainda, com a questão de saber se ao trabalhador que resolva o contrato, invocando o segundo fun-

[17] A este propósito, merece também referência o Acórdão da Relação de Guimarães, de 07/05/2020 (Desembargador Antero Veiga), o qual adota uma postura mais exigente em relação ao trabalhador, considerando que «não se trata, pois, no que tange à confiança, como invoca o recorrente, de algo na livre disponibilidade do trabalhador, de algo que não pode ser contestado, de algo dependente do puro arbítrio do trabalhador, sem possibilidade de contraprova. Se assim o tivesse pretendido a lei, bastava conceder ao trabalhador o direito de rescindir pelo simples facto da transmissão, o que não acontece».
O argumento procede, mas só em parte, pois esquece que se o legislador tivesse pretendido que o tribunal pudesse sindicar a falta de confiança invocada pelo trabalhador, a lei teria, decerto, uma outra redação, obrigando o trabalhador a invocar factos dos quais se pudesse extrair, segundo bitolas de normalidade, um qualquer fundamento racional para a alegada ausência de confiança. E isto, convenhamos, também não acontece, a letra da lei nada exige a esse respeito. O que, repete-se, está certo, porque o direito de oposição decorre da consideração devida à liberdade do trabalhador, à sua radical liberdade pessoal de não trabalhar senão para quem o contratou, isto é, de não trabalhar para um estranho, o adquirente ou transmissário da empresa ou estabelecimento.

damento legal – a falta de confiança no adquirente -, deve ser reconhecido o direito a uma compensação. A Relação considera: «Anotando que o art. 396.º n.º 5 do Código do Trabalho não estabelece qualquer distinção entre os dois fundamentos de resolução do contrato de trabalho que o trabalhador pode invocar em caso de transmissão do estabelecimento, poderemos admitir que a resolução do contrato com fundamento em mera desconfiança do trabalhador acerca da política de organização de trabalho do adquirente poderá merecer um juízo de negação da compensação, por abuso de direito, nomeadamente quando ocorreu regularmente o processo de informação e de consulta e foi atingido um acordo acerca das medidas a aplicar ao trabalhador na sequência da transmissão». *In casu*, porém, «surpreende, pela negativa, não apenas que as Rés não tenham informado previamente a trabalhadora acerca da transmissão do estabelecimento nem a tenham consultado acerca dos aspetos relevantes que esse facto teria para ela, como nem sequer lhe tenham prestado qualquer informação escrita acerca da transmissão, realizando o negócio e apresentando-o à trabalhadora como um facto consumado, como se a mudança da entidade empregadora fosse um facto perfeitamente irrelevante na sua relação laboral e a trabalhadora uma mera *commodity*, uma simples peça de equipamento vendida juntamente com a lavandaria». E conclui: «Deste modo, consideramos que ocorreram factos concretos aptos a justificar o juízo íntimo de desconfiança da trabalhadora em relação às consequências que a transmissão da lavandaria teria na organização do seu trabalho, pelo que é fundado o seu pedido de pagamento da compensação prevista no art. 396.º n.º 5 do Código do Trabalho»[18].

Em suma, estes arestos comprovam que muita coisa permanece por definir, no que à interpretação destas intrincadas normas legais diz respeito – a sindicabilidade ou não da falta de confiança alegada pelo traba-

[18] Quanto à responsabilidade pelo pagamento desta compensação, e uma vez que se tratou de uma resolução contratual provocada por ato praticado por ambas as Rés – e com total omissão dos deveres de informação e de consulta da trabalhadora –, a Relação de Évora entendeu que ambas deveriam responder solidariamente por tal obrigação (coisa que, note-se, não resultaria líquida do disposto no n.º 6 do art. 285.º do CT, visto que este crédito só se venceu após a transmissão).

lhador[19], o seu direito ou não, neste caso, a receber uma compensação, se optar por resolver o contrato, etc. Mas estes dois acórdãos, reiteramos, assentam num mesmo pressuposto analítico – o da dualidade de fundamentos possíveis do direito de oposição. Como vimos, a doutrina diverge quanto a isto, com reflexos na jurisprudência[20]. Pela nossa parte, e pelo acima exposto, estamos inteiramente de acordo com a premissa de que partem estes dois acórdãos: a lei prevê dois fundamentos possíveis para o direito de oposição do trabalhador – o prejuízo sério ou a falta de confiança. E, quanto a esta última, a lei concede ao trabalhador o direito de oposição se ele não sentir confiança na política de pessoal do adquirente. A lei não prescreve que o trabalhador se poderá opor se alegar e demonstrar factos concretos e tangíveis dos quais resulte essa falta de confiança[21]. E, repetimos, assim é que está bem, porque a confiança é um sentimento cuja (in)existência, em relação a outrem, nem sempre é, nem tem de ser, racionalmente explicável. Tal como, afinal, a empatia, o amor e tantos outros sentimentos e emoções que experimentamos ao longo da vida...

---

[19] Isto sem prejuízo de, mesmo para quem entenda que este direito de oposição é um direito de tipo discricionário, sempre poder intervir esse expediente último de sindicação do ilícito em que se traduz a figura do abuso de direito – neste sentido, Milena Silva Rouxinol, *Direito do Trabalho – Relação Individual*, cit., p. 885, em nota.

[20] Parecendo pressupor a unicidade de fundamentos para o direito de oposição, exigindo sempre a alegação e prova de "prejuízo sério", veja-se o Acórdão da Relação de Guimarães, de 17/12/2019 (Desembargadora Vera Sottomayor).

[21] Distinta é a posição sustentada por Melanie Oliveira Neiva Santos e Susana Ferreira dos Santos, autoras que sustentam, a este propósito, que «o trabalhador terá que alegar factos e/ou condutas, em concreto, que lhe permitam invocar a falta de confiança no adquirente, sob pena de a oposição consubstanciar um abuso de direito» («O (novo) direito de oposição em caso de transmissão de empresa ou estabelecimento», *Questões Laborais*, n.º 53, 2018, p. 81). Entendimento de que discordamos, como tivemos ensejo de sublinhar.

«How terribly strange to be seventy»: anotação ao Acórdão do Supremo Tribunal de Justiça, de 21 de Setembro de 2017

João Leal Amado
Joana Nunes Vicente

Supremo Tribunal de Justiça
Acórdão de 21 de Setembro de 2017

Sumário

I. Tendo o trabalhador atingido os 70 anos de idade ou obtido a reforma, tais factos não possuem a virtualidade de, per se, fazerem extinguir o contrato de trabalho por caducidade.

II. Com efeito, o contrato de trabalho converte-se em contrato de trabalho a termo resolutivo se o trabalhador, após a reforma ou ter completado 70 anos de idade, permanecer ao trabalho por mais 30 dias e caso as partes pretendam manter a relação laboral, por força do disposto no art. 348.º do Código do Trabalho de 2009.

III. Nessas circunstâncias, o contrato de trabalho convertido em contrato a termo resolutivo vigora por seis meses, sendo renovável por períodos iguais e sucessivos, nos termos da lei, sem sujeição a limites máximos, caso nenhuma das partes lhe ponha termo.

IV. No caso dos autos, tendo o empregador conhecimento de que o trabalhador irá atingir os 70 anos de idade, dentro de alguns meses, e não estando interessado na continuação desse vínculo laboral, pode fazer operar a caducidade do contrato de trabalho e impedir a conversão do contrato em contrato a termo resolutivo, comunicando ao trabalhador, com antecedência, que não pretendia a manutenção desse vínculo a partir da data em que o mesmo completasse 70 anos de idade.

V. Em tais circunstâncias, a cessação do contrato de trabalho é lícita, não ocorrendo a conversão do contrato de trabalho em contrato a termo resolutivo, produzindo-se a caducidade do contrato de trabalho por manifestação expressa da vontade real da Ré empregadora.

Acordam na secção social do Supremo Tribunal de Justiça:

III – Fundamentação

I – De Facto

A factualidade provada pelas instâncias é a seguinte: (...)

II – De Direito

Está em causa, *prima facie*, a questão de saber se ocorreu ou não a caducidade do contrato de trabalho do Autor por este ter completado 70 anos de idade, nas circunstâncias que os autos retratam.

Sobre esta matéria quer as partes, quer as Instâncias divergiram quanto à interpretação das normas jurídicas aplicáveis. Resultam, pois, dos autos os seguintes entendimentos dissonantes:

A) O Autor defende que não ocorreu a caducidade do seu contrato de trabalho, porquanto:

- A caducidade só operaria se ao atingir a referida idade se encontrasse, simultaneamente, já reformado;
- O que não constitui o caso, pois quando completou os 70 anos ainda não estava reformado, pelo que o seu contrato de trabalho converteu-se em contrato de trabalho a termo, por seis meses;
- Daí que, ao ser dispensado do serviço pela Ré – tendo esta posto fim ao seu contrato de trabalho – tal procedimento consistiu num verdadeiro despedimento, que é ilícito por inexistência de justa causa.

B) Por sua vez o Acórdão recorrido, do Tribunal da Relação de Lisboa, na senda da posição assumida pelo Autor, considerou que:

- A caducidade do contrato de trabalho só opera com a reforma do trabalhador e não pelo facto de este completar 70 anos de idade;

- Uma vez que o trabalhador não requereu a sua passagem à situação de reforma, o contrato de trabalho manteve-se em vigor, tendo-se convertido em contrato a termo;
- E como a Ré fez cessar o contrato com a declaração de 30/06/2014, e sem razões legais para tal, procedeu a um despedimento ilícito do Autor, por falta de justa causa, com as legais consequências.

C) Opôs-se a Ré em sede recursória, secundando o entendimento da 1.º instância, nos termos que as suas conclusões espelham por considerar que:

- Todas as situações previstas no art. 348.º do Código do Trabalho de 2009 determinam a conversão do contrato de trabalho em contrato a termo após a reforma por velhice ou a idade de 70 anos;
- Porém, no presente caso, e ao contrário do decidido pelo Tribunal da Relação, enquanto entidade empregadora assiste-lhe o direito de fazer operar a caducidade do contrato de trabalho por o Autor ter atingido o limite de idade dos 70 anos;
- Assim, ao comunicar ao trabalhador o fim do contrato de trabalho mais não fez do que impedir a conversão desse contrato em contrato a termo, o que é legítimo, pelo que se operou, tempestivamente, a caducidade do contrato de trabalho do Autor.

A questão mostra-se equacionada. Há que dilucidá-la.

2. A conversão do contrato de trabalho em contrato a termo resolutivo:

2.1. Dispõe o art. 343.º do Código do Trabalho:

> "O contrato de trabalho caduca nos termos gerais, nomeadamente: a) Verificando-se o seu termo; b) Por impossibilidade superveniente, absoluta e definitiva, de o trabalhador prestar o seu trabalho ou de o empregador o receber; c) Com a reforma do trabalhador, por velhice ou invalidez".

Por seu turno, estabelece o art. 348.º do mesmo diploma legal, sob a epígrafe de "Conversão em contrato a termo após a reforma por velhice ou idade de 70 anos":

> "1 – Considera-se a termo o contrato de trabalho de trabalhador que permaneça ao serviço decorridos 30 dias sobre o conhecimento, por ambas as partes, da sua reforma por velhice.

2 – No caso previsto no número anterior, o contrato fica sujeito ao regime definido neste Código para o contrato a termo resolutivo, com as necessárias adaptações e as seguintes especificidades:

a) É dispensada a redução do contrato a escrito;

b) O contrato vigora pelo prazo de seis meses, renovando-se por períodos iguais e sucessivos, sem sujeição a limites máximos;

c) A caducidade do contrato fica sujeita a aviso prévio de 60 ou 15 dias, consoante a iniciativa pertença ao empregador ou ao trabalhador;

d) A caducidade não determina o pagamento de qualquer compensação ao trabalhador.

3 – O disposto nos números anteriores é aplicável a contrato de trabalho de trabalhador que atinja 70 anos de idade sem ter havido reforma."

Decorre da análise conjugada das referidas normas, conforme aliás tem sido reconhecido por diversos Autores e é igualmente salientado no âmbito dos presentes autos, que o art. 343.º do Código do Trabalho de 2009 ao enunciar as causas de caducidade do contrato de trabalho não o fez taxativamente. Com efeito, a inserção pelo legislador desse advérbio "nomeadamente" sugere uma mera exemplificação das causas, sem taxatividade, não estando, por isso, impedido o intérprete de proceder a uma integração nesse elenco de outras possíveis causas que determinem a caducidade do contrato de trabalho.

Sendo uma delas, sem dúvida, a que resulta do limite de idade atingido pelo trabalhador aos 70 anos de idade, nas circunstâncias previstas, v.g., nos nos 1), 2), alínea c), e n.º 3, todos do art. 348.º, do Código do Trabalho de 2009.

Extrai-se igualmente dos referidos preceitos que um contrato de trabalho sempre poderá caducar pela reforma do trabalhador.

Porém, essa caducidade não resulta automaticamente desse facto, pois pode bem acontecer que as partes queiram manter a relação laboral, caso em que poderão fazê-lo nos termos preceituados no n.º 1, do art. 348.º, do Código do Trabalho, situação em que o contrato de trabalho em causa transforma-se num contrato de trabalho a termo resolutivo, com o prazo de 6 meses, que se pode ir renovando sem limite máximo de renovações e sem se convolar em contrato sem termo. Nestas circunstâncias só se verificará a extinção do vínculo quando ambas as partes tiverem conhecimento da situação em causa – e não no momento em que o trabalhador se reforma – e se acaso decidirem pôr termo ao contrato de trabalho nos termos do citado normativo. Podendo, contudo, a relação laboral prosseguir decorridos trinta dias sobre o conhecimento da reforma por velhice do trabalhador, caso em que não se extingue ipso jure e a relação jurídica converte-se num contrato a termo certo resolutivo.

Daí que seja possível concluir que o limite de idade de 70 anos, tal como a reforma do trabalhador, tanto podem originar o fim do contrato de trabalho celebrado por tempo indeterminado, como a formação de um segundo contrato a termo resolutivo.

Só que este segundo contrato – com termo certo – depende da verificação dos pressupostos legais estatuídos no art. 348.° do CT/2009.

Nessa medida, e face ao consignado na alínea c), do n.° 2, de tal normativo, assiste igualmente ao empregador o direito de pôr termo ao contrato de trabalho, ficando a caducidade do contrato sujeita a aviso prévio de 60 dias, nos termos aí previstos.

Destarte, a questão que se coloca, no caso *sub judice*, é a de saber se:

- Poderá, ainda, o empregador exercer esse direito antes mesmo de o contrato de trabalho por tempo indeterminado se ter convertido em contrato de trabalho a termo?
- Ou melhor: poderá pôr termo à relação laboral na data em que o trabalhador perfizer os 70 anos de idade, avisando-o previamente, antes de este ter obtido a sua reforma?

Quid iuris? (...)

2.2. A resposta às questões enunciadas não dispensa a ponderação da matéria factual provada no caso sub judice, pelo que, atentos os elementos fácticos dos autos teremos de ter presente que:

- Entre Autor e a Ré vigorou um contrato de trabalho, desde 1971, contrato esse celebrado por tempo indeterminado;
- Em 28/Novembro/2014, o Autor completou 70 anos de idade;
- Em data anterior, a 30/Junho/2014, a Ré entregou ao Autor uma carta, nos termos da qual lhe comunicou que o vínculo contratual entre ambos existente iria cessar no dia 29/Novembro/2014, data seguinte àquela em que o Autor iria perfazer os 70 anos de idade;
- O Autor apenas iniciou o processo com vista à sua reforma no dia 03/Dezembro/2014.

Destes factos resulta que existiu uma manifestação inequívoca da parte da Ré empregadora no sentido de que não pretendia manter o contrato de trabalho com o Autor para além do referido limite de idade dos 70 anos deste.

Importa, pois, saber, quais os efeitos decorrentes dessa manifestação de vontade, já que, como se referiu, a pretensão da Ré não mereceu acolhimento por parte do Tribunal da Relação de Lisboa, tendo esta decidido no sentido de que a caducidade do contrato de trabalho não podia ocorrer com base apenas no facto de o trabalhador ter completado os 70 anos de idade.

Vejamos se tal entendimento pode ser sufragado.

O regime jurídico da conversão após a reforma ou a idade de 70 anos:

3.1. O quadro factual provado remete-nos para o já enunciado regime jurídico estatuído nas seguintes normas:

- art. 340.º, alínea a) – que consagra que uma das modalidades de cessação do contrato de trabalho, «para além de outras legalmente previstas», é a «caducidade»;
- art. 343.º, alínea c) – que estabelece como uma das causas de caducidade do contrato de trabalho «a reforma do trabalhador, por velhice ou invalidez»;
- art. 348.º – que prevê a conversão do contrato de trabalho em contrato a termo após a reforma por velhice ou a idade de 70 anos. (...)

3.3. Extrai-se, assim, da análise efectuada que o art. 348.º tem subjacente uma realidade fáctica assente no conhecimento por parte da entidade empregadora da idade do trabalhador apenas em data posterior àquela em que este atingiu 70 anos de idade. Caso em que, conforme se referiu supra, se converte o contrato celebrado anteriormente – no final do trigésimo dia subsequente à data em que o trabalhador completou os 70 anos – em contrato de trabalho a termo resolutivo, por força do preceituado no n.º 1, do art. 348.º.

Com a conversão consagrada na lei nesses termos procurou-se pôr fim às dúvidas existentes e que assentavam numa corrente expositiva que considerava que com a passagem à reforma ocorria o termo do contrato, erigindo-a como uma manifestação da impossibilidade definitiva do trabalhador para as funções que desempenhava. Orientação vertida pela preocupação de libertar postos de trabalho a partir da reforma do trabalhador e o objectivo de combater a crise de desemprego.

Estando igualmente associada a outras razões de natureza jurídica, v.g., o de não discriminação no acesso ao emprego, frequentemente aduzida para justificar a criação deste regime de prolongamento da idade activa profissional do trabalhador após atingir a reforma e os 70 anos de idade.

3.4. Em conclusão, pode dizer-se que o art. 348.° do Código do Trabalho de 2009 depende, na sua aplicação, da verificação cumulativa dos seguintes pressupostos actuais:

- Que o trabalhador tenha completado 70 anos de idade;
- Que permaneça ao serviço decorridos 30 dias sobre o conhecimento, por ambas as partes, de tal facto;
- Que tenha requerido a reforma (e mesmo que não o tenha feito, é-lhe aplicável igual regime, por força do preceituado no n.° 3, do art. 348.°);
- Que a vontade de ambas as partes seja coincidente no sentido de manter o contrato de trabalho em vigor.

Isto porque pode bem acontecer que o trabalhador não esteja interessado em continuar a exercer a sua profissão depois de obter a reforma ou de completar os 70 anos de idade. Tal como não poderá deixar de se equacionar a situação contrária, em que essa manifestação de vontade parta, já não do trabalhador, mas sim da entidade empregadora por não estar ela própria também interessada em que aquele continue ao seu serviço depois de atingir esse status ou idade.

Aqui chegados é fácil percepcionar que não se antolham obstáculos para a solução que se perfilha.

4. O caso concreto:

4.1. Efectivamente, no caso sub judice, a situação fáctica não nos impele para o art. 348.° do Código do Trabalho de 2009, ao contrário do decidido pelo Tribunal da Relação, porquanto diverge, factual e juridicamente, dos pressupostos contemplados na citada norma nos termos por nós supra analisados.

Com efeito, nem o trabalhador/Autor permaneceu ao serviço decorridos 30 dias sobre o conhecimento, por ambas as partes, de que atingira a idade dos 70 anos, nem requereu a reforma nessa data, nem anteriormente – tendo-se provado que só o fez tempos depois, em 03/Dezembro/2014, quando se sabe que completara os 70 anos de idade em 28/Novembro/2014 – nem a vontade de ambas as partes convergiu em igual sentido: o de que o Autor continuasse ao serviço da Ré. Tendo a Ré feito saber ao Autor, com a devida antecedência, que não pretendia manter o vínculo contratual laboral após este perfazer os 70 anos de idade, através de carta datada de 30/Junho/2014, e com a indicação de que os efeitos se produziriam depois dos referidos 70 anos, ou seja, a partir do dia seguinte, em 29/Novembro/2014.

O que se tornou possível porquanto, sendo o Autor seu trabalhador há longos anos (desde 1971), tinha a Ré perfeito conhecimento da data em que aquele atingiria os 70 anos de idade.

Tudo isto para dizer que, *in casu*, para que o contrato de trabalho do Autor se convertesse em contrato a termo de seis meses, necessário seria que tivesse continuado a exercer a sua actividade laboral ao serviço da sua empregadora depois de completar os 70 anos de idade, e que esta, por sua vez, soubesse desse facto e mesmo assim consentisse na prestação, para além dos 30 dias desse conhecimento, estatuídos no art. 348.°, no 1, do CT/2009.

4.2. Acresce que, não pode deixar de se extraírem as respectivas consequências jurídicas da manifestação de vontade, expressa livre e voluntariamente e com um sentido inequívoco, por parte da entidade empregadora de que não pretendia manter o Autor ao seu serviço. Extinguindo, por essa via, a vigência do referido contrato em virtude da superveniência de um facto com força bastante para produzir a tal declaração de não renovação do contrato.

Trata-se, sem dúvida, da expressão legítima da manifestação de vontade de uma das partes e, como tal, soberana, no contexto da relação contratual de trabalho existente, dando a conhecer à parte contrária que não estava interessado no prolongamento desse vínculo. Tanto mais que, de acordo com o disposto no art. 236o do CC, a declaração vale de harmonia com a vontade real do declarante e com o sentido que um declaratário normal – medianamente atento e diligente – colocado na situação do declaratário real, possa deduzir do comportamento do declarante.

Sendo que a «normalidade do declaratário, que a lei toma como padrão, exprime-se não só na capacidade para entender o texto ou conteúdo da declaração, mas também na diligência para recolher todos os elementos que, coadjuvando a declaração, auxiliem a descoberta da vontade real do declarante».

É a chamada teoria da impressão do destinatário que, pelo seu carácter eminentemente objectivista, se entende ser aquela que dá «tutela plena à legítima confiança da pessoa em face de quem é emitida a declaração».

Destarte, não estando em causa a interpretação da declaração negocial da Ré, porquanto a mesma é clara e legal, não se vislumbram obstáculos para que, no referido contexto, possa ter lugar.

Aliás, no quadro de uma economia de mercado, é legítimo que o empregador, nestas circunstâncias de reforma ou limite de idade do trabalhador, pretenda aproveitar a oportunidade para, no âmbito da gestão da sua organização empresarial, eliminar postos de trabalho, reduzir custos ou renovar a empresa através da contratação de pessoal mais jovem, ainda que dotado de menor experiência profissional.

Ponto é que o faça com observância das regras legais consagradas nesta matéria.

4.3. Assim sendo, e porque no âmbito dos presentes autos está provado que a entidade empregadora Ré comunicou ao Autor, seu trabalhador, que não pretendia manter o contrato de trabalho celebrado com o Autor para além dos 70 anos de idade, não se pode operar a conversão do contrato de trabalho para um contrato a termo resolutivo, uma vez que esta depende dos pressupostos consagrados no art. 348o do Código do Trabalho de 2009, que, aqui, não se verificam.

E essa manifestação de vontade, porque válida no quadro factual e jurídico definido, produz efeitos jurídicos: o efeito extintivo do contrato de trabalho pela reforma/idade de 70 anos, ou seja, a caducidade do contrato de trabalho.

Por conseguinte, conclui-se que a Ré, com a expressão dessa vontade manifestada com antecedência, impediu a conversão legal do contrato de trabalho em contrato a termo fazendo operar a caducidade da relação laboral.

5. Nestes termos, não se vislumbra base legal para a pretensão do Autor no sentido de se considerar que a Ré o despediu, despedimento que intitula de ilícito por inexistência de justa causa. Tanto mais que o despedimento, enquanto decisão unilateral do empregador, assenta em factos ocorridos durante a execução do contrato, imputáveis ao trabalhador, visando pôr fim ao contrato de trabalho, fundada no incumprimento de deveres legais ou obrigacionais por parte do trabalhador e derivados de um comportamento culposo deste. Ou seja: pressupõe um acto ilícito e censurável praticado pelo trabalhador que torne, no dizer da lei, «imediata e praticamente impossível a subsistência da relação de trabalho» – cf. no 1, do art. 351.º, do Código do Trabalho.

Ora, no caso *sub judice*, a atitude da Ré empregadora no contexto da relação contratual existente, e nos termos supra assinalados, em que manifesta com a respectiva antecedência a vontade de não renovar o contrato a partir do dia em que o trabalhador completar os 70 anos de idade, não equivale a um despedimento, não só por falta do respectivo suporte fáctico inerente ao comportamento do trabalhador, como também pela inexistência dos requisitos legais plasmados nos arts. 351.° e segts. do Código do Trabalho de 2009.

Por conseguinte, prejudicadas se mostram as restantes questões suscitadas relativamente a tal matéria.

III – DECISÃO:

- Termos em que se acorda em julgar procedente a revista interposta pela Ré Recorrente, com os presentes fundamentos, repristinando-se a sentença proferida pela 1.ª instância.

Ana Luísa Geraldes (Relatora)
Ribeiro Cardoso
Ferreira Pinto

ANOTAÇÃO

1. No presente aresto, o STJ debate-se com a questão de saber que efeitos assume sobre o contrato de trabalho, ao abrigo da lei, a circunstância de um trabalhador completar 70 anos de idade sem ter havido reforma. *In casu*, tratava-se de um engenheiro, ao serviço da CP desde 1971, que na iminência de atingir 70 anos, foi confrontado com uma carta da sua entidade patronal, através da qual lhe foi comunicada a caducidade do seu contrato de trabalho a partir do dia seguinte àquele em que o trabalhador perfizesse a referida idade. Inconformado, o trabalhador reagiu judicialmente, alegando, em síntese, que a entidade empregadora não podia accionar a caducidade do contrato na referida data, pelo que dessa forma a entidade empregadora procedera a um despedimento, despedimento esse ilícito por inexistência de justa causa. A entidade empregadora, por seu turno, contestou invocando que o contrato de trabalho cessou valida-

mente por caducidade, entendimento que foi acolhido pelo tribunal de primeira instância e confirmado pelo STJ na decisão que ora se comenta e do qual divergiu o Tribunal da Relação de Lisboa (em acórdão proferido em 8/2/2017)[1].

No cerne da solução perfilhada pelo STJ esteve a interpretação conjugada do disposto em dois preceitos codicísticos, o art. 348.º, n.os 1 e 3, do Código do Trabalho, numa inversão, diga-se, do que vinha sendo a orientação doutrinal e jurisprudencial manifestada de forma consistente nesta matéria. Não podemos deixar de confessar as nossas dúvidas quanto ao acerto dessa leitura do sistema normativo efectuada pelo STJ. Por isso, e porque nos parece que questões do género irão, provavelmente, repetir-se, julgamos conveniente reflectir um pouco mais sobre esta problemática.

2. Nos termos da al. c) do art. 343.º, o contrato de trabalho caduca "com a reforma do trabalhador, por velhice ou invalidez". A reforma surge, pois, como uma das causas de caducidade do contrato de trabalho. Decerto, não se trata de uma situação de cessação *automática* do contrato, desde logo porque depende de um requerimento do trabalhador à segurança social e é necessário que ambas as partes tenham conhecimento da situação, podendo suceder que o trabalhador seja reformado e o contrato de trabalho só venha a cessar efectivamente tempo depois, ou seja, depois de o empregador ter conhecimento desse facto[2]. Por outro lado, a reforma do trabalhador implicará, em princípio, a caducidade do contrato de trabalho, mas não *necessariamente*. Com efeito, nos termos do art. 348.º, n.º 1, do Código do Trabalho, se o trabalhador permanecer ao serviço mais de 30 dias depois de ambas as partes terem conhecimento da reforma, o contrato não se extingue por caducidade, mas converte-se num contrato a termo. O preceito estabelece uma solução de tipo compromissório que procura harmonizar dois tipos de interesses à partida conflituantes, como

[1] Processo n.º 3197/15.1 T8LSB.L1-4 (Relatora: Paula Santos). Disponível em www.dgsi.pt

[2] Alguma doutrina alude, por isso, a uma situação "atípica" de caducidade – nestes termos, por exemplo, Pedro Romano Martinez, *Direito do Trabalho*, 8.ª edição, Almedina, Coimbra, 2017, pág. 961; e António Monteiro Fernandes, *Direito do Trabalho*, 18.ª edição, Almedina, Coimbra, 2017, pág. 542.

sejam o de libertação de postos de trabalho para os trabalhadores mais novos, por um lado, e a integração social e económica do trabalhador reformado, cuja pensão de reforma é amiúde muito escassa e cujo capital de conhecimentos e de experiência profissional pode ser muito valioso, por outro[3]. Ou seja, e de um golpe, a lei: (*i*) autoriza que o trabalhador reformado por velhice permaneça ao serviço (contanto, claro está, que o empregador nisso convenha); (*ii*) converte o respectivo contrato de trabalho num contrato a termo, assim tornando precária a relação laboral em causa e assim facilitando a desvinculação ao empregador, quando este entender que a presença do trabalhador reformado no seu posto deixa de ser útil. Trata-se, como a doutrina tem assinalado, de um caso de termo impróprio, resultante da lei e não de estipulação contratual[4]. Segundo o n.º 2 do art. 348.º, esse contrato ficará sujeito ao regime codicístico do contrato a termo resolutivo, mas com as necessárias adaptações e as seguintes especificidades: a) é dispensada a redução do contrato a escrito; b) o contrato vigora pelo prazo de seis meses, renovando-se por períodos iguais e sucessivos, sem sujeição a limites máximos; c) a caducidade do contrato fica sujeita a aviso prévio de 60 dias ou 15 dias, consoante a iniciativa pertença ao empregador ou ao trabalhador; d) a caducidade não determina o pagamento de qualquer compensação ao trabalhador.

3. *Quid iuris* se o trabalhador atinge os 70 anos sem desencadear o seu processo de reforma? A resposta consta do art. 348.º, n.º 3, do Código do Trabalho. Aí se determina que, logo que o trabalhador atinja os 70 anos de idade sem se reformar, o seu contrato passa a ser considerado um contrato a termo, nos moldes dos n.os 1 e 2 do art. 348.º, forma, também aqui, de o legislador permitir que um trabalhador, idoso mas quiçá valioso, continue a desempenhar a sua actividade laboral, concedendo ao empre-

---

[3] Em termos próximos, *vide* Maria do Rosário Palma Ramalho, *Tratado de Direito do Trabalho, Parte II – Situações Individuais*, 6.ª edição, Almedina, Coimbra, 2016, pág. 788; Paulo Ramos de Faria, "Velhos são os trapos – discorrendo por analogia sobre o Acórdão Palacios de la Villa", *Questões Laborais*, n.º 34, 2009, págs. 226-227; e António Monteiro Fernandes, *Direito do Trabalho, cit.*, pág. 544.

[4] Assim, Carlos Alberto da Mota Pinto, *Teoria Geral do Direito Civil*, 4.ª edição por António Pinto Monteiro e Paulo Mota Pinto, Coimbra Editora, Coimbra, 2005, pág. 579.

gador os mecanismos necessários para pôr fim àquela relação contratual se e quando entender que a respectiva manutenção deixou de corresponder ao seu interesse. Trata-se de uma solução que foi introduzida pela LCCT (art. 5.º, n.º 2), que continuou no Código do Trabalho de 2003 (art. 392.º, n.º 3) e que hoje consta do referido art. 348.º, n.º 3. A despeito de algumas dúvidas que têm sido suscitadas a propósito do âmbito de aplicação do preceito[5] (e da sua compatibilidade com as regras do direito comunitário)[6], dir-se-ia, *prima facie*, que o entendimento acerca dos pressupostos da solução aí consagrada não tem oferecido, até ao momento, particular discussão: a conversão do contrato de duração indeterminada

[5] Referimo-nos concretamente à questão de saber em que medida um trabalhador, com 70 anos ou mais, que celebre um contrato de trabalho deve ser forçosamente contratado a termo, estando o contrato sujeito às especificidades constantes do n.º 2 do art. 348.º. Respondem afirmativamente a esta questão, considerando tratar-se de hipóteses incluídas no espírito da norma Pedro Romano Martinez, *Código do Trabalho Anotado*, 11.ª edição, Almedina, Coimbra, 2017, pág. 809; João Zenha Martins, "Nótula sobre a reforma por velhice e a caducidade do contrato de trabalho", *Prontuário de Direito do Trabalho*, n.º 68, 2004, págs. 101-102; Paulo Ramos de Faria, "Velhos são os trapos...", *cit.*, págs. 233-235; e Pedro Furtado Martins, *Cessação do Contrato de Trabalho*, 4.ª edição, Principia, Cascais, 2017, pág. 116. A nosso ver, nem a letra nem a *ratio* do preceito legal permitem aplicar a respectiva estatuição à contratação *ab initio* de um trabalhador reformado ou com mais de 70 anos de idade. Idênticas reservas manifesta Júlio Gomes, *Direito do Trabalho*, Coimbra Editora, Coimbra, 2007, pág. 933, orientação que tem sido acompanhada maioritariamente pelos tribunais – nestes termos, ver, designadamente os acórdãos do STJ de 7-2-2007 (Proc. n.º 06S3320, Relator: Sousa Grandão); do STJ de 17-1-2007 (Proc. n.º 06S2709; Relator: Fernandes Cadilha); da Relação de Lisboa de 1-10-2008 (Proc. n.º 5842/2008-4; Relator: José Feteira), todos disponíveis em www.dgsi.pt.

[6] Dúvidas acerca da compatibilidade da referida solução legal com a Directiva 1999/70/CE, do Conselho, de 28 de Junho de 1999, a qual, como é sabido, incorpora o acordo-quadro relativo a contratos de trabalho a termo estabelecido entre os parceiros sociais a nível comunitário, e tem como um dos seus objectivos principais estabelecer um quadro para evitar os abusos decorrentes da utilização de contratos de trabalho a termo sucessivos, mas também, reservas quanto à conformidade da solução legal com a Directiva 2000/78/CE, de 27 de Novembro, a qual estabelece o quadro geral de combate à discriminação no emprego e na formação profissional, com fundamento, entre outros, na idade. Para uma análise desta problemática, vejam-se, em especial, os contributos de Joana Almeida, "Do artigo 348.º do Código do Trabalho à luz do Direito Comunitário", *Revista de Direito e de Estudos Sociais*, 2009, n.º 34, págs. 117 e ss.; Paulo Ramos de Faria, "Velhos são os trapos...", *cit.*, págs. 230 e ss., e Rita Canas da Silva, «Discriminação laboral em função da idade», *Congresso Europeu de Direito do Trabalho*, José João Abrantes (coord.), Almedina, Coimbra, 2014, págs. 277 e ss.

em contrato a termo é automática aos 70 anos, independentemente de quaisquer outros requisitos[7]. Aos 70 anos, diferentemente do que sucede com a reforma, o contrato de trabalho não caduca, mas converte-se num contrato a termo certo por seis meses.

Ora, foi justamente a respeito das condições em que pode ter lugar a conversão do contrato de trabalho em contrato a termo prevista no art. 348.°, n.° 3, que a decisão em apreço inovou, procedendo a uma leitura mais exigente dos requisitos necessários para que a referida conversão opere. Com efeito, no entender do STJ (e do tribunal de primeira instância), a circunstância de o trabalhador atingir 70 anos não é condição suficiente para que opere a conversão do contrato de trabalho em contrato a termo, pois tal transformação depende da verificação cumulativa dos seguintes requisitos: (*i*) o trabalhador atingir os 70 anos; (*ii*) o trabalhador permanecer ao serviço decorridos 30 dias sobre o conhecimento por ambas as partes de tal facto, donde se retira o interesse de ambas as partes na manutenção do vínculo laboral. Nessa lógica, conclui o tribunal, caso alguma das partes não esteja interessada na manutenção do vínculo laboral a partir daquele *status* etário, poderá accionar a caducidade do contrato de trabalho até ao trigésimo dia imediato à data em que o trabalhador completou 70 anos, travando e obstando à referida conversão do mesmo em contrato a termo, como sucedeu no litígio em questão, no qual justamente a entidade empregadora comunicou, com antecedência, ao trabalhador a vontade de não manter o vínculo laboral após aquele perfazer 70 anos.

Quer dizer, de acordo com a leitura do sistema normativo efectuada pelo STJ no presente acórdão, parece existir hoje um estreito paralelismo no que diz respeito aos efeitos sobre o contrato de trabalho da reforma e dos 70 anos de idade: tanto a reforma do trabalhador como a circunstância de o mesmo atingir 70 anos implicarão, em princípio, a caducidade do contrato de trabalho; no primeiro caso, a caducidade depende de uma

[7] Pedro Romano Martinez, *Direito do Trabalho, cit.*, pág. 963, escreve: "A diferença relativamente à situação analisada resulta do facto de a aposição automática do termo não se encontrar na dependência do pedido de reforma por parte do empregador; a aposição automática do termo depende de um único pressuposto: o trabalhador ter atingido setenta anos de idade." Na jurisprudência, ver, por exemplo, o acórdão do STJ de 17-1-2007 (Proc. n.° 06S2709, Relator: Fernandes Cadilha), disponível em www.dgsi.pt.

declaração de qualquer das partes que pretende pôr termo ao contrato, a emitir até ao trigésimo dia após o mútuo conhecimento da situação de reforma, no segundo caso, a caducidade fica na dependência de um acto de denúncia que pode ser feito até ao trigésimo dia imediato à data em que o trabalhador complete 70 anos; só assim não será se o trabalhador permanecer ao serviço decorridos 30 dias sobre o conhecimento do facto, leia-se, a reforma do trabalhador, num caso, o atingir dos 70 anos de idade, no outro, hipóteses em que haverá transformação do contrato de trabalho em contrato a termo.

A justificação para esta leitura mais exigente acerca dos requisitos necessários à conversão do contrato de trabalho do trabalhador septuagenário encontram-na o STJ e o tribunal de primeira instância, fundamentalmente[8], na redacção do actual art. 348.º, n.º 3, diferente daquela prevista no antecedente art. 392.º, n.º 3, do Código do Trabalho de 2003. Lê-se na decisão do tribunal de primeira instância, em termos que o STJ acompanhou: *"O n.º 3 mencionado determina ser aplicável o disposto nos números anteriores, ou seja, não apenas o n.º 2, mas também o n.º 1. E tal aplicação, como não pode deixar de ser, deverá ser efectuada com as devidas e necessárias adaptações. Por isso, a leitura a efectuar da norma em causa será a seguinte: considera-se a termo o contrato de trabalho de trabalhador que permaneça ao serviço decorridos 30 dias sobre o conhecimento, por ambas as partes, sobre a data em que o trabalhador atingiu os 70 anos de idade sem ter havido reforma. Há uma diferença essencial entre este regime e o que vigorava no Código do Trabalho de 2003, em cujo art.º 392.º, n.º 3, se consignava: «Quando o trabalhador atinja os setenta anos de idade sem ter havido caducidade do vínculo por reforma, é aposto ao contrato um termo resolutivo, com as especificidades do número anterior». Resultava, pois, deste regime legal que, em situações como a dos autos, a circunstância de o trabalhador atingir aquela idade sem se reformar determinava a conversão ope legis, e sem mais, do contrato em contrato de trabalho a termo, sem que se exigisse que o mesmo se mantivesse ao serviço da empregadora durante 30 dias, como sucedia nos casos de reforma por velhice. Com efeito, aqui o legislador, ao contrário do que faz no Código do Trabalho em vigor, não remetia para o n.o 1 do preceito, mas apenas para as especificidades do n.o 2. (...) À luz do actual regime, temos uma remissão efectuada para o n.º 1 nos casos de trabalhador que atinge os 70 anos,*

---

[8] Este entendimento é também secundado na doutrina por Diogo Vaz Marecos, *Código do Trabalho Anotado*, Coimbra Editora, Coimbra, 2010, pág. 832.

sem que se tenha reformado, pelo que os requisitos ali previstos têm inteira aplicabilidade ao caso concreto".

Em suma, porque o art. 348.º, n.º 3, procede a uma remissão não apenas para o n.º 2 mas também para o n.º 1 do preceito em causa, assim se explica, no entender do STJ, que a conversão do contrato de trabalho do trabalhador septuagenário fique sujeita às demais circunstâncias enunciadas no n.º 1 do art. 348.º, *maxime*, a necessidade de o trabalhador continuar ao serviço da entidade empregadora durante 30 dias após o conhecimento por ambas as partes do atingir da referida idade.

4. Que dizer desta leitura? Confessamos ter sérias reservas em relação a este entendimento jurisprudencial. Decerto, o mesmo encontra algum apoio na redacção do actual art. 348.º, n.º 3. Os termos em que o n.º 3 daquele preceito vem redigido são sugestivos, concedemos, do sentido interpretativo sustentado no Acórdão. Contudo, trata-se de um argumento débil, sobretudo quando conjugado com outros elementos interpretativos relevantes, e que reputamos insuficiente para alicerçar uma alteração assaz significativa do quadro normativo que vigorou até 2009.

Desde logo, cumpre notar que nos trabalhos preparatórios que antecederam a aprovação do Código do Trabalho, em 2009, nenhuma menção é feita a uma alteração com semelhante alcance, o que, no mínimo, não deixará de causar alguma estranheza. Ao pretender introduzir-se uma solução como a sustentada pelo Acórdão, com implicações do ponto de vista substancial numa matéria tão sensível como a da cessação do vínculo laboral, seria razoável que alguma discussão tivesse surgido em torno da mesma.

Mas, e sobretudo, a seguir-se a leitura efectuada pelo STJ, estar-se-ia a reconhecer como evento a que a lei liga o efeito extintivo do contrato de trabalho os 70 anos de idade. Ora, a lei em lugar algum afirma que o facto de o trabalhador completar 70 anos de idade, sem ter havido reforma, implica semelhante efeito extintivo do contrato, diversamente do que sucede com a reforma do trabalhador, já que aí o art. 343.º, al. c) é claro ao identificar aquele facto, a reforma, como um dos factos que implicarão, em princípio, a caducidade do contrato de trabalho. É certo que a enumeração constante das alíneas do art. 343.º é meramente exemplificativa, mas não se afigura menos certo que sempre terá de tratar-se, em qualquer caso, de situações que determinem a caducidade do contrato de trabalho "nos termos gerais", como exige o proémio do artigo. Aliás, se o legislador assim o pretendesse, ser-lhe-ia muito fácil tê-lo previsto expressamente, numa das alíneas do art. 343.º. E não foi por mero acaso, decerto, que o não previu. Recorde-se que, com a reforma, o contrato caduca mas o trabalhador passa a receber uma pensão, substitutiva dos rendimentos do trabalho. Ora, nada disso ocorre quando ele perfaz 70 anos – aqui, ele converte-se em septuagenário, mas não tem direito a auferir, por esse facto, qualquer sucedâneo dos rendimentos do trabalho, pelo que se compreende que os 70 anos não determinem a caducidade do contrato.

Daqui decorre, segundo cremos, que, a despeito de alguma ambiguidade da lei, convirá não confundir as situações, inclusive no que ao art. 348.º diz respeito. Destarte, nas hipóteses de reforma, o contrato de trabalho não caducará, antes converter-se-á num contrato a termo, mas só se o trabalhador permanecer ao serviço decorridos 30 dias sobre o conhecimento, por ambas as partes, da sua reforma; caso contrário, repete-se, o contrato caducará com a reforma, ao abrigo do art. 343.º Já a circunstância de o trabalhador completar 70 anos de idade não implica a caducidade do vínculo contratual; o que acontece, nesse dia, é que o trabalhador, continuando ao serviço, passa a ser titular de um contrato a termo, com a duração de seis meses, cuja caducidade poderá, decerto, ser acionada pela entidade empregadora, mas apenas para o final desse período de seis meses.

Assim sendo, e salvo o devido respeito por opinião contrária, não parece que o empregador possa invocar o facto de o trabalhador completar 70 anos para, por isso e só por isso, pretender fazer operar a caducidade do vínculo contratual no próprio dia em que o trabalhador se converte em septuagenário – aos 70 o contrato não caduca, apenas se converte, *ex vi legis*, num contrato a termo. Repete-se: a legislação laboral não fixa qualquer limite de idade para a subsistência do contrato de trabalho, limite que, uma vez atingido, o empregador possa invocar para fazer caducar o contrato. Diferentemente, e como bem escreve PEDRO FURTADO MARTINS[9], "embora não se defina um limite máximo de idade, determina-

[9] *Cessação do Contrato de Trabalho, cit.*, pág. 117.

-se que, logo que o trabalhador atinja os 70 anos de idade sem se reformar, o seu contrato passa a ser considerado como um contrato a termo".

Resulta, pois, do exposto que, a nosso ver, a remissão contida no n.º 3 do art. 348.º para o "disposto nos números anteriores" deve ser entendida em termos hábeis, sem esquecer a norma matricial nesta matéria, que é, sem dúvida, o art. 343.º do CT. O que aliás, acrescente-se, se afigura viável, mesmo tomando em consideração os termos amplos em que a remissão é formulada. Com efeito, se atentarmos na redacção do anterior art. 392.º, 3, aí se enunciava que "Quando o trabalhador atinja os 70 anos de idade sem ter havido caducidade do vínculo por reforma, é aposto ao contrato um termo resolutivo, com as especificidades constantes do número anterior". Era, pois, o próprio preceito que estatuía a solução de conversão do contrato de trabalho em contrato a termo, apenas não regulando directamente a disciplina jurídica a que ficaria sujeito o vínculo precário. Ora, diversamente, o n.º 3 do actual art. 348.º não estabelece directamente a solução de conversão do contrato de trabalho em contrato a termo, pelo que a remissão nele contida para o n.º 1 do mesmo artigo pode muito bem ser lida, em termos restritivos, dirigindo-se apenas para o primeiro segmento da norma, na parte em que dispõe "Considera-se a termo o contrato de trabalho...". Tratar-se-á, afinal, de uma operação metodológica plenamente justificada, sobretudo se valorada à luz das conclusões interpretativas extraídas dos elementos sistemático e histórico, tal como foram considerados.

Convenhamos: uma pessoa converter-se em septuagenária e, em simultâneo, tornar-se precária, ainda vá; mas converter-se em septuagenária e, nesse mesmo dia, tornar-se caduca, isso afigura-se violento em demasia. A ordem jurídica não deve, claro, padecer de sentimentalismo. Mas também não há necessidade de ser insensível e de adoptar soluções brutais, que façam com que, no mesmo dia, o trabalhador atinja o duplo *status* de septuagenário e de caduco. Septuagenário sim, mas ainda não caduco, exclamará, com razão, o trabalhador! Deixemo-lo viver trabalhando e trabalhar vivendo nessa suave convicção, nem que seja, apenas, por mais seis meses. *How terribly strange to be seventy...*[10]

---

[10] Como os menos jovens saberão, transcrevemos aqui um excerto da letra de uma já cinquentenária e belíssima composição de Paul Simon, amiúde cantada a dois, com Art Garfunkel – *Old Friends*, de 1968.

Enredado: o *Facebook* e a justa causa de despedimento

JOÃO LEAL AMADO

Acordam na Secção Social do Tribunal da Relação de Lisboa

I. RELATÓRIO

I.1 No Tribunal do Trabalho do FUNCHAL, AA, deu início à presente acção através da apresentação do formulário previsto no art.º 98.º D do Código de Processo do Trabalho, vindo impugnar a regularidade e licitude do despedimento contra si promovido por BB, SA.

Juntou decisão disciplinar de despedimento.

Após a Ré ser devidamente citada e o A. notificado, teve lugar audiência de partes onde não foi possível obter a conciliação das partes.

Notificada para o efeito, a R. empregadora veio motivar o despedimento sustentando, no essencial, que (...)

O trabalhador veio contestar, (...).

Concluiu, pedindo que a presente acção seja julgada procedente, e consequentemente, declarada a ilicitude do despedimento, sendo a Empregadora condenada a pagar-lhe:

a) Seja declarada a ilicitude do despedimento;
b) Seja a R. condenada a pagar-lhe as retribuições que deixou de auferir desde o seu despedimento até ao trânsito em julgado da sentença;
c) Seja a R. condenada a reintegrá-lo, sem prejuízo da sua categoria e antiguidade, se não optar pela indemnização;
d) Sendo tudo acrescido de juros à taxa legal até efetivo pagamento.

Findos os articulados foi proferido despacho saneador, tendo o Tribunal *a quo,* ao abrigo do disposto no art.º 49.º, n.º 3 do CPT e na consideração da matéria de facto controvertida se revestir de simplicidade, dispensado a selecção de factos assentes e a fixação da base instrutória.

I.2 Subsequentemente foi proferida sentença, fixando a matéria de facto e aplicando o direito aos factos, julgando a causa nos termos seguintes:

> *«Com fundamento no atrás exposto, e por entender que o despedimento do A. foi efetuado com justa causa, julgo improcedente por não provada a presente ação, e, em consequência, absolvo a R. do pedido».*

I.3 Inconformado com a sentença o A. apresentou recurso de apelação, o qual foi admitido com o modo de subida e efeito próprios. As alegações foram concluídas nos termos seguintes: (...)

I.4 A Recorrida apresentou contra alegações finalizadas com as conclusões seguintes: (...)

I.5 O Digno Magistrado do Ministério Público emitiu parecer nos termos do art.º 87.º3, do CPT, pronunciando-se pela improcedência do recurso.

I.6 Foram colhidos os vistos legais.

II. Questão prévia: conhecimento do recurso (...)

II.1 Delimitação do objecto do recurso

Sendo o objecto do recurso delimitado pelas conclusões das alegações apresentadas, salvo questões do conhecimento oficioso [artigos 87.º do Código do Processo do Trabalho e artigos 639.º, 635.º n.º 4 e 608.º n.º2, do NCPC, aprovado pela Lei n.º 41/2013, de 26 de Junho, aqui aplicável, dado que a sentença foi proferida a 3-04-2014, já na sua vigência (art.º 7.º 1)] as questões colocadas para a apreciação consistem em saber se o Tribunal *a quo* errou o julgamento na aplicação do direito aos factos, em razão de ter considerado que a publicação colocada no Facebook pelo A. *"foi pública e que a mesma era ofensiva, não restando qualquer hipótese de manter a relação laboral, estando dessa forma verificada as condições para o despedimento com justa causa"* [conclusão 3].

III. FUNDAMENTAÇÃO

III.1 MOTIVAÇÃO DE FACTO

A. Os factos considerados provados pelo tribunal *a quo*, são os seguintes: (...)

B. E, foi considerado não provado o seguinte: (...)

III.2 MOTIVAÇÃO DE DIREITO

Como entendeu o Tribunal *a quo*, sem que tal mereça a discordância das partes, estando em causa a licitude ou ilicitude de um despedimento efectuado em 29-08-2013, na apreciação da causa é aplicável o regime legal do despedimento por facto imputável ao trabalhador contido no Código do Trabalho de 2009, aprovado pela Lei n.º 7/2009, de 12 de Fevereiro, em vigor a partir de 17 de Fevereiro de 2009.

III.2.1 O Tribunal *a quo* delimitou o objecto do litígio, identificando como questões a decidir, as seguintes:

i) *Se o conteúdo do post colocado na página pessoal do A. no Facebook se insere na esfera privada ou se antes assumiu natureza pública.*
ii) *Se o post tem conteúdo ofensivo da honra e consideração do Presidente do Conselho de Administração da R.*
iii) *Se o comportamento do A. tornou impossível a manutenção da relação laboral que o vinculava à R.*

Insurge-se o recorrente contra a sentença, em razão do julgador ter concluído "*que tal publicação foi pública e que a mesma era ofensiva, não restando qualquer hipótese de manter a relação laboral, estando dessa forma verificada as condições para o despedimento com justa causa*" [Conclusão C].

Em suma, o recorrente põe em causa as conclusões retiradas pelo tribunal *a quo* sobre cada uma de todas aquelas questões, para concluir pela ilicitude do despedimento.

III.2.2 Após considerações teóricas apoiadas em jurisprudência de tribunais estrangeiros e citação de doutrina, sobre a primeira questão que identificou, conclui o Tribunal *a quo o seguinte*:

«Ora, no caso presente, suscita-se a questão de se saber se o post que o A. publicou no mural da sua página pessoal do Facebook se insere na chamada esfera pessoal, ou se, por outro lado, o seu conteúdo assumiu natureza pública.

Estaria inclinado a dizer que o post estava no âmbito da esfera privada, porquanto só através da página pessoal de um amigo do A. é que a entidade patronal veio a ter conhecimento posterior do post. Porém, o facto de esse post ter no seu final "PARTILHEM AMIGOS" significa que este post saiu claramente da esfera privada do A. e entrou na chamada esfera pública.

Convém ainda referir que tendo em conta que o A. quis que a seu post fosse partilhado e que como tal saísse da sua esfera privada nem se pode suscitar uma eventual ilicitude no acesso à página pessoal de facebook do A. através da utilização de um password de um amigo».

Discorda o recorrente em razão do tribunal *a quo* ter entendido «(..) *que pela expressão "partilhem amigos", que o recorrente colocou no final do seu post, estaria a tornar o mesmo público*». Defende não se ter demonstrado que o post tenha saído da esfera dos amigos do recorrente, não havendo, então, qualquer publicação fora da esfera dos seus amigos do Facebook. Sustenta que vedou ao máximo essa utilização restringindo-a ao seu grupo de amigos [conclusões D a H].

Delimitados os contornos da questão, avancemos, pois, para a apreciação.

Cremos indiscutível ser uma ideia consensual a ampla divulgação e utilização do "Facebook", quer a nível mundial quer em Portugal. Mas para que não subsistam dúvidas, elucida-o um artigo do Diário de Notícias Economia, de 04 de Fevereiro de 2014, com o título "*Facebook com 4,7 milhões de utilizadores em Portugal*", que se inicia como uma síntese onde se lê: "*No dia em que comemora dez anos, o Facebook, aquela que é considerada a rede social mais importante do mundo, contabiliza em Portugal cerca de 4,7 milhões de utilizadores, entre os 1,2 mil milhões a nível mundial*"[http://www.dn.pt/inicio/economia/interior.aspx?content_id=3667289]

Para qualquer um desse largo número de utilizadores não serão certamente desconhecidas as funcionalidades do Facebook, designadamente, em que consiste colocar ou publicar um comentário pessoal, o que são os "amigos" e quais os níveis de divulgação e consequente acessibilidade por terceiros aos conteúdos publicados. Certo é, também, que muitas outras pessoas, mesmo não sendo membros do Facebook, terão essas ou, pelo menos algumas, noções teóricas sobre as suas funcionalidades.

Mas para outros, também muitos, o "Facebook" é-lhes apenas familiar pelas múltiplas referências que lhe é feita no dia-a-dia, desde logo, na comunicação social, por exemplo, noticiando que determinada figura pública, onde incluem titulares de cargos políticos, desportistas e outros, publicaram um determinado conteúdo sobre uma dada questão.

O recorrente e a recorrida encontram-se entre os conhecedores do Facebook, mas uma decisão judicial destina-se a ser apreensível em geral, pela normalidade das pessoas, devendo a sua fundamentação ser convincente. Daí que uma apreciação cuidada da questão aqui colocada não dispense que se deixem algumas notas, ainda que breves, sobre o Facebook, para que minimamente se possam compreender as funcionalidades em causa.

O Facebook é uma rede social, cuja definição é dada como o [*i*]"*conjunto de relações entre pessoas ou organizações que partilham interesses, conhecimentos e valores comuns, por meio da internet*" ou [*ii*]"*site ou página da internet onde se estabelece esse tipo de relações, através da publicação de comentários, fotos, links, etc.*"[In Infopédia (Em linha) Porto Editora, 2003-2014, disponível em http://www.infopedia.pt/lingua-portuguesa].

Sobre o que é uma rede social, com mais detalhe, elucida-nos o texto que segue:

> *«A primeira rede social na Internet surgiu em 1995, com o lançamento do site "Classmates" (em português, "Colegas"), nos Estados Unidos da América. Este pretendia ser um veículo de ligação entre amigos e conhecidos através do estabelecimento de ligações comuns em função dos locais ou instituições onde tivessem estudado, trabalhado ou cumprido serviço militar.*
>
> *Hoje com mais de 40 milhões de membros registados só nos Estados Unidos e Canadá, o "Classmates" continua a reunir velhos conhecidos, crescendo também para outros países graças às versões desenvolvidas para França, Alemanha e Suécia.*
>
> *O "Friendster", surgido em 2002, ou o "MySpace", três anos mais tarde, foram exemplos de sucesso que se seguiu, e até hoje mantêm milhões de utilizadores fiéis: recorrendo a um modelo de "círculo de amigos", o utilizador pode interagir diretamente com todos aqueles que reúne no seu grupo de amigos, mas também com o círculo de amigos de cada um deles.*
>
> *Desde então, multiplicaram-se as comunidades disponíveis online, em proporção com os objetivos ou fins a que se destinam; nelas desenvolvem-se redes sociais onde é possível não só recuperar amizades antigas, como estabelecer e manter contacto com familiares afastados, fazer novas amizades, reunir profissionais de uma mesma área para troca de conhecimentos ou vítimas de determinada doença para partilha de experiências e apoio mútuo, isto para referir apenas algumas das aplicações de uma infindável lista de possibilidades.*
>
> *O conceito de "rede social" neste tipo de comunidades virtuais pode ainda ser facilmente compreendido ao atentarmos no mecanismo por detrás do crescimento (em número de membros) de cada uma: cada utilizador a quem a comunidade agrada convida outros, seus conhecidos, para fazer parte; seguidamente cada um destes convida outros e por aí fora, sucessivamente,*

formando redes cada vez maiores de pessoas que estão de alguma forma ligadas entre si». [In Infopédia (Em linha), Porto Editora, 2003-2014, disponível em www.infopedia.pt/$rede-social].

Recorrendo ao Centro de Ajuda (*online*) do próprio facebook, retira-se que para se ser membro desta rede social é necessário o registo prévio, sendo o acesso posterior e a possibilidade de utilização facultados através de uma palavra-chave que lhe é atribuída. Os membros desta rede social têm o seu perfil pessoal, criado pelo próprio mediante a possibilidade de inserirem vários conteúdos: informações pessoais, listas de interesses pessoais, fotografias, etc.. E, podem interagir entre si, visitando os perfis de outros membros, fazendo amigos, estabelecendo contactos, deixando comentários ou trocando mensagens privadas e públicas entre si e participantes de grupos de amigos.

Segundo as explicações disponíveis naquele mesmo local *online*, os "amigos" »(..) *são as pessoas com quem estabeleces ligações e com quem partilhas conteúdo no Facebook*", ali constando ainda que «*A opção Amigos no teu seletor de público permite-te partilhar conteúdos com os teus amigos no Facebook. Se mais alguém for identificado numa publicação, a opção passa a Amigos (+) porque o público expande-se de modo a incluir a pessoa identificada e os seus amigos*". E, no que respeita à delimitação daqueles que passam a ter acesso a um conteúdo publicado, entre outras, com relevância para o caso, encontram-se estas: [i] *"As tuas definições de privacidade permitem-te gerir as preferências básicas de privacidade. Para outras coisas partilhadas no Facebook, podes escolher o teu público no momento em que publicas"*; [ii) *Encontras uma ferramenta de seletor de público na maioria dos locais onde publicas atualizações de estado, fotos e outros conteúdos. Clica na ferramenta e seleciona com quem pretendes partilhar algo"* [https://pt-pt.facebook.com/help].

Como numa síntese elucidativa escreve Maria Regina Redinha «(..) *as redes sociais são um meio de comunicação em contínua expansão: depois do adro da igreja, do café da praça e do centro comercial, o ponto de encontro parece agora ser na rede social, que há muito deixou de ser um prolongamento do recreio da escola, para ser um local de convívio, de trabalho, de comércio, de propaganda política e até da prática de actos ilícitos.*

A controvérsia em torno deste fenómeno de proporções crescentes tem-se centrado, sobretudo, nas questões de privacidade, ou melhor, no grau de reserva de dados fornecidos pelos utilizadores e na segurança da rede face a intrusões ilícitas" [Redes Sociais: incidência Laboral, Prontuário de Direito do Trabalho n.º 87, Centro de Estudos Judiciários, Coimbra Editora, p. 34].

Revertendo ao caso, um dos argumentos do recorrente assenta na alegação de que vedou ao máximo a utilização do conteúdo que publicou no Facebook, por o ter restringindo ao seu grupo de amigos.

No sentido tradicional do termo, amigo significa "*Que ou quem sente amizade por ou está ligado por uma afeição recíproca*" [in Dicionário Priberam da Língua Portuguesa (em linha), 2008-2013, http://www.priberam.pt/dlpo/amigo].

Em regra todos temos um grupo de amigos, no sentido acima descrito, entre os quais uns são mais próximos e outros não tanto. Normalmente o primeiro subgrupo é mais restrito e engloba aqueles em relação aos quais temos uma maior intimidade e depositamos uma maior confiança, permitindo-nos, por isso, confidenciar-lhes determinados factos ou pensamentos que não cremos nem achamos conveniente que saiam daquela esfera, e que não revelaríamos a outras pessoas, incluindo amigos menos chegados. Fazemo-lo por termos uma expectativa de que a conversa será privada e que eles terão a noção desse pressuposto e o respeitarão, mantendo esse conhecimento reservado.

Mas esse conceito de amigos não é de todo coincidente com o do Facebook. Como se refere num estudo de Joana Veríssimo, Maria Macias e Sofia Rodrigues, citado pelo tribunal *a quo*:

> *«Ao abrir-se uma conta numa rede social aceita-se "a priori" que parte da vida privada vai ser exposta, pelo menos aos nossos supostos "amigos". No entanto, por mais íntimos que alguns desses "amigos" sejam, há sempre alguns que nunca o serão verdadeiramente.*
>
> *Na concepção clássica da teoria das três esferas, a esfera privada cinge-se às informações que o indivíduo partilha com a sua família e amigos mais próximos; já a esfera pública é definida como sendo os factos susceptíveis de serem conhecidos por todos. Consequentemente, um perfil privado de uma rede social, não se enquadra nem totalmente na esfera da vida privada, nem na esfera pública.*
>
> *O que temos é um novo conceito de amigos que engloba: amigos mais próximos, conhecidos e, por vezes, para quem não faz uma verificação das identidades de quem está a adicionar na sua rede ou para quem a popularidade se define pelo número de amigos adicionado na rede, e que aceita praticamente todos os pedidos de amizade que lhe são feitos, desconhecidos. (...)»* [Estudo (Mestrado em Direito 2011/2012 – FDUNL) Implicações Jurídicas das Redes Sociais Na Internet: Um Novo Conceito De Privacidade?, disponível em www.fd.unl.pt]

Convém precisar não resultar dos factos provados, concreta e precisamente, em que termos o recorrente quis partilhar o conteúdo que publicou, isto é, quais as preferências básicas de privacidade que tinha definidas e quem selecionou para o partilhar. Não é, pois, seguro que só estivesse disponível para "amigos".

Mas já é seguro concluir que o A. não restringiu o acesso apenas a um leque restrito dos "amigos" do Facebook mais chegados, deduzindo-se tal da posição assumida pelo A. na acção. Com efeito, na contestação ao articulado motivador do despedimento o A. não fez qualquer alegação a propósito de quem facultou o conteúdo, isto é, não esclareceu se o tornou público, ou se apenas o facultou a amigos e, entre estes, a determinado grupo. Só agora nas alegações de recurso é que vem defender não se ter demonstrado que o post tenha saído da esfera dos seus amigos e que a restringiu ao seu grupo de amigos [conclusões D a H], de onde resulta referir-se a todos os amigos e não apenas a alguns mais próximos.

Esta alegação tocando um ponto sobre o qual o A. nada alegara não surge por acaso. Se bem atentarmos na fundamentação da sentença, resulta implícito ter-se considerado que a publicação do *post* foi definida para ser acedida pelos amigos. É o que cremos resultar deste extracto da sentença: "*Estaria inclinado a dizer que o post estava no âmbito da esfera privada, porquanto só através da página pessoal de um amigo do A. é que a entidade patronal veio a ter conhecimento posterior do post*".

Admitindo que assim seja, é preciso ter presente que neste conceito cabem não só os amigos mais próximos, como também outros amigos, simples conhecidos ou até pessoas que não se conhece pessoalmente, apenas se estabelecendo alguma afinidade de interesses no âmbito da comunicação na rede social que leva a aceitá-los como "amigos".

Para além disso, importa também não esquecer que através de um amigo a publicação pode tornar-se acessível aos amigos deste. Como explica a nota do Centro de Apoio do Facebook que acima deixámos: "*Se mais alguém for identificado numa publicação, a opção passa a Amigos (+) porque o público expande-se de modo a incluir a pessoa identificada e os seus amigos*".

Por outro lado, como na apreciação dum caso idêntico se escreve no acórdão de 08-09-2014, da Relação do Porto, "*Na análise a efectuar, não pode também perder-se de vista que o conteúdo dos posts publicados nas redes sociais, além de poder ser copiado para papel e exportado para outros sítios na internet ou para correios electrónicos privados, se mantém online por um período indeterminado de tempo*" [proc.º n.º 101/13.5TTMTS.P1, MARIA JOSÉ COSTA PINTO, disponível em www.dgsi.pt].

E, na verdade, os factos aqui provados confirmam esta afirmação:

> [36] *A testemunha TV, nesse mesmo dia, e dadas as declarações ofensivas relativas à pessoa do Dr. FM, presidente do Conselho de Administração da sua Entidade Patronal, logo fez um print screen da referida publicação, imprimiu a mesma, bem como procedeu à respetiva gravação no seu computador, tendo da mesma dado conhecimento à Administração.*

[37] *A testemunha TV fez chegar à administração da empresa e entidade patronal BB S.A., no mesmo dia 2/5/2013, por e-mail, cópia da impressão que havia feito da publicação efetuada pelo trabalhador AA, na sua página na rede social Facebook.*

Por conseguinte, o recorrente não podia deixar de levar em conta todos estes factores e, logo, não poderia, nem é credível que o tenha suposto, ter uma expectativa minimamente razoável de reserva na divulgação do conteúdo. Daí não surpreender, antes sendo o desfecho normal e previsível da conduta do A., que o resultado tenha sido o que se provou, nomeadamente, através dos factos seguintes:

[32] *O referido comentário publicado pelo A. foi visualizado por vários trabalhadores da R., facto que levou a comentários no seio das respetivas unidades hoteleiras, o Hotel AL e o Hotel BA, que empregam um total de 250 trabalhadores.*

[33] *No dia 2/5/2013 a testemunha AFBPF presenciou o acesso, por parte da trabalhadora TV, à página de Internet do Trabalhador AA, página essa da rede social Facebook.*

[34] *Esse acesso foi feito por sua vez através da página nesse site, do Trabalhador CB, o qual havia dado à trabalhadora TV a respetiva password.*

[35] *Tal acesso foi feito atento o facto de a trabalhadora TV ter sido alertada para a publicação por parte trabalhador AA.*

[36] *A testemunha TV, nesse mesmo dia, e dadas as declarações ofensivas relativas à pessoa do Dr. FM, presidente do Conselho de Administração da sua Entidade Patronal, logo fez um print screen da referida publicação, imprimiu a mesma, bem como procedeu à respetiva gravação no seu computador, tendo da mesma dado conhecimento à Administração.*

[37] *A testemunha TV fez chegar à administração da empresa e entidade patronal BB S.A., no mesmo dia 2/5/2013, por e-mail, cópia da impressão que havia feito da publicação efetuada pelo trabalhador AA, na sua página na rede social Facebook.*

[38] *O comentário feito pelo A. gerou comentários fora da empresa.*

[42] *O Técnico de informática do Hotel AL, PDSG visualizou o post do A. no Facebook no Feed Noticias de um perfil que criou associado a um site de vendas.*

Portanto, logo por este encadeamento de razões, sustentadas em factos concretos, cremos ser forçoso concluir que a divulgação do conteúdo em causa, apesar de disponibilizada a "amigos", deve ser considerada como pública.

De resto, a ideia que o A. agora pretende defender, isto é, que procurou manter a máxima privacidade no acesso ao conteúdo que publicou, é manifestamente contraditada pelo texto daquele mesmo conteúdo. Por outras palavras, se alguma dúvida houvesse, bastaria atentar na parte final do mesmo, de onde resulta claro que o A. deixou um verdadeiro apelo à divulgação (partilha) do comunicado para além dos seus amigos, ao rematar o texto escrevendo "*PARTILHEM AMIGOS*".

Ora, esta expressão tem um sentido equivalente ao que num outro contexto teria dizer-se "divulguem amigos". Recorrendo mais uma vez ao Centro de Ajuda do Facebook (*online*), sobre como pode ser feita a partilha de conteúdos por "amigos", encontram-se as explicações seguintes:

– «Como é que as pessoas podem partilhar a minha Página com os amigos delas?

As pessoas podem partilhar uma Página com os amigos delas ao clicar em Partilhar, no canto inferior direito da foto de capa da Página».

Como posso partilhar uma Página com amigos?»;

– «Existem várias formas de partilhar uma Página, dependendo dos amigos com os quais o pretendes fazer. Na Página:

Clica em *, sob a foto de capa da Página.*

Seleciona Partilhar... no menu pendente.

Na janela pop-up, seleciona de que forma e com quem pretendes partilhar:

Na tua própria cronologia: Esta opção cria uma publicação na tua cronologia. Podes escolher o teu público com a ferramenta "seletor de público".

Na cronologia de um amigo: Esta opção permite-te partilhar a Página na cronologia de um amigo. Escreve o nome de um amigo.

Num grupo: Esta opção permite-te partilhar a Página num grupo do qual sejas membro. Escreve o nome do grupo.

Numa mensagem privada: Esta opção permite-te partilhar a Página em privado com um amigo ou um pequeno grupo de amigos. Escreve os nomes dos teus amigos.

Numa Página que geres: Se és administrador de uma Página, esta opção permite-te partilhá-la na cronologia da tua Página. Escreve o nome da tua Página».

Cremos, pois, não suscitar qualquer dúvida que o A., por sua livre iniciativa, não só quis deixar ao livre arbítrio dos seus "amigos" de Facebook procederem conforme lhes aprouvesse na divulgação do conteúdo que publicou, como inclusive tinha em vista que através deles houvesse uma divulgação mais ampla, nomeadamente, aos "amigos" dos seus "amigos". De outro modo não faria qualquer sentido este apelo final bem claro e assertivo.

Aliás, esse apelo final compagina-se com o teor do próprio texto publicado, pois uma leitura cuidada evidencia que o A. não se estava a dirigir apenas a um grupo restrito de destinatários, isto é, apenas "amigos" mais próximos do Facebook. Basta atentar na parte a partir de "(..) ACORDEM, ABRAM OS SEUS OLHOS". Para maior comodidade de consulta, aqui fica de novo transcrito:

- "O GRANDE MENTIROSO, PINÓQUIO E ALDRABÃO DO DR. FM, MENTIU PARA TODA A POPULAÇÃO MADEIRENSE, DISSE A COMUNICAÇÃO SOCIAL QUE ATÉ TERÇAFEIRA PASSADA TERIA OS SALÁRIOS TANTO DE MARÇO COMO OS DE ABRIL REGULARIZADOS, POIS É MENTIRA, SÓ PAGOU OS SALÁRIOS DE MARÇO E SÓ A ALGUNS FUNCIONÁRIOS. É AGORA QUE OS SEUS FUNCIONÁRIOS DEVEM DE VER EM QUEM ACREDITAR SE NO SINDICATO DE HOTELARIA, QUE TUDO TEM FEITO PARA SOLUCIONAR ESTA SITUAÇÃO, SE NAS PALAVRAS DESTE TRAPACEIRO QUE DESDE DEZEMBRO PASSADO TEM PASSADO A PERNA AOS SEUS FUNCIONÁRIOS VEZES SEM CONTA E ESTES ESTAO SEMPRE PRONTOS A DAR O BENEFICIO DA DUVIDA A ESTE SR. ALDRABÃO... ACORDEM, ABRAM OS SEUS OLHOS, OS MEMBROS DESTA ADMINISTRAÇÃO NAO SE PREOCUPAM SE NÃO COM O SEU PROPRIO UMBIGO, E AINDA TIVERAM A LATA DE CULPAR O SINDICATO E A COMUNICAÇÃO SOCIAL POR PREJUDICAR A EMPRESA, POIS A CULPA É SIM DO VOSSO DESGOVERNO E DA VOSSA MÁ GESTÃO, NÃO SABEM GERIR UM HOTEL VÃO GERIR UMA TASCA, CAMBADA DE INCOMPETENTES. VIVA AO 1.º DE MAIO, VIVA AO DIA DO TRABALHADOR, LUTAREMOS ATÉ AO FIM PELOS NOSSOS DIREITOS, POR NÓS, POR NOSSOS FILHOS E PELAS GERAÇÕES VINDOURAS, RUA COM ESTES CORRUPTOS... A LUTA CONTINUA SEMPRE E ENQUANTO HAVER INJUSTIÇAS... A LUTA CONTINUA...PARTILHEM AMIGOS".

Por conseguinte, contrariamente ao defendido pelo recorrente, não merece censura a sentença, ao ter concluído «(...) *que pela expressão "partilhem amigos", que o recorrente colocou no final do seu post, estaria a tornar o mesmo público*».

Uma última nota a propósito da conclusão F), onde o A. vem dizer que era "(..) *relevante atender e sindicar, o facto do seu acesso ter sido eventualmente ilícito, ou seja, ter sido efetuado pela superior hierárquica do recorrente, que não era sua amiga nesta rede social, que só conseguiu chegar à publicação através da utilização de "password" alheia*".

Convém começar por assinalar dois aspectos. Em primeiro lugar, o Autor não suscitou esta questão na contestação; em segundo, não afirma aqui claramente que o acesso tenha sido ilegítimo, apenas coloca a dúvida, e muito menos aduziu qualquer fundamento legal para sustentar a alegação.

Para além disso, importa também assinalar que o Tribunal *a quo* tomou posição sobre a questão – que permite o conhecimento oficioso – tendo concluído "(...) *que tendo em conta que o A. quis que a seu post fosse partilhado e que como tal saísse da sua esfera privada nem se pode suscitar uma eventual ilicitude no acesso à página pessoal de facebook do A. através da utilização de um password de um amigo*".

O Código do Trabalho, aprovado pela Lei n.º 99/2003, de 27 de Agosto (CT/03), dedicou, pela primeira vez na legislação laboral portuguesa, um conjunto de normas aos direitos de personalidade do trabalhador, nomeadamente: "Liberdade de expressão e de opinião" [art. 14.º]; "Reserva da intimidade da vida provada" [art. 16.º]; "Protecção de dados pessoais" [art. 17.º]; "Integridade Física e Moral" [art. 18.º]; "Testes e exames médicos" [art. 19.º]; "Meios de Vigilância a distância" [art. 20.º] e "Confidencialidade de mensagens e de acesso a informação" [21.º].

Com as alterações operadas no Código do Trabalho pela Lei n.º 7/2009, de 12 de Fevereiro (CT/09), tais direitos passaram a constar essencialmente dos artigos 14.º a 22.º, que estatuem respectivamente sobre "Liberdade de expressão e de opinião", "Integridade física e moral", "Reserva da intimidade da vida privada", "Protecção de dados pessoais", "Dados biométricos", "Testes e exames médicos", "Meios de vigilância a distância", "Utilização de meios de vigilância a distância" e "Confidencialidade de mensagens e de acesso a informação".

O direito à reserva da intimidade da vida privada, entre outros direitos pessoais, está previsto no artigo 26.º da Constituição.

A caracterização deste direito, à falta de uma definição legal do conceito de "vida privada", foi feita no Acórdão n.º 355/97 [Acórdãos do Tribunal Constitucional, 37.º vol., págs. 7 e segs.], seguindo o que esse tribunal afirmara já nos Acórdãos n.ºs 128/92 e 319/95 [Diários da República, II Série, de 24 de Junho de 1992 e de 2 de Novembro de 1995, respectivamente], nos seguintes termos: "*o direito a uma esfera própria inviolável, onde ninguém deve poder penetrar sem autorização do respectivo titular*".

O artigo 12.º da Declaração Universal do Direitos do Homem proclama que "*Ninguém sofrerá intromissões arbitrárias na sua vida privada, na sua família, no seu domicílio ou na sua correspondência* [...]. *Contra tais intromissões ou ataques toda a pessoa tem direito a protecção da lei.*".

A Constituição da República Portuguesa dita que a "*todos são reconhecidos os direitos à identidade pessoal, ao desenvolvimento da personalidade, à capacidade civil, à cidadania, ao bom nome e reputação, à imagem, à palavra, à reserva da intimidade da vida privada e familiar e à protecção legal contra quaisquer formas de discriminação*" (art. 26.° n.° 1) e que "[s]*ão nulas todas as provas obtidas mediante tortura, coacção, ofensa da integridade física ou moral da pessoa, abusiva intromissão na vida privada, no domicílio, na correspondência ou nas telecomunicações*" (art. 32.° n.° 8). E, no art. 34.° estabelece o princípio da inviolabilidade do domicílio e da correspondência e de outros meios de comunicação privada, onde se incluem as mensagens trocadas por e-mail e as comunicações telefónicas, dispondo: [1] *O domicílio e o sigilo da correspondência e dos outros meios de comunicação privada são invioláveis.*

Releva, ainda, mencionar que a Lei n.° 67/98, de 26 de Outubro, refere, no artigo 6.°, que o tratamento de dados pessoais só pode ser efectuado se o seu titular tiver dado de forma inequívoca o seu consentimento ou se o tratamento for necessário para os fins previstos nas suas alíneas a) a e), mediante notificação e prévia autorização da Comissão Nacional de Protecção de Dados (artigos 27.° a 31.° da lei citada).

E, tratando especificamente a questão da confidencialidade das mensagens, cabe aludir ao artigo 22.° do CT/09, com a epígrafe "*Confidencialidade de mensagens e de acesso a informação*", dispondo o seguinte:

> «1 – *O trabalhador goza do direito de reserva e confidencialidade relativamente ao conteúdo das mensagens de natureza pessoal e acesso a informação de carácter não profissional que envie, receba ou consulte, nomeadamente através do correio electrónico.*
>
> 2 – *O disposto no número anterior não prejudica o poder de o empregador estabelecer regras de utilização dos meios de comunicação na empresa, nomeadamente do correio electrónico*».

Sobre esta temática, na jurisprudência dos superiores encontram-se arestos tratando, essencialmente, os temas seguintes:

i) Utilização da internet no local de trabalho;

ii) Destrinça entre mensagens de conteúdo pessoal e mensagens que se inserem no exercício da actividade pelo trabalhador;

iii) Possibilidade de regulamentação pelo empregador da utilização da internet pelos seus trabalhadores no local de trabalho e com os meios da empresa;

iv) Efeitos do direito à reserva e à confidencialidade de mensagens pessoais e à informação não profissional que o trabalhador receba, consulte ou envie através de correio electrónico.

Em regra, todas essas questões surgem sempre ligadas à apreciação sobre a existência de justa causa de despedimento.

No que aqui releva, pode afirmar-se ser entendimento pacífico que a tutela legal e constitucional da confidencialidade da mensagem pessoal veda ao empregador a possibilidade de procurar obter provas para instruir processo disciplinar através do acesso às mensagens pessoais. As provas obtidas em violação daquele direito do trabalhador são nulas e, logo, insusceptíveis de serem atendidas.

Como se afirma no recente acórdão da Relação do Porto de 08-09-2014, acima citado "*Em face da proibição constitucional da ingerência na reserva da vida privada (art. 26.º), perante a própria tutela que agora lhe é expressamente conferida pela lei laboral (especificamente os artigos 16.º e 22.º), e tendo ainda em consideração a similitude do procedimento disciplinar com o criminal, é de considerar que o assinalado artigo 32.º, n.º 8 da lei fundamental impede que no procedimento disciplinar instaurado com vista ao despedimento do trabalhador e, ulteriormente, na acção instaurada pelo trabalhador com vista à impugnação da regularidade e licitude de tal despedimento, se lance mão de provas obtidas mediante uma intromissão abusiva na vida privada, no domicílio, na correspondência ou nas telecomunicações*".

Importa ter presente que as funcionalidades do Facebook não se esgotam na possibilidade dos seus membros trocarem entre si mensagens. Justamente por isso, embora se aceite que os princípios mencionados têm aqui aplicação, tal implicará necessariamente que se proceda aos devidos ajustamentos a uma realidade diversa e bem mais complexa.

A questão é, pois, a de saber se a colocação no Facebook do conteúdo aqui em causa (*post*) constitui, ou não, um acto da esfera privada do trabalhador ou, para usar a palavra da lei (artigos 16.º, n.º 2 e 22.º, n.º 1 do Código do Trabalho), se o mesmo tem natureza "*íntima*", "*pessoal*" ou "*não profissional*".

Como é bom de ver, valem aqui todas as considerações anteriormente deixadas, quer a propósito das funcionalidades do Facebook, quer quanto ao modo de actuação do recorrente, bem como as conclusões retiradas.

Ora, como se concluiu, o trabalhador, por sua livre iniciativa, ao proceder àquela publicação, não só quis deixar ao livre arbítrio dos seus "amigos" de Facebook procederem conforme lhes aprouvesse na divulgação do conteúdo que publicou, como inclusive tinha em vista que através deles houvesse uma divulgação mais ampla, nomeadamente, aos "amigos" dos seus "amigos". Por conseguinte, não podia ter qualquer expectativa de privacidade, já que deliberadamente nem a procurou preservar, antes apelando a que os seus amigos partilhassem o conteúdo (*post*) que publicou.

Nesse quadro, tanto mais que o conteúdo publicado é expressivo na ofensa e difamação da sua entidade empregadora e do presidente do conselho de administração, o trabalhador não podia ignorar a possibilidade séria e previsível de que o conteúdo publicado (post), chegasse ao conhecimento de um leque alargado de trabalhadores, ou mesmo de superiores hierárquicos, ou até à sua entidade empregadora. E, assim aconteceu. De resto, note-se que a publicação do conteúdo foi efectuada a 1 de Maio de 2013 (facto 30) e no dia imediatamente seguinte, a 2 de Maio, já tinha extravasado os "amigos" do Facebook e chegado ao conhecimento de outros trabalhadores e da entidade empregadora (cfr. factos 2 e 32 a 37).

Por conseguinte, neste quadro, reafirma-se, está claramente afastado o carácter privado do grupo e a natureza "privada" ou "pessoal" das publicações e, logo, aquele conteúdo (post) e o seu autor não beneficiam da tutela da confidencialidade prevista no artigo 22.° do Código do Trabalho.

Neste sentido e por razões idênticas, decidiu igualmente a Relação do Porto no citado aresto de 08-09-2014, ai se afirmando "*Não havendo essa expectativa de privacidade, e estando o trabalhador ciente de que publicações com eventuais implicações de natureza profissional, designadamente porque difamatórias para o empregador, colegas de trabalho ou superiores hierárquicos, chegariam ao universo de pessoas que constituem o grupo e poderiam extravasar as suas fronteiras, cremos que não lhe assiste o direito de invocar o carácter privado do grupo e a natureza "pessoal" das publicações, não beneficiando da tutela da confidencialidade prevista no artigo 22.° do Código do Trabalho*".

Concluindo, também quanto a este ponto não merece censura a sentença recorrida.

III.2.3 Numa segunda linha de argumentação, defende o recorrente que o tribunal *a quo* "(..) *fez tábua rasa de todo o contexto em que se gerou esta situação (..)*", nomeadamente, as seguintes:

- o "(..) *recorrente era delegado e dirigente sindical (...)*";
- que "(..) *toda esta situação se gerou pela razão da recorrida estar numa situação de retribuições em mora, há vários meses*";
- que "*era já uma situação reiterada, que originou diversas ações e reações pelo sindicato do qual o recorrente faz parte e é dirigente*", surgindo o "*post (..) na sequência dessa luta sindical*" ;

– o " tom mais vigoroso", não deixa de ser normal, dentro de um estilo "*panfletário*", e "*adequado (..) [à] mobilização dos trabalhadores*";
– as expressões não têm "(..) *qualquer cunho calunioso, uma vez não ter ficado provado que os factos neles referidos tenham sido falsos, antes pelo contrário*".
– Nem tendo ficado provado que o A. não "*teve qualquer intenção ou propósito ofender a confiança, prestigio e credibilidade, quer da R., quer do Presidente do Conselho de Administração*", também nada se provou ao contrário, recaindo o ónus da prova sobre a recorrida.

Na fundamentação do tribunal, para além do tratamento teórico da questão, designadamente sobre o direito à liberdade de opinião, na aplicação do direito aos factos, veio a concluir-se o seguinte:

> – «*Considero assim que as expressões utilizadas no post são ofensivas e graves, o que é percetível por qualquer pessoa média colocada no lugar da R.*
>
> *Convém sublinhar que não obstante ter existido atrasos nos pagamentos das retribuições do A. e dos restantes trabalhadores desde o subsídio de Natal de 2012 até maio de 2013, altura em que a situação foi regularizada, isso não pode por si só justificar as expressões objetiva e subjetivamente injuriosas e ofensivas da honra, consideração e do bom nome do Presidente do Conselho de Administração da R. que foram empregues pelo A. no seu post, como por exemplo "Grande mentiroso, Pinóquio e aldrabão do Dr. FM", "não sabem gerir um hotel vão gerir uma tasca, cambada de incompetentes" e "rua com estes corruptos".*
>
> *O A. praticou assim com culpa, infração disciplinar por violação do dever de urbanidade e respeito, expressamente previsto como justificativo para despedimento na alínea i) do n.º 2 do art.º 351.º do Código do Trabalho (cf. art. 128.º, n.º 1, al. a) do CT)*».

Vejamos se os argumentos do recorrente merecem o desejado atendimento.

É certo que o recorrente era delegado sindical no Sindicato dos Trabalhadores na Hotelaria, Turismo, Alimentação, Serviços e Similares da RAM (facto 5). Porém, desde logo, não o é menos que publicou o conteúdo na sua página pessoal, e não numa eventual página do sindicato (se porventura existe), bem assim que o disponibilizou aos seus "amigos" do Facebook, sem que em qualquer ponto invoque essa qualidade, ou que os destinatários sejam os associados do sindicato ou, ainda, referenciando o *post* como um comunicado sindical.

Como se sabe, a actividade sindical dispõe dos seus próprios meios de comunicação. E, para além disso, mesmo no âmbito da actividade sindical há limites ao conteúdo dos comunicados, panfletos ou outros instrumentos de divulgação, isto é, pelo facto de se inserir no âmbito da actividade sindical não fica permitido todo e qualquer tipo de linguagem, havendo sempre que salvaguardar os direitos essenciais de outrem, nomeadamente, não cedendo o dever de respeito à honra e ao bom nome dos alvejados.

Consta igualmente provado que a R. começou a atrasar o pagamento de retribuições com o subsídio de Natal de 2012, isto é, imediatamente anterior aos factos (facto 39), só a vindo a regularizar em Maio de 2013, bem assim que o presidente do conselho de administração da R. (facto 2) fez promessas de pagamento que não concretizou nas datas que indicou (facto 40).

É certo e seguro que o direito à retribuição se assume como fundamental. Basta dizer que é a obrigação principal do empregador, enquanto contrapartida da disponibilidade do trabalhador para prestar a sua actividade. Por outro lado, não se ignora também o impacto negativo que o pagamento da retribuição em atraso ou apenas parcial importa para os trabalhadores e seus familiares. De resto, por isso mesmo a lei consagra o direito à suspensão do contrato de trabalho por iniciativa do trabalhador, "*fundada em falta de pagamento pontual da retribuição*" [n.°3, art.° 294.° CT/09], bem como à resolução do contrato de trabalho, quer no caso "[F]*alta culposa de pagamento pontual de retribuição*", quer no caso de "[F]*alta não culposa de pagamento pontual da retribuição*" [art.° 394.° n.°s 1 e 2 al. a) e n.° 3, al. c)], ainda que com efeitos diversos no que respeita ao direito a indemnização.

Porém, note-se, dos factos provados não pode sequer extrair-se quais os montantes em concreto, embora tudo indicie que se tratavam de partes da retribuição. De outro modo, isto é, se estivessem em causa as retribuições integrais desses meses, certamente não deixaria o A. de o ter alegado e provado. Para além disso, também nada autoriza a concluir que tenha havido um comportamento intencional da R, isto é, culposo, não querendo pagar quando o podia fazer e procurando iludi-los, designadamente, mentindo-lhes deliberadamente para retardar o pagamento devido. Significa isto, portanto, que não poderá excluir-se a hipótese da entidade empregadora estar efectivamente numa situação financeira qua a impossibilitava de cumprir integralmente as suas obrigações para com os trabalhadores.

De todo o modo, não poderá também esquecer-se que o A. – tal como os outros trabalhadores – tinham ao seu dispor os meios legais já apontados e, para além disso, se a tanto não quisessem chegar, sempre poderiam recorrer às vias judiciais para procurar obter o pagamento coercivo das retribuições.

Não significa tudo isto que se esteja a pôr em causa a liberdade de expressão e o direito de opinião do A., consagrado no art.º 14.º do CT/09. Contudo, como o próprio artigo esclarece inequivocamente, o seu exercício deve conter-se dentro de determinados limites, nomeadamente, respeitando os "*direitos de personalidade do trabalhador e do empregador, incluindo as pessoas singulares que o representam, e do normal funcionamento da empresa*".

O A. podia livremente exerce-lo, inclusive no Facebook e reportando-se à situação e manifestando o seu desagrado, ainda que com uma linguagem "mais vigorosa", como refere. Porém, esse maior vigor na linguagem, ou mesmo o estilo "panfletário" a que também alude, não podem dar cobertura à violação dos direitos da entidade empregadora e dos seus representantes. O exercício do direito de opinião não fica diminuído por isso. Dito por outras palavras, não é necessário recorrer à ofensa grosseira e pessoal, bem como à difamação, para afirmar e reclamar um direito.

Como se escreve no Acórdão desta Relação e secção, de 17/12/2008, "*O trabalhador tem o direito de exprimir livremente as suas ideias e pontos de vista, inclusivamente sobre a actuação dos seus superiores hierárquicos. A crítica ou a afirmação de uma discordância não podem ser vistas como um defeito, mas sim como uma qualidade, desde que sejam feitas em termos construtivos, revelem preocupação pelo sucesso da empresa e não atinjam nem ponham em causa a dignidade e os direitos dos interlocutores* [processo n.º 8235/2008-4, Ferreira Marques, disponível em www.dgsi.pt].

Não sendo despiciendo assinalar, para que ao autor não restem dúvidas, que estamos no domínio de direitos recíprocos, isto é, não são apenas os trabalhadores que estão obrigados a respeitar os direitos de personalidade do empregador. Como resulta da parte acima transcrita do art.º 14.º CT/09, também o empregador está vinculado a respeitar os direitos de personalidade do trabalhador.

Partindo da mesma base de igualdade, logo o artigo imediatamente a seguir (15.º), estabelece o seguinte: "*O empregador, incluindo as pessoas singulares que o representam, e o trabalhador, gozam do direito à respectiva integridade física e moral*".

O mesmo tratamento igual é consagrado, ainda, nos artigos 127.º [Deveres do Empregador] e 128.º [Deveres do trabalhador], dispondo, respectivamente:

- [n.º 1] *O empregador deve, nomeadamente:*
  a) Respeitar e tratar o trabalhador com urbanidade e probidade:
- [n.º1] *Sem prejuízo de outras obrigações, o trabalhador deve:*

a) Respeitar e tratar o empregador, os superiores hierárquicos e as pessoas que se relacionem com a empresa, com urbanidade e probidade.

Justamente por isso, a lei reconhece expressamente o direito à resolução do contrato de trabalho, com direito a indemnização, ao trabalhador que veja esses seus direitos violados pela entidade empregadora [art.° 394.° n.°s 1 e 2, al. f), CT/09].

Neste quadro é manifestamente descabido vir o autor procurar defender que as expressões a que recorreu não têm "*qualquer cunho calunioso*" e que não ficou provado que "*teve qualquer intenção ou propósito de ofender a confiança, prestigio e credibilidade, quer da R., quer do Presidente do Conselho de Administração*", recaindo o ónus de prova sobre a R.

Com efeito, a R. provou o que tinha a provar, nomeadamente, que o A. publicou o livremente o post em causa, qual o seu conteúdo e, também, que agiu intencionalmente de modo a que fosse divulgado perante terceiros, como efectivamente veio acontecer.

Para além disso, salvo o devido respeito, como bem refere o Tribunal *a quo*, qualquer cidadão de normal diligência, confrontado com o conteúdo do post, não deixará de concluir que o mesmo é claramente ofensivo e violador da honra, consideração e bom nome do presidente do conselho da administração da R. e, também da administração em geral e da empresa. Basta atentar nas expressões: "O GRANDE MENTIROSO, PINÓQUIO E ALDRABÃO DO DR. FM, MENTIU PARA TODA A POPULAÇÃO MADEIRENSE (...)"; "TRAPACEIRO"; "SR. ALDRABÃO..."; "OS MEMBROS DESTA ADMINISTRAÇÃO NAO SE PREOCUPAM SE NÃO COM O SEU PROPRIO UMBIGO"; "NÃO SABEM GERIR UM HOTEL VÃO GERIR UMA TASCA, CAMBADA DE INCOMPETENTES"; "RUA COM ESTES CORRUPTOS...".

Dito de outro modo, qualquer cidadão comum ou qualquer entidade que fosse alvo destas acusações não deixaria de se sentir ofendido na sua honra, bom nome e consideração.

Precisamente por isso, sendo o A. uma pessoa de normal diligência, não podia ignorar o sentido e alcance dessas expressões, bem assim que, para além de constituírem violação dos seus deveres de trabalhador subordinado, integram também ilícitos previstos e punidos na lei penal, nomeadamente os crime de difamação e injúria (respectivamente, artigos.° 180.° n.°1 e 181.° n.° 1, do Código Penal).

Concluindo, também quanto a estre ponto, não se acolhe a fundamentação do recorrente.

III.2.4 Prosseguindo, mostra-se pertinente começar por deixar algumas breves considerações sobre os deveres dos trabalhadores.

Com a celebração do contrato de trabalho o trabalhador assume como obrigação principal prestar a sua actividade ao empregador, executando o trabalho de harmonia com as instruções daquele, a quem compete o poder de direcção, ou seja, o de «(..) *estabelecer os termos em que o trabalho deve ser prestado, dentro dos limites decorrentes do contrato e das normas que o regem*» [art.º 97.º do CT 09]. Mas para além dessa obrigação principal, sobre o trabalhador recaem ainda outras obrigações «(..) *conexas à sua integração no complexo de meios pré-ordenados pelo empregador*" [António Monteiro Fernandes, Direito do Trabalho, 14.ª Ed., Almedina, 2009, pag. 236].

Entre esses deveres acessórios, cujo elenco consta do art.º 128.º do CT 09, conta-se o dever do trabalhador "*Respeitar e tratar o empregador, os superiores hierárquicos e as pessoas que se relacionem com a empresa, com urbanidade e probidade*" [n.º 1 al. a)]

A violação deste dever é susceptível de constituir justa causa de despedimento, dispondo o n.º 2, do art.º 351.º, CT/09 que constitui justa causa de despedimento a "*Prática, no âmbito de empresa, de (..) injúrias ou outras ofensas punidas por lei sobre (..) elementos dos corpos sociais (..) seus delegados ou representantes*".

Como é sabido, tal como era defendido nos anteriores regimes perante idênticas normas, nomeadamente, no Decreto-lei n.º 64-A/89, de 27 de Fevereiro (LCCT) o art.º 9.º n.º1 e no Código do Trabalho de 2003 o art.º 396.º n.º1, continua a entender-se quer na doutrina quer na jurisprudência, que a noção de justa causa de despedimento, segundo o disposto no art.º 351.º n.º1, do CT/09, exige a verificação cumulativa dos requisitos seguintes:

i) um comportamento ilícito e culposo do trabalhador, por acção ou omissão, violador de deveres de conduta ou de valores inerentes à disciplina laboral, grave em si mesmo e nas suas consequências (elemento subjectivo da justa causa);
ii) que torne imediata e praticamente impossível a subsistência da relação laboral (elemento objectivo da justa causa);
iii) a verificação de um nexo de causalidade entre aquele comportamento ilícito, culposo e grave e a impossibilidade prática e imediata da manu-

tenção da relação laboral, na medida em que esta tem que decorrer, efectivamente, do comportamento do trabalhador.

Nessa linha de entendimento, a jurisprudência dos tribunais superiores vem reafirmando que a impossibilidade prática e imediata de subsistência da relação laboral, verifica-se quando perante um comportamento ilícito, culposo e com consequências gravosas na relação laboral, ocorra uma situação de absoluta quebra de confiança entre a entidade patronal e o trabalhador, susceptível de criar no espírito da primeira a dúvida sobre a idoneidade futura da conduta do último, deixando de existir o suporte psicológico mínimo para o desenvolvimento dessa relação laboral. Nesse sentido, vejam-se, entre outros e na jurisprudência mais recente, os Acórdãos do STJ de 29.04.2009, Proc. n.º 08S3081; de 17.06. 2009, Proc.º 08S3698; de 03.6.2009, Proc.º n.º 08S3085; de 15.09.2010, Proc.º 254/07.1TTVLG.P1.S1; de 7.10.2010, Proc.º 439/07.0TTFAR.E1.S1; e, de 13.10.2010, Proc.º n.º 142/06.9//LRS.L1.S1 [todos eles disponíveis em www.dgsi.pt/jstj].

Revertendo ao caso, para além das conclusões já apontadas – que foram postas em causa pelo recorrente, mas que como decorre da nossa apreciação nos pontos anteriores, não merecer censura a decisão – o Tribunal *a quo* concluiu, ainda o seguinte:

– O A. praticou assim com culpa, infração disciplinar por violação do dever de urbanidade e respeito, expressamente previsto como justificativo para despedimento na alínea i) do n.º 2 do art.º 351.º do Código do Trabalho (cf. art. 128.º, n.º 1, al. a) do CT).

Mas a violação de um dever laboral não dá lugar necessariamente à sanção máxima do despedimento, por aplicação do princípio da proporcionalidade da sanção à gravidade da conduta (art.º 330.º, n.º 1).

Torna-se necessário, assim, avaliar o grau de ilicitude e de culpa do trabalhador e da proporcionalidade entre a sanção e a gravidade do facto.

No domínio laboral há que atender a interesses específicos, nomeadamente, à tranquilidade do ambiente laboral e ao equilíbrio da organização, tendo em conta que a empresa, enquanto pessoa coletiva é uma pessoa jurídica autónoma das pessoas físicas que em cada momento a representam.

Relativamente ao Autor, entendo que as afirmações colocadas em post no Facebook são claramente ofensivas da honra, da consideração e do bom nome do Presidente do Conselho de Administração da sua entidade patronal e constituem factos graves, de um posto de vista objetivo e subjetivo, bem como produtores de consequências que perturbam o ambiente laboral normal e o equilíbrio da empresa.

Tudo ponderado, entendo não ser exigível à R. a manutenção do A. ao seu serviço, em virtude de dúvidas sérias e legítimas quanto à conformidade do comportamento do A. no futuro, tornando-se prática e imediatamente impossível a manutenção da relação laboral, pelo que preenche a justa causa de despedimento".

Cremos que esta conclusão é adequada ao caso, contendo-se nos princípios que acabámos de enunciar sobre a noção de justa causa. Por isso mesmo, mas também porque não há qualquer outro argumento do recorrente que cumpra apreciar, não vimos que se justifiquem outras considerações, restando concluir pela total improcedência do recurso, não merecendo censura a sentença recorrida.

* * *

Considerando o disposto no art.º 527.º n.º1 e 2, do NCPC, a responsabilidade pelas custas recai sobre o recorrente que, atento o decaimento, a elas deu causa.

IV. DECISÃO

Em face do exposto, acordam os Juízes desta Relação em julgar improcedente o recurso de apelação, mantendo a sentença recorrida.

Custas pelo recorrente.

Lisboa, 24 de Setembro de 2014

Jerónimo Freitas
Francisca Mendes
Maria Celina de J. Nóbrega

ANOTAÇÃO

1. O presente Acórdão da Relação de Lisboa foi um dos primeiros, entre nós, a enfrentar os delicados problemas de índole jurídico-laboral suscitados pelo crescente fenómeno das redes sociais *online*, designada-

mente o *Facebook*[1]. No caso, declarações desrespeitosas e mesmo insultuosas para com a entidade empregadora foram proferidas por um trabalhador, delegado e dirigente sindical, na sua página pessoal do *Facebook*, a qual era visível apenas para os seus amigos. Tendo tomado conhecimento do conteúdo de tais declarações, a entidade empregadora instaurou o competente processo disciplinar ao trabalhador e, no final do mesmo, veio a despedi-lo, invocando justa causa para o efeito. O trabalhador impugnou o despedimento e o tribunal foi chamado a pronunciar-se sobre o mesmo, tendo, basicamente, de analisar dois problemas: *i)* o de saber se as declarações proferidas pelo trabalhador na sua página pessoal do *Facebook* integram a esfera privada ou a esfera pública, isto é, o de saber se funciona ou não, neste caso, a tutela jurídica da confidencialidade das mensagens; *ii)* o de apurar o conteúdo e os limites da liberdade de expressão, em ordem a determinar se, *in casu*, o trabalhador foi além do permitido, cometendo uma infracção disciplinar, bem como se tal infracção foi de tal forma grave, em si e nas suas consequências, que tornou praticamente impossível a subsistência da relação de trabalho, assim justificando o despedimento do trabalhador.

2. Quanto ao primeiro problema, é sabido que, nos termos do art. 32.º, n.º 8, da Constituição da República Portuguesa (CRP), são nulas todas as provas obtidas mediante abusiva intromissão na vida privada, no domicílio, na correspondência ou nas telecomunicações. E a tutela da reserva da

---

[1] Cremos que foi o segundo. O primeiro, aliás citado no presente aresto, foi o Acórdão da Relação do Porto, de 8/9/2014, relatado pela Desembargadora Maria José Costa Pinto, também disponível em www.dgsi.pt, no qual se procede a um desenvolvido e convincente tratamento das questões suscitadas. Na doutrina, *vide*, em especial, MARIA REGINA REDINHA, «Redes sociais: incidência laboral (primeira aproximação), *Prontuário de Direito do Trabalho*, n.º 87, 2010, pp. 33-44, e TERESA COELHO MOREIRA, «A privacidade dos trabalhadores e a utilização de redes sociais *online*: algumas questões», *Questões Laborais*, n.º 41, 2013, pp. 41-101. Por último, ALICE PEREIRA DE CAMPOS, «Infracções disciplinares em redes sociais *online*», *Direito e Justiça – Estudos dedicados ao Professor Doutor Bernardo da Gama Lobo Xavier*, vol. I, Universidade Católica Editora, Lisboa, 2015, pp. 111-133, e TERESA COELHO MOREIRA, «*Até que o Facebook nos separe*: análise dos Acórdãos do Tribunal da Relação do Porto de 8 de Setembro de 2014 e do Tribunal da Relação de Lisboa de 24 de Setembro de 2014», *Prontuário de Direito do Trabalho* (no prelo)..

intimidade da vida privada, bem como da confidencialidade das mensagens enviadas ou recebidas pelo trabalhador, encontra também expresso arrimo no nosso Código do Trabalho (CT), nos seus arts. 16.º e 22.º, respectivamente. Assim sendo, *quid juris* em relação a conteúdos publicados pelo trabalhador numa rede social? Funcionará aqui a tutela da confidencialidade das mensagens, com a consequente inadmissibilidade de tais afirmações serem objecto de valoração disciplinar por parte da entidade empregadora?

A resposta da nossa jurisprudência, seja neste aresto da Relação de Lisboa, seja naquele que o precedeu, da Relação do Porto, tem passado por vincar que tudo irá depender de uma apreciação casuística da situação, tendente a apurar se existe ou não, atento o concreto circunstancialismo do caso, uma *legítima expectativa de privacidade* do trabalhador em relação aos *posts* publicados na rede. De todo o modo, ainda que, prudentemente, se aponte para a necessidade de proceder a uma apreciação casuística, parece poder concluir-se da jurisprudência que qualquer expectativa de privacidade será, em regra, infundada, até pela noção *facebookiana* de amigos, a qual, como no presente Acórdão largamente se evidencia, em nada corresponde ao conceito tradicional de amigos (incluindo até, no círculo desses "amigos", pessoas que nem sequer se conhecem...), pelo que, ao publicar um qualquer *post* na sua página pessoal, visível para esses supostos amigos, o trabalhador, razoavelmente, não pode acreditar que o conteúdo desse *post* vai permanecer nessa esfera reservada. Só em casos muito excepcionais tal poderá suceder (assim, por exemplo, caso as declarações sejam proferidas no âmbito de um grupo fechado, integrado por poucas pessoas, entre as quais existam laços de verdadeira amizade ou até intimidade). Em regra, pois, no *Facebook* não há (tutela da) privacidade, as declarações aí proferidas pertencem à esfera pública ou semi-pública, mesmo se "publicadas" na página pessoal do trabalhador[2].

---

[2] Em sentido convergente, conclui Alice Pereira de Campos: «Tendo em consideração as características destas redes sociais *online*, parece-nos que, salvo nos casos em que as definições de privacidade reflictam essa expectativa de privacidade e confidencialidade, dificilmente se poderá considerar que o trabalhador tenha direito de reserva sobre comentários que publique tanto no seu perfil pessoal, como em grupos» («Infracções disciplinares em redes sociais *online*», cit., p. 125).

Em suma: segundo um velho e sábio provérbio, «o que o teu inimigo não deve saber, não o digas ao teu amigo». Pois agora, em pleno séc. XXI e em plena era virtual, diríamos ao trabalhador: «O que o teu inimigo – leia-se: a entidade empregadora – não deve saber, não o digas, na rede, ao teu *facebookiano* amigo»...

3. Ultrapassado este problema logo surge um outro, quiçá de ainda maior delicadeza e complexidade: o do conteúdo e limites da liberdade de expressão do trabalhador no âmbito das redes sociais. É sabido que a liberdade de expressão e de divulgação do pensamento e opinião constitui um dos pilares da democracia, constitui um direito fundamental consagrado, a justo título, no art. 37.º da CRP, e constitui, inclusive, um direito expressamente reconhecido aos trabalhadores no art. 14.º do CT. Nos últimos tempos, aliás, o Direito do Trabalho português tem acentuado a dicotomia entre os chamados *direitos laborais específicos* e os *direitos laborais inespecíficos* dos trabalhadores: aqueles são os direitos laborais de quem trabalha por conta de outrem (salário, tempo de trabalho, férias, estabilidade no emprego, contratação colectiva, greve, etc.), direitos de que são titulares os trabalhadores, e apenas estes, enquanto trabalhadores assalariados; estes, pelo contrário, são os direitos de personalidade ou de cidadania de quem trabalha por conta de outrem, são direitos de 2.ª geração, são direitos gerais, de que todos são titulares, mas que colocam problemas próprios na sua aplicação a uma relação assimétrica, de supra-infra ordenação, de autoridade-obediência, como é a relação de trabalho assalariado[3]. Ora, um dos nóveis direitos de personalidade expressamente reconhecidos ao trabalhador consiste, repete-se, na liberdade de expressão e de divulgação do pensamento e opinião[4].

Nos dias que correm, aquela liberdade de expressão exerce-se, em grande e sempre crescente medida, através das redes sociais. As redes sociais *online* transformaram (*rectius*: revolucionaram) a maneira como as pessoas – todas as pessoas, sejam ou não trabalhadores – comunicam

---

[3] A este propósito, seja-nos permitido remeter para o nosso *Contrato de Trabalho*, 4.ª ed., Coimbra Editora, 2014, pp. 227-233.

[4] Sobre a liberdade de espressão dos trabalhadores, *vide*, por todos, Júlio Gomes, *Direito do Trabalho*, vol. I, Coimbra Editora, 2007, pp. 272-288.

entre si, como se exprimem, como manifestam a sua opinião, como vivem. O meio de difusão/comunicação virtual, dir-se-ia, mudou a própria coisa comunicada, os padrões comportamentais alteraram-se e estão a alterar-se veloz e profundamente (assiste-se aqui, sem dúvida, a uma autêntica "revolução de costumes") – e tudo isto, cremos, não pode ser ignorado ou menosprezado pelo aplicador do direito.

Pergunta-se: que reflexos terá tudo isto no conteúdo e limites da liberdade de expressão do trabalhador? Para mais quando, como sucede no caso em apreço, o trabalhador em questão é um delegado e dirigente sindical?

É inegável, hoje como ontem, que a liberdade de expressão pressupõe o direito de crítica, este constitui uma irrecusável dimensão daquela. Ao abrigo da liberdade de expressão, o trabalhador pode, sem dúvida, criticar a sua entidade empregadora[5]. É isso mesmo, aliás, que tantas vezes se afirma, a propósito da chamada "cidadania na empresa": o trabalhador é um ser livre, que se relaciona com a entidade empregadora através de um negócio jurídico de direito privado, o contrato de trabalho; o trabalhador não é um servo ou um vassalo, ligado por laços de tipo feudal ao seu patrão.

É claro que – e aqui reside o cerne do problema – a liberdade de expressão do trabalhador e a "cidadania na empresa" têm de se articular com os deveres de subordinação, respeito, urbanidade e lealdade do trabalhador para com a entidade empregadora, deveres estes que estão no âmago do contrato de trabalho. Como tantas vezes sucede, estes direitos e deveres entrecruzam-se e limitam-se reciprocamente, pelo que, como é pacífico, a liberdade de expressão (e o inerente direito de crítica) não autoriza o trabalhador a insultar, caluniar, difamar, ofender ou lesar a

[5] Como escreve Cristiane Maria Freitas de Mello, «a utilidade social da opinião, mormente a crítica, consiste, precisamente, em consentir, com a contribuição dos protagonistas diretos ou representativos das partes na relação de trabalho, a confrontação ou contraposição de ideias e convicções. Essa contraposição se revela pela crítica, que é a especificação mais geral do direito de opinião, enquanto atividade racional de manifestação de um juízo sobre algo ou sobre um comportamento objetivo. Com a tutela do direito de crítica, o ordenamento jurídico garante um específico aspecto da liberdade de expressão do pensamento, essencial para a dialética democrática» – *Direito de Crítica do Empregado nas Redes Sociais e a repercussão no Contrato de Trabalho*, LTr, São Paulo, 2015, p. 103.

honra e o bom nome da entidade empregadora[6]. Liberdade de expressão e direito de crítica, de um lado, dever de respeito e urbanidade, do outro, têm de coexistir na relação de trabalho. Isto implica que, na prática, perante um concreto litígio, se tenha de proceder a uma ponderação casuística complexa dos diversos valores em presença e em eventual rota de colisão – um balanceamento de bens complexo, sem dúvida, mas indispensável para a correcta resolução do litígio.

4. No caso em apreço, não temos dúvidas em acompanhar o tribunal quando este considera que o trabalhador se excedeu nas críticas que formulou, via *Facebook*, à entidade empregadora. O trabalhador foi além do permitido, proferiu afirmações de inegável cunho desrespeitoso e mesmo ofensivo e insultuoso em relação à entidade empregadora. O trabalhador cometeu, por isso, uma infracção disciplinar. Resta saber, porém, se cometeu uma infracção suficientemente grave de molde a justificar a aplicação da mais drástica e violenta das sanções disciplinares de que a entidade empregadora dispõe, a sanção expulsiva, de despedimento.

Ora, quanto a este ponto, a despeito do carácter desmedido das críticas proferidas ("aldrabão", "mentiroso", "pinóquio", "trapaceiro", entre outros mimos...), temos dúvidas em acompanhar a argumentação expendida no Acórdão. Com efeito, na ponderação efectuada pelo tribunal afigura-se não ter sido dado o devido relevo a algumas circunstâncias que, cremos, apontariam para uma diferente decisão quanto ao fundo da causa. Vejamos.

5. As afirmações ofensivas e insultuosas proferidas pelo trabalhador na sua página do *Facebook* surgiram num contexto muito especial. Dir-se-ia: não foram uma *acção*, foram uma *reacção*. Com efeito, a entidade empregadora havia deixado de pagar pontualmente a retribuição devida aos trabalhadores, sendo que, além disso, a entidade empregadora havia feito promessas de pagar a retribuição em falta em determinadas datas, coisa que não veio a suceder. Do texto do Acórdão resulta, cristalino, isso

[6] De resto, o próprio art. 14.º do CT reconhece a liberdade de expressão no âmbito da empresa, mas sempre com respeito dos direitos de personalidade do empregador, incluindo as pessoas singulares que o representam.

mesmo. Vale a pena transcrever essa crucial passagem do aresto: «Consta igualmente provado que a R. começou a atrasar o pagamento de retribuições com o subsídio de Natal de 2012, isto é, imediatamente anterior aos factos (facto 39), só a vindo a regularizar em Maio de 2013, bem assim que o presidente do conselho de administração da R. (facto 2) fez promessas de pagamento que não concretizou nas datas que indicou (facto 40)».

Ou seja, existia na empresa um conflito laboral agudo, motivado pela falta de pagamento pontual da retribuição por parte da entidade empregadora, falta à qual se somou o não cumprimento de compromissos assumidos no sentido de a mesma regularizar a situação em determinadas datas. Ora, todos sabemos que tipo de consequências resulta desta atitude inadimplente para os trabalhadores afectados. Privados da sua retribuição, da qual normalmente carecem para satisfazer as suas necessidades básicas e quotidianas, vendo, ademais, resultar frustradas as promessas patronais de pagamento, é quase inevitável que a ansiedade, a angústia e o desespero se apoderem dos trabalhadores. Os dramáticos efeitos sociais e humanos resultantes da falta de pagamento pontual da retribuição são bem conhecidos, pelo que nos dispensamos de insistir neste ponto. Mas, salvo o devido respeito, aqui a abordagem do tribunal parece-nos eivada de formalismo, ao argumentar que os trabalhadores com "salários em atraso" poderiam reagir através dos meios predispostos na lei para o efeito, suspendendo o contrato ou avançando para a resolução do mesmo com justa causa. Claro que sim, claro que podiam! Mas, como é óbvio e compreensível, muitas vezes os trabalhadores não accionam qualquer desses meios reactivos, justamente porque, no primeiro caso, tal implica que eles passem a receber um subsídio como se estivessem desempregados, e, no segundo caso, eles convertem-se mesmo em desempregados... Muitas vezes os trabalhadores não reagem, toleram, aguentam, resistem, aguardam por melhores dias, acreditam nas promessas patronais de pagamento no dia *x*, esperam, desesperam...

O que queremos sublinhar é que, se isto não autoriza nem legitima quaisquer insultos e ofensas à honra e ao bom nome da entidade empregadora, isto, em todo o caso, contextualiza e ajuda a explicar e compreender o *post* publicado no *Facebook* pelo trabalhador em causa. O tribunal deu como provado o incumprimento da obrigação retributiva por banda do empregador, bem como que o mesmo «fez promessas de pagamento que não concretizou nas datas que indicou». Certo, ainda assim o trabalhador não tinha justificação para apodar o empregador de "mentiroso", "pinóquio" ou "aldrabão". Talvez ele pudesse ter *postado* que o empregador tinha uma relação difícil com os compromissos assumidos... Ou que ele não lidava maravilhosamente com a verdade... Ou que ele possuía uma protuberância nasal que, por vezes, crescia desmesuradamente... Mas, como se comprova pelo conteúdo do *post*, a sofisticação no estilo e o domínio da língua portuguesa não eram, decididamente, os pontos fortes daquele trabalhador...

Em qualquer caso, não bastando para legitimar ou justificar as afirmações proferidas via *Facebook*, parece-nos, contudo, que o particular quadro conflitual em que as mesmas foram publicadas, da responsabilidade da entidade empregadora, não pode deixar de funcionar como *circunstância atenuante* da infracção cometida. Um empregador médio, razoável – dir-se-ia: um empregador com consciência social e não indiferente à condição humana –, tem de contar com reacções fortes, emocionais e emocionadas por banda dos trabalhadores a quem não paga o salário – trabalhadores a quem esse incumprimento causa angústia, ansiedade, desespero, revolta, depressão, quiçá fome, etc. Vale dizer: o trabalhador não tem, decerto, o direito de insultar e ofender a entidade empregadora; mas a entidade empregadora também não tem o direito de deixar de pagar pontualmente o salário devido aos seus trabalhadores, nem tem o direito de, tendo prometido pagar tardiamente em determinadas datas, não honrar esse compromisso.

6. Acresce que, no caso, o trabalhador em apreço era *dirigente* e *delegado sindical*. Ou seja, era justamente um trabalhador que havia sido eleito para defender os interesses do colectivo dos trabalhadores perante a entidade empregadora, um trabalhador ao qual a própria CRP reconhece um estatuto especial, em ordem a protegê-lo contra qualquer forma de condicionamento, constrangimento ou limitação no exercício das suas funções (art. 55.º, n.º 6). E, no quadro de um conflito colectivo, em que não são pagos os salários, é precisamente dos delegados e dirigentes sindicais que se espera que exerçam a sua missão defronte da entidade empregadora, reclamando e reivindicando aquilo que deve ser reclamado e rei-

vindicado. Se, neste quadro, o delegado sindical for passivo e não actuar, então ele estará a falhar perante aqueles que o elegeram e mandataram para actuar.

A liberdade de expressão e o direito de crítica terão, pois, necessariamente, uma latitude maior quando em causa esteja um representante eleito dos trabalhadores, precisamente em ordem a permitir o exercício das correspondentes funções por parte desse representante – e, em última análise, em ordem a garantir o exercício da liberdade sindical e a fazer com que a empresa seja um espaço um pouco mais democrático[7]. Ora, precisamente devido a essa maior latitude da liberdade de expressão e do direito de crítica do representante eleito, mesmo quando os limites são ultrapassados e há excesso, a *medida do excesso* é decerto menor do que a que se registaria caso se tratasse de declarações proferidas por um trabalhador comum – e isto, é claro, não pode deixar de relevar em sede de (des)proporcionalidade da sanção aplicada.

É claro que, como o tribunal observou, o trabalhador, dirigente e delegado sindical, poderia e deveria ter reagido de forma polida e educada à falta de cumprimento das promessas por banda do empregador[8]. Não o fez, excedeu-se, foi além do devido, deve responder pelos seus excessos. Mas, cremos, deve responder em moldes proporcionados, sendo punido na medida justa, tendo em conta as circunstâncias que envolveram a publicação daquele *post* no *Facebook*.

---

[7] A este propósito, *vide* Teresa Coelho Moreira, «Limites à liberdade de expressão de sindicalistas: comentário à decisão do TEDH, de 8 de Dezembro de 2009 – *Aguilera Jiménez e outros c. Espanha*», *Questões Laborais*, n.º 37, 2011, pp. 27-35.

[8] Por vezes, invoca-se mesmo que se a um delegado ou dirigente sindical, no exercício das respectivas funções, deve ser reconhecida uma maior amplitude quanto à liberdade de expressão, também lhe deverão ser exigidas maiores cautelas com os termos que escolhe para veicular as suas críticas, devido ao cargo que ocupa. Confessamos ter as maiores reservas em relação a este tipo de argumentação, que dá com uma mão e logo retira com a outra. O delegado ou dirigente sindical tem especiais responsabilidades perante aqueles que o elegeram, responde perante estes pela forma como exerce as suas funções. As funções que desempenha não o obrigam a tornar-se numa espécie de colaborador exemplar do empregador, qual "menino de coro". Dir-se-ia até que pelo contrário: as funções que desempenha obrigam-no, amiúde, a assumir e protagonizar o conflito com a entidade empregadora, *maxime* quando esta não paga o salário aos trabalhadores, depois diz que vai pagar e volta a não pagar...

Alega o tribunal que «no domínio laboral há que atender a interesses específicos, nomeadamente à tranquilidade do ambiente laboral e ao equilíbrio da organização» empresarial. Sem dúvida. Mas atrevemo-nos a perguntar: e a tranquilidade dos trabalhadores a quem deixa de ser pago o salário? Será razoável esperar que permaneça, incólume, perante essa falha? E que resista mesmo quando o empregador promete pagar mais tarde e não honra esses compromissos? O equilíbrio da organização empresarial é importante, não o negamos. Mas pergunta-se: e o equilíbrio vital (desde logo no plano psicológico) de cada um dos trabalhadores afectados e respectivas famílias? É menos relevante, numa sociedade democrática, fundada no valor do trabalho e na dignidade humana como a nossa?

7. Reiteramos a nossa ideia central: o trabalhador em causa, ainda que delegado e dirigente sindical, ainda que confrontado com uma situação grave de falta de pagamento do salário na empresa e de subsequente falta de cumprimento de promessas de pagamento por parte do empregador, nem por isso estava legitimado para proferir as acusações que proferiu, no tom que utilizou, através das redes sociais. Nada justifica a utilização daquelas expressões, que são, realmente, ofensivas. Mas aquelas circunstâncias constituiram, de algum modo, uma *tempestade perfeita*, permitindo, se não legitimar, ao menos explicar e compreender o comportamento daquele particular trabalhador.

A nosso ver, todas essas circunstâncias deveriam ter sido valoradas de outro modo pelo tribunal, como *circunstâncias atenuantes da culpa do trabalhador*. Com efeito, e atenta a matéria provada, não se tratou de acusações gratuitas e descabeladas. Tratou-se de acusações a que a entidade empregadora, de algum modo, deu azo com o seu comportamento – um comportamento que pode ou não ter sido culposo, mas que seguramente foi relapso, pois o empregador nem pagou o salário quando devia nem pagou quando, mais tarde, prometeu que ia pagar. Depois, o próprio facto de tais afirmações terem sido proferidas no *Facebook*, na página pessoal do trabalhador (quem é que nunca proferiu afirmações excessivas no *Facebook*, das quais, porventura, se arrependeu logo depois de as ter publicado?), quiçá num momento de ardor revolucionário ou de euforia militante («viva ao 1.º de Maio, viva ao dia do trabalhador, lutaremos até ao fim pelos nossos direitos», lê-se no *post*), quiçá depois de ter sido confrontado e pressionado por algum dos seus camaradas em situação pessoal ou familiar dramática, tudo isto não pode, cremos, deixar de ser valorado. Bem como, aliás, a aparente inexistência de quaisquer precedentes disciplinares a manchar a actuação daquele trabalhador. Pela leitura do Acórdão, o seu registo disciplinar era, crê-se, imaculado.

8. Tudo isto, porém, parece ter pesado pouco para o tribunal. Pesou mais a tutela da honra, consideração e bom nome do empregador relapso, os quais, uma vez beliscados pelas acusações proferidas, teriam levado a uma irremediável "quebra de confiança" do empregador no trabalhador – como se a crise de confiança não se tivesse instalado, justamente, porque o empregador não pagou o salário, nem atempadamente nem tardiamente, quando a tal se tinha comprometido – e, daí, ao seu inevitável despedimento com justa causa.

Não acompanhamos esta ponderação realizada pelo tribunal. Salvo o devido respeito, cremos que ela é tributária de uma concepção excessivamente autoritária da empresa e das relações de trabalho. Uma concepção mais democrática das relações de trabalho, reconhecendo o conflito que nestas existe e o especial protagonismo que recai sobre os dirigentes e delegados sindicais, ditaria uma outra ponderação de bens – uma ponderação que, reconhecendo embora a prática de uma infracção disciplinar por parte do trabalhador, não autorizasse que a mesma fosse punida com a mais severa das sanções, o despedimento, por parte de um empregador que, com a sua conduta grave e reiterada de incumprimento, tanto sofrimento terá causado e em tão extensa medida deu azo à crítica. «A sanção disciplinar deve ser proporcional à gravidade da infracção e à culpabilidade do infractor», lê-se no n.º 1 do art. 330.º do CT. O despedimento constitui a *ultima ratio* nesta matéria, a utilizar quando, e só quando, as outras sanções não extintivas (sanção pecuniária, perda de dias de férias, suspensão do trabalho com perda de retribuição, etc.) se revelarem insuficientes.

9. Nestas matérias de ponderação e balanceamento de direitos e deveres em rota de colisão, tudo se resume, por vezes, a uma questão de maior ou menor *sensibilidade*. A nosso ver, o juiz do trabalho deve ser

sensível, muito sensível, aos importantíssimos bens e valores sacrificados com a falta de pagamento pontual do salário e com o não cumprimento das promessas de regularização da situação por parte do empregador. O juiz do trabalho deve outrossim ser sensível à situação, muitas vezes difícil, daqueles que, por serem representantes eleitos dos trabalhadores, acabam por encarnar ou personificar a conflitualidade intrínseca à relação de trabalho, pedindo-se-lhes que sejam activos, reactivos e proactivos na defesa dos interesses dos trabalhadores que os elegeram. O juiz do trabalho deve ainda ser sensível às mudanças comportamentais drásticas a que temos assistido nos últimos anos, com o espectacular fenómeno das redes sociais *online*, fenómeno que, se de uma banda fez recuar a privacidade, por outra fez ampliar os limites da liberdade de expressão.

A tudo isto, cremos, o juiz do trabalho foi pouco sensível no presente aresto. O tribunal foi sensível, pensamos que hipersensível, à tutela da honra, consideração e bom nome do empregador, como que absolutizando o dever de respeito e urbanidade que recai sobre os trabalhadores e a inevitável quebra de confiança patronal derivada do incumprimento de tal dever. Esse dever de respeito existe, claro, mas, como todos, conhece limites[9], carecendo qualquer violação do mesmo de ser bem contextualizada em ordem a determinar a correspondente punição disciplinar. E convenhamos: o empregador, através da sua conduta, também deve dar-se ao respeito...

10. É tempo de concluir, recapitulando. A relação de trabalho é uma relação intrinsecamente conflitual. Quando essa conflitualidade é exasperada devido à falta de pagamento pontual do salário e é agudizada pelo ulterior incumprimento de promessas patronais de pagamento, é natural, é expectável, é quase inevitável que daí resultem reacções fortes, incluindo excessos verbais. Quando, ademais, esses excessos verbais são protagonizados por quem tem a missão de falar e de representar os trabalhadores afectados – os delegados e dirigentes sindicais –, tais excessos não deverão ser sobrevalorizados. Cremos, pelo contrário, que o deli-

[9] Aliás, como observa Cristiane Maria Freitas de Mello, «a atitude de respeitar alguém não consiste em dissimular o pensamento a seu respeito» – *Direito de Crítica do Empregado nas Redes Sociais*, cit., p. 114.

cado e até dramático contexto em que surgem explica o seu verdadeiro alcance e, de algum modo, relativiza-os. Esses excessos não devem, por isso, ficar impunes, mas também não devem ser punidos exemplarmente, desconsiderando as circunstâncias que os originaram e rodearam[10]. É isso mesmo, levar em conta todas as circunstâncias que se mostrem relevantes – incluindo as atenuantes –, que a lei pretende que o julgador faça (art. 351.º, n.º 3, do CT). Salvo o devido respeito, temos dúvidas de que tal tenha sido feito, na devida extensão, no presente Acórdão.

[10] A este propósito, Jaime Cabeza Pereiro, «Las libertades de expresión e información como derechos específicamente laborales», *Relaciones Laborales*, 2005, pp. 459-476. O Autor assinala que o conflito laboral constitui um espaço no qual a liberdade de expressão encontra um cenário especialmente privilegiado para se desenvolver, devendo o contexto de conflito laboral funcionar como factor de relativização dos efeitos das condutas adoptadas e das opiniões manifestadas pelo trabalhador, bem podendo o tom utilizado resultar menos grave ou relevante, se e quando ofensivo, do que seria à margem do conflito, sobretudo quando tais afirmações se inserem no exercício de funções representativas por parte desse trabalhador.

O casal voador: anotação ao Acórdão da Relação de Lisboa, de 14 de setembro de 2016[1]

JOÃO LEAL AMADO

SUMÁRIO

I – Não constitui tratamento discriminatório a emissão pela empregadora (companhia de aviação) de uma instrução que, por questões operacionais, proíbe a coabitação no cockpit, em funções técnicas, de membros da mesma família (cônjuges, pais, filhos e irmãos), excepto se autorizados pelo "accountable manager", ainda que à época, tal instrução seja aplicável apenas aos ora AA., por serem actualmente os únicos pilotos na empresa unidos pelo vínculo do casamento ou outro laço de parentesco considerado na instrução.

II – E embora seja de reconhecer que os constrangimentos decorrentes da aludida instrução envolvem necessariamente prejuízo para a vida familiar dos recorrentes, daí não decorre que a mesma deva ser considerada ilícita, sendo aceitável que na procura da compatibilização desse interesse dos trabalhadores com o interesse da comunidade na segurança de voo, se dê prevalência a este último, por superior, tanto mais quanto se verifica que a R. tem procurado cumprir o dever que lhe é imposto pelo art. 127.º n.º 3 do CT, dando instruções ao Departamento de Escalas para que os AA., sempre que possível, gozem dias de folga e férias coincidentes.

Decisão Texto Parcial: Acordam os Juízes do Tribunal da Relação de Lisboa.

I – RELATÓRIO:

AA, contribuinte fiscal n.º (...), e BB, contribuinte fiscal n.º (...), residentes na Rua (...), intentaram a presente acção emergente de contrato individual de

[1] Processo n.º 13665/14.T8LSB.L1-4.

trabalho, sob a forma do Processo Comum, contra CC, S.A., pessoa colectiva n.º (...), com sede na Av. (...), pedindo a condenação da Ré:

- A remover do programa informático que elabora as escalas de serviço, a proibição de os Autores realizarem serviços de voo em conjunto;
- A elaborar as escalas de voo de forma equitativa, onde não há selecções ou discriminações;
- A elaborar as escalas de voo dos Autores de forma a fazer corresponder reciprocamente os períodos de trabalho com as folgas semanais;
- A abster-se de realizar todo e qualquer acto de assédio, que consista na prática de actos que afectem a dignidade dos Autores, que os humilhem ou desestabilizem, criando ambientes hostis, degradantes ou intimidativos;
- A indemnizar os Autores, a título de danos não patrimoniais, no montante de 20.000,00 €, acrescido de juros legais desde a citação até integral pagamento.

Alegaram, em síntese, que são trabalhadores da Ré desde, respectivamente, 1 de Maio de 1990 e 1 de Fevereiro de 1999, têm a sua base de operações sediada em Lisboa e actualmente as categorias profissionais de Comandante e Oficial Piloto, respectivamente.

No dia 30 de Maio de 2013, estando ambos escalados, apresentaram-se no Aeroporto de Lisboa para realizar o serviço de voo S4 851 LIS/SSA, com partida de Lisboa e destino a São Salvador, tendo sido impedidos de o realizar conjuntamente pela Ré, através do funcionário do Controlo de Tripulação (um deles teria que ir para casa). Os Autores sentiram-se humilhados perante os funcionários do Controlo de Tripulação, a tripulação e demais presentes. Constataram que nas escalas de serviço dos meses subsequentes, a Ré programou os voos de modo a que os Autores não voassem juntos, constando do sistema informático que elabora as escalas a proibição de voarem juntos. Por ordens da Ré, os Autores, desde 30 de Maio de 2013, não realizaram mais serviços de voo juntos. Desde 30 de Maio de 2013, as escalas são concebidas para que os Autores não beneficiem de tempos de descanso ou lazer em simultâneo. A proibição de voarem juntos, imposta pela Ré, é persecutória e discriminatória. Os Autores sentem-se fortemente intimidados, frustrados, desacreditados e humilhados face ao comportamento da Ré. Sempre foi política da Ré fazer conciliar os serviços de voo com tempos de descanso das tripulações com laços familiares, conjugais e afins, sendo os Autores a única excepção na empresa. Sentem-se ainda prejudicados na sua vida conjugal, familiar e social.

Concluíram que o comportamento da Ré se enquadra num tratamento discriminatório, persecutório e de assédio, constituindo igualmente uma violação do princípio de conciliação trabalho/família, que lhes causa danos que devem ser ressarcidos.

A ré contestou, por impugnação, alegando, em síntese, que no dia 2 de Março de 2013, os Autores, na qualidade de pilotos da Ré, como comandante e oficial piloto, respectivamente, foram intervenientes num acidente com a aeronave (...) aos comandos da qual se encontravam. Após o acidente a Ré iniciou um processo de averiguação interno às causas do mesmo, tendo imediatamente apurado que nos dois anos que antecederam o acidente, os Autores tinham diligenciado, quer junto dos serviços de escalas da Ré, quer junto dos colegas (através de trocas) para voarem em chave (para efectuarem os voos sempre juntos ao comando das aeronaves). É prática comum da indústria que as escalas sejam feitas de forma aleatória, não permitindo que as tripulações sejam compostas sempre pelas mesmas pessoas, a fim de evitar que as rotinas determinem falhas de segurança. A necessária cadeia de comando e de autonomia pode ser posta em causa entre dois familiares muito próximos. No decurso das averiguações ao acidente veio a apurar-se ser desaconselhável os Autores voarem juntos (porquanto os mesmos prejudicaram a investigação efectuada pelo GPIIA e pela Ré, na medida em que culposamente deixaram o gravador de voz do cockpit em funcionamento após a chegada, tendo as gravações do voo sido perdidas). Tal comportamento constituiu uma violação das regras europeias de aviação (Regulamento Europeu EU-OPS n.º 859/2008 e n.º 996/2010) e impediu a Ré de apurar, com certeza, qual dos dois Autores tripulava a aeronave no momento do acidente.

Na sequência da averiguação e de acordo com a recomendação emitida pelo *Safety* da CC, a Ré emitiu uma instrução para o serviço de escala sobre política de composição de tripulações técnicas, determinando um princípio geral, de acordo com o qual o departamento de planeamento e gestão de tripulações deve acautelar uma efectiva rotatividade de tripulações e definindo regras particulares relativas ao nível de experiência e relações familiares directas (a coabitação no cockpit de membros da mesma família – cônjuges, pais, filhos e irmãos – em funções técnicas não é permitida salvo autorização expressa do *accountable manager*).

Não obstante a instrução dada, a Ré tem tido o cuidado de escalar os Autores de forma a que os mesmos possam, sempre que possível, gozar folgas e férias em conjunto.

Concluiu que os dados recolhidos no âmbito da investigação ao acidente ocorrido com os Autores determinou a conclusão que as escalas devem abster-se de escalar ou pelo menos evitar familiares de grau próximo estarem ao comando da mesma aeronave, pelo que foram dadas instruções nesse sentido, que afectam todos os tripulantes e nada tem de persecutório ou ilegal, devendo a acção improceder.

Foi proferido despacho saneador com dispensa da selecção da matéria de facto assente e controvertida.

Realizou-se a audiência de julgamento e foi proferida sentença que julgou a acção improcedente e absolveu a R. dos pedidos formulados pelos AA.

Não conformados, os AA. recorreram, formulando nas respectivas alegações as seguintes conclusões:

(...)

Nestes termos e nos mais de Direito, sempre com o douto suprimento de V. Exas., deve ser concedido provimento ao presente recurso, sendo revogada a decisão recorrida, e a Recorrida ser condenada:

a) A remover a proibição do programa informático de elaboração de escalas;
b) Elaborar as escalas de voo de forma equitativa, onde não há selecções ou discriminações;
c) Elaborar escalas de serviço de voo dos Recorrentes de forma a fazer corresponder reciprocamente os períodos de trabalho com as folgas semanais;
d) Abster-se de realizar todo e qualquer acto de assédio, que consista na prática de actos que afectem a dignidade dos Recorrentes, que os humilhem ou desestabilizem, criando ambientes hostis, degradantes ou intimidativos;
e) Indemnizar os Recorrentes a título de danos não patrimoniais no montante a fixar por V. Exas., com referência ao valor de €20.000,00 (vinte mil euros).

A recorrida contra-alegou, pugnando pela confirmação da sentença.

No mesmo sentido se pronunciou o M.P. junto deste tribunal, no respectivo parecer.

O objecto do recurso consiste em averiguar se houve erro na apreciação da prova no que se refere à matéria do ponto 46 da matéria de facto e, em função da decisão quanto a essa questão, se houve ou não erro na aplicação do direito quanto à alegada discriminação; mesmo que improceda a impugnação da matéria de facto, se a instrução em causa é destituída de fundamento técnico e afecta o direito dos AA. à protecção à família.

Na 1.ª instância foram dados como provados os seguintes factos:

1. Os Autores, AA e BB, e a Ré, CC, S.A., celebraram entre si "contratos de trabalho", respectivamente, em 01/05/1990 e 01/02/1999.
2. Os Autores têm a sua base de operações sediada em Lisboa, lugar da prestação de trabalho.
3. Ao Autor, AA, foi atribuída a categoria profissional de Piloto-Oficial e à Autora, BB, a categoria profissional de Assistente de Bordo, actualmente com as categorias profissionais de Comandante e Oficial Piloto respectivamente.
4. Os Autores são casados entre si.
5. Em 30/05/2013, os Autores apresentaram-se ao serviço no aeroporto de Lisboa para realizar o serviço de voo S4 851 LIS/SSA, para o qual ambos se encontravam escalados, com partida de Lisboa e destino a São Salvador.
6. Os Autores foram impedidos pela Ré de realizar o voo referido em 5, conjuntamente.
7. Os Autores foram então informados pelo funcionário do Controlo de Tripulação, CC, de que não podiam voar juntos e que um deles teria que ir para casa.
8. O Autor AA, na ausência de melhor explicação e cumprindo integralmente a indicação que lhe estava a ser transmitida, optou, por sua iniciativa e na qualidade de Comandante, ser ele a não realizar o voo.
9. Em consequência, o aludido voo atrasou 1h40 minutos.
10. A situação referida nos pontos 5, 6 e 7 causou aos Autores incómodo e constrangimento perante os funcionários do Controle de Tripulação.
11. Em 11/07/2013, o Autor AA dirigiu carta ao Conselho de Administração da Ré, através da qual dava a conhecer os factos referidos nos pontos 4 a 6 e solicitava esclarecimentos sobre a situação.

12. Os Autores constataram que nas escalas de serviço dos meses subsequentes, a Ré programou os voos de modo a que estes não voassem juntos.
13. Por informação do Serviço de Planeamento de Escalas, consta do sistema informático que elabora as escalas que, no que tange aos Autores: "Not same fligts with BB" e "Not same fligts with AA", a que corresponde a tradução literal "Não os mesmos voos com BB" e "Não os mesmos voos com AA".
14. Por ordem da Ré, desde 30/05/2013 os Autores não realizaram mais serviços de voo em conjunto.
15. As escalas de serviço, desde 30/05/2013 são organizadas para que os voos dos Autores não coincidam.
16. No mês de Julho de 2013 as escalas inicialmente previstas para os Autores eram as constantes da cópia de fls. 27 dos autos, cujo teor se dá por reproduzido.
17. No mês de Agosto de 2013 as escalas inicialmente previstas para os Autores eram as constantes da cópia de fls. 28 dos autos, cujo teor se dá por reproduzido.
18. No mês de Setembro de 2013 as escalas inicialmente previstas para os Autores eram as constantes da cópia de fls. 29 dos autos, cujo teor se dá por reproduzido.
19. No mês de Outubro de 2013 as escalas inicialmente previstas para os Autores eram as constantes da cópia de fls. 30 dos autos, cujo teor se dá por reproduzido.
20. Em 17/08/2013 e 27/08/2013, os AA. solicitaram de forma expressa, junto do Departamento de Escalas, a possibilidade de voarem juntos.
21. Na escala de serviço publicada para o mês de Abril de 2014, os Autores não se mostravam escalados para voos em conjunto.
22. No dia 16 de Agosto de 2014, a Autora BB apresentou-se no aeroporto de Lisboa às 8h10, mas teve de aguardar mais de 6 horas que o Comandante que estava de assistência, comparecesse, tendo o voo partido de Lisboa com 6h50 minutos de atraso.
23. Também no dia 31/05/2014, estando a BB disponível para fazer o voo S4 200 com partida de Boston e destino a Lisboa, no qual o Autor AA era comandante, a CC optou por destacar um Oficial Piloto que estava a cumprir o descanso mínimo obrigatório de 12 horas, o que determinou a transferência do voo para o dia seguinte.

24. A Ré CC é uma sociedade anónima, de capital público.
25. Na presente data, no sistema informático que elabora as escalas, mantém-se a informação de proibição de os Autores voarem juntos.
26. A Ré fretou a outras companhias aéreas os voos: 14 Abril 120/121 Lisboa/P. Delgada/Lisboa; 14 Abril 125/128 Lisboa/P. Delgada/Lisboa; 15 Abril 129/128 Lisboa/P. Delgada/Lisboa; 06 Maio 129/128 Lisboa/P. Delgada/Lisboa; 14 Maio 129/128 Lisboa/P. Delgada/Lisboa; 17 Junho 129/128 Lisboa/P. Delgada/Lisboa; 18 Junho 129/128 Lisboa/P. Delgada/Lisboa; 04 Julho Lisboa/Boston; e 18 Julho Lisboa/Boston.
27. Um número não concretamente apurado de voos realizados pelos Autores, com destinos longínquos, determinam estadias da tripulação entre 5 a 7 dias, nomeadamente os de Toronto, Boston e Punta Cana.
28. As escalas inicialmente previstas para os Autores nos períodos de 01/09/2014 a 01/10/2014 e 01/10/2014 a 31/10/2014 eram as constantes de fls. 44, 47,49 e 51 dos autos, cujo teor se dá por reproduzido.
29. Sempre foi procedimento habitual da Ré permitir que as tripulações solicitem alterações de planeamento, o que continua a fazer, e fazer conciliar os serviços de voo com os tempos de descanso das tripulações com laços familiares.
30. Actualmente os Autores são os únicos pilotos com vínculo conjugal a prestar funções para a Ré no mesmo equipamento.
31. A determinação da Ré de não permitir que os Autores realizem voos em conjunto causa aos Autores incómodo e tristeza.
32. No período inicial da implementação pela Ré da proibição dos Autores voarem juntos, a mesma foi objecto de comentários por outros trabalhadores.
33. No dia 2 de Março de 2013, os Autores estavam, na qualidade de Pilotos da Ré, o 1.º Autor como Comandante e a 2.ª Autora como Oficial Piloto, aos comandos da aeronave A310, com a matrícula CS-TGU, a efectuar o voo Lisboa – Ponta Delgada, quando, pelas 21:10h, durante a fase de arredondar, a aeronave saltou e foi colocada numa altitude de nariz em cima elevada que, associada a uma compressão do trem principal, causou o contacto da cauda com a superfície da pista.
34. O Relatório do GPIAA elaborado e junto aos autos a fls. 92 e seguintes, considerou que a aeronave em causa sofreu danos estruturais substanciais.

35. A Ré suportou para a respectiva reparação o montante de 617.933,28 Dólares Americanos (Mão de obra 295.503,38€ + Material 22.489,90USD + Airbus Repair Assistance 390.000,00 USD), tendo a aeronave estado imobilizada no âmbito da reparação durante cerca de 3 meses.
36. Logo após o acidente, a Ré iniciou um processo de averiguação interno às causas do mesmo.
37. No ano que antecedeu o acidente os Autores efectuaram um número não concretamente apurado de voos em conjunto, mas que se aproximou dos 85% dos voos por eles realizados, alguns dos quais com recurso ao mecanismo de "trocas entre pilotos".
38. É prática da indústria que as escalas sejam feitas de forma aleatória para evitar que as tripulações sejam sempre compostas pelas mesmas pessoas e assegurar a rotatividade das mesmas.
39. O procedimento referido em 38 pretende evitar práticas rotinadas que possam interferir com as regras de segurança, nomeadamente a não observância da relação hierárquica vertical e a inexistência de efectiva distribuição de tarefas relativas ao plano de voo.
40. O plano conceptual de voo, no actual modelo de composição de tripulações "two men crew", assenta numa relação hierárquica vertical.
41. Após o acidente a Ré proibiu os Autores de voarem juntos e "em chave" (expressão utilizada para denominar a tripulação que voa sistematicamente em conjunto), até que se apurassem as causas do mesmo.
42. Após o acidente a Ré suspendeu a actividade de voo aos Autores, como é prática nas companhias aéreas em caso de acidente, tendo estes ficado sem voar até data não concretamente apurada de Abril de 2013.
43. Após o acidente o Gabinete de Prevenção e Investigação de Acidentes com Aeronaves (GPIAA) elaborou o relatório constante de fls. 92 e seguintes dos autos, cujo teor se dá por reproduzido.
44. A aeronave A310, envolvida no acidente referido em 33, estava equipada com três gravadores de voo – gravador de voz do *Cockpit* (CVR), Gravador de dados de voo (FDR) e Gravador Digital ACMS, que efectua a monitorização das condições da aeronave (DAR).
45. Após o acidente descrito em 33 e a imobilização da aeronave, o gravador de voz do *Cockpit* (CVR) da aeronave foi deixado em funcionamento, o que determinou que os últimos 30 minutos de gravação das conversações de voo antes da aterragem tenham sido perdidas.

46. Na sequência da averiguação ao acidente, a Ré emitiu uma instrução para o serviço de escala relativa à composição de tripulações no sentido de acautelar uma efectiva rotatividade de tripulações e proibindo a coabitação no cockpit, em funções técnicas, de membros da mesma família (cônjuges, pais, filhos e irmãos), excepto se autorizados pelo "accountable manager" por questões operacionais.
47. O *Safety* da CC que investigou o acidente, elaborou o relatório de fls. 178 a 194 dos autos, datado de Junho de 2013, cujo teor se dá por reproduzido, do qual consta, sobre a epígrafe "Recomendações de Segurança", nomeadamente que: "3. Recomenda-se que o Departamento de Planeamento e Escalas considere o seguinte: É entendimento do Gabinete Segurança de Voo que os laços familiares bem como a familiaridade e proximidade social, são potencialmente inibidoras de uma clara e rigorosa distribuição de tarefas e de uma atitude que se pretende assertiva em ambos os pilotos, numa lógica de *Pilot Flying/Pilot Monitoring.* (...). Por essa razão, deverá o Departamento de Planeamento e Escalas, através do Planeamento Mensal e de um atento e criterioso controlo de trocas de escala entre tripulantes, acautelar uma efectiva rotatividade de tripulações, por forma a que todos os Comandantes e Copilotos sejam obrigados a trabalhar e a interagir enquanto tripulação, duma forma equitativa ao longo do tempo, com todos os Copilotos e Comandantes da sua frota.".
48. A Ré deu ainda instruções ao Departamento de Escalas para que os Autores, sempre que possível, gozem dias de folga e férias coincidentes.
49. Em Julho de 2013 os AA. efectivamente tiveram: folgas em simultâneo nos dias 08 e 09 de Julho, 20, 21 de Julho e 27 de Julho; exames médicos em conjunto a 10 de Julho; folga e *stand-by* em 19 de Julho; situação de *stand-by* em simultâneo a 22 de Julho; regressos de rotação em 07 e 26 de Julho; neste mês os AA estiveram um máximo de 7 dias separados.
50. Em Agosto de 2013 os AA. efectivamente tiveram: folgas e dias livres 02 e 03 de Agosto; folga em simultâneo a 25 de Agosto; folgas e SBY a 26 e 28 de Agosto; regressos de rotação em 01, 12, 26, 24 de Agosto; sendo que estiveram um máximo de 8 dias separados.
51. Em Setembro de 2013 os AA. efectivamente tiveram: folgas em simultâneo 09 e 10 de Setembro; folga e SBY 17 de Setembro; regressos de rotação 03, 16, 25 de Setembro; sendo que estiveram separados num máximo de 7 dias.

52. Em Outubro de 2013, os AA. efectivamente tiveram: dias livres e folgas 03/04/05/06 de Outubro, 15 de Outubro, 31 de Outubro; SBY e dia livre a 07 de Outubro; folgas em simultâneo 12/13/14 de Outubro, 20/21 de Outubro; regressos de rotação 02, 11, 19, 30 de Outubro; estiveram um máximo de 8 dias separados.
53. Os meses indicados nos pontos 49 a 52 correspondem a meses do Verão IATA.
54. O acidente referido em 33 determinou uma auditoria do INAC, tendo o representante deste estado presente na reunião do Conselho de Administração da CC, S.A., de 19 de Setembro de 2013, cuja cópia se encontra a fls. 197 a 205 dos autos, no âmbito da qual foram apreciados os pontos dela constantes e mantida a proibição dos Autores.
55. O voo S4 1123/1122 de 16 de Agosto saiu em escala publicada à Autora BB e não ao Autor AA, que estava de assistência, vindo este a ser accionado pelo *Crew Control* no dia 15 de Agosto e nesse mesmo dia desnomeado por se terem apercebido de que não poderiam voar juntos.
56. O Sr. Director do GPIAA – Gabinete de Prevenção e Investigação de Acidentes com Aeronaves subscreveu o documento de fls. 213 a 218 dos autos, cujo teor se dá por reproduzido, com o seguinte assunto: "Esclarecimento relativo ao Relatório Final publicado referente ao acidente com a aeronave CS-TGU ocorrido a 02 de Março de 2013".

Apreciação.

(...)

Não tendo sido alterada a matéria de facto no sentido propugnado pelos AA., não pode deixar de improceder igualmente a parte do recurso em que pretendem pôr em causa a apreciação jurídica no que se refere à alegada discriminação de que se dizem vítimas.

Com efeito, como bem se afirma na sentença recorrida, «Decorre (...) da factualidade provada que apesar de neste momento os Autores serem os únicos abrangidos pela instrução da Ré, por serem actualmente os únicos pilotos unidos pelo vínculo do casamento a operar a mesma frota, a mesma não é apenas dirigida a estes mas sim a todos os que sendo pilotos da mesma frota, estejam ou venham a estar unidos por vínculos familiares. A instrução proíbe a coabitação no *cockpit*, em funções técnicas, de membros da mesma família (cônjuges, pais, filhos e irmãos), excepto se autorizados pelo "accountable manager" por questões operacionais.

Mostra-se, pois, probatoriamente demonstrado que o tratamento diferenciador relativamente aos demais pilotos ao serviço da Ré, resultante da instrução da Ré, que aplicado aos Autores determina que os mesmos não possam prestar serviço de voo em conjunto, assenta no facto de actualmente estes serem os únicos pilotos unidos pelo vínculo do casamento ou outro grau de parentesco abrangido pela instrução. Não se trata de uma instrução que visa apenas abranger os Autores mas todos os pilotos que se encontrem ou venham a encontrar em igual circunstância.»

Não pode pois considerar-se que estejamos em face de tratamento discriminatório, nada permitindo admitir que a instrução em causa não seja aplicável a outros trabalhadores da R., familiares próximos entre si que porventura se venham a encontrar nas mesmas circunstâncias (operarem com o mesmo equipamento).

Tampouco têm os recorrentes razão quando afirmam que a proibição de voarem em conjunto não tem justificação técnica. Também nesta questão, corroboramos inteiramente a sentença quando afirma "Relativamente ao fundamento determinante de tal tratamento diferenciador (que abrange os Autores) provou-se que o mesmo assenta em regras de segurança.

O plano conceptual de voo, no actual modelo de composição de tripulações "two men crew", assenta numa relação hierárquica vertical, que pode ser posta em causa nas situações em que à relação profissional acresce uma vinculação de natureza pessoal, subjacente à relação de filiação ou matrimonial.

Tal constatação está subjacente à recomendação do gabinete com responsabilidade na segurança de voo da Ré que expressamente admite que os laços familiares bem como a familiaridade e proximidade social são potencialmente inibidoras de uma clara e rigorosa distribuição de tarefas.

Tal constatação mostra-se igualmente evidenciada, ainda que sob outra dimensão, na prática seguida pela indústria e que é justificadora da regra da aleatoriedade/rotatividade (As escalas devem ser feitas de forma aleatória para evitar que as tripulações sejam sempre compostas pelas mesmas pessoas e para assegurar a rotatividade das mesmas; com este procedimento pretende-se evitar práticas rotinadas que possam interferir com as regras de segurança, nomeadamente a não observância da relação hierárquica vertical e a inexistência de efectiva distribuição de tarefas relativas ao plano de voo)".

Se bem que a recomendação constante do relatório do *Safety* da CC, mencionado no ponto 47 seja apenas no sentido de que seja garantida a efectiva rotatividade das equipas e que todos os comandantes e co-pilotos sejam obrigados a trabalhar e a interagir enquanto tripulação com todos os co-pilotos e comandantes, as regras da experiência comum permitem reconhecer que o tipo de relacionamento existente entre membros do mesmo agregado familiar, designadamente cônjuges, pode mais facilmente abrir brechas na relação hierárquica vertical que caracteriza o modelo de composição de tripulações "two men crew" a que obedece o plano conceptual de voo na empresa e que isso, na medida em que envolve aumento do risco quanto à segurança de voo, justifica suficientemente a instrução em causa.

Entendemos, pois, que também nesta questão não assiste razão aos recorrentes.

E, ainda que seja de reconhecer que os constrangimentos decorrentes da aludida instrução envolvem necessariamente prejuízo para a vida familiar dos recorrentes, isso por si só também não basta para que possa ser considerada ilícita. Embora o empregador deva proporcionar ao trabalhador condições de trabalho que possibilitem a conciliação da vida profissional com a vida familiar (art. 127.º n.º 3 do CT), daí não resulta que esse interesse deva prevalecer sobre o interesse da comunidade na segurança de voo, que subjaz à instrução mencionada no ponto 46. Na compatibilização dos interesses conflituantes (o da comunidade na segurança de voo e o dos AA. na harmonização das respectivas vidas profissional e familiar) não cremos que mereça censura considerar que o primeiro, por ser superior, deva prevalecer, tanto mais que os AA. não ignoravam, seguramente, ao ingressar na carreira que a actividade profissional no sector da aviação comercial, em especial como pessoal de voo, implica, pela própria natureza da actividade, dificuldades acrescidas na compatibilização dessa actividade com a vida familiar. Além do mais verifica-se que a R. tem procurado cumprir o dever que lhe é imposto pelo citado art. 127.º n.º 3 do CT, dando instruções ao Departamento de Escalas para que os AA., sempre que possível, gozem dias de folga e férias coincidentes. Tanto assim que, mesmo na chamada época da alta (correspondente ao Verão IATA), em que a actividade da R é mais intensa, os AA. lograram gozar simultaneamente não prestação efectiva de serviço nas datas indicadas nos pontos 49 a 52, o que se nos afigura proporcionado.

Entendemos, em suma, que a R. não incorreu em ilícito seja por discriminação, seja por violação do dever de propiciar a compatibilização da vida profissional e familiar e, consequentemente os AA. não têm direito à indemnização que reclamam, tendo a douta sentença recorrida analisado as questões colocadas com inteiro acerto.

Decisão.

Pelo exposto se acorda em julgar improcedente o recurso e confirmar a sentença recorrida.

Custas pelos recorrentes.

Lisboa, 14 de Setembro de 2016
Maria João Romba
Paula Sá Fernandes
José Feteira

ANOTAÇÃO

O presente Acórdão da Relação de Lisboa debate-se com temas de indiscutível interesse e atualidade, designadamente o do conteúdo e limites do poder de direção da entidade empregadora (poder reconhecido no art. 97.º do CT, segundo o qual «compete ao empregador estabelecer os termos em que o trabalho deve ser prestado, dentro dos limites decorrentes do contrato e das normas que o regem»), o do respeito pela igualdade e não discriminação entre trabalhadores (princípio plasmado no art. 13.º da CRP, complementado pelo disposto nos arts. 23.º e ss. do CT) e o da conciliação da atividade profissional com a vida familiar e pessoal do trabalhador (direito consagrado no art. 59.º, n.º 1, al. *b)*, da CRP, bem como no art. 127.º, n.º 3, do CT, norma esta esta segundo a qual «o empregador deve proporcionar ao trabalhador condições de trabalho que favoreçam a conciliação da atividade profissional com a vida familiar e pessoal»).

Em síntese, e após um incidente não cabalmente esclarecido envolvendo uma aeronave pilotada por dois cônjuges, a entidade empregadora fixou uma regra interna nos termos da qual a coabitação no *cockpit* de membros da mesma família – cônjuges, pais, filhos e irmãos – em funções técnicas não mais seria permitida, salvo autorização expressa do *accountable manager*. Os dois cônjuges em causa (únicos atingidos, no imediato, pela nova diretriz da companhia aérea) viram-se, assim, impedidos de realizar voos em conjunto, com o inerente prejuízo para a sua convivência familiar[2], e sentiram-se alvo de uma prática discriminatória por parte da empresa, pelo que intentaram a correspondente ação judicial, solicitando que essa prática fosse abolida e que lhes fosse permitido voar em conjunto, bem como reclamando o pagamento de uma indemnização pelos danos causados pela referida proibição patronal[3].

Não tiveram êxito, nem na primeira nem na segunda instância. Os tribunais foram sensíveis à justificação apresentada pela empresa: a de que se tratava de uma regra inspirada por motivos de segurança dos voos, a de que o tipo de relacionamento entre comandante e copiloto era o de uma "relação hierárquica vertical que caracteriza o modelo de composição de tripulações *two men crew*", sendo que tal relação hierárquica vertical poderia ceder quanto entre comandante e copiloto existissem relações de tipo familiar, máxime quando eles fossem casados entre si[4].

Vale dizer, o tribunal reconhece que estes dois pilotos estão a ser alvo de um tratamento diferenciado em relação aos demais pilotos (visto que serão os únicos que não poderão voar em conjunto), mas considera que esta não é uma diferenciação discriminatória. E o tribunal reconhece, outrossim, que esta proibição de voos em conjunto prejudica a conciliação entre vida profissional e familiar dos pilotos afetados, mas entende que tal é justificado pelas ponderosas razões de segurança invocadas pela entidade empregadora como fundamento para semelhante proibição.

Devemos confessar, pela nossa parte, que compreendemos e, até certo ponto, subscrevemos a decisão tomada pelo tribunal. Possivelmente, se estivéssemos no lugar de quem decide, de quem "diz o direito", decidiríamos da mesma forma. O setor da aviação é um setor sensível, muito sen-

---

[2] Não tanto pelo voo em si, mas sobretudo atendendo a que alguns dos voos realizados pelos Autores, com destinos longínquos (nomeadamente os de Toronto, Boston e Punta Cana), determinam estadias da tripulação nesses destinos por períodos entre 5 a 7 dias.

[3] Conforme dispõe o art. 28.º do CT, a prática de ato discriminatório lesivo de trabalhador confere-lhe o direito a indemnização por danos patrimoniais e não patrimoniais, nos termos gerais de direito.

[4] A expressão *two men crew* deve, pois, ser entendida *cum granum salis*. Os *two men* podem, afinal, ser *two women* ou, como é óbvio, *a man and a woman* – isto, claro, contanto que a dupla, hétero ou homossexual, não seja casada entre si.

sível, ultrassensível. A segurança dos passageiros é um valor eminente, prioritário, quase absoluto. Tudo o que belisque ou possa beliscar essa segurança tem de ser evitado ou combatido. Deste ponto de vista, dir-se-á, os dois pilotos profissionais que estão no *cockpit* do avião (comandante e copiloto) têm missões bem definidas e uma hierarquia rígida, de tipo vertical. *Safety first*! E, já o sabemos, entre dois cônjuges não há hierarquia, o relacionamento não deve ser marcado pela autoridade mas sim pela paridade, não deve ser vertical mas sim horizontal; a intimidade e cumplicidade próprias do vínculo conjugal podem abrir brechas no frio esquema hierárquico típico do modelo de composição de tripulações *two men crew*...

Talvez assim seja. Talvez estas razões tornem aconselhável que dois pilotos, marido e mulher, não voem juntos, sozinhos no *cockpit* do avião. Os laços que entre ambos existem podem, quiçá, dificultar o rigoroso cumprimento dos deveres de cada qual e assim, de algum modo, esses laços familiares podem pôr em causa, ainda que remotamente, a segurança e a vida dos passageiros. Daí que talvez se justifique uma regra segundo a qual dois cônjuges não podem voar "em chave", ou melhor, uma regra que os impeça de voar em conjunto, que os retire do sistema informático que, aleatoriamente, escala os pilotos para cada voo[5].

Talvez. Em todo o caso, tendo em conta o teor do presente Acórdão, não podemos deixar de confessar alguma estranheza, não podemos também deixar de exprimir algumas dúvidas e, sobretudo, não podemos deixar de manifestar uma certeza. Vamos por partes.

Estranheza, desde logo, porque cremos que seria interessante (e importante) indagar se esta regra proibitiva existe na generalidade das companhias de aviação ou se, pelo contrário, se trata de uma regra singular, sem paralelo nas demais companhias. Esta preocupação com a presença solitária no *cockpit* de dois membros da mesma família é comum às

[5] Isto porque, note-se, o problema não está na rotatividade das equipas de pilotos, em garantir que elas não se cristalizem sempre nas mesmas duplas ("em chave"), assim propiciando o surgir de rotinas que se considera serem indesejáveis – para isso, bastaria controlar/limitar as trocas de escalas entre pilotos. O problema é a exclusão da rotatividade em relação àquela particular dupla de pilotos, é a criação de uma regra que, por serem casados entre si, os impede, em qualquer circunstância, de voar em conjunto e compartilhar o *cockpit*.

companhias de aviação? É, ao menos, compartilhada por algumas companhias? Por esse mundo fora, há casos semelhantes? Ou, pelo contrário, isto é algo sem paralelo no mundo da aeronáutica? Estas informações poderiam auxiliar o tribunal a ter uma ideia mais rigorosa sobre se, realmente, existem razões de segurança que aconselhem a adotar regras deste tipo, no setor da aviação. O tribunal, porém, não parece ter sentido qualquer curiosidade a este respeito. Foi pena. A nosso ver, tratar-se-ia de uma pergunta importante. E trata-se de uma falta de curiosidade judicial dificilmente explicável, até porque, decerto, não seria difícil obter alguns dados sobre este ponto.

Quanto às *dúvidas*, convirá, com efeito, não esquecer que entre os trabalhadores de uma qualquer empresa – mais ainda, entre os pilotos de uma companhia aérea de pequena dimensão, que decerto constituirão um coletivo pouco numeroso – estabelecem-se, sempre, relacionamentos de caráter pessoal. Esse é, aliás, o ponto de partida: os pilotos são pessoas, homens ou mulheres; e a empresa é, consabidamente, um espaço de autoridade mas, também, um território de convivialidade. As pessoas relacionam-se umas com as outras no ambiente de trabalho: aí se afirmam identidades, aí despontam simpatias e antipatias, aí se constroem amizades, aí surgem invejas, aí nascem, por vezes, ódios viscerais ou paixões violentas.

Daí a pergunta: e se, no *cockpit,* forem dois amigos íntimos? A segurança do voo estará mais ameaçada se no *cockpit* estiverem marido e mulher ou se no *cockpit* estiverem dois amigos de há muitos anos, quiçá dos tempos de escola ou de serviço militar? A proximidade, a intimidade, a cumplicidade entre dois amigos pode ser fortíssima. Pode até pedir meças, em certos casos, à que existe entre marido e mulher – aliás, como se sabe, é mais difícil dois grandes amigos separarem-se do que marido e mulher divorciarem-se...

E se forem dois pilotos que se odeiam? Que realmente se detestam? Que não se falam e mal se podem ver um ao outro? Será conveniente deixá-los sozinhos no *cockpit* do avião? E se a presença incomodativa do outro, ao longo de muitas horas de voo, acabar por enfurecer um deles, ou ambos?

Mais: e se forem dois namorados? Ou se forem dois amantes? Duas pessoas que, não sendo casadas (entre si), mantêm um relacionamento amoroso? É mais seguro que no *cockpit* estejam marido e mulher (entre os quais é suposto existir, ou ter existido, amor) ou que nele estejam, sozinhos, dois amantes (entre os quais existe desejo, quiçá paixão)?

Enfim, as dúvidas poderiam multiplicar-se e refinar-se[6]. Repetimos: aceitamos que, na dúvida, o tribunal não tenha discutido a fundo a justificação avançada pela empresa para esta nova regra de segurança "anticonjugal" (ainda que, cremos, o tribunal não tenha feito tudo para vencer essa dúvida, ao abster-se de recolher informação que poderia ser decisiva). Com certas coisas não se brinca, dir-se-á, e uma dessas coisas é a segurança aeronáutica. Mas o que não se pode é esquecer que entre as pessoas, entre todas as pessoas, existem, ou podem existir, sentimentos, por vezes sentimentos fortes, intensos, arrebatados, de sinal positivo ou negativo. É da natureza humana. O que não se pode é pensar que esses sentimentos existem apenas entre membros da mesma família e supor que, fora do espaço familiar/conjugal, o trabalhador como que deixa de ser pessoa humana, reduzindo-se antes a uma unidimensional condição de profissional da aviação. Essa espécie de *cyborg*, ao menos por enquanto, não existe – felizmente...

Isto quanto às dúvidas. Quanto às certezas, às *nossas certezas*, apenas uma: a de que um dos argumentos basilares acolhidos pelo tribunal em ordem a sustentar que esta regra proibitiva não é discriminatória nos parece, digamo-lo em tons suaves, tudo menos convincente. Com efeito, argumenta a Relação de Lisboa, louvando-se na sentença recorrida, decorrer da factualidade provada que, «apesar de neste momento os Autores serem os únicos abrangidos pela instrução da Ré, por serem atualmente os únicos pilotos unidos pelo vínculo do casamento a operar a mesma frota, a mesma não é apenas dirigida a estes mas sim a todos os que sendo pilotos da mesma frota, estejam ou venham a estar unidos por vínculos familiares». O tribunal prossegue, com a estranha anuência da Relação: «Mostra-se, pois, probatoriamente demonstrado que o tratamento diferenciador relativamente aos demais pilotos ao serviço da Ré, resultante da instrução da Ré, que aplicado aos Autores determina que os mesmos não possam prestar serviço de voo em conjunto, assenta no facto de atualmente estes serem os únicos pilotos unidos pelo vínculo do

---

[6] E se, por exemplo, forem dois pilotos que foram casados mas, entretanto, se divorciaram e se incompatibilizaram um com o outro?

casamento ou outro grau de parentesco abrangido pela instrução. Não se trata de uma instrução que visa apenas abranger os Autores mas todos os pilotos que se encontrem ou venham a encontrar em igual circunstância». E daqui o tribunal de primeira instância conclui, com a misteriosa adesão da Relação: «Não pode pois considerar-se que estejamos em face de tratamento discriminatório, nada permitindo admitir que a instrução em causa não seja aplicável a outros trabalhadores da R., familiares próximos entre si que porventura se venham a encontrar nas mesmas circunstâncias (operarem com o mesmo equipamento)».

Vale dizer, segundo o tribunal, dado que a medida proibitiva era potencialmente aplicável a outros pilotos que não aos dois em apreço, essa medida deixaria, obviamente, de ter caráter discriminatório. Se, amanhã, houver dois irmãos, um pai e um filho, outros dois cônjuges a trabalhar como pilotos naquela companhia aérea, também a estes se aplicará a proibição de voo em conjunto. Logo, não haveria, *in casu*, qualquer discriminação, pois a regra não visaria atingir, em exclusivo, os membros do casal X...

Os tribunais, em 1.ª e 2.ª instância, aceitaram este raciocínio e excluíram, por esta via, que se pudesse tratar de uma prática discriminatória da empresa. Ora, aqui sim, aqui temos a certeza de que não podemos subscrever este redutor entendimento jurisprudencial sobre o alcance do mandato antidiscriminatório. Com efeito, o problema – o problema da eventual discriminação – não reside no facto de se ter criado uma regra proibitiva aplicável, apenas, aos membros do casal X. O problema reside no facto de se ter criado uma regra proibitiva para determinados trabalhadores que mantenham vínculos familiares entre si (vínculos conjugais, parentais-filiais, fraternais...). Estes trabalhadores (sejam eles 2, 20 ou 200) estão a ser tratados de forma diferente dos demais, de forma distinta da maioria, visto que não poderão, jamais, voar juntos. E, aqui chegados, uma de duas: ou há razões justificativas para essa diferenciação de tratamento (as quais bem poderão consistir, no caso, nas alegadas razões técnicas, de segurança), caso em que essa diferença é legítima; ou essas razões não existem, caso em que teremos uma diferenciação de tratamento sem justificação bastante e, logo, com caráter discriminatório[7].

[7] No fundo, e nas certeiras palavras de Estêvão Mallet, «o problema central está na legitimi-

Repete-se: não é pelo facto de a medida ser aplicável a outros casais que ela perde o seu eventual caráter discriminatório em relação a este casal. Aliás, como é sabido, a discriminação exerce-se, tipicamente, historicamente, sobre certas *categorias* de pessoas – em função da sua origem racial, do seu género, da sua orientação sexual, das suas convicções políticas ou ideológicas, das suas crenças religiosas...[8]

Seja-nos permitido recorrer a um exemplo absurdo (será mesmo?), mas se uma companhia de aviação decretar que não podem partilhar o *cockpit* dois pilotos que sejam negros, ou que sejam mulheres, ou que sejam homossexuais... não será, decerto, pelo facto de essa regra se aplicar a *todos* aqueles que sejam negros, mulheres ou homossexuais (a todos sem distinção, *hoc sensu*) que ela perderá o seu caráter patentemente discriminatório. E aquela será uma regra discriminatória, justamente porque, para a ordem jurídica, a diferença em causa (branco-negro, homem-mulher, heterossexual-homossexual) é, tem de ser, totalmente irrelevante para este efeito.

Ora, aqui sucede exatamente o mesmo: não é pelo facto de a diretriz abranger, potencialmente, mais pilotos casados entre si na empresa (assim os haja ou venha a haver!) que ela deixará de ser discriminatória. Ela deixará de ser discriminatória, isso sim, se houver uma justificação objetiva, racional, pertinente, que legitime a diferenciação[9] – o que, reitera-se, bem poderá suceder neste caso, se e na medida em que se considerem procedentes os argumentos técnicos e de preservação ou maximização da segurança de voo invocados pela empresa.

---

dade – ou não – do critério adotado para o estabelecimento de diferença de tratamento, tanto pelo legislador, como pelo empregador. É a partir da definição do critério de diferenciação que se desenvolvem os conceitos de diferenciação e de discriminação. Se o critério é legítimo, não há discriminação; há mera diferenciação, válida e aceitável» (*Igualdade e Discriminação em Direito do Trabalho*, LTr, São Paulo, 2013, p. 90).

[8] Veja-se, a este propósito, a bateria de fatores suspeitos de discriminação constante dos arts. 24.º e 25.º do Código do Trabalho.

[9] Na lição de Gomes Canotilho e Vital Moreira, «o ponto central da discussão em torno do princípio da igualdade reconduz-se, assim, à questão de saber se existe *fundamento material bastante* para diferenciações de tratamento jurídico» – *Constituição da República Portuguesa Anotada*, vol. I, 4.ª ed., Coimbra Editora, Coimbra, 2007, p. 341.

Em regra, aliás, o problema, na discriminação, não é de índole pessoal, não tem a ver com o Senhor A ou com a Senhora B, enquanto tais. O problema tem a ver com o facto de o Senhor A e/ou a Senhora B pertencerem a um determinado grupo, a uma certa categoria, grupo ou categoria em relação aos quais se pratica a discriminação – e como, *hélas*, o Senhor A e a Senhora B pertencem a essa categoria, eles acabam por ser atingidos por aquela prática discriminatória. Mas, na ótica patronal, dir-se-á: *nothing personal*...[10]

Enfim, é natural, é quiçá inevitável, que os magistrados, enquanto simples juristas como é o autor destas linhas, não se sintam confortáveis ao analisar certas matérias. Por exemplo, discutir com uma companhia aérea sobre o bem fundado ou não de uma dada regra proibitiva, regra que essa companhia alega basear-se em motivos técnicos, de segurança aeronáutica. Nós, juristas, sabemos pouco disso. Podemos, claro, aprender, estudar, perguntar a quem sabe mais – e reiteramos que o tribunal, no caso em apreço, poderia ter perguntado mais. Mas aqui, na dúvida, é natural, é até prudente, que o tribunal aceite a argumentação da empresa. É a chamada "jurisprudência das cautelas" a funcionar, pois nenhum juiz quererá assumir o ónus de declarar esta regra discriminatória, permitindo que os membros do casal voltem a voar "em chave" e depois, na (ainda que remota) hipótese de se verificar algum acidente nesse avião pilotado pelo casal, ficar com remorsos para toda a vida por ter decidido como decidiu. É que os juízes, tal como os pilotos (tal como, inclusive, os docentes universitários), são, antes e acima de tudo, seres humanos...

Contudo, e com toda a franqueza, outras matérias há, de índole mais técnico-jurídica, em que os tribunais já não podem nem devem vacilar.

---

[10] Isto ainda que, no caso vertente, o caráter pessoal ou *ad hominem* da nova regra criada pareça resultar das circunstâncias em que a mesma foi elaborada: na sequência de um incidente causado pelo casal em apreço, incidente que terá despertado a empresa para o problema, parecendo-nos que a instrução proibitiva emanada não deixa de ter um certo sabor a retaliação, isto é, um caráter de punição pelo comportamento alegadamente incorreto dos dois pilotos aquando desse incidente. Se assim for, o invocado argumento de segurança aeronáutica corre o risco de se reduzir a pouco mais do que um pretexto da entidade empregadora para lhe permitir retaliar (sendo que, aparentemente, os dois Autores nem sequer chegaram a ser disciplinarmente punidos pelo seu alegado comportamento culposo aquando do incidente mencionado).

Uma delas diz respeito ao sentido e alcance do mandato antidiscriminatório. Aí, o perito é o jurista, são os tribunais, não são os técnicos de aviação ou os altos executivos das empresas do setor. E, reiteramos, aí é claro que nem por ser aplicável a uma multiplicidade de pessoas certa regra deixa, por isso, de ser discriminatória. Pelo contrário, é por se aplicar a certos grupos, a certas categorias de pessoas, e apenas a essas categorias, que a regra, por vezes, revela a sua feição discriminatória. Tanto na terra como no mar ou no ar...

A empregada, a patroa, o seu marido e o despedimento (em torno do Acórdão do STJ, de 7 de março de 2012)[1]

JOÃO LEAL AMADO

Pode ler-se no sumário do Acórdão do Supremo Tribunal de Justiça (STJ), de 07-03-2012 (Recurso n.º 17/10.7TTEVR.E1.S1, 4.ª Secção), cujo relator foi o Conselheiro Fernandes da Silva:

«(...)

VI – O despedimento-sanção é a solução postulada sempre que, na análise diferencial concreta dos interesses em presença, se conclua – num juízo de probabilidade/prognose sobre a viabilidade do vínculo, basicamente dirigido ao suporte psicológico e fiduciário que a interação relacional pressupõe – que a permanência do contrato constitui objetivamente uma insuportável e injusta imposição ao empregador, ferindo, desmesurada e violentamente, a sensibilidade e liberdade psicológica de uma pessoa normal colocada na posição do real empregador.

VII – No desenvolvimento do princípio geral da boa fé na execução do contrato de trabalho, é dever do trabalhador, dentre outros, o de respeitar e tratar o empregador com urbanidade/respeito e probidade, guardando-lhe igualmente lealdade, deveres esses que, porque não dependem propriamente da prestação principal (a atividade laboral), se mantêm nas situações de não prestação do trabalho e/ou de suspensão do contrato.

VIII – Resultando provado que a autora, única trabalhadora do estabelecimento da ré, se envolveu com o marido desta, no local de trabalho, a sanção disci-

[1] Uma palavra de agradecimento é devida ao Senhor Conselheiro Pinto Hespanhol, que nos deu conhecimento da existência e do teor do Acórdão ora comentado, aquando das *VII Jornadas de Direito do Trabalho*, realizadas no Instituto Politécnico de Tomar, em que ambos tivemos o grato prazer de participar. O texto integral do Acórdão encontra-se disponível em www.dgsi.pt.

plinar de despedimento que lhe foi aplicada mostra-se proporcional à gravidade da sua conduta.

(...)».

Transcreve-se em seguida o segmento do Acórdão em que a questão acima sumariada foi analisada e decidida.

«Do despedimento da A.

Da justa causa.

Sob a epígrafe *'Segurança no emprego'*, a C.R.P. consagrou no seu art. 53.º a garantia aos trabalhadores de que são proibidos os despedimentos sem justa causa, proibição que o art. 338.º do CT/2009 textualmente reproduz.

Dispõe-se no n.º 1 do art. 351.º deste Compêndio – em termos praticamente coincidentes com as noções antes constantes dos arts. 9.º/1 da LCCT e 396.º/1 do CT/2003 – que constitui justa causa de despedimento *o comportamento culposo do trabalhador que, pela sua gravidade e consequências, torne imediata e praticamente impossível a subsistência da relação de trabalho.*

A relação juslaboral é, como se sabe, tendencialmente duradoura ou de execução duradoura.

A posição jurídica do empregador confere-lhe, enquanto titular da empresa (havida como uma organização de meios materiais e humanos), um conjunto de poderes, incluído o disciplinar, que se manifesta na possibilidade de aplicação de *sanções internas* aos trabalhadores, seus subordinados, cuja conduta se revele desconforme com as ordens, instruções e regras de funcionamento da estrutura produtiva.

Do elenco gradativo das previstas sanções disciplinares (art. 328.º/1), o despedimento sem indemnização ou compensação surge como a *'ultima ratio'*, reservada às situações de crise irreparável da relação jurídica de trabalho.

Estes são os casos de justa causa de despedimento, com os contornos delimitados pela referida noção/*cláusula geral*, preenchida por um comportamento culposo do trabalhador, violador de deveres estruturantes da relação, que, pela sua gravidade e consequências, torne imediata e praticamente impossível a subsistência do vínculo juslaboral, impossibilidade perspetivada enquanto *inexigibilidade* da sua manutenção, como é entendimento doutrinal e jurisprudencial unânime, pacífico e reiterado.

Na respetiva apreciação, para além das circunstâncias que se mostrem particularmente relevantes no caso, ponderam-se, com objetividade e razoabilidade, os fatores a que alude o n.º 3 do art. 351.º, aferindo-se a final a gravidade do comportamento em função do grau de culpa e da ilicitude, como é regra do direito sancionatório, nela incluído necessariamente o princípio da proporcionalidade, convocado aquando da opção pela adequada sanção disciplinar – art. 330.º/1.

O despedimento-sanção é a solução postulada sempre que, na *análise diferencial* concreta dos interesses em presença, se conclua – num juízo de probabilidade/prognose sobre a viabilidade do vínculo, basicamente dirigido ao suporte psicológico e fiduciário que a interação relacional pressupõe – que a permanência do contrato constitui objetivamente uma insuportável e injusta imposição ao empregador, ferindo, desmesurada e violentamente, a sensibilidade e liberdade psicológica de uma pessoa normal colocada na posição do real empregador.

Concretizando:

No Acórdão *sub specie,* depois de explanado o respetivo contexto conceptual, considerou-se, no essencial (transcrevemos):

«Resulta do disposto no art. 128.º, n.º 1, a), do Código do Trabalho, que o trabalhador deve respeitar e tratar com urbanidade e probidade, entre o mais, o empregador, ou os superiores hierárquicos, e as pessoas que se relacionem com a empresa.

No caso em apreciação, resulta da matéria de facto que assente ficou que no dia 22 de Setembro de 2009, pelas 0H15, a Autora saía do armazém da Cafetaria (seu local de trabalho) com a roupa desabotoada, olhando para as suas costas e sorrindo para alguém que estava no armazém (n.º 4); a Autora, quando deparou com a Ré, abandonou a Cafetaria, não explicando porque ali se encontrava àquela hora (n.º 5), e que CC confessou que tinha tido relações sexuais com a Autora no armazém da Cafetaria e que já diversas vezes tal tinha acontecido na Cafetaria (n.º 7).

...

Na apreciação da questão importa ainda ponderar que o estabelecimento da Ré tem apenas um posto de trabalho (n.º 13 dos factos provados).

Assim, tendo em conta o comportamento da Autora, no local de trabalho, com o marido da Ré, sem o conhecimento e o consentimento desta, que aquela era a única trabalhadora subordinada – o que indicia tratar-se de um pequeno estabelecimento – e tendo em conta ainda o meio onde os factos ocorreram (meio reduzido, eminentemente rural), entende-se por inequívoco que, perante tal quadro fáctico, não era possível à Ré manter mais a Autora como sua trabalhadora.

Na verdade, com o referido comportamento, a Autora violou não só o dever de respeito para com a Ré, como também o dever de lealdade e a boa fé que deve presidir às relações de trabalho.

Tal comportamento, embora extra-laboral, não deixa também de constituir violação dos deveres laborais da A., tanto mais que os factos se passaram no local de trabalho e, assim, justificar o despedimento da mesma.

Nesta sequência, impõe-se concluir pela procedência dos fundamentos invocados para o despedimento e, por consequência, pela justa causa do mesmo».

Tudo revisto e ponderado, acompanhamos, no essencial, as considerações críticas que constituem a respetiva fundamentação.

Elegeu-se, a final, a solução certa, que concita, por isso, o nosso inteiro sufrágio.

Com efeito:

No desenvolvimento do princípio geral da boa fé na execução do contrato de trabalho, plasmado no art. 126.°/1 (*'O empregador e o trabalhador devem proceder de boa fé no exercício dos direitos e no cumprimento das respetivas obrigações'*), é dever do trabalhador, dentre outros, o de respeitar e tratar o empregador com urbanidade/respeito e probidade, guardando-lhe igualmente lealdade – art. 128.°. n.° 1, alíneas a) e f).

Adotando o critério classificativo laboral proposto por Herschel, Maria do Rosário Palma Ramalho – na esteira das referências já antes aportadas na doutrina nacional, v.g. por Meneses Cordeiro e J. Moreira da Silva – qualifica os referidos deveres do trabalhador como *deveres acessórios autónomos*, os quais, porque não dependem propriamente da prestação principal (a atividade laboral), se mantêm nas situações de não prestação do trabalho e/ou de suspensão do contrato.

Subscrevendo as suas clarividentes considerações, secundadas por outros igualmente ilustres Autores da nossa doutrina (identificados na nota 337, a fls. 420, *ibidem*), cuja pertinente dilucidação se nos afigura indiscutível, diremos – em refutação do argumento maior da recorrente relativo à invocada circunstância de a conduta sindicada ser *extra-laboral* – que o dever de lealdade (significando genericamente honestidade, honradez, pundonor), assume no contrato de trabalho uma dupla dimensão, sendo considerado, na sua ambivalência, como o dever orientador geral da conduta do trabalhador no cumprimento do contrato.

Referimo-nos concretamente à sua específica singularidade relativamente aos demais vínculos obrigacionais: o seu *'intuitu personae'*, o envolvimento pessoal do trabalhador na conformação da relação contratual.

Porque absolutamente a propósito, transcrevemos, com o nosso inteiro sufrágio, em excerto, de fls. 423:

«*O elemento da pessoalidade explica que a lealdade do trabalhador no contrato de trabalho seja, até certo ponto, uma* ***lealdade pessoal****, cuja quebra grave pode constituir motivo para a cessação do contrato. É este elemento de pessoalidade, traduzido na lealdade pessoal, que justifica, por exemplo,* ***o relevo de condutas extra-laborais do trabalhador graves*** *para efeitos de configuração de uma situação de justa causa de despedimento, bem como o relevo* ***da perda da confiança pessoal do empregador no trabalhador*** *para o mesmo efeito.*» (Bold nosso).

O dever de lealdade, enquanto exigência de cumprimento de regras comportamentais relativamente à contraparte/R. patronal, mostra--se gravemente afrontado, no factualizado conspecto.

Os factos ocorreram no local de trabalho, com o marido da empregadora.

(Irrelevam para o pretendido efeito, porque indemonstradas e por isso meramente hipotéticas ou simplesmente virtuais, as ora alegadas circunstâncias de '*ascendente ou influência do marido da R.*', ou outras quejandas).

A A. era a única empregada do estabelecimento, o que implicava necessariamente um tratamento pessoal próximo e intenso com R., sua entidade patronal, com acrescida confiança e o correspetivo dever de indefetível lealdade, que a A. traiu, de forma irreparável.

Em resumo deste ponto:

À luz do quanto acima se expendeu, o cominado despedimento da A. mostra-se a sanção disciplinar proporcionada à gravidade da sua factualizada conduta.

Bem se decidiu.

Improcedem, pois, as correspondentes conclusões da alegação do recurso».

COMENTÁRIO

1. As condutas extra-laborais do trabalhador: candidatas positivas a constituir justa causa de despedimento?

A questão acima formulada mostra-se, *prima facie*, algo paradoxal, isto se aceitarmos o dogma da *separação radical entre vida profissional e vida pessoal do trabalhador*: nesta ótica, o espaço-tempo profissional surge como espaço-tempo de heterodisponibilidade, como espaço-tempo de autoridade patronal, ao passo que o espaço-tempo extraprofissional surge como espaço-tempo de autodisponibilidade, como espaço-tempo de liberdade pessoal; assim sendo, entre estas duas vidas do trabalhador existiria como que um muro intransponível, pelo que as condutas adotadas pelo trabalhador no espaço-tempo extraprofissional seriam, por definição, totalmente irrelevantes em sede jurídico-laboral.

O dogma da separação radical entre vida profissional e vida pessoal não pode, contudo, ser aceite, pois o homem não é um conglomerado de ilhas (a «ilha vida pessoal», a «ilha vida conjugal», a «ilha vida profissional», etc.), não existem muros intransponíveis nesta matéria, pelo que o supramencionado corte absoluto entre vida pessoal e vida profissional é simplista, não resistindo ao confronto com a realidade – basta pensar, p. ex., no dever de lealdade que recai sobre o trabalhador, cuja violação se verifica, amiúde, fora do espaço-tempo de heterodisponibilidade laboral.

Insinua-se, então, um outro dogma, o da *absorção integral da esfera pessoal do trabalhador pela sua esfera profissional*: nesta perspetiva, o trabalhador surge como um ser humano absolutamente laboralizado e a autoridade patronal confunde-se, não raro, com a autoridade paternal[2]. Ora, uma tal perspetiva paternalista converteria a subordinação jurídica característica do contrato de trabalho numa dependência de cunho excessivamente pessoal, revelando-se a todas as luzes inaceitável para o Direito do Trabalho, ramo do ordenamento jurídico que, desde o seu nascimento, tem procurado controlar e circunscrever o exercício dos poderes patronais sobre a pessoa do trabalhador. Parafraseando Jorge Leite, dir-se-ia mesmo ser na delimitação contratual do âmbito da sujeição que reside o essencial da distinção entre o trabalhador e o antigo servo: este devia obediência para além daquilo a que o obrigava a sua profissão, ao passo que aquele apenas deve obediência no âmbito daquilo a que ele próprio se obrigou contratualmente[3].

Em jeito de síntese, conclui-se que não há, nesta delicada matéria, fórmulas simples e mágicas que logrem resolver todos os problemas: a verdade é que, por um lado, *o trabalhador não deixa de ser pessoa-cidadão no espaço-tempo laboral* (relembre-se, a este respeito, o expresso reconhecimento de um conjunto de direitos de personalidade do trabalhador, efetuado pelo Código do Trabalho), mas é outrossim certo, por outro lado,

---

[2] Registe-se, a este propósito, que a própria etimologia do termo «patrão» (*patronus/pater*) nos remete para uma visão acentuadamente paternalista das relações de trabalho.

[3] *Direito do Trabalho*, Serviço de Textos da Universidade de Coimbra, 1999, vol. II, p. 75.

que a *pessoa-cidadão também não deixa de ser trabalhador fora do espaço-tempo laboral*.

Em qualquer caso, sempre haverá que rejeitar orientações extremadas nesta matéria, quer aquela que sustenta existir um *corte radical e absoluto entre a vida pessoal e a profissional*, sem qualquer interferência possível entre ambas, quer aquela que conduz a uma espécie de *militarização da relação laboral*, reduzindo o trabalhador à condição unidimensional de agente produtivo e laborioso, em estado de subordinação jurídica 24 sobre 24 horas, sujeito a constante fiscalização, quando não a apertada vigilância, por parte da respetiva entidade empregadora[4].

É necessário, com efeito, fazer apelo às ideias de equilíbrio, de razoabilidade, de justa medida, de proporcionalidade, na resolução deste tipo de questões: na *dialética autoridade/liberdade*, haverá que compatibilizar a consideração devida às características próprias da relação laboral (relação envolvente e de subordinação) com a salvaguarda do «núcleo duro» dos direitos e liberdades do trabalhador enquanto pessoa e enquanto cidadão. Nesta matéria, o princípio básico não pode deixar de ser o da *não ingerência do empregador na vida extraprofissional do trabalhador*, sem prejuízo, como se disse, da existência de certas limitações à liberdade pessoal deste que resultam dos compromissos contratuais por si assumidos.

2. Não farás amor com o marido da patroa! Um mandamento laboral?

No caso em apreço, afigura-se difícil não concordar com a conclusão alcançada no Acórdão do STJ. Cremos que o tribunal decidiu bem. As circunstâncias concretas do caso apontam, realmente, para a abertura de uma crise contratual grave e insanável entre as partes, na sequência do comportamento da trabalhadora, ao envolver-se sexualmente com o marido da entidade empregadora. A nosso ver, isso é assim por uma tripla ordem de razões: primeiro, tratava-se, *in casu*, de uma microempresa, dir-

[4] Caso em que, como observa Júlio Gomes, «teremos substituído a Inquisição medieval pelo empregador moderno e permitiremos, em homenagem ao interesse da empresa, o controlo por uma entidade privada dos vícios e das virtudes de boa parte dos cidadãos que são maioritariamente trabalhadores subordinados» (*Direito do Trabalho*, Coimbra Editora, Coimbra, 2007, p. 972).

-se-ia até que de uma nanoempresa, visto que aquela era a única trabalhadora ao serviço na cafetaria[5]; segundo, resulta da factualidade provada que a entidade empregadora, a patroa, trabalhava na cafetaria ao lado da sua empregada, conformando a respetiva atividade ao longo da jornada de trabalho e convivendo com ela ao longo do dia, *rectius*, de todos os dias de trabalho; terceiro, o meio onde a cafetaria se inseria era um meio pequeno e eminentemente rural, onde as pessoas se conheciam bem (se a cafetaria se situasse numa grande cidade, mais marcada pelo distanciamento e pelo anonimato, a valoração tenderia, quiçá, a ser distinta).

Perante este quadro factual e relacional, a circunstância de a trabalhadora se ter envolvido com o marido da patroa, tendo, ademais, relações sexuais com este no interior da cafetaria, é suscetível de gerar uma crise contratual irremediável, legitimando o respetivo despedimento, com justa causa. Os laços pessoais fortes e estreitos presentes nesta relação de trabalho, dir-se-á, justificam que se veja na atitude da trabalhadora uma quebra do *dever laboral de respeito* para com a sua entidade empregadora, uma violação do seu dever de tratar a entidade empregadora com *probidade*, tal como consta do n.º 1-*a)* do art. 128.º do CT[6].

Já a invocação pelo STJ, nesta sede, de uma eventual violação do *dever de lealdade*, consagrado na al. *f)* do mesmo preceito, nos parece muito mais discutível. Ainda que o seu conteúdo se mostre algo ambíguo e elástico, o dever de lealdade, tal como se encontra hoje previsto na lei, possui, cremos, um âmbito mais restrito, prende-se com a lealdade à entidade

---

[5] Como se sabe, o Código do Trabalho (CT) considera microempresa aquela que empregue menos de 10 trabalhadores (art. 100.º). Para além das microempresas, o CT refere-se às pequenas empresas (de 10 a menos de 50 trabalhadores), às médias empresas (de 50 a menos de 250 trabalhadores) e às grandes empresas (250 ou mais trabalhadores). Sobre toda esta matéria, desenvolvidamente, Catarina de Oliveira Carvalho, *Da Dimensão da Empresa no Direito do Trabalho*, Coimbra Editora, Coimbra, 2011.

[6] Como escreve Monteiro Fernandes, o dever de respeito constitui «uma situação subjetiva de natureza residual, destinada a funcionar como válvula de segurança do sistema de deveres contratuais acessórios do trabalhador, tendo em vista prevenir qualquer comportamento eticamente censurável que ameace a funcionalidade da prestação de trabalho ou a normalidade da vida da organização» (*Direito do Trabalho*, 18.ª ed., Almedina, Coimbra, 2017, p. 275). É este dever de natureza residual, é esta mesma válvula de segurança que, cremos, terá de ser ajustada em função da diversidade das situações a que se aplica (diferente dimensão das empresas, distinto caráter das relações entre os sujeitos do contrato, etc.).

empregadora enquanto organização produtiva, o que explica que, entre as manifestações típicas de violação de um tal dever, surjam a violação do dever de não concorrência e do dever de sigilo, ambos relativos à posição da empresa no respetivo mercado. Lealdade, neste sentido, não equivale a fidelidade pessoal. Quem tinha um dever de fidelidade para com a patroa era, justamente, o marido desta (segundo quanto disposto no art. 1672.º do Código Civil), não a trabalhadora em causa.

O dever de lealdade é uma expressão da boa-fé contratual e significa, basicamente, que o trabalhador não deverá aproveitar-se da posição funcional que ocupa na empresa em detrimento do empregador, afetando a organização técnico-laboral da empresa. Há, pois, que ter muita cautela com construções deste dever de lealdade incompatíveis com o atual quadro jurídico-constitucional, quadro que aceita a conflitualidade como traço característico das relações de trabalho e que, sobretudo, rejeita a visão do empregador como "soberano" e do trabalhador como "súbdito" daquele, que assim estaria vinculado por uma fidelidade quase canina em relação à sua entidade empregadora[7].

O tribunal, reitera-se, decidiu bem. Mas suponhamos um outro quadro factual. Suponhamos que aquela era uma média empresa, com 100 trabalhadores ao serviço. Suponhamos, ainda, que a entidade empregadora, titular da empresa, era uma pessoa que só pontualmente se deslocava à cafetaria, para ver como o negócio ia evoluindo. Suponhamos que a entidade empregadora depositava no gerente da empresa a condução do quotidiano da atividade empresarial e que, inclusive, nem sequer conhecia pessoalmente cada um dos 100 trabalhadores que nesta laboravam. Suponhamos, neste quadro factual, que uma das trabalhadoras da empresa acabava por se envolver, romântica e sexualmente, com o marido da entidade empregadora. Podemos imaginar muitas situações, típicas de filme: o marido da patroa que, casualmente, a acompanha à empresa e cruza o olhar com a trabalhadora (tipo "atração fatal"); o marido da patroa que, um dia, é chamado por esta a dar uma ajuda na cafetaria, em

[7] Para maiores desenvolvimentos a este respeito, por todos, Monteiro Fernandes, *Direito do Trabalho*, cit., pp. 278 e ss.

virtude da falta de pessoal, e conhece a trabalhadora, almoça com ela, obtém o seu número de telefone ou o seu endereço de *e-mail*...

Suponhamos ainda que, algum tempo depois, a entidade empregadora descobre que o seu marido e a trabalhadora em causa mantêm um relacionamento amoroso. Que se encontram, de vez em quando, fora da empresa[8], chegando a ter relações sexuais. A pergunta é: haveria aqui razões para que a entidade empregadora chegasse um dia à cafetaria e ordenasse ao gerente que promovesse o despedimento, com justa causa, daquela trabalhadora, que se havia envolvido com o seu marido? Teria a trabalhadora em causa, assim procedendo, cometido uma qualquer infração disciplinar? Teria ela incorrido numa violação culposa e grave dos seus deveres laborais?

A nosso ver, aqui a resposta não poderia deixar de ser negativa. A dimensão da empresa e a ausência de relacionamento pessoal entre a entidade empregadora e aquela trabalhadora não permitiriam, neste caso, que a conduta em apreço fosse tida como uma quebra contratual, como uma infração disciplinar. O que aconteceu relevaria, neste caso, apenas da vida íntima, afetiva, amorosa, sexual, extraprofissional. Poderia até acontecer que aquela fosse uma trabalhadora muito diligente e competente, sem nada que se lhe pudesse apontar, no plano profissional. Poderia ela ser despedida, neste caso, apenas porque se envolveu amo-

[8] Não nos parece, confessamos, que o local (dir-se-ia: o *locus executionis*) tenha aqui especial relevância. É, decerto, um condimento que pode facilitar a apreensão da conduta como constitutiva de uma infração disciplinar, caso as relações sexuais sejam mantidas no local de trabalho. Se assim for, o local da prática do ato funcionará, até certo ponto, como elemento de conexão com a ordem jurídico-laboral. Mas, pela nossa parte, cremos que pouco muda em função do local. No caso apreciado pelo STJ, se as relações sexuais tivessem ocorrido, não na cafetaria, mas, por exemplo, no automóvel do marido da patroa, ou numa qualquer residência situada a alguns quilómetros da cafetaria, isso alteraria substancialmente as coisas? Passaria a ser tolerável? Deixaria de ter relevo laboral? Não cremos. Importa mais, parece-nos, o ato em si e o tipo de relacionamento existente entre os sujeitos do contrato de trabalho do que propriamente o local onde a trama se desenrolou. Este será, quando muito, um pormenor, quiçá picante, mas não muito relevante. A não ser, claro, que as relações sexuais tivessem ocorrido durante o horário de trabalho da trabalhadora. Aí sim, o caso mudaria de figura (mas aí cuidaríamos do *quando*, não do *onde*) – pois não foi, decerto, para desenvolver esse tipo de atividade que a entidade empregadora contratou aquela trabalhadora e a estava a remunerar...

rosa e sexualmente com um homem que, por coincidência, era marido da entidade empregadora? Cremos que não.

Nem se argumente, em sentido contrário, com o tópico da confiança – a "perda da confiança" da empregadora naquela trabalhadora, a justificar, dir-se-ia, o despedimento disciplinar desta. Não nos parece que esta linha argumentativa proceda. Para que possa justificar o despedimento, a perda de confiança tem de basear-se em factos que constituam uma infração disciplinar. Tem de alicerçar-se numa violação culposa dos deveres laborais que recaem sobre o trabalhador[9]. Ora, aqui a entidade empregadora tinha, decerto, razões para invocar essa perda de confiança no plano conjugal, em relação ao seu marido, que prevaricou – mas não, cremos, no plano laboral, em relação à trabalhadora, a qual não violou qualquer dever de índole jurídico-laboral. Dir-se-ia, pois, que aqui a entidade empregadora poderia reagir, se assim o desejasse, divorciando-se do seu marido (que violou o dever de fidelidade conjugal) e não despedindo a trabalhadora (que, cremos, não violou o dever de lealdade laboral).

3. A importância do caráter das relações entre as partes

Em jeito de conclusão, diríamos que este curioso caso demonstra que a dimensão da empresa e, mais do que isso, o tipo de relacionamento e de convivência que se estabelece entre as partes do contrato de trabalho podem relevar, em muito, em ordem a preencher o conteúdo do dever laboral de respeito e de tratamento com probidade que recai sobre o trabalhador em relação à entidade empregadora.

De resto, cumpre notar que a própria lei apela, em sede de juízo casuístico sobre a apreciação da justa causa de despedimento, para que se leve em conta o «caráter das relações entre as partes» (art. 351.º, n.º 3, do CT). Ora, é justamente este, cremos, o ponto crucial nesta matéria, o do *caráter das relações entre as partes*. Ao mencionar este ponto, a lei

[9] Salvo, é claro, se essa perda de confiança surgir no âmbito de uma relação laboral titulada por uma comissão de serviço. Aí, como é sabido, o desaparecimento da confiança, mesmo que insuscetível de ser fundado em factos justificativos, pode implicar o termo da comissão de serviço (e até, por vezes, o termo da relação laboral). A este propósito, seja-nos permitido remeter para João Leal Amado, «Comissão de serviço e segurança no emprego: uma dupla inconciliável?», *Revista de Legislação e de Jurisprudência*, n.º 3966, Jan.-Fev. 2011, pp. 170-180.

revela que o tipo de relacionamento entre as partes do contrato de trabalho, entre o empregador e o trabalhador, pode diferir substancialmente de caso para caso: assim, no caso apreciado pelo presente Acórdão do STJ, esse relacionamento era, forçosamente, muito próximo e intenso, dado que a cafetaria funcionava com apenas aquela trabalhadora ao serviço, que aí desenvolvia a sua atividade, diariamente, em conjunto com a entidade empregadora, lado a lado com esta; noutro tipo de casos, em que a empresa possua um leque numeroso de trabalhadores e em que a entidade empregadora se limite a colher os frutos do seu negócio, sem o explorar pessoalmente, o caráter das relações entre as partes já será totalmente distinto, o que não poderá deixar de ditar um enquadramento diferente para os comportamentos extraprofissionais (e, entre estes, os de natureza romântica) do trabalhador.

Destarte, quando entre as partes existe uma convivência estreita e quotidiana, aquele dever de respeito e probidade do trabalhador para com a entidade empregadora alastra, dir-se-ia que inevitavelmente, para dimensões mais pessoais ou extraprofissionais, como sucedeu no caso apreciado pelo STJ. Mas quando, pelo contrário, as partes mal se conhecem e não têm qualquer tipo de relacionamento pessoal, cremos que o intérprete deve ser muito rigoroso e manter o plano extraprofissional (no caso, o plano afetivo, amoroso e sexual) separado do plano profissional. A nosso ver, neste tipo de situações, marcadas por um ténue ou inexistente relacionamento pessoal entre as partes do contrato de trabalho, o eventual despedimento da trabalhadora, pelo facto de se ter tornado amante do marido da patroa, redundaria em um ato mesquinho de represália ou de vingança, que o ordenamento jurídico não deve coonestar. Seria como que um desvio de poder, pois o poder disciplinar não é atribuído à entidade empregadora com esta finalidade, mas sim para sancionar infrações disciplinares laborais. Ora, nestas situações, repetimos, a trabalhadora não viola os seus compromissos contratuais para com a respetiva entidade empregadora; quem viola os seus compromissos, *in casu* matrimoniais, é o marido da patroa – pelo que, se alguém tiver de responder pelo seu comportamento perante esta, esse alguém deverá ser este e não aquela.

Recorde-se ainda, a este propósito, que, tipicamente, o *envolvimento pessoal* na relação de trabalho existe apenas por banda do trabalhador. Já o empregador, por regra, não compromete a sua pessoa na execução do contrato, pois o dever principal que assume perante o trabalhador consiste, como é sabido, no pagamento da retribuição. E os principais poderes de que o empregador dispõe na relação de trabalho (poder de direção e poder disciplinar) podem, como é outrossim sabido, ser exercidos por outrem, por delegação do empregador[10]. Aliás, isso mesmo é que justifica que, no contrato de trabalho, o trabalhador tenha de ser sempre uma pessoa humana, física, singular, "de carne e osso", ao passo que o empregador já poderá ser – e muitas vezes é – uma pessoa coletiva[11].

Vale dizer, relações de trabalho há em que a entidade empregadora estará um tanto *ausente* (limitando-se a acompanhar a gestão da empresa, à distância, a pagar o salário aos trabalhadores e, se tudo correr bem, a receber os correspondentes lucros), ao passo que noutras está *presente* – como, manifestamente, sucedia no caso vertente, em que, porventura, a entidade empregadora estava até demasiado presente, o que lhe permitiu descobrir o relacionamento amoroso do seu marido com a referida trabalhadora, em pleno armazém da cafetaria, já depois da meia-noite...

Impõe-se, pois, a necessária cautela ao intérprete, na hora de delimitar o sentido e alcance dos deveres de respeito, probidade e lealdade que pesam sobre o trabalhador. Só assim, afinal, manteremos a subordinação jurídica do trabalhador-cidadão dentro dos seus justos limites. E só assim, voltando a parafrasear JORGE LEITE, garantiremos que o hodierno trabalhador não se confunde com o antigo servo – pois este, repete-se, devia obediência e lealdade para além daquilo a que o obrigava a sua profissão, ao passo que o trabalhador-cidadão dos nossos dias apenas deve obediência e lealdade no âmbito daquilo a que ele próprio se obrigou contratualmente.

---

[10] O trabalhador compromete intensamente a sua pessoa na relação laboral, incorpora-se nesta, ao invés do que sucede com o empregador, que apenas participa limitadamente. Assim, na deliciosa fórmula de OJEDA AVILÉS, as participações do empregador e do trabalhador nesta relação correspondem, em boa medida, às da galinha e do porco no clássico pequeno-almoço inglês de *bacon* com ovos (a galinha participa, é certo, mas o porco, esse, envolve-se plenamente...) – «La saturación del fundamento contractualista. La respuesta autopoyética a la crisis del Derecho del Trabajo», *Revista Española de Derecho del Trabajo*, n.º 111, 2002, p. 334.

[11] Sobre o ponto, cfr. a noção de contrato de trabalho vertida no art. 11.º do CT, bem como, por todos, ROSÁRIO PALMA RAMALHO, *Tratado de Direito do Trabalho, Parte II – Situações Laborais Individuais*, 6.ª ed., Almedina, Coimbra, 2016, pp. 19 e ss.

Por isso que o trabalhador, ainda quando assalariado, permanece um ser livre, pluridimensional e multifacetado (isto é, irredutível à vida profissional), ele não se converte, jamais, numa qualquer espécie de súbdito da entidade empregadora. Os deveres do trabalhador têm de se compaginar com o exercício das liberdades mais íntimas de cada um de nós – e o que há de mais íntimo do que a liberdade de romancear com quem quisermos? É certo que, por vezes, o exercício desta liberdade pode colidir com o necessário respeito pelos deveres a que o trabalhador se encontra adstrito, tal como sucedeu, pelas razões expostas, no caso vertente. Mas a regra, cremos, não pode deixar de ser a oposta: *ausentes as circunstâncias especiais que rodearam o caso em apreço, a separação de princípio entre o pessoal e o profissional deve prevalecer, o exercício da liberdade de amar não deve ser visto como um comportamento correspondente a uma grave infração disciplinar – mesmo que o destinatário desse sentimento, e dos atos que o materializam, seja o marido da patroa...*

A compensação pelo despedimento e a sua abstrusa devolução ao empregador: quando?

JOÃO LEAL AMADO

Acórdão do Supremo Tribunal de Justiça, de 23/09/2020[1]

SUMÁRIO

1. A expressão *"em simultâneo"* que consta no n.º 5 do art.º 366.º do Código do Trabalho, refere-se ao recebimento da compensação a que se alude no número anterior da disposição legal citada.

2. À referida expressão *"em simultâneo"*, que significa *"ao mesmo tempo"*, tem de ser atribuída a maleabilidade necessária (prazo razoável) para poder abarcar um conjunto de situações que exigem uma apreciação flexível respeitante a eventuais factos que poderão ser alegados pelo trabalhador para afastar a presunção da aceitação do despedimento.

3. Caso o trabalhador pretenda ilidir a presunção, o lapso de tempo entre a data em que o empregador efetuou o pagamento do montante da compensação e a data em que o trabalhador procedeu à devolução terá de ser sempre apreciado judicialmente no sentido de se determinar se é ou não razoável, tendo em conta todo o contexto dinâmico do caso concreto.

4. No caso dos autos, a data da decisão do despedimento (4/1/2019), a data do pagamento do montante da compensação por transferência bancária (13/3/2019), a comunicação da intenção de impugnar judicialmente o despedimento (15/3/2019), a confirmação do NIB com vista a uma segura devolução do referido montante (19/3/2019) e a data da efetiva devolução do montante da compensação (2/4/2019) permitem-nos, na sua globalidade, concluir que estamos perante um comportamento coerente do trabalhador com idoneidade para que se considere ilidida a presunção prevista no n.º 4 do art.º 366.º do CT.

---

[1] Processo n.º 10840/19.1T8LSB.L1.S1 (Revista) – 4.ª Secção, relatado pelo Conselheiro Chambel Mourisco, com voto de vencido do Conselheiro Leones Dantas.

Texto integral

Acordam na Secção Social do Supremo Tribunal de Justiça:

I. Relatório:

1. AA (A.), instaurou, mediante o requerimento/formulário a que se alude no n.º 2 do art.º 387.º do Código do Trabalho (CT) e art.º 98,.º- C do Código de Processo do Trabalho (CPT), a presente ação de impugnação judicial da regularidade e licitude de despedimento, contra **ATM – Assistência Total em Manutenção, S.A. (R.)**, pedindo que seja declarada a ilicitude ou a irregularidade do despedimento de que foi alvo por parte desta em 28 de março de 2019.

Para além do mais, a R. alegou que por não existir posto de trabalho compatível com a categoria profissional do A. a subsistência da relação laboral entre as partes tornou-se praticamente impossível, o que determinou o seu despedimento por extinção do posto de trabalho. Alegou ainda que o A. não procedeu à devolução da compensação que lhe foi paga pelo despedimento «em simultâneo» com a constatação da sua receção, pelo que não logrou ilidir a presunção de aceitação do referido despedimento, verificando-se, por isso, uma exceção perentória que deverá conduzir à imediata absolvição da Ré do pedido.

O A. contestou, alegando, em síntese, que não se verifica a invocada exceção perentória, uma vez que tendo o contrato cessado a 28 de março de 2019, devolveu o valor da compensação no dia 1 de abril.

2. O Tribunal de 1.ª instância proferiu despacho saneador com o seguinte dispositivo: «Julgo procedente a exceção perentória da extinção do direito do autor à impugnação do despedimento em virtude da aceitação deste por força do recebimento da compensação e, em consequência, julgo extinto o direito de impugnação do despedimento que o trabalhador pretendia fazer valer nesta ação e absolvo a ré dos pedidos».

3. O A. interpôs recurso de apelação para o Tribunal da Relação que a julgou procedente e, em consequência, revogou o saneador/sentença, determinando o prosseguimento dos autos.

4. Inconformada com esta decisão, a R. interpôs recurso de revista, tendo formulado as seguintes conclusões:

> *1. O Autor, ora Recorrido, propôs a presente ação de impugnação da regularidade e licitude do despedimento, com vista à impugnação do seu despedimento por extinção do posto de trabalho promovido pela Ré, aqui Recorrente.*

2. O Tribunal de primeira instância, em Despacho Saneador Sentença, julgou procedente a exceção perentória de extinção do direito do Recorrido à impugnação do despedimento, em virtude da aceitação deste, por força do recebimento da compensação, nos termos das disposições conjugadas dos n.os 4 e 5 do artigo 366.º do Código do Trabalho, por esta lhe ter sido paga no dia 13.09.2019 e aquele apenas ter procedido à sua devolução no dia 02.04.2019.

3. Inconformado, o Recorrido apresentou o Recurso de Apelação a que se responde, sustentando que o Tribunal a quo procedera a uma errada interpretação e aplicação do disposto no n.º 5 do artigo 366.º do Código do Trabalho, no que concerne ao momento em que deve ocorrer a devolução da compensação pelo trabalhador, para efeitos de ilisão da presunção de aceitação do despedimento, decorrente do recebimento da compensação, nos termos do n.º 4 do mesmo normativo.

4. A Recorrente contra-alegou propugnando pela manutenção da Sentença nos seus exatos termos.

5. Também o Ministério Público junto do Tribunal da Relação de Lisboa se pronunciou no sentido da confirmação da decisão.

6. Surpreendentemente, o Tribunal da Relação de Lisboa, contrariando aquela que vinha sendo a sua linha de entendimento – e que, a Recorrida está convicta de que é a única admissível em face do Direito constituído – veio a julgar o Recurso de Apelação procedente e revogar o Saneador/sentença recorrido, por entender, em síntese, que, embora o Recorrido, não tivesse efetivamente procedido à devolução da compensação em simultâneo com o seu recebimento, o fez num curto espaço de tempo, revelador de uma atuação suficientemente diligente para se poder considerar ilidida a presunção prevista no n.º 4 do artigo 366.º do Código do Trabalho.

7. Considerando a disciplina da interpretação da lei, a evolução legislativa dos preceitos, a doutrina e, sobretudo, a jurisprudência na matéria, é convicção da Recorrida que a decisão da Relação não poderá manter-se, impondo-se a sua revogação e substituição por outra que confirme a Sentença de primeira instância.

8. A decisão proferida pelo Tribunal de primeira instância estava em linha com a orientação unânime da jurisprudência na matéria, segundo a qual o trabalhador despedido com causas objetivas que pretenda impugnar o despedimento deve devolver a compensação de imediato, logo que tenha conhecimento que a recebeu e lhe seja possível, não se apossando dela, ainda que temporariamente, por qualquer modo.

9. Não é admissível, à luz das regras gerais aplicáveis à interpretação das normas jurídicas, máxime do disposto no artigo 9.º Código Civil, qualquer tipo de interpretação corretiva ou atualista da norma, que branqueie a exigência legal de simultaneidade na devolução da compensação com vista à ilisão da presunção de aceitação do despedimento, por contrariar não apenas a letra da lei, como, frontalmente, a vontade do legislador (confirmada recentemente a propósito da discussão das propostas de alteração ao Código do Trabalho).

10. No Acórdão recorrido o Tribunal da Relação de Lisboa sustenta que a presunção de aceitação do despedimento se consubstancia não apenas no pagamento da compensação, mas também na sua aceitação por parte do trabalhador, "aceitação que pressupõe a assunção, por parte deste, de uma conduta que, de alguma forma, indique ter feito sua a compensação que, em tais circunstâncias, lhe foi paga pelo empregador".

11. A alegada necessidade de uma conduta do trabalhador que, de alguma forma, indique ter feito sua a compensação, para efeitos de funcionamento da presunção, é contrariada diretamente pela letra do n.º 4 do artigo 366.º do Código do Trabalho, nos termos do qual a presunção opera simples e automaticamente "quando o trabalhador recebe do empregador a totalidade da compensação prevista neste artigo".

12. É indiscutível que o Recorrido recebeu a compensação, presumindo-se, por isso, que aceitou o despedimento, ao abrigo do disposto no n.º 4 do artigo 366.º do Código do Trabalho.

13. O Tribunal da Relação de Lisboa considerou que, ainda assim, não obstante o Recorrido ter recebido a compensação, deve ter-se por ilidida a presunção de aceitação do despedimento, nos termos do disposto no n.º 5 do artigo 366.ºdo Código do Trabalho, porque a referência à devolução da compensação "em simultâneo", não pode reportar-se à sua receção pelo trabalhador, mas à simultaneidade com a manifestação da vontade de impugnar o despedimento.

14. Nem a simultaneidade é, nem pode ser entendida como preconizado; nem, mesmo entendendo-se a simultaneidade como preconizado, o Recorrido cumpriu o requisito legal.

15. O n.º 5 do artigo 366.º do Código do Trabalho refere-se a simultaneidade na devolução da compensação, na sequência de um n.º 4 em que se faz referência ao recebimento da compensação, pelo que a simultaneidade se reporta, necessariamente, ao recebimento.

16. Mas ainda que se entendesse que a simultaneidade, a que se refere o n.º 5 do artigo 366.º do Código do Trabalho, se reporta à simultaneidade com qualquer manifestação assumida pelo trabalhador no sentido da não aceitação do despedimento, como preconizado no Acórdão recorrido, o certo é que, o Recorrido também não devolveu a compensação em simultâneo com a manifestação de vontade de não aceitar o despedimento, pois que manifestou intenção de devolver a compensação e impugnar o despedimento mediante email de 15.03.2019 e apenas devolveu a compensação a 02.04.2019.

17. Isso é, aliás, curiosamente reconhecido no Acórdão recorrido em que se acaba por admitir que o Recorrido não devolveu a compensação "propriamente em simultâneo", mas se considera que "ainda assim, num curto prazo de tempo revelador de uma atuação suficientemente diligente por parte do mesmo para se poder considerar ilidida a presunção prevista no art.º 366.º, n.º 4, do Código do Trabalho".

18. Pois bem, se o Recorrido não devolveu simultaneamente a compensação (nem entendida a simultaneidade nos termos amplos preconizados pelo Tribunal da Relação) e se a lei exige, no n.º 5 do artigo 366.º do Código do Trabalho, para a ilisão da presunção, expressamente, que a devolução ocorra "em simultâneo", não pode considerar-se ilidida a presunção no caso concreto.

19. A solução preconizada pelo Tribunal da Relação de Lisboa é, assim, por tudo quanto se deixou exposto, violadora do disposto nos n.os 4 e 5 do artigo 366.º do Código do Trabalho e do artigo 9.º do Código Civil, impondo-se, por isso, a sua revogação e substituição por outra que confirmando a decisão da primeira instância, julgue procedente a exceção perentória da extinção do direito do Autor/Recorrido à impugnação do despedimento em virtude da sua aceitação, e absolva a Recorrente de todos os pedidos contra si deduzidos nestes Autos pelo Recorrido.

5. O A. não contra-alegou.

6. Neste Supremo Tribunal de Justiça, a Excelentíssima Senhora Procuradora-Geral Adjunta emitiu parecer no sentido de que deve ser negada a revista.

7. Nas suas conclusões, a recorrente suscita a questão de saber se o Acórdão recorrido violou o disposto nos n.os 4 e 5 do art.º 366.º do Código do Trabalho, ao interpretar estes preceitos legais no sentido de que o A., ao solicitar por mail à R., em 15.03.2019, a confirmação do NIB desta para devolução do montante correspondente à compensação por extinção do posto de trabalho, para efeito de impugnação judicial do despedimento, e ao devolver, em 2/4/2019, esse montante que a R. lhe havia transferido para a sua conta bancária em 13/3/2019, ilidiu a presunção prevista no n.º 4 da disposição legal citada.

II

A) Fundamentação de facto:

1. Por escrito de 30 de novembro de 2018, a Ré/empregadora comunicou ao Autor/trabalhador a necessidade de extinguir o seu posto de trabalho com a consequente cessação do contrato de trabalho nos termos que constam de fls. 56 a 60 dos autos e cujo conteúdo se dá aqui por integralmente reproduzido.

2. Por escrito de 4 de janeiro de 2019, a R. comunicou ao A. a decisão de extinção do seu posto de trabalho, com efeitos a 28 de março de 2019 e o valor ilíquido da compensação de € 36.257,24 acrescido dos créditos salariais vencidos no valor ilíquido de €12.597,03, nos termos que constam de fls. 64 a 68 vs. e cujo conteúdo se dá aqui por integralmente reproduzido.

3. Em 13.03.2019 a Ré transferiu para a conta bancária do trabalhador a quantia líquida de € 44.234,56 a título de compensação pelo despedimento por extinção do posto de trabalho, retribuições e créditos vencidos que a rececionou na sua conta em 14.03.2019.

4. Em 15.03.2019, sexta-feira, por email, o Autor/trabalhador solicitou a confirmação do NIB da Ré para devolução da compensação para efeito de impugnação judicial do despedimento.

5. A Ré respondeu por email de 19.03.2019, terça-feira, a confirmação do NIB indicado pelo Autor no seu email.

6. No dia 02.04.2019, o Autor devolveu a compensação.

B) Fundamentação de Direito:

B1) Os presentes autos respeitam a Ação de Impugnação da Regularidade e Licitude do Despedimento intentada em 23 de maio de 2019, tendo o acórdão recorrido sido proferido em 26 de fevereiro de 2020.

Assim sendo, são aplicáveis:

- O Código de Processo Civil (CPC) na versão atual; e o
- O Código de Processo do Trabalho (CPT), na versão introduzida pela Lei n.º 107/2019, de 9 de setembro, atento o disposto nos arts. 5.º, n.º 3 e 9.º, n.º 1 da referida lei.

No que concerne ao direito substantivo atenta a data em que foi comunicado ao A. a decisão de extinção do seu posto de trabalho, 4 de janeiro de 2019, teremos de considerar o Código do Trabalho (CT) aprovado pela Lei n.º 7/2009, de 12.02, com as subsequentes alterações por este sofridas, nomeadamente as resultantes da publicação e entrada em vigor da Lei n.º 23/2012 de 25.06 e da Lei n.º 69/2013 de 30.08.

B2) Como já se referiu, a questão suscitada neste recurso de revista consiste em saber se o Acórdão recorrido violou o disposto nos n.os 4 e 5 do art.º 366.º do Código do Trabalho, ao interpretar estes preceitos legais no sentido de que o A., ao solicitar por mail à R., em 15.03.2019, a confirmação do NIB desta para devolução do montante correspondente à compensação por extinção do posto de trabalho, para efeito de impugnação judicial do despedimento, e ao devolver, em 2/4/2019, esse montante que a R. lhe havia transferido para a sua conta bancária em 13/3/2019, ilidiu a presunção prevista no n.º 4 da disposição legal citada.

O Tribunal de 1.ª instância julgou procedente a exceção perentória da extinção do direito do A. à impugnação do despedimento com a seguinte argumentação: «... em face da factualidade provada é inequívoco que o trabalhador apenas procedeu à devolução da compensação recebida em 02.04.2019, mais de duas semanas após a ter recebido, ou seja, não o fez de imediato. Se o autor não pretendia aceitar o despedimento deveria ter procedido à devolução da compensação com a maior urgência possível e não apenas dezanove dias depois de a mesma ter sido colocada à sua disposição.

Mostra-se irrelevante que no dia 15 de março de 2019 ter dito que iria proceder à devolução da compensação uma vez que depois demorou mais de duas semanas a concretizar esta sua comunicação. Assim, como é irrelevante quando o autor alega que, de acordo com a comunicação da ré, a compensação seria disponibilizada na semana anterior. Pese embora essa alegação seja verdadeira, também é verdade que o autor no dia 15 de março de 2019 remeteu à ré o email a pedir a confirmação do NIB para proceder à devolução sendo que apenas o veio a fazer mais de duas semanas depois. Acresce que o autor poderia ter sempre devolvido a compensação de imediato sendo que o pedido de confirmação do NIB serviu apenas para protelar a consolidação da informação que aquele já tinha.

Podemos, pois, retirar deste comportamento que o autor não atuou com a celeridade necessária para que junto da ré ficasse clarificada a sua posição de impugnar o despedimento.

Como se refere no Acórdão citado, a simultaneidade que o artigo 366.°, n.° 5, CT, "impõe que tudo se processe num espaço muito curto de tempo. (...). E não num protelamento que a norma não contempla".

Pelo exposto, entende-se que no caso concreto, o trabalhador não ilidiu a presunção prevista no artigo 366.°, n.° 4, do Código de Trabalho, do que decorre a procedência da exceção perentória da extinção do seu direito à impugnação do despedimento, que dá lugar à absolvição dos pedidos (artigo 576.°, n.° 3 do Código processo Civil).» *(fim de transcrição da sentença)*

Por seu turno, o Tribunal da Relação, revogou a decisão do Tribunal da 1.ª instância, aduzindo a seguinte argumentação: «... resulta da matéria de facto assente que consta dos pontos 1 e 2 anteriormente reproduzidos, que o Autor AA foi alvo de despedimento por parte da Ré ATM – Assistência Total em Manutenção, S.A., fundando esta esse despedimento na necessidade de extinção do posto de trabalho daquele, decisão de despedimento que a Ré comunicou ao Autor em 4 de janeiro de 2019, mas para produzir os seus efeitos em 28 de março de 2019.

Com essa comunicação, deu também a Ré a saber ao Autor qual o valor ilíquido da compensação que lhe era devida pela cessação do contrato de trabalho, bem como qual o valor ilíquido dos créditos salarias vencidos, sendo que, em 13 de março de 2019 a Ré procedeu à transferência para a conta bancária do Autor da quantia global líquida de € 44.234,56 decorrente da referida compensação e créditos salariais, importância que deu entrada na conta bancária do Autor no dia seguinte, 14 de março de 2019, como resulta da matéria de facto contida no ponto 3 dos factos assentes.

Finalmente sabemos que, logo no dia seguinte, 15 de março de 2019, uma sexta- feira, o Autor, por email, solicitou à Ré a confirmação do NIB desta para proceder à devolução da compensação para efeito de impugnação judicial do referido despedimento, email a que a Ré respondeu, pela mesma via, em 19 de março de 2019, uma terça-feira, confirmando o NIB indicado pelo Autor, sendo que este no dia 2 de abril de 2019, ou seja, volvidos 14 dias (10 dias úteis) em relação a esta resposta da Ré devolveu a esta a referida compensação, tudo como resulta da matéria que consta dos pontos 4 a 6 dos factos tidos por assentes.

Verifica-se, pois, destes factos que o Autor assumiu um conjunto de atos consentâneos, não só com a manifestação do propósito de oposição ao despedimento de que fora alvo por parte da Ré, mas também com a intenção de lhe restituir, de imediato ou num curto prazo de tempo, a compensação que desta recebera por virtude desse despedimento, solicitando àquela, logo que tomou conhecimento do despedimento, a confirmação do NIB da mesma para proceder à devolução da aludida compensação com vista à impugnação judicial do despedimento (sem que dos factos assentes se possa inferir, sem mais, que esse pedido de confirmação apenas servira para protelar consolidação de informação que o Autor já tinha como se refere na decisão recorrida, bem podendo tê-lo feito por mera questão de segurança ou de conhecimento da vontade da Ré face ao montante a devolver) e procedendo à efetiva devolução da referida compensação 14 dias (10 dias úteis) após a confirmação que o Autor obteve da Ré em relação ao referido NIB, sendo que procedeu a essa efetiva devolução apenas 5 dias (3 dias úteis) após a produção de efeitos do mencionado despedimento.

Deste modo e contrariamente à ilação que se extraiu no saneador/sentença recorrido, não podemos deixar de concluir haver o Autor procedido à devolução da compensação por despedimento, tendo em vista a impugnação do mesmo, não propriamente em simultâneo, mas, ainda assim, num curto prazo de tempo revelador de uma atuação suficientemente diligente por parte do mesmo para se poder considerar ilidida a presunção prevista no art.º 366.º, n.º 4, do Código do Trabalho.

Procede, pois, o recurso interposto pelo Autor/apelante, circunstância que conduz à revogação do saneador/sentença recorrido, de forma que, se outra razão não houver que o impeça, os autos possam prosseguir os seus termos.» *(fim de transcrição do acórdão recorrido)*

*

Vejamos se assiste razão à Ré:

O despedimento por extinção do posto de trabalho é umas das formas de cessação do contrato de trabalho, prevista nos artigos 367.º a 372.º do Código do Trabalho (CT). Trata-se de um despedimento individual por justa causa objetiva justificado por motivos económicos, tanto de mercado como estruturais ou tecnológicos, relativos à empresa, nos termos previstos para o despedimento coletivo (art.º 376.º, n.º 2, do CT). O art.º 372.º do CT com a epígrafe, *Direitos de trabalhador em caso de despedimento por extinção de posto de trabalho,* dispõe que «Ao trabalhador despedido por extinção do posto de trabalho aplica-se o disposto no n.º 4 e na primeira parte do n.º 5 do artigo 363.º e nos artigos 364.º a 366.º».

Temos assim, que neste caso particular de cessação do contrato de trabalho, é aplicável o regime previsto para o despedimento coletivo, no que diz respeito a "Aviso prévio", "Crédito de horas", "Denúncia" e "Compensação". Não é de estranhar esta remissão para o regime do despedimento coletivo, pois estamos perante uma modalidade de extinção do contrato de trabalho que, no que tange ao fundamento, tem natureza mista, sendo evidentes particularidades do despedimento individual por justa causa e do despedimento coletivo.

Um dos aspetos do regime comum aplicável a estas duas formas de cessação do contrato de trabalho tem a ver com a compensação a que o trabalhador tem direito, prevista no art.º 366.º do CT.

O pagamento da compensação, dos créditos vencidos e dos exigíveis por efeito da cessação do contrato deve ser efetuado até ao termo do prazo de aviso prévio, previsto no art.º 363.º, n.º 1, do CT. Segundo o art.º 384.º do CT o despedimento por extinção de posto de trabalho é ilícito se o empregador não tiver posto à disposição do trabalhador despedido, até ao termo do prazo de aviso prévio, a compensação por ele devida a que se refere o art.º 366.º e os créditos vencidos ou exigíveis em virtude da cessação do contrato de trabalho.

Nos termos do art.º 366.º n.º 4 do CT «Presume-se que o trabalhador aceita o despedimento quando recebe do empregador a totalidade da compensação prevista neste artigo» (Esta disposição introduzida no CT de 2003 foi um retorno à solução adotada na versão inicial do DL n.º 64-A/89, de 27/2, que posteriormente foi eliminada pela Lei n.º 32/99, de 18/5). O n.º 5 da mesma disposição legal, introduzida pela revisão do CT de 2009, refere «A presunção referida no número anterior pode ser ilidida desde que, em simultâneo, o trabalhador entregue ou ponha, por qualquer forma, a totalidade da compensação paga pelo empregador à disposição deste último».

A interpretação destes dois preceitos tem suscitado grande polémica na doutrina e na jurisprudência, sendo certo que o objeto do presente recurso de revista passa por determinar em que momento deve ser devolvida a compensação quando o trabalhador pretenda ilidir a presunção estabelecida no n.º 4 do preceito legal citado, ou seja a aceitação do despedimento.

A expressão utilizada pelo legislador «em simultâneo» tem sido considerada dúbia, permitindo equacionar diversos entendimentos que determinam soluções não coincidentes.

É impressivo o texto de Bernardo da Gama Lobo Xavier (Compensação por despedimento, Revista de Direito e de Estudos Sociais, Ano LIII - XXVI da 2.ª série – n.º1 -2, pág. 91 e 92) «Este sistema, que se mantém após a revisão merece crítica: como já dissemos: a compensação será sempre um mínimo a que o trabalhador tem direito, mesmo que os tribunais deem razão ao empregador. Mas merece crítica, sobretudo, porque na revisão se perdeu a oportunidade de resolver imensos problemas, desde logo de dificuldades de devolução em caso de recebimento não controlado pelo trabalhador. Mas, de facto, o grande problema é o da definição do *momento* da devolução ("a presunção pode ser elidida desde que, em simultâneo, o trabalhador entregue ou ponha, por qualquer forma, à disposição do empregador a totalidade da compensação pecuniária recebida"). *Em simultâneo com o quê?* Será uma posição extremista exigir ao trabalhador a devolução imediata da compensação para impedir que se estabeleça a presunção. O que nos parece certo e seguro é que a devolução terá de ocorrer como requisito mínimo para afastamento da presunção da aceitação, sendo obviamente necessários outros factos. Sendo relevantes necessariamente para consolidar ou afastar a presunção o maior ou menor tempo decorrido, a devolução em simultâneo terá de ocorrer desde o momento em que judicial ou extrajudicialmente o trabalhador pretenda demonstrar que o recebimento não correspondeu a uma aceitação. Em juízo, o trabalhador poderá devolver a compensação conjuntamente com o procedimento de suspensão, com a ação de impugnação de despedimento coletivo, ou com a contestação ao articulado do empregador, no primeiro destes momentos que ocorrer. Não parece indispensável que o trabalhador devolva em simultâneo com a entrega do requerimento/formulário de impugnação, pois a iniciativa da ação será do empregador (art.º 98.º-J do CPT) e as coisas podem ficar por aí (art.º 98.º-J, 3, do CPT). E não podemos excluir que o trabalhador apenas faça a devolução no articulado a que responda à invocação pelo empregador por ação ou exceção da presunção da aceitação. De qualquer modo, a elisão da presunção é fundamentalmente judicial e a posse do quantitativo da compensação é apenas algo que obsta que o trabalhador ponha em marcha – através de articulado – os meios que permitem roubar significado à presunção de aceitação».

António Monteiro Fernandes (Direito do Trabalho, 2012, 16.ª edição, Almedina, pág. 513 e 514), numa perspetiva crítica observa «Em primeiro lugar, e como já se observou, o pagamento da compensação (ou melhor, como se verá, a sua oferta) até ao termo do prazo de aviso prévio é condição de licitude do despedimento, solução surpreendente mas inequivocamente consagrada no art.º 384.º/d) (com nova redação dada pela Lei 23/2012). Depois, o recebimento da compensação pelo trabalhador gera a *presunção de aceitação do despedimento.* A presunção é ilidível de uma única forma: mediante a *devolução da compensação.* Deste modo, e dentro dos prazos legalmente estabelecidos para a impugnação do despedimento (arts. 387.º e 388.º CT), enquanto o trabalhador mantiver em seu poder o montante recebido, o empregador estará garantido contra essa impugnação. Tal é o teor do art.º 366/5 e 6 (redação da Lei 23/2012, para o qual, como temos visto, remete o art.º 372.º».

O mesmo Autor na 19.ª edição da obra referida acrescenta «Assim, a nosso ver, o alcance da exigência legal da devolução da compensação localiza-se na admissibilidade da impugnação judicial do despedimento: a iniciativa do trabalhador tem de ser liminarmente rejeitada se não demonstrar ter devolvido a compensação».

Pedro Romano Martinez (Código do Trabalho anotado, 2020, 13.ª edição, Almedina, pág. 862) comentando o n.º 5 do art.º 366.º do CT observa «Na revisão de 2009, como referido, foi acrescentado o n.º 5, permitindo que a presunção de aceitação do despedimento seja ilidida desde que o trabalhador devolva a compensação recebida. Esta regra suscita duas dúvidas.

Atendendo ao disposto no n.º 5, parece que a presunção do n.º 4 não pode ser ilidida por outra forma que não mediante a devolução da compensação percebida. Por outro lado, a expressão "em simultâneo" pode ser entendida como devolução imediata, no próprio momento em que é recebida, afastando a hipótese de uma devolução posterior».

Pedro Furtado Martins (Cessação do Contrato de trabalho, 3.ª edição, *Principia*, págs. 362 e segs) também manifesta as suas dúvidas, observando «Não obstante a relevância do esclarecimento efetuado em 2009, a redação do preceito não é inteiramente conseguida. Desde logo, porque fica por saber qual o ato que deve ser praticado "em simultâneo" com a devolução da compensação. Julga-se que só poderá ser a comunicação do trabalhador ao empregador da não aceitação do despedimento que terá de ser feita "em simultâneo" com a devolução da compensação».

Mais adiante, o mesmo Autor refere «Mais problemático é não se ter esclarecido quando (ou até quando) pode o trabalhador afastar a presunção, devolvendo a compensação» e acaba por concluir «Não há, portanto, um prazo para o trabalhador expressar a não-aceitação do despedimento e devolver a compensação, de modo a evitar a atuação da presunção legal. O simples recebimento da compensação tem associada a presunção que, uma vez constituída, não será fácil de ilidir».

Diogo Vaz Marecos (Código do Trabalho, anotado, Coimbra Editora, pág. 906) salienta que «A expressão "em simultâneo" referida no n.º 5 é suscetível de levantar dúvidas interpretativas. Para ilidir a presunção de aceitação o trabalhador terá de entregar ou pôr à disposição do empregador a totalidade da compensação recebida do empregador por efeito do despedimento coletivo, e ainda declarar expressamente que não aceita o despedimento. Só assim se poderá retirar qualquer efeito útil à expressão "em simultâneo". Tendo o trabalhador o prazo de seis meses, contados da data da cessação do contrato de trabalho, para impugnar o despedimento coletivo, cfr. n.º 2 do art.º 388.º, nada obsta a que o trabalhador só coloque à disposição do empregador ou lhe entregue a totalidade da compensação no momento em que apresente, em tribunal, a petição inicial».

O Supremo Tribunal de Justiça, em Acórdão de 17-03-2016, proferido no Proc. n.º 1274/12.0TTPRT.P1.S1 (Revista – 4.ª Secção), pronunciou-se no sentido «Não aceitando o despedimento e querendo impugná-lo, o trabalhador deverá recusar o recebimento da compensação ou proceder à devolução da compensação imediatamente após o seu recebimento, ou no mais curto prazo, sob pena de, assim não procedendo, cair sob a alçada da presunção legal a que se reporta o n.º 4 do art.º 366.º, traduzida na aceitação do despedimento.

Não lhe bastará, assim, que se limite a declarar perante a entidade patronal que não aceita o despedimento nem a compensação, sendo necessário que assuma um comportamento consentâneo com aquele propósito, nomeadamente diligenciando pela devolução da compensação paga pela entidade empregadora, logo que a receba, caso o pagamento lhe seja oferecido diretamente em numerário ou cheque ou, pelo menos, logo que tome conhecimento de que o valor da compensação lhe foi creditado na respetiva conta bancária, caso o pagamento se realize mediante transferência bancária».

Sobre esta matéria também se pronunciaram, entre outros, os Acórdãos do Supremo Tribunal de Justiça de 16-11-2017, proferido Proc. n.º 9224/13.0T2SNT.L1.S1(Revista) – 4.ª Secção, de 13-10-2016, proferido no Proc. n.º 2567/07.3TTLSB.L1.S1 (Revista – 4.ª Secção), de 16-06-2015, proferido no processo n.º 962/05.1TTLSB.L1.S1- 4.ª Secção, de 27-03-2014, proferido no processo n.º 940/09.1TTLSB.L1.S1 – 4.ª Secção e de 03-04-2013, proferido no processo n.º 1777/08.0TTPRT.P1.S1 – 4.ª Secção. Em todos estes arestos, foi seguida uma linha jurisprudencial, com apelo ao princípio da boa fé, no sentido de que o trabalhador deve assumir um comportamento coerente no que respeita à não aceitação do despedimento, acompanhado pela devolução da compensação paga pela entidade empregadora.

A interpretação dos n.os 4 e 5 do artigo 366.º do CT, no que concerne à presunção aí estabelecida e à sua ilisão, não pode deixar de considerar as regras gerais estabelecidas pelo artigo 9.º do Código Civil, nomeadamente a unidade do sistema jurídico. Quanto a este aspeto importa convocar as normas do Código do Trabalho que dispõem sobre os prazos para impugnação do despedimento, prazos esses que o legislador considerou razoáveis numa ponderação dos interesses do trabalhador e do empregador com vista à pacificação social. Até ao limite desses prazos o trabalhador poderia assim recorrer a aconselhamento e efetuar uma ponderação com vista a uma tomada de posição quanto ao despedimento de que foi alvo.

No entanto, nos termos do n.º 4 do art.º 366.º presume-se que o trabalhador aceita o despedimento quando recebe do empregador a totalidade da compensação, sendo certo que nos termos n.º 5 do art.º 363.º do CT o pagamento da compensação deve ser efetuado até ao termo do prazo de aviso prévio. Temos assim, que atento o disposto no referido n.º 4 do art.º 366.º do CT, o trabalhador tem de tomar uma decisão no sentido se aceita ou não o despedimento antes do termo do decurso do prazo que a lei lhe confere para impugnar o despedimento.

Caso tenha recebido a compensação, e pretenda impugnar o despedimento, o trabalhador terá de ilidir essa presunção nos termos do n.º 5 do referido preceito legal, exigindo a lei que o trabalhador entregue ou ponha, por qualquer forma, a totalidade da compensação paga pelo empregador à disposição deste último.

Quanto ao momento para praticar esse ato, a lei utiliza, no referido n.º 5, a expressão "*em simultâneo*", que se refere, contextualmente, a um ato anterior, que está mencionado no n.º 4, ou seja, o recebimento da compensação. Se o legislador se quisesse referir a outra realidade teria certamente utilizado uma expressão diferente e não a que empregou, que tem necessariamente de ser entendida no respetivo contexto.

O sentido e alcance da lei pretendido por alguma doutrina de que a expressão " *em simultâneo*" se reporta à data em que o trabalhador apresente a impugnação judicial do despedimento, ou à data em que efetue uma declaração de que não aceita o despedimento, não tem o mínimo de correspondência na letra da lei, ainda que imperfeitamente expresso, No entanto, à expressão utilizada "*em simultâneo*" que significa "*ao mesmo tempo*" tem de ser atribuída a maleabilidade necessária para poder abarcar um conjunto de situações que exigem uma apreciação flexível respeitante a eventuais factos que poderão ser alegados para afastar a presunção da aceitação do despedimento. Para além de outras situações de ordem prática, relacionadas com a operação da devolução do montante da compensação, o trabalhador quando confrontado com a decisão do despedimento poderá sentir necessidade de aconselhamento para poder tomar uma decisão informada no sentido de aceitar ou não o despedimento.

Na verdade, o trabalhador só quando confrontado com a decisão de despedimento comunicada pelo empregador, nos termos do art.º 371.º n.º 3 do CT, é que fica ciente de todos os elementos definitivos que determinaram o seu despedimento, sendo certo que o empregador pode, desde logo, efetuar o pagamento da compensação, nos termos do n.º 4 do mesmo preceito legal.

Não fará muito sentido que o trabalhador devolva o montante da compensação antes de estar devidamente habilitado a poder tomar uma decisão informada sobre se aceita ou não o despedimento.

Neste contexto, é de todo pertinente, como já se referiu, atribuir à expressão "*em simultâneo*", utilizada no n.º 5 do art.º 366.º do CT , a maleabilidade necessária para contemplar também esta realidade que se prende com um aspeto crucial para o trabalhador que consiste no direito de dispor de algum tempo para se poder aconselhar, com vista a poder tomar a decisão se aceita o montante da compensação e consequentemente o despedimento.

Em abstrato, o lapso de tempo entre a data em que o empregador efetuou o pagamento do montante da compensação e a data em que o trabalhador procedeu à devolução terá de ser sempre apreciado judicialmente no sentido de se determinar se é ou não razoável, tendo em conta todo o contexto dinâmico do caso concreto.

No caso dos autos, em 30 de novembro de 2018, a R. comunicou ao A. a necessidade de extinguir o seu posto de trabalho com a consequente cessação do contrato de trabalho. Em 4 de janeiro de 2019, a R. comunicou ao A. a decisão de extinção do seu posto de trabalho, com efeitos a 28 de março de 2019 e o valor ilíquido da compensação de € 36.257,24 acrescido dos créditos salariais vencidos no valor ilíquido de €12.597,03. Em 13.03.2019 a Ré transferiu para a conta bancária do A. a quantia líquida de € 44.234,56 a título de compensação pelo despedimento por extinção do posto de trabalho, retribuições e créditos vencidos que a rececionou na sua conta em 14.03.2019. No dia 15.03.2019, sexta-feira, por email, o A. solicitou a confirmação do NIB da Ré para devolução da compensação para efeito de impugnação judicial do despedimento, tendo a R. respondido por email de 19.03.2019, terça-feira, a confirmando o NIB indicado pelo Autor no seu email.

O A. devolveu a compensação no dia 2.04.2019. Constatamos assim que entre a data em que a R. confirmou ao A. o seu NIB, 19/3/2019, e a data em que o A. devolveu a compensação, 2/4/2019, decorreram 14 dias (10 dias úteis). O A. não alegou quaisquer factos justificativos do referido lapso de tempo, tendo apenas referido que tendo o seu contrato cessado a 28 de março de 2019, devolveu o valor da compensação correspondente a Euros 36.257,24 na segunda-feira dia 1 de abril. No entanto, o A., no dia 15/3/2019, quando solicitou o NIB da R., manifestou logo a sua intenção de impugnar judicialmente o despedimento, o que efetivamente veio a acontecer em 26/5/2019.

Destes factos resulta que o trabalhador assumiu um comportamento coerente no que concerne à sua intenção de impugnar judicialmente o despedimento, tendo procedido à devolução do montante da compensação 14 dias (10 dias úteis) após ter recebido a confirmação do NIB da Ré, ou seja, 5 dias (3 dias úteis) após a produção de efeitos do mencionado despedimento, o que ocorreu em 28 de março de 2019. Apesar de o trabalhador não ter alegado quaisquer factos para justificar o referido lapso de tempo de 14 dias (10 dias úteis) entre a data em que recebeu a confirmação do NIB da Ré e a data em que procedeu à devolução, temos de considerar esse lapso de tempo, ainda, razoável atendendo que tinham apenas decorrido 3 dias úteis após a data da produção de efeitos do despedimento, sendo de considerar a necessidade de o trabalhador ter algum tempo para poder tomar uma decisão informada no que respeita à aceitação ou não do despedimento.

O contexto dinâmico do caso concreto (data da decisão do despedimento, data do pagamento do montante da compensação por transferência bancária, comunicação da intenção de impugnar judicialmente o despedimento, confirmação do NIB com vista a uma segura devolução do referido montante e a data da efetiva devolução do montante da compensação) permite-nos, na sua globalidade, concluir que estamos perante um comportamento coerente do trabalhador com idoneidade para que se considere ilidida a presunção prevista no n.º 4 do art.º 366.º do CT.

III. Decisão

Face ao exposto, acorda-se em negar a revista, mantendo-se na íntegra o acórdão recorrido.

Lisboa, 23 de setembro de 2020.

Nos termos e para os efeitos do disposto no art.º 15.º-A do DL n.º 20/2020, de 1 de maio, declaro que a Exma. Senhora Juíza Conselheira adjunta Maria Paula Moreira Sá Fernandes votou em conformidade. Mais declaro que o Exmo. Senhor Juiz Conselheiro adjunto António Leones Dantas votou vencido, conforme declaração de voto que juntará.

Voto de vencido

A orientação que fez vencimento enfatiza a necessidade do esclarecimento jurídico do trabalhador relativamente ao despedimento coletivo de que é objeto e extrai daí consequências em termos de elisão da presunção de aceitação do despedimento, prevista no n.º 5 do artigo 366.º do Código do Trabalho.

Não pondo em causa o interesse para o trabalhador numa tomada de posição esclarecida, a verdade é que o processo não começa com a disponibilização da compensação, mas tem antecedentes, nomeadamente, a comunicação do artigo 360.º, n.º 3, do Código do Trabalho, essa sim, o ponto de partida na informação ao trabalhador relativamente do seu envolvimento num processo de despedimento coletivo, a partir da qual este pode procurar o apoio jurídico que entender.

Relativamente à ponderação dos atos posteriores ao conhecimento da disponibilização da indemnização e demonstrativos da recusa de aceitação da mesma, a necessidade de procura de informação jurídica não tem relevo autónomo, e sobretudo, em dimensão que justifique as consequências que no caso acabam por ser extraídas dessa necessidade.

A verdade é que a lei não estabelece um qualquer prazo para a devolução, mas exige que ela ocorra em simultâneo com a respetiva disponibilização, na leitura que tradicionalmente tem sido feita da norma do artigo 366.º, n.º 5 do Código do Trabalho.

No caso, entre o pedido de informação do NIB da empregadora, ocorrido no dia seguinte à disponibilização da indemnização, e a devolução ocorreram 14 dias, ou seja, a dilação entre estes dois factos é demasiadamente extensa para que se possa ainda afirmar que eles ocorreram no mesmo tempo, isto é, que foram simultâneos.

Acresce que os factos invocados pelo trabalhador como justificativos da devolução tardia não justificam uma dilação tão longa.

Nos casos das posições anteriores da Secção, relativamente ao tempo da devolução, fala-se, para além do mais, em «imediatamente após o seu recebimento, ou no mais curto prazo», e em «de imediato, ou logo que da mesma tenha conhecimento».

A leitura que acórdão faz da norma do n.º 5 do artigo 366.º do Código do Trabalho, no seu segmento «em simultâneo», não tem, a meu ver, «na letra da lei um mínimo de correspondência verbal, ainda que imperfeitamente expresso», em conformidade com o disposto no n.º 2 do artigo 9.º do Código Civil, pelo que deve ser rejeitada.

Concederia, pois, a revista, considerando que não foi ilidida a presunção de aceitação do despedimento por parte do trabalhador.

Lisboa, 23 de setembro de 2020.

Leones Dantas

ANOTAÇÃO

1. Uma presunção iníqua e uma devolução absurda

Como é sabido, o Código do Trabalho (CT) admite e regula várias modalidades de despedimento por causas objetivas, isto é, por motivos da esfera da empresa, por razões económicas, de índole gestionária, entre as quais avulta o despedimento coletivo, mas que incluem, outrossim, o despedimento por extinção do posto de trabalho e o despedimento por inadaptação (este último, diga-se, já com alguns ingredientes de ordem subjetiva). É também sabido que o despedimento por causas objetivas confere aos trabalhadores por ele abrangidos o direito a uma compensação pela perda do emprego, calculada nos termos do art. 366.º do CT. A oferta desta compensação pecuniária ao trabalhador constitui, aliás, uma condição indispensável à licitude do despedimento, nos termos da al. *c)* do art. 383.º[2], da al. *d)* do art. 384.º e da al. *c)* do art. 385.º do CT. Parece, contudo, que a receção da mesma pelo trabalhador se analisa numa condição suficiente para, por si só, legitimar o respetivo despedimento. Isto porque, segundo se lê no n.º 4 do supramencionado art. 366.º, «presume-se que o trabalhador aceita o despedimento quando recebe do empregador a totalidade da compensação prevista neste artigo».

Norma estranha! A lei presume que o trabalhador, recebendo a compensação a que tem direito, está, com isso e do mesmo passo, a aceitar o despedimento. É certo que se trata de uma presunção ilidível, lendo-se no n.º 5 do mesmo artigo que «a presunção referida no número anterior pode ser ilidida desde que, em simultâneo, o trabalhador entregue ou ponha, por qualquer forma, a totalidade da compensação paga pelo empregador à disposição deste último». Norma estranha e perturbadora, ainda assim, cujo sentido útil não se vislumbra ser outro que não o de impedir o trabalhador de impugnar judicialmente esse despedimento. Ou seja, se o trabalhador receber a compensação, isso significa, segundo a lei, que ele aceita o despedimento. E, se ele aceita o despedimento, então não poderá, mais tarde, contestá-lo em tribunal.

Ora, a nosso ver, nada justifica esta presunção legal de aceitação do despedimento. Ao criar esta presunção, o CT parece, pura e simplesmente, ignorar ou desprezar a circunstância de estar a regular uma relação laboral, para mais numa fase particularmente delicada da respetiva existência. Sendo esta uma *relação laboral*, isso significa que o trabalhador se encontra juridicamente subordinado ao empregador e, na maior parte

---

[2] Isto sem prejuízo do disposto na parte final do n.º 5 do art. 363.º, relativo a situações de empresas declaradas insolventes ou reguladas em legislação especial sobre recuperação de empresas e reestruturação de setores económicos.

dos casos, economicamente dependente dos rendimentos do trabalho para satisfazer as suas necessidades mais elementares (bem como, não raro, as do respetivo agregado familiar). Sendo esta uma relação laboral *em fase terminal*, a posição de fragilidade do trabalhador despedido resulta, como é óbvio, exponencialmente acrescida[3].

Sejamos claros: criar este dilema ao trabalhador, forçando-o a recusar a oferta da compensação (ou obrigando-o a devolvê-la, na totalidade, ao empregador) a fim de conservar intacta a faculdade de contestar judicialmente a licitude do seu despedimento, mostra-se claramente irrazoável. Não é razoável, em primeiro lugar, que a lei retire do facto de o trabalhador receber a compensação pecuniária a que tem direito a ilação de que tal significa a sua aceitação do despedimento. Recusar a compensação não teria qualquer vantagem para o trabalhador, não bastaria para travar o despedimento promovido pelo empregador, não teria o condão de evitar a consumação deste. A reação contra o despedimento só poderá ocorrer *a posteriori*, através da respetiva impugnação judicial. Receber a compensação nada significa, quanto à aceitação ou não do despedimento por parte do trabalhador. Mais: a recusa da compensação pelo trabalhador equivaleria a um ato de puro masoquismo seu, somando ele essa abdicação patrimonial à perda do emprego. *Nonsense*!

Também não é razoável, em segundo lugar, que a lei obrigue o trabalhador a devolver a verba compensatória recebida ao empregador, caso pretenda contestar, em tribunal, a licitude do despedimento – isto pela razão simples de que o trabalhador sempre terá, no mínimo, direito a essa importância, caso perca a ação judicial; se ganhar, então o trabalhador terá direito a receber um quantitativo pecuniário superior ao daquela compensação – a título de "salários intercalares", a título de indemniza-

---

[3] Como certeiramente observa Bernardo Lobo Xavier, «só por ficção se pode entender que o trabalhador, ao receber a compensação destinada a minorar a situação de desemprego, está a aceitar um despedimento. Ele está apenas a receber algo numa situação que muitas vezes corresponde a um estado de necessidade» («Compensação por despedimento», *Revista de Direito e de Estudos Sociais*, 2012, n.º 1-2, p. 84).

ção por todos os danos causados pelo despedimento ilícito, e/ou a título de indemnização substitutiva da reintegração[4].

Neste contexto, a pergunta impõe-se: porquê e para quê forçar o trabalhador a devolver o quantitativo da compensação, em ordem a permitir que este ilida a presunção legal de aceitação do despedimento? Repare-se que estamos a falar de um trabalhador que foi despedido, isto é, que perdeu involuntariamente o seu emprego, em virtude de uma decisão extintiva unilateral da entidade empregadora; e de um trabalhador que, em regra, perdeu o seu principal, por vezes único, meio de sustento. É expectável que, em muitos casos, o trabalhador tenha de fazer face às suas despesas quotidianas com o dinheiro resultante da compensação que o seu empregador lhe pagou, por imposição legal, aquando do despedimento. Esse despedimento pode, porém, ser ilícito (por improcedência do respetivo motivo justificativo, por inexistência ou invalidade do respetivo procedimento, etc.). E todavia, mesmo que o trabalhador tenha declarado, aquando do pagamento da compensação, que a recebia sem prescindir do direito de contestar judicialmente o despedimento, a lei entende que o trabalhador apenas o poderá impugnar se devolver a totalidade da compensação paga ao empregador...

Dir-se-á que o dinheiro (*rectius*: a falta dele pelo trabalhador despedido) contribui, aqui, para a "estabilidade e pacificação das relações jurídicas", que o estado de necessidade do trabalhador funciona como "elemento redutor da conflituosidade inerente ao despedimento"... Belas

---

[4] Registe-se, quanto a esta última indemnização, que, segundo as regras atuais, o seu montante deverá ser fixado pelo tribunal, entre 15 e 45 dias de retribuição base e diuturnidades por cada ano completo ou fração de antiguidade do trabalhador, ao passo que a compensação prevista no art. 366.º do CT será, em princípio, correspondente a 12 dias de retribuição base e diuturnidades por cada ano completo de antiguidade do trabalhador. Ou seja, a fasquia mínima da indemnização substitutiva da reintegração, em caso de despedimento ilícito, está colocada acima da fasquia relativa à compensação a pagar em caso de despedimento lícito por causas objetivas.

É certo que, em alguns casos, o pagamento desta indemnização não será devido, em virtude de o trabalhador ter optado pela reintegração na empresa (al. *b)* do n.º 1 do art. 389.º do atual CT). Trata-se, todavia, de casos francamente minoritários, sendo certo que, ainda aqui, se mantém o dever de pagar os "salários intercalares" e de ressarcir os danos causados pelo despedimento ilícito. Quando e na medida do necessário, sempre poderá ser feito o "encontro de contas" *a posteriori*.

palavras. Estabilidade! Pacificação! Redução da conflituosidade! Mas palavras inteiramente deslocadas, quando se pensa que estamos a falar de um trabalhador que foi atingido por um despedimento, que assim perdeu o seu emprego e, provavelmente, o seu único ganha-pão, que, por isso mesmo, não pode dar-se ao luxo de recusar a compensação paga, *ex vi legis*, pelo seu (ex-)empregador e que, também por isso mesmo, não consegue deixar de gastar ao menos uma parte desse montante para satisfazer as suas necessidades básicas, agora que se encontra sem emprego. E, assim sendo, segundo a lei ele deixa de poder dirigir-se a tribunal, para impugnar o despedimento. *Nonsense*!

2. O *timing* da devolução: o cúmulo do absurdo?

O propósito desta anotação não consiste, todavia, em analisar e criticar o atual regime legal quanto a este ponto. De resto, tivemos já ocasião de refletir mais longamente sobre a maldade do mesmo num outro texto, para o qual ousamos remeter o leitor[5]. O ponto, aqui e agora, prende-se com o entendimento que a jurisprudência tem perfilhado quanto ao momento em que o trabalhador despedido, após ter recebido a compensação (e, com isso, presumivelmente, ter aceitado o despedimento), terá de devolver a totalidade desse montante ao empregador, em ordem a tentar contestar, em tribunal, a licitude do despedimento.

Recordem-se os termos da lei, aquilo que estabelece o art. 366.º do CT. Segundo o seu n.º 4, «Presume-se que o trabalhador aceita o despedimento quando recebe do empregador a totalidade da compensação prevista neste artigo». E o n.º 5 acrescenta: «A presunção referida no número anterior pode ser ilidida desde que, em simultâneo, o trabalhador entregue ou ponha, por qualquer forma, a totalidade da compensação paga pelo empregador à disposição deste último».

O que significa, então, este segmento da norma, "em simultâneo"? Em simultâneo com quê? Afinal, o que é que se pede ao trabalhador, se ele

---

[5] «Receber e aceitar: em torno de presunções legais, orientações jurisprudenciais e convicções doutrinais», *Prontuário de Direito do Trabalho*, 2016-II, pp. 85-102. Para uma perspetiva geral sobre a questão, veja-se ainda CATARINA GOMES SANTOS, in LEAL AMADO, MILENA ROUXINOL, JOANA VICENTE, CATARINA SANTOS e TERESA MOREIRA, *Direito do Trabalho – Relação Individual*, Almedina, Coimbra, 2019, pp. 1015-1022.

pretender contestar judicialmente o seu despedimento, caso tenha recebido a compensação? Pela nossa parte, confessamos, sempre nos pareceu mais ou menos linear que aquilo que a lei pretendia era que o trabalhador, se e quando tentasse ilidir a presunção legal de aceitação do despedimento, resultante do facto de ter recebido a compensação paga pelo empregador, teria, em simultâneo, de devolver a totalidade dessa compensação ao empregador. Isto é, ao trabalhador não bastaria fazer prova em contrário (invocando e provando, por exemplo, que ao receber a compensação tinha declarado que tal não equivalia à aceitação do despedimento), a mais disso a lei obrigava este trabalhador a, nesse momento, devolver a quantia compensatória recebida, na íntegra, ao empregador. Vale dizer, sempre nos pareceu que o "em simultâneo" se referia à tentativa de elisão da presunção, o que redundaria, assim, em permitir que o trabalhador despedido impugnasse o despedimento dentro dos prazos previstos na lei (em regra, 60 dias em caso de despedimento individual, seis meses em caso de despedimento coletivo), contanto que lograsse ilidir a presunção de aceitação do mesmo e que devolvesse a totalidade da compensação ao empregador[6].

Acontece que, afinal, a coisa revela-se ainda mais complicada (em boa verdade, quase diabólica) para o trabalhador despedido. Isto porque, como se lê no acórdão sob anotação, a jurisprudência vem entendendo, maioritariamente, que, quanto ao momento para praticar esse ato de devolução, a lei utiliza, no n.º 5, a expressão "em simultâneo", que se referiria, contextualmente, a um ato anterior, que está mencionado no n.º 4, ou seja, o recebimento da compensação. Vale dizer, a simultaneidade referir-se-ia ao próprio recebimento da compensação, o que, em rigor,

[6] Não descortinamos, nem na letra nem na *ratio* da lei, qualquer suporte para a afirmação, constante do acórdão sob anotação, segundo a qual, «atento o disposto no referido n.º 4 do art.º 366.º do CT, o trabalhador tem de tomar uma decisão no sentido se aceita ou não o despedimento antes do termo do decurso do prazo que a lei lhe confere para impugnar o despedimento». Como assim? Lemos e não vislumbramos nada disso na lei. A nosso ver, se impugnar o despedimento, dentro do prazo legal, o trabalhador terá, decerto, de ilidir a presunção e, nesse momento, ele terá também, obrigatoriamente, de devolver a totalidade da compensação ao empregador. É isso que a lei impõe ao trabalhador. E, convenhamos, já não é pouco...

obrigaria o trabalhador, em simultâneo, a receber e devolver a compensação, qual *Lucky Luke*, mais rápido do que a própria sombra...

Entretanto, como ser mais rápido do que a própria sombra só é possível na banda desenhada, não estando, decerto, ao alcance de um qualquer trabalhador que seja atingido por um despedimento, a jurisprudência introduziu alguns temperos nesta exigência de simultaneidade entre o recebimento da compensação e a devolução da mesma ao empregador. Relativamente ao tempo da devolução, fala-se, por vezes, em "imediatamente após o seu recebimento, ou no mais curto prazo", ou em "de imediato, ou logo que da mesma tenha conhecimento", como observa o Conselheiro Leones Dantas, no seu voto de vencido. De forma um pouco menos exigente, o entendimento perfilhado no acórdão sob anotação considera que à expressão *"em simultâneo"* (que significa *"ao mesmo tempo")* «tem de ser atribuída a maleabilidade necessária para poder abarcar um conjunto de situações que exigem uma apreciação flexível respeitante a eventuais factos que poderão ser alegados para afastar a presunção da aceitação do despedimento. Para além de outras situações de ordem prática, relacionadas com a operação da devolução do montante da compensação, o trabalhador quando confrontado com a decisão do despedimento poderá sentir necessidade de aconselhamento para poder tomar uma decisão informada no sentido de aceitar ou não o despedimento». O Acórdão prossegue: «Não fará muito sentido que o trabalhador devolva o montante da compensação antes de estar devidamente habilitado a poder tomar uma decisão informada sobre se aceita ou não o despedimento. Neste contexto, é de todo pertinente, como já se referiu, atribuir à expressão *"em simultâneo"*, utilizada no n.º 5 do art.º 366.º do CT, a maleabilidade necessária para contemplar também esta realidade que se prende com um aspeto crucial para o trabalhador que consiste no direito de dispor de algum tempo para se poder aconselhar, com vista a poder tomar a decisão se aceita o montante da compensação e consequentemente o despedimento». E conclui: «Em abstrato, o lapso de tempo entre a data em que o empregador efetuou o pagamento do montante da compensação e a data em que o trabalhador procedeu à devolução terá de ser sempre apreciado judicialmente no sentido de se determinar se é ou não razoável, tendo em conta todo o contexto dinâmico do caso concreto».

A construção jurisprudencial em torno destas duas normas não deixa de nos impressionar. Arranca, toda ela, de um mesmo dogma: o de que a simultaneidade requerida pelo n.º 5 se prende, necessariamente, com o recebimento da compensação a que alude o n.º 4. Claro que, assim sendo, essa simultaneidade é, por definição, impossível: só se pode devolver aquilo que, *antes*, se recebeu... Mas a jurisprudência não se deixa tolher por tal impossibilidade, apenas adita que, então, a devolução tem de ser efetuada imediatamente após o recebimento da compensação, ou no mais curto prazo, ou logo que o trabalhador tenha conhecimento do pagamento. Ou, na versão mais *soft* perfilhada por este acórdão, a devolução pode até ocorrer um pouquinho mais tarde, num prazo razoável, de forma a dar tempo ao trabalhador para, ao menos, consultar um advogado...

Pela nossa parte, discordamos frontalmente destas leituras jurisprudenciais. A nosso ver, o n.º 4 estabelece que se presume que o trabalhador aceita o despedimento quando recebe a compensação prevista no artigo. E, conjugando o n.º 5 do mesmo preceito com o disposto no art. 350.º do Código Civil, diríamos que esta presunção legal pode ser ilidida mediante prova em contrário, nos termos gerais, contanto que, em simultâneo, o trabalhador devolva a totalidade da compensação paga ao empregador. *Em simultâneo, pois, com a tentativa de ilidir a presunção (através da propositura da pertinente ação judicial), não com o próprio pagamento da compensação, até porque esta última operação, repetimos, seria lógica e cronologicamente impossível*[7].

Ora, sendo impossível, em simultâneo, receber e devolver, isso deveria até ter o condão de alertar os tribunais para a hipótese, altamente provável, de a interpretação que vêm sustentando não ser a mais adequada...

[7] A este propósito, vejam-se as lúcidas e certeiras reflexões de Milena Silva Rouxinol, «Nótula em torno do art. 366.º, n.º 4 e 5, do Código do Trabalho (o afastamento da presunção, em especial)», *Prontuário de Direito do Trabalho*, 2017-II, pp. 75-88, e de Antero Veiga, «A presunção de aceitação do despedimento como consequência do recebimento da compensação (artigo 366.º do Código do Trabalho) – sua ilisão», *Julgar Online*, março de 2019. Como os autores sublinham, não se pode devolver o que não se chega a receber. E, se não se receber, a presunção legal não chega a operar. A devolução sempre terá de efetuar-se *a posteriori*. Ela poderá ter lugar, segundo os autores, até à data em que a ação for intentada pelo trabalhador. Estamos de acordo.

Mas não, a jurisprudência mantém-se, firme e hirta, no trilho tradicional, como o atesta, aliás, o recente Acórdão da Relação de Lisboa, de 24/03/2021[8].

A interpretação que fazemos não encontra o mínimo de correspondência na letra da lei? Ainda que imperfeitamente expresso? Pelo contrário, a nosso ver, esta é a interpretação natural, declarativa[9], resultante

[8] Acórdão relativo a um caso de despedimento por extinção do posto de trabalho (Relator: Desembargador Eduardo Sapateiro), em cujo sumário pode ler-se:

I. A interpretação dos números 4 e 5 do artigo 366.º do C.T./2009 não pode deixar de ter em linha de conta a evolução legislativa que, de uma forma impressiva, foi procurando responder a algumas das dúvidas que a doutrina e a jurisprudência foram levantando em torno de tal regime legal – consagração de uma presunção legal, sua natureza jurídica, atos necessários para a sua ilisão, carência ou não de uma declaração expressa de oposição ao despedimento objetivo, obrigatoriedade da devolução da compensação e momento para tal devolução -, encontrando-nos face a uma presunção legal ilidível, que, para ser afastada, tem de se consubstanciar, pelo menos, na devolução total da compensação paga ou, pelo menos, disponibilizada ao trabalhador despedido, tendo tal devolução de ocorrer num prazo relativamente curto (e ponderado por critérios de oportunidade e razoabilidade) após o seu recebimento e como uma das formas de manifestação de oposição à referida cessação do contrato de trabalho.

II. Os textos legais que a tal realidade respeitam, não suportam minimamente uma interpretação que procure estabelecer o esgotamento dos prazos de caducidade das correspondentes impugnações judiciais (artigos 387.º e 388.º do C.T./2009 – 60 dias e 6 meses, respetivamente) como limite máximo admissível para a restituição juridicamente eficaz, à entidade empregadora, da referida compensação por parte do trabalhador.

III. O legislador laboral demanda do trabalhador que pretende impugnar judicialmente o despedimento objetivo de que foi alvo uma atitude proactiva, positiva, diligente, que evidencie, objetiva e subjetivamente, um propósito sério, pautado pela boa-fé, em restituir em tempo razoável a compensação do artigo 366.º do CT/2009, que lhe foi paga oportunamente pela entidade empregadora.

IV. Não se descortina, na situação constatada nos autos, qualquer motivo objetivo, plausível e justificativo para a omissão da devolução da dita compensação, parecendo-nos antes que o Autor, ao contrário da singela missiva sem retorno que enviou à sua ainda entidade empregadora, deveria ter antes desenvolvido diligências e procedimentos empenhados, eficientes e eficazes a disponibilizar efetivamente e num prazo razoável e curto a dita compensação, salvo situações verdadeiramente excecionais, equiparadas ao justo impedimento do artigo 140.º do NCPC.

[9] Como se sabe, há interpretação declarativa quando o sentido da lei cabe dentro da sua letra, quando o sentido literal cobre aquilo que se apura ser o que a lei pretende exprimir, quando o intérprete elege um sentido que o texto direta e claramente comporta, por ser esse aquele

da letra da lei. A lei presume que o trabalhador aceita o despedimento se receber a compensação; a lei afirma que o trabalhador pode, todavia, ilidir essa presunção; e a lei remata estabelecendo que essa elisão carece, sempre, de ser acompanhada pela devolução da totalidade da compensação recebida ao empregador. O legislador exige, afinal, que o trabalhador devolva a compensação se quiser tentar ilidir a presunção de que, ao tê-la recebido, havia aceitado o despedimento. Aquela devolução é condição *sine qua non* para esta elisão.

O que, cremos, não tem a mínima correspondência na letra da lei, nem obedece a qualquer racionalidade, é, bem ao invés, interpretar o preceito como se o legislador previsse que o trabalhador despedido ia fazer uma coisa e o seu contrário, "em simultâneo", isto é, "ao mesmo tempo" – receber a compensação e, simultaneamente, devolvê-la ao empregador, assim se presumindo e destruindo a aceitação do respetivo despedimento. E depois, como semelhante passe de mágica seria impossível, o que a jurisprudência faz é acabar por deixar cair a exigência da tal simultaneidade, passando a dizer que a devolução da compensação deve ser feita "no mais curto prazo", "num prazo razoável", etc. – e, com isto, aqui sim, chegamos a uma interpretação do "em simultâneo" sem qualquer correspondência na letra da lei...

3. Conclusão

Vale isto por dizer que, a nosso ver, estas normas do art. 366.º do CT são de uma enorme maldade para o trabalhador atingido e fragilizado por uma decisão de despedimento: presumir que ele aceita o despedimento apenas porque ele não enjeita a compensação é uma maldade; obrigar o trabalhador a devolver, na íntegra, a compensação recebida, caso pretenda contestar a licitude do despedimento, eis uma segunda maldade; e, cremos, articular os n.º 4 e 5 do preceito em termos tais que, na prática, quase exigem que o trabalhador, de um golpe e em simultâneo, receba e

que corresponde ao pensamento legislativo. No caso, a segunda parte da norma, relativa à devolução da totalidade da compensação "em simultâneo", refere-se à primeira parte da mesma, relativa à possibilidade de elisão da presunção legal, através e aquando da impugnação judicial do despedimento.

devolva a compensação, sob pena de o despedimento se tornar judicialmente inatacável, constitui uma terceira maldade.

As duas primeiras maldades resultam da lei e cabe ao parlamento corrigi-las, *rectius*, pôr-lhes cobro[10]. A terceira maldade, porém, resulta da muito discutível leitura que vem prevalecendo nos nossos tribunais. Uma leitura que pede o impossível ao trabalhador, que lhe pede que seja mesmo quase tão rápido como o velho *Lucky Luke*. Uma leitura pouco ou nada sensível à violência que o despedimento representa, amiúde, para o trabalhador, ao desespero e ao sofrimento que aquela decisão expulsiva, não raro, provoca no trabalhador que dele é alvo. E uma leitura que faz descaso, inclusive, dessas coisas aparentemente despiciendas como são a tutela constitucional da segurança no emprego, o direito fundamental a não ser despedido sem causa bastante e o direito fundamental de acesso aos tribunais – para que, precisamente, estes sindiquem a validade, substancial e procedimental, do despedimento promovido pela entidade empregadora (mesmo daquela que paga a compensação devida ao trabalhador). Discordamos.

---

[10] O nosso legislador, que, inspirado pelo Memorando da *Troika*, uma década atrás não teve qualquer pejo em rever, em forte baixa, o critério de cálculo da compensação devida aos trabalhadores abrangidos por despedimentos baseados em motivos objetivos (assim embaratecendo substancialmente tais despedimentos e empobrecendo os trabalhadores atingidos), não se lembrou de, ao menos, nem que fosse em jeito de contrapartida, suprimir as normas referentes à presunção de aceitação do despedimento, eliminando os n.º 4 e 5 do art. 366.º do CT. E, a nosso ver, é uma lástima que, tantos anos volvidos, num quadro político e parlamentar substancialmente alterado, estas iníquas normas resistam. Uma verdadeira lástima, que deslustra todos quantos, uma vez mais (foi já a segunda vez), no dia 17 de setembro de 2021, recusaram, no parlamento, revogar estas normas. Foram demasiados.

Despedimento ilícito e reintegração: *Do I have to spell it out for you?*

JOÃO LEAL AMADO

1. O Acórdão do Supremo Tribunal de Justiça, de 25/11/2020

O tema dos efeitos da ilicitude do despedimento foi alvo de um recente e curioso acórdão do Supremo Tribunal de Justiça (STJ). Referimo-nos ao Acórdão de 25 de novembro de 2020, Processo n.º 6577/15.9T8FNC-C.L1.S1, cujo relator foi o Conselheiro José Feteira. Trata-se, aliás, de um aresto tirado por maioria, com um voto de vencido, o que, reconheça-se, não é muito usual da jurisprudência do Supremo. Vamos transcrever o sumário do acórdão, bem como a parte mais relevante do seu texto, após o que ensaiaremos uma curta reflexão sobre o mesmo. Eis o respetivo sumário:

> I – Na ação declarativa interposta pelo trabalhador em consequência de despedimento de que tenha sido alvo por parte do seu empregador, rege o princípio do dispositivo que vincula o Tribunal a decidir apenas em função daquilo que o trabalhador despedido lhe haja efetivamente peticionado;
>
> II – Se o trabalhador pretender reagir contra esse despedimento, designadamente com fundamento na ilicitude do mesmo, e pretender obter, como consequência, os (ou alguns dos) efeitos dessa ilicitude, deve pedir, na ação instaurada para o efeito, para além da declaração de ilicitude do despedimento, a condenação do empregador na prestação de qualquer das obrigações daí decorrentes;
>
> III – Nos presentes autos de execução movidos pelos Exequentes/Embargados contra a Executada/Embargante, uma vez que a sentença apresentada como título executivo se limitou a reconhecer a qualidade de entidade empregadora desta em relação àqueles e a declarar a ilicitude do despedimento de facto daqueles perpetrado por esta, a ação executiva não se radica em sentença de condenação (expressa ou implícita) de quaisquer prestações de facto ou de natureza pecuniária, ou seja, em título executivo que permita aos Exequentes/

Embargados reclamar coercivamente da Executada/Embargante compensação prevista no artigo 390.° do CT/2009, não merecendo censura a decisão de procedência dos embargos de executado com a inerente extinção da instância executiva.

Para se ficar com uma ideia mais precisa sobre as questões a que o STJ teve de dar resposta, vamos então transcrever um segmento do acórdão, justamente o segmento nuclear, em que o STJ aprecia e resolve os problemas suscitados.

«Acordam na Secção Social do Supremo Tribunal de Justiça.

I. Relatório

(...)

II. Apreciação

(...)

Deste modo e tendo em consideração as conclusões do recurso de revista interposto pelos Recorrentes, coloca-se à apreciação do Supremo Tribunal de Justiça a questão de saber se a sentença proferida pelo Tribunal da 1.ª instância em 20 de julho de 2017 – sentença que julgou procedente a ação declarativa, reconheceu a qualidade da Ré (Embargante) como entidade empregadora dos Autores (Embargados) por efeito de transmissão dos respetivos contratos de trabalho e declarou a ilicitude do despedimento de facto destes perpetrado por aquela – constitui título executivo bastante na ação executiva que os Exequentes/Embargados, em 12 de julho de 2018, instauraram contra a Executada/Embargante, com a finalidade de serem reintegrados na empresa desta e a receberem da mesma as retribuições que deixaram de auferir desde o seu despedimento até ao trânsito em julgado da decisão do tribunal que declarou a ilicitude do despedimento.

Regime jurídico aplicável

Os presentes autos respeitam a Embargos de Executado instaurados em 26 de setembro de 2018, no âmbito de execução de sentença proferida em 20 de julho de 2017 e que, por sua vez, declarou ilícito o despedimento dos Exequentes/Embargados, perpetrado pela Executada/Embargante em 09 de Setembro de 2015. O acórdão recorrido foi proferido pelo Tribunal da Relação de Lisboa em 15 de janeiro de 2020. Nesta medida e em termos adjetivos são aplicáveis ao caso: o Código de Processo do Trabalho (CPT) na versão introduzida pela Lei n.º 107/2019, de 9 de setembro, atento o disposto nos artigos 5.º, n.º 3 e 9.º, n.º 1 desta Lei; o Código de Processo Civil (CPC), na sua versão atual. Em termos substantivos, levar-se-ão em consideração as normas do Código do Trabalho (CT) aprovado pela Lei n.º 7/2009, de 12-02, e vigentes à data do referido despedimento.

Fundamentos de facto

As instâncias consideraram assentes os seguintes factos:

1. Em 16 de setembro de 2015 entrou em juízo o procedimento cautelar de suspensão de despedimento em que são requerentes AA, BB e CC e requerida a APRAM – ADMINISTRAÇÃO DOS PORTOS DA REGIÃO AUTÓNOMA DA MADEIRA, S.A.

2. Por acórdão do Tribunal da Relação de Lisboa foi tal procedimento convolado em procedimento comum.

3. Proferido despacho final o mesmo reconheceu a relação laboral entre os Requerentes e a Requerida resultante da transmissão do estabelecimento comercial, ocorrida através da tomada de posse administrativa com início em 9 de setembro de 2015 e declarou ilícito o despedimento de facto ocorrido nessa mesma data. Consequentemente foi a requerida condenada a reintegrar os Requerentes, voltando estes a ocupar o posto de trabalho e as funções que vinham desenvolvendo, e ainda a pagar as retribuições que estes deixaram de auferir desde o despedimento até à sua reintegração.

4. Inconformada recorreu a Requerente.

5. Por acórdão de 9 de Maio de 2018 foi julgada improcedente a apelação, confirmando a sentença recorrida.

6. A Requerida arguiu a nulidade do acórdão, tendo sido julgada totalmente improcedente a sua pretensão.

7. Em 25 de julho de 2018 a APRAM – ADMINISTRAÇÃO DOS PORTOS DA REGIÃO AUTÓNOMA DA MADEIRA, S.A., veio requerer seja declarada a caducidade do procedimento cautelar decretado e que seja devolvida a caução que prestou nos autos.

8. Em 9 de agosto de 2018 vieram os Requerentes opor-se ao decretamento da caducidade do procedimento cautelar e ao levantamento da caução prestada.

9. Em 20 de julho de 2017 foi proferida sentença pelo Senhor Juiz à data titular dos autos, tendo a mesma reconhecido a qualidade da 1.ª Ré APRAM – S.A. como entidade empregadora dos Autores por efeito de transmissão dos respetivos contratos de trabalho, declarado ilícito o despedimento de facto dos Autores perpetrado pela 1.ª Ré e absolvido a 2.ª Ré dos pedidos contra ela deduzidos.

10. Inconformada recorreu a APRAM – S.A. para o Tribunal da Relação de Lisboa, o qual viria a julgar improcedente a apelação, confirmando a sentença recorrida, por acórdão de 23 de maio de 2018.

11. Em 12 de julho de 2018 os Autores vieram deduzir o incidente de execução de Sentença.

12. Em 26 de setembro de 2018 a Ré veio deduzir embargos de executado, tendo pedido a suspensão da execução.

13. Foi realizada a audiência a que se refere o n.º 2 do artigo 7.º do Código de Processo Civil aplicável *ex vi* do disposto no artigo 1.º, n.º 2, alínea a) do Código de Processo do Trabalho.

14. A Ré/Requerida não reintegrou os trabalhadores e nada lhes pagou até à presente data.

<u>Fundamentos de direito</u>

Como referimos, a questão jurídica colocada à apreciação do Supremo Tribunal de Justiça consiste em *saber se a sentença proferida pelo Tribunal da 1.ª instância em 20 de julho de 2017* – sentença que julgou procedente a ação declarativa, reconheceu a qualidade da Ré (Embargante) como entidade empregadora dos Autores (Embargados) por efeito de transmissão dos respetivos contratos de trabalho e declarou a ilicitude do despedimento de facto destes perpetrado por aquela – *constitui título executivo bastante na ação executiva que os Exequentes/Embargados, em 12 de julho de 2018, instauraram contra a Executada/Embargante, com a finalidade de serem reintegrados na empresa desta e a receberem da mesma as retribuições que deixaram de auferir desde o seu despedimento até ao trânsito em julgado da decisão do tribunal que declarou a ilicitude do despedimento.*

A referida sentença foi proferida no âmbito da ação declarativa, com processo comum, proposta pelos Autores AA, BB e CC (agora Exequentes/Embargados) contra as Rés APRAM – Administração dos Portos da Região Autónoma da Madeira, S.A. (agora Executada/Embargante) e TRINTA E TRÊS BARRA DEZASSEIS – Assistência Náutica, S.A., sendo que nessa ação os Autores formularam o seguinte pedido:

> "1) Seja reconhecida a qualidade da 1.ª Ré APRAM, S.A. como empregadora dos Autores, por efeito de transmissão dos respetivos contratos de trabalho; caso assim não se entenda, ser reconhecida a qualidade de empregadora dos Autores à 2 .ª Ré e consequentemente
>
> 2) Seja declarada a ilicitude do despedimento de facto dos Autores, perpetrado pela 1.ª Ré APRAM-SA, aos 9 dias de setembro de 2015 e, caso também assim não se entenda, ser declarada a ilicitude do despedimento de facto dos Autores perpetrado pela 2.ª Ré".

Tal sentença, que serviu de base à fixação da matéria que consta do ponto **9** dos factos tidos por assentes, contém (no que aqui releva) o seguinte dispositivo:

> "Julgo procedente a presente ação, e, em consequência, decido:
>
> 1. Reconhecer a qualidade da 1.ª Ré APRAM-SA como entidade empregadora dos Autores por efeito de transmissão dos respetivos contratos de trabalho.
>
> 2. Declarar a ilicitude do despedimento de facto dos Autores, perpetrado pela 1.ª Ré APRAM-SA.
>
> 3. Absolver a Ré «33/16 – ASSISTÊNCIA NÁUTICA, S.A.» dos pedidos deduzidos contra si".

Esta sentença transitou em julgado, porquanto, tendo sido confirmada por acórdão do Tribunal da Relação de Lisboa proferido em 23 de maio de 2018, este não foi objeto de impugnação.

Tal sentença foi apresentada como título executivo na execução movida pelos Exequentes/Embargados contra a Executada/Embargante, tudo como decorre da matéria que consta dos pontos **10** e **11** dos factos assentes e do afirmado no precedente relatório.

Posto isto e em síntese, alegam e concluem os Recorrentes não acompanharem o enquadramento jurídico feito pelo Tribunal da Relação no acórdão recorrido, nos termos do qual a ação instaurada nos autos principais configura uma ação declarativa de simples apreciação e não uma verdadeira ação declarativa condenatória, afirmando, por outro lado, que a sentença proferida no processo principal está dotada de exequibilidade, por força da produção "*ope legis*", automática, dos efeitos previstos nos artigos 389.° e 390.° do CT, através da mera declaração de ilicitude do despedimento, independentemente, portanto, da existência de pedido nas suas reintegrações e no pagamento dos salários intercalares em sede de petição inicial. Com efeito, alegam e concluem que, como decorre da letra do artigo 389.° do CT, a condenação na reintegração e no pagamento dos salários intercalares é automática, face à declaração de ilicitude do despedimento, uma vez que tem como principal objetivo colocar o trabalhador na posição em que estaria caso não fosse ilicitamente despedido, ou seja, reconstituir a situação de facto e de direito existente em momento anterior ao despedimento na esfera do trabalhador ilicitamente despedido.

Alegam ainda que tal conclusão é o reflexo do sistema jurídico-laboral português assente no princípio constitucional da segurança no emprego, o que implica que da declaração da ilicitude do despedimento resulte a subsistência do contrato por sentença e, consequentemente, a reintegração dos trabalhadores ilicitamente despedidos, bem como a compensação pelo tempo em que aqueles se viram privados de receber a contrapartida pela manutenção dos seus contratos de trabalho, não sendo, em seu entender, condição necessária e exigível que a sentença contenha uma condenação expressa para que esta valha como título executivo, bastando que deste emirja, de forma inequívoca, a obrigação exequenda, sendo que a reintegração e o correspondente pagamento das retribuições intercalares em dívida é uma decorrência legal implícita – e lógica – da declaração do despedimento perpetrado pela Recorrida e declarado como ilícito, sendo os efeitos decorrentes da declaração judicial da ilicitude produzidos *ex vi legis*.

Por sua vez, a Recorrida assume posição diametralmente oposta, defendendo, por isso, a manutenção do acórdão recorrido que, em diversas partes, reproduz.

Vejamos!

A propósito da suscitada questão e a dado passo do acórdão recorrido escreveu-se o seguinte:

"Ora, salvo o devido respeito pela posição sustentada pelos trabalhadores demandantes e também pela decisão recorrida, que socialmente se compreende mas que juridicamente se rejeita, não é possível sustentar a natureza executiva da referida sentença judicial, dado que nela foi efetuado um julgamento final limitado a declarar que a 1.ª Ré APRAM, SA é a entidade empregadora por força da transmissão de estabelecimento havida entre ela e a empresa «33/16 – ASSISTÊNCIA NÁUTICA, S.A.» e que, nessa medida, procedeu a um ilícito despedimento de facto dos ali Autores, o que a reconduz, grosso modo, a uma ação de mera apreciação positiva, de acordo com a classificação constante do artigo 10.° do NCPC.

Logo, tal sentença não condenou a Ré APRAM nos efeitos jurídicos que decorrem do despedimento ilícito e que se mostram previstos nos artigos 389.° a 391.° do CT/2009.

A divergência entre as partes radica fundamentalmente aí: enquanto que a recorrente entende que essa sentença final (proferida na ação principal) não contém ou integra, ainda que tácita ou implicitamente, uma qualquer condenação da mesma na reintegração dos ali Autores ou, em substituição de tal reintegração, na liquidação aos mesmos de uma indemnização de antiguidade, sem olvidar, finalmente, o pagamento da compensação prevista no artigo 390.° do CT/2009, não lhe reconhecendo assim a força executiva mínima e necessária para fundar uma ação de prestação de facto ou de cobrança coerciva dos mencionados créditos laborais, já os aqui e ali demandantes defendem perspetiva oposta – no que foram acompanhados pela decisão recorrida e aqui em apreciação – e que vai no sentido de a mera declaração de ilicitude do despedimento de facto de que foram alvo fazer pressupor e consentir, em função do regime legal imperativo constante dos artigos 389.° e seguintes do CT/29009, o acionamento executivo da recorrente e a manutenção das providências cautelares concretamente decretadas até se mostrarem garantidos, por penhora (créditos laborais) e concretização definitiva da prestação de facto (reintegração), os referidos direitos.

Têm os recorridos razão no que afirmam? Entendemos convictamente que não, pois não resulta do regime legal contido nos artigos 389.° e seguintes do CT/2009 (que é efetivamente imperativo, com a ressalva dos aspetos identificados no artigo 339.°) que a mera declaração de ilicitude do despedimento acarrete automática e juridicamente ou carregue embrionariamente consigo, independente de tal ser ou não expressa ou tacitamente pedido pelo trabalhador despedido, os efeitos indemnizatórios elencados globalmente no artigo 389.° do aludido diploma legal.

Basta a leitura atenta das normas que enformam os artigos 389.° a 392.° do CT/2009 para concluir que tais pretensões indemnizatórias dependem, todas elas, de uma manifestação de vontade suficientemente clara da parte do trabalhador que propôs a ação de impugnação da (regularidade) e/ou licitude do despedimento, quer por via da ação com processo comum, como foi o caso dos aqui recorridos, quer através da ação de impugnação da regularidade e licitude do despedimento que se mostra prevista no artigo 387.°, número 2, do CT/2009 e 98.°-B e seguintes do CPT, quer finalmente mediante a ação de impugnação do despedimento coletivo dos artigos 388.° do CT/2009 e 156.° e seguintes do CPT.

Pense-se, desde logo, na faculdade que o trabalhador despedido tem de optar até ao final da Audiência Final entre a reintegração no mesmo estabelecimento da empresa, sem prejuízo da sua categoria e antiguidade, ou a indemnização em substituição de tal reintegração, de formular ou não pedido de indemnização por danos não patrimoniais ou de reclamar ou não todas as retribuições vencidas entre a data da cessação ilegal do contrato de trabalho e o trânsito em julgado da sentença ou acórdão que declare a ilicitude do despedimento e a condenação da empregadora nas prestações requeridas.

No que toca a este último aspeto, convirá que nos expliquemos um pouco melhor: o autor nesse tipo de ações pode vir somente preencher o formulário da AIRLD no 60.° dia do prazo de caducidade previsto no número 2 do artigo 387.° do CT/2009 ou no último dia do sexto mês após o despedimento coletivo ou 359.° dia do prazo prescricional, no caso do processo comum de impugnação do despedimento verbal, tácito ou enviesado (perdoe-se-nos a expressão), o que o faz perder os salários que se venceram entre o dia do termo ilícito da relação e o 31.° dia anterior à propositura da ação laboral, por força da dedução prevista na alínea b) do número 2 do artigo 390.° do CT/2009.

Pensamos mesmo que nada obsta a que um trabalhador, que decidiu constituir uma empresa sua ou teve a sorte de encontrar um outro emprego efetivo em data muito próxima do despedimento, com um rendimento ou vencimento global superior ao que antes auferia, pode renunciar legitimamente a reclamar a compensação do artigo 390.°, número 1 do CT/2009, por achar que é inútil demandar a mesma, em tais circunstâncias concretas.

Haverá também algum interesse em recordar que, nos termos particulares do artigo 392.° do CT/2009, o empregador pode requerer que a reintegração seja excluída, o que afasta também o carácter obrigatório e automático de tal figura.

Dir-se-á, contudo, que o trabalhador, quer no procedimento cautelar de suspensão de despedimento, quer na AIRLD não tem de formular qualquer pedido expresso de reintegração/indemnização por antiguidade ou das retribuições vencidas durante a pendência dos autos – cautelares e principais –, para lhe ver ser reconhecido tais direitos, o que parece apontar no sentido sustentado pela sentença recorrida e pelos aqui recorridos.

Ora, importa, por um lado, não olvidar que o Autor ou Requerente tem de desencadear tais ações através do preenchimento do formulário ou da apresentação do Requerimento Inicial (sendo que, no caso de se tratar de um despedimento formal, haverá também lugar à alegação obrigatória do propósito do demandante impugnar judicialmente aquele em tal Requerimento, o que será depois feito através da AIRLD, ainda que com dispensa do preenchimento do formulário) onde terá sempre de ser requerida a suspensão do despedimento ou assumida a impugnação da licitude ou regularidade do mesmo.

Numa segunda perspetiva de análise da questão levantada, interessa não esquecer, pelo outro lado, que os efeitos jurídicos derivados da suspensão do despedimento ou da declaração cominatória da ilicitude do despedimento, com as consequências gerais antes enunciadas, decorrem de normas legais especiais e expressas (artigos 39.° e 40.° e 98.°- G, número 4, alínea b) e 98.°-J, número 3, do CPT, respetivamente).

Afigura-se-nos que, mesmo no caso do deferimento da providência cautelar de suspensão de despedimento, nada obsta a que, em situações em que o empregador não quis que o trabalhador regressasse ao trabalho, limitando-se a pagar-lhe a retribuição devida, este último manifeste nos autos que não pretende continuar a receber a mesma, dado ter conseguido arranjar trabalho com um melhor salário, vindo depois, na ação principal, a optar pelo recebimento da indemnização em substituição da reintegração.

Sendo assim, afigura-se-nos que a ação executiva não se radica em sentença de condenação (expressa ou implícita) de quaisquer prestações de facto ou de natureza pecuniária, ou seja, em título executivo legalmente reconhecido que permita aos Exequentes vir reclamar coercivamente a compensação prevista no artigo 390.° do CT/2009.

Sendo assim, pelos fundamentos expostos, julga-se procedente o presente recurso de Apelação, revogando-se, nessa medida, a sentença recorrida que se substitui pela decisão de procedência dos embargos de executado deduzidos pela Executada e pela inerente extinção da instância executiva, por força dos fundamentos deixados acima explanados".

Desde já se avança que, no essencial, se sufragam os fundamentos jurídicos que levaram o Tribunal "*a quo*" a concluir que a sentença oferecida pelos Exequentes/Embargados, como título executivo na execução que moveram contra a Executada/Embargante e que constitui o processo principal, não condena esta, de forma expressa ou implícita, em qualquer prestação de facto ou de natureza pecuniária devida àqueles e que lhes permitisse reclamar o cumprimento coercivo das mesmas através da referida execução.

Tal sentença, com efeito, apenas se limitou a reconhecer a qualidade de entidade empregadora da Ré APRAM-S.A. (Executada/Embargante) em relação aos Autores AA, BB e CC (Exequentes/Embargados), por efeito de transmissão dos respetivos contratos de trabalho, e a declarar a ilicitude do despedimento de facto destes perpetrado por aquela, na estrita sequência, aliás, de pretensões que, nesse sentido, foram formuladas por estes contra aquela na ação declarativa, com processo comum, que anteriormente lhe moveram e que, nessa medida, configura, "*grosso modo*", uma ação declarativa de simples apreciação positiva, de acordo com a classificação constante do artigo 10.° do CPC, como se conclui no acórdão recorrido.

Acresce referir que também sufragamos o entendimento firmado no acórdão recorrido, no sentido de que os efeitos indemnizatórios ou compensatórios estabelecidos nos artigos 389.° a 392.° do CT dependem de uma manifestação de vontade da parte do trabalhador que pretenda propor ação de impugnação da licitude do despedimento de que tenha sido alvo por parte do seu empregador, quer mediante a utilização do processo comum, como foi o caso, quer através da ação de impugnação da regularidade e licitude do despedimento prevista no artigo 387.° n.° 2 do CT e 98.°-B e seguintes do CPT, quer mediante a ação de impugnação do despedimento coletivo dos artigos 388.° do CT e 156.° e seguintes do CPT.

Na verdade, não se pode olvidar que, na sequência da cessação da relação contratual laboral decorrente de despedimento unilateralmente assumido pela entidade empregadora em relação a qualquer dos seus trabalhadores, se entra no âmbito da disponibilidade de direitos, o que permite, desde logo, ao trabalhador optar por reagir, ou não, contra esse despedimento – invocando, para tal, a irregularidade e/ou a ilicitude do mesmo – e, em caso de reação, formular pretensão quanto aos efeitos (ou alguns deles) da ilicitude do despedimento que se mostram previstos no art. 389.° e seguintes do CT, sendo que, mesmo em caso de ocorrência de tal reação, com manifestação da pretensão de reintegração no posto de trabalho, a entidade empregadora pode, em determinadas circunstâncias (trabalhador que ocupe cargo de administração ou de direção ou a empresa do empregador ser uma microempresa e o regresso do trabalhador seja gravemente prejudicial e perturbador para o funcionamento da empresa), opor-se, com êxito, a essa pretensão, circunstância que, de si, afasta a existência de produção automática e obrigatória de um (o principal) dos efeitos decorrentes da ilicitude do despedimento, sendo substituído pela atribuição da indemnização a que se alude no n.º 3 do art. 392.º do CT.

Vem, precisamente, entendendo a jurisprudência, designadamente a deste Supremo Tribunal de Justiça, que a reintegração, o pagamento de indemnizações e/ou retribuições vencidas desde o despedimento até trânsito em julgado da decisão do tribunal que declare a ilicitude do despedimento, cai no âmbito dos direitos disponíveis, pelo que, caso o trabalhador os não peça em momento oportuno, o Tribunal não pode, depois e sem mais, condenar a entidade empregadora, seja na reintegração do trabalhador, seja no pagamento a este de indemnização a título de danos causados (morais ou patrimoniais), seja no pagamento ao mesmo das aludidas retribuições ou em indemnização em substituição da reintegração, não sendo aplicável, nesses casos, o disposto no artigo 74.º do CPT (condenação *extra vel ultra petitum*). (Cfr., neste sentido e entre outros, os acórdãos do Supremo Tribunal de Justiça de 31 de outubro de 2007 e de 18 de junho de 2014, proferidos, respetivamente, nos processos n.ºs 07S2091 e 450/07.1TTCSC.L1.S1, ambos desta 4.ª Secção e acessíveis em www.dgsi.pt, tendo o último destes acórdãos sido relatado pelo aqui 1.º Adjunto).

Na ação declarativa interposta pelo trabalhador em consequência de despedimento de que tenha sido alvo por parte do seu empregador, rege, portanto, o princípio do dispositivo que vincula o Tribunal a decidir apenas em função daquilo que o trabalhador despedido lhe haja efetivamente peticionado.

Deste modo, se o trabalhador, alvo de despedimento por parte do seu empregador, pretender reagir contra esse despedimento, designadamente com fundamento na ilicitude do mesmo, e pretender obter, como consequência, os efeitos dessa ilicitude – a reintegração no seu posto de trabalho ou a indemnização substitutiva dessa reintegração, bem como eventual indemnização a título de danos (patrimoniais ou não patrimoniais) sofridos ou ainda o pagamento das denominadas retribuições intercalares ou salários de tramitação – deve pedir, na ação instaurada para o efeito, para além da declaração de ilicitude do despedimento, a condenação do empregador na prestação de qualquer dessas obrigações.

Repare-se que, em relação às denominadas retribuições intercalares ou salários de tramitação e como bem se observa no acórdão recorrido, a atribuição das mesmas ao trabalhador ilicitamente despedido pela sua entidade empregadora varia em função da maior ou menor prontidão com que aquele decida instaurar a ação de impugnação de despedimento contra esta, na certeza de que, se lhe for dada razão, vai ter direito às retribuições ou salários que tenha deixado de auferir apenas desde os 30 dias que precederam a propositura da ação, o que constitui evidência quanto à disponibilidade dos direitos em causa em tais circunstâncias.

Deste modo e contrariamente ao defendido pelos Recorrentes, a declaração judicial da ilicitude do despedimento não determina, por si só, "*ope legis*", a reintegração do trabalhador no seu posto de trabalho na empresa e o pagamento das referidas retribuições intercalares.

Aqui chegados e sabendo-se que o título executivo constitui a base ou, digamos assim, a causa de pedir no processo de execução, sendo através dele que se determina, quer a finalidade, quer os limites da ação executiva, no que aqui releva, estipula-se, claramente e de uma forma taxativa, no art. 703.° n.° 1 al. a) do CPC, que «*à execução apenas podem servir de base: a) As sentenças condenatórias; (...)*», que, como refere Miguel Teixeira de Sousa em *Estudos Sobre o Novo Código de Processo Civil*, pág.ª 608, são "as decisões que condenam no cumprimento de uma prestação, mesmo que não transitadas, desde que, neste caso, o recurso contra elas interposto tenha efeito meramente devolutivo".

No caso vertente e como já se referiu, a sentença apresentada pelos Exequentes/Embargados como título executivo nos autos de execução movidos contra a Executada/Embargante limitou-se a reconhecer a qualidade de entidade empregadora da Ré APRAM-SA (Executada/Embargante) em relação aos Autores AA, BB e CC (Exequentes/Embargados), por efeito de transmissão dos respetivos contratos de trabalho, e a declarar a ilicitude do despedimento de facto destes perpetrado por aquela, na estrita sequência, aliás, de pretensões que, nesse sentido, foram formuladas por estes contra aquela na ação declarativa, com processo comum, que anteriormente lhe moveram e que, nessa medida, configura uma ação declarativa de simples apreciação positiva, de acordo com a classificação constante do artigo 10.° do CPC.

Ora, como refere José Lebre de Freiras em *A Ação Executiva – Depois da Reforma*, 4.ª Edição, Coimbra Editora, pág. 39, "quanto às sentenças de mérito proferidas em *ações de simples apreciação*, é pacífico que não se pode falar de título executivo. Efetivamente, ao tribunal apenas foi pedido que apreciasse a existência dum direito ou dum facto jurídico e a sentença nada acrescenta quanto a essa existência, a não ser o seu reconhecimento judicial. Pela sentença, o réu não é condenado no cumprimento duma obrigação pré-existente, nem sequer constituído em nova obrigação a cumprir. Vigorando o princípio do dispositivo, compreende-se que tal sentença não possa ser objeto de execução".

Por estas razões e como também se concluiu no acórdão recorrido, "a ação executiva não se radica em sentença de condenação (expressa ou implícita) de quaisquer prestações de facto ou de natureza pecuniária, ou seja, em título executivo legalmente reconhecido que permita aos Exequentes vir reclamar coercivamente a compensação prevista no artigo 390.° do CT/2009", não merecendo, por isso, censura o referido acórdão ao proferir decisão de procedência dos embargos de executado deduzidos pela Executada APRAM-SA, com a inerente extinção da instância executiva.

III – Decisão

Nestes termos, acorda-se em negar revista, confirmando-se o acórdão recorrido.

Custas a cargo dos Recorrentes.

Nos termos e para os efeitos do disposto no artigo 15.°-A do Decreto-lei n.° 10-A/2020, de 13 de março (aditado pelo art. 3.° do Decreto-Lei n.° 20/2020 de 01 de maio), consigna-se que o presente acórdão obteve voto de conformidade do Exmo. Juiz Conselheiro Adjunto António Leones Dantas e de desconformidade do Exmo. Juiz Conselheiro Adjunto Júlio Manuel Vieira Gomes que irá juntar declaração de voto de vencido. O acórdão é assinado apenas pelo relator.

Lisboa, 25 de novembro de 2020

José Feteira (relator) – Leones Dantas – Júlio Gomes (Declaração de voto vencido)

Declaração de voto de vencido.

Votei vencido. A declaração da ilicitude de um despedimento disciplinar tem consequências *ope legis* por força do artigo 389.° do CT, entre as quais a reintegração. A reintegração só não deverá ocorrer se o trabalhador optar expressamente pela indemnização de antiguidade em substituição da reintegração ou nos casos em que o empregador possa opor-se à reintegração e o faça com sucesso (no mesmo sentido, sublinhando que o atual Código do Trabalho "é mais explícito quanto ao estabelecimento da reintegração como efeito comum da ilicitude do despedimento", MARIA DO ROSÁRIO PALMA RAMALHO, *Tratado de Direito do Trabalho, Parte II, Situações Laborais Individuais*, Almedina, Coimbra, 6.ª ed., 2016, n. 355, p. 856). Nas palavras de PEDRO FURTADO MARTINS, "se o trabalhador não expressar a escolha pela indemnização o tribunal é forçado a condenar o empregador na reintegração. É a solução que resulta claramente do artigo 391.º, 1, em que a substituição da reintegração surge como consequência da opção do trabalhador. No silêncio deste – e salvo nas situações limitadas do artigo 392.º, em que se admite a substituição a pedido do empregador –, o tribunal não pode, por sua própria iniciativa afastar a reintegração" (*Cessação do Contrato de Trabalho*, 4.ª ed., Principia, Cascais, p. 521). Aliás, e como o mesmo Autor também sublinha, o formulário pelo qual o trabalhador apresenta o seu requerimento opondo-se ao despedimento contém a fórmula "requer a V.Ex.ª que seja declarada a ilicitude ou irregularidade do mesmo com as legais consequências". Se uma sentença declara ilícito um despedimento disciplinar tal decisão tem, por conseguinte, automaticamente consequências legais que decorrem dessa declaração de ilicitude. Como destaca PEDRO ROMANO MARTINEZ, "a ilicitude determina a reintegração, pois, verdadeiramente, se o despedimento é ilícito, o contrato não cessou e vale o princípio da segurança no emprego" (anotação ao artigo 389.º, *Código do Trabalho Anotado*, Pedro Romano Martinez e outros, Almedina, Coimbra, 12.ª ed., p. 890).

Também um título executivo tem que ser interpretado e a interpretação da sentença como título executivo deve fazer-se atendendo não apenas à sua letra, mas também às referidas consequências *ope legis*. A solução que teve vencimento acarreta praticamente a inutilidade da decisão judicial que declarou a ilicitude do despedimento.

(Júlio Gomes)».

1. Comentário

1.1. Breves considerações sobre os efeitos da ilicitude do despedimento

Como é sabido, os arts. 389.º a 393.º do Código do Trabalho (CT) constituem um bloco normativo regulador dos efeitos da declaração judicial da ilicitude do despedimento, tendo como antecedente próximo o disposto nos arts. 436.º a 440.º do CT de 2003. Assim, nas suas grandes linhas, o atual CT continua a configurar o despedimento *contra legem* como um despedimento *ilícito* e *inválido*: porque pratica um ato *ilícito*, o empregador terá de indemnizar o trabalhador por todos os danos causados, patrimoniais e não patrimoniais (art. 389.º, n.º 1, al. *a*)); porque o ato extintivo é *inválido*, o empregador será, em princípio, condenado a reintegrar o trabalhador no mesmo estabelecimento da empresa, sem prejuízo da sua categoria e antiguidade (art. 389.º, n.º 1, al. *b*)).

Via de regra, o despedimento *contra legem* não se limita a ser um ato *irregular*, desencadeador de uma obrigação indemnizatória a cargo do empregador. O despedimento *contra legem* é concebido como um verdadeiro e próprio despedimento *inválido*[1], assim se compreendendo a tutela reintegratória estabelecida na al. *b*) do n.º 1 do art. 389.º do CT. Destarte, o trabalhador que seja objeto de um despedimento ilícito goza, não apenas do direito de ser indemnizado por todos os danos causados, mas também do direito a ser reintegrado na empresa, sem prejuízo da sua categoria e antiguidade. O princípio geral consagrado no CT continua, pois, a ser aquele que foi acolhido no nosso país após a Revolução de Abril e a Constituição da República de 1976: ao declarar o despedimento ilícito, o tribunal priva este último do seu efeito extintivo da relação laboral, pelo que, tendencialmente, tudo se vai passar como se o despedimento jamais tivesse sido proferido pela entidade empregadora. Em conformidade com esta lógica de fundo, e para além do direito aos "salários intercalares", o trabalhador tem o direito de retomar a sua atividade profissional ao abrigo de um contrato de trabalho que, afinal, ao invés daquilo que o empregador pretendia, não foi dissolvido pelo despedimento ("princípio da coercibilidade do vínculo jurídico-laboral").

A consagração de uma *tutela de tipo reintegratório ou restitutório* entende-se e é, julga-se, a única que, ao menos como solução-regra,

---

[1] Sobre a distinção entre a invalidade e a simples irregularidade, *vd.*, por todos, Carlos Mota Pinto, *Teoria Geral do Direito Civil*, p. 627: «Enquanto a invalidade importa a destruição dos efeitos negociais, a irregularidade, embora provenha de um vício interno negocial, tem consequências menos graves, não afetando a eficácia do negócio, mas dando apenas lugar a sanções especiais».

se mostra compatível com a garantia constitucional da segurança no emprego, consagrada no art. 53.º da CRP. Qualquer outro sistema, em que a tutela da estabilidade do emprego fosse como que amolecida, assentando em mecanismos puramente indemnizatórios (sistema do "despedimento pago"), ficaria, decerto, aquém das exigências constitucionais. Como lapidarmente escrevem Gomes Canotilho e Jorge Leite, «se o ato que extingue o contrato vem, afinal, a revelar-se antijurídico, a única reação adequada do ordenamento jurídico compatível com o sistema da estabilidade é a de privar aquele ato da sua consequência normal, determinando a sua invalidade e consequente subsistência do vínculo contratual. A "monetarização" do despedimento como alternativa à reintegração permitiria, afinal, à entidade empregadora aquilo que a CRP quer, manifestamente, proibir – "desembaraçar-se" do trabalhador apesar de não haver causa legítima de despedimento»[2].

Como se disse, além do dever de indemnizar o trabalhador por todos os danos, patrimoniais e não patrimoniais, causados pelo despedimento ilícito (art. 389.º, n.º 1, al. *a)*), o empregador deverá ainda compensar o trabalhador pagando-lhe os chamados "salários intercalares" ou "salários de tramitação", visto que a declaração judicial de ilicitude/invalidade do despedimento produz efeitos retroativos, repondo em vigor o contrato de trabalho que o empregador havia tentado, sem êxito, dissolver. Em sede de salários intercalares, estamos, pois, perante o cumprimento diferido da obrigação retributiva a cargo do empregador. O pagamento de salários intercalares pelo empregador reconduz-se assim à realização, *a posteriori*, da prestação retributiva a que estava obrigado por efeito do contrato de trabalho e que, indevidamente, não cumpriu durante o espaço de tempo que decorreu entre a rutura ilícita de tal contrato e a sentença que, decretando a invalidade da decisão patronal, reafirmou simultaneamente a continuidade, no plano jurídico, do vínculo contratual.

Na ação de apreciação judicial do despedimento, o trabalhador poderá optar pela reintegração na empresa ou pela chamada "indemnização de antiguidade". Essa opção pode, aliás, ser feita até ao termo da discussão

---

[2] «A inconstitucionalidade da lei dos despedimentos», separata do número especial do *Boletim da Faculdade de Direito de Coimbra*, «Estudos em Homenagem ao Prof. Doutor António de Arruda Ferrer Correia», 1988, pp. 51-52.

em audiência final de julgamento, como indica o n.º 1 do art. 391.º De resto, o mais lógico será mesmo que o trabalhador não opte prematuramente, visto que, quando ele enceta uma batalha judicial contra o despedimento (decorridos, porventura, poucos dias sobre o mesmo), ser-lhe-á amiúde difícil ter ideias claras quanto àquilo que desejará quando a sentença do tribunal vier a ser proferida. Quando impugna, aquilo que o trabalhador deseja é, sobretudo, que o tribunal declare a ilicitude do despedimento, e só mais tarde (dir-se-ia: só depois de muita água correr debaixo da ponte) o trabalhador estará em condições de decidir se pretende a reintegração ou a indemnização – isto porque, entretanto, o trabalhador pode conseguir um novo emprego, pode mudar de domicílio, as suas relações com o empregador podem deteriorar-se, etc.

O trabalhador poderá, pois, optar pela reintegração (ou pela indemnização substitutiva) até ao termo da discussão em audiência final de julgamento. De todo o modo, e em termos lógico-jurídicos, a reintegração detém a primazia, constituindo a *solução-regra* quando um despedimento é declarado ilícito: por isso mesmo, o art. 389.º, n.º 1, al. *b)*, estabelece que, em princípio, sendo o despedimento declarado ilícito, o empregador será condenado a reintegrar o trabalhador no mesmo estabelecimento da empresa, sem prejuízo da sua categoria e antiguidade. Nesta medida, a reintegração constitui também a *solução legal supletiva*, vale dizer, na ausência de escolha por parte do trabalhador, o tribunal condenará o empregador na reintegração (ou, dito por outras palavras, a ausência de escolha expressa é tida, pelo legislador, como uma opção tácita do trabalhador no sentido da reintegração). Trata-se, aliás, da solução que melhor se compagina com a ideia de invalidade do despedimento e com a própria tutela da segurança no emprego.

A declaração judicial de ilicitude/invalidade do despedimento, operando retroativamente, tem como efeito normal, como já se disse, a reintegração do trabalhador no mesmo estabelecimento da empresa, sem prejuízo da sua categoria e antiguidade. Os efeitos *ex tunc* da declaração de invalidade não significam, porém, que o despedimento seja juridicamente inexistente, nem eliminam a sua configuração como ato ilícito cometido pelo empregador. Proferido o despedimento patronal e desencadeada a respetiva ação de apreciação judicial pelo trabalhador, a vida continua, o tempo não pára, as circunstâncias alteram-se e as relações entre as partes tornam-se, não raro, ainda mais azedas do que o eram aquando do despedimento. A prática vem demonstrando à saciedade que, na larga maioria dos casos, o próprio trabalhador despedido acaba por não pretender o seu reingresso na empresa da qual foi ilicitamente afastado. Compreende-se, por isso, que a lei preveja uma alternativa à reintegração, estabelecendo que, em lugar desta, o trabalhador poderá *optar* por uma indemnização, cujo montante será fixado pelo tribunal (n.º 1 do art. 391.º do CT).

A indemnização substitutiva da reintegração surge, porém, na economia do CT, como um *genus* composto por *duas espécies*: *i)* a espécie tradicional, bem conhecida do nosso ordenamento jurídico, em que a indemnização resulta de uma opção feita pelo trabalhador; *ii)* uma nova espécie, introduzida pelo CT de 2003, em que a indemnização é devida ao trabalhador despedido que, tendo optado pela reintegração na empresa, vê o empregador opor-se a essa reintegração, sendo esta oposição julgada procedente pelo tribunal, nos termos do art. 392.º (em caso de microempresas ou de trabalhadores que ocupem cargos de administração ou de direção). Quando tal suceda, o trabalhador ilicitamente despedido/não reintegrado terá direito a uma indemnização majorada relativamente ao disposto no art. 391.º, majoração indemnizatória esta que bem se compreende e é mesmo de uma lógica inatacável – afinal, aqui o trabalhador foi ilicitamente despedido e pretende ser reintegrado, sendo que, apesar disso, o tribunal acaba por sacrificar o seu emprego no altar das conveniências empresariais[3].

1.2. Um acórdão "perplexizante"

Tendo em conta o exposto no ponto anterior, o entendimento vertido no acórdão em apreço afigura-se muitíssimo discutível. Sustenta-se, neste acórdão, que, «se o trabalhador, alvo de despedimento por parte do seu empregador, pretender reagir contra esse despedimento, designadamente com fundamento na ilicitude do mesmo, e pretender obter, como consequência, os efeitos dessa ilicitude – a reintegração no seu posto de trabalho ou a indemnização substitutiva dessa reintegração, bem como

[3] Para desenvolvimentos a propósito desta matéria, *vd.* João Leal Amado, Milena Silva Rouxinol, Joana Nunes Vicente, Catarina Gomes Santos e Teresa Coelho Moreira, *Direito do Trabalho – Relação Individual*, Almedina, Coimbra, 2019, pp. 1076 e ss.

eventual indemnização a título de danos (patrimoniais ou não patrimoniais) sofridos ou ainda o pagamento das denominadas retribuições intercalares ou salários de tramitação – deve pedir, na ação instaurada para o efeito, para além da declaração de ilicitude do despedimento, a condenação do empregador na prestação de qualquer dessas obrigações». E afirma-se, outrossim, que «a declaração judicial da ilicitude do despedimento não determina, por si só, *ope legis*, a reintegração do trabalhador no seu posto de trabalho na empresa e o pagamento das referidas retribuições intercalares». Pelo que, a final, na lógica da decisão judicial, se o trabalhador reagir contra o despedimento de que foi alvo, se o trabalhador impugnar, tempestivamente, esse despedimento, pedindo que o tribunal declare a respetiva ilicitude, essa declaração judicial, por si só, não produzirá quaisquer efeitos condenatórios: o despedimento será, quiçá, declarado ilícito, mas daí não resultarão quaisquer consequências jurídicas para o respetivo autor, nem a título indemnizatório, nem a nível retributivo, nem no plano da reintegração. Porquê? Porque o trabalhador apenas pediu ao tribunal que declarasse a ilicitude do despedimento, sem acrescentar, expressamente, que essa declaração judicial deveria ser acompanhada dos devidos efeitos legais...

Pela nossa parte, estamos convictos de que, neste campo, importa distinguir: enquanto ato ilícito, o despedimento pode causar danos ao trabalhador, patrimoniais ou não patrimoniais, que, esses sim, carecerão de ser invocados e provados por este em tribunal, em ordem ao seu ressarcimento (art. 389.º, n.º 1-a, do CT); porém, e como se disse, enquanto ato inválido, o despedimento é também privado do seu efeito extintivo do contrato de trabalho pela decisão judicial que o declara ilícito, com efeitos retroativos, pelo que, dessa declaração, decorrem, *ope legis*, consequências ao nível dos "salários intercalares" e da reintegração do trabalhador no seu posto de trabalho. Acresce que, se no plano dos salários intercalares o respetivo montante ainda poderá, por vezes, ser reduzido a zero, em virtude das deduções estabelecidas no n.º 2 do art. 390.º do CT[4], já no que diz respeito à reintegração o ordenamento é, cremos,

[4] Os chamados "salários intercalares", isto é, as retribuições devidas ao trabalhador desde a data do despedimento até ao trânsito em julgado da decisão judicial que o declara ilícito, devem ser pagos ao trabalhador em virtude da eliminação retroativa do despedimento

absolutamente claro: o trabalhador ilicitamente despedido será sempre reintegrado, a menos que ele mesmo opte pela indemnização substitutiva ou que, nos contados casos em que isso é admissível, o empregador se oponha a tal reintegração, pedindo ao tribunal que a exclua e a substitua por uma indemnização majorada, sendo este pedido patronal julgado procedente pelo tribunal. Ou reintegração ou indemnização substitutiva, *tertium non datur*[5].

Cremos que existe uma ligação estreita, umbilical, entre o despedimento ilícito e a reintegração do trabalhador. E essa ligação umbilical apenas poderá ser cortada pelo próprio trabalhador, ao optar pela indemnização, nos termos do art. 391.° do CT, ou pelo empregador, ao solicitar ao tribunal que exclua a reintegração, nos termos e dentro dos limites do art. 392.° do CT. Não se verificando alguma destas hipóteses, a declaração judicial de ilicitude/invalidade do despedimento implicará, logicamente, inexoravelmente, a reintegração do trabalhador vitimado por esse despedimento.

Alega o STJ, neste seu aresto, que estamos aqui no âmbito de direitos disponíveis. O titular do direito pode, assim, desligar-se do mesmo, abdicando dele. No limite, claro, o trabalhador pode até nem reagir contra o despedimento, caso em que este, por mais antijurídico que se mostre, acabará por se consolidar na ordem jurídica, deixando de ser sindicável. Mas aqui, neste caso, justamente, o trabalhador reagiu, impugnou, pediu que o tribunal apreciasse o despedimento e que o declarasse ilícito. Talvez o trabalhador tenha sido demasiado lacónico no seu pedido, talvez

enquanto mecanismo extintivo da relação laboral, por força do art. 390.°, n.° 1, do CT. Há, porém deduções que podem ser feitas no respetivo montante, por força do n.° 2 do mesmo preceito (em virtude, por exemplo, do facto de o trabalhador despedido demorar mais do que um mês a impugnar o despedimento, ou de ele, entretanto, ter auferido subsídio de desemprego). Mas, reitera-se, o efeito *natural* da decisão judicial que declara a ilicitude/invalidade do despedimento consiste na obrigatoriedade de pagamento, na íntegra, daqueles salários intercalares.

[5] Isto, claro, sem prejuízo de poder haver situações peculiares, como as da morte ou reforma do trabalhador na pendência da ação, de que resulte a impossibilidade de reintegração e a inexistência de qualquer indemnização substitutiva. A questão é, em todo o caso, controversa. A este propósito, permitimo-nos remeter para o nosso *Direito do Trabalho – Relação Individual*, cit., pp. 1098-1099.

conviesse ter sido mais explícito, mas, ainda assim, temos dificuldade em descortinar, neste pedido do trabalhador, uma qualquer expressão de vontade do mesmo de se desligar dos direitos que a lei associa à declaração judicial de ilicitude do despedimento – os salários intercalares e a reintegração na empresa.

Em retas contas, o trabalhador limitou-se a ser lacónico. Mas ele não disse, jamais, que não queria receber os salários intercalares, muito menos disse que não desejava ser reintegrado no seu posto de trabalho. E, assim sendo, não tendo ele optado pela indemnização, não tendo a entidade empregadora solicitado a exclusão da reintegração, nem tendo o trabalhador abdicado da reintegração, a única conclusão lógica, cremos, seria afirmar que o trabalhador devia ser reintegrado na empresa, da qual havia sido ilicitamente afastado.

Fica, aliás, ainda por saber o que sucedeu ao contrato, neste caso. Com efeito, o despedimento foi declarado ilícito, inválido – reitera-se: foi declarado *ilícito*, não foi declarado meramente *irregular* –, pelo que, cremos, foi eliminado, enquanto mecanismo extintivo do contrato de trabalho, por força da decisão judicial que declarou a respetiva ilicitude. Mas depois... nem reintegração (e, portanto, manutenção do contrato em vigor) nem indemnização substitutiva (a qual implica que o contrato se extinga, à data do trânsito em julgado da decisão judicial, seja por opção do trabalhador, seja a requerimento do empregador)[6]. Destarte, neste caso parece que, após a decisão judicial, o contrato nem perdura nem cessa, fica numa espécie de limbo, nem vivo nem morto, qual morto-vivo, qual *zombie*...

O resultado a que chega o STJ, neste caso, parece-nos francamente dececionante. Nada no texto do acórdão aponta para a ideia de que o

[6] A impugnação do despedimento, seguida da opção indemnizatória exercida pelo trabalhador e da declaração judicial de ilicitude daquele, configura um caso de cessação do contrato por via de resolução por iniciativa do trabalhador. Se houver impugnação do despedimento e opção reintegratória por parte do trabalhador, com declaração patronal de oposição à reintegração associada à posterior declaração judicial de ilicitude do despedimento e de procedência da oposição à reintegração, aí teremos um caso de resolução do contrato por iniciativa do empregador, ainda que atípico, por ser de exercício judicial. Para desenvolvimentos a este propósito, seja-nos permitido remeter para o nosso *Direito do Trabalho – Relação Individual*, cit., pp. 1090-1093.

trabalhador, ao reagir contra o despedimento ilícito, pretendia, tão-só, quiçá por deleite intelectual ou para preencher o seu currículo profissional, que o tribunal atestasse essa ilicitude, porém sem quaisquer efeitos práticos. Ao solicitar que o tribunal apreciasse o despedimento e o declarasse ilícito, o trabalhador pretendia, decerto, que essa declaração judicial viesse acompanhada dos respetivos efeitos legais, máxime em matéria de reintegração. Uma coisa vem atrás da outra, terá pensado o advogado do trabalhador. Lacónico? Sim. Demasiado conciso? Sim, talvez. Mas os juízes queixam-se tantas vezes, quiçá com razão, de que os advogados tendem a ser excessivamente prolixos...

1.3. Conclusão

Este acórdão, reiteramos, afigura-se desconsolador. Ou "perplexizante", para usarmos um neologismo que vai fazendo curso. Dirão que a palavra "perplexizante" não existe, o que não negamos. Mas, em contrapartida, arriscamos perguntar: existe isto, um despedimento declarado ilícito sem que daí resultem quaisquer consequências práticas?

Um despedimento. Um despedimento que o tribunal declara ilícito. Um despedimento que, assim sendo, viola um direito fundamental, inscrito no art. 53.º da Constituição da República Portuguesa. Uma ação judicial em que o trabalhador não opta pela indemnização substitutiva da reintegração. Uma ação em que o trabalhador não declara abdicar do seu direito à reintegração. Uma ação em que a entidade empregadora não tenta sequer evitar a reintegração, opondo-se à mesma, nos moldes do art. 392.º do CT. E, ainda assim, uma decisão judicial que consegue, a um tempo, declarar a ilicitude do despedimento, mas sem haver lugar a reintegração do trabalhador nem ao pagamento de qualquer indemnização substitutiva. Coisa estranha! Coisa que, como bem se lê na declaração de voto de vencido lavrada pelo Conselheiro Júlio Gomes, "acarreta praticamente a inutilidade da decisão judicial que declarou a ilicitude do despedimento". E isto não é coisa pouca.

Tudo, aparentemente, porque o trabalhador se terá esquecido de, ao pedir a declaração judicial de ilicitude do despedimento, acrescentar "com os respetivos efeitos legais". O trabalhador exclamará, dirigindo-se ao tribunal: *Do I have to spell it out for you?* Segundo este acórdão, parece que sim. Mas, pela nossa parte, não ficamos nada convencidos do acerto desta decisão. Reiteramos o que acima escrevemos: a reintegração constitui a *solução legal supletiva*, vale dizer, na ausência de escolha por parte do trabalhador, o tribunal deverá condenar o empregador na reintegração; ou, dito por outras palavras, a ausência de escolha expressa é tida, pelo legislador, como uma opção tácita do trabalhador no sentido da reintegração[7]. Na economia da lei, dizer que quer ser reintegrado é, de algum modo, redundante, a lei obriga o trabalhador, isso sim, a dizer que não quer ser reintegrado e que prefere a alternativa, a indemnização substitutiva. *In casu*, o trabalhador jamais disse que preferia a indemnização, logo a reintegração impunha-se. E assim se faria Justiça, na ordem prática das coisas de que cuida o Direito.

---

[7] Já o havíamos sustentado em *Direito do Trabalho – Relação Individual*, cit., p. 1088. Em sentido próximo, Pedro Furtado Martins, *Cessação do Contrato de Trabalho*, 4.ª ed., Principia, Cascais, 2017, p. 521.

Da remissão abdicativa em Direito do Trabalho: nótula a propósito de um Acórdão recente do STJ

JOÃO LEAL AMADO

1. A questão

Por meio de um recente e muito interessante Acórdão, datado de 7 de setembro e relatado pelo Conselheiro Júlio Gomes, o Supremo Tribunal de Justiça resolveu um litígio relativo à contratação a termo de uma trabalhadora, para exercer funções de camaroteira na Douro Azul, com base na suposta sazonalidade da atividade desenvolvida pela empresa, que se dedica a cruzeiros fluviais no Douro, durante cerca de 10 meses por ano, sendo que, neste importante aresto, um dos pontos fulcrais da discussão (que motivou, aliás, discordância entre os julgadores, pois o Acórdão foi tirado por maioria, com voto concordante do Conselheiro Ramalho Pinto e voto contrário da Conselheira Leonor Rodrigues) residiu no valor jurídico a atribuir à declaração escrita, subscrita pela trabalhadora em causa, aquando da cessação de cada um dos ditos contratos a termo, segundo a qual esta; «Declara que recebeu a quantia de € (...), da empresa "DouroAzul - Sociedade Marítimo-Turística, S.A.", conforme recibo em anexo a esta declaração. Mais declara que este valor inclui e liquida todos os créditos sobre a "DouroAzul - Sociedade Marítimo-Turística, S.A.", vencidos e vincendos à data da cessação do contrato de trabalho, ou exigíveis em resultado dessa cessação, não tendo por isso direito a reclamar mais quaisquer valores seja a que que título for, assim visando esta declaração constituir remissão abdicativa da declarante quanto à "DouroAzul - Sociedade Marítimo-Turística, S.A." quanto a eventuais dívidas remanescentes, nos termos do artigo 863.º do Código Civil»[1].

[1] O texto integral do Acórdão, bem como do voto de vencida, encontra-se disponível em www.dgsi.pt.

Crê-se que este tipo de declarações tem vindo a tornar-se cada vez mais usual na *praxis* empresarial, sendo muito frequente que a entidade empregadora, por ocasião da cessação do contrato de trabalho, elabore um documento, redigido pelos seus advogados, solicitando ou exigindo que o trabalhador, no momento em que o contrato termina e em que a entidade empregadora procede ao pagamento de determinados créditos devidos em virtude da extinção do contrato (salário mensal, subsídio de férias e de Natal, pagamento por trabalho suplementar prestado, compensação em virtude de caducidade do contrato a termo, compensação por despedimento coletivo ou por extinção do posto de trabalho, etc.), subscreva uma declaração daquele jaez, afirmando nada mais ter a receber da entidade empregadora, estar pago de tudo aquilo a que tinha direito, ou mesmo, como sucede no caso, abdicando de quaisquer outros direitos que pudesse ter sobre a entidade empregadora, isto é, renunciando a direitos emergentes da relação de trabalho, através do expediente civilístico da "remissão abdicativa", nos termos do art. 863.º do Código Civil, segundo o qual «o credor pode remitir a dívida por contrato com o devedor».

O tema é da maior relevância, teórica e prática, envolvendo, desde logo, a questão de saber se e em que medida serão os direitos dos trabalhadores renunciáveis. Eis a questão: pode um trabalhador, emitindo este tipo de declarações, renunciar, validamente, a uma prestação salarial que lhe seja devida, a receber, no todo ou em parte, o subsídio de férias ou de Natal, a receber a contrapartida patrimonial do trabalho suplementar que tenha prestado, a receber a compensação, pela caducidade do contrato a termo ou pelo despedimento coletivo, decorrente dos disposto nas pertinentes normas legais?

A tendência maioritária na nossa jurisprudência tem sido a de dar resposta afirmativa àquelas questões, como aliás se extrai do voto de vencida da Conselheira Leonor Rodrigues, que convoca essa mesma jurisprudência. Conforme se lê na sua extensa declaração de voto, «como tem sido afirmado na jurisprudência deste Supremo Tribunal, o contrato de "remissão abdicativa" tem plena aplicação no domínio das relações laborais, designadamente após a cessação do vínculo, pois, nessa fase, já não colhe o princípio da indisponibilidade dos créditos laborais, que se circunscreve ao período de vigência do contrato de trabalho». Contudo, a tese que vingou no STJ, neste particular Acórdão, não foi exatamente essa, foi, dir-se-ia, uma tese mais prudente ou mais exigente para com a entidade empregadora, designadamente no que toca à necessidade de conhecimento, pela trabalhadora, da existência dos seus direitos e à necessidade de prestação de adequada informação, sobre os possíveis efeitos de tal declaração, pela entidade empregadora.

A questão central, todavia, subsiste, podendo ser formulada nestes moldes: poderão os direitos conferidos pela lei (note-se: pela lei imperativa) ao trabalhador ser objeto de válida renúncia pelo seu titular? A imperatividade da norma laboral não implicará, como sua natural consequência, ainda que implícita, a irrenunciabilidade do direito por ela concedido ao trabalhador?

2. Imperatividade da norma e irrenunciabilidade do direito

É sabido que as normas jurídico-laborais possuem, em regra, um caráter imperativo (relativamente imperativo), dado que, em princípio, as normas legais reguladoras do contrato de trabalho só podem ser afastadas por contrato individual desde que este estabeleça condições mais favoráveis para o trabalhador, conforme disposto no art. 3.º, n.º 4, do CT[2]. Assim, e para retomar os exemplos figurados *supra*, a lei fixa hoje nos €705 mensais o valor do salário mínimo nacional, na sequência do disposto no art. 273.º do Código do Trabalho (CT). A lei estabelece o direito a retribuição e subsídio de férias, no art. 264.º do CT. A lei consagra o direito a um subsídio de Natal, no art. 263.º do CT. A lei estabelece o pagamento do trabalho suplementar prestado pelo trabalhador, nos termos do art. 268.º do CT. Ora, é também sabido que, em sede de contrato individual de trabalho, não poderão ser estabelecidas cláusulas que desrespeitem os comandos legais supramencionados: não pode ser fixado, por via contratual, um salário mensal de €605, por exemplo; ou uma retribuição de férias inferior à que resulta do art. 264.º, ou um subsídio de Natal equivalente a metade do que estabelece o art. 263.º, ou o pagamento de trabalho suplementar com acréscimos inferiores aos previstos no art. 268.º.

[2] O mesmo vale, de resto, para as disposições de instrumento de regulamentação coletiva de trabalho, as quais só podem ser afastadas por contrato de trabalho quando este estabeleça condições mais favoráveis para o trabalhador, conforme preceitua o art. 476.º do CT.

Em todos estes casos, claro, a cláusula contratual será tida como nula, por violar uma norma imperativa, e será substituída pela norma invalidante, nos moldes previstos no art. 121.º, n.º 2, do CT.

Tudo isto corresponde à própria razão de ser do Direito do Trabalho, a ideia de comprimir a liberdade contratual, através de normas imperativas ou inderrogáveis, normas que se concebem enquanto mínimos de proteção do trabalhador, o contraente débil no seio desta relação. Surge, entretanto, a questão: será lícito ao trabalhador, por seu turno, renunciar a tais direitos, a direitos que lhe sejam conferidos por normas imperativas ou inderrogáveis?

A resposta a esta questão tem oscilado. Há quem sustente que a imperatividade ou inderrogabilidade da norma não implica a irrenunciabilidade do correspondente direito. Para esta corrente, estes dois fenómenos operam em zonas distintas, em momentos diferenciados, claramente demarcados. Assim, a imperatividade da norma referir-se-ia a uma primeira fase (fase genética), incidindo sobre a liberdade contratual das partes, cerceando-a e impedindo que estas estipulem, em sede de contrato de trabalho, cláusulas desconformes com o regime estabelecido pela norma inderrogável. Esta última, porém, já nada teria a ver com as vicissitudes futuras do direito por ela conferido: destarte, adquirido imperativamente tal direito, nada impediria o trabalhador de dele dispor livremente, no exercício das faculdades em que se desdobra o conteúdo do seu direito subjetivo. Estamos agora situados em diversa esfera temporal (já não na fase genética, mas na fase funcional), pelo que, em princípio, nenhuma ligação necessária ou incindível existiria entre a imperatividade da norma e a irrenunciabilidade do direito que ela consagra – esta irrenunciabilidade não constituiria, pois, qualquer derivação, lógica e inelutável, daquela. Neste sentido, a imperatividade da norma vincularia o trabalhador a adquirir o respetivo direito. Mas só isso. Aquilo que o trabalhador resolvesse fazer com o seu direito assim "imperativamente adquirido" seria já algo de inteiramente estranho ou exterior à natureza da norma, nada o impedindo, por conseguinte, de a ele renunciar.

Este entendimento é, porém, algo artificioso e de muito discutível acerto. A verdade é que as normas jurídico-laborais, enquanto normas imperativas, conferem direitos de forma como que intangível pela autonomia privada, isto é, de uma forma que se impõe aos sujeitos da relação de trabalho, sendo inadmissível a redução ou enfraquecimento de tais direitos pelo jogo da liberdade contratual. Ora, sendo assim, se deparamos com uma tão intensa compressão da liberdade contratual das partes, impedindo-as de eliminar ou reduzir os direitos reconhecidos ao trabalhador (de tal sorte que, se tal acontecer, a cláusula ilícita é automaticamente substituída pelo preceito violado), como se poderia compreender, logicamente, que a este fosse permitido renunciar àqueles? O Direito do Trabalho, com o seu aparelho normativo e tutelar, existe para se aplicar, dir-se-ia que inelutavelmente, às relações laborais. As suas normas constituem direito necessário, conferindo uma espécie de estatuto protetor ao trabalhador, o qual é constituído por um grande espectro de direitos. A ser admitida a renúncia a estes direitos, estaríamos, no fundo, a facultar ao empregador a consecução, por tal via, daquilo que lhe seria contratualmente impossível, assim se defraudando as normas jurídico-laborais – e, bem vistas as coisas, assim se transformando o ordenamento juslaboral num verdadeiro gigante com pés de barro.

Na verdade, renunciando o trabalhador ao direito conferido por uma norma inderrogável, o efeito que se obtém traduz-se na desaplicação dessa mesma norma imperativa, efeito este que não é muito diferente, no plano prático, daquele que as partes alcançariam inserindo no contrato uma cláusula em violação de tal norma imperativa. Dando um singelo exemplo, cumpre perguntar: que sentido tem a lei estabelecer um determinado montante a título de salário mínimo nacional (€ 705 por mês), sendo obviamente nula a estipulação contratual de um montante inferior (por exemplo, de € 605 por mês), se, entretanto, a lei permitir que aquele trabalhador, a quem foi pago € 605 por mês ao longo do contrato, puder abdicar, validamente, de receber o montante em falta, correspondente a € 100 por mês? Ou, para dar outro exemplo, que sentido tem que a lei obrigue a entidade empregadora a pagar um subsídio de férias ou de Natal ao trabalhador, considerando inválida qualquer cláusula do contrato de trabalho que pretenda fixar o montante desse subsídio em metade do que resulta da lei, se depois o trabalhador puder, através do contrato de "remissão abdicativa", renunciar validamente a metade do valor do subsídio consagrado na lei?

Crê-se que, a benefício da efetividade do Direito do Trabalho, a solução mais adequada e lógica consiste em afirmar que as restrições à autonomia das partes operam em ambos os planos temporais, pois constituiria manifesta incongruência disciplinar imperativamente as relações de trabalho, com o objetivo proclamado de salvaguardar a posição do contraente mais débil, e depois deixar os respetivos direitos na plena disponibilidade abdicativa do trabalhador. A tese da irrenunciabilidade dos direitos conferidos por normas imperativas mostra-se, deste modo, mais conforme (quiçá a única conforme) com a própria essência tuitiva do Direito do Trabalho – este é, aliás, o entendimento vertido na lei, em países como a Espanha (art. 3.º, n.º 5, do *Estatuto de los Trabajadores*) ou a Itália (art. 2113 do *Codice Civile*). A irrenunciabilidade do direito surge, pois, como a consequência lógica da imperatividade da norma, legal ou convencional, que o consagra[3].

3. Admissibilidade da renúncia "pós-contratual"?

A nossa jurisprudência tem entendido que a resposta, no que à renúncia do trabalhador aos seus direitos diz respeito, depende de um outro fator, de ordem temporal: a renúncia não será admitida, se efetuada na pendência da relação laboral, mas, cessando esta relação, já nada justificaria que o trabalhador não pudesse dispor livremente dos eventuais créditos resultantes do contrato de trabalho, da sua violação ou cessação, uma vez que deixariam de se verificar os constrangimentos existentes durante a vigência dessa relação, marcada pela nota da dependência e da subordinação jurídica do trabalhador em relação à entidade empregadora. Assim sendo, e segundo a jurisprudência dominante, a remissão abdicativa por parte do trabalhador, através da qual este renuncie aos seus direitos perante o empregador, deverá ser tida como válida, em princípio, contanto que tal declaração seja emitida aquando da (ou após a) cessação da relação contratual em apreço.

Segundo a jurisprudência, estas declarações são normalmente emitidas aquando do acerto de contas após a cessação do contrato de trabalho – o empregador paga determinadas importâncias exigindo em troca

[3] Como há muito escreveu Jorge Leite, «os direitos reconhecidos por normas de ordem pública social são irrenunciáveis, isto é, a norma que os consagra contém implícita a proibição de o trabalhador se privar voluntariamente deles» (*Direito do Trabalho – Lições ao 3.º ano da Faculdade de Direito*, Coimbra, 1989/90, p. 354).

a emissão daquela declaração, a fim de evitar futuros litígios, e, por sua vez, o trabalhador aceita passar essa declaração em troca da quantia que recebe, evidenciando-se, assim, um verdadeiro acordo negocial, com interesse, alega-se, para ambas as partes.

Haverá aqui, realmente, um acordo negocial com interesse para ambas as partes? Se há, não o descortinamos. Ao efetuar determinada prestação pecuniária, é claro que o empregador tem o direito de exigir quitação do trabalhador, isto é, tem o direito de exigir que o trabalhador-credor declare, por escrito, que recebeu a importância em causa, nos termos do art. 787.º do Código Civil. Mas só isso! O empregador-devedor já não tem o direito de exigir que o trabalhador declare mais do que isso, *maxime* que declare que "nada mais tem a haver ou receber da entidade empregadora", ou algo similar. Que interesse tem o trabalhador em emitir semelhante declaração? Apenas um: o de receber rapidamente a quantia disponibilizada pelo empregador, correspondente, aliás, a créditos seus já vencidos... A entidade empregadora, pelo contrário, tem todo o interesse em condicionar o pagamento dessa verba à passagem de uma tal declaração, visto que, através dela, consegue que o trabalhador abdique de todos os demais créditos resultantes do contrato de trabalho. Ou seja, o trabalhador abdica para receber aquilo (*rectius*, parte daquilo) a que tem direito! E o empregador, cumprindo apenas parte das suas obrigações, logra assim desvincular-se das restantes! Negócio vantajoso para o empregador, decerto, mas algo ruinoso para o trabalhador. Este pensará, talvez, que "mais vale um pássaro na mão do que dois a voar". Mas, francamente, não nos parece que o Direito do Trabalho deva contemporizar com isto, reconhecendo validade a tais declarações.

Confessamos nutrir bastantes reservas em relação à orientação jurisprudencial que entre nós vem predominando, sendo certo que não se vislumbra qualquer base legal para operar essa espécie de "corte epistemológico" entre as renúncias na vigência do contrato ou efetuadas aquando da sua cessação ou até após a sua cessação. Com efeito, será que direitos como o direito ao salário, ao subsídio de férias ou de Natal, ao pagamento do trabalho suplementar, etc., mudam de natureza pelo facto de o contrato de trabalho se extinguir? Trata-se, repete-se, de direitos resultantes de normas imperativas, que aliás, por regra, cumprem uma função alimentar bem conhecida e de grande relevo. É certo que, ao cessar o contrato de trabalho, desaparece o laço de subordinação jurídica entre as partes. Mas, amiúde, a situação de vulnerabilidade em que se encontra o ex-trabalhador, quiçá agora desempregado, não muda para melhor. E, de resto, muitas vezes o trabalhador assina essas declarações, contendo uma remissão abdicativa, por ignorar a real extensão dos seus direitos, por não querer pôr em xeque a hipótese de voltar a ser contratado por aquele empregador (pense-se no caso, frequente, dos contratos a termo ou do trabalho temporário) e, sobretudo, porque o trabalhador sabe que, se não assinar a referida declaração, previamente redigida pelos advogados da entidade empregadora, ele corre o sério risco de não receber rapidamente as verbas que lhe são devidas por ocasião da extinção do contrato. Por regra, o empregador dispõe-se a pagar essas verbas (ou algumas delas), correspondentes, por exemplo, a proporcionais de férias e de Natal, ao salário do último mês, a compensações devidas pela própria extinção do contrato, mas sempre e só na condição de o trabalhador emitir essa declaração liberatória, que pode comportar a dita remissão abdicativa. Se o trabalhador se recusar a assinar essa declaração, o serviço de contabilidade da empresa vai alegar que, assim sendo, não está autorizado a processar o pagamento das verbas em causa, deixando o trabalhador numa situação de extrema vulnerabilidade, dado que, não raro, ele carece dessa verba para satisfazer necessidades prementes, suas e do respetivo agregado familiar[4].

Deverá o Direito do Trabalho contemporizar com estas declarações abdicativas? Deverão os tribunais reconhecer-lhes virtualidades extintivas dos créditos dos trabalhadores? Francamente, não nos parece. Até porque importa não descurar um outro dado, resultante do nosso ordenamento jurídico-laboral e da forma como este regula a matéria da pres-

[4] Chamando a atenção para este ponto, o da normal impossibilidade de o trabalhador aguardar pelo resultado de um litígio judicial, o natural intuito do trabalhador de obter a vantagem de uma cobrança segura e imediata dos (de alguns dos) seus créditos, pressionado pela necessidade económica em que se encontra, o que contribui para que ele emita a declaração abdicativa, isto é, para que subscreva a declaração previamente redigida pelo empregador, *vide*, por todos, a clássica obra de Américo Plá Rodriguez, *Princípios de Direito do Trabalho*, 3.ª ed., LTR, São Paulo, 2015, pp. 141-238. Como o Autor refere, a entidade empregadora usa, amiúde, «essa modalidade subtil de coação, que é a chamada pressão económica», para obter o assentimento do ex-trabalhador (pp. 182-183).

crição dos créditos laborais. Com efeito, resulta da lei que o trabalhador terá o direito de se dirigir a tribunal, para reclamar os seus créditos, salariais e não apenas, no prazo de um ano, contado a partir do dia seguinte àquele em que cessou o contrato de trabalho. Esta regra legal, tradicional no nosso ordenamento, encontra hoje expressa consagração no art. 337.º do CT. Ora, o objetivo desta regra consiste, precisamente, em dar ao trabalhador algum tempo, após a extinção do contrato, para verificar se foi pago tudo aquilo a que ele tinha direito e para, se assim o entender, vir reclamar judicialmente o pagamento daquilo que se encontra em falta. E, como é óbvio, este desiderato legal será completamente frustrado se forem tidas como válidas as declarações do trabalhador, aquando da cessação do contrato, no sentido de que renuncia a todos os demais créditos que eventualmente possua sobre o empregador. Por esta via, o direito resultante, para o trabalhador, do art. 337.º do CT – o direito de dispor de um ano para reclamar créditos laborais que entenda subsistirem – será esvaziado.

Pelo que, em jeito de síntese conclusiva, diremos: tanto a ideia segundo a qual, uma vez terminada a relação laboral, o trabalhador se converte num credor do ex-empregador igual a qualquer outro, como a ideia segundo a qual, a partir desse momento, como que do dia para a noite, os créditos salariais perdem os seus atributos, deixando de desempenhar a função alimentar que lhes é característica, têm muito que se lhes diga. E, estamos convictos, merecem ser revisitadas e reponderadas pela jurisprudência.

Os limites do direito à greve e os serviços mínimos no sector dos transportes: a propósito de um silogismo

JOÃO LEAL AMADO

«No início do século XX, uma revista alemã abriu um concurso para premiar com duzentos marcos a melhor resposta a esta pergunta: "porque você se declara em greve?". A resposta vencedora dizia:

Como operário, só possuo uma mercadoria para vender: minha força de trabalho. Quero ter o direito de vendê-la a um preço decoroso, isto é, ao preço mais elevado possível, tal como faz o patrão, que me dá trabalho, com as suas mercadorias.

Além disso, e sempre de acordo ou em conformidade com os métodos seguidos pelo meu patrão, faço parte de uma associação que estabelece o preço a que devo vender a minha força de trabalho. Membro dessa associação, por esse fato me obrigo a não vender a minha única mercadoria a preço mais baixo do que o preço estabelecido.

Se eu não quero pagar ao capitalista a sua mercadoria pelo preço por ele fixado, ele não m'a dá; se ele não quer pagar pela minha mercadoria o preço que fixamos, eu não lh'a dou. Eis aqui a greve».

Márcio Túlio Viana, *70 anos de CLT: uma história de trabalhadores*, Tribunal Superior do Trabalho, Brasília, 2013, pp. 28-29.

1. A greve como direito fundamental

Meio de pressão e meio de expressão dos trabalhadores assalariados. Meio de luta pelas suas reivindicações e meio de afirmação da sua dignidade e da sua cidadania. Sintoma inequívoco de democracia, pois as ditaduras tendem a conviver mal com a rebeldia que a caracteriza. Mecanismo de autotutela e de insubmissão, meio de os trabalhadores causarem prejuízos a outrem (desde logo ao empregador) à custa do seu próprio prejuízo (sacrifício do salário), a greve tem, não raro, sido equiparada à guerra. É uma equiparação que, até certo ponto, se compreende. Na greve como na guerra temos um conflito, definem-se estratégias e afinam-se tácticas, utiliza-se a propaganda e a pressão psicológica, existem piquetes, por vezes até sentinelas e espiões, quando não "fura-greves", quais desertores. Mas é uma equiparação relativamente à qual convém ter as devidas cautelas metodológicas, desde logo porque, ao contrário do que sucede na guerra, na greve busca-se apenas derrotar – e não exterminar – o inimigo.

Relembrem-se, a este propósito, as sábias palavras de JORGE LEITE: «É corrente dizer-se que o fenómeno da greve é rebelde à sua apreensão e à sua disciplina pelo direito. Muitos autores consideram mesmo inevitável a sua analogia com outros fenómenos de ruptura, incluída a guerra. Sem dúvida que a greve se analisa numa forma de pressão para atingir determinados objectivos não atingidos, ou dificilmente alcançáveis, por outros meios. Pensa-se, porém, que a aproximação deste fenómeno com a guerra ou outros meios de força (rebelião sem armas, como, por vezes, se designa) é susceptível de perturbar a sua verdadeira dimensão e de ocultar a sua razão de ser. Saliente-se, antes de mais, que, diferentemente do que sucede com a guerra (ofensiva), o fenómeno da greve não se traduz em qualquer agressão contra as pessoas ou o património, não se analisa num comportamento activo, mas numa omissão – o trabalhador recusa ao empregador, temporariamente, a disponibilidade da sua força de trabalho. Acresce que a greve, juridicamente assumida como direito, é apenas uma forma de compensar o desequilíbrio de poder entre o empresário e os trabalhadores, desequilíbrio que lhe permite ditar as suas "leis", impor as suas condições, forçar a aceitação dos economicamente mais frágeis. Sendo esta a razão de ser, o fundamento racional do reconhecimento da greve como direito, não se percebe porque há-de assemelhar-se à guerra a recusa das condições de trabalho impostas e não a imposição destas condições. "Entre o fraco e o forte" a greve (pacífica) não será, afinal, apenas um instrumento que liberta? Um espaço de autodeterminação num território de opressão? Equipará-lo à guerra – fenómeno de violência e de destruição – não será uma forma de lhe associar um sentido negativo, com ocultação das suas causas e até do sentido de justiça a que, em regra, a greve nos convoca?»[1]. Vale aqui, sem dúvida, a célebre frase de Bertolt Brecht: «Do rio que tudo arrasta, diz-se que é violento. Mas ninguém chama violentas às margens que o comprimem».

Hoje, a greve não é mais vista como um crime ou um delito. Não é mais vista como uma mera liberdade ou faculdade, relativamente à qual o ordenamento jurídico assumiria uma postura de tolerância e contemporização. Hoje a greve consiste num direito e, mais do que isso, num direito fundamental dos trabalhadores que laboram em moldes heterodeterminados. «É garantido o direito à greve», lê-se, sem margem para dúvidas, no n.º 1 do art. 57.º da Constituição da República Portuguesa (CRP). E o n.º 2 acrescenta, em termos enfáticos: «Compete aos trabalhadores definir o âmbito de interesses a defender através da greve, não podendo a lei limitar esse âmbito».

Trata-se, como se vê, de formulações normativas fortes, que pretendem afirmar e salvaguardar este tão singular direito – quer em face do empregador[2], quer em face do próprio legislador –, reconhecendo-lhe o estatuto jusconstitucional de direito, liberdade e garantia dos trabalhadores[3]. Mas não se trata, evidentemente, de um direito absoluto ou ilimitado, que sobre todos os outros deva prevalecer e todos os outros deva sacrificar ou esmagar. A CRP é, outrossim, inequívoca quanto a este ponto, lendo-se no n.º 3 do mesmo art. 57.º: «A lei define as condições de prestação, durante a greve, de serviços necessários à segurança e manutenção de equipamentos e instalações, bem como de serviços

---

[1] *Direito da Greve – das Lições ao 3.º ano da FDUC, ed. de 1992/93*, Serviços de Acção Social da Universidade de Coimbra, Serviço de Textos, Coimbra, 1994, pp. 33-34.

[2] No plano individual, a greve suspende o contrato de trabalho de trabalhador aderente, incluindo o direito à retribuição e os deveres de subordinação e assiduidade. Mantêm-se, contudo, os direitos, deveres e garantias das partes que não pressuponham a efectiva prestação de trabalho (por exemplo, os deveres de não concorrência e de sigilo a cargo do trabalhador), contando o período de suspensão para efeitos de antiguidade – *vd.*, a este propósito, o disposto no art. 536.º do Código do Trabalho.

[3] A que se soma, recorde-se, a expressa proibição constitucional do *lock-out* (n.º 4 do art. 57.º), vincando a rejeição de um qualquer suposto "princípio de igualdade de armas dos parceiros sociais" nesta matéria. Sobre o conceito de *lock-out* e a responsabilidade penal emergente da violação da proibição constitucional, *vd.* os arts. 544.º e 545.º do Código do Trabalho (CT).

mínimos indispensáveis para ocorrer à satisfação de necessidades sociais impreteríveis».

Existe, pois, uma explícita credencial constitucional para limitar ou restringir o direito à greve. Essa credencial constitucional radica na ideia de conflito ou colisão de direitos – *in casu*, o conflito entre o direito à greve e outros bens jurídico-constitucionais. A narrativa, a propósito do conteúdo do regime próprio dos direitos, liberdades e garantias, é bem conhecida e aplica-se na perfeição ao caso da greve. Na lição de Gomes Canotilho & Vital Moreira, «mesmo quando constitucionalmente autorizada, a restrição só é legítima se for exigida pela salvaguarda de outro direito fundamental ou de outro interesse constitucionalmente protegido, e a medida restritiva estabelecida por lei tem de sujeitar-se ao princípio da *proibição do excesso* ou *princípio da proporcionalidade* em sentido amplo, com as suas três dimensões – necessidade, adequação e proporcionalidade em sentido restrito –, de forma a que as restrições se limitem ao necessário para salvaguardar outros direitos ou interesses constitucionalmente protegidos (art. 18.º-2)»[4].

Em suma, e a despeito do seu estatuto privilegiado enquanto direito fundamental, o direito à greve comporta limites, os quais se traduzem, basicamente e para o que ora nos interessa[5], na necessidade de satisfação das chamadas "necessidades sociais impreteríveis", caso em que os trabalhadores em greve deverão cumprir a chamada "obrigação de serviços mínimos". Existe, pois, uma relação umbilical, estreita, indissociável, entre as necessidades sociais tidas por impreteríveis e a obrigação de serviços mínimos: esta só existe se e na medida em que aquelas existirem e forem ameaçadas pela greve[6]. Com efeito, é sabido que as ideias

---

[4] *Fundamentos da Constituição*, Coimbra Editora, Coimbra, 1991, p. 122. Sobre a metódica da restrição ou compressão de direitos fundamentais, *vd*, na mesma obra, em especial, pp. 133-137.

[5] Um outro tipo de limites prende-se com a "obrigação de segurança", isto é, com a obrigação de os grevistas prestarem, durante a greve, os serviços necessários à segurança e manutenção de equipamentos e instalações, matéria que não será objeto do presente artigo.

[6] Neste sentido, considerando que «o primeiro desses conceitos é, claramente, *subordinante*», pois é preciso identificar as necessidades sociais impreteríveis para, num segundo momento lógico, definir a medida de prestação dos serviços mínimos, *vd.* Monteiro Fernandes, *Direito do Trabalho*, 16.ª ed., Almedina, Coimbra, 2012, p. 784.

de prejuízo, de perturbação, de incómodo e de transtorno acompanham a definição mesma de greve. A greve analisa-se num direito que consiste em causar prejuízos a outrem (desde logo ao empregador) e em criar transtornos de vária ordem aos utentes do serviço paralisado. A nocividade, dir-se-ia, faz parte da essência do fenómeno grevista. Neste quadro, o direito fundamental à greve poderá, decerto, ter de ceder e de sofrer acomodações, mas só quando aqueles prejuízos ou transtornos se revelarem socialmente intoleráveis, vale dizer, só quando a paralisação da actividade inerente à greve se revelar apta a comprometer a satisfação de necessidades sociais impreteríveis – isto é, necessidades cuja não satisfação tempestiva provoque danos irremediáveis[7].

Deparamos aqui, em qualquer caso, com conceitos difusos e indeterminados, que carecem de densificação normativa e jurisprudencial. Pergunta-se: o que é isso de "necessidades sociais impreteríveis"? Dir-se-á que necessidade social impreterível é aquela que não pode deixar de ser satisfeita, é aquela que é inadiável, que se torna imperioso satisfazer, sendo socialmente intolerável que a mesma seja sacrificada em homenagem a uma desmedida afirmação do direito de greve[8]. O legislador ordinário ensaia uma resposta para esta pergunta, em sede de Código do Trabalho (CT), através do disposto no seu art. 537.°, n.° 2, no qual se pode ler: «Considera-se, nomeadamente, empresa ou estabelecimento que se destina à satisfação de necessidades sociais impreteríveis o que se

---

[7] No Brasil, o art. 11 da Lei n.º 7.783/89 determina que «nos serviços ou atividades essenciais, os sindicatos, os empregadores e os trabalhadores ficam obrigados, de comum acordo, a garantir, durante a greve, a prestação dos serviços indispensáveis ao atendimento das necessidades inadiáveis da comunidade», acrescentando o parágrafo único do mesmo artigo que «são necessidades inadiáveis da comunidade aquelas que, não atendidas, coloquem em perigo iminente a sobrevivência, a saúde ou a segurança da população». Sobre o ponto, por último, Jorge Luiz Souto Maior, «O direito de greve existe ou não?», *Revista da Associação Brasileira de Advogados Trabalhistas – ABRAT*, n.º 2, 2014, pp. 151-159.

[8] Sobre os serviços ou actividades englobados pelo art. 57.º, n.º 3, da CRP, escreve Liberal Fernandes: «Trata-se de prestações que satisfazem necessidades subjectivas inadiáveis e que, por isso, estão situadas no patamar da inviolabilidade, da irrenunciabilidade ou da indispensabilidade, independentemente de constituírem objecto de direitos de liberdade ou de direitos sociais, razão pela qual a paralisação das actividades que asseguram a respectiva satisfação não poderá ser total ou absoluta» (*A Obrigação de Serviços Mínimos como Técnica de Regulação da Greve nos Serviços Essenciais*, Coimbra Editora, Coimbra, 2010, p. 358).

integra em algum dos seguintes sectores»[9]. E, de entre o vasto catálogo de sectores exemplificativamente indicados, lê-se na al. *h)*: «Transportes, incluindo portos, aeroportos, estações de caminho-de-ferro e de camionagem, relativos a passageiros, animais e géneros alimentares deterioráveis e a bens essenciais à economia nacional, abrangendo as respectivas cargas e descargas».

2. O silogismo judiciário

O quadro normativo acima esboçado convida o intérprete/aplicador do direito a raciocinar em moldes silogísticos, segundo um esquema simples, quiçá simplista. *Premissa maior:* nas empresas que se destinam à satisfação de necessidades sociais impreteríveis, impõe-se a prestação de serviços mínimos. *Premissa menor:* a lei considera que as empresas do sector dos transportes se destinam à satisfação de necessidades sociais impreteríveis. *Conclusão:* ocorrendo uma greve nos transportes públicos impõe-se, sempre, a prestação de serviços mínimos.

Percorrendo alguns acórdãos da Relação de Lisboa e do Porto e acompanhando a sua retórica argumentativa, concluímos sem margem para dúvidas que este silogismo se afirmou e se instalou entre nós[10]. Vejamos alguns exemplos particularmente expressivos, transcrevendo as passagens mais marcantes dos mesmos[11].

---

[9] O n.º 1 do mesmo artigo, em linha com o disposto na CRP, limita-se a estabelecer que em empresa ou estabelecimento que se destine à satisfação de necessidades sociais impreteríveis deverá ser assegurada, durante a greve, a prestação dos serviços mínimos indispensáveis à satisfação daquelas necessidades, *maxime* pela associação sindical que a declare e pelos trabalhadores aderentes.

[10] Registe-se que, na ausência de acordo entre as partes em conflito, a competência para definir os serviços mínimos cabe ao ministro responsável pela área laboral e ao ministro responsável pelo sector de actividade em causa, através de despacho conjunto, devidamente fundamentado. Porém, tratando-se de empresa do sector empresarial do Estado, aqueles serviços serão definidos por tribunal arbitral, constituído nos termos de lei específica sobre arbitragem obrigatória (art. 538.º do CT). Esta lei específica consiste no Decreto-Lei n.º 259/2009, de 25 de Setembro, no qual se encontra prevista a possibilidade de recurso da decisão arbitral, com efeito devolutivo, para o Tribunal da Relação (arts. 22.º e 27.º, n.º 5). A jurisprudência indicada no texto diz respeito, precisamente, a decisões arbitrais das quais veio a ser interposto recurso para o Tribunal da Relação.

[11] Acórdãos, todos eles, disponíveis em www.dgsi.pt.

i) *Acórdão da Relação de Lisboa, de 7/12/2010, relativo a uma greve na TRANSTEJO* (Desembargadora Paula Sá Fernandes): «O tribunal arbitral fixou como serviços mínimos a prestar na greve em causa para o dia 11 de Maio – uma carreira de manhã entre Cacilhas-Cais do Sodré, em virtude das carreiras estarem suspensas entre as 9h. e as 21h. por causa da visita do Papa e Missa a celebrar no Terreiro do Paço; e para o dia 12 de Maio, uma carreira no período da manhã e outra no período da tarde, entre os quatro destinos que aquela empresa cobre: Cacilhas – Cais do Sodré; Montijo – Cais do Sodré; Seixal – Cais do Sodré; Trafaria – Porto Brandão – Belém. Assim, ao estabelecer tal mínimo, não se nos afigura que possa ter havido violação dos invocados princípios da necessidade, adequação e proporcionalidade, sendo que a única alternativa seria a de não fixar quaisquer serviços mínimos, como entende o recorrente, mas que, como se viu, não é compatível com as normas que regulam o direito à greve, pois está em causa uma empresa do sector dos transportes que a própria lei considera como empresa que se destina à satisfação de necessidades sociais impreteríveis e como tal têm de ser assegurados os serviços mínimos à satisfação daquelas necessidades».

ii) *Acórdão da Relação de Lisboa, de 16/3/2011, relativo a greves na TRANSTEJO e na SOFLUSA* (Desembargador Ramalho Pinto), no qual se reitera: «A alternativa de não fixar quaisquer serviços mínimos, como entende o recorrente, não é compatível com as normas que regulam o direito à greve, pois está em causa uma empresa do sector dos transportes que a própria lei considera como empresa que se destina à satisfação de necessidades sociais impreteríveis e como tal têm de ser assegurados os serviços mínimos à satisfação daquelas necessidades».

iii) *Acórdão da Relação de Lisboa, de 27/06/2012, relativo a uma greve na CARRIS* (Desembargador José Eduardo Sapateiro), no qual o ponto em apreço é tratado com maior desenvolvimento. Neste importante aresto, começa por se afirmar que «atendendo à actividade transportadora de passageiros da recorrida e ao disposto no artigo 537.º, número 2, alínea h), do Código do Trabalho, parece-se impor como indiscutível o facto de a CARRIS satisfazer necessidades sociais impreteríveis». E logo acrescenta: «O Sindicato apelante parece defender que a verificação de tais necessidades sociais impreteríveis depende de uma análise casuística da greve em si e das circunstâncias em que a mesma se vai desenrolar (nomeadamente, quando se integra e cumula com outras greves do mesmo ou de outros sectores, no quadro de uma greve geral), apreciação que, nessa medida, pode ser mesmo negativa (isto é, pode concluir pela inexistência, em concreto, das aludidas necessidades e, portanto, da precisão de fixação de serviços com vista a garanti-las, em termos mínimos e aceitáveis), mas tal posição não pode colher minimamente, dado essas necessidades, no caso da actividade transportadora de passageiros prosseguida pela CARRIS, resultarem automática e directamente de lei imperativa aplicável, não podendo ser afastadas, por tal motivo e nessa medida, pela vontade dos sindicatos ou dos empregadores». E o acórdão remata: «O legislador, num juízo preliminar, antecipatório e abstracto de prognose, depois de instituir a regra ou cláusula geral do número 1 do artigo 537.º, identificou, desde logo, na sua perspectiva e em moldes exemplificativos, os sectores ou empresas que, em geral e de acordo com a actividade que desenvolvem, satisfazem tais necessidades, assim os caracterizando e categorizando desde logo e à partida, encontrando-se em tal situação a actividade de transporte público de passageiros».

iv) *Acórdão da Relação do Porto, de 24/09/2012, relativo a uma greve nos STCP* (Desembargadora Paula Leal de Carvalho), que se louva e transcreve largos excertos do supramencionado Acórdão da Relação de Lisboa de 27/06/2012, concluindo, em moldes expressivos: «Ora, o art. 537.º, n.º 2, do CT/2009, a par de outros, elenca o sector dos transportes de passageiros como um daqueles que se destinam à satisfação de necessidades sociais impreteríveis, pelo que é despicienda a discussão em torno da questão de saber se os serviços prestados por empresa que nele se enquadre acorrem, ou não, a tais necessidades».

Em suma: segundo esta jurisprudência que se vai firmando, seria *incompatível* com a lei uma qualquer decisão (desde logo, uma decisão arbitral) que resolvesse não fixar quaisquer serviços mínimos numa greve no sector dos transportes; as necessidades sociais impreteríveis, no caso da actividade transportadora de passageiros, resultariam *automática e directamente de lei imperativa aplicável*, tendo o legislador, num *juízo preliminar, antecipatório e abstracto de prognose*, identificado desde logo, ainda que em moldes exemplificativos, os sectores ou empresas que, em geral e de acordo com a actividade que desenvolvem, satisfazem tais necessidades, assim os caracterizando e categorizando desde logo e à partida, encontrando-se em tal situação a actividade de transporte público de passageiros; pelo que, logicamente, seria *despicienda* a discussão em torno da questão de saber se os serviços prestados por empresa que se enquadre nesse sector acorrem, ou não, a tais necessidades. A resposta resultaria, simples, automática e cristalina, da imperativa lei: sim, sempre! O problema, aqui, residiria apenas na medida dos serviços mínimos a prestar pelos grevistas, não na existência dos mesmos, pois estes decorreriam inelutavelmente da lei.

3. Um silogismo perigoso

Seremos claros. A nosso ver, se algum juízo de *incompatibilidade* pode ser formulado nesta tão delicada matéria, ele reside na rotunda desconformidade desta leitura jurisprudencial do art. 537.º do CT com o disposto no art. 57.º da CRP. *Assim lido, interpretado e aplicado, o art. 537.º, n.º 2, do CT deveria ser declarado inconstitucional, por violação qualificada do direito de greve, por restrição excessiva do mesmo.*

Com efeito, é sabido que as restrições ao direito de greve deverão respeitar os princípios da necessidade, da adequação e da proporcionalidade, o que pressupõe, sempre, uma análise casuística da concreta greve em questão e de todas as circunstâncias relevantes de tempo, modo e lugar que a envolvem, para apurar se há ou não necessidades sociais impreteríveis que a mesma venha colocar em causa. Ou seja, temos por seguro que a integração da empresa num dos sectores de actividade elencados no n.º 2 do art. 537.º do CT (por exemplo, no sector dos transportes) não constitui condição bastante para que, inelutavelmente, devam ser fixados serviços mínimos durante a greve, visto que bem poderá haver greves, em empresas integradas em sectores de actividade constantes dessa lista, nas quais não devam ser prestados quaisquer serviços mínimos.

No caso dos transportes públicos, tudo poderá depender de factores tão diversos como o da duração da greve (a greve poderá durar uma hora, um dia, uma semana), o de ser ou não uma greve que abranja, em simultâneo, a generalidade dos transportes públicos (se apenas um dos meios de transporte público paralisar a sua atividade o impacto será um, bem distinto daquele que existirá se todos eles paralisarem em simultâneo), o de a greve ocorrer ou não em dia de "greve geral" dos restantes trabalhadores (pois, tratando-se de uma "greve geral", é expectável que o afluxo de utentes diminua), etc.[12]. Recorde-se, ademais, que, no sector dos transportes como em qualquer outro, a greve nunca poderá surpreender os utentes do serviço afectado, privando-os inopinadamente de um meio de transporte com que estes contavam, dado que a nossa lei estabelece que as entidades que decidirem o recurso à greve terão de avisar a entidade empregadora ou a associação de empregadores, bem como o ministério responsável pela área laboral, com uma determinada antecedência mínima (5 ou 10 dias úteis, consoante os casos), aviso prévio este que deverá ser feito por meios idóneos, nomeadadmente por escrito ou através dos meios de comunicação social (art. 534.° do CT). Ora, isto, como é evidente, habilitará os utentes afectados a (re)programar a sua vida em função da greve anunciada, o que lhes permitirá, amiúde, contornar ou minimizar os efeitos perturbadores de uma tal greve no sector dos transportes.

Pelo exposto, cabe perguntar: se, por exemplo, houver uma greve de curta duração no Metropolitano de Lisboa ou do Porto, será imperativo, decorrerá automática e inexoravelmente da lei, que se fixem serviços mínimos, por força do disposto na al. *h)* do n.° 2 do art. 537.° do CT? A jurisprudência dominante dirá que sim. Nós cremos, convictamente, que não.

---

[12] Também José João Abrantes sustenta a necessidade de proceder a uma análise casuística, dando o exemplo de uma greve numa empresa de transportes rodoviários, existindo sucedâneos (por exemplo, comboios) para o percurso afectado, comparado com os casos em que a satisfação de determinadas necessidades sociais está confiada a uma só empresa, ocorrendo nela uma greve por período apreciável ou até de duração indeterminada (*Direito do Trabalho II – Direito da Greve,* Almedina, Coimbra, 2012, p. 103).

Questão diferente, que a doutrina tem já posto em realce, consiste em a greve ocorrer num sector da empresa que, em si mesmo, não desenvolve uma actividade correspondente a uma necessidade social impreterível, ainda que a empresa se insira num sector de actividade globalmente integrado num sector social essencial ou vital. Por exemplo, se a greve ocorrer num hospital, afectando o serviço de urgências, haverá lugar a serviços mínimos, mas já não haverá necessidade de tais serviços se ocorrer nos serviços administrativos do mesmo hospital[13]. O ponto afigura-se pacífico. Na nossa óptica deveremos, contudo, ir mais longe e sustentar que certas greves que afectam o *core business* de empresas integradas em sectores de actividade elencados no n.º 2 do art. 537.º poderão não desencadear a obrigação de serviços mínimos a cargo dos trabalhadores, por, atento o seu concreto circunstancialismo, não comprometerem a satisfação das aludidas necessidades sociais impreteríveis.

A nosso ver, no n.º 2 do art. 537.º do CT o legislador procura auxiliar o intérprete a preencher o conceito indeterminado de "necessidades sociais impreteríveis", indicando alguns sectores de actividade em que, *prima facie*, uma greve poderá pôr em xeque a satisfação de tais necessidades[14]. Contudo, o preenchimento do n.º 2 desse preceito nem é condição necessária nem é condição suficiente para tal efeito: não é *condição necessária* porque, já se disse, o catálogo legal tem carácter meramente exemplificativo, pelo que uma greve que ocorra fora daqueles sectores poderá sim ameaçar a satisfação dessas necessidades impreteríveis, legitimando o estabelecimento de serviços mínimos[15]; mas também não é *condição suficiente* porque, tendo em atenção todas as circunstâncias da greve em apreço, o intérprete bem poderá concluir que, *in casu*, não se

[13] Assim, Rosário Palma Ramalho, *Tratado de Direito do Trabalho, Parte III – Situações Laborais Colectivas*, Almedina, Coimbra, 2012, p. 486, bem como Jorge Leite, *Direito da Greve*, cit., pp. 64-65.

[14] Em sentido próximo, considerando que o disposto no n.º 2 do art. 537.º do CT «pouco adianta à questão, salvo na medida em que pode desempenhar um *papel indiciário* quanto à perspectiva que o legislador tem acerca da amplitude das necessidades sociais visadas», *vd.* Monteiro Fernandes, *Direito do Trabalho*, cit., p. 785.

[15] Assim, dando o exemplo do sector do abastecimento alimentar, Rosário Palma Ramalho, *Tratado de Direito do Trabalho*, cit., p. 487, e Pedro Romano Martinez, *Direito do Trabalho*, 6.ª ed., Almedina, Coimbra, 2013, p. 1154.

mostra necessário fixar quaisquer serviços mínimos, por essa particular greve não comprometer a satisfação de necessidades impreteríveis. E, *assim decidindo, o intérprete/aplicador não estará a violar a lei; ele estará, porventura, a respeitar a Constituição, procedendo a uma leitura da lei em conformidade com esta.*

4. Conclusão

Reiteramos, pois, que, numa óptica jurídico-constitucionalmente adequada, impõe-se sempre proceder a uma análise casuística da greve em apreço, para apurar se há ou não necessidades sociais impreteríveis que a mesma venha colocar em xeque e cuja satisfação deva ser salvaguardada através da prestação de serviços mínimos pelos grevistas[16].

A generalidade da doutrina tem revelado, aliás, bastante prudência nesta matéria, o que bem se compreende, atenta a circunstância de estar em causa a restrição de um direito fundamental, mais propriamente de um direito, liberdade e garantia dos trabalhadores. Escreve, por isso, LIBERAL FERNANDES: «Relativamente ao sector dos transportes, o facto de a CRP garantir o direito de deslocação (art. 44.º) e de não fixar qualquer tipo de garantia relativamente ao meio específico de exercer o direito não permite fundar a obrigação de serviços mínimos no direito dos utentes ao funcionamento idóneo daqueles serviços, a fim de assegurar uma efectiva liberdade de circulação»[17]. O Autor esclarece: «A simples qualificação pela lei de um serviço como essencial não basta para justificar a aplicação de medidas restritivas a qualquer paralisação laboral que aí tenha lugar, uma vez que a satisfação das necessidades sociais impreteríveis nem sempre é posta em perigo pelo simples exercício do direito à greve. A obrigação de serviços mínimos apenas é exigível nos casos em que a satisfação dos referidos bens requer a respectiva manutenção, pelo que se torna necessário averiguar as circunstâncias e características da

[16] Registe-se que, em caso de incumprimento da obrigação de prestação de serviços mínimos, o Governo poderá determinar a requisição civil dos trabalhadores, nos termos previstos em legislação específica (art. 541.º, n.º 3, do CT).

[17] *A Obrigação de Serviços Mínimos como Técnica de Regulação da Greve nos Serviços Essenciais*, cit., p. 364.

paralisação»[18]. Também MONTEIRO FERNANDES, a respeito das "necessidades sociais impreteríveis", sublinha poder acontecer que «paralisações em sectores especificados pelo art. 537.º/2 não activem a obrigação de serviços mínimos: será o caso de uma greve de curta duração nos serviços de distribuição de energia eléctrica ou de abastecimento de águas, que não provocará, sem mais, a descontinuidade dos fornecimentos»[19].

Em suma, e na fórmula de ROSÁRIO PALMA RAMALHO, «sendo o direito de greve um direito, liberdade e garantia, o art. 18.º n.º 2 da CRP sempre exigiria a circunscrição ao mínimo das limitações que lhe podem ser impostas. O requisito legal de que as necessidades justificativas do dever de prestação de serviços mínimos correspondam não apenas a necessidades sociais vitais como impreteríveis justifica uma interpretação restritiva destas mesmas necessidades»[20]. Ora, é esta cuidada ponderação que, a nosso ver e salvo o devido respeito, não tem sido efectuada pela jurisprudência acima transcrita. Lidando com conceitos indeterminados como os de "necessidades sociais impreteríveis" e de "serviços mínimos", conceitos carecidos de preenchimento valorativo pelo intérprete-aplicador do direito, a subjectividade decisória impera e quase tudo é incerto. Quase tudo. Mas nem tudo. O que é certo, ao menos para nós, é que não há lugar, nesta matéria, para raciocínios de tipo silogístico e automático como aqueles que têm sido desenvolvidos em sede jurisprudencial.

Repetimos: *pode haver greves em empresas que operam num sector de actividade incluído no catálogo legal de serviços essenciais (por exemplo, no sector dos transportes públicos) nas quais, atento o concreto circunstancialismo de tais greves, não é posta em causa a satisfação de necessidades sociais impreteríveis – e nas quais, portanto, não deverão ser prestados quaisquer serviços mínimos.* Não há lugar, em sede de necessidades impreteríveis e de serviços mínimos, para "juízos antecipatórios e abstractos de prognose" por parte do legislador ordinário. O juízo não pode deixar de ser concreto e casuístico. Só assim,

---

[18] Ob. cit. na nota anterior, p. 361, n. 812.

[19] Segundo o Autor, «no domínio dos transportes, haverá que considerar abrangidos os serviços que assegurem a deslocação de pessoas entre as ilhas e o continente (ligações aéreas) e aquelas que, em exclusivo, permitem o acesso de pessoas a zonas remotas» (*Direito do Trabalho*, cit., p. 787).

[20] *Tratado de Direito do Trabalho, cit.*, p. 488.

cremos, se logrará respeitar a Constituição da República Portuguesa, restringindo o direito de greve em obediência ao princípio da proporcionalidade, nas suas diversas vertentes.

A questão de saber se devem ou não ser fixados serviços mínimos, em qualquer greve que ocorra nos sectores essenciais, constantes do catálogo do n.º 2 do art. 537.º do CT, é, pois, tudo menos despicienda. Pelo contrário: é a questão primeira que, nesta sede, o intérprete/aplicador sempre terá de enfrentar e resolver. Só depois de lhe dar resposta afirmativa se colocará a questão da medida desses serviços, da sua volumetria. Após o *an* dos serviços mínimos, só após o *an*, o *quantum* desses serviços. Tudo a analisar em concreto, sem generalizações apriorísticas e sem automatismos legais, os quais, salvo melhor opinião, nos conduzirão, em linha recta, para o terreno do constitucionalmente inadmissível, vulnerando o direito fundamental de greve.

Cremos, pois, que a jurisprudência acima transcrita merece ser reequacionada e repensada. E, neste sentido, deve registar-se, com uma abordagem metódica da questão que nos parece merecedora de aplauso, o *Acórdão da Relação de Lisboa de 19/06/2013, relativo a uma greve na CP*, relatado pela Desembargadora Filomena Carvalho[21]. Representará este aresto um sinal de inflexão jurisprudencial nesta matéria? Assim o esperamos. Mas só o futuro o dirá. Aguardemos, pois, pelos próximos capítulos.

---

[21] Disponível através do *site* do Conselho Económico e Social (www.ces.pt, arbitragem de serviços mínimos, ano de 2012).

ÍNDICE

TEXTOS PUBLICADOS 5

NOTA PRÉVIA 11

ESTUDOS

Amor, sexo e tentações: que papel para o Direito do Trabalho? 15
JOÃO LEAL AMADO

Contrato de trabalho e "direito à mentira": uma solução justa? 47
JOÃO LEAL AMADO

A lei portuguesa sobre o transporte de passageiros a partir de plataforma eletrónica: sujeitos, relações e presunções 61
JOÃO LEAL AMADO
TERESA COELHO MOREIRA

Inteligência artificial, plataformas digitais e robotização: que futuro para o (direito do) trabalho humano? 95
JOÃO LEAL AMADO

O papel da jurisprudência no preenchimento de conceitos laborais indeterminados:
in dubio pro operario? 121
JOÃO LEAL AMADO

A Lei n.º 93/2019 e o trabalho intermitente: uma reforma gorada? 133
JOÃO LEAL AMADO

Comissão de serviço e segurança no emprego: uma dupla inconciliável? 149
JOÃO LEAL AMADO

Teletrabalho: os deveres especiais das partes 169
JOÃO LEAL AMADO

Desconexão profissional: direito ou dever? 191
JOÃO LEAL AMADO

Trabalho por turnos e horários desfasados: nótula sobre o n.º 1 do art. 221.º do Código do Trabalho 209
JOÃO LEAL AMADO
JOANA NUNES VICENTE

O pagamento do trabalho (suplementar) prestado em dia feriado 225
JOÃO LEAL AMADO
MILENA SILVA ROUXINOL

Direito a férias: direito-dever ou direito subjectivo? (em torno de um caso inverídico mas verosímil) 237
JOÃO LEAL AMADO

Luto parental, faltas e férias 255
JOÃO LEAL AMADO
MILENA SILVA ROUXINOL

Falta de pagamento da retribuição, suspensão e resolução do contrato pelo trabalhador: a questão do *timing* 273
JOÃO LEAL AMADO

Transmissão de unidade económica e dos contratos de trabalho: oposição *ma non troppo*? 285
JOÃO LEAL AMADO

Receber e aceitar: em torno de presunções legais, orientações jurisprudenciais e convicções doutrinais 307
JOÃO LEAL AMADO

Liberdade sindical e direitos das associações sindicais: breve esboço do sistema português 329
JOÃO LEAL AMADO

Representantes dos trabalhadores e despedimento: uma proteção adequada e eficaz? 351
JOÃO LEAL AMADO

Sobre os piquetes de greve: entre Mike Tyson e Mahatma Gandhi 371
JOÃO LEAL AMADO

ANOTAÇÕES

Enfermagem, trabalho dependente e trabalho autónomo: comentário ao Acórdão do Tribunal da Relação de Lisboa, de 11 de janeiro de 2017 389
JOÃO LEAL AMADO

O calv(ári)o do assédio 411
JOÃO LEAL AMADO

Pessoal e profissional: entre o romance e o assédio Comentário ao Acórdão da Relação de Évora, de 14/09/2017 419
JOÃO LEAL AMADO

Sobre a (des)conformidade constitucional do alargamento do período experimental pela Lei n.º 93/2019 – um olhar sobre o Acórdão do Tribunal Constitucional n.º 318/2021 447
JOÃO LEAL AMADO
MILENA SILVA ROUXINOL

Ainda sobre os fundamentos do direito de oposição: crónica sobre dois acórdãos recentes 491
JOÃO LEAL AMADO

«How terribly strange to be seventy»: anotação ao Acórdão do Supremo Tribunal de Justiça, de 21 de Setembro de 2017 511
JOÃO LEAL AMADO
JOANA NUNES VICENTE

Enredado: o *Facebook* e a justa causa de despedimento 529
JOÃO LEAL AMADO

O casal voador: anotação ao Acórdão da Relação de Lisboa, de 14 de setembro de 2016 563
JOÃO LEAL AMADO

A empregada, a patroa, o seu marido e o despedimento (em torno do Acórdão do STJ, de 7 de março de 2012) 585
JOÃO LEAL AMADO

A compensação pelo despedimento e a sua abstrusa devolução ao empregador: quando? 599
JOÃO LEAL AMADO

Despedimento ilícito e reintegração: *Do I have to spell it out for you?* 627
JOÃO LEAL AMADO

Da remissão abdicativa em Direito do Trabalho: nótula a propósito de um Acórdão recente do STJ 651
JOÃO LEAL AMADO

Os limites do direito à greve e os serviços mínimos no sector dos transportes: a propósito de um silogismo 661
JOÃO LEAL AMADO